U0500633

论语·中庸·大学

思履————编著

江西美术出版社
全国百佳出版单位

图书在版编目（CIP）数据

论语·中庸·大学 / 思履编著 . — 南昌：江西美
术出版社，2018.5
ISBN 978-7-5480-5066-7

Ⅰ．①论… Ⅱ．①思… Ⅲ．①儒家 Ⅳ．① B222

中国版本图书馆 CIP 数据核字 (2018) 第 026171 号

出品人：周建森
责任编辑：陈军 廖静
责任印制：谭勋

论语·中庸·大学   思履 编著

出 版：江西美术出版社
社 址：南昌市子安路 66 号 邮编：330025
电 话：0791-86566274
发 行：010-88893001
印 刷：北京海石通印刷有限公司
版 次：2018 年 5 月第 1 版
印 次：2018 年 5 月第 1 次印刷
开 本：830mm×1180mm 1/32
印 张：22
ISBN：978-7-5480-5066-7
定 价：39.80 元

本书由江西美术出版社出版。未经出版者书面许可，不得以任何方式抄袭、复制或节
录本书的任何部分。
本书法律顾问：江西豫章律师事务所 晏辉律师
版权所有，侵权必究

前言

　　《论语》《中庸》《大学》是南宋著名理学家朱熹辑定"四书"中三部重要的儒家经典，它是儒家思想文化的重要核心载体，是儒家传道、授业的基本教材，是中华民族最为宝贵的精神财富。

　　《论语》由孔子的弟子及其再传弟子编撰而成，是儒家学派的经典著作之一，集中体现了孔子的政治主张、伦理思想、道德观念及教育原则等。《中庸》原是《礼记》中的重要一篇，相传是"孔门传授心法"的著作，是孔子的孙子子思"笔之子书，以授孟子"的。中庸是儒家的一种主张，意思是"执两用中"。中庸也是完美之意，就是在处理问题时不要走极端，而是要找到处理问题最适合的方法，使人生变得完美。《大学》也是《礼记》中的一篇，相传经由孔子的学生曾参整理成文，是孔子讲授"初学入德之门"的要籍。主要讲述"修身""齐家""治国""平天下"的重要思想，这也成为儒家传统思想中知识分子尊崇的信条和最高的理想。

　　《论语》《中庸》和《大学》一起表达了儒学的基本思想体系，是研究儒学的最重要文献。这些经典中蕴含了华夏先哲的智慧，记述了儒家学说的核心思想，内容涉及历史、政治、哲学、文学等诸多方面。千百年来，这些经典就一直备受推崇。阅读这些经典，既可修身养性，又可增智广识，还可立德励志。然而，传统国学经典对我们多数人来说可能存在着某些阅读障碍，因此我们在编辑本书时，增加注音、注释、译文等辅助性项目，为读者扫除了字、词、句等阅读障碍，使几千年前的经典浅显易解。同时，为帮助读者更为直观地理解和领会古代先贤的思想与精神，本书选取了与正文相契合的精美插图示意，原汁原味地再现了当时历史背景、社会生活和人物的情感、精神风貌，诠释圣贤的思想和言论。对于文章中难于理解的部分，更做详细图解，让人一目了然。图文配合，意境悠远，与经典古籍相得益彰，为读者的阅读增添了不少趣味，使阅读变为一种赏心悦目的视觉享受。

　　阅读传统文化经典，通晓古今智慧，塑造完整人格，丰富美好情感，同时改进我们的生活态度、工作态度和思维方式，成就不一样的人生。

目 录

论语

中庸

大学

论语

论 语

《论语》是记载孔子和他的弟子们言行的典籍，全书20篇508章，1万余字。一般认为，《论语》是由孔子弟子所辑录。

《论语》

作者 孔门弟子

时代 春秋末期至战国初期

内容 孔门言行录

《论语》一书真实而生动地记录了孔子的言行和他与弟子们的对话，这应该是孔门弟子在孔子生前就开始了记录。孔子逝世以后，弟子们继续追忆编纂成书。

传说孔子有弟子三千人，至于最后由谁来最终编撰在一起的，已经无可考证了。最后编订应在战国初期。今天的《论语》版本，是东汉末年的大学者郑玄根据几个古本作的《论语注》。今注本有杨伯峻的《论语译注》。

为最早的语录体书籍

现存《论语》共20篇，492章。其中记录孔子跟弟子或其他人谈话的约有444章。记录孔门弟子之间相互言论的有48章。内容以伦理教育为主，对中国文化影响极为深远。

孔子与《论语》

孔子是中国古代伟大的思想家、教育家。由他开创的儒家学派在历史上产生过深远影响，儒家文化一直成为封建时代中华民族的主体文化。但是孔子"述而不作"，没有留下完整、系统的学术专著。两千多年间，只有一部记录了孔子及其学生的言论与事迹的语录体著作流传了下来，这就是《论语》。

此书共 20 篇，492 章，总约 1 万余字。这些文字，是我们今天研究孔子思想最宝贵的材料。

何以书名《论语》，诸家说法不一。一般认为，"论"是"论纂"，"语"是"语言"，因此，"论语"就是把孔子及其弟

孔子像。

子的对话"论纂"起来的意思。《论语》各篇都以每篇开始的两字或三字为篇名。如第一篇的第一章以"学而时习之，不亦说乎"为首句，于是第一篇便定名为"学而篇"；第二十篇以"尧曰"开头，因此第二十篇便称为"尧曰篇"。

《论语》的编纂，约始于春秋末年，而成书于战国初年。

孔子，名丘，字仲尼，春秋时鲁国陬邑（今山东曲阜东南）人。历史上对孔子的生卒年月一直争论不休，但意见相差也不过一两年。大多学者认为是生于周灵王二十一年、鲁襄公二十二年（公元前551年），死于周敬王四十一年、鲁哀公十六年（公元前479年），享年73岁。

孔子是殷商的苗裔。周武王灭殷商后，封殷商的微子启于宋。孔子的祖先便是宋国的宗室。后来家世衰微，失掉了贵族的地位。孔子的父亲叔梁纥，曾做过鲁国鄹地（今山东曲阜县境内）的地方长官，在孔子3岁那年就去世了。孔子从小与寡母相依为命。孔子曾说："吾少也贱，故多能鄙事。"（《子罕》）他不得不从事各种劳动，广泛地接触了下层社会。

30岁前后，孔子开始收徒讲学，创办了中国历史上第一所私学，孔子以"学而不厌，诲人不倦"的精神，培养了"贤人七十，弟子三千"。50岁时，孔子在鲁国做官，先后做过中都宰（中都的长官）、司空和大司寇（主管司

少年贫贱，勤奋好学。

青年时已博学多艺，开始授徒。

中年时入朝为官，鲁国因此大治。

其道不行，周游列国，历经坎坷。

法），但时间不长，终因鲁国的动乱而离开了鲁国。此后他周游列国，到过卫、曹、宋、陈、蔡等国，向各国君主宣传自己建立社会秩序、尊重人爱护人的主张，但都没有被采用。68岁，孔子又返回鲁国，开始专心于教育和整理、传授古代文化的工作。中华上古文化正是因为有了孔子才流传下来、普及开来，前人说："天不生仲尼，万古长如夜。"孔子的光辉永远不会熄灭。

回到鲁国，整理遗产，聚徒授业。

圣人离世，光照千古。

《论语》的内容

《论语》的内容非常丰富，涉及社会与人的各个方面，有人誉之为"东方的圣经"，并不为过。《论语》的核心内容是"仁"。它既是孔子理想中最高的政治原则，又是最高的道德准则。"仁"的根本含义则是"仁者爱人"。

"忠恕"是由"仁"派生出来的，忠恕之道的基本要求是以诚待人，推己及人。具体内容是，己立立人，己达达人；己所不欲，勿施于人（《卫灵公》）。由此中国人形成了"四海之内皆兄弟"的宽广情怀。

"仁"推广到政治就是"仁政"。孔子认为治理好国家，君主一定要重视人品、道德，要讲究信用，爱护民众，这是治国的基本原则。子曰："道千乘之国，敬事而信，节用而爱人，使民以时。"

《论语》中，讲到"仁"109次，讲到"礼"75次。孔子认为有了"仁"的本质还要通过"礼"的实践而达到全社会的遵守。

孔子的教学内容

孔子致力于培养士和君子，即为实现仁政、德治培养人才，他很注重人的内在素质和外在表现，他的教育方针是德才并重，道德教育和知识教育并重。

孔子最基本的教育内容是德育，即加强弟子们的品德修养。孔子以"仁"为最高目标，为了使弟子们准确地把握仁、理解仁，曾多次详尽地回答过弟子们提出的问题。

何谓仁？

孔子认为刚强正直、果断朴实、言语谨慎，都可以说是接近于仁的。

汉字的"仁"由二人会意，讲的就是如何最恰如其分地处理好人与人之间的关系。

孔子讲"仁者爱人"，但不是无原则地爱；"君子亦有恶"，"唯仁者能好人，能恶人"。并强调人的感情容易冲动，需要有所抑制，掌握分寸，就是"中庸"之道。

孔子认为仁人必须立志，一个人如果具备了求仁的意志，就可以求仁而达仁。体现"仁"的外在形式是"礼"。他说"克己复礼为仁"

在具体的教学中，孔子以《诗》《书》《礼》《乐》《易》《春秋》作为教材。

诗

《诗》在当时主要是用于典礼、讽谏、言语和赋诗言志等各个方面。孔子教授《诗》以"温柔敦厚"的诗教为主。

书

《书》即是《尚书》，是上古时代有关政治大事及言论的实录资料。孔子把它作为政治教材和历史教材来用，要求弟子们以此作为从政、行道、立身的法典依据。《论语》中记录孔子三次引《书》，都是以古喻今，讲解如何从政、行道的。

礼

《礼》指《仪礼》，是一本专门讲解各种典礼节仪及行为规范之书。其中"士礼"占了很大部分，是当时的士阶层立身行事的具体规范。孔子既把《礼》作为文献教材进行讲解，又把《礼》作为学习礼的仪式技能的重要教材。孔子进行的礼教，重在实用。因为礼是立身处世的行动准则，所以他告诫自己的儿子孔鲤说："不学礼，无以立。"

乐

《乐》也是孔子教学中的一项重要教材，今已亡佚。乐教不仅指学习音乐的基本功，同时也包括学习音乐理论和审美等内容。孔子主张礼乐治国，以礼来规范制约，以乐来陶冶浸染。他是把《诗》《礼》《乐》融为一体的："兴于诗，立于礼，成于乐。"在孔子的心目中，立志而后学诗，学诗而后知礼，知礼以后才能从音乐的启迪中自觉地陶冶性情。

易

《易》分《经》《传》两部分。《经》的内容在孔子以前就已经有了，《传》的内容则是后儒完成的。在孔子时代，《易》是一部讲阴阳八卦的占卜之书，内容神秘庞杂，在鲁国保存得比较完整。据《史记·孔子世家》记载，"孔子晚而喜《易》"，"读《易》，韦编三绝"。孔子曾经深入研究过《易》，并吸取书中朴素的辩证法思想来教育弟子。

春秋

《春秋》成书于孔子去世前二年，是他亲自编著的。孔子以当时的《百国春秋》为蓝本，将各国"史记"中的主要大事统于一体，先作为教材用，后来才整理成现今的传本。《春秋》中包含了孔子的社会政治理论，定名分，寓褒贬，微言大义，是孔子对学生们进行政治和历史教育的重要教科书。

孔子还以"六艺"来培养弟子们的才能，包括礼、乐、射、御、书、数。

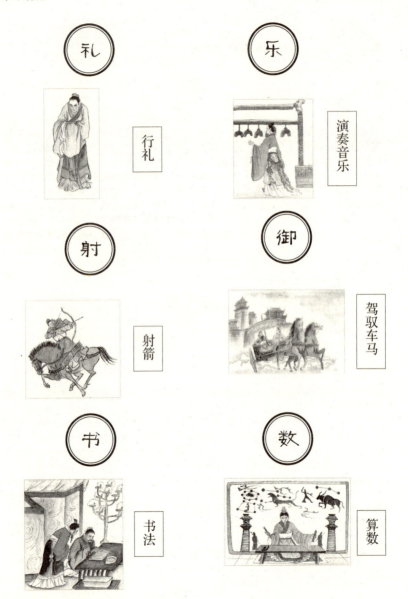

礼

行礼

乐

演奏音乐

射

射箭

御

驾驭车马

书

书法

数

算数

有教无类的办学方针

孔子的办学方针是"有教无类"，与殷、周统治阶级主要为贵族阶级办学的方针大不相同。孔子所收的弟子知名的，除了孟懿子、南宫敬叔来自贵族家庭外，绝大部分来自贫贱人家及少数所谓"自由民"。而得意门生中，颜渊是住在陋巷

有教无类。

的穷苦子弟；曾参，母亲以纺织为业，自己曾种地耘瓜；子路，曾穷得主食草籽，"为亲负米"；子张原是"鲁之鄙人"；闵子骞，父亲出外时还得给父亲拉车子；原宪，家住穷巷，穿戴破旧；公冶长，是被人疑为盗窃而拘囚监狱，受过冤刑的青年；至于比较富裕的子贡，也不过是个属于"自由民"的商人。

孔子招收学生的手续很简单，只要携带一束干肉（束脩），象征性地表示对老师的敬意就可以了。孔子弟子号称三千，是指孔子一生中教授学生的总数，这些学生大都出身寒微。收教这些贫贱人家的子弟的目的，正如他的弟子子夏所说的，是"学而优则仕"，让这些贫贱的劳动人民的子弟学习文化知识、六艺技艺，将来为官行政，实行他的"仁"道政治主张。

孔子教学以"文、行、忠、信"来分科。"文"是文化，"行"是道德修养，"忠"是尽己为人，"信"是言行一致、言而有信。这四部分内容，都是普通百姓所喜爱的。因而吸引了很多普通人家的年轻子弟。这就把殷周以来专为贵族开办的各种礼仪的"儒术"，改造成为经世济民的"儒学"，孔子自己也就成为中国儒家学派的"开山祖"了。

孔门十哲

据《史记》记载，孔子有弟子三千，其中精通六艺者有七十二人，称"七十二贤人"。其中最为有成的十个弟子被称为"孔门十哲"。

在德行方面出众的有：颜回、闵损、冉耕、冉雍。

在政事方面出众的有：冉求、仲由。

在言语方面出众的有：宰我、端木赐。

在文学方面出众的有：言偃、卜商。

孔子弟子多达三千人，其中贤人七十二，而且有很多为各诸侯国高官栋梁。孔子死后，"七十子之徒散游诸侯，大者为师傅卿相，小者友教士大夫"。

颜回

闵损

冉耕

冉雍

冉求

仲由

宰我

端木赐

言偃

卜商

《论语》的价值

1. 奠定了中华文明基本的价值观

孔子继承了尧、舜、禹、汤、文、武、周公的道统，完整地提出了"仁"，奠定了中国社会人与人之间的基本道德准则，也是政治伦理的基本观念。孔子提出了一整套的建立和谐社会的价值观，如孝、悌、恭、敬、信、宽、惠等。

2. 创造了人格的典范

怎样做人，怎样做一个具有完善人格的"仁者"，《论语》

孔子是中国历史上最早创设较大规模私学的伟大教育家。

作了最好的讲述。《论语》中所表现的真实孔子的伟大人格，两千多年来，一直是中华民族的榜样。

3. 提出了理想社会的秩序

4. 有极高的文学价值

《论语》是学习文言文的最好的奠基性读物。《论语》的记事非常生动，刻画精细入微，连孔子与学生谈话时的不同的神情都能生动地传达出来。

学而篇
第一

【原文】

1.1　子曰①:"学而时习之②,不亦说乎③?有朋自远方来,不亦乐乎④?人不知而不愠⑤,不亦君子乎⑥?"

【注释】

①子:中国古代对有学问、有地位的男子的尊称。《论语》中"子曰"的"子"都是指孔子。②习:"习"字的本意是鸟儿练习飞翔,在这里是温习和练习的意思。③说(yuè):同"悦",高兴、愉快的意思。④乐(lè):快乐。⑤愠(yùn):怒,怨恨,不满。⑥君子:《论语》中的"君子"指道德修养高的人,即"有德者";有时又指"有位者",即职位高的人。这里指"有德者"。

【译文】

孔子说:"学到的东西按时去温习和练习,不也很高兴么?有朋友从很远的地方来,不也很快乐?别人不了解自己,自己却不生气,不也是一位有修养的君子么?"

【精读论语】

学什么,怎样学

学习可以使人成长,使人进步,使人快乐,使人睿智,使人过上幸福的日子……关于学习的意义,谁都能说上一箩筐,也就不必再赘述了。倒是那学什么、怎么学的大深意,却是很有必要说上一说的。

"学而时习之"第一个"学"指的是学习。那么,学习的内容是什么呢?是学问。许多人把学问当作知识,这种认识是有偏差的。大千世界,知识海量,如果把学问当做作知识,那恐怕一辈子什么都不用干了，只做学生就够了。尽管哲人说，学无止境，生命不息，学习不止，但也要有选择地学。细读《论语》全书，我们不难发现，孔子所说的"学问"既不是指文学水平的高超，也不是指知识渊博，而是指做人做事的学问——做人到位、

学而时习之，不亦说乎。

做事正确。南宋理学大师朱熹更点明个中意味，指出此节所述是人的"入道之门，积德之基"。

他强调的其实是"学"之后的"行"。一门心思只学知识，而不想着如何让学到的知识先服务于自己，后服务于社会，造就出的无疑会是一些"闭门造车""纸上谈兵"的书呆子，百无一用的书生，如何行？无非是在正确知识引领下，更好地做人，更好地做事。有些人满腹才学，却尽做祸国殃民之事，一样是"无学"之徒，譬如秦桧、严嵩等人。有些人，虽然读的书不多，知识也不够丰富，但做人有担当，做事有主见、重大义，这样的人就是有大学问的人。

做人做事的学问不是在书斋里形成的，也不是在课堂上学会的，而是在日常的生活中，在做事、交友、为政、经商、治家乃至穿衣吃饭、打扫卫生等这些具体的社会活动中养成的。这就是"学而时习之"的"习"——学问的获得，既需要上述的实践，更需要不断地反思，随时随地提醒自己改正错误与不足，提高修养。这种人格的培养，是一种行为的习得。没有持之以恒的反复磨砺，是很难形成的。

进德修身，通常而言，是与自己的不良习气作斗争，是痛苦的事情，但是在孔子看来却充满了"悦"和"乐"，有着无限的乐趣——因为个人修养的提高乃是一种深刻的人生体验，是运用自己的心灵对自然和社会规律进行理性探索的过程，这个过程充满了快乐。在反复的学习与实践中，不仅能培植人格，更能增长智慧，这种成长的幸福感是难以言说的。孔子的心态和气度真是非凡博大啊！

其实这一点，我们每个人都或有体会，自己做了一件好事，或者掌握了一种高效做事的方法，这个时候，简直是快乐莫名的。

"乐感"是人外在行为收效内化后的情绪体验，这一情感历程无疑是寂寞的。难怪李白曾有诗言"古来圣贤皆寂寞"，一语道破了做学问的境况。这一点，古今中外的大学问家概莫能外，中国的孔子、庄子，西方的苏格拉底、叔本华、马克思无不寂寞一生。所以，如果真心向学，就要有耐得住寂寞、不怕凄凉的精神，否则免谈。真正做学问的人，活着的时候，很可能没一个人了解他，有时甚至数十年乃至数百年之后，人们才会认识到其思想的伟大价值。不要说圣贤，就是作为普通人，我们也常常感叹，了解自己的人太少了。

可是，人非草木，孰能无情？圣贤也是人，身处无边的寂寞中，多么期望能有一个人理解他的千秋大业，与他谈论道德学问，和他有着强烈共鸣，能够与其砥砺互进，那是何等的欣慰和快乐呀！于是，孔子说："有朋自远方来，不亦乐乎？"大家说"人生得一知己，死而无憾"。然而，这样的知己很难得，有时可能一辈子都碰不到一个。

得不到别人的理解怎么办呢？"人不知而不愠，不亦君子乎？"处世交友都是人生要义，当以人和为乐事，"人不知而不愠"才是为人为学的最高境界。普通人遇到困难，遭到挫败，或被人误解时，往往满腹怨气，怨天尤人。而一个道德学问精深的君子，是不会这样做的，他们通常会反思自己，问问自己为什么会遭遇困境，自己哪些地方没做好，该如何改进等。自持仁心，不断进德修身，自己的心灵就会充实、圆满，并最终获得幸福。所以，人的一生，关键是自知自立。自己是否幸福，取决于自己，不在外人如何评价，当然，更不能不奢求于外。

《论语》开篇的这几句话，并不是简单谈读书学习这么简单，而是讲如何学做人，如何做学问。学而时习，与朋友共，不为人知而不愠，就能不断增进美德，开启智慧，就能使自己的心灵获得滋养，思维得以拓展。如此，就会踏上真正的心智成熟之路，进而达到理想的人生境界——修成君子。

【原文】

1.2　有子曰①："其为人也孝弟而好犯上者②，鲜矣③；不好犯上而好作乱者，未之有也④。君子务本，本立而道生。孝弟也者，其为仁之本与⑤！"

【注释】

① 有子：孔子的学生，姓有，名若。在《论语》中，孔子的学生一般都称字，只有曾参和有若称"子"。② 弟（tì）：同"悌"，敬爱兄长。③ 鲜（xiǎn）：少。④ 未之有也："未有之也"的倒装句，意思是没有这种人。⑤ 与：即"欤"字，表示疑问的助词。《论语》中的"欤"字皆作"与"。

【译文】

有子说："那种孝顺父母、敬爱兄长的人，却喜欢触犯上级，是很少见的；不喜欢触犯上级却喜欢造反的人，更是从来没有的。有德行的人总是力求抓住这个根本。根本建立了便产生了仁道。孝敬父母、敬爱兄长，大概便是仁道的根本吧！"

【精读论语】

孝悌的意义

在孔子的学说里，"仁"是核心思想和终极的追求，其核心要义是"仁者爱人"。而要得到这个"仁"，达到"仁"的境界，不仅需要内心的体验，更需要投身现实。当然，不论是思想还是在行动，都必须有个出发点，而有子的这段话，则明确指出，求"仁"应该从孝悌做起。换句话说，就是从孝悌这个根本点出发，推而广之，就能成为仁人君子。

"仁"是爱的哲学，同样，"孝"也是爱的哲学，是一种感恩回报的爱。父母生儿育女，你可以说那是繁衍后代的生物本能使然。但是，作为父母，通常会养育照顾子女十几年甚至更长时间，他们付出的情感、心血和财富理应得到回报。当父母年老体衰的时候，子女回过来照料他们，是理所应当的。不仅如此，古人还给这种回报一个好名声——孝。这种互惠互利的内在精神就是孝道。一个人如果对生养自己的父母连这点感情和回报都没有，那就是个彻头彻尾的自私自利者，古人把这种人列为禽兽，认为他不配称作人。那么什么是"弟"呢？"弟"就是"悌"，是指兄弟姊妹之间的友爱。这种友爱情感，不仅仅存在于兄弟、姊妹之间，也可以推广到朋友之间，泛化为一种高尚的社会友情。

在有子看来，一个人如果在家里懂得孝敬父母，善待兄弟姐妹，当他走向社会后，就会尊重上级，优待朋友同事，能以自己的行为促进人际的和谐，进而有利于社会的稳定。有子此言，深得孔子"孝道"大意。他认为，真正具有"孝悌"精神的人，在待人处世上多怀有深厚的情感，这样的人，是不喜欢冒犯上司，也不愿祸害同事的。

关于"孝悌"的意义，有子是从两个角度阐述的。第一说的是"孝悌"与社会稳定的关系。有子认为，一个人只有先爱自己的亲人，才能将这种爱推及他人，由爱父母、兄弟姐妹、朋友，推广到爱一切人。这样，很自然地就把个人的修养与维系社会稳定连接起来。关于如何维持社会的稳定，保障人类社会的延续，古往今来都是一个令人头疼的大难题。历史上许多彪炳史册的辉煌文明、威名赫赫的大帝国最终走向灭亡，起因多半是社会秩序的崩坏。现代世界，各国依然面临这个严峻的问题。实践证明，儒家这种立足于家庭和睦，进而促使社会稳定的思路是积极而有效的。自从汉代以来，中国历代的统治者都奉行以孝治天下的社会政策，这便是中国社会历五千年而不衰的重要原因。其所依据的理论，正是孔子及其弟子所倡导的这种孝道。在这里，儒家是按照为人孝悌—家庭和睦—社会和谐—国家稳定这样的思路推演的。

第二，有子从个人修养的角度阐述了"孝悌"的意义。上文讲过，儒家所说的做学问，也就是如何做人，其最终目的是求"仁"。那些真正的君子都知道，不论是人生的建立，还是内心的修养，都应该把"孝悌"作为根本。从个人修养来说，无论是真诚博大的情怀的养成，还是自己至爱的光辉人性的培养，都得从"孝悌"起步。"孝悌"

不仅仅是高尚的起点，也是人之为人的根本所在。所谓"君子务本"，就是指抓住"孝悌"的根本，从关爱身边的人做起，培养自己的美德。

实际上，孝悌之于社会和人生的双重意义，是一个硬币的两面，它们最终合二为一，指向人类的福祉。我们知道，个人修养的提高有利于社会的和谐安定，对缔造一个长治久安的社会有着具体而微的作用。也就是说，当更多的人成为品行高尚的君子，社会必然会形成良风美俗。反过来，在这样的社会里，将会有更多的人获得幸福和圆满人生。

【原文】

　　1.3　子曰："巧言令色①，鲜矣仁②！"

【注释】 ————

① 巧言令色：巧，好。令，善。巧言令色，即满口说着讨人喜欢的话，满脸装出讨人喜欢的脸色。② 鲜：少的意思。

【译文】

　　孔子说："花言巧语，伪装出一副和善的面孔，这种人很少是仁德的。"

【精读论语】

远离巧言令色

　　巧言令色就是利用花言巧语去迷惑、取悦他人的行径。那些"巧言令色"之人，善于察言观色，见机行事，八面玲珑，讨人喜欢。但是如果从动机上分析，这种行为带有一定的欺骗性，多半是小人未达到不可告人的目的而做出来的。作为智者，孔子对这种行为有着深刻的认识，所以提出了"巧言令色，鲜矣仁"的观点。

　　那些巧言令色之人，总会巧妙地给自己穿上一套华丽的外装，用以迷惑他人。不管是为了博取上司欢心以谋提升的机会，还是为了讨取同事的支持和帮助，抑或是哄得亲友高兴满足自己的虚荣心，他们

巧言令色，鲜矣仁。

都会将这些华而不实的东西拿出来掩人耳目。这些人阳奉阴违，当面一套背后一套。在他们花言巧语、和颜悦色的背后，往往隐藏着一个贪婪自私的心和肮脏卑劣的灵魂。若非为了满足自己的私欲，这些小人才没工夫给你赔笑脸说好话呢。

花言巧语没好人，这个道理谁都懂，可是这种人照样在社会上大行其道，原因在哪里呢？花言巧语之所以大受欢迎，是因为它能满足人们的心理需要。事实上，每个人都喜欢听好话，喜欢被别人赞美、夸奖和奉承，只是各自喜好的程度不同而已。比方说，有些做领导的人，就喜欢自己的下属拍马屁，下属们拍得越响他们就越舒服。倘若有哪个不开眼的下属说话有些直接或是有点儿不顺耳，轻者给人家穿小鞋，重者会动人家饭碗。也正因如此，说真话的人越来越少，说漂亮话、谎话的人越来越多。其实，出现这种状况也是在所难免的，毕竟谁都喜欢好的东西，这也是每个人都有的弱点。正是这种人性弱点，才为巧言令色者的生存提供了肥沃的土壤。当然，在与他人交往时，没有一副好的口才是不行的。但是，好口才与巧言令色不同。好口才是一种据理力争，所列观点都有理可依，其目的是辨明真理、说服他人、达成沟通与合作。无论内容还是目的，都是真实和善意的。而巧言令色只是利用花言巧语达到某种鲜为人知的目的罢了，这种行径根本就是虚伪和丑恶的。

孔子之所以痛斥花言巧语，一方面是因为他看到花言巧语的丑恶本质，另一方面，则是那些听信花言巧语的人往往会上当受骗，进而遭受事业的挫败，造成严重的社会后果。

春秋时期，齐桓公因管仲的忠谏直言称霸于诸国，晚年却因佞臣的巧言令色而不得善终。管仲在临死之前就曾告诫齐桓公道："易牙杀了自己的儿子，为人冷酷无情；开方背叛了自己的父母，其心叵测；竖刁甘受阉刑，私欲之心昭然若揭。此三人皆为不仁、不孝之徒，他们为了逢迎君主，可以说是无所不用其极，千万不能重用。"可是，他们的马屁拍得太到位了，齐桓公还是未听忠言任用了他们。结果，齐桓公刚死，三人便偕同公子姜无诡犯上作乱，将其尸体置于床上两月有余才装棺入殓。装殓之时，其尸身早已腐烂生蛆。而此后的齐国，则陷入长期的内乱。

在现代社会，作为大权在握的官员和公司的领导，要对巧言令色者高度警惕。要注意下属的言行，只有看清其真实的意图，才不会被那些华丽的表象迷惑，才不会因偏听偏信而失败。同时，自己也要身体力行，为下属们作出榜样，这样才能促进组织的发展、事业的壮大。

孔子此语，意在告诫他的弟子，无论是做人还是做事，都应真诚坦荡。要在言行上服从于真善的准则，不去刻意地追求外在的装饰。若是利用花言巧语讨好别人就是为假作恶，这样做是无法修成完善人格的。同时，他期望弟子们努力提高个人修养，看清社会上的各色人群，更加合理地处理人际关系，并最终走向成功。

【原文】

1.4 曾子曰 ① ："吾日三省吾身 ② ：为人谋而不忠乎？与朋友交而不信乎？传不习乎 ③ ？"

【注释】

① 曾子：孔子晚年的学生，名参（shēn），字子舆，比孔子小四十六岁。生于公元前505年，鲁国人，是被鲁国灭亡了的郜国贵族的后代。曾参是孔子的得意门生，以孝著称，据说《孝经》就是他撰写的。② 三省（xǐng）：多次反省。③ 传：老师讲授的功课。

【译文】

曾参说："我每天从多方面反省自己：替别人办事是不是尽心竭力了呢？与朋友交往是不是诚实守信了呢？对老师传授的功课，是不是用心复习了呢？"

要善于自我反省

曾子在孔门中是最重修身的一个人，他通过"一日三省"之法，铸就了完美的人格。在曾子看来，反省是一种很好的修养手段，通过这种方法，人们可以找到自身的不足之处，并及时地加以改正，提升自身的思想修为和道德境界，在反思中不断地完善自己的人格。

"吾日三省吾身"，这句话所体现出来的自律精神，是每一位有志之人都要学习的。尤其是在这个竞争激烈的时代，只有时刻不忘提高自己，才能站稳脚跟，获得一席之地。倘若做不到这一点，即使侥幸取得一时的成功，也未必能够在以后的风浪中挺得下来。

一般情况下，若是让你找出别人身上的错误和缺点，你可能很快就能指出来，但若让你找出自己的缺点呢？还会那么容易吗？退一步说，即使知道了自己的缺点在哪里，又有多少人会舍弃自己的面子，而愿意进行自我反省呢？

自我反省是困难的，但自我反省又是修成美德、提升智慧的必由之路。对于人们来说，自我反省就是一种从认识到实践，然后再从实践中汲取经验，进而提高认识和修正行为的过程。若是一个人不善于自我反省，就不会有真正的提高，就会一次又一次地在同一个地方跌倒。比方说，在战国末年，六国相继被秦国所灭，其原因基本上如出一辙。引用苏洵的话便是"六国破灭，非兵不利，战不善，弊在赂秦"。倘若在韩国被灭时，其他五国及时反省，联合起来抵抗强秦，未必会丢了祖宗社稷。

"不慎而始，而祸其终"的道理，想必大家都明白。可是，若想一直保证自己的"不失"，似乎是件很困难的事情。为此，曾子给我们指了条明路，无论是做人、做事，还是做学问，每天都要进行反省。具体说来，就是每日反思三件事：第一，反思一下自己替别人工作，有没有竭尽全力。若是整天就想着自己应如何偷懒，应付了事，就是不忠。第二，与朋友相处时，自己答应别人的事情有没有做到。

做人最重要的就是守信，人无信而不立，倘若答应别人的事情没有做到，就是言而无信。第三，老师或前辈们所传授的做人做事的方法，自己有没有进行实践和印证。做人做事不能只在纸上谈兵，应当付诸实践，只有通过自身的感悟，才能不断地完善自己的人格。

生活本身就是一种修行，能否修得正果，关键在于人们是否认识到了自省的重要性。在生活在中，有很多人会随遇而安，对于自己的行为是对还是错，根本就不关心。对于自省的觉悟很小，根本就没有意识到自省是一个人修德建业的根本方法，也是少犯错误和不犯错误的关键。倘若一个人能够做到"一日三省"，为自己设定一套自我反省的"程序"，道德和才能就会得到质的提升，这样一来，还有什么事情能够难得倒你呢？

在初读这句话时，可能有人觉得这和西方宗教上的忏悔没有什么区别。其实，每二者还是有区别的。忏悔是基于错误或罪过而产生的一种心理表现，而反思的本身并不具有这种原罪的观念。人们可以通过反思的方式，找出自己身上的优缺点，扬长避短，将自己的潜能充分发挥出来。

【原文】

1.5　子曰："道千乘之国①，敬事而信②，节用而爱人③，使民以时④。"

【注释】

①道：通"导"，引导之意。此处译为治理。千乘（shèng）之国：乘，古代用四匹马拉的兵车。春秋时期，打仗用兵车，故车辆数目的多少往往标志着这个国家的强弱。千乘之国，即代指大国。②敬事："敬"是指对待

节用而爱人，使民以时。

所从事的事务要谨慎专一、兢兢业业，即今人所说的敬业。③爱人：古代"人"的含义有广义与狭义之分。广义的"人"，指一切人群；狭义的"人"，仅指士大夫以上各个阶层的人。此处的"人"与"民"相对而言。④使民以时："时"指农时。古代百姓以农业为主，这里是说役使百姓要按照农时，即不要误了耕作与收获。

【译文】

孔子说："治理拥有一千辆兵车的国家，应该恭敬谨慎地对待政事，并且讲究信用；节省费用，并且爱护人民；征用民力要尊重农时，不要耽误耕种、收获的时间。"

【精读论语】

从政应遵循的原则

孔子这句话，意在告诉大家从政应该遵循的三大原则。对于一个执政者应当以什么样的态度、用什么样的方法和手段，才能让下属心甘情愿地跟着自己，在本章中都有提及。而且，这几个观点全都围绕着同一个对象，那就是"人"。只要执政者以"人"为本，有效团结和控制社会或组织中的人员，那他就是一个好的领导者。即便是现今，他所提出的这种管理原则依然适用。具体说来，孔子在此提出的是从政应遵循的三大原则。

第一，"敬事而信"，这是从政应有的态度。我们可以将其拆成"敬事"和"而信"两部分理解，先来看看"敬事"。敬事，按照现代话来说就是敬业，小心谨慎地处理自己负责的事情。"敬事"不仅是一种外在的态度，更是一种内在的感情，成为人性的一部分。比方说，清雍正帝，平均每天要批上百道奏折，于国家之事不可谓不尽心。因此，他在位期间，国富民泰，鲜有怨言。至于"信"，是在敬事的基础上取信于人。若想争取下属或民众的信任，最重要的是信守诺言，及时兑现诺言。

"敬事"和信用密不可分，前者往往是后者的基础，比方说，在两军对垒之时，好的将领总是会身先士卒，这就是"敬事"。在这种模范将军的带领下，他的手下还会有谁不信服，不愿意跟着他奋力拼杀呢？只有敬事，并取信于下属，工作才能顺利展开，事业才能获得成功。

第二，"节用而爱人"，这是从政者应该掌握的治理方法。若是按照孔子的本意，"节用"就是指一国之君应当节约财政开支，不要乱搞铺张浪费。否则的话，一旦有外敌入侵，就会遭到灭顶之灾。当年的慈禧太后为了给自己庆六十大寿，擅自挪用海军的经费，致使北洋水师没有炮舰可用，最终兵败，签订了丧权辱国的《马关条约》。若是放在现代，作为一家公司的领导，则要注意开源节流，减少不必要的挥霍，给自己的公司留下充足的流动资金，或是用于研发新项目。即便发生一些重大损失或意外，多元的发展或是充足的流动资金，仍能保证公司的正常运转。另外，节用的目的就是"爱人"，对自己的下属有着足够的爱护和体恤，时常带给他们一些安慰和鼓励。倘若在公司内部，优秀的员工全都跳槽走了，做领导的都成了光杆司令，就算公司的实力再雄厚又有什么用呢？因此，做好领导，应当注意自己的行为和方法。

第三，"使民以时"，这是从政者必知的基本要求。这个"时"并不同于时间的时，你可以将它理解成恰当的时机，也可以理解成恰当的做法。作为领导者，在用人的时候，应当清醒地认识到在什么地方、什么时间，用什么人才是最合适的。比方说，秦始皇连年征用农民修长城、造陵寝、盖阿房宫，致使农民们田园荒芜，难以为生，除了造反，实在别无他法。秦朝是这样，隋朝也是这样。再看看现代的企业，有许多企业主不顾及员工的感受，常常逼迫他们进行无休止的加班，导致一些员工心理压力过大，以致出现自杀现象，显然是使民过度了。好的领导者，不能一味追逐利益，还要时常关怀部属，让他们到了公司有回家般的亲切，这样他们才会对公司有着更大贡献。

总之，从政者应该注意，作为领导者是否成功，关键在于有多少愿意拥戴你，说到底还是个领导原则问题。

【原文】

1.6　子曰："弟子入则孝①，出则弟②，谨而信③，泛爱众，而亲仁④。行有余力⑤，则以学文⑥。"

【注释】

① 弟子：有二义，一是指年幼之人，弟系对兄而言，子系对父而言，故曰弟子；二是指学生。此处取前义。入：古时父子分别住在不同的居处，学习则在外舍。入是入父宫，指进到父亲住处；或说在家。② 出：与"入"相对而言，指外出拜师学习。出则弟，是说要用悌道对待师长，也

弟子入则孝，出则弟。

可泛指年长于自己的人。③ 谨：寡言少语称之为谨。④ 仁：指具有仁德的人，即温和、善良的人。此形容词用作名词。⑤ 行有余力：指有闲暇时间或剩余的精力。⑥ 文：指诗、书、礼、乐等文化知识。

【译文】

孔子说："小孩子在父母跟前要孝顺，出外要敬爱师长，说话要谨慎，言而有信，和所有人都友爱相处，亲近那些具有仁爱之心的人。做到这些以后，如果还有剩余的精力，就用来学习文化知识。"

【精读论语】

学习做人的途径

作为教育家，孔子极其重视道德教育，他不仅有高深的思想，也有平易近人的教法。人生启蒙，怎样从一个无知的孩童成长为对社会群体有用之才，这是一个教育策略和途径问题。针对人生第一课，孔子给出了浅近明了的回答，那就是，做人应当先修德，再学知识。也就是说，对于弟子的教育，孔子认为应当从伦理教育入手，在家孝顺父母，敬重兄长；其次，学习待人接物，做到严谨守信；这些

根基打好后，再进行文化知识的传授。

关于"孝"，前文已有所述，这里不再多谈。但需要指出的是，可以适当对孝作较为宽泛的理解。在我国古代，学生或晚辈皆称为"弟子"，师生间的关系仿若父子，师父一词就是从"一日为师，终身为父"的说法中演变出来的。老师是传经授道之人，对弟子德行才识的教育有着不可推卸的责任。在教育的过程中，也付出了大量的心血。故而，做弟子的应该按孝的原则对待老师，要对自己的老师尊敬有礼。在这一点上，古人做得很好，弟子中了进士，做了大官，可是只要他回到家乡，见到自己的老师，做学生的都要对他行跪拜之礼，与当年从师时一样。但是，现在的人们对于传授自己知识的师长远不如古人那么敬重，这不能不说是"孝"的精神的失落。

接下来就是"出则弟"了。可是有人会问，都出门在外了，还如何敬重兄长呢？这就要求大家对朋友、对社会、对一般人能够友好相处了。这些朋友就是你的兄弟，只有交好了这些人，你的路才会更加平坦宽广。另外，若是扩展到爱国家、爱天下，也是对这个"弟"字的正解。

"谨而信"，是孔子在告诫我们，学习做人要先注意自己的言行，处处小心谨慎。不过，大家不要误将谨慎理解为拘谨，这两者有着不同的意义。若是过分拘谨的话，就是小气了，不符合谨慎的原意。谨慎也是一种修养，只有谨慎的人，才不会轻易地对他人作出许诺。他们一旦答应了别人的要求，就会尽心竭力地达成别人的愿望，做到言而有信。

"泛爱众"，要想做到这一点，首先就要有着广阔的胸襟，能够对所有人都一视同仁，保持着友爱的态度。这种行为是包括师道在内的所有道的综合体现，看起来比较容易做到，真要修到如此境界却是极为不易的。

倘若一个人对上面的要求都做到了，就可以进行下一步的修养了，即"亲仁"。亲近那些有道德的人，与他们做朋友，进一步培养自己的仁德之心，争取做个有道德的人。这也是孔子这句话的主要目的。只有做到"孝""弟""信""爱"，才会对自己的行为有着良好的规范，成为一个人格健全的人，一个有仁德之心的人。

"行有余力，则以学文"。在有了仁德之心后，若是还有剩余的精力，就可以去学些文化知识了。不管你想当文学家也好，还是当科学家也罢，或是做艺术家也行，只要是你感兴趣的，你都可以去学。

总之，孔学的人生第一课便是做人，要求从小就注重道德伦理上的修养。有了一定的道德基础，再学习各种知识。显然，这是德育优先原则。事实证明，这一教育策略和途径是科学的，是符合社会发展需要的。德高才浅，只是这个人对社会贡献多少的问题；而无德有才，则是危害社会的问题了。比方说，古时的贪官污吏，无不想尽办法，搜刮民脂民膏，这些人多学富五车，每个人的智商都很高。即便是现在，利用自己掌握的高科技手段作案的人也是屡见不鲜，难道能说他们没有知识吗？从本质上看，这些人是在缺少仁德的情况下学习了文化知识，属于本末倒置的行径，所以他们很难成为一个好人。

知识对于一个人来说固然很重要，但是人们自身的道德修养却更加重要。一个人只有提高了自己的道德修养，再去学习文化知识，才会离成功更近，成为一个对社会和他人有益的人。

【原文】

1.7　子夏曰①："贤贤易色②；事父母，能竭其力；事君，能致其身③；与朋友交，言而有信。虽曰未学，吾必谓之学矣。"

【注释】

①子夏：姓卜，名商，字子夏，孔子的高足，以文学著称。比孔子小四十四岁，生于公元前507年。孔子死后，他在魏国宣传孔子的思想主张。②贤贤：第一个"贤"字作动词用，尊重的意思。贤贤即尊重贤者。易：有两种解释，一是改变的意思；二是轻视的意思，即尊重贤者而看轻女色。③致其身：致，意为"奉献"、"尽力"。这里是要尽忠的意思。

【译文】

子夏说："一个人能够尊重贤者而看轻女色；侍奉父母，能够竭尽全力；服侍君主，能够献出自己的生命；同朋友交往，说话诚实、恪守信用。这样的人，即使他自己说没有学过什么，我也一定要说他已经学习过了。"

【精读论语】

修己当从身边做起

子夏的这几句话意在重申孔子的观点：修德必须重视实践。在他看来，德行本身就是一种实践，只有通过不断地实践，才能摸索出真正的学问，这与掌握了多少文化知识并无太大的关联。并且，他还给我们指出，只要能在实践中做到"德""孝""忠""信"等，就能成为一个有道德的人。即便那个人没有学过多少知识，依然能够受到人们的尊敬。因为，德行远比学识重要。

"贤贤易色"，指的是夫妻间相处时，做丈夫的应当对妻子的品德多加重视，不要将自己的注意力过多地放在美色上。夫妻是最亲密的人，重视妻子的德行，对于提高自己的修养大有裨益，唐太宗李世民、明太祖朱元璋都因为身边有贤妻而少犯了不少错误。如果只看重美色，耽于狎昵，必然有损美德，甚至会铸成大错。历史上因沉湎于美色而亡国的君主不在少数。比如，为讨得宠后褒姒一笑而烽火戏诸侯的周幽王，因迷恋杨贵妃而毁掉唐朝盛世的唐明皇李隆基。倘若当年的周幽王、唐明皇喜好仁德，做个德行高尚的君主，还会失信于天下，导致家国倾覆吗？

"事父母,能竭其力"讲的是孝道，而且,子夏还重点提到了"竭其力"。常言道,百善孝为先,只有孝顺父母的人才有可能成为一个有道德的人。不过,这里的"竭其力"并不是非要竭尽全力,应当视实际情况而定,只要对自己的父母尽心行孝就行了。并且,是不是孝子也不能用赡养父母的物质条件来衡量,若是那样的话,穷人家就没有孝子了。

"事君，能致其身"讲的是"忠"君之道。在古时，作为臣子的，就应当尽人臣之力，哪怕是付出自己的生命也在所不惜。若是放到现在，这个道理同样说得通。比方说，你身为国家公务员，就得尽自己最大的本分为人民谋福祉；身为企业高管，就得尽自己最大努力为公司谋利益。即便你是个手艺人，也得把自己的活计做好、做精了，才会有人让你挣他的钱。说白了，你得干一行爱一行才行。无论做什么事情，都要拿出自己百分之一百的忠诚和热情，甚至还要更多，这才是"事君"之道。

"与朋友交，言而有信"是个诚信问题。其实，这与上边的"事君，能致其身"是相互关联的，与朋友或同事交往，若是答应了对方的请求，就要尽力去做。倘若能够做到则是最好，即便是没有做到，只要你尽力了，也不会失信于人。大家都知道人无信而不立的道理，这也是与人交际的根本。尽心尽力地替人家做事，就是恪守诺言，忠人之事。若是表面上答应帮忙，背地里却另有一套，也没有丝毫的愧疚之心，这就是失信于人，是不道德的行为。

本章中所讲的四种关系，占了五伦中的四伦，足能看出子夏对道德实践的重视。在他看来，若想做个真正有道德的人，就应从身边事做起，只有躬身践行，方能悟透真正的学问，才算有着真正的仁德。倘若只会空谈大道，而不将其付诸实际行动，充其量只是徒有其表，是个假道学而已。这也难怪子夏会说"虽曰未学，吾必谓之学矣"了。若是有人能够全部做到这些，不管他的知识是深是浅，仅凭他表现出来的德行，我们就能认定此人必是真有学问。而且，这也暗合了孔子所讲的做学问要先学会做人的道理。

【原文】

1.8　子曰："君子不重则不威①，学则不固②，主忠信③。无友不如己者④。过则勿惮改⑤。"

【注释】

①重：庄重、自持。②学则不固：所学不牢固。与上句联系起来就可理解为：一个人不庄重就没有威严，所学也不牢固。③主忠信：以忠信为主。④无：通"毋"，不要的意思。不如己者：指不忠不信的人，"不如己者"是比较委婉的说法。⑤过：过错、过失。惮（dàn）：害怕、畏惧。

【译文】

孔子说："一个君子，如果不庄重，就没有威严，即使读书，所学也不会牢固。行事应当以忠和信这两种道德为主。不要和不忠不信的人交朋友。有了过错，要不怕改正。"

【原文】

1.9　曾子曰："慎终追远^①，民德归厚矣^②。"

【注释】

①慎终：指对父母之丧要尽其哀。追远：指祭祀祖先要致其敬。②民德：指民心，民风。厚：朴实，淳厚。民德归厚，指民心归向淳厚。

【译文】

曾子说："谨慎地对待父母的丧事，恭敬地祭祀远代祖先，就能使民心归向淳厚了。"

【原文】

1.10　子禽问于子贡曰^①："夫子至于是邦也，必闻其政，求之与？抑与之与^②？"子贡曰："夫子温、良、恭、俭、让以得之。夫子之求之也，其诸异乎人之求之与^③？"

【注释】

①子禽：姓陈，名亢，字子禽。子贡：姓端木，名赐，字子贡，比孔子小三十一岁。②抑与之：抑，反语词，可作"还是……"解。与之，（别人）自愿给他。③其诸：表示不太肯定的语助词，有"或者""大概"的意思。

【译文】

子禽问子贡说："夫子每到一个国家，一定听得到这个国家的政事。那是求人家告诉他的呢，还是人家主动说给他听的呢？"子贡说："夫子是靠温和、善良、恭敬、节俭和谦让得来的。夫子的那种求得的方式，大概是不同于别人的吧？"

【精读论语】

圣贤的风采和境界

本章是通过子禽与子贡的问答，从侧面反映出了孔子光辉的人格。子贡对孔子的评价中，带有学生对老师的敬仰之意，却也客观地道出了孔子修养境界的高低。看似简单的五个字，却是儒家做人做事的精要所在，孔子也是基于此才取信于各诸侯国的。

"夫子至于是邦也，必闻其政，求之与？抑与之与？"提出了孔子在周游列国时是"问政"还是"闻政"的问题。大家都知道，政治和政务本身就是国家的核心问题，关系着国家的兴衰存亡，以及人民大众的生产、生活，与每个人都有关联。所以，各国政治及经济情况，被不少统治者视为国家机密，一般人很难与闻。孔子所到之处，却能很快了解到各国的政治动向，子禽很奇怪，故有此问。子贡没有正面回答子禽的问题，而是描述了夫子的人格风采，从另一个侧面给出答案。

从孔子一生的行踪和言论中我们不难看出，他不仅是一个优秀的学者、思想家，还是一个活跃的社会活动家，他有着强烈的社会责任感，以改变社会现状为己任，试图建立一个新的社会秩序。为此，他不辞劳苦，不避艰险，周游于列国，在传播自己思想的同时，渴望得到一个执政的机会，推行自己的政治主张。但是，有愿望是一回事，愿望能否实现是另一回事。因为要想实现自己的政治理想，夫子必须得到国君的认可，获得推行政治主张的地位和机会。让国君以国相托，委以重任是很困难的，历史上没有几个人能做到，孔子在这方面也是失败者。

孔子虽然没有得到的执政机会，但是所到之处，全面充分地了解一国国情则是轻而易举的。这已经是很了不起的事情了，要不然子禽也不会发出惊叹之问。子贡的回答很妙，"夫子温、良、恭、俭、让以得之"，这就是孔子得以"闻其政"的主要原因。子贡认为，夫子的人格已经达极高的境界，各诸侯国的君主，不管对他的政治观点赞不赞同，但对他积极求治的善意，还有他的崇高品德是高度赞同的。所以，这些国君对孔子是高度信任的，愿意向他公开国家机密，乐于和他探讨如何安邦定国。孔夫子得闻各国政务，了解各国实情，靠的是做人的修养。

孔子的这一境界，提醒我们要注重个人修养。当你的人品道德得到广泛认可的时候，就能得到上层人士的高度认可，因此你就有机会了解更多、更深的鲜为人知的国家秘密和高层内幕，能够看清这个社会权力运作的本质，了解国家或组织生存发展、强盛衰亡的真正原因，获得更高的智慧。如果你对这些深层次的东西一无所知就奢谈治理国家，无疑是空口白话。

【原文】

1.11　子曰："父在观其志①。父没观其行②。三年无改于父之道，可谓孝矣。"

【注释】

①其：指儿子，不是指父亲。②行（xíng）：行为。

【译文】

孔子说："当他父亲活着时，要看他本人的志向；他父亲去世以后，就要考察他本人的具体行为了。如果他长期坚持父亲生前那些正确原则，就可以说是尽孝了。"

【精读论语】

如何才算是孝子

在本章中，孔子主要讲了孝顺父母的方法。为人子女者，必须尽孝，对于父母的优点应尽量多学习，遵从父亲的指导。当然了，应当有选择地学习和遵从，不能一味顺从，那是盲从。为人父者，也不一定事事皆对，做子女的也要懂得择善而从之，其不善者而改之，这才是真正的孝。

"父在，观其志"，是说做儿子的要以父亲为尊，不得擅作主张，应当跟着父亲好好学习。了解家族传统，有继承父辈美德的志向，就算是一个有孝心的人。对此，大家应当有着正确的认识，不能对自己的父亲盲从，传承的应该是父辈的优良传统，否则就不再是孝顺了。在春秋之前，人们学习知识的渠道极为有限，向父辈学习几乎是唯一的途径，所以孔子才有这个说法。当今社会，可资学习的途径大增，这里我们应该对孔子所言的原则加以变通，把学习前人一切优秀成果、树立高尚和远大的志向视为行孝，才是最合适的。

"父没，观其行"是在要求为人子者应言行合一，保证孝行的前后一致。父母去世后，没人管教的时候，一个人的言行完全出于自主，其言其行如果一如父母在世一般，此人必定是个孝子；如果父母过世不久，言语行为就严重违背了父母生前的意愿，这个人肯定不算是孝子。比方说，有些人在父母过世之后，因失去家庭的约束肆意妄为，就算父母在世时他再孝顺，其本质上也是个不孝之子。历史上最典型的例子莫过于杨广，这位隋朝的亡国之君，在父皇杨坚在世时，掩饰本性，处处表现出节俭、朴素和低调，以讨得父母欢心。在登基称帝以后，杨广本性大暴露，一改先前风格，骄奢淫逸，好大喜功，残暴荒唐，成为历史上暴君的代表。现实中，这样的人也不在少数，所以应当引起我们的重视。

"三年无改于父之道"。在古代有守孝的说法，倘若父母去世，不管身在何处或身居何职，都应回家为父母守孝三年。在这期间，做儿子的应当谨慎地按照父母的意愿行事。倘若发现父母给自己制定的行为准则出现了错误，也不要急着提出来，应当慢慢地改，不能一下子就掀翻父母的理论，这才是孝子所为。其实，有些事情是勉强不来的，即便是父子之间也是各有其志。虽然古时的生产力水平不高，子承父业也是一种非常普遍的现象，但也难保有人不会跳出家族的禁锢而另谋生路。此时，他们虽然改了"父之道"，只要心里对父母的意志保有足够的尊敬，也不算是不孝。

此外，这句话还可理解成做儿子的应当将父亲手中的旗帜接过来，完成父辈们未竟的事业，替他们担起应尽的责任，不能父亲一死就什么都不管了，这也是不孝。比方说，古时太平盛世的皇帝在各个方面的政策都很不错，倘若他离开了人世以后，新即位的儿子大改其道，搅得民不聊生、怨声载道，这就违背了父亲的意愿，是对国家的不负责任，也是不孝。

任何事物都是由量变到质变才完成进化的，想要做个孝子也是如此，只有将自己的孝心体现在点点滴滴的生活细节中，才是真的孝顺父母。而且，真正的孝子，不论父母生前还是死后，他们对父母的恭敬和教诲都不会忘记。因为父母活在他们的心中，他们对父母的孝顺是从心底发出来的，从不敢忘却。

【原文】

1.12 有子曰："礼之用，和为贵。先王之道①，斯为美，小大由之。有所不行，知和而和，不以礼节之，亦不可行也。"

【注释】

① 先王之道：指的是古代圣王治国之道。

【译文】

有子说："礼的功用，以遇事做得恰当和顺为可贵。以前的圣明君主治理国家，最可贵的地方就在这里。他们做事，无论事大事小，都按这个原则去做。如遇到行不通的，仍一味地追求和顺，却并不用礼法去节制它，也是行不通的。"

【精读论语】

为什么要强调制度

礼是规范人们社会行为的一种规定，它可以协调各成员间的关系，保证社会秩序的正常。古代的"礼制"已经消亡，但礼的精神却一直存在。

用现代的话讲，"礼"包含两个方面的内容，一是国家机关、社会组织内部的各种规章制度；二是社会上人与人之间的尊卑等级，以及与这种等级相关的行为规范。这个东西，在任何社会和历史时期都是客观存在的。从根本上讲，法律也是在礼制的基础之上发展起来的制度形式。在现代，我们都知道制度的重要性，由此可以想象，礼在维护古代社会秩序方面的重要意义。倘若人人都不讲礼，社会必然发生混乱。因此，主政者有必要强调礼制，以此来保证社会平稳有序的发展。

上面所述，讲的是"礼"外在的约束作用，至于"礼"的内在目的，有子说得很清楚，那就是"礼之用，和为贵"。在有子看来，推行"礼"的目的，在于追求社会和谐。这个和谐，既包括国家与民众的和谐，也包括君臣关系、官民关系的和谐，更包括社会上人与人之间的和谐。在儒家先哲看来，"和"的本质就是关系的协调，是人们宽容和理性的体现，只有保证和睦的社会关系，才真正有利于社会的生存和发展。

其实，和谐的社会环境与和睦的人际关系对于人们的生存和发展非常重要。从古至今，因国界、种族、宗教和经济利益而引发的冲突，或是思想及语言上的不同而引发的歧义，甚至是因家庭、财产、感情等诸多问题引起的争议等，都是不和谐的表现。而和为贵的观念，对匡正这些弊病，缓和各阶级之间的矛盾，维护社会的稳定和平衡，有着不小的作用。人们也只有在这个基础之上建立起来的"礼"制，才能达到真正意义上的和谐。

古时圣明的君主在治理国家时，都是按照"礼"的要求来操作，所有的事情都遵循着"和"的原则去处理，所以才会出现太平盛世。倘若逆道而行，没人遵守礼节，到处充斥着违规和犯罪，社会将会陷入混乱，哪里还有稳定和谐可言，更不要说什么太平盛世了。说白了，"礼"在这里就是社会的软件，规定着社会方方面面的秩序，把各种或平等或不平等的关系糅合到一起，并保证它们之间的有序协调。作为国家、社会、组织各种制度总称的"礼制"，在整个社会上起着约束人们行为的规范作用。

只有全面彻底地推行"礼制"（各种制度），才能达到社会大治的目的。无论是片面执行或是有选择地执行，都会导致礼制的破坏，最终影响到社会稳定。在诸多破坏制度的行为中，有一点要特别注意，那就是以"和"的名义破坏制度。我们前面谈过，推行"礼制"的目的是营造"和"，但是，却不可以为了"和"而破坏制度。

大家应当注意，"和"的适用范围和对象是有限制的，并不是无止境的。在亲人、朋友、同事之间，以及国与国之间的往来，以和为贵自是非常重要。但是，在面对一些穷凶极恶的歹徒时，你若想与他们讲和为贵也行，不过得让他们先放下手中的屠刀，愿意改邪归正，同时愿受"礼"的限制才可以。否则的话，和为贵只是一种泛泛之谈，甚至会变成一种无原则、无是非的纵容。在这种情况下，真理与谬误、正义与邪恶等本身的矛盾就是不可调和的，若是再将它们混淆为一体，社会还是会乱套的。另外，为了小集团的利益，违背制度与少数人讲"和"，也是违背原则、破坏制度的行为，是不守"礼制"的行径。对这些打着"和"的旗号破坏制度的行为，要看清并予以抵制。唯有此，才能真正维护制度的严肃性。

【原文】

1.13　有子曰："信近于义，言可复也^①；恭近于礼，远耻辱也^②；因不失其亲^③，亦可宗也^④。"

【注释】

①复：实践，履行。②远（yuàn）：使远离，可以译为避免。③因：依靠之意。④宗：主。可宗，可靠。

【译文】

有子说："约言符合道德规范，这种约言才可兑现。态度谦恭符合礼节规矩，才不会遭受羞辱。所依靠的都是关系亲密的人，也就可靠了。"

待人接物的态度和原则

有子的这段话表明的是一种为人处世的态度和原则。在交友待人的时候，应当符合道义，具体的表现就是守信。不能空口讲白话，自己答应过别人的事情就要兑现，否则就是不信、不义。对待别人应尽量谦恭一些，做事的时候尊重一些，凡事只要合乎礼制，就不会遭人羞辱。同时，还要有着明辨是非的能力，依靠那些可信之人，行事自然会非常牢靠。

本章开头一句中点出了"义"之于"信"的重要性。不符合"义"的"信"只是小信，是不义而且难以兑现的，而符合或接近于"义"的信才是大信，是正当而且容易实现的。何为"义"呢？按照孔子的意思来讲，"义"是指适宜、合理、恰当、正义、应当等，是一种符合"仁"之要求的行为准则。在有子看来，"义"比"信"更重要，也就是说，我们说话做事，首先应该强调合理性和正当性。如果不合理不正当，即便对别人作出承诺，这种承诺也是不合适的。勉强自己去做，固然可以成全自己守"信"之名，但所做之事必定危害他人或社会，做这样的事自己是有心理负担的，同时也会遭到社会的反对。所以，不义之"信"兑现起来很难。如果你答应别人的事情，是合情合理，正当正义的。那么在兑现诺言之时，不仅求你的人很高兴，你自己也能获得愉快和满足。因为所做之事对他人，对社会都是有利的，所以会受到社会的支持，诺言很容易得到实现。

其次，有子强调待人接物的恭谨原则。在人际交往中，一个人若是能够做到处处恭谨有礼，尊重他人，自然会赢得别人的信任和尊重，不会受到他人羞辱。说白了，就是在待人接物之时，无论对谁都要以礼待之。恭谨只是交际态度，还没有达到"约于礼"的境界。即便如此，也足以保持自我尊严了。人与人交往，在儒家看来，最好是凡事依"礼"而行。凡事遵循礼制，不仅会达到交际的自由，而且会产生人格魅力，获得意想不到的成功。刘备三顾茅庐成为一段佳话；清朝的大学士张英千里修书，让邻居三尺之地，被人们传为美谈……"礼"字在这些人的身上，可以说是得到了充分的展现。

不过，尊礼应发自内心，而不应是表面文章，肉麻或是谄媚，都不是以礼待人。真正的以礼待人，会让人有如沐春风的感觉！

"因不失其亲，亦可宗也"，关于词句，歧义比较多，有人认为应当翻译成"亲近那些可以依靠的人，办起事来才可靠"；也有人觉得，"因"字是通"姻"，和后面的"宗"字一样，都表示血缘关系，将本句译为"依靠自己的亲人，才能与他们不失亲近"。另外，还有一种解释，觉得这句是对前面两句的总结，并将其解释为"这样做没有失去追求仁德的方向，因此可以效法和受到尊敬"。前两种解释的角度虽然不同，但在大体意思上还是比较一致的，都有亲近自己身边之人的意思。而最后一种解释，则是对前两种行为的肯定，阐明了"信""恭"是追求"仁""义""礼"的具体行为，为达到这种至高的标准提供了实践。

在本章中，有子在提出待人接物的方式时，并没有像其他人一般将"信""恭"二字作为核心，而是说讲信用一定要符合"义"，谦恭一定要符合"礼"。也就是说，"义"和"礼"才是真正的道德行为准则。因为，在他看来，社会中充满了各种挑战，一个人只有外在信和恭是不够的，内心应该建立守义尊礼的观念，要有一个完善的道德体系作为支撑。

【原文】

1.14 子曰："君子食无求饱，居无求安，敏于事而慎于言，就有道而正焉①，可谓好学也已。"

【注释】

① 有道：指有道德、有学问的人。正：匡正，端正。

【译文】

孔子说："君子饮食不追求饱足；居住不追求安逸；对工作勤奋敏捷，说话却谨慎；接近有道德有学问的人并向他学习，纠正自己的缺点，就可以称得上是好学了。"

孔门巨贾，济世之才——端木赐

端木赐像。

孔子器重子贡仅次于颜回。

子贡非常会做生意，他常坐着四匹马拉的车子，带着礼品访问诸侯，以此来显扬孔子的声名。

端木赐（公元前 520~ 前 456 年），姓端木，名赐，字子贡，比孔子小三十一岁，卫国人。

通达善言，外交能手，经商奇才

子贡是孔门七十二贤之一，孔门十哲之一，卓越的政治家，儒商之祖。孔子弟子与孔子的问答之言，见于《论语》的，以他为最多，孔子器重他仅次于颜回。子贡口才很好，善于雄辩，曾灵活地运用《诗经·卫风·淇奥》中"如切如磋，如琢如磨"的诗句来回答老师的提问，孔子认为子贡的回答十分贴切，认为他对该诗的理解达到了心领神会的地步。故他被列为言语科之优异者。子贡有济世之才，办事通达，孔子曾称其为"瑚琏之器"。曾任鲁、卫两国之相，是春秋末期有名的外交家。昔年齐欲伐鲁，鲁国有倾覆之危，他在齐、吴、越、晋诸国间游说，使吴国攻齐，从而保全了鲁国。他还善于经商，曾经货殖于曹、鲁两国之间，富致千金，为孔门弟子中首富。孔子说："赐不受命，而货殖焉，亿则屡中。"

使孔子名闻天下的最卓越弟子

司马迁作《史记·仲尼弟子列传》，对子贡这个人物所费笔墨最多，其传记就篇幅而言在孔门众弟子中也是最长的。可见子贡的非同寻常。他学绩优异，文化修养丰厚，政治、外交才能卓越，理财经商能力高超，其影响之大，作用之巨，是孔门弟子中无人能企及的。

在孔门弟子中，子贡是把学和行结合得最好的一位。他的名声地位甚至一度超过了他的老师孔子。当时鲁国的大夫叔孙武叔就公开在朝廷说"子贡贤于仲尼"。他听到后，坚决地予以辩止，忠实维护孔子的声望和地位。司马迁认为孔子的名声之所以能布满天下，儒学之所以能成为当时的显学，在很大程度上是因为子贡推动的缘故。子贡与子路一文一武，犹如孔子的左右手。孔子死后，他与同窗弟子一起为孔子服丧三年，又独自守墓三年，师生之情胜过父子。

子贡一生维护孔子声名，对老师崇敬之至，污蔑孔子的人，即便是王侯，他也会毫不留情地予以回击。

为政篇
第二

【原文】

2.1　子曰："为政以德，譬如北辰居其所而众星共之^①。"

【注解】

① 北辰：北极星。共（gǒng）：同"拱"，环绕。

为政以德，譬如北辰，居其所而众星共之。

【译文】

孔子说："用道德的力量去治理国家，自己就会像北极星那样，安然处在自己的位置上，别的星辰都环绕着它。"

【精读论语】

以德服人

以德服人是指领导者以良好的德行使下属归顺、服从于自己的管理。这种以道德力量感化人民的政治手段，是孔子以礼治国的重要政治主张。"为政以德"的主张，无论是在处理国家政务方面，还是一般的人事管理方面，都有着同样积极的意义。

"以德为政"，若是从字面上看，只要掌握好"政"和"德"字，这句话还是很容易理解的。"政"不仅指政治行为，也指管理一个团体或组织，甚至是一个国家。"德"字也不是笼统指代道德，也可以将其理解成"良好的德行和思想"。因此，这句话按照现代的解释还可以翻译成：作为一个领导者，若想管理好一个团队或者国家，应当有着良好的德行，成为下属们的表率，才能将他们紧密地团结在自己的周围。

"譬如北辰，居其所而众星共之"，这是孔子打的一个比方。这句话的意思是说，施行"德"政的人，就像天上的北极星一般，受到满天星辰的拱卫。在古人的眼中，北极星就是宇宙的中心，除了能够用它辨认方向以外，所有的星辰都以它为中心。"居其所"则是指代领导者不能不胡乱指挥，待在自己该待的位置，明白自己的职责范围。

而作为一个领导者，如何才能达到北极星的境界，让自己的追随者心甘情愿地跟着自己呢？这还得先从"德"入手。自古至今，无论是古时贤能的王侯将相，还是现代企业的优秀管理者，大都是严于律己之人，对自身的品德修养极为重视。比方说，当年的刘备若是从客观上分析，他的军政才干与曹操相比要差上不少，但是他在颠沛流离中招揽到了诸葛亮、关羽、张飞以及赵云等文武之才；在入川前后得到了黄忠、魏延、法正、黄权、李严卓异之士，在这些人的帮助下，他得以由一个卖草鞋的小贩奋斗至三分天下的蜀汉皇帝。他的成功，就是典型的"以德服人"。刘备的做法，倘若放到现代的企业管理上，依然适用。

要做到以德服人，还需强调个人的人格魅力。比方说，作为领导者除了应当有明确的目的外，还应有着强烈的使命感和责任心，以及创新意识和合作精神，对周围的人产生影响，让他们自愿跟随你打天下。对于现代领导者而言，以良好的德行让下属信服，也能使自己的管理更具权威性和号召力，大大降低工作上的阻力。此外，对于有些领导者而言，有些人觉得"法治"比"德治"更重要，会过多地强调"法治"，而轻视了"德治"，甚至还否定了"德治"，结果陷入管理的危机之中。

总之，以德服人是孔子一贯的政治主张，也是做好领导者的大智慧。我们应当明白，"德"的具体内容就是儒家提倡的仁义。若是领导者施行仁义，自己的下属也必会成为有德之人，这种以道德的力量进行的管理，是较为完美与和谐的方式。

2.2　子曰："《诗》三百^①，一言以蔽之^②，曰：'思无邪'。"

【注解】

①《诗》三百：《诗经》中共收诗三百零五篇。"三百"是举其整数而言。②蔽：概括。

【译文】

孔子说："《诗经》三百多篇，用一句话来概括它，就是'思想纯正'。"

子曰：《诗》三百，一言以蔽之，思无邪。

【精读论语】

诗歌的教化作用

《诗经》是我国最早的诗歌总集，在古代，人们不是把它当作纯粹的文学作品，而是人生和社会教育的教科书。孔子说："《诗》三百，一言以蔽之，曰：思无邪。"他第一次将文学与政治联系到了一起，提倡用诗来教化民众，移风易俗。

"思无邪"三字，是孔子对《诗经》评价，他认为，《诗经》中的诗歌表达了一种纯正、无邪的思想。而统治者则要善于用《诗经》这样的思想，用之于政务治理，从而让政治走上仁道，让民众归于正道。古人对《诗经》的认识，与现代人有所不同，比如，现代人把《关雎》视为一首纯粹的爱情诗，而古人则认为，水禽"雎鸠"生来有固定的伴侣，不与其他鸟儿相乱；雌雄常相并游，却不狎昵。这种行为合乎夫妇（妃匹）的正当礼仪。所以，匡衡说："臣闻之师曰：'妃匹之际，生民之始，万福之源。'"再如《燕燕》一诗，描写一位女性身遭不幸，而心意不改。其中"终温且惠，淑慎其身"一句，为儒家重视，被解读为"在人的生命中，道德和礼义应占据根本地位"。可见，所谓诗教，乃是儒家发挥诗义，阐明社会、政治、人生的根本意义的重要教育手段。正因为如此，后世统治者无不关注这部经典，并用它作为治理政务的依据。

诗教既具有思想教育的意义，也有阐述君臣之道的价值。据《礼记·经解》记载："孔子曰：入其国，其教可知也。其为人也，温柔敦厚，《诗》教也。"孔颖达在《礼记正义》中说："诗依违讽谏，不指切事情，故云温柔敦厚是诗教也。……此一经以《诗》化民，虽用敦厚，能以义节之。欲使民虽敦厚不至于愚，则是在上深达于《诗》之义理，能以《诗》教民也。"也就是说，如果统治者以《诗经》教民，民性就会敦厚，即便是针对统治者的弊政，也会尊重君臣大义，采用温柔的诗歌加以讽谏，而不是直接和激烈地揭露批判。通过采风观诗，统治者就能了达民情，及时调整相关政策，关爱民生。如此，就会建立起君民和君臣关系的和谐。

这种倡导"思无邪"和温柔敦厚的儒家传统诗教，在古代中国长期发挥作用。在春秋战国时期，各国使节来往频繁，细读史籍不难发现，《诗经》中的诗句，是各国君臣交流的重要工具。可见，当时各国，都进行过较为普遍的诗教。《诗经》中思想、语言和事例，成为当时各诸侯国之间交流的共同理念和交际工具。从汉代起，《诗经》就开始被选作学校的教材，甚至有些学者的童仆和婢女都能熟读《诗经》。魏晋南北朝时期，各级学校都要求学生学《诗经》，在贵族子弟中，读诗写诗风气颇为盛行。以后，到明清时期，各代统治者无不重视《诗经》，倡导诗教。以致温柔敦厚的儒家诗教，成为中国社会的深厚传统。

【原文】

2.3　子曰："道之以政^①，齐之以刑，民免而无耻^②；道之以德，齐之以礼，有耻且格^③。"

【注解】

① 道：有两种解释，一说是引导的意思，一说是领导、治理，与"道千乘之国"的"道"相同。此从后解。② 免：免罪、免刑、免祸。③ 格：纠正。

【译文】

孔子说："用政令来治理百姓，用刑罚来制约百姓，百姓可暂时免于罪过，但不会感到不服从统治是可耻的；如果用道德来统治百姓，用礼教来约束百姓，百姓不但有廉耻之心，而且会纠正自己的错误。"

【精读论语】

礼制与法治的区别

孔子在本章中提出，刑罚只能避免人们犯罪，并不能让他们生出犯罪可耻的心理。也就是说，一个人的荣辱观，光靠政令和刑罚是确立不起来的。但是，若是用道德诱导人们向善，用礼制统一人们的言行，老百姓不仅会有羞耻之心，还能恪守正道，民心归服。这两种方法比较起来，道德教化和以礼治国要比苛政刑罚高明许多。

在这里，有必要说一下"德"和"礼"，"德"这里应该理解为道德自律，是人们内心的一种行为准则，时刻都在约束着自己。"礼"是社会规范，是对人们的行为和相互关系做出的种种规定。因此，这句话可以理解为在治理国家时，若是用礼仪道德规范人们的言行，老百姓就会心甘情愿地服从于统治者的管理，不会生出二心。

孔子在此强调"以德治国"的思想，重视道德修养在构建和谐社会中的重要作用，在我国政治史上有着重要的价值。几千年来，中国历代君主虽然都采用"儒表里法"治国手段，但无论如何，对道德价值的宣讲和践行，对社会的稳定和人际的和谐起到了巨大的作用。虽然有人认为孔子忽视了政令制度在治理国家中的作用，但德治的理想高于法治的境界则是不争的事实。倘若将他以德治国的思想放到现代，然后再与法制制度相结合，二者相辅相成，其效果当然会更好。

在周天子统治的时期，社会运转主要是靠礼制加以约束的。但是，到了孔子生活的时期，礼制基本上已经是名存实亡。再加上当时的社会动荡不安，各诸侯国纷纷颁布了繁苛的政刑，很少有人会用礼制安邦。但是，光有政刑，却不能教化民众，没有政刑更是无法管束民众。因此，孔子的这套理论确实不错，但因礼制烦琐而难行得通。

所以，在企业乃至社会中，汲取礼制的合理成分，简化程序，并确保其严肃性，还是有极大价值的。

孔子曾与卫国的大夫孔圉讨论过治国之道，孔子说，用礼乐统治黎民百姓就好像用缰绳驾驭马匹，骑马的人只要握住缰绳，它们就知道怎么跑了。用刑罚统治老百姓，就好比拿鞭子驱赶它们一样，很容易失去控制，令骑马者受伤。当时，孔圉提出疑问，只有缰绳，没有鞭子，马儿怎么会怕人呢？若是这样的话，马儿反而会越跑越慢。若是对他们的这段对话加以仔细分析，大家不难看出，孔圉主张以刑罚为主，礼乐为辅；而孔子则主张礼制，反对刑罚，体现出了其以德治国的政治主张。就当时的实际情况而言，孔圉的主张似乎更为合理一些。不过，孔子的主张也并非没有道理，若是老百姓都接受道德礼乐的规范，严格要求自己向着好的方向发展，社会自然会太平无事。

总之，在本章中，孔子的观点还是十分明确的。若是统治者以德和礼治国，就能得到百姓的认同和亲近，整个国家的凝聚力也会提升不少。倘若利用刑罚和政令治理国家，虽然也能相安无事，但是民众对国家的感情却很淡，缺少相应的凝聚力。而最理想的政治形态，莫过于"礼乐刑政"的统一，才是最完备的治国方针。

【原文】

2.4　子曰："吾十有五而志于学①，三十而立②，四十而不惑，五十而知天命，六十而耳顺③，七十而从心所欲，不逾矩。"

【注解】

① 有（yòu）：同"又"。古文中表数字时常用"有"代替"又"，表示相加的关系。② 立：站立，成立。这里指立身处世。③ 耳顺：对于外界一切相反相异、五花八门的言论，能分辨真伪是非，并听之泰然。

【译文】

孔子说："我十五岁立志学习，三十岁在人生道路上站稳脚跟，四十岁心中不再迷惘，五十岁知道上天给我安排的命运，六十岁听到别人说话就能分辨是非真假，七十岁能随心所欲地说话做事，又不会超越规矩。"

【精读论语】

在追求中完善自己

在本章中，孔子阐述了道德修养的过程在于不断地进取和完善。他在叙述自己一生的经历时，体会到了道德修养并不是一朝一夕的事，也不能一下子就完成，需要长时间的学习和锻炼，有个循序渐进的过程。而且，道德的最高境界是思想和言行上的融合，发自内心的自愿去遵守道德规范，而不是违背心意地勉强去做。另外，孔子这些做人做事的经验，也是想让后人拿来借鉴，给他们指明正确的修道之路。

"吾十有五志于学"，是说孔子十五岁的时候就立志做学问了。当时，男子十五岁就属于成人了，也是人们开始懂事的开端。而且，从十五岁到三十岁之间，是人们获取知识的黄金时段，此时立志向学，也是做好的选择。

"三十而立"，经过十五年学习和磨砺，到了三十岁才算有点儿成就。在孔子眼中，自己二十岁的时候还属于"不知礼，无以立也"的阶段。直至三十岁时，才学成知礼，得以立身。这也就是说，通过十五年的学习，他才算确定了自己的人生观点，明白了做人处世的道理，以及安身立命的行为准则。不过，这时虽然得以立身，但是还存有怀疑，思想上容易出现摇摆。在现代，此句大多被理解为开始创立自己的事业，这与孔子的意思完全是两回事情，大家应当有所区分。

"四十而不惑"，这句话是紧承上句而言的，也就是说又过了十年，到了四十岁的时候，才确定了自己坚持的观点和准则，按照既定的人生理想努力前行。无论是做人还是做事，都有着明确的行为准则，以及判断是非的标准和处世原理，不会再出现犹疑不定的现象了。不过，做到这一步只是对人生的一般性理解，若想做到更好，还需要继续努力才行。

"五十而知天命"，到了五十岁时，方知天命，此时他才真正了解自己到底能做些什么。在他看来，天命不仅是一种未知的存在，还有着一定的合理性，自己既然没有能力改变这种天命，就应做好今生该做之事。"五十而知天命"属于人生思想上的理解了，要比"不惑之年"的理解深入许多。

"六十而耳顺"，到了六十岁时，才能辨明善恶是非。另外，大家应当注意，此处的耳顺并不是生理上的问题。孔子的意思是说，自己从十五岁开始学习做人处世，好话坏话都听了不少，到了六十岁的时候，才不会因为这些话而喜怒无常，真正做到明辨是非和内心的平静。到了这个境界以后，遇事才会有着镇定自如的表现。

"七十而从心而欲，不逾矩"，又经过了十年的洗礼，孔子才算如愿到达了"从心而欲"的境界。然而，"从心而欲"并不代表着自己可以随便胡来，也是有限制的，即"不逾矩"，这个规矩就是"礼"。在孔子看来，人的行为应当受到"礼"的约束，即便是自由也不能超越礼制，进而衍变成无止境的欲望。只要自己的言行合乎礼制，看透人生世相，做到无欲无求，这种境界才是道德修养的最高境界。

儒家士子追求的最高境界就是让人民"安居乐业"，世界上几乎所有优秀的政治家都为这四个字而努力过。孔子这些话，是为了告诫后学，道德修养的过程是很漫长和艰难的，只有在工作中多多体会，才能真正理解为人之道和为政之道，修成君子。

【原文】

　　2.5　孟懿子问孝①，子曰："无违②。"樊迟御③，子告之曰："孟孙问孝于我，我对曰，无违。"樊迟曰："何谓也？"子曰："生，事之以礼；死，葬之以礼，祭之以礼。"

【注解】

① 孟懿子：鲁国大夫，姓仲孙，名何忌。懿，谥号。② 无违：不要违背礼节。③ 樊迟：孔子的学生，姓樊，名须，字子迟。御：驾车，赶车。

　　孟懿子问什么是孝道。孔子说："不要违背礼节。"不久，樊迟替孔子驾车，孔子告诉他："孟孙问我什么是孝道，我对他说，不要违背礼节。"樊迟说："这是什么意思？"孔子说："父母活着的时候，依规定的礼节侍奉他们；死的时候，依规定的礼节安葬他们，祭祀他们。"

【原文】

　　2.6　孟武伯问孝^①，子曰："父母唯其疾之忧^②。"

【注解】

①孟武伯：上文孟懿子的儿子，名彘（zhì），"武"是谥号。②其：指孝子。

【译文】

　　孟武伯问什么是孝道，孔子说："父母只为孩子的疾病担忧（而不担忧别的）。"

父母唯其疾之忧。

【精读论语】

珍重自身就是孝

　　在这里，孔子强调孝顺的子女应当爱护好自己的身体，不要让父母为自己担心。同时，做子女的也应多关心父母的健康，以回报父母的养育之恩。其实，孔子说这句话的时候，还有着另外一层意思。他觉得真正的孝子，绝不会让父母为自己的言行忧虑，他们所担心的只能是自己的健康，而非德行方面的问题。因此，倘若在德行上没有问题的话，保证好自身的健康，就是在尽最大的努力孝敬父母。

　　"父母唯其疾之忧"句意直解，是父母最担心子女的健康状况。

扩大理解，则是对儿女所有毛病心存担忧。据史载，孟武伯是孟懿子的长子，为人骄奢淫逸，有声色犬马等诸多切身之疾。孔子在此处的回答，意即为人子者若有诸多不义的行为，就是最大的不孝。他这是借孟武伯问孝之机，婉转地向他提出批评和教育。另外，还有人认为，孔子这里强调的是做子女的若是孝顺父母，就应多关心父母的健康。这种解释虽然也有一定的道理，但是，通过对孟武伯的身份以及行事风格的了解，就会发现这种解释基本上是不成立的。

孝、悌也是人类文明进步的结果，它是一种充满人性化的思想，将其引入到治理国家的方针中，就是"为政以孝"的观念。比方说，当政者应将关注子女身体健康问题，推而广之，扩大为关爱天下黎民，以慈父之心对待治下的民众，关心、担忧他们的健康和疾苦。后世称地方官为"父母官"，与这种思想不无关系。另外，还有相反的说法，说为政以孝是指官员当以孝子之心治理天下，对待治下的民众要想孝顺父母一样，但这种说法最后消亡了。为政以孝的观念，到唐宋以后就逐渐演变为"求忠臣必于孝子之门"的选官思想。上层统治者认为，倘若一个人真心孝顺自己的父母，做官后一定会以孝子之心对待皇帝和上级。

孔夫子对孝的解释，以及后世对这个观念的发挥，对我们有着重要的启迪。我们应该知道，珍爱自己，管理好自己，让自己有个健康的身心，父母就会少为自己操心，这便是孝了。而"为政以孝"的观念，提醒每位管理者，要关心爱护自己的下属和员工。如果以慈父之心对待员工，他们则将以孝子之心对待领导，这样，事业没有做不成的。

【原文】

2.7 子游问孝[①]，子曰："今之孝者，是谓能养。至于犬马，皆能有养。不敬，何以别乎？"

【注解】

① 子游：孔子的高足，姓言，名偃，字子游，吴人。

【译文】

子游请教孝道，孔子说："现在所说的孝，指的是能养活父母便行了。即使狗和马，也都有人饲养。对父母如果不恭敬顺从，那和饲养狗马有什么区别呢？"

【精读论语】

老有所养不算孝

现代人对父母最常用的一句话是"老有所养"，并且认为做到这一点就是尽孝了。但在孔子看来，这个观点是错误的，一个人如果对自己的父母只有养，而没有孝敬的心，就与养些犬马没有区别。若是真心孝事父母的话，就不应仅停留在养的表面上，对父母的孝应当是发自内心深处的敬爱，这才符合孝道。

从孔子所处的时代至今，人们所谈的孝多半是讲能够赡养父母而已。所谓赡养，就是指子女在经济上为父母提供一些生活必需品和费用的行为。也就是说，做子女的多数认为应当对父母承担着一定的经济责任，应在物质上对父母进行帮扶。但是，这种行为缺少精神上和感情上的恭敬，因此并不能算作是真孝。孔子在提出这个观点后，论证极为简单，用一个类比而已——至于犬马，皆能有养。这句话是说，就算在家中养条狗或是养匹马都要把它们喂饱，对自己的父母若是只有表面上的养，和养些阿猫阿狗有什么区别呢？这一句话，有力地驳斥了"能养即孝"的观点。

那么，孝的真义是什么呢？"不敬，何以别乎？"由此告诫大家，孝敬父母，不但要承担着赡养父母的义务，还要充分的敬爱之心，"孝"的关键在于尽心尽力地满足父母在精神生活和情感生活方面的需求，对于年迈的父母，更应悉心地照顾。

如今的许多老人，虽然也是儿孙满堂，不愁吃喝穿用，可是儿女们常年在外东奔西跑的，不能陪在他们的身边，因此，他们渴望与儿女们团圆的心理十分强烈。此时，做儿女的就应多抽些时间去陪陪他们，而不是按月将赡养费打到父母亲的银行卡上。只给钱不看望或少看望，若是按照孔子的观点来看，那就是不孝了。

父母辛辛苦苦将孩子教养成人，儿女们孝顺父母也是天经地义。不过，大家不管走到哪里，都应在心里想着父母、敬着父母。趁着父母还健在的时候，多站在父母的角度想想，尽量让自己的父母生活得开心一些，以免留下遗憾。所谓"子欲养而亲不待"，千万不要等到父母去世以后才知道尽孝，到那时一切都晚了。

在本章中，孔子与子游之间的谈话，牵涉到的内容依然是"孝道"。不过，孔子在此处阐述的"孝道"，与前两篇的侧重点有所不同。他在本章中强调，身为子女者不但要赡养好父母亲的身体，还要养好他们的心。只有心存尊敬与爱戴，才能给父母带去快乐和幸福。若是将这套理论套用到治理国家的方针中去，为政者不但可以让老百姓们吃饱穿暖，还能温暖百姓的心，让他们幸福快乐地生活下去。

【原文】

2.8　子夏问孝，子曰："色难①。有事，弟子服其劳②；有酒食③，先生馔④；曾是以为孝乎⑤？"

【注解】

① 色难：有两种解释，一说孝子侍奉父母，以做到和颜悦色为难；一说难在承望、理解父母的脸色。今从前解。② 弟子：年轻的子弟。③ 食：食物。④ 先生：与"弟子"相对，指长辈。馔：吃喝。⑤ 曾：副词，竟然的意思。

【译文】

子夏问什么是孝道，孔子说："侍奉父母经常保持和颜悦色最难。遇到事情，由年轻人去做；有好吃好喝的，让老年人享受，难道这样就是孝吗？"

【精读论语】

孝敬父母要和颜悦色

上一章中，孔子强调真正的孝应是对父母发自内心的敬爱；而这一章，他则强调行孝应当在表情上做到和颜悦色。从整体上看，这一章是对前一章的扩充，对孝道的阐述也因此完整清晰起来。

这里最重要的一个词是"色难"，其意思是指在侍奉父母的时候，想要长期保持着和颜悦色的状态很难。大家都知道，凡事都可以勉强，唯有面色不大容易伪装，因为人的神情是由心理决定的。只有对自己父母有着深切笃定的孝心，才会由衷地表现出愉悦和婉的神色。所以说，若能在父母面前一直保持着和悦的神色，就能算作真孝顺了。

我们知道，每个人都有自己的性格，再加上日常事务烦扰，有时心情会很坏。这个时候，见到父母，态度不一定会好，脸色也不一定好看。当然，这并不是内心不孝。但话又说回来，即便你孝心再大，父母整天看着你烦躁不安的神情，看着你喜怒无常的脸色，恐怕也难以感受到你的孝心，心中自然也高兴不起来。这样，你的一片孝心就会打折扣，收不到应有的效果。所以，孔子认为，若是真心孝顺父母，不仅应对父母心存敬爱，态度恭敬和脸色的和悦也是十分重要的。这一点，对于性格急躁、反复多变的人尤为重要。当父母看到你的不安和烦躁，可能会认为你对他们不耐烦，心中怎么会高兴起来。如果他们对你有着深刻的了解，不认为你不孝，则会认为你遇到了大麻烦，自然会对你忧心不已，也不会快乐。因此，孔子的这个观点还提醒我们，在自己情绪不好的时候，最好不要去见父母，如果不可避免，应尽量调整好自己的情绪，以轻松和悦神情出现在父母面前，这样才能让他们安心愉悦。

另外，孔子还特别强调，若父兄有事，做子弟的帮忙代劳，为人子弟者有好的酒菜，请父兄先来享用，这些都是很容易做到的事情，并不能作为判断孝顺与否的标准。在前文中，子游向孔子请教何为孝道，夫子告诉孝在于内心的敬爱，而到了子夏请教孝道时，夫子则告诉他孝的关键在外形上和悦。子游与子夏都是孔子的得意弟子，在侍奉父母这方面应该没有什么大的问题。孔子此言也是怕他们对父母的敬爱之心不够恳切，才会有此种说法警示他们，让他们明白侍奉父母除了敬养于内，还应表现于外，不让父母亲有疑，才是真孝。

2.9 子曰:"视其所以①,观其所由②,察其所安③。人焉廋哉④? 人焉廋哉?"

【注解】

①以:为。所以:所做的事。②所由:所经过的途径。③安:安心。④廋(sōu):隐藏,隐蔽。

【译文】

孔子说:"看一个人的所作所为,考察他处事的动机,了解他心安于什么事情。那么,这个人的内心怎能掩盖得了呢? 这个人的内心怎能掩盖得了呢?"

【精读论语】

孔子的识人法则

知人是与人打交道的依据,也是一门极为高深的学问。孔子认为,不论是为人处世还是治理社会和国家,都不能不知人,知人虽然很难,但并不是没有办法。在这里,孔子便教给我们一套了解他人、认识他人的科学方法。孔子的这套方法,可以概括为"视""观""察"识人三部曲,具体说来,就是要想了解一个人,必须先看的他的言行,其次观察他做事的内在心理,最后确认他的价值取向和志趣所在。经此三步,就能对一个人做出较为彻底的认识和全面了解,使他在你面前无处遁形。

每个人的行为都不相同,有人为恶,也有人为善。若是真正了解一个人,就应先看他的行为表现。行善的就是君子,作恶的就是小人,按照这个标准,可以初步判定这个人的品行。这种方式只是从眼前之事分析,并不足以了解对方,只是从表面上知人识人,还应更进一步才行,这才是"视其所以"的本质。

所谓"观其所由",是指观察一个人行事的动机和方法。观察为恶的人，看他是迫于无奈还是心存恶念，心存恶念就会为达目的不择手段，多采用一些坑蒙拐骗的伎俩。至于行善的人也要分开来看，应当观察他是不是真心为善，是否诚实，以及他的目的何在。若是真心为善，就不会伪装，只是为了行善而没有别的目的。但若是假意行善，则是沽名钓誉之徒。这种方法是从较为长远的角度了解对方，要比前一步深入许多。

第三步是"察其所安"，要求我们要深入了解对方价值取向和志趣所在。若是以行善助人作为自己的价值观，这样的人就会真心喜欢行善，就不会有着过分的矫情，就是真君子。但若出于某种目的或形势不得不这样做，即便是行善，也非志趣所在，也不会乐于长期做下去，这种人便不是真正的君子。倘若能够看透别人内心的善恶以及志趣所在，也就达到了知人识人的最高境界。

孔子识人法，是对一个人从外看到内做全面的了解和深入的考察。即便他人的城府极深，极力想将自己的真实想法掩藏起来，只要我们耐心观察，照样能让他们无所遁迹，乖乖地现出"原形"。一般情况下，很多人都能做到前两点，可是这并不能真正地了解他人，只有把握其价值观，才能彻底地了解他。言语是最表面的东西，最不靠谱，就连日常的行为也只是初步判断的标准而已。了解到他人做事时的动机，已经能够较为准确地认识他人。如果能认准其价值观和志趣，当算是真正知人了。

对于为政者而言，"知人"的目的在于"善任"，只有"善任"才能使人才发挥出最大的潜能，做到人尽其才，保证国家的政策得以贯彻和落实。这就需要为政者必须具备知人的本领，在选人用人时都能量才使用，使客观需要与主观能力达到完美的统一。

【原文】

2.10　子贡问君子，子曰："先行其言而后从之。"

【译文】

子贡问怎样才能做一个君子。孔子说："对于你要说的话，先实行了，然后说出来。"

说得好不如做得好

在孔子的弟子中，子贡在"言语"一科中，这也说明了子贡本人在言辞方面是比较擅长的。子贡虽然善辩，但是也有言多失礼的地方。孔子在此处的这番言论，意在教育子贡，说得再好都不如做得好更让人信服，这也是孔子"因材施教"的典例。

"先行其言而后从"的意思是说，君子应先做后说，不能眼高于顶。说得再好而不付诸行动，属于本末倒置的行为，这种人永远也成不了君子。这些人大多是些言语上的巨人，行动上矮子，有点小成绩就沾沾自喜，进而说些大话空话，最终一事无成。在孔子眼中，君子就是有德行的人、为学之人。他们会先将自己的想法付诸实践，等到自己成功之后，才会告诉别人自己当初的想法。比方说君臣父子之道，仁义礼智信之德，在讨论这些之前，只有自己先做到了，才能挺直腰板讲给别人听。有着这种先做后说的行为的人，就是实实在在的君子。

对言行次序，荀子作过总结，即：口能言之，身能行之，国宝也。也就是说只有能说能干的人，才是国家的栋梁之材。只要是自己提倡的，就应该事事走在前，干在前，身体力行，这样才能做好别人的表率。考察孔子本人的做法，不难发现，他在教育弟子的时候，就注意行在言先，所以，他的"身教"明显多于"言传"。

但是，如何才能做到敏于行而慎于言，成为真正的君子呢？首先应当避免说大话，以免放出去了豪言，到头来只是让人"虚惊"一场，光说不练可不是真把式。其次，注意保证自己的言行前后一致，倘若言行不一，也很容易失信于人，也不能成为真正的君子。话又说回来，若想保证言行的一致，还是等做了之后再说才是最保险的办法，即便结果不尽如人意，但也不会落得失信于人的地步。因为事实摆在眼前，就是最有说服力的证据。

在现在的社会中，大家可能经常会碰到一些能说会道的人，在初次接触的时候，大家可能觉得他们很不错，觉得对方挺会说话的，而且分寸也把握得很好。但是，经过一段时间以后，你会发现对方只是嘴上功夫了得，若是论起实干的话，基本上就看不到他们的影子，这种人的行径就是巧言令色，与君子之为也相差甚远。

一个人能说会道的人，有时固然能够受到大家的欢迎。但是，人活在世上，不可能靠耍"嘴皮子"生活下去，要能说更会做、肯做，这样才是长久之计。孔子的这段话虽然是在教育子贡，其实也是在告诫为政者，应当多为老百姓做些实事，不要总是做些表面文章，用些好话糊弄老百姓。只有做了才是最有力的证据，才能让老百姓信服。

【原文】

2.11　子曰："学而不思则罔①，思而不学则殆②。"

【注解】

①罔：迷惘，没有收获。②殆：疑惑。

【译文】

孔子说："学习而不思考就会迷惘无所得；思考而不学习就不切于事而疑惑不解。"

【精读论语】

学习与思考

孔子在本章中的观点十分明确，学习离不开思考，思考也不能脱离学习，二者相辅相成，缺一不可，这是学习的最基本方法。

在学习过程中，如果对学习的知识只知道死记硬背，而不去思考，那么，所学到的内容充其量只是一些文字堆积起来的符号而已。这种得自书本与老师的知识，如果长期不用，就不会加以思考，所以难以在大脑中形成稳固的知识结构，很容易忘记。许多人都有这样的经验，毕业几年以后，如果与所从事的工作无关，在高中和大学阶段所学的知识，几乎遗忘殆尽。从事文职工作的人，不要说微积分，就连高中阶段学习的函数都记不起来了。其次，所学知识如果不能思考其中道理，必将无法应用于生活。许多人理论上一大套，但缺乏深入思考，以至于在实践中相当笨拙，就是缺乏思考的缘故。所有的纸上谈兵者，都是学而不思造就的。学习之后，只有通过思考才能掌握其中精华，将多个知识点融会贯通，洞察事物的内在联系，形成自己的独到见解。也只有这样，才能把知识应用于实践，达到学以致用的目的。可见，学习知识虽然很重要，但若缺乏相对应的思考，学到的只是一些死板的知识，很难在生活中应用，更勿论创新和发展了。

光学习不思考不行，光思考不学习也不行。思考是一种能力，这种能力的养成离不开知识，需要以知识位作为思考的材料和对象，并以知识凝结作为思考的结果。倘若没有积累到足够丰富的知识，只是一味地冥思苦想，就好比没有加油的发动机在空转，不仅收不到任何效果，还可能带来危险。这种没有一定知识做基础的空想和瞎琢磨，就像无源之水、无本之木一样，既流不长远又长不大。不过思考也得建立在已有的知识和经验之上，才能有所收获。若是不经学习，只凭空思考，只是徒费精神。

在孔子看来，天下万物皆有其道理，只要用心体会，都能有所得。但在体会之前，必须先从这些事物中分辨出哪些是自己需要的东西，并对其加以学习，通过勤奋的实践，然后再从中有所悟道，这才叫学。等学到了这些道理以后，若是经过反复琢磨和研究，彻底了解了其中的精妙之处，就是思。学与思这二者缺一不可，若是只是埋头学习，而不去思索，永远都不会明白其中的道理，领会不到其精髓之所在，最终还是会迷惘不已。但是，若是每天都不去用心学习，只知道胡思乱想，最终只会落得个身心疲惫，终日惶恐不安。由此可见，学习的时候必须借助于思考，才能将所学的知识弄透彻；在思考之前得有一定的知识作基础，思索出来的东西才有价值。这两样无论是偏废了哪一个，都很难获得真正的学问。

在现代社会，为政者也需要通过不断的学习和思考，提高自己的修养，走出故有的狭隘经验的盲区，避免成为故弄玄虚的空想家。为政者只有在学与思的过程中，才能参悟为政之道，造福于一方的百姓。

【原文】

　　2.12　子曰："由①！诲女，知之乎②？知之为知之，不知为不知，是知也。"

【注解】

①由：孔子的高足，姓仲，名由，字子路，卞（故城在今山东泗水县东五十里）人。②知：作动词用，知道。

【译文】

　　孔子说："由啊，我教给你的，你懂了吗？知道就是知道，不知道就是不知道，这才是真正的智慧！"

【精读论语】

知之为知之，不知为不知

　　孔子在本章中阐明了对待学习时应当持有的态度，即"知之为知之，不知为不知"，反映出了孔子实事求是的科学求知态度。他觉得，对待任何事情都应谦虚诚恳，知道的就说知道，不能不懂装懂、自欺欺人。

　　子路其人，为人比较直爽，说话有点口无遮拦。孔子在此处与他的对话，也有些许的呵斥成分。这是孔子有针对性的教育，是他"因材施教"的又一例。

　　孔子告诉子路，做学问知道就是知道，不知道就是不知道，千万不能不懂装懂，否则吃亏的还是自己。做学问应当保持着谦虚的态度，天下的知识何其丰富，没有哪一个人可以掌握所有的知识，总会碰到一些不懂的问题。人不懂并不可怕，也不可耻，但若不敢承认自己不知道的东西而强装知道，这就有些不知羞耻了。人们只有虚心地向别人学习，不耻下问，才能不断地进步。

　　做学问的过程中有许多困难，如我们很难分清自己知道什么和不知道什么，而不知道我们不知道什么则是治学时最难的地方。在《庄子·齐物论》中有一段关于啮缺和王倪的问答，其中王倪的回答就很诚恳。当时啮缺一共问了王倪三个问题，第一个：万物是不是有着共同的标准？王倪答道：我怎么知道！第二个：你知道你不知道什么吗？王倪说：我怎么知道！第三个：万事万物均不相通吗？王倪依然答道：我怎么知道！对于这三个问题，王倪的答案都一样，均是不知。虽然他也想试着讲讲自己的看法，可他确实不知道，只有如实回答了。王倪虽然没有答上一个问题，但是他的诚恳却让啮缺兴奋不已，因为他知道王倪是真心向他求学的。曾有心理学家指出，那些平时动不动就喜欢说"我知道"的人，很不受欢迎，因为他们给人的感觉通常都比较虚伪、不真实。敢于说"我不知道"的人则显得诚实许多，也更受人们的欢迎。

孔子所以强调何为知与不知，就是为了能让绝大多数的人明白"学而知之"的道理。只有勇于承认自己的无知，才能看到自己的不足和疑惑，知道如何学习和质疑。而**掩饰**自己的"不知"，只会遮蔽住我们的双眼，失去对事物的准确判断，寻求不到真正的智慧。只有坚持"知之为知之，不知为不知"的学习态度，才能破除求学路上的重重障碍。

"知之为知之，不知为不知"，说起来相当容易，可是真要做起来的话却是难上加难。对于为政者而言，更需注意这方面的问题，虽然身处高位，但也不能事事尽知。因此，为政者在作决定之前，最好能够得到多方论证以后再行实施，减少犯错的概率。倘若为政者只凭主观臆断而无视他人的意见，就是对大众的不负责，实非合格的领导者。

【原文】

2.13　哀公问曰①："何为则民服？"孔子对曰："举直错诸枉②，则民服；举枉错诸直，则民不服。"

【注解】

①哀公：鲁国国君，姓姬，名将，鲁定公之子，在位二十七年，"哀"是谥号。②错：同"措"，安置。诸："之于"的合音。枉：邪曲。

鲁哀公问道："我怎么做才能使百姓服从呢？"孔子答道："把正直的人提拔上来，使他们位居不正直的人之上，则百姓就服从了；如果把不正直的人提拔上来，使他们位居正直的人之上，百姓就会不服从。"

【精读论语】

任人唯贤才是关键

孔子认为，为政者，尤其是君主，在选拔人才时应唯贤是举，远离小人，树立起良好的道德标准，让老百姓真心顺服。孔子提出的这种治国思想，也为后世挑选官员确立了新的标准，即任人唯才与德。孔子在此处论政，其中心是用人的问题。

鲁哀公向孔子求教治国的方法，问他作为君主应当如何去做才能让百姓信服自己。其实，鲁哀公的这种疑惑也是历代君主最关心的事情。只有认真地看待这个问题，才能找到解决的方法，真正地理解孔子所给出的答案的含义。

孔子的答案简洁明了："举直错诸枉，则民服；举枉错诸直，则民不服。"他告诉鲁哀公，君主在用人之时，应当多任用和提拔那些贤能之人，这样一来，民心自然就能归顺了，国家也会得到安定和团结。作为君主，若是错用了小人，让一些心术不正之人得志，就是颠倒了用人之道，违背了人民大众的意志，自然会遭受到百姓们的非议。孔子的这一思想，成为后世君主选才治国的重要指导思想。三国时，蜀国丞相诸葛亮北伐中原，临行前上表嘱咐后主刘禅："亲贤臣，远小人，此先汉所以兴隆也；亲小人，远贤臣，此后汉所以倾颓也。"诸葛亮的这一观点，正是对孔子思想的继承。孔子的这种政治主张，即便是放到现代，对提拔和任命官员依然有着重要的借鉴意义。

考察历史不难发现，中国古代屈指可数的几个盛世，都与重用贤才有关系。众所周知的"贞观之治"，正是唐太宗君臣共同努力的结果。唐太宗即位后，先后任用了房玄龄、杜如晦为相，任命李靖、李勣、侯君集等人为将，任用魏徵等人为谏官，才造就了辉煌灿烂大唐盛世。"开元盛世"的出现，也是贤才治国的结果。唐玄宗任用姚崇、宋璟、韩休、张九龄为相，国家走向繁荣昌盛。后来，他任用欲壑难填、擅长玩弄权术的李林甫和杨国忠为相，不仅国家迅速走向衰落，而且酿成了安史之乱的滔天巨祸，几乎葬送了唐王朝。

在孔子看来，为政者若是想尽一切办法，通过各种权术让百姓臣服于自己，是霸道而不是王道。在这种统治下，百姓只是迫于高压或慑于利诱不敢反抗，根本就不是统治者的长久之计。而王道，则是利用道德规范令百姓自然地顺从，这是一种发自内心的拥护，这样的国家才是稳固的。当时鲁国的政局混乱，朝政大权旁落，孔子也是借此婉转地指出了哀公的用人不当。

现实中，"举直错诸枉"的为政之道谁都明白，但要做到这一点却很少。领导者想要真正取信于民，让他们信服于自己的管理，就必须有切实的行动，真正重用那些正直的人，远离奸佞小人的蛊惑。只有这样，才能营造出清明的政治，保证社会的安定和民众的安居乐业。

【原文】

2.14　季康子问①："使民敬、忠以劝②，如之何？"子曰："临之以庄，则敬；孝慈，则忠；举善而教不能，则劝③。"

【注解】

①季康子：鲁大夫季桓子之子，鲁国正卿，"康"是谥号。②以：通"与"，可译为"和"。③劝：勉励的意思。

【译文】

季康子问："要使百姓恭敬、忠诚并互相勉励，该怎么做？"孔子说："如果你用庄重的态度对待他们，他们就会恭敬；如果你能孝顺父母、爱护幼小，他们就会忠诚；如果你能任用贤能之士，教育能力低下的人，他们就会互相勉励。"

治理民众的三大要诀

季康子身为鲁国的正卿，是鲁国当时的三大权臣之一。他向孔子请教如何治理百姓，让百姓安心接受自己的统治。他问得比较具体，而孔子给出的答案也很有针对性，具体说来，就是要求为政者庄重肃穆、孝亲慈众、举善教不能三大要诀。作为领导者，如果做到这三点，百姓自然会不治而安。

作为执掌朝政的权臣，季康子管理民众，显然是很有阻力的，所以才问政于孔子。他想知道，为政者应当如何做，才能让百姓对自己恭敬、忠诚，相劝为善。当然，这不仅是季康子个人想知道的问题，也是众多统治者的共同疑问，因为他们不知道该从何处下手。

孔子的回答言简意赅，没有丝毫的拖泥带水。他明确指出，要想让百姓恭敬，统治者必须"临之以庄"，意思是说，为政者在面对老百姓的时候，只有保持着庄重严肃的态度，才会赢得人们的恭敬。也就是说，若是想让别人尊敬你，首先你得尊敬别人才行，这是礼"上"往来。执政者应当起到模范带头的作用，以虔敬之心对待君主，以庄重严肃的态度处理政务，不敢有丝毫的懈怠之情，那么，老百姓自然会效仿，敬重执政者。

而要想让民众忠诚于政府，最好的办法是执政者的"孝慈"。领导者在生活中，若能做到孝顺父母，并以慈爱之心对待子女，并将此推及普罗大众，以仁慈之心关爱他们，没有任何的刻薄之情，那么，民众就会自然归附，并忠诚于自己的领导。也就是说，为政者若是能善待大众，其恩德之情也足能获取民心，百姓自然没有悖逆之心。

执政者都希望治下的民众团结向善，自强自立，要做到这点很难。孔子认为，只要执政者做到任人唯贤，选拔那些道德素养高的人为官，用心教育培养那些能力较差的人，就可能达到这个目的。试想，贤德之人日日精进并得到提拔，能力稍差的人也得到教育培养，这样就会形成相劝为善，携手进步的社会风气。

在本章中，季康子问得好，孔子回答得更好。在孔子的眼中，为政者若想让百姓对自己恭敬、忠诚和勤勉，为政者必须把握三大要诀，并从自身做起。也就是说，若想让老百姓对你恭敬，你必须有可敬之处才行；若想让老百姓对你尽忠，你得先是忠孝之人才可；若是想让老百姓勤勉互助，你得先营造出一个公平公正的社会环境才行。倘若做领导失职缺德，下面的人也会跟着做些坏事。正所谓，"上不正，下参差"，说的就是这个道理。

其实，孔子的这番言论，若是放到现代企业的管理中照样适用。比方说，现在许多公司的领导者都希望下属们有凝聚力，忠于公司，还能吃苦；希望下属们对自己恭敬，做到爱岗敬业，努力干好本职工作。但是，身为公司领导，你把下属当回事了吗？你对下属敬重吗？你是否让下属在工作中看到了自身的价值，感受到工作的自豪和归属感了吗？倘若这些你都做到了，那么，你所希望的一切都能实现。

【原文】

　　2.15　或谓孔子曰①："子奚不为政②？"子曰："《书》云③：'孝乎惟孝，友于兄弟。'施于有政④，是亦为政，奚其为政？"

【注解】

①或：有人。②奚（xī）：疑问词，当"何""怎么""为什么"讲。③《书》：指《尚书》。"《书》云"以下二句见伪《古文尚书·君陈》，略有出入，可能是《尚书》逸文。④施于有政："有"在此无实在的意义。

【译文】

　　有人问孔子说："您为什么不当官参与政治呢？"孔子说："《尚书》中说：'孝呀！只有孝顺父母，才能推广到友爱兄弟。并把孝悌的精神扩展、影响到政治上去。'这也是参与政治，为什么一定要当官才算参与政治呢？"

政治无处不在

孔子一直看重孝道价值，并把它提高到治国方略的地位，认为将友爱、孝顺之心延及社会事务之中，就是在完善政治。他指出，要是将家庭关系、朋友关系都处理好了，整个社会自然就会和谐，这也是参与政治的一种方式。在孔子眼中，孝亲也是为政，没有必要非去做官不可，政治是无处不在的。

当时的人都知道，夫子有着远大的理想抱负，因此对他不去做官心怀疑问。从客观上讲，他人有此问也很正常。当时的孔子早已年过不惑，学问也有所成，正是出来施展才华，实现抱负的时候。但是，由于鲁国执政者贪图权势，与孔子的为政之道格格不入，所以，孔子才没有机会入仕。针对孔子在此处的言论，朱熹解释说："盖孔子之不仕，有难以语或人者，故托此以告之……"不过，这句话也从侧面反映了夫子渴望从政的热切理想。这句话同时也表达了孔子的某种自信，他认为个人只要有着高尚的道德，便同样能影响社会乃至政治。只是，这种参政方式有点特别而已。

借他人之问，孔子在这里阐明自己的政治路线，那就是引孝入政，以德治国。他引用《书》中名言，谈的是"齐家治国"的道理，认为只要将孝悌的精神延伸到各种事务中去，在工作上就能勤勤恳恳、努力上进，就是在为社会做贡献，等于参加了政治。这里，孔夫子将政治与道德放在了同一高度进行论述，并将道德视为政治的基础，并再次强调了为政应先做人，为政当先修德。

在孔子的眼中，"政"就是使不正的人归于正道，并以此推行于整个国家，使一国之人服从教化，才是为政。国是由家组成的，若是能管理好自己的家庭，保证家人遵纪守法，同样也是为政。这虽然是孔子借以自嘲的托词，但在道理上却没有任何问题。此语思想，与《大学》中"欲治其国者，必先齐其家"的说法是一致的。

自远古人类的群居到家庭的出现，再到家庭与家庭之间的结合形成部落联盟，并最终发展成为国家，这所有的一切都是靠家庭伦理关系组成的。也就是说，国与家密不可分，只要有伦理关系存在的地方，就能找到政治的影子，这并不是哪个人随便就能改变的。而孔子正是看透了这一点，才会提出了以孝悌为基础的"仁政"，他希望能够通过个人的修养影响到自己的家庭，再由家庭推及整个家族，最后延伸至整个国家。在众多小环境的影响下，国家便有望上轨道。

【原文】

2.16 子曰："人而无信①，不知其可也。大车无輗②，小车无軏③，其何以行之哉？"

【注解】

①而：如果。信：信誉。②大车：指牛车。輗（ní）：大车辕和车辕前横木相接的关键。③小车：指马车。軏（yuè）：马车辕前横木两端的木销。

【译文】

孔子说："一个人如果不讲信誉，真不知他怎么办。就像大车的横木两头没有活键，小车的横木两头少了关扣一样，怎么能行驶呢？"

【精读论语】

诚信比什么都重要

孔子认为，执政者能够得到百姓的信任，比什么都重要。诚信既是一个人立身处世的根本，也是为政者取信于民的基础。为政者在百姓面前应当信守承诺，不能朝令夕改，否则所有的规定都会成为废纸，不会产生任何作用。倘若得不到人民大众的信任，再有才华的官员，也办不成任何事情。只有以诚信立身，才能做到公正无私、不偏不倚，取信于人，才能处理好政府与民众，以及民众与民众之间的关系，才是一个好的执政者。

诚信的美德是在生活中培养起来的一种信念，需要从小事做起，从点点滴滴中积累。说到言而有信，曾子作为孔子的得意弟子，在这方面做得就很不错。一天，曾子的妻子要去市场上买菜，他的儿子非要跟着过去，并且还哭闹起来，妻子没有办法就哄孩子说回来后给他杀猪吃。待到她从集市上回来后，曾子就真的去捉猪准备杀掉。妻子见状就阻拦道："我只是跟孩子说说而已，当不得真！"但是，曾子为兑现妻子的承诺，坚持把猪杀掉了。这里，他用实际行动告诉人们应当谨守诺言，说到做到。

为了阐明诚信的意义，孔子打了个比方，说一个人如果不讲诚信，就像车子上没有軏和輗一样，只有一个空架子，根本就无法行进。事实正是如此。西周时期，周幽王为博美人一笑，数次点燃烽火，戏弄诸侯，诚信品格丧失殆尽，最终招来亡国之祸。战国时期，齐襄公派连称等人去守卫葵丘，说好瓜熟蒂落时节就派人去接替他们。可是期限已经到了，齐襄公也没派人来去替换。朝中有人提醒齐襄公应派人前去接替连称等人，齐襄公也不肯。连称等人听说后十分气愤，便勾结公孙无知发动叛乱，杀掉了齐襄公。由此可见，一个人诚信与否，只会关系到他个人的命运，但一个国家，一个政府，以及代表政府的官员，如果不守诚信，不仅会导致国破身死的悲剧，还可能会使社会陷入混乱和动荡。因此，执政者和政府官员应该把诚信视为生命，倍加珍视。

对一个人来说，信用是立身之本，守住了信用就等于塑造了自己的完美形象。对一个政府来说，公信力就是政府合法性所在，守住诚信，也就保证了国家安全和社会稳定。守信之人总能用极其严格的要求对待自己，以极为负责的态度对待别人。只要是他们作出的许诺，就一定会说到做到，倘若让这样的人执政，老百姓能不拥护他、尊敬他吗？

总之，诚信无论是在古时还是现代都重要。身为执政者，只有做到诚信才能将国家治理好，适应时代和社会的需求。不仅如此，社会上各行各业都应以诚信作为基础，才能有着光明远大的前途。也只有将诚信作为一笔精神财富和优良传统，每个人能做到诚实守信，社会才会走向繁荣与安定。

【原文】

2.17　子张问："十世可知也①?"子曰:"殷因于夏礼②,所损益可知也;周因于殷礼,所损益可知也;其或继周者,虽百世,可知也。"

【注解】

① 世:古时称三十年为一世,一世为一代。也有的把"世"解释为朝代。也:表疑问的语气词。② 殷:殷朝,即商朝,商王盘庚迁都于殷(今河南安阳西北),后来就称商朝为"殷"。因:因袭,沿袭。

【译文】

子张问:"今后十代的礼制现在可以预知吗?"孔子说:"殷代承袭夏代的礼制,其中废除和增加的内容是可以知道的;周代继承殷代的礼制,其中废除和增加的内容,也是可以知道的。那么以后如果有继承周朝的朝代,就是在一百代以后,也是可以预先知道的。"

【精读论语】

历史损益法

热衷政治的子张,向孔子请教如何预知未来,孔子告诉了他一个秘诀,那就是损益预测法。孔子认为,认真考察历史,就能从中发现社会发展的一般规律,并以此推演出未知的东西。历史上各朝代的政策虽然在变,只是在前代政策上有所损益,总有一些东西是始终不变的,并且,其核心的思想也是不会改变的。如果能够透过表象,看清社会政治的本质,就能对未来作出正确的预断。

在这里,孔子讲了这么一句话:"殷因于夏礼,所损益,可知也;周因于殷礼,所损益,可知也;其或继周者,虽百世可知也。"意思是说,商代的礼法大多是沿袭夏朝的,其增减的地方,我们都可以通过考证而得知。周朝实行的礼法是在商朝的基础上发展起来的,在制度形式上的增减,也能通过考证而得知。由此可以推断,天道礼法可以根据实际情况而有所变通，但其核心内容是不会改变的，无论是那个朝代当政，规律都是一样。按这个规律预测后世，即便是百代以后的事情，我们照样可以看得清楚。这个预知后世的方法，便是损益预知法，用较为现代的话说，就是遵循历史规律，预测未来。

这个理论具有一定的真理性，后来的历史确实能证明这一点。比如，汉承秦制，继承秦朝的一整套政治管理制度，包括中央的三公九卿制度和地方上的郡县制度，只是把秦朝严刑苛法和使民无度，改变为无为而治、休养生息而已，这样的扬弃，有变有不变，也就是有所"损益"，保留核心的、合理的制度，改革弊政，创造了西汉盛世。我们再往后观察，不难发现，唐朝全面继承隋朝制度，所变者只是统治者本身更为克制，治国更为爱惜民力。同样，宋朝对唐朝制度有继承也有变革，所变者是为了解决唐朝军阀割据和宦官专权的弊端。明朝对宋朝制度、清朝对明朝制度，都是略加"损益"，而以皇帝为首的中央集权制度、地方上的郡县制度、文化上大一统制度、外儒内法的治政制度，几乎都没有变动。同样，我们仔细观察从清末到民国，再由民国到现在，同样能够找到其间"损益"，并依照规律，去预测未来的政治走势。

另外，孔子的这种态度，含有一定的弘道意味。在孔子眼中，创制礼仪制度之人对文明的发展虽然有着突破性贡献，但是文明本身也离不开连续性的传承、累积和发展。在不同的时代，根据不同的国情，对礼制进行适当的增减，就是在弘扬为政之道，也是对前朝文明的继承。在他看来，一代代流传下来的典章制度，在每朝每代都有所增删，既不全面继承，也不全面废除，只要礼制的核心内容不变，就能预见出未来社会的运转模式。

八佾篇
第三

【原文】

3.1　孔子谓季氏^①，"八佾舞于庭^②，是可忍也^③，孰不可忍也？"

【注解】

①季氏：季孙氏，鲁国大夫。②八佾（yì）：古代奏乐舞蹈，每行八人，称为一佾。天子可用八佾，即六十四人；诸侯六佾，四十八人；大夫四佾，三十二人。季氏应该用四佾。③忍：忍心，狠心。

孔子闻季氏舞八佾于庭曰：是可忍也，孰不可忍也。

【译文】

孔子谈到季孙氏说："他用天子才能用的八佾在庭院中奏乐舞蹈，这样的事都狠心做得出来，还有什么事不能狠心做出来呢？"

【精读论语】

僭越礼仪的危害

"礼"代表着一种修身与治国相结合的文化精神，它不仅是政治伦理和社会伦理的具体体现，还是治理国家的重要依据。孔子一直主张以礼治国，即利用礼乐规范君臣和官民的行为，让每个人都各安其位，做自己该做的事情。尤其是作为下属，千万不能越礼行事，否则就是对君上的不敬，就是以下犯上的僭越行为。如果任由这种僭越行为泛滥，社会秩序必将受到严重破坏，社会将陷入混乱。

为了正确理解孔子思想，有必要对"八佾舞于庭"作出解释。在西周时期，贵族享用乐舞的等级，有着明确的规定，即：天子礼乐用八佾，诸侯六佾，大夫四佾，不得擅自越级。由于鲁国公侯是出自周王室的贵胄，可享天子礼乐，但因等级不同，同样有着严格的区别。如此一来，这句话的意思就非常明显了，作为大夫的季氏，竟然公开在家中使用天子礼乐，这种行为就是典型的无视王权和君权的僭越。因此，高度崇尚礼制的孔子才出奇地愤怒，发出"是可忍孰不可忍"的呼声，要求严惩这种行为。

由于礼在政治运作和社会生活中的重要作用，所以，历朝历代都十分重视礼制，对于越礼行为严加惩罚，以保证政局和社会稳定。如果有做臣子的胆敢使用天子礼仪，那就是大逆不道，视同谋反。比如，西汉名将周亚夫就是因越礼招祸。周亚夫虽然贤能，并且立有大功，但由于对皇帝不够恭顺，所以汉景帝对他非常不满。汉景帝赏赐给他酒菜，桌上只放了一大块肉，但没给他准备筷子。周亚夫认为皇帝是故意难为自己，就生气地对侍者发火，这种失礼行为坚定了景帝决定除掉他的决心。后来，周亚夫的儿子给他买了五百件皇宫御用盔甲盾牌，准备将来给父亲殉葬。有人对周亚夫父子不满，就向皇帝告发周亚夫，说他购买兵器准备反叛。周亚夫本无反叛之心，但这种僭越行为却解释不清，对他心怀不满的汉景帝便借机将他下狱。作为一代名将，周亚夫不堪狱吏凌辱，在狱中绝食而死。再如唐代李辅国，仗着手握重兵，竟然矫诏率军软禁唐玄宗。后因拥戴唐代宗有功，对皇帝说"大家但内里坐，外事听老奴处置"。他的僭越行为，令代宗忍无可忍，派人把他刺杀。

在国家政治上，如果没有礼制约束，就会发生职责不清、政出多门、执行不力、推诿扯皮等种种现象，严重阻碍政治秩序正常运行，使政府和社会陷入混乱。而且，上级的越礼行为，很容易被下级模仿，这会使秩序更加混乱，乃至崩溃。

孔子的这种思想，放到现在同样也很实用。作为古代特有的制度，礼制已经不复存在，但是，礼制的精神仍有价值。现在，无论是政府、社会组织还是企业，都有着各种规章制度，明确各职各人的权责，这便是现代的"礼制"。只有严格遵守这些规章制度，组织和企业才能有效运作并产生效率，否则必败无疑。比如，作为员工或是中下级管理者，就应当服从上级的安排，不能越级行事，否则整个公司或者单位就要乱套了。而且，这种行为很容易被上级误解，严重影响事业发展。因此，无论是从政还是做公司职员，只有谨守本分，做好自己该做的事情，才能受到领导的青睐，保证社会或工作的稳定。

【原文】

3.2　三家者以《雍》彻①。子曰："'相维辟公，天子穆穆②'，奚取于三家之堂？"

【注解】

① 三家：鲁国当政的三家大夫孟孙、叔孙、季孙。《雍》：《诗经·周颂》中的一篇，为周天子举行祭礼后撤去祭品、祭器时所唱的诗。彻：同"撤"，古代祭礼完毕后撤祭馔，乐人唱诗以娱神。② "相维辟公，天子穆穆"二句：诸侯都在助祭，天子恭敬地主祭。见《雍》诗。相（xiàng），助祭的人。维，用于句中的助词，可以译为"是"。辟（bì）公，诸侯。穆穆，庄严肃穆。

【译文】

孟孙、叔孙和季孙三家祭祖时，唱着《雍》这首诗歌来撤除祭品。孔子说："《雍》诗说的'诸侯都来助祭，天子恭敬地主祭'怎么能用在三家大夫的庙堂上呢？"

【精读论语】

制度破坏者都没有好下场

春秋时期的鲁国，由"三桓"联合执政，轮流掌管鲁国大权达三百多年。在此期间，三桓之间争权夺利，大肆扩张封地，私自建造城池，将鲁国国君玩弄于股掌之间，僭越行为时有发生。比如，季孙氏公然在家庙中使用天子礼仪，孟孙氏、叔孙氏也不遑多让，在祭祀祖先之时，演唱只有天子才能唱的诗——《雍》。

历史上，像三桓这样的当权者总是利令智昏，做出不合身份的越礼之事。当时，他们觉得这样做对自己肯定是有利的，但事实上，这是一种短视行为，其僭越之举往往为他们的灭亡种下祸根。因为榜样的力量是无穷的，而执政者的行为就是天下人的榜样。所谓上行下效，讲的就是这个道理。

关于这一点，最典型的实例当属曹操僭越，以及由此引发的朝代更迭。东汉末年，天下大乱，曹操乘势挟天子以令诸侯，掌握了汉朝的实权。曹操虽然没有废掉汉帝，但在其生前已经僭越礼制，使用天子礼仪。此外，他的所作所为，完全不是一个大臣的应有的。比如，国家所有的军机要务，全部由他裁决，甚至皇上的私生活也得由他决定。他还先后杀掉董贵人、伏皇后，哪里有一点臣子之礼。所以，诸葛亮等人才说他名为汉相，实为汉贼。建安十八年（213年），他威逼汉献帝封自己为魏公，以封地为魏国，并在邺城建立魏王宫铜雀台，享有天子之制。同时，他上朝时"参拜不名、剑履上殿"。几年后，他又逼迫汉帝封他为魏王，并可以册立世子。他的种种僭越行为，为篡夺东汉政权作好了一切准备。所以，在他死后不久，其子曹丕便废汉献帝自立，建立魏国。

曹魏立国后，仅仅过了四十余年，司马氏父子便学着曹操的样儿，僭越礼仪，篡夺朝政，最终废掉魏帝建立晋朝。但晋朝建立过程中可耻的无礼行为，100多年后便被权臣刘裕效法。历史轮回的结果是，晋朝皇帝被废，刘宋建立。之后，萧道成、萧衍、陈霸先依样画葫芦，先后废掉了刘宋、齐朝和梁朝皇帝。

其实，仔细想想，他们以自己的贪欲僭越，也同样打开了下属们的欲望之门。当时机成熟，下属们自然会僭越礼制，满足权欲，且没有一点愧意。

若是按照现代观点来看，任何社会形态都存在着共同遵守的秩序、规范和礼仪，有些秩序和规范是强制性的，不能随意进行破坏。例如，如果企业领导带头破坏制度，下属和员工自然会群起效仿，制度荡然无存，效益无从谈起，企业最终亏损破产，受害的自然还是企业的领导人。

【原文】

3.3　子曰："人而不仁，如礼何①？人而不仁，如乐何？"

【注解】

① 如礼何：怎样对待礼仪制度。

【译文】

孔子说："做人如果没有仁德，怎么对待礼仪制度呢？做人如果没有仁德，怎么对待音乐呢？"

【原文】

3.4　林放问礼之本①，子曰："大哉问！礼，与其奢也，宁俭；丧，与其易也②，宁戚。"

【注解】

① 林放：鲁国人。② 易：治理，办妥。

【译文】

林放问礼的根本。孔子说："你的问题意义重大啊！礼，与其求形式上的豪华，不如俭朴一些好；治丧，与其在仪式上面面俱到，不如内心真正悲痛。"

【原文】

3.5　子曰："夷狄之有君①，不如诸夏之亡也②。"

【注解】

① 夷狄：古代中原地区的人对周边地区的贬称，谓之不开化。② 诸夏：古代中原地区华夏族的自称。亡（wú）：通"无"。

【译文】

孔子说："夷狄有君主而不讲礼节，还不如原之地的没有君主而讲礼节哩。"

【精读论语】

文化是国家存续的命脉

孔子通过与"夷狄"的比较，阐述了"礼乐"对于一个国家的重要性。在他的思想中，"礼乐"代表的是文化制度，是一种规范人们行为的典章制度。在他看来，"夷狄"之族都是一些没有文化的人，不懂得礼仪。一个没有文化的民族，是很难长久生存的，更不值得赞许。诸夏之国因为有着"礼乐"文明的传统，即便是没有国君，也能靠这些典章制度保证社会的正常运行和发展，这要比只有国君而没有"礼乐"制度的"夷狄"之邦好许多。

后人对本章的理解，存在巨大的分歧。主要有两种说法，一是诸夏不如夷狄；二是夷狄不如诸夏。这两种解释虽然截然相反，但却也各有道理，都能说得通。

第一种解释是指华夏诸国连"蛮夷"之邦都不如。在春秋时期，东夷、西戎、南蛮、北狄统称为"夷狄"，都属于外族。可是，他们虽然身为"蛮人"，但还知道君臣有别，社会还算稳定。但是，诸夏之国却竞相践踏礼制，藐视王室，毫无国君之念。有诸侯胁迫天子的，有臣子专擅国政的，完全不讲规矩，无视礼乐的存在，更不要说什么君臣有别了。这种说法是对当时"礼崩乐坏"的现实发出的感慨，意在指责诸夏之国僭礼的行为。

第二种解释是说蛮夷之邦虽然也有国君，但是他们不懂礼乐，还不如中原之国没有国君时安定呢！这种说法意在说明礼乐可以保证社会的稳定，阐述了礼乐在文明的传承中的重要性，本章译文按此解处理。在这种解释中，孔子依然将当时的夷狄视为野蛮和没有文化的民族，而华夏众国则是有文化传统和民族精神的，即使国家灭亡了，只要有文化和精神的存在，整个民族都会延续下去。倘若一个民族没有或失去了文化的传承，那么这个民族离灭亡也就不远了。其言下之意是说，道德礼义要比君主的存在更加重要。正所谓无"礼"不成章，无"礼"不成国。

其实，孔子用"夷狄"一词，并没有贬低各族的意思，他只是将其视为道德文化方面的代名词而已。也就是说，夫子将不太重视礼制的人叫作"夷狄"，将重视礼制的人叫作"诸夏"，与地域没有多大的关联。在他看来，一个不讲礼制的国家，人们就不会受到规范的约束，极易引起社会的动乱。没有共同道德规范、文化心理和民族信念，一旦动乱很难恢复。反过来看，倘若一个人或者一个民族、一个国家都自觉遵守礼制，有着共同信念，这个民族或者国家即便动乱，也很容易重建起来！

在本章中，孔子再次强调了"礼乐"对于一个民族的重要性，以及弱化礼乐会给国家带来什么样的后果。在他看来，一个不讲"礼"的国家和社会，是无法正常运转的。同时，作为现代人，大家也要多进行反思，我们一直声称自己为华夏子民，为礼仪之邦，可是究竟还有多少人真正地了解这些传统文化呢？倘若我们失去了这些文化的传承，我们的民族还会有强大的生命力吗，还能屹立于世界民族之林吗？

【原文】

　　3.6　季氏旅于泰山①。子谓冉有曰②："女弗能救与？"对曰："不能。"子曰："呜呼！曾谓泰山不如林放乎？"

【注解】

①旅：祭山，这里作动词用。在当时，只有天子和诸侯才有资格祭祀名山大川。②冉有：名求，字子有，孔子的学生，比孔子小二十九岁。冉有当时在季氏门下做事。

【译文】

　　季氏要去祭祀泰山，孔子对冉有说："你不能阻止吗？"冉有回答说："不能。"孔子说："唉！难道说泰山之神还不如林放懂礼吗？"

【原文】

3.7　子曰："君子无所争。必也射乎^①！揖让而升^②，下而饮。其争也君子。"

【注解】

① 射：指古代的射礼。大射礼规定两人一组，相互作揖然后登堂，射完再相互作揖退下。各组射完后，再作揖登堂饮酒。② 揖：拱手行礼。

【译文】

孔子说："君子没有什么可与别人争的事情。如果有，一定是比射箭了。比赛时，相互作揖谦让后上场。射完后，登堂喝酒。这是一种君子之争。"

揖让而升，下而饮，其争也君子。

【精读论语】

君子不争，争则公平

在孔子看来，真正的君子应是胸襟开阔之人，不要拘泥于小事。真正的君子对自己有着很强的自控力，他们可以管住自己内心的欲望，可以随时享受来自生命本身的喜悦和满足。因此，他们不必再与他人争抢什么。若是非要分出高下的话，他们也会光明正大地与对方展开竞争，绝不会在暗地里给人"下绊子"，充分保证了竞争的公平性。

这里，核心的思想是君子不争。有人会奇怪，不争怎么会得到。关于这一点，子贡曾作过解说。当子禽问子贡，夫子是怎样得闻各国国情的，子贡答"夫子温、良、恭、俭、让以得之"，这句话中，得的对象是各国机密，但同样可以用到其他场合。也就说，孔子认为，对一个君子来说，根本没有必要去争，无论是财富、地位还是官爵，只要你有德行，有贡献，自然会有人把这些东西送给你。当今社会，特别重视竞争，许多人把君子之争视为窝囊忍让的表现，这是极其错误的。君子不争是一种高深的智慧，有道家先予后取的意味。试想一下，假设社会公平，如果你品行高尚、才能出众，哪个组织的领导不愿提拔你？哪个企业的老板不去重用你，地位和财富自然不争而来。

其次，孔子强调，如果非要竞争不可，也不必回避，只是君子之争，必须遵循公开、平等、公正等原则。只有这样，竞争的结果才会得到大家的认可，竞争才会有积极的意义，才会对于社会的发展起到推动作用。如果采取不正当的手段竞争，从个人的角度讲，不是君子所为，从社会的角度讲，将会极大破坏社会风气和社会秩序，造成严重恶果。

面对当前由于竞争不公导致的严重社会问题，我们有必要重新阅读孔子，他的君子不争、争必公平的思想，能给我们更多的启迪。社会的发展离不开竞争，人们自身修养的提高也离不开竞争。对于个人而言，没有竞争对手就不知道自己的修养达到了何种境界，只有参与竞争才能提高自己。所以，在展开竞争之前，应当保证竞争的公平、公正，不能为了取胜而不择手段。

【原文】

3.8　子夏问曰："'巧笑倩兮①，美目盼兮②，素以为绚兮③'。何谓也？"子曰："绘事后素。"曰："礼后乎？"子曰："起予者商也④！始可与言《诗》已矣。"

【注解】

①倩：笑容美好。②盼：眼睛黑白分明。③绚（xuàn）：有文采。这三句诗前两句见《诗·卫风·硕人》，第三句可能是逸诗。④起：阐明。

【译文】

子夏问道："'轻盈的笑脸多美呀，黑白分明的眼睛多媚呀，好像在洁白的质地上画着美丽的图案呀。'这几句诗是什么意思呢？"

孔子说："先有白色底子，然后在上面画画。"子夏说："这么说礼仪是在有了仁德之心之后才产生的了？"孔子说："能够发挥我的思想的是卜商啊！可以开始和你谈论《诗经》了。"

【原文】

3.9　子曰："夏礼，吾能言之，杞不足征也^①；殷礼，吾能言之，宋不足征也^②。文献不足故也^③。足，则吾能征之矣。"

【注解】

①杞：国名，杞君是夏禹的后代，周初的故城在今河南杞县，其后迁移。征：证明、验证。②宋：国名，宋君是商汤的后代，故城在今河南商丘县南。③文：典籍。献：指贤人。

【译文】

孔子说："夏代的礼仪制度，我能说一说，但它的后代杞国不足以作证明；殷代的礼仪制度，我能说一说，但它的后代宋国不足以作证明。这是杞、宋两国的历史资料和知礼人才不足的缘故。如果有足够的历史资料和懂礼的人才，我就可以验证这两代的礼了。"

孔子论夏、殷之礼。

【精读论语】

要实事求是

这一章讲的是孔子对"礼"的发展史的研究。孔子虽然熟知各朝的礼法，但由于不能通过杞、宋两国现存的典籍以及贤人验证，便对古礼秉持保留的态度，不敢妄言。孔子的这种治学态度，也为后世之人树立了实事求是的典范。这提醒我们，无论做什么都有根有据，尤其是做学问。

孔子尊礼好礼，曾对夏商礼乐文化作过深入细致的研究，有着相当深刻的理解。在他看来，礼乐制度早在夏商两朝就已形成了，周朝的礼制就是在这两朝的基础之上整理出来的，而且还要更加完善一些。不然的话，他也不会在前文作出"殷因于夏礼，周因于殷礼"的判断了。但是，判断毕竟是判断，也需要有力的事实根据作为依靠，否则只是一种假说推断而已。孔子本想通过古时的典籍验证自己的研究，可是，由于时代久远，能够证明古礼的文献都已不复存在了，这令其痛心不已。

面对这种现状，夫子虽然有些失落，但他却坦诚地告诉别人，即便自己知道许多以前的礼制，但是在没有得到验证的情况下，它们是很难成立的，更不要说服众了。也就是说，无法得到证明的推断，只能是推断。凡事都要有证据证明才能成立，没有根据的事情即便做得再好，也得不到大众的认可。

实事求是既是治学的态度，也是治国的精神。凡事都应以事实为根据，以现有的法律制度为准绳，做到实事求是。按照现代的观点而言，实事求是就是按照事物的实际情况说话、办事、做学问。其中的"是"字就蕴含着科学、真理与理想等三重内涵。例如，我们大家所探索、研究、追求的若是客观事物的本来面貌，以及事实的真相，这就属于科学的范畴。追求的若是客观事物的合理关系，做出公平、正义、合理的判断，这个属于真理的范畴。倘若是为了验证客观事物的发展前途，以及人们所追求的理想目标，属于理想的范畴。无论是哪一种"是"，它们都有着一个共同的依据，即事实。

对于我们来说，无论做何学问，都应养成严谨的学风和实事求是的态度，才能找到真理的所在。倘若传统与现实发生了冲突，我们的思想与世界的潮流出现了偏差，我们是接受还是否定呢？对此，孔子给了我们一个很明智的答案，两者都不选，应该持存疑的态度。思想不能仅停留于掌握实事求是的方法和意义，还要学会通过这一方法在现实生活中发现问题、解决问题，这才算是真正掌握了实事求是这一思想的精髓。

【原文】

3.10 子曰："禘自既灌而往者①，吾不欲观之矣。"

【注解】

① 禘（dì）：一种极为隆重的祭礼，只有天子才能举行。灌：祭礼开始时，向代表受祭者献酒的仪式。

【译文】

孔子说："举行禘祭的仪式，从完成第一次献酒以后，我就不想看下去了。"

【精读论语】

举办典礼要注重实质

在古时，祭祀是国家的头等大事，并且祭礼有很多种，如天地、祖先、各行业的祖师等，都要定时进行祭拜，其目的是为了培养人们知恩报恩的精神，告诫人们不能忘记养育了我们的天地和祖先，以及创造了文化和技能的先师等。由于祭祀属于精神层面的修养，因此对于心态的培养特别重视，只有诚心诚意才能不断提高。在本章中，鲁公正是失去了这份诚心诚意的庄重，所以孔子才不愿再看下去了。

祭祀重在意诚，可是，鲁国国君在刚开始举行禘礼时，多少还有些敬意。可是，等到献完酒以后，君臣就都懈怠下来了，虽然仪式尚在，但都成了虚文，内心没有一点儿恭敬虔诚的意思，只要稍有德行之人都是看不过去的。在孔子看来，当时鲁国内的社会文化严重衰败，几乎所有人都无视礼乐制度的存在。在举行祭祀典礼的时候，僭礼行为时有发生，并且君臣在祭祖之时缺少应有的恭敬之心，只是走走过场而已，这让孔子很失望。

祭祀之礼，现在已经淡化许多，但仍有大量遗存。比如，为逝者举办隆重葬礼，在先人的忌日上坟，在清明或中元节为先人上坟化纸，这些活动，都是深藏着中国传统文化的因子。在举办这些仪式时，不是讲究场面多大，花费多高，最重要的是要有真情实感，要有深深的哀思、真挚的怀念。如果离开这种情怀，只注重形式，便失去意义而毫无价值。从国家政府层面上说，像国家领导人去世时的追悼会、伟人的忌日纪念活动，还有清明时节政府组织的烈士陵园祭扫活动，同样具有巨大的文化价值，这价值必须由真情实感来体现。如果是虚应故事，就会变成自欺欺人的花架子。这样的活动，多源于古代的祭祀之礼，所以应该理解这些仪式的真正精髓所在，把具有永恒价值的文化继承下来并加以发扬。

　　除此之外，国家、政府和民间，也会举办不少庆典，这些庆典本质上都是中国礼仪文化的继承，也有存在的价值和举办的必要。但要把这些庆典办得有意义，有价值，就必须了解中国礼仪文化的精神实质所在，理解这些活动的真义所在，怀着敬诚之心，加以诚挚纪念。如果只注重其外在形式，而忘记这些活动的本质，无异于买椟还珠，舍本逐末。遗憾的是，现在的有些活动外表看隆重而热烈，实际上却没有几个人投入真感情。这已经丧失了最为宝贵的传统礼仪精神，应当警醒。

【原文】

　　3.11　或问禘之说，子曰："不知也。知其说者之于天下也，其如示诸斯乎①！"指其掌。

【注解】

①示：有二义，一为"置"，摆或放的意思，即指放在手上的东西，一目了然；一为"视"。两说皆通，今从前说。斯：指后面的"掌"字。

【译文】

　　有人问孔子关于举行禘祭的内容，孔子说："不知道。知道的人治理天下，可能像把东西放在这里一样容易吧！"说的时候，指着自己的手掌。

礼为治国之本

据本章所载，孔子不仅仅把禘祭看成一套祭祀礼仪，而是把它看成治理国家的原则问题。他告诫"禘祭者"们，只有真正理解了"禘祭"的含义，才能治理好天下。否则，一切都只是妄谈。作为精通礼制的大师，孔子以这样一个高度来论述禘礼，足以说明禘礼的巨大价值和重要意义。

有人向孔子请教禘礼的相关规定，孔子对人说："不知道。"而后，孔子又说："知其说者之于天下也，其如示诸斯乎！"并对人家指了指自己的手掌。意思是说，如果深通禘礼真义，治理好国家易如反掌。由此可知，孔子并非不知禘礼，而是因为鲁国君臣在行禘祭时，既有僭越行为，又有失礼之举。作为鲁国臣子，孔子不便明说，这是为尊者讳。

禘祭是殷周时代的一种重大礼仪，周朝时，其举办者最初是周王，后来公侯也可以举行。其祭祀的对象是主祭者的先祖和先考，举行场所在天子太庙或祖庙，以及公侯之祖庙。祭祀过程中，关于主祭者、参与者和观礼者，以及祭祀的程序、礼器和祭品的规格数量，都有着严格的规定。

由此不难看出，作为一种极高规格的神秘仪式，它首先具有宗教色彩，在宗法制时代，这个仪式能向臣子昭示国家政权的神秘性和合法性，增强统治集团内部的认同感和凝聚力。其次，祭祀对象和祭祀的权力，也就是先祖先考的排列次序和有关主祭人的规定，有着严格的等级，既彰显长幼有序的宗法伦理，又强调君臣有别的政治秩序，对统治集团内部秩序的稳定和职权确认，有着特别的意义。再者，等级森严的规定、盛大隆重的仪式、庄重肃穆的氛围，能给参与者带来极大的精神震撼和情感熏陶，能培养他们对政权的珍视和对君主的忠诚，能强化他们各安其职的权责意识，能培养其恭敬、庄重、忠诚、审慎的治政态度。总之，禘礼之中，既有道德规范，又有政治制度，更有宗法伦理，有着丰富的政治伦理蕴涵，起着类似于现代宪法、政府组织法和行政法等的重要作用。把这种礼制思想用于朝廷，能使君臣各尽其职，政令畅通，秩序井然；把这种做法推行到天下，则上下和睦，四民晏然，天下太平。故而，禘礼所体现的精神，正是治理天下的根本所在。

正因为禘祭有如此丰富的文化内涵和重要的政治意义，所以孔子才说，如果理解禘祭的真正含义，那么天下所有的道理都能了然于胸。而他所处的时代，已是礼崩乐坏，天子和诸侯不能以礼治国，丢失了治国之本，所以才社会失序，天下大乱。

孔子此处言论提醒我们，不论是国家还是组织，不管是机关还是企业，都应该有自己的"礼制"，领导者要牢牢把握住这个治理之本，稳步推进自己的事业。如果放弃传统或败坏制度，必然"礼崩乐坏"，导致秩序混乱而最终失败。

【原文】

3.12 祭如在①，祭神如神在。子曰："吾不与祭②，如不祭。"

【注解】

① 祭如在：祭祀祖先时，好像祖先真的就在前面。祭，祭祀。在，存在，这里指活着。② 与（yù）：参与。

【译文】

祭祀祖先时，好像祖先真的在面前；祭神的时候，好像神真的在面前。孔子说："我如果不亲自参加祭祀，祭了就跟不祭一样。"

【原文】

3.13 王孙贾问曰①："与其媚于奥②，宁媚于灶③，何谓也？"子曰："不然获罪于天，无所祷也。"

【注解】

① 王孙贾：卫国权臣。据说他是周王之后，因得罪周王，出仕于卫。他的问话，

用的是比喻，带有挑衅意味。②奥：后室的西南角，被视为尊者所居的位置。③灶：古人认为灶里有神，因此在灶边祭之。这里王孙贾以奥比喻卫灵公或其宠姬南子，以灶自喻，暗示孔子与其巴结卫灵公及南子，不如巴结自己更实惠。

【译文】

王孙贾问道："与其巴结奥神，不如巴结灶神，这是什么意思？"孔子说："不是这样的。如果得罪了上天，到什么地方去祷告求情也是无用的。"

【精读论语】

信守天道，不媚权贵

"与其媚于奥，宁媚于灶。"意思是说"与其讨好奥神，不如讨好灶神"，这句话是当时流行的一个俗语。奥神虽然身为家中的正神，但却高高在上，不太管实事。但是，灶神就不同了，他掌管着家中的吃喝用度，因此，百姓在祭祀的时候出于私利之心，对其十分看重。以现代的角度去看，有点类似于现在的"县官不如现管"，与其拍领导的马屁，还不如直接讨好管事的，这样对自己的前程更有帮助。王孙贾这么问孔子，是在暗示孔子自己在卫国掌有实权，讨好国君还不如讨好他呢！

面对王孙贾的诱导，孔子并没有上当，而是以"不然，获罪于天，无所祷也"作答，向对方明示道，如果违背了天理，昧了良心，必将招祸，到时候谁也帮不了。孔子此言，既婉拒了王孙贾的私利相诱，也提醒他做官要走正道，否则不会有好下场。在孔子看来，做官要走正道，要忠于君上，和于同僚，造福民众，若为一己之私，求名求官，不论是"媚于奥"还是"媚于灶"，都不会有好下场。

武则天时期，有个御史名叫郭霸。有一次，他的顶头上司魏元忠生病，御史们都去看望他。郭霸故意等到人都走光了才去。到魏元忠家里，他竟然亲口去尝大便，并对魏元忠说："如果大便是甜的，那么病就麻烦了。现在是苦的，说明病快好了！"魏元忠见他如此厚颜无耻，便把这事讲给别人听，郭霸名誉扫地。郭霸便是利欲熏心，"媚于灶"的典型。武则天当政时，曾下令禁止宰杀和捕捞鱼虾，右拾遗张德生了儿子，不少朋友和同僚来贺喜，张德便私下杀了一头羊来招待。补阙杜肃偷偷藏了一些食物，并向皇帝告密。第二天，武则天在朝堂上问张德："听说你生个男孩儿，很高兴吧。"张德跪谢皇帝的关怀。武则天又问："待客的肉哪来的？"张德只好实话实说实说，低头认罪。武则天说："朝廷禁止屠宰，但喜事丧事不限。你以后宴请客人，应该看准人。"说完，拿出杜肃的告密信让他看。当时，杜肃无地自容，退朝后所有官员都想啐他的脸。杜肃为讨好皇帝出卖朋友，是典型的"媚于奥"。由于此二人私欲膨胀，厚颜无耻，有悖大道和正义，可谓"获罪于天"，所以都受到世人唾弃，最终也没有捞到什么好结果。

孔子认为，为人处世，应当遵循天道大义，心怀仁善，如此行事，上利国家，下怀万民，自然会得到尊重与爱戴，所以，无须去刻意讨好哪个人。对于今天的人们来说，这个主张仍然有着重要价值。身在官场也好，人在职场也罢，只要走得正，行得端，能力出众，贡献良多，就没有必要去献媚巴结。天道昭昭，自有远见卓识的上位者慧眼识珠。如果出于一己之私，图谋罪恶目的，靠阿谀奉承、媚事领导或上级也许能得逞于一时，但最终必将身败名裂。

【原文】

3.14　子曰："周监于二代①，郁郁乎文哉②！吾从周。"

【注解】

①监（jiàn）：通"鉴"，借鉴。二代：指夏、商二代。②郁郁：文采盛貌。文：指礼乐制度。

【译文】

孔子说："周代的礼仪制度是参照夏朝和商朝修订的，多么丰富多彩啊！我主张接受周代的。"

祭神如神在。

有继承才会有发展

孔子对夏、商、周三朝的礼仪制度有着极深的研究，在他看来，朝代的更迭并不影响礼制的传承，周礼就是在夏、商礼制的基础之上形成的。当然，周礼并非对夏、商之礼的简单继承，而是有所损益的。也就是说，周朝借鉴了夏、商两代千余年的文明成果，又通过改革和创新，开创了属于自己的礼制文化，形成了完备的礼法制度。无论是在形式上还是内容上，周礼都要比前朝完善许多，这也是孔子对周礼赞赏有加的原因所在。

礼制是中华文化的核心内容，对于文化，孔子所秉持的态度是既要继承，也要发展，而且，对前代的继承尤为重要。揆诸历史，不得不说，这是对待传统文化最正确也最科学的态度。在相当长的历史时期内，对待传统有两种错误做法，一是完全继承，强调祖宗之法不可变，二是全面打倒旧文化，全部推倒重来。第一种做法主要在古代，历史上不少朝代都有这样的规定，对传统制度和礼法，不准怀疑，更勿论变革。其中，最典型的当数清朝。在民族危机日甚一日的生死关头，许多高官显贵死抱这种观念不放，错过最佳改革时机，使清王朝最终被历史的洪流所淹没。

第二种做法更极端，主要是出现在中国近代。由于亡国亡种的危机刺激，当时一些人认为，中国的传统文化已经一文不值了。于是，从打倒孔家店开始，掀起了一股否定和打倒传统的思潮。

在全面继承的基础上，依据时代的要求，适当做出变革，是最好的做法。汉承秦制，是为全面继承，废弃秦朝的严刑苛法，与民休息，是为变革损益。只经过几十年，汉朝便迎来文景之治，创造了中国历史上的第一个盛世。唐朝的贞观之治，清朝的康乾盛世，无不是靠这种思路取得的。

总之，一个国家或民族的文化形态和精神，都是经由历代积累而成的，带有一定的历史性。我们不能对其全盘接受，也不能全盘否定，应当有所批判地学习和继承。而且，孔子还就此举例道，商朝的文化礼制源自于夏朝，而周朝的文化礼制则来源于商朝，他们都没有全盘接收，而是根据具体的情况，做出了适当的增删和改革。对于我们来说，若想复兴中华民族的传统文明，也要具备这种科学的辩证学习方法，才能保证我们在继承的过程中求得发展。

【原文】

3.15　子入太庙①，每事问。或曰："孰谓鄹人之子知礼乎②？入太庙，每事问。"子闻之，曰："是礼也。"

【注解】

①太庙：开国的君主叫太祖，太祖的庙叫太庙。这里指周公的庙，周公是鲁国最先受封的君主。②鄹（zōu）：鲁国地名，在今山东省曲阜市东南。孔子的父亲做过鄹大夫，所以这里称为鄹人。

子入太庙，每事问。

【译文】

孔子进入太庙，每遇到一件事都细细地询问。有人说："谁说鄹邑大夫的儿子懂得礼仪呀？他进到太庙里，每件事都要问人。"孔子听到这话，说："这正是礼嘛。"

【原文】

3.16　子曰："射不主皮①，为力不同科②，古之道也。"

【注解】

①射不主皮：皮，代指箭靶。古代箭靶叫"侯"，用布或皮做成，中心画着猛兽等。孔子此处讲的射不是军事上的射，而是练习礼乐的射，因此以中不中为主，不以穿破皮侯为主。②为（wèi）：因为。同科：同等，同级。

【译文】

孔子说："比射箭，主要不是看能否射穿皮做的箭靶子，因为各人力气大小不同。这是古时候的规则。"

【原文】

3.17 子贡欲去告朔之饩羊^①。子曰："赐也！尔爱其羊，我爱其礼。"

【注解】

① 去：去掉，废除。告朔之饩（xì）羊：告朔，朔为每月的第一天。周天子于每年秋冬之交向诸侯颁布来年的历书，历书包括指明有无闰月、每月的朔日是哪一天，这就叫"告朔"。诸侯接受历书后，藏于祖庙。每逢初一，便杀一头羊祭于庙。羊杀而不烹叫"饩"（烹熟则叫"飨"）。告朔饩羊是古代一种祭礼制度。

【译文】

子贡想把每月初一告祭祖庙的羊废去不用。孔子说："赐呀！你爱惜那只羊，我则爱惜那种礼。"

【精读论语】

必要的形式不能少

按照周礼，每个月的初一都应到祖庙参加告朔饩羊之礼。可是，当时鲁公已不亲自到祖庙之中进行"告朔"了，只是杀只羊走走形式，徒有其表而已。子贡认为，既然国君都不参加了，那么羊也不用杀了。可是，子贡的这种想法却遭到了孔子的反对，在他看来，若是连祭祀的羊都省掉的话，告朔饩羊之礼可就完全被废除了。从孔子的话语中我们能够看出，他希望保留杀羊献羊的仪式，哪怕那只是一个形式。

在孔子看来，子贡的做法显然是忽视了礼仪形式的重要性，不知仪式在礼制中的真正用意。告朔之礼虽然荒废了，饩羊的供奉也已有名无实，但是这个仪式不能废。只要饩羊仪式还在，这就昭示着告朔礼的存在。告朔之礼存在，诸侯就有履行的义务，这是为人臣者的本分，也是礼制中比较重要的部分。后世之人在看到饩羊仪式后，就有可能探究原委，进而恢复这项礼制。但是，现在若是将羊去除的话，告朔之礼恐怕从此就会消失了。天子也不会再颁布历书了，诸侯也不行告朔之礼了，君臣的名分和等级关系就会更加模糊。这对社会的稳定显然是不利的。

礼制包括两个部分，一个是礼的内在精神，一个是礼仪形式，二者相辅相成，密不可分。比如，祭祀祖先的礼制，既有慎终追远的大孝观念，也有上供、酹酒、叩拜等仪式。有时，有人祭祖纯粹走过场，没有怀思祖先的敬诚之心，但祭祀形式却不宜废除，只要这个形式保留下来，对传承乃至复兴祭祀文化具有非同寻常的意义。如果连仪式也没了，祭祀之礼就彻底失落了。再比如，古代皇帝上朝，君臣之间有严格的朝仪，权力再大的臣子，也应该行礼如仪，这样臣子就不容易作乱。而在汉魏之际，曹操、司马昭这样的权臣则破坏朝仪，所谓剑履上殿，赞拜不名，不再走形式。接下来，就是改朝换代的篡权行为。

古代的礼，现代仍有所保留，不过已经变化很大了。比如，春节、中秋节、国庆节，这些都可以视为古代礼制遗存。这些节日和庆典，即便纯形式，也应该保留，这对一个民族和国家来说，意义可能超出一般人想象。用现代的解释，礼就是制度、规矩和秩序。俗话说：没有规矩不成方圆。在有些时候，必要的仪式还是得有的。比如，机构组织的周年庆典、升旗仪式、学校的开学典礼，甚至是学生上课前向老师问好、新领导的就职仪式、新员工介绍，等等，这些形式对于人心的凝聚、规矩的形成、事业的推进以及秩序的稳定的作用，都不可小觑。

【原文】

　　3.18　子曰："事君尽礼，人以为谄也。"

【译文】

　　孔子说："按照礼节去侍奉君主，别人却认为这是在讨好君主哩。"

【原文】

3.19 定公问 ①："君使臣，臣事君，如之何？"孔子对曰："君使臣以礼，臣事君以忠。"

【注解】

① 定公：鲁国国君，姓姬名宋，"定"是谥号。

【译文】

鲁定公问："国君役使臣子，臣子服侍君主，各应该怎么做？"孔子答道："君主应该按照礼节役使臣子，臣子应该用忠心来服侍君主。"

【精读论语】

要懂得礼待下属

在这里，孔子阐释了正确处理君臣关系的基本原则，他认为君臣都应该遵循礼节，君主应当以礼待臣，臣下应当以忠事君，这样才能互相取得信任。由于君主身为强者，占据着一定的主动地位，应当先在礼的方面作出表率，才能令弱势的臣子受到感召，依礼而行，遵从于自己命令。

无论是作为君主也好，还是作为有些权力的领导也罢，对待下属都应以礼待之，给予他们足够的尊敬，才能让他们死心塌地地跟着自己干。这是一种以仁换仁、以心换心的思想，只要准确地把握住其中的精髓，无论何时何地，都能处理好君臣关系，有利于朝政的稳定。否则，必将是君臣离心，危机四伏。

在杨广夺嫡的过程中，杨素立有大功。所以，在许多场合，杨素居功自傲，无视君臣之礼。杨广对他十分记恨，以至于在杨素死后，还咬牙切齿地说："要不是他死得早，我一定要把它灭族。"杨素的儿子听说后，害怕被杨广治罪，便干脆发动兵变。杨玄感之乱，打开了隋朝的亡国之门。李渊在平叛中有功，但杨广因迷信李氏代隋的谶谣，特别忌恨他。有一次，他把李渊召到行宫。李渊生病无法上朝，便请在后宫的外甥女王氏为自己告假。杨广闻听李渊生病，对土氏说："能病死吗？"李渊知道后，十分恐惧，便韬光养晦，最终得到机会起兵反隋，夺得隋朝江山。杨广视臣子如仇寇，而无一点信任与关爱，即便是再大的忠臣，也会寒心变节。从杨广身上可见君臣以礼相待的重要性。

孔子的思想在当今仍有重大价值，仍是处理上下级关系的重要准则。比如，在管理者与下属之间，倘若处于强势地位的一方能够率先依"礼"、依"仁"、依"德"而行，那么在与对方相处时，就会很少有矛盾产生，更易于达到人顺、事顺的和谐局面。有些管理者在心情好的时候，对待下属是一脸的和颜悦色，心情不好的时候就会乱发脾气，对待下属颐指气使的，这样的领导是很难服众的。若想成为一名合格的领导者，就要学会礼待自己的下属。此外，作为下属也要注意，应当尽心尽职做好自己的工作，保质保量地完成上司交代的任务，这才是孔子所言的"忠"。

【原文】

3.20　子曰："《关雎》乐而不淫 ①，哀而不伤。"

【注解】

①《关雎（jū）》：《诗经》中的第一篇。

【译文】

孔子说："《关雎》这首诗快乐而不放荡，悲哀而不悲伤。"

【精读论语】

凡事都要把握好尺度

在本章中，孔子借《诗经》中的名篇《关雎》，提出了哀乐都应有所节制，体现出了儒家的中庸之道。在他看来，男女情爱是很正常也很自然的事情，但是情感的表露应当以礼节之，不应过分快乐或哀伤，要把握好自己在情感上的尺度。倘若置理智于不顾，就会造成难以估量的后果，对己对人都不利。在古代的政治生活或社会生活中，有修养的人对情感的处理都会遵循这个原则，追求中庸和适度。

子曰：《关雎》乐而不淫，哀而不伤。

战国时期的齐威王比较嗜酒，对朝政比较懈怠。楚国借机对齐国用兵，齐威王惊慌之下派出大夫淳于髡赴赵国求援，才解了齐国之危。事后，齐威王很高兴，便要赐酒给淳于髡。淳于髡便借机向齐威王进谏道："喝酒喝得多了就会乱了礼节，人们快乐到了极点可能就要发生一些悲伤之事。任何事情都是一样的，只要超过了一定的限度，都会走向它的反面。"齐威王听到淳于髡的劝告后，恍然大悟，改掉了酗酒的恶习。后来，齐威王励精图治，通过一系列的改革，使齐国强大起来。

从这件史实中我们不难发现，做人做事应当把握好分寸，不能只知道贪图享乐。倘若齐威王不听淳于髡的劝导，恐怕还会招来灭国之灾，这也绝非是在危言耸听。历史上，因纵情声色亡国的例子数不胜数，比如陈后主陈叔宝、南唐后主李煜、齐后主高纬等。其实，不管时代如何变化，人的性情基本没有改变，正确控制和表达自己的情感是一个具有永恒性质的话题，所以孔子的这个观点仍具有巨大价值。他提醒我们，做事时要控制情绪、保持理智，言行应该把握好分寸。否则，很有可能会乐极生悲，对自己造成不利。

按照现代话来说，人们所表现出来的情感，不但要具备道德上的纯洁性和崇高性，还应时刻保持着理智，这样才算是完美。也就是说，凡事都要讲求适度，以中庸之道处理情感与理性的关系，才能将事情做得臻于完美。这句话对于我们现代人而言，主要有两点启示：一是如何在工作和生活中做到恰如其分，管理好自己的情绪，避免走极端路线；二是重视诗教的作用，也就是提高自身的道德修养。

乐而不淫，可以帮助我们养成良好的品格，保全自己的名声和尊严。哀而不伤，则能让我们远离烦恼，避开那些让自己不快乐的人。

生命本身就是一个求索的过程，得到的就是最好的，失去的只能说明它本来就不属于你，不必为此而挂怀。

【原文】

3.21 哀公问社于宰我^①。宰我对曰："夏后氏以松，殷人以柏，周人以栗，曰：使民战栗。"子闻之，曰："成事不说，遂事不谏^②，既往不咎。"

【注解】

① 社：土地神，祭祀土神的庙也称社。宰我：名予，字子我，孔子的学生。② 遂事：已完成的事。

【译文】

鲁哀公问宰我，做土地神的神位应该用什么木料。宰我回答说："夏代人用松木，殷代人用柏木，周代人用栗木，目的是使百姓战战栗栗。"孔子听到这些话，告诫宰我说："已经过去的事不用解释了，已经完成的事不要再劝谏了，已过去的事也不要再追究了。"

【精读论语】

如何对待过去的错误与失败

夏朝用的是松木，殷商用的是柏木，都有长久统治天下之意。而周朝用栗木，鲁哀公不明白周武王为什么会弃松柏不用而选择栗木，所以问宰我。鲁哀公身为周王室的宗亲，又是鲁国之君，自然知道神位的重要性，故有此问。宰我明白回答说：武王选栗木，就是为了让人民害怕，进而安心接受自己的统治。关于栗木的使用，历史上有两种解释，其一确如宰我所言，意在威慑百姓；二是表示敬畏天命，提醒自己执政时要战战兢兢。

从孔子听到宰我的解释后的反应来看，周武王选用栗木的目的确实是为了恐吓百姓。所谓"成事不说，遂事不谏，既往不咎"，就是告诉宰我，事情过去不必再提，既成事实多说无益，以往的过错不要再追究。显然孔子认为周武王用栗木做牌位确实是错误的，只是希望宰我对这事不要再提，以免误导鲁哀公。孔子教训宰我的这三句话，为后世确立一个对待过去错误或失败的原则，那就是"既往不咎"，这种思想利弊兼有，对后世影响极大。

从有利的一面来说，不纠缠于过去的错误和失败，能使人放下包袱，轻装上阵，以轻松的心态面对未来。倘若将过去的错误或失败时时挂在嘴边，说别人可能只会招致别人的反感，说自己则会把自己搞得灰头土脸，垂头丧气，总之是不好。所以对于一些木已成舟的事情，多说无益，无须再去浪费力气。比方说，东汉时期的大臣孟敏，在他年轻的时候曾买过甑。有一天，他绊了一跤，担子里的甑被摔碎了，他站起来后头也不回挑着担子就走了。于是就有人问他："你的甑摔坏了怎么都不回头看一眼？"孟敏十分坦然地回答道："甑既然已经摔破了，我再看、再心疼，它也不会恢复原状了，还不如想想下一步该做些什么呢！"这就是一种对自己的大度，一种宽恕自己的既往不咎的豁达。当然，对别人的错误或失败秉持这种态度，也是一种宽容与豁达。

从不利的一面来看，这种观点是中国人形成健忘性格。在面对过去的罪恶与失败之时，中国人多半会秉持"过去的就让它过去"的心态，缺少必要的检讨和反省，以至于我们总是在错误的道路上一错再错。我们不能对过去的错误一点也不说、不讨论，应该积极"内省"，只有通过反省，我们完善自己的人格。

【原文】

　　3.22　子曰："管仲之器小哉①！"或曰："管仲俭乎？"曰："管氏有三归②，官事不摄③，焉得俭？""然则管仲知礼乎？"曰："邦君树塞门④，管氏亦树塞门。邦君为两君之好，有反坫⑤，管氏亦有反坫。管氏而知礼，孰不知礼？"

【注解】

① 管仲：名夷吾，齐桓公时的宰相，辅助齐桓公成为诸侯的霸主。② 三归：三

处豪华的公馆。③摄：兼任。④树：树立。塞门：在大门口筑的一道短墙，以别内外，相当于屏风、照壁等。⑤反坫（diàn）：古代君主招待别国国君时，放置献过酒的空杯子的土台。

【译文】

孔子说："管仲的器量太小啦！"有人问："管仲节俭吗？"孔子说："管仲有三处豪华的公馆，他手下的人从不兼职，怎么能称得上节俭呢？""那么管仲懂礼仪吗？"孔子说："国君在宫门前立了一道影壁，管仲也在自家门口立了影壁；国君设宴招待别国君主、举行友好会见时，在堂上设有放置空酒杯的土台，管仲宴客也就有这样的土台。如果说管仲知礼，那还有谁不知礼呢？"

【精读论语】

量小非君子

之所以认为管仲"器小"，孔子有两点依据，一是管仲缺乏节俭的美德，二是管仲不遵礼制。在孔子的政治思想中，礼制居于至高无上的地位，管仲不遵礼制，当然称不上君子。在古代道德评价中，节俭占有很大的分量，而管仲生活奢侈，

子曰：管仲之器小哉！

故而受到孔子批评。有人也许会问，遵礼和节俭与"器小"有何关系？在孔子看来，遵礼是对传统和制度的敬畏，节俭是对自己欲望的约束，越礼必然狂妄，奢侈必然放纵，狂妄放纵的人肯定偏狭，容不下不同思想和持不同意见的人，故曰"器小"。器小之人，固然可以凭才干成功于一时，但很难广采博纳，建立起为后世效法的制度。的确，管仲辅佐齐桓公建立了伟大功业，但是，在他死后，齐国便人亡政息了。也就是说，管仲并未为建立一套真正的能使齐国长治久安的制度。孔子说他器小，可不是随便说说而已。

在古时，人们对于"器量"二字非常重视。因为，它不仅是为人之道，也是为官之道，是一种处世的哲学。向我们大家所熟知的圣明之君、贤达之臣、聪慧之士，无一不是器量大度之人，并因此成就一番事业。但是，像一些器量狭小之人，由于不能容人容事，等着他们的多是人生和事业上的双重失败。

当唐高祖还在位时，魏徵任太子洗马，是太子李建成的心腹。他见李世民暗中与太子争夺皇位，就劝太子先下手为强，早作打算。后来，经过玄武门之变，李世民当上了皇帝，便将魏徵召来，责问他为何挑拨自己与太子的关系。虽然众同僚皆为他担心，但是魏徵却从容地回答道："太子若是听了我的话，哪里会有今日之祸。"李世民听闻此言，便觉得魏徵是个难得的诤臣，便升他为谏议大夫，他们之间的轶事也被传为美谈。两人原本是互相对立的敌人，但唐太宗却能尽释前嫌，表现出了恢宏的气度和开阔的心胸，这也是他能成为千古一帝的重要因素之一。

其实，将此道理放到现代依然适用，做领导的若是没有容人之量，打击持不同意见的人，虽然有时能称心遂意，但最后也难免会落个人才散尽，哪里还有大业可成。反观那些器量大、能容人的领导就应另当别论了。他们有着宽宏大量的美德，不仅能够广纳天下英才，甚至还能化敌为友。试问，有着如此心胸的领导，何愁大事不成！

【原文】

3.23　子语鲁大师乐①，曰："乐其可知也：始作，翕如也②；从之③，纯如也④，皦如也⑤，绎如也⑥，以成⑦。"

【注解】

①语（yù）：告诉，作动词用。大（tài）师：太师，乐官名。②翕（xī）：意为合，聚，协调。③从（zòng）：放纵，展开。④纯：美好、和谐。⑤皦（jiǎo）：音节分明。⑥绎：连续不断。⑦以成：以之而成，即以从之纯如、皦如、绎如三者而成。

孔子给鲁国乐官讲奏乐过程："奏乐过程是可以了解的：开始演奏时，各种乐器合奏，声音洪亮而优美，听众随着乐声响起而为之振奋；乐曲展开后美好而和谐，节奏分明，连续不断，如流水绵绵流淌，直至演奏结束。"

【精读论语】

重视礼乐精神

古时候，乐不只是一种娱乐消遣的方式，也是陶冶情操、抒发胸臆的手段，乐与礼结合起来就构成了礼制的主要内容，二者也经常会相提并论。从孔子的言语中我们不难看出，他对音乐有着很深的造诣，而且他对音乐的要求也不只是悦耳那么简单。

乐其可知也：始作，翕如也；从之，纯如也，皦如也，绎如也。

在孔子的眼中，音乐与为政的道理是相通的，好的音乐不但可以滋养人的性情，还能起到改变天下风俗的作用。倘若人们整日里听着靡靡之音，思想处在一片混沌之中，那么这个国家就会出现问题，埋下动乱的种子。若是音乐之中透着一股浩然正气，必能是让人心生振奋，对美政良俗的形成有着不小的影响。而孔子所处的时代，已是"礼崩乐坏"，这让他非常痛苦伤心。就连当时掌管乐的鲁国大师，也对乐的精神不甚了解。孔子实在看不上去了，便予以指点，期望能把礼乐精神传承下来。

事实上，从古至今，人们都非常重视礼乐制度建设。在古代，君主主持的祭祀、节日庆典、皇帝及太后的千秋节、君臣朝会、皇帝出巡、接见外国使节的朝觐、科举放榜传胪、送将士出征、将军凯旋献俘等重大事务中，对使用的礼乐都有明确的规定。不仅如此，同一个仪式中，开始、中间、结束时所应使用的礼乐也同样有着明确的规定。在不同场合使用的礼乐，与这一事务的性质相结合，能起到烘托肃穆气氛、熏陶君臣情感、振奋与会者精神的作用，能使相应的国务活动显得庄严隆重，对君臣礼仪和政治伦理形成和强化、政治秩序的稳定运行，有着潜移默化的作用。当今，国家重大典礼中的奏国歌、欢迎外国领导人时的奏乐、升旗仪式时奏国歌，其实都是古代礼乐制度的遗存。

此外，音乐是人们真情实感的表达和内在感受的真实流露，人的喜怒哀乐等各种心情在音乐上都具有不同的表现。古人云："是故治世之音安以乐，其政和；乱世之音怨以怒，其政乖；亡国之音哀以思，其民困。声音之道，与政通矣。"也就是说，由于音乐有着情感化的特征，所以可以间接地反映民风民情。统治者会通过民间音乐所表达的情感来调整相关政策。反过来，音乐也"可以善民心，其感人深，其移风易俗易"，具有教化人民的作用，所以，统治者应该积极运用或倡导某种礼乐，引导民风民俗。这就是孔子强调的"乐与政通"了。

【原文】

3.24　仪封人请见①，曰："君子之至于斯也，吾未尝不得见也。"从者见之②。出曰："二三子何患于丧乎③？天下之无道也久矣，天将以夫子为木铎④。"

【注解】

①仪：地名。封人：镇守边疆的小官。请见：请求会见孔子。②从者：随从之人。见之：让他被接见。③二三子：你们这些人。患：忧愁，担心。丧（sàng）：失掉官位。④木铎：以木为舌的铜铃，古代用以宣布政教法令。

【译文】

仪地的一个小官请求会见孔子，说："凡是到这个地方的君子，我没有不求见的。"孔子的学生们领他去见孔子。出来以后，他说："你们几位为什么担心失去官位呢？天下无道已经很久了，因此上天将以孔夫子为圣人来教化天下。"

【精读论语】

薪尽火传，大道不绝

本章描述的事情发生在孔子被免官周游列国之时，当时孔子之名早已传遍列国，而且慕名前来请教的人也很多。仪封人在见到孔子之后，大为叹服，将其比为天人，坚信孔子就是代替上天向世人传经授道的，礼乐传统将来必能由孔门而复兴。

站在两千五百年后的今天回看孔子，我们可以这样说，孔子是不幸的，因为他终生致力于复兴传统文化，渴望恢复礼制，期望致天下于太平，并且穷一生精力，为这个目标而奋斗，但是，他留给我们的却是一个白发苍苍、四处奔波，最终却失望而归的落寞背影。当时，各诸侯国的国君对他无不尊敬有加，但无一人采纳他的建议和主张。

但孔子又是幸运的，这种幸运既有孔子的个人因素，也有时代的因素。从孔子个人来说，他的人生努力，不仅仅在匡正天下的事功上，还在孜孜以求的学术研究和文化传播上。也许学术研究和设坛授徒并不是孔子真正的志向，但却获得意想不到巨大成功，使之成为后代敬仰的万世师表。这种命运的反差，可谓失之桑榆，收之东隅。从时代因素上讲，动荡时代给了他学术研究和传播的自由，在这样的环境中，他才得以广收门徒，把自己毕生所学和自己创造的思想体系广泛传播。在政治上失意以后，孔子整理六经，删订诗书，把上古时代文化传统加以整理，并加以创新，创立体大思精的儒家学说，并最大限度地传播开来。他就像一位农夫，把儒家思想的种子撒遍中华大地，待到时机成熟，自然会万木竞秀，蔚为大观。果然，在经历了战国的兵燹，遭受秦朝的书厄之后，到了汉代，孔子的理论终于在众多学说之中脱颖而出，被立为国家的正统思想，而且被尊奉两千年。从这个角度讲，孔子是幸运的，而且获得了无上荣耀。

仪封人说"天将以夫子为木铎"，可谓目光如炬的识人之语，此人真是孔子的知音啊。

　　这个荣耀是历史对孔子致力学术研究和传播的褒奖，是对传承和弘扬人间大道者的充分肯定。孔子以衰迈之躯，壮心不已，把中国上古的文化融冶锤炼，传之弟子，使中华文明薪尽火传，使天之大道永存世间，乃是人间少有的壮丽事业。当今社会，那些热爱和真正致力于学术研究的人，眼下也许是贫穷的，也许是寂寞的，但是，如果在文化传承和文明创新上有所成就，后人就会像对待孔子那样，给予他至高无上的历史荣誉。

【原文】

　　3.25　子谓《韶》①："尽美矣②，又尽善也③。"谓《武》④："尽美矣，未尽善也。"

【注解】

①《韶》：相传是舜时的乐曲名。②美：指乐曲的声音美。③善：指乐曲的内容美。④《武》：相传是周武王时的乐曲名。

【译文】

　　孔子评论《韶》，说："乐曲美极了，内容也好极了。"评论《武》，说："乐曲美极了，内容还不是完全好。"

【精读论语】

国乐当尽善尽美

　　仁德的内容和蕴含就是善，而好的表现形式和手段就是美。也就是说，如果能将艺术的内涵和表现形式完美地结合起来，就是尽善尽美。虞舜时期的《韶》乐，有着浑厚的道德基础，而且形式完美，是尽善尽美的。但是，到了周武王时期的《武》乐，虽然在形式上也是完美的，可是在道德基础上却有存在着缺憾，只有尽美没有尽善。由此可知，孔子所期待的社会，应当是个完美的、尽善的、和平的，没有暴力的理想社会。

在孔子看来，礼乐制度的核心在于"仁"。如果失去了这个核心，礼乐就没有什么价值了。他曾经说过，"人而不仁如礼何，人而不仁如乐何"？也就是说，人不仁不可以谈及礼乐。而真正的仁者之乐，必然是尽善的。这种"仁"的音乐能够陶冶人的性情，提高人的修养，最终可以用来巩固统治，并使社会安定。

在礼乐制度较为完备的三代，统治者对音乐是十分重视的，所以都以政府的名义制作大型乐舞，用于国家大典。这种乐舞，必然反映着统治者的意志和治政心态。舜靠美德受禅天下，以仁德治理天下，那么，在他主持下制作的大型乐舞，必然反映着他对仁德重视和对民众的关爱。这种内在的精神，就是孔子所说的"善"，而乐音的悦耳，则是孔子所说的"美"，所谓"尽善尽美"，就是对音乐内涵和表现形式的高度赞美。

武王推翻商朝统治，毕竟是武力征服，虽有其不得已之处，但还是沾染上了暴力和鲜血，在道德上存在着污点。周武王崇尚武力，这一点必然会在他主持制作的乐舞中反映出来，这种蕴含在音乐中的暴力思想，与"仁德"是背道而驰的，故曰"未尽善"。我们再看后代，唐朝建立以后，在唐太宗李世民的主持下，唐代宫廷乐师制作了大型乐舞《秦王破阵舞》，其间充满金鼓之声和杀伐之气，如果让孔子评价，肯定说它"不善"。

这种体现在音乐之中的统治思想，必然会对君主们的治政方略乃至治下民众的潜在心理产生影响。崇尚仁德，君主就会心存仁爱，民间会形成良善风俗，有利于长治久安；崇尚暴力，君主就会喜欢暴政，民间也会有暴戾之气，社会容易出轨。西周末年，厉王暴政，最终导致国家覆亡。唐朝时期，社会崇尚军功，边将安禄山欲壑难填，起兵发动安史之乱，大唐由盛转衰。这两个朝代国乐中有不善的暴力内蕴，最终又都因暴力而衰亡。礼乐之于国家的意义，来不得半点含糊，故求尽善尽美。

孔门七十二贤之首——颜回

颜回（公元前521~前481年），姓颜，名回，字子渊，亦称颜渊，比孔子小三十岁，鲁国人。

颜回像。

安贫乐道的颜回

颜氏家族到颜路、颜回父子时，除了保有祖传的贵族身份及颜路的鲁卿大夫头衔外，便只有陋巷简朴的住宅及五十亩郭外之田、十亩郭内之圃了。颜回生活贫困，简居于陋巷，一生没有做官。孔子赞叹说："颜回真是难得呀！用一个竹筒吃饭，用一个瓜瓢喝水，住在

颜回居于陋巷，安贫乐道，人不堪其忧，回不改其乐。

陋巷里。要是一般人，一定忧烦难受，可颜回却安然处之，没有改变向道好学的乐趣！"可见他颇能遵守孔子的"贫而乐道"的教诲。颜回注重仁德修养，深得孔子欣赏和喜爱。孔子难得以"仁"来赞许人，包括他自己在内，但是他说："回也，其心三月不违仁。"对比之下，"其余则日月至焉而已矣"。

孔子最得意的弟子

颜回十三岁时，入孔子之门，六年后有成。他不仅天资极为聪慧，又虚心好学，较早地体认到孔子学说的精深博大，他对孔子的尊敬已超出一般弟子的尊师之情。他以尊崇千古圣哲之情尊崇孔子，其亲若父与子。"孔子之门三盈三虚"，唯有颜回未离孔门半步，因而后人评价说："颜渊独知孔子圣也"（《论衡·讲瑞》）。因此，孔子将颜回引为同道，被列为孔门"四科十哲"（德行科）之一。

孔子评价颜回是弟子中最好学的人。

颜回跟随孔子困厄于陈蔡，曾七天没吃过一粒粮食。颜回做饭时孔子望见颜回拿了锅里的米吃，后来才知道他吃的是沾染了灰尘的脏米。

历尽磨难，终生不离圣人左右，英年早逝

颜回追随孔子周游列国长达十四年，归回鲁国后讲学授徒，传授儒学六经；协助孔子整理古代典籍，逐渐扩大了自己的影响，形成了儒家的一个宗派——颜氏之儒。他在学习和弘

颜渊死，孔子悲恸欲绝。

扬孔子所创立的儒家学说的过程中，总是殚精竭思，倾注全部心血，再加上"箪食瓢饮"的困苦生活，这种状况严重地损害了他的健康。颜回二十九岁时头发就全白了，四十一岁就死了。颜回死时，孔子哭得很伤心，直呼："噫！天丧予！天丧予！"违背了丧礼中"节哀"的规定。因为孔子认为颜回在孔门中，是最有条件继承自己学说的弟子之一，也是孔子的希望所在。如今颜回先死，自己的仁政德治的理想就无合适的继承人了。后儒列颜渊为"七十二贤"之首。

里仁篇
第四

【原文】

4.1　子曰："里仁为美①。择不处仁，焉得知②？"

【注解】

①里：可作名词讲，居住之地；也可以作动词讲，居住。均通。今从第二义。②知：同"智"。

【译文】

孔子说："居住在有仁风的地方才好。选择住处，不居住在有仁风的地方，怎能说是明智呢？"

【精读论语】

近朱者赤，近墨者黑

关于个人成长，孔子强调了外部环境的重要影响。在他看来，一个人的道德修养，与外部的人文环境密切相关。因此，他就居住的环境的选择问题提出了自己的观点。正所谓环境改变人，只有与德行高尚的人在一起，才能

里仁为美。

在耳濡目染之下培养出高尚的情操。

"孟母三迁"就是环境塑造人的一个典型故事。孟子很小时候就

没了父亲，母亲也没有改嫁，家境比较贫寒。刚开始的时候，他们母子住在一处墓地旁。后来，母亲看到孟子和邻居的小孩学着大人跪拜、哭嚎的样子，玩起了办理丧事的游戏。她觉得这样对孟子的成长不利，就带着孟子搬到了市集上，可是孟子又学商人卖东西的样子。孟母知道后，再次搬家了。这一次，他们搬到了一所学校的附近。孟子看到学校里的人守秩序、懂礼貌的样子，也跟着学了起来。孟母看到后非常高兴，就在那里定居了下来。孟子之所以能成大儒，可以说与他生长、学习的环境有着重要的关系。

可以这么说，正是由于人与人之间的交往，才构成了这个纷繁复杂的社会，每位身处其中的人都会受到周围环境的影响。在现实生活中，和什么样的人在一起，就决定着你今后的人生会怎样，甚至能改变你的成长轨迹，决定着你的人生成败。记得曾有人说过，在人的一生中，有三件幸事可以值得庆贺：一是上学时遇到一位好老师，二是工作时遇到一位好领导，三是成家时找到一位好伴侣。这些人对自己造成的影响自然不可小觑。

不过，在生活中也有一些人是不幸的。在他们的身边，很少有人追求上进，更是缺少远见卓识的人。也许他们的资质很不错，但是长期在这种平庸的环境下，身上的那点儿"灵气"早晚都会消磨殆尽，丧失前进的动力，进而变成俗不可耐之人。有句话说得好：你是谁并不重要，关键是你和谁在一起。

其实，这里面的道理非常简单，若是你想像雄鹰一样翱翔于天际，那你就得和群鹰为伍，不要落入鸡窝安享太平；若是你想驰骋于森林之中，就要与群狼共舞，而不能流连于那可人的羊。若是你想变得更加聪明一些，就得多和聪明的人在一起；如果你想成为一个道德高尚的人，就应多接触那些有仁德的人，这样才会受到他人的尊崇，这也许就是环境对人们做出的潜移默化的改造。

俗话说，读好书、交高人，乃是人生两大幸事。一个人是红是黑，只要看看他身边的人就知道结果了。身边德行高的朋友越多，就代表着你的德行越高，对于今后你在事业上的帮助也就越大。若是能够借人之智，成就自己，那才算是大智慧。

【原文】

4.2 子曰："不仁者不可以久处约①，不可以长处乐。仁者安仁，知者利仁②。"

【注解】

①约：穷困之意。②知（zhì）：同"智"。

【译文】

孔子说："没有仁德的人不能够长久地安于穷困，也不能够长久地处于安乐之中。有仁德的人长期安心于推行慈爱精神，聪明的人认识到仁对他有长远的利益而实行仁。"

【原文】

4.3 子曰："唯仁者能好人①，能恶人②。"

【注解】

①好（hào）：爱好。②恶（wù）：厌恶。

【译文】

孔子说："只有讲仁爱的人，才能够正确地喜爱某人、厌恶某人。"

【精读论语】

公正地评价别人

儒家在讲"仁"的时候，并非局限于"爱人"的一面，也有"恶人"的一面。孔子认为，不仁之人多是心存私欲，并受此蒙蔽，他们眼中的善恶并非是真正的善恶。只有心怀仁德之人，才会不受私欲的影响，明辨是非善恶。也就是说，只要做到了"仁"，就能公平公正地对他人做出评价，分辨善与恶。

"仁"并不等同于一般的理，但其又在情理之中。判断是非考人心，是情感和理性共同作用的结果，所以标准就会随着人的内心变化而不同。所谓"仁"，是合乎规律的天道，是没有偏私之心的理智，所以，仁者心正，能够站在客观立场上看待人和事。如果怀着一颗仁德的心，对人对事就能做到公平公正，不偏不倚。

唐朝贞观年间，太宗皇帝曾让王珪评价朝中大臣，王珪说："孜孜奉国，知无不为，臣不如玄龄；兼资文武，出将入相，臣不如李靖；敷奏详明，出纳惟允，臣不如温彦博；处繁治剧，众务必举，臣不如戴胄；以净谏为心，耻君不及尧舜，臣不如魏徵；至于激浊扬清，嫉恶好善，臣于数子，亦有微长。"太宗听了深以为然，这些被王珪评价的大臣，听后无不大为叹服，认为王珪的评价客观公正。王珪之所以能对诸君子做出如此评价，在于他心底无私。也正因为这一点，唐太宗重用他做谏官，并感慨地说："王珪常居谏官，朕必永无过失。"

孔子的观点提示我们，在对他人做出评价时，不能因为个体间的差异，或是自己的喜好而对他人做出有差别的待遇或评价。只有从多方面、多层次、多角度对其进行分析，尽量不要将个人的感情色彩掺和进去，多从客观方面入手，才能作出准确评断。当然，若想做到这一点，大家还应从自身做起，内心要有着强烈的道德意识，以符合道义的标准待人接物，不能戴着有色眼镜去看人。

公正评价他人意义重大，有利于辨善恶，识美丑，弘扬正义和大道。表彰那些真正的善行，揭穿恶人的虚伪面纱，就是在培植人间正气，能够引导社会走上正确轨道。同时，公正评价别人也是一种处世智慧。假如我们能够对他人做出正确的评价，别人就会认为我们公正，就会信任我们。可是，若是我们对善行给以恶评，不但会伤害别人和社会，还会遭到他人反感或反击，不利于我们的事业。如果我们故意把坏的说成好的，将一些非常明显的缺陷当成优点进行赞扬，很可能会被别人当作阿谀奉承之徒，遭受到无尽的白眼儿。

【原文】

4.4　子曰："苟志于仁矣，无恶也。"

【译文】

孔子说："如果立志追求仁德，就不会去做坏事。"

【原文】

4.5　子曰："富与贵，是人之所欲也，不以其道得之，不处也。贫与贱，是人之所恶也，不以其道得之，不去也。君子去仁，恶乎成名①？君子无终食之间违仁，造次必于是②，颠沛必于是③。"

【注解】

①恶（wū）乎：怎样。②造次：急促、仓促。③颠沛：用以形容人事困顿，社会动乱。

【译文】

孔子说："金钱和地位，是每个人都向往的，但是，以不正当的手段得到它们，君子不享受。

富与贵，是人之所欲也，不以其道得之，不处也。

贫困和卑贱，是人们所厌恶的，但是，不通过正当的途径摆脱它们，君子是不会摆脱的。君子背离了仁的准则，怎么能够成名呢？君子不会有吃一顿饭的时间离开仁德，即使在匆忙紧迫的情况下也一定要遵守仁的准则，在颠沛流离的时候也和仁同在。"

【精读论语】

坚守信念，不违于仁

在孔子看来，每个人都想过上富裕的生活，摆脱贫困的局面，这本是好事。但是，对于君子而言，富与贵应当取之有道。即便贫困的生活再不好，想要去之也应有道，这才是君子所为。而这个道，就是仁义之道，它是君子安身立命的基础。无论是富贵还是贫贱，无论是在仓促之间还是颠沛流离之时，都不能违背这个原则。

有些人认为，人生充满苦难，人总是在痛苦中挣扎。这个观点有些道理，但是我们再想一下，人们为何会这样呢？造成他们痛苦的根源是什么？有没有一种人能摆脱这种痛苦，让生命充实而又快乐？从某个角度看，造成人痛苦的根源在于思想的矛盾。比如，有人看重财富，可等他拥有了财富，面对子孙对自己财富觊觎和争夺，他心里充满苦恼。这是因为他脑子里有强烈的伦理思想，财富观念与伦理的冲突，导致了他的痛苦。倘若坚守一个信念，他就不会痛苦了。譬如有的人看重家庭，在他的努力下，子孝妻贤，也许他们很贫穷，也许他们的生活备受磨难，但只要亲情还在，他们就能生活得很充实，很美好。

"仁"就是有着积极意义的观念。如果坚守仁德，其实是不会在乎贫困还是富贵的，更不会去谋求不义之财，也不会为改变处境而出卖良知。

苏轼少年得志，以才学为朝野瞩目，但因反对新法，评议时政，被朝中小人罗织罪名，身陷"乌台诗案"差点丢了性命。出狱后被贬往黄州，但他不改本色。新法被废后，苏轼被朝廷委以重任，可是他并不领保守派的情，对他们错误的做法予以抨击，引起了保守派的不满，不久便被排挤出朝廷，到地方任职。此后几年间，他历任杭州、颍州、扬州、定州等地太守，负责安定地方。苏轼志在造福民众，处处勤政爱民，每莅一处，政绩皆有可观。1094年，他被贬往南荒之地惠州，在遍地瘴疬的恶劣环境中，他写下了"日啖荔枝三百颗，不辞长作岭南人"的乐观诗句。1097年，他被贬往海南儋州，在那时为穷山恶水之地，他坦然言道："我九死一生，能到海南一游，乃平生最大快事"，把贬谪之辱说成"奇绝冠平生"。

阅读苏轼的诗篇不难发现，他不论是身居庙堂，还是被贬蛮荒，心中总是坦然的，情绪总是乐观的。在别人眼里，他的处境糟透了，可他却能淡然处之。何故？皆在于他有着坚定执着的人生信念，他心存大仁，追求的是为国为民做贡献。无论身处何地，他都有为民造福的机会，处处可以合心遂志，故而生活得精彩而充实。

只要坚守信念，不违于仁，富贵有何喜，贫苦有何悲。但是，如果丢掉这个信念，人就会成为处境的奴隶，为他人的褒贬所左右，生活得痛苦不堪。

【原文】

4.6 子曰："我未见好仁者、恶不仁者①。好仁者，无以尚之②；恶不仁者，其为仁矣，不使不仁者加乎其身。有能一日用其力于仁矣乎？我未见力不足者。盖有之矣，我未之见也。"

【注解】

①好、恶：同4.3章解。②尚：通"上"，用作动词，超过的意思。

【译文】

孔子说："我从未见过喜爱仁德的人和厌恶不仁德的人。喜爱仁德的人，那就没有比这更好的了；厌恶不仁德的人，他实行仁德，只是为了不使不仁德的事物加在自己身上。有谁能在某一天把他的力量都用在仁德方面吗？我没见过力量不够的。或许有这样的人，只是我没有见过罢了。"

【原文】

4.7 子曰："人之过也，各于其党①。观过，斯知仁矣②。"

【注解】

①党：类别。②斯：则，就。仁：通"人"。

【译文】

孔子说："人们所犯的错误，类型不一。所以观察一个人所犯错误的性质，就可以知道他的为人。"

从犯错观察他人

现代社会，最重要的就是人才，这早已为人们所公认。至于如何鉴别人才，历来是用人研究的重点，关于这方面的论述和著作，可谓林林总总。很早之前，孔子给出了一个极为特别的识人技巧，那就是，通过观察一个人所犯错误来了解他。

这个方法有着出人意料的准确性，有时要比形貌识人法、神态观人法、细节观人法、交友观人法还要管用。人能通过行为举止来掩饰自己的内心，但很难在犯错上掩饰自己人性上的善恶、性格上的缺陷以及情感上的好恶。那些粗暴虐待他人的人，秉性肯定是凶残的；那些索贿受贿的人，必然是贪婪的；那些冒失犯错的，肯定有勇敢或莽撞的性情。从他们的错误或过失中，不难察觉他们的本性。

乱世之中，群雄并起，许多有识之士就是通过观察首领的过错，进而择主而事的。隋朝末年，由于杨广无道，天下大乱，当时涌现了许多起义领袖，其中著名的有李密、窦建德、萧铣、李渊等。当时，以李密势力最大。但后来，许多杰出人才都离开李密，转投李渊。他们之所以这样抉择，是从李密所犯过错对其作出判断的。瓦岗寨本是翟让所创，翟让见李密才高志大，便推李密为主。但后来，由于翟让贪财求货，李密便设计诱杀翟让的全家和亲信。虽然其中有因，但李密此举，显然是一个大错。杀掉创业者和推举他的人，说明李密残忍并有失道义。不少瓦岗英雄由此初步认清了李密真面目，开始心生他念。当时，瓦岗军打开兴洛仓，任由百姓取食，贪多的人拿不动，把粮食扔到道路上，李密也不阻止。贾润甫、李勣等人观察李密之错，认为他没有深谋远虑，不是成就大事的人，对他越发失望。后来，魏徵、程咬金、秦叔宝、李勣等都相继离开李密，李密最终失败。

这个事例讲的是战乱时期，贤臣择主而事的情况。由于历史上大动乱不是常态，所以，择人与用人多为领导者在和平时期对下属的鉴别和重用。在此，领导者也可以采用"察错识人法"，来观察、识别或者提拔人才。比如，君子待人宽厚，就算自己有过失，其原因恐怕就是过于宽厚了。但是，小人则不同了，他们心存奸险，若是有人犯了错，他们肯定会小题大做，闹得满城风雨，这种方法在区分君子和小人的时候非常实用。因此，领导者在择人时，不妨从观察过错入手，寻找自己需要的人才。

【原文】

　　4.8　子曰："朝闻道^①，夕死可矣。"

【注解】

①道：道理，指真理。

【译文】

　　孔子说："早晨能够得知真理，即使当晚死去，也没有遗憾。"

【原文】

　　4.9　子曰："士志于道，而耻恶衣恶食者，未足与议也。"

【译文】

　　孔子说："读书人立志于追求真理，但又以穿破衣、吃粗糙的饭食为耻，这种人就不值得和他谈论真理了。"

【精读论语】

贪图奢华者胸中无道

　　人之所以贪图物质享受，因为心中缺乏真正信仰，缺乏坚定价值观，也就是缺少"求道求仁"的理想。这样的人，终会在不断升级的享受中让自己的生活变得越来越糜烂。甚至有人还会为了得到更高层次的物质享受，不顾廉耻，卑躬屈膝地去钻营。相反，那些把"道"作为自己坚定信念的人，因为矢志不渝地追求仁德，就不会在意衣食方面的浅薄享受，而是淡泊名利，进德修身。

东汉末年的著名学者邴原，虽然出身寒微，但他能甘于清贫，立志求学，终于成为受后世赞誉的贤德之人。邴原幼时即为孤儿，生活都成问题，就更别谈求学读书了，同龄人坐在学馆朗朗吟读之时，他只能蹲在窗外偷听。幸运的是，先生知道他的处境后，深受感动，破例让他免费就读。邴原也没让先生失望，一个冬天便将《论语》和《孝经》倒背如流，熟谙在胸。之后，邴原辞别学馆先生，外出游学，以期遍访天下学者名流。八九年后，邴原学成返乡，许多年轻后生慕名而来向他求教。

遗憾的是，世上立志求道的人的太少，而贪图享受、渴望锦衣玉食的人太多。从常理上说，喜欢物质享受没有什么错，但问题的关键是，因为心灵上缺少"道"的指引和"义"的约束，人们往往陷入对奢靡生活的追求，被物欲所控制。要知道，人不能单为了享受而活着，不能见钱眼开、玩物丧志，不能迷失了真正的自己，那样，很容易就会让自己丧失该有的节操，用道德良知换取物质生活的富足。

五代时后晋高祖石敬瑭，因贪图荣华富贵而成为无道之人。综观石敬瑭一生，卖国称帝之前还是很让人佩服的。他不但骁勇善战，战功卓著，而且还有超人的政治谋略。就是在治国上他也堪称干才，治理陕州、河东等地时，都政绩卓著。可惜，战乱频仍之际，他为借重契丹援助得到帝位，认贼作父，奴颜婢膝，割让燕云十六州给契丹，将北方百姓置于契丹铁蹄之下，甘心做了"儿皇帝"。他之所以在历史上留下了骂名，就是被贪婪的私欲控制了灵魂。

心中有道，志于求仁才是最重要的，只讲物欲要求的生活是不完全的，是低层次的；没有充实精神的物欲要求是空虚的，心灵空虚的人就如一具行尸走肉。"粗食者志坚，华美者心卑"，"非淡泊无以明志，非宁静无以致远"。只有对精神层次的追求超过于对物质的追求时，我们的生命才会富有价值和意义。

【原文】

　　4.10　子曰："君子之于天下也，无适也①，无莫也②，义之与比③。"

【注解】

①适（dí）：意为专主、依从。②莫：不肯。无适无莫，指做事不固执。③义：适宜、妥当。比：亲近、相近。

君子之于天下也，无适也，无莫也。

【译文】

　　孔子说："君子对于天下的事，没有规定一定要怎样做，也没有规定一定不要怎样做，而只考虑怎样做才合适恰当，就行了。"

【原文】

　　4.11　子曰："君子怀德，小人怀土；君子怀刑，小人怀惠。"

【译文】

　　孔子说："君子心怀的是仁德；小人则怀恋乡土。君子关心的是刑罚和法度，小人则关心私利。"

【精读论语】

君子与小人的区别

　　就君子与小人的区别，孔子从各自关注什么的角度作出了评判。他认为君子有"怀德""怀刑"之心，他们时常记挂着道德礼仪，心中所想的只有仁德和善良。行事的时候考虑的比较周到，所有的一切都力求合理，担心自己的行为违反国家法律和社会规范。

　　而小人所存"怀土""怀惠"之心，他们心中想的只有自身的那

君子怀德，小人怀土。

点私利，对一些小恩小惠和个人的利益十分在意，很少有人去关心道德的修养，很少顾及事情的后果和他人的感受。为了获得一些利益，即使是作奸犯科，他们也在所不惜。

综观历史，就会发现君子小人在这个方面的典型区别。唐德宗在位时期，由于过度掠夺，对士兵刻薄寡恩，结果引起兵变，被迫狼狈逃到奉天，差点被谋反的朱泚杀掉。叛乱平息后，德宗回到长安，用度极为匮乏，开始拼命聚敛钱财。许多地方大员为了讨好皇帝，便搜刮民脂民膏，向皇帝进献财物。当时，江西观察使李兼每月都要向皇帝进献，称"月进"，剑南西川节度使韦皋更是过分，每天向皇帝进献，称"日进"，其他的如杜亚、刘赞、王纬等人，也都拿着国家的赋税讨好皇帝。他们这样做，一是为媚事皇帝，保全自己的官职爵位，其次也是为了借机搜刮百姓，聚敛财富。这样做既是"怀土"又是"怀惠"，是典型的小人做派。

当时有一个官员名叫阳城，他的做法与上述小人迥异。因为裴延龄等人的构陷，唐德宗贬斥名相陆贽，并准备杀掉他。阳城率谏官王仲舒、王归登、熊执易等人叩阙进谏，求唐德宗赦免陆贽。虽然没有成功，但名震天下。事后，阳城被降职为道州刺史。在道州，对待官吏民众，就像对待自己的家人一样，使社会迅速安定。道州多山，土地贫瘠，生产落后，人民贫穷。阳城便请求国家免除赋税。朝廷不答应，阳城干脆不征收。上司因此多次责难他，他也不在意。为了催征税赋，上司派一位判官来监督。为了争取为民免税，阳城便把自己囚禁到监狱里。判官闻讯大惊，跑到监狱了见他。判官等他办公催征，阳城便不进州衙，晚上在判官下榻的馆舍门口破门板上睡觉。判官没法，只好离开道州。后来，上司又派人查办他，那人不愿查办阳城，就在半路上跑了。阳城就是君子的典型，他心怀仁德，匡正朝廷，关爱民众，成为唐朝政治的亮色。

君子小人的行为差别很大，原因在于内心追求不同。而这种追求，显然是价值观的体现。人人都去追求自己认为有价值的东西，如果建立正确的价值观，追求美德和仁义，就会成为君子；如果追求个人私利，就会堕为小人。孔子这里是在提醒我们，一个人，应该建立正确的、对社会和民众有益的人生观和价值观，让自己活得更有意义。

【原文】

4.12　子曰："放于利而行①，多怨。"

【注解】

① 放（fǎng）：或译为纵，谓纵心于利也；或释为依据，今从后说。利：这里指个人利益。

【译文】

孔子说："如果依据个人的利益去做事，会招致很多怨恨。"

【原文】

4.13　子曰："能以礼让为国乎①，何有②？不能以礼让为国，如礼何③？"

【注解】

①礼让：礼节和谦让。②何有：何难之有，不难的意思。③如礼何：把礼怎么办？即如何实行礼制呢？

【译文】

孔子说："能用礼让的原则来治理国家吗，难道这有什么困难吗？如果不能用礼让的原则来治理国家，又怎么能实行礼制呢？"

【原文】

　　4.14　子曰："不患无位，患所以立。不患莫己知，求为可知也。"

【译文】

　　孔子说："不愁没有职位，只愁没有足以胜任职务的本领。不愁没人知道自己，应该追求能使别人知道自己的本领。"

不患无位，患所以立。

【精读论语】

人最应该担心的是什么

　　许多人总是感叹自己怀才不遇，事实真的如此吗？很多时候，人总是高估自己，觉得自己是千里马，可是世间却缺少伯乐。但事实并非如此，人往往处在自己不称职的地位。所以，孔子告诫我们，不要担心没职位、没地位，应该担心自己是否有担当这个职位德行和能力。如果你有足够的修养和才能，自然会有人抬举你、重用你。如果没这个德行和能力，把你放到那个职位上，结果是对谁都不利。

　　刘秀虽然出身高贵，但他并没有多大的志向。他喜欢务农，希望过着简朴的生活。有一次，年轻的刘秀在新野见到有名的美女阴丽华，便为其倾倒。后来，他到长安太学读书，见到执金吾出行很威风，便感慨地说："仕宦当作执金吾，娶妻当得阴丽华。"可见，刘秀立业与成家的理想也不过如此而已。王莽篡位后，多次变革律令，因不合实际而给民众造成严重伤害。再加上连年天灾，很多人流离失所，纷纷揭竿而起，其中规模较大的是绿林起义。刘秀追随自己的大哥刘縯，也在舂陵起义，不久即加入绿林军。

　　不愿坐视灭亡的王莽，调动大军镇压绿林军。莽军司空王邑和司徒王寻率军围困绿林军重镇昆阳。而刘秀当时正作为一个不起眼的将领与其他将军驻守昆阳城。看到莽军几十万大军的浩荡声势，昆阳的守将们吓坏了，不少人想逃跑。刘秀向将领们冷静地分析形势，指出逃跑是死路一条。大家听后，都认为有理，便决定坚守。之后，刘秀提议其他人坚守，自己出城求救。刘秀只带着十几个人，冲出重围，搬来救兵，与昆阳城守军里应外合，打败莽军，杀掉王邑。昆阳一战，刘秀名震天下，后来，许多名士猛将都聚到他的麾下。最终，刘秀在群雄之中脱颖而出，扫平各路诸侯，统一天下。

刘秀本不想成名，但因为有才能，有策略，有品行，不仅扬名天下，而且成就霸业。可见，一个人只要有才能，不用担心自己没有地位，也不用担心没有名望。相反，一个人如果不加强自身修养，不锻炼自己的才能，即便得到机会和地位，最终还是守不住。与刘秀同时的皇室刘玄，在昆阳大捷后被绿林军拥立为皇帝，但是，因为德行能力不足，举措失当，任用小人，贤士离心，民众叛逃，最终成为刘秀的阶下囚。

通过刘秀和刘玄的对比，我们不难发现，一个人最应该担忧的是自己有没有才德，而不是有没有名位。有才有德，最后必得名位；不修德，不成材，纵有名位，最后也会失去。

【原文】

4.15　子曰："参乎！吾道一以贯之①。"曾子曰："唯。"子出。门人问曰："何谓也？"曾子曰："夫子之道，忠恕而已矣②。"

【注解】

①贯：贯穿，贯通。如以绳穿物。②忠恕：据朱熹注，尽己之心以待人叫作"忠"，推己及人叫作"恕"。

【译文】

孔子说："曾参呀！我的学说可以用一个根本的原则贯通

子曰：参乎！吾道一以贯之。

起来。"曾参答道:"是的。"孔子走出去以后,其他学生问道:"这是什么意思?"曾参说:"夫子的学说只不过是忠和恕罢了。"

【精读论语】

忠恕之道

在孔子的思想体系中,忠恕之道占有极为重要的地位,是"仁"在现实社会生活中的实际运用,儒家为人处世的基本原则,强调的是个人对人对己的根本道理。在本章中,曾子将孔子的仁学思想归结为忠恕之道,其本身就有着深远的意义。他不仅指明了人与人之间相处时的基本道德准则,也为促进社会的和谐发展起到了积极意义。可以说,行忠恕之道就是行仁道。

在孔子的眼中,忠恕之道既是一种沟通的原则,也是一种限制性的原则,而且,沟通是建立在限制原则的基础之上的。比方说,孔子在后面提到的"己所不欲,勿施于人",以及"己欲立而立人,己欲达而达人",体现的就是这种关系。

在过去,人们只要一谈到"忠",大多会狭隘地理解为忠于君主或忠于国家。其实,"忠"更强调内心的真诚,并且其内涵也要丰富得多。某种程度上说,"忠"涉及我们生活中的方方面面。比方说,与自己的家人和朋友相亲相爱,对自己的职业尽忠职守,对他人托付之事竭尽全力等,就是"忠"在感情、生活、事业等方面的体现。对此,可以简单地归结为一个人应尽的基本责任和义务。

至于"恕",就是将心比心,己之所欲,推之于人;己所不欲,勿施于人。大家也可以简单地理解为成人之美和宽容。在一般情况下,对于自己亲近和尊敬的人,我们很容易关怀宽容他们。可是,对方若是陌生,或是自己憎恨的人时,还能做到宽容吗?若是还能做到的话,那就说明你已具备了"行仁"的资格。当然了,宽容并不是无限制的,它也是有底线的,否则无度的宽容就会演变成纵容,到时候再想收场就有难度了。

那么,具体怎样做才符合"忠恕之道"呢?在确定自己要做的事符合"仁"的原则后,不管是自己要做的,还是承诺别人的,都忠实于内心的想法，全心全意，竭尽全力做好；自己喜欢的，要考虑别人是否也会喜欢，自己讨厌的，要考虑到别人是否也会讨厌，如此推而广之，运用到实际的人际交往之中，对他人善待、包容和宽恕，就是"忠恕"。秉承忠恕之念做事，都是从人们自身需要出发，而不是强加于人，所以很容易被人接受。

如果不能正确理解"忠恕之道"，在生活中可能会陷入困惑。当我们怀着一颗忠诚于事业的心，却无人赏识，这个时候还要不要忠呢？还有，倘若我们将心比心善待他人，却遭受到对方无情的中伤时，又该如何做才是恕呢？仔细观察，就会发现，这两种心态是特别重视别人的评价，这种想法不是"忠恕"。真正的"忠恕之道"重在内在的体验，强调"我这样做问心无愧就可以了，至于别人怎样说并不重要"。如果能正确理解"忠恕之道"的确切思想，就不会陷于迷茫。

【原文】

4.16　子曰："君子喻于义①，小人喻于利。"

【注解】

① 喻：通晓，明白。

【译文】

孔子说："君子懂得大义，小人只懂得小利。"

【原文】

4.17　子曰："见贤思齐焉①，见不贤而内自省也②。"

【注解】

① 贤：贤人，有贤德的人。齐：看齐。② 省：反省，检查。

【译文】

孔子说："看见贤人就应该想着向他看齐；见到不贤的人，就要反省自己有没有类似的毛病。"

【精读论语】

省心向善去恶

自我反省是道德修养的一种方法，经常反省自己，可以去除心中的杂念，理性地看待自己，快速地改掉自己的缺点，完善自己的道德境界。《论语·为政》篇中提到，曾子每日"三省吾身"，在此孔子又提出了"见贤思齐，见不贤内自省"的修养方法，就是为了说明在一个人完善自己的人格和学问，提高道德修养的过程中，自省的重要作用。

在人的一生中，重要的不是你能做出什么伟大功业，而是能否战胜自己。战胜自己，就是促使自己内心向善力量的增长，去除心中的不良念头，塑造和重建自己的人格，而要做到这一点，没有自省是办不到的。自省的方法很多，比如慎独和曾子的三省吾身，这两个方法都注重内在的感悟。而孔子这里提出的方法则是由外而内，避免了独坐枯思可能带来疲倦和迷茫，从而使自省变得生动和活泼起来。

据史载，苏轼在年少的时候，他的母亲程氏教他读《后汉书》。当读到《范滂传》的时候，苏轼为范滂母子大义凛然的精神感动，就问自己的母亲说："如果有一天，我做官成了范滂，那母亲将如何呢？"程氏回答说："你要是能像范滂一样为国尽忠，我难道不能像范滂的母亲那样吗？"范滂是东汉名士，因清廉正直而得罪权贵。第二次党锢之祸时，十常侍诬陷范滂，下令将他逮捕。许多人劝范滂逃走，不少地方官甚至有意纵放。但是，范滂的母亲却劝他学习李膺，慷慨赴义。苏轼母子这番对话，就是典型的见贤思齐。也正因为有这样向善自省的修为，苏轼后来才成为一代贤士。

见贤思齐，是寻找一个进德修身的人生榜样；而见不贤内自省，则是找一个反面典型。以正面形象作指引，以反面教材作镜鉴，不失为自我修养的捷径。其实，一个人起点低并不可怕，可怕的是没有积极进取的精神；人有缺点或者过失也不可怕，可怕的是满身错误而不知。面对我们自己的种种不足或过失，如果能够正视它、改正它，就没有什么可担忧的了。正如希腊哲学家德谟克利特所说的那样："追悔可耻的行为就是对生命的拯救。"什么叫追悔，说白了就是正视自己的错误、进行自我反省。

但是，在现实生活中，有些人非但不能自省，还自欺欺人，觉得都是别人的过错，自己只是受到了牵连而已。对于这种人而言，他们很难会正视自己的错误，更不希望有人将他的缺点给揭露出来。对于别人的批评，大多会采取文过饰非，一副无所谓的态度，这就像已经发现了堤坝上的裂缝，却不进行修补，只是在上面涂上一点水泥将缝隙掩盖住。从表面上看，堤坝仍是完美无缺的，但在洪水猛烈地冲击下是坚持不了多久的。

【原文】

4.18　子曰："事父母几谏①。见志不从，又敬不违，劳而不怨②。"

【注解】

①几（jī）：轻微，婉转。②劳：劳心；担忧。

【译文】

孔子说："侍奉父母，对他们的缺点应该委婉地劝止，如果自己的意见没有被采纳，仍然要对他们恭敬，不加违抗。只在心里忧愁而不怨恨。"

事父母几谏。见志不从，又敬不违。

【精读论语】

如何劝说父母

在本章中，孔子讲到了孝敬父母的问题。在他看来，做子女的侍奉父母是天经地义的事情。不过，做子女的对于父母的要求也不能一味地服从，否则就是愚孝。对的，我们当然要听，可是不对的地方，我们就得婉转地提出来，不过得注意下技巧，不能直言规劝。若是他们能够知错改错，自是再好不过。可是，他们若是一时难以接受，也不能强迫他们改变自己的观点，否则就是忤逆的表现。

其实，在家庭生活中，家人之间产生一些矛盾是很正常的事情，没必要大惊小怪。但是，问题的关键并不在这里，而是我们应该如何得体地处理这些矛盾。家中的矛盾，有时候是因父母而起，有时候是父母与子女共同造成的。如果的确是父母的不对，做子女的该如何劝说父母，让他们知错改错呢？这个时候，做子女的应当多体谅父母，他们也是普通人。即便是圣贤也有犯错的时候，更何况是普通人呢！再者说，作为子女，在遇上父母的失误或过失时，若是直言规劝，与父母大吵大闹或对其不理不睬，不仅收不到预期的效果，还会适得其反，伤害到父母的心，于情于理都不符合孝道。而且，在遇到问题时，也不是仅靠耐心或解释就能解决的。有些时候，大家也须懂得婉转的道理。比方说，做子女的可以利用婉转的方式劝说父母，帮助他们改正错误。同时，还要注意，父母作为我们的长辈，在学识和人生经验上都要丰富一些。因此，在对父母进行劝说时，一定得注意好自己的礼仪态度，不能把话说得太直太露，咄咄逼人。

在《后汉书》里中就记载着一篇这样的故事：战国时的乐羊外出求学，有好几年都没有回家，家里的日子过得相当清苦。有一天，乐羊的母亲嘴馋，就把邻家的鸡偷来宰杀了。乐羊的妻子看到这种情况后很不满意，不过，她却没有正面提出批评。当婆婆把鸡肉端上桌的时候，她却伤心地哭了起来。婆婆很奇怪，就问她为什么哭，她答道："因为家里面穷，我又没侍奉好您，才让别人家的肉上了咱们家的桌，我是为此而伤心啊！"婆婆听后，觉得十分惭愧，就将那鸡肉给倒掉了。乐羊的妻子规劝自己的婆婆，从关心、爱护的角度出发，并采用委婉的方式，所以收到了良好的效果。

有些父母的确是挺通情达理的，有了过失时，对子女的劝说比较容易接受。但是，有些父母则比较固执，明明是自己错了，却硬是不愿承认或悔改。若是碰上这种情况，我们更不应和父母吵闹，大家应多学学乐羊的妻子，开动一下脑筋，多想出些巧妙的办法，有策略地提醒劝说父母。不过，无论我们想出什么样的方法，我们都要以尊重父母，不能伤父母的心为前提，否则只会适得其反。

【原文】

4.19　子曰："父母在，不远游，游必有方。"

【译文】

孔子说："父母活着的时候，子女不远游外地；即使出远门，也必须要有一定的去处。"

【原文】

4.20　子曰："三年无改于父之道，可谓孝矣。"

【译文】

孔子说："如果能够长时间地不改变父亲生前所坚持的准则，就可说做到了孝。"

【原文】

4.21　子曰："父母之年，不可不知也。一则以喜，一则以惧。"

【译文】

孔子说："父母的年纪不能不知道，一方面因其长寿而高兴，一方面又因其年迈而有所担忧。"

【精读论语】

要记住父母的年龄和生日

为人子女者，大家可以在心里问一句，父母的生日是哪一天，他们今年有多大了？对于这个问题，恐怕不是每个人都能回答上来的。而且现代社会，由于多数人不与父母生活在一起，对父母的关心也日渐淡漠起来，除了不记得父母的生日以外，就连节假日的时候也不主动问候一声。这种行为，实际上是有违孝道的。对于一个正常人来说，即便生活再忙碌，都不应忽视对父母的孝敬。

记住父母的生日，是孝道的具体表现。之所以这样说，有两点原因，即孔子所说的"一则以喜，一则以惧"。一个真正孝顺父母的人，会非常关心父母的年龄和生日，他们会为父母健康、得享高寿而高兴。这样不仅能与父母同享天伦之乐，自己也会有足够时间孝敬他们。但是，他们也会因此而惧怕自己陪伴在父母跟前的日子又短了些，不能尽孝于他们。也就是说，父母的生日在他们的心里可能永远都是惧大于喜的，因为自己能做的太少，而父母能给的太多了。若是等到父母不在的时候你才幡然醒悟，你就算是捶胸顿足也无济于事，想后悔都来不及了。

说起来真是让人伤感，很多人可以记住爱人、孩子，甚至是同学、朋友的生日，可是却记不住父母的生日！我们常年在外求学、工作，回家的次数也在逐渐减少。也许我们还会经常惦记父母，逢年过节的时候都会问候他们，有时也会给父母准备一些礼物，可却将有着独特意义的父母的生日给忘了。有的时候，我们或许会给父母过生日，但程序是越走越简单，孝敬之心也随之淡化。

不管怎么说，忘记父母的生日是不应该的。我们应该明白，只要父母还健在，就是子女们的福分。所以，从今天起一定要知道父母的年龄，记住父母的生日，要在父母有限的晚年，尽可能多地为他们做些什么，最大限度地宽慰父母之心。要知道，在给父母一份孝心的同时，我们自己也获得了一份安心。

【原文】

4.22 子曰："古者言之不出，耻躬之不逮也①。"

【注解】

① 逮（dài）：及、赶上。

【译文】

孔子说："古代的君子从不轻易地发言表态，他们以说了而做不到为可耻。"

【精读论语】

不要轻许诺言

在孔子的眼中，做人应当谨言慎行，不要轻易地对他人作出许诺。若是做不到的话，很有可能会失信于人，影响到自己的威信，难以服众。"君子一言，驷马难追"，说的就是要遵守诺言和说话要算数的道理。

在这方面，东汉时期的范式足能成为大家的榜样。年轻的时候，范式与张劭同在洛阳读书。学成后他们准备回家，由于两人的感情很好，在分别时依依不舍。范式对张劭说："兄弟，两年后的今日，我一定去你家拜望老人，与你聚会。"两年的时间很快过去，二人的约期眼看就要到了。张劭就让母亲准备酒菜，打算好好招待范式。张劭的母亲劝他说："山阳（范式的老家）郡离咱家有一千多里地，而且又过了这么久，他不一定会来的。"张劭却肯定地对母亲说："范式是个极为守信的人，他一定会来的。"张劭的母亲看到他对范式如此信任，只得准备酒菜去了。等到了二人约定的那天，范式果然如期而至，没有忘记当年许下的诺言。范式和张劭之交，其信义之风，受到了很多人的敬仰。

孔子认为，诚实与信誉可以为人们赢来良好的人际关系，帮助他走向成功。而能否兑现曾经许下的诺言，则是一个人是否讲信用的主要标志。当大家许下对别人的承诺时，很多人都会产生一种欠别人的心理。因此，当你要允诺别人某件事情的时候，一定要三思而行。对方若是没有得到你的许诺，心里就不会有希望，更不会毫无价值地等待下去，失望也就不会有了。你若是许下了承诺，就好比在对方的心里播下了一颗希望的种子，指望着你能帮他实现自己的愿望。要是你能做到自然是两全其美，可一旦你给他的希望落了空，那给对方带来的可就是最直接的打击，甚至对你产生怀疑，以后都不会再相信你了。其实，很多时候，有些事情并不是我们没机会去做或者没有能力做好，只是大家没有将自己的诺言当回事，用心去履行而已。这种轻诺寡信的行为，是为人处世时的大忌。

因此，大家在以后的生活中，不要轻易地向别人许诺，即便是自己能够做到的事情，也不能马上答应，一定得给自己留下回旋的余地。当然了，给自己留有余地并不是为自己的不努力找理由，只是事态的发展并非人力所能控制的。若是你轻易地承诺下来，将会给自己接下来的行动增加难度。若是完不成的话，还会失信于人，成为一个言而无信的伪君子。不管怎样，许诺不做，或者许下诺言而做不到，对自己来说，都是极为可耻的。

【原文】

4.23　子曰："以约失之者鲜矣①。"

【注解】

①约：约束，拘谨。

【译文】

孔子说："因为约束自己而犯错误，这样的事比较少。"

【原文】

4.24　子曰："君子欲讷于言而敏于行①。"

【注解】

① 讷（nè）：说话迟钝。

【译文】

　　孔子说："君子说话应该谨慎，而行动要敏捷。"

【精读论语】

少说话多做事

　　"君子欲讷于言而敏于行。"此语言简意赅，一语道破了为人处世的玄机，即少说话多做事。在春秋时期，这句话就已成了当时智者行事的重要法宝之一，时至今日，依然是人们为人处世的重要准则之一。

　　讷于言，有两层含义，首先提醒我们少说话。当然，少说并不等于不说。若是一个正常人整天不说一句话，那就有点不正常了。但是，说话多了也不行，正所谓言多必失，祸从口出。其次，要求我们少说空话和大话，空话废话毫无意义，而吹大话，最终只能使自己成为别人的笑柄，就像纸上谈兵的赵括。孔子一向反对多言，并且一再告诫弟子们话应当少说。

　　少说话对于大家来说，尤其是对一些刚刚入职的人们来说，更是一条好好生存下去的金科玉律。不该说的就不要说，想说的也要经过仔细的斟酌后再说，这才是比较高明的交际手段。大家想想，一个初出茅庐的"菜鸟"，最好还是沉默一点的好。若是忍不住多嘴的话，很有可能你连自己如何出丑都不知道。虽然此言有点消极，但却不失为一条明哲保身的妙计。

　　孔子不仅强调"讷于言"，更强调"敏于行"。之所以如此，是因为孔子知道，说大话容易，做成事困难。许多事情，尤其是社会性事物，表面上看着简单，实际上却是千头万绪。而且，许多时候是有一利必有一弊，看起来是做件好事，实际上可能会带来更大的隐患。再说，任何事物都处在时时变动之中，眼前有利，并不代表将来有利；对有些人有利，并不代表着随社会大众有利。如此等等，不加深思和认真实践，很难理解做事之难，也不会有长远眼光。少说话，勤观察，理清头绪；重实践，多做事，识得轻重缓急，才是正确的思路。只有知道哪些该做，哪些不该做，才能兴利除弊，造福社会；只有知道先做什么，后做什么，才能提高自己办事的效率，事半功倍。

在做事的时候，孔子强调一个"敏"，这个字有勤和快两重含义。也就是说，孔子提醒后人，当认准事情的时候，要赶紧去做，不要拖拖拉拉。不仅要做，而且要多做事，勤于做事。人的才能和本领，都是在做事的过程磨炼起来的，没有丰富的实践，就不可能培养出才能卓著之士。综观历史，哪一位名将不是战场上拼杀出来的，又有哪一位治国之才不是长期担任地方和中央职务历练出来的？

总之，孔子的这番言论，是指导我们正确认识和把握自己言行辩证关系的金科玉律和至理名言，需要深入理解和不断实践，才能明白这句朴实语言的珍贵价值。

【原文】

4.25 子曰："德不孤，必有邻。"

【译文】

孔子说："品德高尚的人不会孤独，一定有志同道合的人和他做伴。"

　　4.26　子游曰："事君数，斯辱矣；朋友数，斯疏矣。"

【译文】

　　子游说："进谏君主过于频繁，就会遭受侮辱；劝告朋友过于频繁，反而会被疏远。"

【精读论语】

保持恰当的人际距离

　　在子游看来，人与人之间太过亲密或是太过疏远都不是最好的。每个人都应有着属于自己的私密空间，若是双方太过亲密，没有一点秘密的话，时间久了肯定会产生厌烦的情绪，对双方的发展都不利。

朋友数，斯疏矣。

若是双方过于疏远的话，就会产生冷淡，也不利于双方的交往。也就是说，双方只有在适当的距离内，才能奏响最和谐的音符。

　　冬天天气非常冷，有两只小刺猬躲在洞中。其中一只刺猬对同伴说："我们互相靠近一点，会暖和一些。"同伴觉得有道理，就靠了过去。可是，由于靠得太近，双方身上的刺刺到对方。为了取暖，它们没有轻言放弃，开始了又一次的尝试。这一次为了避免伤害到对方，它们就一点一点地向对方靠近。最后，终于让他们找到了一个既能感觉到温暖，又刚好刺不到对方的距离，平安地度过了冬天。

　　人与人之间的相处，也像故事中的两只刺猬一样。双方离得远了，就想互相靠近找份依靠和温暖；而离得近了，又会在不经意间伤害到对方。无论是离得过远还是过近，都不是最完美的选择，除非你能找到那个最合适的距离。作为一个智者，子游敏锐地观察到这个现象，提出了"事君数，斯辱矣；朋友数，斯疏矣"的观点。

我们都会有这样的经验：早年的好友同学，因为长期不来往，便生疏起来。有时会发现，原本非常要好的朋友因过从甚密，会由于一些小摩擦反目成仇。就是刺猬法则在生活中的具体体现。

之所以如此，是因为人们在交际中忽略了一个"度"的问题。在这里，子游说了两个方面的典型问题，第一是与君主关系过于密切，就会受到严重的侮辱。俗话说，伴君如伴虎，又道是"天心难测"，与君主来往过密，难免会了解甚至泄露国家秘密或者是君主隐私，这些都是君主大忌。君主一旦翻脸，做臣子的难免受辱。比如，与乾隆皇帝关系最密切莫过和珅，在大臣中受辱最多的恐怕也是和珅。再者，有些人劝谏君主无休无止，这很容易惹怒君主，招来逆鳞之祸。现在与领导相处，也必须注意有度，千万不要把领导当哥们，否则，只会自取其辱。与领导交往，在注意度的同时，最关键的要"知礼"，任何事情都不越礼，就不会招来羞辱。

其次，子游强调了朋友之间的相处，指出朋友过于亲密，最终必然疏远。之所以会这样，关键在于亲密容易使人放松无忌，会在无意中触犯朋友禁忌；来往过密必然了解较深，过于深入则会侵犯隐私。一旦犯了忌讳，或者对朋友的隐私缺乏应有的尊重，最后必然会不欢而散。所以，正确的相处之道是保持恰当距离，尊重别人的隐私。不论对方与你的关系有多亲近，也要给对方留有私人的空间。若是过度地打探对方的隐私，很容易让人产生反感，进而产生疏远于你的念头。其次，就是好好利用距离效应。在与他人交往时，应当与对方保持好适当的距离，双方都留下一些神秘的空间，这对双方的交往很有利。

公冶长篇
第五

【原文】

5.1　子谓公冶长①："可妻也②。虽在缧绁之中③，非其罪也。"以其子妻之④。

【注解】

①公冶长：齐国人（或说鲁国人），姓公冶，名长，孔子的高足。②妻（qì）：把女儿嫁给。③缧（léi）绁（xiè）：捆绑犯人的绳索。这里指监狱。④子：儿女，此处指女儿。

子谓公冶长，虽在缧绁之中，非其罪也。

【译文】

孔子谈到公冶长时说："可以把女儿嫁给他。虽然他曾坐过牢，但不是他的罪过。"便把自己的女儿嫁给了他。

【精读论语】

不以一时荣辱待人

在本章中，孔子在选择女婿的时候，既不看重对方的钱财，也不看重对方的地位，只注重对方的人品，即便是坐过牢也没关系。这说明了孔子有着很强的是非判断能力，以及敢于正视现实的勇气。因为他相信自己的弟子是清白，根本就不怕别人在背后议论些什么。孔子不以一时荣辱评价他人，是值得大家学习的。

孔子的这个智慧，对我们有两个方面的启示。首先是我们应该怎样评价和对待陷入屈枉之中的人，其次是当我们遭到诬陷应该如何面对。

我们先来看第一个方面。谈起历史，我们总以中华民族五千年的文明而自豪。但是，这五千年之中，真正政治清明、社会安定、经济繁荣的时间又有多少呢？统计起来，估计会让所有的中国人失望和沮丧。也就是说，我们的历史长期处于动乱和黑暗之中。在这样的大环境下，冤案错案自然会史不绝书，大量身陷囹圄之人，并非十恶不赦的坏人，而是被人栽赃陷害或被糊涂官吏打入牢狱。中国民间，一直对司法有不信任的传统，恐怕与此有直接关系。所以，对于锒铛入狱的人，我们不能依据官府判断，认为他们有罪，而应该学习孔子对待公冶长的做法，依据自己对他人的观察和了解来明辨是非，公正合理地评价和对待其人。如果人家因为行正获罪，而又罪非其罪，那么，我们就应该像孔子那样，对他人以充分的信任。当然，如果他真的作奸犯科，因危害社会下狱，我们也应当根据他所犯下罪行和性质予以客观对待，而不是徇私袒护。

　　其次，当我们在生活中遇到麻烦时，或者有人对我们诬陷时，应该具有正确的态度。如果真的陷入牢狱或被人冤枉，我们应该冷静处置。若是社会安定、政治清明，我们应该申诉辩冤；如果身处乱世或政治黑暗，则应该隐忍自保。要知道，落在恶官酷吏之手，强行辩冤恐怕会死得更快。这不仅是一种为人处世的态度，也是一种生存智慧。孔子之所以把女儿嫁给坐牢的公冶长，正是因为公冶长有这样的智慧。

　　当然，人们被陷害坐牢毕竟不是社会常态，最常见是被人冤枉，掉进流言蜚语的舆论漩涡。例如鲁迅先生，最初有人说他"剽窃他人的作品"，接着又说他拿了苏联人的钱。后来他与自家兄弟反目，还被卷进了桃色事件，逼得鲁迅先生只能"横着身子作战"。像这些谣言，有智慧和德行的人多会采取"清者自清，浊者自浊"的泰然态度，让谣言不攻自破。

　　这里面，不论是待人也好，自己处世也罢，其中的关键在于客观和信任。正确对待陷入不幸中的他人，出自对他人的真实了解和信任；正确对待自己面临的麻烦，出自对自己的信任。如果没有准确的了解和坚定的信任，就不要轻举妄动。

【原文】

　　5.2　子谓南容①："邦有道，不废；邦无道，免于刑戮。"以其兄之子妻之②。

【注解】

① 南容：姓南容，名适（kuò），字子容，孔子的高足。② 兄之子：孔子的哥哥孔皮，此时已去世，故孔子为侄女主婚。

【译文】

　　孔子评论南容时说："国家政治清明时，他不会被罢免；国家政治黑暗时，他也可免于刑罚。"就把自己兄长的女儿嫁给了他。

【原文】

　　5.3　子谓子贱①："君子哉若人！鲁无君子者，斯焉取斯？"

【注解】

① 子贱：姓宓（fú），名不齐，字子贱，也是孔子的高足。

【译文】

　　孔子评论子贱说："这个人是君子啊！如果鲁国没有君子，他从哪里获得这种好品德的呢？"

【精读论语】

人文环境的重要性

　　子贱是孔子所有弟子中德行很高的一个，孔子对他进行了褒扬，同时还提出了良好的品德并不是人们先天就具备的，而是与后天的环境有关，尤其是教育环境的好坏。

　　我们先来看看宓子贱这个人。由于历史的久远和记载的阙如，对他的事迹我们知之甚少，现有史料中只找到与他有关的两件事，一是掣肘的故事，二是治理单父。掣肘的故事是说，鲁国国君任命曾在朝廷为官的宓子贱去管理单父，但是宓子贱很不安心，因为他在朝廷时的许多谏言都被周围的小人破坏了。现在离开朝廷，深恐有人在国君面前诋毁自己。于是，他请求带两个副手赴任，这两个副手都是鲁君的亲信。到了单父，地方官拜会宓子贱，宓子贱让副手书写拜会人员名单。在他们写字时，宓子贱故意掣肘，让他们写不好字，然后又以他们书写凌乱为由大加斥责。两人不堪其辱，回到朝廷，向鲁君汇报这一切。鲁君听后，明白了宓子贱的用意，派人告诉宓子贱，准许他全权治理单父，朝廷不加干预。

第二件事是说，宓子贱自从到了单父，整天弹琴作乐、悠闲自在，似乎根本不理政事。可是让大家吃惊的是，单父地区却慢慢地兴旺起来，并且没过几年，便人心安定，经济富足。对此，他的前任非常疑惑，就询问其中缘由。子贱解释道："你治理单父时，靠的是一个人的力量。事必躬亲不但会让自己疲惫不堪，还可能忙中出乱。而我，动员了大家的力量，靠众人的力量去完成治理，这样才能疏而不漏，轻松把握全局。"

从这两则故事来看，宓子贱是个智者，也是一个贤者。关于他的道德，世上没有记载，不过，由孔子对他的赞许来看，他的道德应该比才能还高。

孔子这几句话，重点不是夸赞宓子贱，而强调君子出现和他的成长环境的关系。孔子认为，宓子贱之所以能够成为君子，成长为才能智慧高超、人格道德完美的人，与他所在的环境不无关系。宓子贱是鲁国人，鲁国在当时是君子之国，贤人众多。正是在这些贤德之人的影响下，再加上个人努力，宓子贱才修成杰出人才。

常言道："近朱者赤，近墨者黑"，一个人处在什么样的环境中，将直接影响到其道德修养的高低。这就像《晏子使楚》中所说的那样，"橘生淮南则为橘，生于淮北则为枳"。可见，人文环境的好与坏，可以影响到每一位处在成长中的人。只有良好的人文环境，才能培育出积极健康的一代。相反，不良的人文环境，不但不利于年轻人的成长和发展，甚至还会将其引入歧途。若想让我们的社会文化环境健康地发展下去，一方面要增强自身的道德意识，另一方面要做好净化人文环境的工作，通过切实有效措施，推进人文环境的净化工作，以造就更多的贤德君子。

【原文】

5.4　子贡问曰："赐也何如？"子曰："女，器也。"曰："何器也？"曰："瑚琏也①。"

【注解】

① 瑚（hú）琏（liǎn）：古代祭祀时盛粮食的器具，很珍贵。

子曰：焉用佞？御人以口给，屡憎于人。焉用佞？

【译文】

子贡问孔子："我这个人怎么样？"孔子说："你好比是一个器具。"子贡又问："是什么器具呢？"孔子说："宗庙里盛黍稷的瑚琏。"

【原文】

5.5　或曰："雍也仁而不佞①。"子曰："焉用佞？御人以口给②，屡憎于人。不知其仁，焉用佞？"

【注解】

① 雍：冉雍，字仲弓，孔子的学生。佞（nìng）：能言善说，有口才。② 御：抵挡，这里指争辩顶嘴。口给（jǐ）：应对敏捷，嘴里随时都有供给的话语。

【译文】

有人说："冉雍这个人有仁德，但没有口才。"孔子说："何必要有口才呢？伶牙俐齿地同别人争辩，常常被人讨厌。我不知道他是否可称得上仁，但为什么要有口才呢？"

莫逞口舌之能

孔子曾说过，"刚、毅、木、讷，近乎仁。"其中，"木"和"讷"就是少说话，不要逞口舌之利，只有这样才能接近于"仁"的境界。前面我们已经提到过，孔子最反感的便是巧言令色之人。本章孔子借别人对冉雍的评价，再次对好逞口舌之利的行为进行了批评。

与人争论没有赢家，只会使事情更加糟糕。关于这一点，美国著名的成功学大师卡耐基有着深入的研究，他把"避免与人争论"列为说服他人的一项重要原则。他认为，一场辩论的结果会使辩论双方比以前更坚持他们的见解，更相信他们的绝对正确。如果辩论输了，你是真的失败了；可是如果赢了，实际上还是输了。因为你辩论胜了对方，会使对方感觉到自卑，损伤了他的尊严，他会对你的胜利充满怨恨。况且，对方即使在口头上认输，但心里肯定是不会服气的。孔子的言论，与卡耐基的观点异曲同工。

苏轼的才华绝世，但仕途却一路坎坷、屡遭打击，这与他直谏朝政、讽时讥世有很大关系。在王安石变法推行青苗法时，他就写了首《山村》的诗，即："杖藜裹饭去匆匆，过眼青钱转手空。赢得儿童语音好，一年强半在城中。"诗的大意是老百姓得到了青苗钱后，就立即在城中过度消费。后来，他又作《秋日牡丹》一诗，其中有两句是"化工只欲呈新巧，不放闲花得少休"。被人看作是借化工比执政，借闲花比小民，讽刺当朝的执政者，被人从湖州任上逮捕回京问罪。这就是后来著名的"乌台诗案"。苏轼之所以身陷囹圄，就是因为逞口舌之利。

在生活中，有些人不但反应快，口才也好。无论在何时何地，我们总能看到他们在高谈阔论，总是在炫耀着自己的才能有多么出众。倘若他们在生活中或工作中，与他人发生冲突或争辩，很可能会凭着自己的"辩才"无往而不胜。不管自己有理没理，只要让他们抓住了对方语言上的漏洞，就会展开大肆攻击，将对方辩到哑口无言。这种人若是放到辩论会上或是谈判桌上，也许是个人才。可是，人生不是一场辩论会，在日常生活和工作中如此"强势"，早晚是要吃亏的。

还有一些人，总觉得自己是真理的拥有者，喜欢与人争论不休。但是，他们却不知道，有些时候言辞也是很苍白无力的，它根本就不能说服他人改变立场，就算是口若悬河也无济于事。因此，作为一个聪明的人，应该学会谨言慎行。要知道，在他人面前逞口舌之能是毫无意义的，有时还会把自己逼上绝路，到那时再后悔可就晚了。

【原文】

5.6　子使漆雕开仕①，对曰："吾斯之未能信。"子说②。

【注解】

①漆雕开：姓漆雕，名开，字子若，孔子的高足。②说：同"悦"。

【译文】

孔子叫漆雕开去做官。他回答说："我对这事还没有信心。"孔子听了很高兴。

【原文】

5.7　子曰："道不行，乘桴浮于海①，从我者，其由与！"子路闻之喜。子曰："由也好勇过我，无所取材。"

【注解】

①桴（fú）：用来在水面浮行的木排或竹排，大的叫筏，小的叫桴。

【译文】

孔子说："如果主张的确无法推行了，我想乘着木排漂流海外。但跟随我的，恐怕只有仲由吧？"子路听了这话很高兴。孔子说："仲由这个人好勇的精神大大超过我，但不善于裁夺事理。"

【精读论语】

不逞匹夫之勇

在本章中，孔子在评价子路时说其"好勇"。当然，这并不是说他好勇斗狠，而是说他凡事全凭血气之勇，不善于控制自己的情绪。说白了就是遇事比较冲动，处事急躁，不懂得约束自己的行为。这种行为方式是很危险的，一个不小心，

子曰：道不行，乘桴浮于海。从我者，其由与。

就会陷自己于不利。为人处世有时虽然需要果断和勇敢，但却不能因此而鲁莽行事，将自己置于危险之中。

俗话说"冲动是魔鬼"，很多人因为一时的冲动，付出了惨重代价。楚汉战争时期，刘邦被项羽所逼，困守成皋西北一带。为摆脱困局，刘邦派人联络梁地的彭越，让他率领军队骚扰项羽后方，并阻断了楚军粮道。为解除后顾之忧，项羽决定亲率大军攻打彭越的军队，命大将曹咎留守成皋，临行前项羽告诫曹咎说："汉军要是前来向你挑战，千万不能与他交战，只要不让他们向东进攻就行了，我用15天的时间杀掉彭越，然后就来与你们会合。"曹咎满口答应。项羽率精兵攻击彭越，势如破竹。再说成皋前线，项羽离开后，汉军果然向曹咎挑战。开始的时候，曹咎不予理睬。刘邦知道曹咎性情暴躁，有勇无谋，就命士兵屡次骂战，说曹咎像女人一样胆小，躲在城内做缩头乌龟。士兵连骂几天，终于激怒了曹咎。他不顾项羽的严令，率军渡河迎战，结果被汉军击溃。曹咎等人失了战略要地，而且违犯了军令，自己无法向项羽交代，便自杀而死。这一败，彻底打乱了项羽的军事计划，使战争陷于全面被动。无奈之下，项羽只得与刘邦议和。双方订下条约之后，项羽撤军，而刘邦则撕毁条约追击项羽，楚军在垓下全军覆没，项羽自杀。曹咎的冲动，不仅葬送了自己的性命，而且直接导致项羽战略被动，彻底改变了楚汉战争的

论语／**139**

形势。

　　子路也是一个急躁冲动的人。从上述言谈中不难看出孔子对子路的批评之严厉。之所以这样，是因为孔子深知其中的危害。这番批评，目的是为了让子路在平时多收敛些，行为上不要过于偏激，否则于己于人都不利。当然，作为一个教育家，孔子对子路的勇敢并不是一味否定，而是中肯客观。在严厉批评的同时，也有所褒扬。褒扬的目的则是为了告诉子路，鲁莽冲动固然不对，但英勇果断却是优点，危难之际挺身而出，是值得表彰的英雄气概。只是勇猛不要过头，要注意把握其中分寸。

　　因此，我们不难看出，孔子在批评子路"好勇"的时候，也是在提醒子路"好勇"不是不可以，但却不能一时脑热，徒逞匹夫之勇。真正值得提倡的"勇"不仅是有法可依，而且还应合乎社会的道德规范。

【原文】

　　5.8　孟武伯问："子路仁乎？"子曰："不知也。"又问。子曰："由也，千乘之国，可使治其赋也。不知其仁也。""求也何如？"子曰："求也，千室之邑，百乘之家，可使为之宰也①，不知其仁也。""赤也何如②？"子曰："赤也，束带立于朝，可使与宾客言也。不知其仁也。"

【注解】

①宰：古代县、邑一级的行政长官。卿大夫的家臣也叫宰。②赤：公西赤，字子华，孔子的学生。

【译文】

　　孟武伯问："子路算得上有仁德吗？"孔子说："不知道。"孟武伯又问一遍。孔子说："仲由呵，一个具备千辆兵车的大国，可以让他去负责军事。至于他有没有仁德，我就不知道了。"又问："冉求怎么样？"孔子说："求呢，一个千户规模的大邑，一个具备兵车百辆的大夫封地，可以让他当总管。至于他的仁德，我弄不清。"孟武伯继续问："公西赤怎么样？"孔子说："赤呀，穿上礼服，站在朝廷上，可以让他和宾客会谈。他仁不仁，我就不知道了。"

【原文】

5.9 子谓子贡曰："女与回也孰愈①？"对曰："赐也何敢望回？回也闻一以知十，赐也闻一以知二。"子曰："弗如也，吾与女弗如也②。"

【注解】

①愈：胜过，超过。②与：有两种解释：其一，同意、赞成；其二，和。此处取后一种说法。

【译文】

孔子对子贡说："你和颜回相比，哪个强一些？"子贡回答说："我怎么敢和颜回相比呢？颜回他听到一件事就可以推知十件事；我呢，听到一件事，只能推知两件事。"孔子说："赶不上他，我和你都赶不上他。"

【原文】

5.10 宰予昼寝。子曰："朽木不可雕也，粪土之墙不可杇也①。于予与何诛②？"子曰："始吾于人也，听其言而信其行；今吾于人也，听其言而观其行。于予与改是。"

【注解】

①杇（wū）：同"圬"，指涂饰，粉刷。②与（yú）：语气词。诛：意为责备、批评。

【译文】

宰予在白天睡觉。孔子说："腐朽了的木头不能雕刻，粪土一样的墙壁不能粉刷。对宰予这个人，不值得责备呀！"孔子又说："以前，我对待别人，听了他的话便相信他的行为；现在，我对待别人，听了他的话还要观察他的行为。我是因宰予的表现而改变了对人的态度的。"

【精读论语】

做人要言行如一

在本章中，孔子的话并不难理解，他是在教导我们做人要诚实，嘴上说什么就要去做什么，做人应当言行一致。若是心口不一、阳奉阴违的话，就像是朽木与粪土一样，堕落到无可救药的地步。

言行一致还是言行不一，既能反映出个人的行为处世态度，也能体现出个人的道德修养。言行如一的人，不仅是言出行随，做到言必行，行必果，而且有些时候还会先做再说，有一说一，绝不夸大其词。言行不一的人与言行如一者的表现正好相反，两种人完全是背道而驰，无论怎么走都不会走到一起的。做人言行一致是讲诚信的主要表现，对于自己说过的话一定要做到，这是最起码的道德要求。比方说，有些人在公司里面，利用上司对自己的信任，就躲到一旁偷懒。等到上司向他要方案的时候，他又推脱自己还没有做好，这就是不诚实的表现。像这种行为，若是偶尔出现一两次还是可以原谅的，但若每次都这样的话，只能说明这个人连最起码的职业道德都没有。

说什么就去做什么，这看似简单，若要落实到生活中却殊为不易。我们身边有许多言行不一者，却缺少言行如一者。言行不一有多种表现形式，比方说，有些人平日里"雷声大，雨点小"，为人眼高手低，言多行寡，他们为自己设定的目标看着很好，可是在具体执行的过程中却走了样儿，到了最后甚至早已偏离了初衷。还有一些人在平日里喜欢弄虚作假、阳奉阴违，这种人欺上瞒下、言不由衷几乎成了本能。这种人，最喜欢做的事情便是当面一套，背后一套，很少去履行自己所说过的话。还有一种人，他们言行完全相悖，完全信奉"厚黑学"。在他们的心里、眼里只有利益，但在表面却喊着"为人民服务"的口号，满嘴的仁义道德，而在行动上却是"为人民币服务"。这种人当众是仁者善人，背地里却是社会和国家的蛀虫，他们的人数虽然不多，但是给人们带来的危害却很大。

言行是否一致，是我们观察和判断一个人是否可以信任的重要标准，在结交朋友或选拔人才时，我们应该寻找言行一致者，抛弃那些言行不一的人。试想，大家若是全都言行不一，这个社会就没有诚信可言，社会秩序就会发生混乱。

【原文】

5.11 子曰："吾未见刚者。"或对曰："申枨①。"子曰："枨也欲，焉得刚？"

【注解】

① 申枨（chéng）：孔子的学生，姓申，名枨，字周。

【译文】

孔子说："我没有见过刚毅不屈的人。"有人回答说："申枨是这样的人。"孔子说："申枨啊，他的欲望太多，怎么能刚毅不屈？"

【原文】

5.12 子贡曰："我不欲人之加诸我也①，吾亦欲无加诸人。"子曰："赐也，非尔所及也。"

【注解】

① 加：有两种解释，一是施加，一是凌辱。今从前义。

【译文】

子贡说："我不愿别人把不合理的事加在我身上，我也不想把不合理的事加在别人身上。"孔子说："赐呀，这不是你可以做到的。"

仁道与恕道

在本章中，子贡的这番言论是自己求学的心得，表明了他的志向。他希望自己能做到"我不欲人之加诸我，吾亦欲无加诸人"的境界，但是，孔子却认为子贡很难达于此境。

"我不欲人之加诸我，吾亦欲无加诸人"，是一种仁善生命的自由，在孔子看来，能做到这一点，就是达到仁的境界，相当于把握并能施行仁道。在孔子的思想体系中，仁具有至高无上的地位，是极难达到的境界，连孔子本人都不敢说自己达到此境。所以，当子贡说出这个思想后，孔子直言相告，"这不是你能做到的"。

简单讲来，"我不欲人之加诸我"的意思是"我不希望别人把事情强加到我头上"，这一点实在太难了。我们知道，每个人都具有一定的社会性，并非独立的个体。人在社会上生存，社会就像一张大网，生活在其中的每一个人都是一个节点，既不能挣脱，也不能逃离，每个人的行动都会受到他人制约。为了生存，为了周围的亲人，许多时候，人都要做一些别人强加到自己身上的、违背自己愿望的事情。唯有生命超越凡俗，才可以达到不受世间人事约束的超脱境界。孔子认为，子贡连人世间君子的层次尚未到达，更不用说成为圣人了。

而"吾亦欲无加诸人"的意思是"强加到我头上我不愿意做的事情，不去强加于人"，这句话与孔子的"己所不欲，勿施于人"是一个意思。在孔子的思想体系里，这叫作"恕道"。孔子觉得，子贡勉强能把握"恕道"，离"仁道"还有着巨大差距。

在孔子的思想中，也有着许多可以操作的程序性理论，比如这里的"仁道"和"恕道"，就存在一个修为的程序性问题。作为一个追求仁道的人，不可以一开始就强修"仁道"，可以从"恕道"做起，随着道德修养的提高，渐次过渡到对"仁道"的追求。

作为对孔子儒学思想了解不多的现代人，学习《论语》，最好的办法是边学边做。当我们读到孔子的某个观点，认为有道理，能够帮助自己提高个人修养和才能时，就应立即记在心里，并在实践中加以运用。比如这一章，我们就不妨从"恕道"做起，在日常生活中，不要把自己不愿做的事情请强加于人，应当经常进行换位思考。久而久之，我们的思想和道德水平都会有所提升，接下来，再学习，再实践，循序渐进，慢慢走上伟大的仁道。

【原文】

5.13　子贡曰："夫子之文章，可得而闻也；夫子之言性与天道①，不可得而闻也。"

【注解】

① 天道：天命。《论语》中孔子多处讲到天和命，但不见有孔子关于天道的言论。

【译文】

子贡说："老师关于《诗》《书》《礼》《乐》等文献的讲述，我们能够听得到；老师关于人性和天命方面的言论，我们从来没听到过。"

【原文】

5.14　子路有闻，未之能行，唯恐有闻。

【译文】

子路听到了什么道理，如果还没有来得及去实行，便唯恐又听到新的道理。

【精读论语】

勇于实践才能成功

这段话是对子路勇于实践、知行合一的赞美。子路是个急性子，前面的文章已经有所介绍，因为这种性格，他还曾受到老师的批评。但是，子路之勇也是备受后世推崇的。这段文字，精彩呈现了子路的这个性情。每当闻听一个道理，如果认为是对的，子路会立即把它付诸实践。在没有完全领悟或者验证这个道理之前，子路害怕再听到更新的道理。因为子路认为，理论是用来指导实践的，听到好的道理而不去做，那是一种罪过。

知与行，是儒家学说中关于认知与实践之关系的哲学范畴。子路有闻，也就是听到某种道理，他听到的道理就是知。这里的"知"，主要的并不是指具体的生活知识，而是指做人做事的道理，并且着重指向人类的道德法则。在孔子的时代及以后很长时间里，儒学大师们都认为"知"在"行"前，人们的行动应该由某种理论作指导。

在很多时候，我们的道德水平无法提升，或者我们无法成功，并不在于我们不懂道理，而在于无法把自己懂的道理付诸行动。譬如，"三思而后行"是一个简单而又确定的真理，但是，我们在说话做事的时候，却很少能听做到这一点。再譬如说，"己所不欲，勿施于人"的道理我们都懂，可是在做事的时候，总是只考虑自己的得失，把这个道理丢到脑后。还有一部分人，嘴上一大套，道理懂的比谁都多，因为是个空口理论家，最终一事无成。唐代大诗人白居易，曾向得道高僧鸟窠禅师请教佛法要义，鸟窠禅师回答说"诸恶莫作，诸善奉行"。白居易不以为然，说："这个道理，三岁小孩也懂得呀！"鸟窠禅师回答说："三岁小孩懂得，八十岁的老翁却行不得。"种种现象表明，对正确的理论我们并没有真心接受，并没有把它转化为我们的行动指南。那些道理，只是挂在嘴边的空话而已。绝大多数的失败者，都属于理论上巨人，行动上的矮子。

反观成功者，无一不是强力的执行者。他们所知道的道理，以及所奉行的理论，大多数并不比我们高明，有时理论上还不如我们，但是，他们的可贵之处在于能把知道的道理运用到实践中，让它真正发挥作用。所以很多时候，我们需要的并非理论上的学习，而是投身实践的勇敢。子路的精神之所以可贵，正是这个道理。把理论应用于实践，既关系到人的修养，也关系到事业的成败，不可不慎。

【原文】

5.15 子贡问曰："孔文子何以谓之'文'也①？"子曰："敏而好学，不耻下问，是以谓之'文'也。"

【注解】

①孔文子：卫国大夫，姓孔，名圉（yǔ），"文"是谥号。

【译文】

子贡问道："孔文子为什么谥他'文'的称号呢？"孔子说："他聪明勤勉，喜爱学习，不以向比自己地位低下的人请教为耻，所以谥他'文'的称号。"

敏而好学，不耻下问。

【原文】

5.16 子谓子产①："有君子之道四焉：其行己也恭，其事上也敬，其养民也惠，其使民也义。"

【注解】

①子产：姓公孙，名侨，字子产，郑国大夫。做过正卿，是郑穆公的孙子，为春秋时郑国的贤相。

【译文】

孔子评论子产说："他有四个方面符合君子的标准：他待人处世很谦恭，侍奉国君很负责认真，养护百姓有恩惠，役使百姓合乎情理。"

【精读论语】

君子的四大美德

从本章中，我们不难看出孔子对子产的评价很高。在他看来，子产身居高位，上对君主恭敬有礼，下对黎民惠泽万千，是个很有君子之德的政治家，并将其美德总结为行己恭、事上敬、予民惠、使民义等四项。注意，这里的君子是指有地位的执政者。君子四德，是儒家对领导者提出的要求。

首先，作为一个领导者，应该尽量培养出自己特有的人格魅力，即"行己恭"。这是对自身操行的要求，是一种自我修养的方式。也就是说，作为领导者而言，应当时刻注意好自己的言行，给自己的下属做好榜样。正所谓"己不正，焉能正人"？做领导的若是整天无所事事，或是横行乡里，那他的属下肯定也会上行下效。另外，领导者的人格魅力，在很大程度上影响着一个团队。对于一个人才而言，若是他觉得这个领导值得追随，即便眼前的情况非常艰苦他也不会泄气。但是，若是他对领导失望透顶的话，就会另谋高就。我们都知道，失去人才的团队是没有力量的。

其次，对于大多数领导者而言，他们并不是高高在上的，自己也是有上司的。此时，作为中高层领导者，你当如何应对上级呢？对此，孔子给了我们一个不错的建议，"事上敬"。也就是说，在对待上级时，应当表现出足够的恭敬。当然了，这并不是说对于上级领导的一切言论都得唯命是听，对于一些正确的观点我们应当拥护它，而对于那些不正确的，我们应当委婉地向上级提出来，切不可当面顶撞。若是上面的领导能纳人言，当然是好事，可万一是个小肚鸡肠之人，恐怕你以后的日子就不好过了。因此，"事上敬"可以帮助大家处理好自身与上级的关系，也是为人处世的小窍门。

接下来就是"予民惠"了。对于一名优秀的领导者而言，应当时时以人为本，应该让治下民众和下属都得到恩惠。刘备织席贩履出身，之所以能够成为三分天下的主角之一，就在于他能够做到"惠民"，凡是刘备做过地方官的州郡，黎民百姓都真切地享受到安定幸福的生活。所以，当刘备遭难时，大多数民众都不离不弃。也正是在他们的支持下，刘备才成就大业。

最后，领导者还应有"使民义"的素养。其实，这和孔子此前提到的"使民以时"的意思非常相近。好的领导都懂得合理调用下属的意义，若是只知道用强，采取一些不合理的手段，迫使下属做些自己不情愿或是超过他们能力限度的事情，这都是些不明智的选择，并非优秀领导者的所作所为。

子产就有着这几项素质，上能辅佐君主，下能庇佑子民，力保郑国在晋国和楚国两个大国之间不失，不负德才兼备之名臣的盛名。难怪孔子会对其如此推崇，倘若天下都由这种贤人治理，何愁不能长治久安。

【原文】

5.17 子曰："晏平仲善与人交①，久而敬之。"

【注解】

① 晏平仲：名婴，谥号为"平"，齐国的大夫，曾任齐景公的宰相。

【译文】

孔子说："晏平仲善于与人交往，相识时间久了，别人更加尊敬他。"

【原文】

5.18 子曰："臧文仲居蔡山节藻棁①，何如其知也②？"

【注解】

① 臧文仲：姓臧孙，名辰，"文"是他的谥号。春秋时鲁国大夫。居蔡：居，作动词用，藏的意思。蔡，国君用以占卜的大龟。蔡这个地方产龟，因此把大龟叫"蔡"。臧文仲藏了一只大龟。山节藻棁（zhuō）：节，柱上的斗拱。棁，房梁上的短柱。山节藻棁即指把斗拱雕刻成山形，在棁上绘上水草花纹。古时是装饰天子宗庙的做法。② 知：同"智"。孔子认为臧文仲为大龟盖豪华的房子，为僭越行为，不智。

【译文】

孔子说："臧文仲为产自蔡地的大乌龟盖了一间房子，中有雕刻成山形的斗拱和画着藻草的梁柱，他这样做算一种什么样的聪明呢？"

【原文】

5.19　子张问曰："令尹子文三仕为令尹^①，无喜色；三已之，无愠色。旧令尹之政，必以告新令尹。何如？"子曰："忠矣。"曰："仁矣乎？"曰："未知，焉得仁？""崔子弑齐君^②。陈文子有马十乘^③，弃而违之^④。至于他邦，则曰：'犹吾大夫崔子也。'违之。之一邦，则又曰：'犹吾大夫崔子也。'违之，何如？"子曰："清矣。"曰："仁矣乎？"曰："未知，焉得仁？"

【注解】

①令尹：楚国的官名，相当于宰相。子文：姓斗，名縠（gòu）於（wū）菟（tú），字子文，楚国贤相。三仕三已的"三"不是实指，而是概数，可译为"几"。②崔子：崔杼，齐国的大夫，曾杀掉他的国君齐庄公。弑（shì）：古代在下的人杀掉在上的人叫"弑"。③陈文子：齐国大夫，名须无。④违：离开。

令尹子文三仕为令尹，无喜色；三已之，无愠色。

【译文】

子张问道："楚国的令尹子文几次担任令尹的职务，没有显出高兴的样子；几次被罢免，也没有怨恨的神色。他当令尹时的政事，一定交代给下届接位的人。这个人怎么样？"孔子说："可算得上对国家尽忠了。"子张问："算得上有仁德吗？"孔子说："不知道，这怎么能算仁呢？"子张又问："崔杼杀了齐庄公，陈文子有四十匹马，他都丢弃不要，就离开了。到了另一个国家，说：'这里的执政者和我国的崔子差不多'，又离开了。再到了一国，说：'这里的执政者和我国的崔子差不多'，还是离开了。这人怎么样？"孔子说："很清高。"子张说："算得上有仁德吗？"孔子说："不知道，这怎么能算有仁德呢？"

单一美德不能代替仁

这一章在《论语》中很重要，他为我们全面理解孔子的"仁"提供了重要线索。我们都知道，"仁"在孔子的思想体系中居于核心地位，但是，关于什么是"仁"，孔子并没有给出明确和完整的定义，所以，关于"仁"的内涵，后世无法形成一个公认而权威的看法。而孔子答子张所问，则为"仁"的含义作出了一些较为明确的界定。

在这则短文中，子张以两个人为例向孔子问仁，第一个是楚国忠臣令尹子文，另一个是品行高洁的齐国大夫陈文子。在讲述完两人的事迹后，子张问老师，这两个人达到"仁"的境界了吗？孔子的回答很明确，没有一点含糊，他说令尹子文"忠"，陈文子"清"，都有着高尚的品德，但不能说已经达到"仁"的境界。在孔子看来，不论是"忠"还是"清"，都是单一的美德，这种单一的美德不等于"仁"。前文在孟武伯向他咨询的时候，孔子也明确表示，子路、冉求等人虽有才能，但才能不等于"仁"。在孔子的思想里，"仁"具有人类情感和道德上的本体性质，不能等同于某种外在品德、才能或行为，也不是某种现实表现所能解释的。一种行为，一个美德，一种才能，最多只能是构成"仁"的某一侧面。"仁"乃形而上的概念，具有抽象性、整体性和超越性，不可以具体化。

"仁"是孔子哲学的最高范畴和理论核心，是儒学道德规范的最高原则。"仁"由"人"和"二"组成，"二"当指天和地，"天地人"三者并重，是中国古代哲学中的"三才"思想。但是，天地比人类产生更早，并养育人类，所以与人有先后施受之分。孔子的"仁"，含有天地本体的德行，客观而无私，此为"仁"的最深奥要义。所以，只有具备了天地恒定久远、周流不息、无私给予的德行，方能称得上"仁"。落实到人世间，"仁"是指泛爱众，友爱亲人，忠诚君友，关怀社会和关爱他人道德自觉。其关键的着眼点在于求"仁"的主动性和行"仁"的自觉性，这种主动性和自觉性指导着人的一切行动，造就的是一个人的全面思想与行为，而不是某一方面的品德、才智和行为。

由此，我们应该明白，单一的美德并不等同于"仁"，比如，忠诚、宽容、善良、勤劳、孝顺、节俭等，每一项都是美德，但每一项都称不上"仁"。当然，任何一项美德，都是"仁"的一种外在表现，是"任"的一个侧面，"仁"不能脱离这些美德而单独存在。所以，当我们内心产生完全无私和关爱全人类的伟大情感，并用这种情感和思想指导自己的全部行为，而且全部行为表现为种种美德，从不偏离道德自觉时，才算达到"仁"境。

【原文】

5.20　季文子三思而后行①。子闻之，曰："再，斯可矣。"

【注解】

① 季文子：鲁国的大夫，姓季孙，名行父，"文"是谥号。

【译文】

季文子办事，要反复考虑多次后才行动。孔子听到后，说："考虑两次就可以了。"

【原文】

5.21　子曰："宁武子，邦有道，则知①；邦无道，则愚。其知可及也，其愚不可及也。"

【注解】

① 宁武子：姓宁，名俞，谥号为"武"，卫国的大夫。

【译文】

孔子说："宁武子这个人，在国家政治清明时就聪明，当国家政治黑暗时就装糊涂。他的聪明是别人可以做得到的，他的装糊涂，别人是赶不上的。"

大智若愚

大智若愚，是一种潜藏不露的大智慧。大智若愚者，注重的是内心的修养，他们为人宽厚、达观大度，更不会为了眼前的得失而斤斤计较。有些时候，他们看似木讷，实则胸藏锦绣。这种大智慧表现的是内在的涵养，并非一些耍小聪明的人所能比得了的。

在本章中，孔子对宁武子的评价极高，他觉得在政治开明的时候，宁武子外露的智慧很多人都能做到。可在政治昏暗之时，能够做到明哲保身，不为功名利禄而装糊涂的人却少之又少。这种"大智若愚"的智慧，可以说是做人的智慧中最高、最玄妙的一种境界，如果有人做到如此地步，那在这个世上就不会再有什么事情可以对他构成威胁了。因为在这种智慧面前，其他的谋略、才智等，都只能乖乖地现出原形。

从表面上看，拥有这种智慧的人，给人的感觉就是愚、拙、讷，无论怎么看都很消极、无能，很难让人对其产生不错的印象。可是，他们表现出来的愚、拙、讷只是一颗烟幕弹而已，这样可以为他们减少一些来自外界的压力和攻击。其愚钝的外表，虽然让外界降低对自己的期待，但其实际表现却能让别人对其刮目相看。

在殷商末期，商纣王荒淫无道、暴虐残忍。有一次他与群臣一起喝酒，过了一会儿，他问身边的人喝了有多久了，竟然没有一个人知道。此时，只有箕子一人清醒，纣王便问他，箕子想了想回答道："臣喝多了，不知道现在是何时辰。"其实，他并不是不知道，因为他知道，只要自己说出当时的时辰，轻则免官去爵，重则性命不保。在这进退两难之际，装傻充愣就是最好的选择。

战国时的信陵君，在他"窃符救赵"，违背了魏王的意志之后，他也深知自己难容于魏王，在秦国的反间计下交出了自己的权力。后来，他还称病不再上朝，并彻夜寻欢作乐，以此消除了魏王对自己的猜忌，保得了自身的周全。他运用的便是这种大智若愚的韬晦之术，否则的话，恐怕等着他的将会是身首异处的下场。

在我们的生活中，做个聪明人很难，但是想要做个聪明的糊涂人更难。有许多人在刚开始的时候都在想方设法让自己聪明起来，等到自己的聪明达到一定程度之后，就开始收敛自己的聪明才智转入"糊涂人"的行列。不过，真正能够转型成功的人却不多见。因为学糊涂要比学聪明困难多了。这就像一个人向前走和退着走一样，无论你后退的步伐有多么娴熟，始终都不会有前行的步伐那么协调。这也是孔子为什么说宁武子的聪明易学，糊涂难学的原因。

【原文】

　　5.22　子在陈①，曰："归与！归与！吾党之小子狂简②，斐然成章，不知所以裁之。"

【注解】

①陈：国名，大约在今河南东部和安徽北部一带。②吾党：我的家乡。党是古代地方组织的名称，五百家为党。狂简：志向远大而行为粗疏。

【译文】

　　孔子在陈国，说："回去吧！回去吧！我家乡的那帮学生志向远大而行为粗疏，文采虽然很可观，但他们不知道怎样节制自己。"

子在陈，曰：归与！归与！吾党之小子狂简，斐然成章，不知所以裁之。

【精读论语】

如何才能成才

　　孔子认为，一个人要想成才必须经过三个阶段才行。即树立起远大的志向、经过不断的努力与学习，以及适当的磨砺与剪裁。这三个阶段是一个统一的整体，无论将其中哪一个步骤剔除掉，都是很难成大器的。

首先，若想成才，就得有远大的志向，这是迈向成功的第一步。无论是谁，若想做成一件事，就得先有着明确的目标，这样才会有动力激励自己奋进。不仅如此，建立起远大的志向还能让人严格要求自己，逐渐提高自身的道德修养。只有大志向才能体现出大智慧，而在大智慧中则蕴涵着大境界以及高尚的情操。一个人，若是没有志向的话，只是在虚度光阴，永远也成不了大器。这就像一盏没有灯芯的油灯一样，里面的灯油根本就不是燃尽的，而是随着时光的流逝白白挥发掉的。因此，没有给自己设定志向的人是不可能成才的。

其次，若是仅仅设立了志向，而不付诸实际行动的话，也只能成为挂在嘴边上的口头禅而已。想要实现自己的理想，你就得洒下足够的汗水。正所谓：宝剑锋从磨砺出，梅花香自苦寒来。凡事只有经过努力和实践，才有可能获得成功，做人做事皆是如此。而且，学习与成长一样，都是没有捷径的，除了"勤"和"苦"二字外，别无他法。若是只知道在学业上偷懒耍滑，或者是说大话、空话，根本就学不到真正的学问。

最后，想要成为一个大器之才，还需要多番打磨才行。正所谓玉不琢不成器，再好的美玉若是不经过雕琢和打磨，都只是一件凡品而已，只有经过细心的琢磨之后，才能成为无价之宝。苏轼在年少时，觉得自己比别人多读了几本书，就有些看不起旁人。有一天，他在自家的门口挂上了一副对联，借以标榜自己的才学。对联为：识遍天下字，读尽人间书。此时，正好有一老者看见了，他觉得苏轼有些狂妄，便写了一个生僻的字让他读。苏轼竟然不认识那个字，顿觉自己夸下了海口，一时羞愧难当。后来，他将对联改成了"发愤识遍天下字，立志读尽人间书"，并在家中更加努力学习，终成一代文学大家。假如说当时没人及时地将其"嚣张的气焰"给打击下去，也许大家在史书上就找不到满腹经纶的苏东坡了。

凡是大器之才，都有着远大的志向、渊博的知识、超强的能力以及高尚的品德和顽强的毅力。一个人成才与否，与这些方面的因素有着千丝万缕的关系。只要你能懂得其中的道理，就不怕实现不了自己的抱负。

5.23　子曰："伯夷、叔齐不念旧恶^①，怨是用希。"

【注解】

① 伯夷、叔齐：孤竹君的两个儿子。父亲死后，互相让位，都逃到周文王那里。周武王起兵伐纣，他们以为这是以臣弑君，拦在马前劝阻。周灭商统一天下后，他们以吃周朝的粮食为耻，逃进山中以野草充饥，饿死在首阳山中。

【译文】

孔子说："伯夷、叔齐这两兄弟不记旧仇，因此别人对他们的怨恨很少。"

【精读论语】

不念旧恶怨恨少

要想获得快乐的生活，做人就应当大度一点，不要总对他人怀恨在心。否则的话，冤冤相报只会没完没了，永远都等不到安宁的那一天。

为了推行自己的政治理念，孔子周游列国。在游历诸国之时，因为政见不同，孔子多次遭到各国权贵的暗害，有好几次都险些丧命。宋国大夫桓魋因为没有追赶上孔子师徒一行，将孔子师生曾经研习礼法之处的大树给拔掉了，还一再扬言非要杀了孔子不可。齐国也有贵族想要除掉孔子，逼得孔子只能四处逃亡。可以说，在孔子的一生之中，与其对立的政敌并不在少数，但是对这些人孔子却没有多少怨恨，甚至还非常理解，这就是不念旧恶的美德。不念旧恶作为一种美德，它可以为人们的生存创造出一个宽松、和谐的环境。而且，这种美德也不需要成本，人们只需通过自身的努力，保持谦让、宽容的态度，就能让大家受益无穷。

另外，不念旧恶还是成功者应当具备的素养之一。想当年，管仲曾箭创公子小白，但是齐桓公即位之后却不念这一箭之仇，反而重用管仲为相，才成就了齐国的霸业。汉高祖刘邦，宽恕了曾经在战场上追杀过他的季布，并对其委以边防重任，巩固了汉室王朝的根基。不念旧恶，不怀恨于人，宽恕那些曾经伤害过你的人，就能消除自己与他人的仇怨。这样一来，有些人就会受到感化，转而支持你的事业。不过，有一点大家应当清楚，即便是宽恕别人的过错也是有限度的，不能不讲原则地宽容其犯下的所有错误。否则，宽容就会变成纵容，结果只会适得其反，对人对己均有害而无益。

不念旧恶、宽容大度，不仅是一种仁恕、宽厚的德行修养，也是人们获得成功的重要保障。反观那些只想着伺机报复他人的人，不是心胸狭窄之徒，就是品德低下之人。他们不仅缺乏必要的道德修养，还不懂得为人处世的技巧，等着他们的除了失败，恐怕就没有其他的了。在生活中，如果我们都用善良、宽容和友好的心态去对待别人，心中没有那么多的怨恨，就能带着宽容和愉快的心情，在和谐的氛围中与他人交流，更不会陷入那以恶制恶、冤冤相报的恶性循环之中。而且，用仇恨解决问题只会滋生出更大的仇恨，斗争也会一代又一代地持续下去，没有尽头。大家只有放弃旧恶，既往不咎，并通过宽恕和仁爱的手段，才能将天下置于和平之中。

【原文】

5.24　子曰："孰谓微生高直①？或乞醯焉②，乞诸其邻而与之。"

【注解】

① 微生高：姓微生，名高，鲁国人，以直爽著称。② 醯（xī）：醋。

【译文】

孔子说："谁说微生高这个人直爽？有人向他求点醋，他却向自己邻居那里讨点来给人家。"

做人不可伪饰

孔子评价别人善于从小事入手。这则短文是他对鲁国直人微生高的点评。据说，微生高是鲁国有名的正直之士。后来，曾有人对他进行过研究，指出在《庄子》和《战国策》中所描写的那个以正直守信著称的鲁国人"尾生高"与孔子所言的便是同一个人，历史上有尾生抱柱的传说，就是盛赞尾生正直而守信。

当人们都说微生高是个正直诚恳的人时，孔子却怀疑他做人有些讨巧、虚伪。对此，孔子还举出了他在生活中的一个小例子，即有人向他借点醋，可能是他家没有了，他就到邻居家给别人借了点儿。在孔子看来，有就说有，没有就说没有，这才叫"直"，完全没有必要绕那么大的弯子。做人最重要的便是真实，只有实事求是，不能弄虚作假，才不会让人觉得虚伪。孔子的这种评价，基于自己的道德与价值的标准。不管在外人眼里微生高多么正直，这个生活细节足以暴露他的本性。

所谓正直，是指公正无私，刚直坦率。按这个意思来看，微生高确实称不上正直。首先，他没有实事求是，有所隐瞒。其次，他到邻居家借醋给别人，这里面有私心在。所以，孔子一点也没冤枉他。正直的反义词是虚伪和屈枉，做人如果不正直，虚伪屈枉，结果往往是害人害己。几乎每个人都知道酒喝多了会很难受，但是，有时为了应付却不得不喝，甚至还得大喝特喝。说到底就是为了让他人说自己够朋友。这种人就是典型的死要面子活受罪，结果只会害了自己。

有的人虚伪屈枉，是为了个人私利，这种行为能得逞于一时，但事实暴露之后，往往是得不偿失。比方说，有些人顶着"专家"、"学者"的头衔到处招摇撞骗，甚至还牵涉到了"抄袭门"事件，拿着自己弟子的学术见解给自己脸上贴金。事情败露后，这些人往往会身败名裂。

在人际交往的过程中，有时确实也需要一点技巧，但这并不代表就能运用浮夸、欺骗的手段。若是有人看到了自己的缺点，坦白承认就好了，没有必要掖着藏着，做人还是真实一点好。而且，有些时候你越是掩盖，就越能说明你的虚伪，反而会得不偿失。记得曾有人说过，与人交往的最高境界并不是竭力掩盖住自己的缺点，而是尽量放大自己的优点，进而让别人主动地忽略你的缺点，这才是交往的艺术。

【原文】

5.25　子曰："巧言、令色、足恭，左丘明耻之①，丘亦耻之。匿怨而友其人，左丘明耻之，丘亦耻之。"

【注解】

① 左丘明：鲁国史官，姓左丘，名明。一说姓左，名丘明。相传是《春秋左氏传》和《国语》的作者。

【译文】

　　孔子说："花言巧语，面貌伪善，过分恭敬，这种人，左丘明认为可耻，我也认为可耻。把仇恨暗藏于心，表面上却同人要好，这种人，左丘明认为可耻，我也认为可耻。"

子曰：巧言、令色、足恭，左丘明耻之，丘亦耻之。

【原文】

5.26　颜渊、季路侍①。子曰："盍各言尔志？"子路曰："愿车马衣轻裘与朋友共，敝之而无憾。"颜渊曰："愿无伐善②，无施劳。"子路曰："愿闻子之志。"子曰："老者安之，朋友信之，少者怀之③。"

【注解】

① 季路：即子路。② 伐善：夸耀功劳。伐，夸耀。③ 怀：关怀，照顾。

【译文】

　　颜渊、季路在孔子身边。孔子说："你们为什么不各自谈谈自己的志向？"子路说："我愿意拿出自己的车马、穿的衣服，和朋友们共同使用，即使用坏了也不遗憾。"颜渊说："我愿意不夸耀自己的长处，不宣扬自己的功劳。"子路说："我们希望听听老师的志向。"孔子说："我愿老年人安度晚年，朋友之间相互信任，年幼的人得到照顾。"

【精读论语】

仁者的志向

　　这则短文很有意思，也很让人感动。师徒几人闲来无事，孔子便让自己的弟子谈谈志向。性急的子路首先表态，直言不讳，接下来是一向谦恭的颜回。两位弟子谈完自己的志向，子路便让老师也谈谈志向。孔子很坦率，把自己的志向和盘托出。整个场面温馨动人，精彩传达出师徒三人的鲜明个性和亲密无间的情感。

　　这三人的志向各有不同，概括起来，可以说子路的志向是"义者之志"；颜回的志向是"谦者之志"，而孔子的志向则是"仁者之志"。他们的志向，既有相同点，又有不同点。相同之处在于，三人的志向都是积极向善、有益于社会大众的高尚志向，不同之处在于，三人的志向有高低深浅之分。

　　子路性情豪爽，讲义气。从他的言谈中不难看出，他热衷于帮助别人，与朋友分享的财富。但是，拿他的志向和颜回、孔子相比，我们会发现，他的修为尚处在"舍物"层面。也就是说，他能与朋友分享的财富乃是身外之物。而颜回的修养显然要比子路深，他已经摆脱了身外之物的束缚，进入到内在心志的修养上，到达"舍己"层次。孔子曾说过，"克己复礼为仁"，可见颜回的感悟修养要比子路要深。

　　志向最高远的是孔子。仔细品味孔子的话，我们就会发现，他的修养已经超越了"外物"和"自我"两个层面，达到了泛爱无私的仁道境界。他的目光既没有关注外在的一切事物，也没有关注个人的得失，而是落在对社会大众的关怀上。这种情感，就像阳光雨露，温暖和滋润着世间万物，而不求一点回报，这就是"仁"。所以我们说，孔子之志乃是"仁者之志"，孔子志向之高远，修养之深湛，是子路颜回远远不及的。

也许有人会说，辨别三人志向的高低远近有意义吗？回答是有意义。诸葛亮曾说过，一个人要想有所成就，"志当存高远"。只有在伟大志向的召唤下，一个人才会投入所有的精力，发挥出全部潜能，创造出不凡的业绩。如果没有志向，或者志向低浅，是不可能有所成就的。这一点，相信所有的人都明白。所以，我们要创建自己的功业，实现人生价值，就应当像孔子那样，树立远大的"仁者之志"。

【原文】

5.27　子曰："已矣乎！吾未见能见其过而内自讼者也。"

【译文】

孔子说："算了吧！我从未见过看到自己有错误便能自我责备的人。"

【精读论语】

要学会自我批评

在本章中，孔子再次提到了自我检讨的问题。他觉得每个人都有可能犯错，但是面对自己的错误应当如何处理，不仅直接关系到个人修养的高低，更关系到事业的成败。如果一个人在发现自己的错误后，置若罔闻，只能在错误的道路上越滑越远；若是能够在内心进行自我批评，积极地去改正自己的错误，则能使事业转危为安。

真正的伟人对自己都有清醒的认识，并能对自己犯下的错误加以检讨和改正。汉武帝穷兵黩武，又喜好神仙方士，还曾大造宫室，挥霍无度，导致民力枯竭，四方寇盗并起，引起天下动荡。到了晚年，更是兴起巫蛊大狱，连卫皇后和太子刘据都因此而丧生。后来，他才得知太子是无辜的，就建造了"思子宫"，以自己的实际行动自责悔过。到了征和四年，他又当着群臣的面自责道："我自从即位以来，做了不少的错事，令天下百姓受苦了，有愧于民啊！但是，从今往后，我保证不会再让这种事情发生了！"随后，他又驳回了大臣桑弘羊等人屯田轮台的奏请，决定"弃轮台之地，而下哀痛之诏"，即历史上有名的《轮台罪己诏》。他以实际行动进行了自我批评，及时地弥补了自己曾经犯下的错误，为昭宣中兴的盛世奠定了基础。

多数人面对自己的错误会出现两种心理，第一是"暗于自见，谓己为贤"。意思是说，人们只看到自己好的一面，却看不到自己的缺点和错误，或者是看到了也不愿意承认，总是习惯性地将自己说得更好、更优秀，而不是更差、更坏。第二，有些人在明知道自己犯下错误，但却不以为然，甚至还会千方百计地为自己找借口开脱。这两种人，一种是缺乏自知之明，一种是不愿自我批评，这两种人都是成不了大事的。

古人云：人非圣贤，孰能无过。这个道理可能人人都懂，但在现实中却有一个知易行难的问题。也许有些人从发现自己的错误，到承认错误，再到说出来都比较容易，可是若想让他改正却很困难。正确的做法是听从孔子的指导，如果发现自己犯错，首先就得承认自己走错了道，其次是在内心深刻检讨，设法改正错误。若是没有这种自我批评的勇气，只会一错再错下去，很难再走回正途。

自我批评是一个反省自己、解剖自己、检讨自己的过程，人们只有从这些错误中吸取到足够的经验和教训，才能不断地完善自己、提高自己，实现自我的价值。随着思想境界的提升，我们的事业也会绕过激流险滩得以顺利前进。

【原文】

5.28　子曰："十室之邑，必有忠信如丘者焉，不如丘之好学也。"

【译文】

孔子说："就是在只有十户人家的小地方，一定有像我这样又忠心又守信的人，只是赶不上我这样好学罢了。"

孔子的心得

　　这段话是孔子的心得。他认为，自己之所以有所成就，不是因为自己人性上与其他人有什么不同，而是因为自己比别人好学。言下之意，是说人的本性差异并不大，只是由于后天学习的影响，人到成年后品德和才能才有了巨大不同。《三字经》把这个观点概括为"人之初，性本善。性相近，习相远"。这种观念，强调了学习在人成长和进步中的决定性意义，教导后人要重视学习。

　　孔子本人就是一个好学成才的典型。孔子自己说过，"吾十有五而志于学"，年少的时候，便在生活中学会很多本领，自言"吾少也贱，故多能鄙事"。成年后，但凡有机会，他从不放弃学习的机会。因为醉心礼制，他"入太庙，每事问"。因为学问渊博，孔子成为当时的文化名人。成名以后，孔子依然好学不倦。据史料记载，在周游列国到达郯国时，孔子马上去拜见博学的郯子，向他学习古代官制和典籍历史。孔子多次到过卫国，每次都要到卫国贤臣蘧伯玉家求教。此外，他还跟师襄子学过弹琴。为了搞清礼制上一些问题，他曾跑到洛阳向老子问礼。当他遇到学识渊博的苌弘时，便向他请教韶乐和武乐的有关问题。孔子不仅向当时的社会名流虚心求教，也向身处山野的隐士们问学。据载，孔子曾向楚国隐士接舆、荷蓧丈人、长沮等人请教。更可贵的是，孔子还能谦虚地向普通人学习，他自己说过，"三人行，必有我师焉，择其善者而从之，其不善者而改之"。正是靠这种热爱学习和不耻下问的精神，孔子才成为世人敬仰的大学问家。

　　一个人即便是资质再好，如果不去学习，也不会成才。这一点，宋代政治家王安石曾在《伤仲永》中记述了一个天才泯灭的典型事例。方仲永是北宋年间的人，在他五岁的时候，连文房四宝都不认识。可是，有一天他却突然向父亲要来笔、墨、纸、砚题诗，并一气呵成，展现出了惊人的天赋，因此而少年成名。后来，他的父亲就带着他到处表演，借此换取别人的赠礼，致使方仲永荒废了学业。方仲永长大以后，完全没有任何出众的地方，成了一个很普通的人。这则故事告诉我们，天赋再高，如果不努力学习也是成不了才的。

有些人总把工作繁忙、时间紧张作为不学习的借口，其实这些人真该好好反省一下。倘若你是真心向学的话，无论是在什么时候和条件下都能学习，这些外在的条件根本就阻止不了你求学的决心。凿壁借光的匡衡、头悬梁的孙敬等人，无论条件多么艰苦，他们都坚持了下来。虽然这些举动在现今已是不可能的事情了，但是他们在极其艰苦的条件下的学习精神，却是值得我们学习的。而且，我们现今的教育制度还是比较完善的，成才的道路也有很多种，大家为何还要弃大好的资源而不用呢？

直率勇武、勤学好问的樊迟

> 樊须（公元前505~？），姓樊，名须，字子迟，通称樊迟，少孔子三十六岁，齐国人。

樊须有谋略，具有勇武精神。二十多岁就仕于季氏，鲁哀公十一年（公元前484年），齐国军队攻打鲁国，冉求率"左师"御敌，以他为车右，当时他才二十岁。鲁军不敢过沟迎战，他建议冉求带头出战，冉求采纳了他的建议，结果鲁军大获全胜。樊迟是个很好学的人，上进心强，从道德文章到劳动生产，他都想学习。

有一次，他向孔子询问种庄稼和种菜的事，被孔子斥为没出息，这是孔子轻视生产劳动的表白，显然是不对的。实际上他亦是孔门弟子中的佼佼者之一。从他和孔子之间的问答来看，樊迟做事似乎偏向于急于求成。所以，当他向孔子问"仁""崇德"时，孔子告诉他："仁者，先难而后获"；"先事后得"。孔子的回答不是针对问题本身，而是针对具体情况、具体对象给出针对性的回答。这是孔子对弟子经常采取的因材施教的做法。

樊迟请学稼。

雍也篇
第六

【原文】

6.1　子曰："雍也可使南面①。"

【注解】

① 南面：古时尊者的位置是坐北朝南，天子、诸侯、卿大夫等听政时皆面南而坐。此以"南面"代指卿大夫之位。

【译文】

孔子说："冉雍这个人啊，可以让他去做一个部门或一个地方的长官。"

【精读论语】

孔子"曲线从政"

在本章中，孔子给予自己的弟子冉雍以极高的评价，说他有堪为诸侯的治国之才，那么，冉雍是一个什么样的人呢？历史上关于他的事迹记载不多，只知道他做过鲁国权臣季氏私邑的长官。治政期间，他"居敬行简"，主张"以德化民"，收到不错的效果。但是，这个官职他仅仅做了三个月。因为季氏聘他仅仅看中他的名声，用作政治花瓶，而不是真心用他做管理，所以对他的建议和主张并不采纳。看清形势以后，冉雍便辞去职务，继续跟随老师修身进学。在孔子去世后，唯恐圣道失传，他与闵子骞等共同编撰《论语》。他自己还单独著有《敬简篇》六章，可惜在秦朝焚书时散佚了。

在孔门弟子之中，冉雍以德行著称，为孔门十哲之一。除了这些评价，据说孔子在临终之时还曾对弟子说："贤哉雍也，过人远也。"后来，战国大儒荀子对他很推崇，把他与孔子相提并论，说他：“通则一天下，穷则独立贵名，天不能死，地不能埋，桀跖之世不能污，非大儒莫之能立，仲尼、子弓是也。”可见，冉雍确实是孔门德行卓著的高徒。

撇开冉雍不谈，通读《论语》我们会发现，在很多时候，孔子总是大力赞美自己的弟子，不遗余力地向社会、向当政者推荐他们，这与孔子一向低调谦和的风格不太相符。孔子为什么要这样做，其目的何在？仔细分析，我们会发现，孔子的这个做法背后大有文章。我们都知道，孔子一生修德求学，最终的目的是一展才华，在各国推行自己的政治主张，使天下太平。但是，周游列国十多年，孔子处处碰壁，不仅政治主张备受冷遇，有时甚至有性命之忧。孔子彻底明白，自己政治抱负在有生之年已是无法实现了，只能寄希望于自己的弟子，由他们发扬自己的学说，推行自己的主张。此乃孔子曲线从政的道路，是孔子的无奈，也是他超越性的长远智慧。

孔子的做法启迪我们，做事不要一条胡同跑到底，此路不通，就改走他途。要知道，条条大路通罗马。同样的事情，我们可以采用不同的方法解决。坚持不懈虽然很重要，但是当你选择的方向是错误的时候，就应果断地放弃这条“死胡同”，选择一条更加适合自己、更有前途的路走。而且，当你在那条“死胡同”上摔得遍体鳞伤、跌得头破血流，却依然看不到希望的时候，没必要固执地坚持下去。此路不通就换条路，说不定你想要的就在新的征程上等着你呢！就像孔子，从政之路堵死以后，他毅然投身到教育事业当中，通过栽培弟子，将自己的主张发扬光大。

【原文】

6.2　仲弓问子桑伯子①，子曰：“可也，简。”仲弓曰：“居敬而行简，以临其民，不亦可乎？居简而行简，无乃大简乎②？”子曰：“雍之言然。”

【注解】

①子桑伯子：鲁人，事迹不详。②无乃：岂不是。

【译文】

仲弓问子桑伯子这个人怎么样，孔子说："这个人不错，他办事简约。"仲弓说："如果态度严肃认真，而办事简约不烦，这样来治理百姓，不也可以吗？如果态度马虎粗疏，办起事来又简约，那不是太简单了吗？"孔子说："你的话很对。"

【精读论语】

居敬而行简

在本章中，冉雍请孔子对桑伯子作些点评，孔子说桑伯子的成功主要依靠的是"简"，意在赞美其政令简明而不扰民，为人豁达而不拘小节。孔子对于桑伯子的评价只涉及为政方面，而冉雍的发问则是将为人处世的态度牵涉进去，孔子对此还是比较赞许的。

我们先来谈谈为政之简。所谓为政，就是官员治理国家或治理地方。表面上看，一个社会有着极为复杂内部结构，存在着种种利益冲突，其中的各种问题更是千头万绪，似乎需要极为复杂的治理机构来管理，但事实并非如此。秦朝崩溃以后，刘邦起义军攻入咸阳。为了稳定地方，刘邦与关中父老约法三章："杀人者死，伤人及盗抵罪。"与秦朝烦琐细密的法律与数以万计的法条相比，刘邦的法令简单得不值一提。但是，这个简明法令却受到关中父老的热烈欢迎，得到了百姓坚定的信任、拥护和支持。正是得益于法令的简明和百姓的支持，刘邦最终夺得天下。约法三章之所以取得良好的效果，固然得益于特殊的历史条件，但是区区三条法令却能稳定已经陷于混乱的社会秩序，足以说明社会根本不需要太过繁密的法律条文。孔子之所以肯定"简政"，就是出于类似认识。

在西方管理界有这样一句话：管理者爱复杂，因为复杂让经理人觉得工作起来乐趣无穷。因此，管理层总愿意把管理程序设计得尽可能的庞杂，尤其是当企业取得了一些发展和成就时，这些人就会忙着让企业变得更复杂。因为只有把组织搞复杂，制定出细密烦琐的管理制度，领导者和管理者才会有事可做，虽然这一切大可不必。企业如此，社会管理更是如此。各级各类的官员，更倾向于制定各种法令制度，以显示自己的管理价值，或者利用复杂的乃至相互矛盾的律令来为自己谋取私利。也就是说，复杂的法令和制度有利于官员们的团体利益，而不利于社会的整体利益。政令简明则相反，有利于社会的整体利益，而对官员和管理者的团体利益不利。

这就牵扯到第二个问题，也就是冉雍所说的"居敬"。作为官员，最大的美德是"敬"。官员之"敬"，是指能够理解自己职位设置的由来、本意以及做好本职工作的原则和标准。也就是说，每个官员都应该明白，职位的设置本意是协调社会关系、减少社会摩擦和矛盾，以增大社会福祉。做好本职工作的标准是减少社会运作成本，使社会利益最大化。显然，要达到这样的目的，符合这样的原则，必须忘掉个人私利，简化所有的办事程序。这便是"居敬而行简"。为了自己偷懒省事，对治下事务不管不问，这就是"居简而行简"，是应该受到批评的。几千年前，冉雍能有这样的认识，说明他本人具有关爱社会的高尚情怀和认识问题的超人智慧。由此可见，他得到老师的高度赞誉，绝非浪得虚名。

【原文】

6.3　哀公问："弟子孰为好学？"孔子对曰："有颜回者好学，不迁怒①，不贰过②。不幸短命死矣③。今也则亡④，未闻好学者也。"

【注解】

① 不迁怒：不把对此人的怒气发泄到彼人身上。② 不贰过："贰"是重复、一再的意思。这是说不犯同样的错误。③ 短命死矣：颜回死时年仅三十一岁。④ 亡：同"无"。

【译文】

鲁哀公问："你的学生中谁最爱好学习？"孔子回答说："有个叫颜回的最爱学习。他从不迁怒于别人，也不犯同样的过错。只是他不幸短命死了。现在没有这样的人了，再也没听到谁爱好学习的了。"

6.4　子华使于齐①，冉子为其母请粟②，子曰："与之釜③。"请益，曰："与之庾④。"冉子与之粟五秉⑤。子曰："赤之适齐也，乘肥马，衣轻裘。吾闻之也，君子周急不继富。"

【注解】

①子华：孔子的学生，姓公西，名赤，字子华，鲁国人。②冉子：姓冉，名求，字子有，鲁国人。粟：小米。③釜：古代量器，六斗四升为一釜。④庾（yǔ）：古代量器，二斗四升为一庾。⑤秉（bǐng）：古代量器，十六斛为一秉。一斛为十斗。

子华使于齐。

【译文】

子华出使齐国，冉有替子华的母亲向孔子请求补助一些小米。孔子说："给她六斗四升。"冉有请求再增加一些，孔子说："再给她二斗四升。"冉有却给了她八百斗。孔子说："公西赤到齐国去，骑肥马，穿着又轻又暖和的皮袍。我听人说：君子应该救济有紧急需要的穷人，而不应该给富人添富。"

【精读论语】

帮助真正有需要的人

孔子以"仁爱"为出发点，提出了"君子周急不继富"的观点。在他看来，最需要帮助的人是那些穷人，而不是那些富人。当你接济穷人的时候，就好比是"雪中送炭"，救人于危难之间，能真正起到作用。如若你去接济富人，充其量只是锦上添花，没有什么意义。而且，有些"锦上添花"的事，完全是趋炎附势，还不如雪中送炭，给那些真正有需要的人带去一些实际帮助的好。所以，孔子认为雪中送炭还是君子应当具备的美德。

在北宋年间，有一年的雪非常大，天气也是异常寒冷。当时的宋太宗赵光义突然想起了穷苦的老百姓，在如此环境下，生活质量定极为恶劣。想到这些后，他马上召集官员，派人准备好粮食和木炭给京城的那些穷苦人和孤苦伶仃的老人送了过去，以保证他们能有饭吃，有木炭取暖。别看这件事情不大，但却为宋太宗赢得了民心，稳固了自己的统治。

现代社会上，许多人却喜欢锦上添花，不惜重金去巴结讨好权贵，目的只是为了一己私利。像这些被巴结的权贵，若是他们真的敢说穷的话，那么他们也是道德的"穷人"，最应恶补的就应是道德和良心，而不应是物质上的接济。

另外，在帮助别人的时候，应当及时。不要等到事情已经尘埃落定的时候，才假惺惺地跑出来，说自己没能赶上，此时再摆马后炮又有什么意思呢？庄子曾经讲过一个"涸辙之鲋"的寓言，他说自己曾经遇到一条东海来的小鱼，独自躺在干涸的车辙之中。他出于好奇地问道："小鱼，你想干什么啊？"小鱼说："你能给我点水，让我活下去吗？"庄子回道："可以，不过你得我等先去劝说吴、越两国的国君，让他们引西江水来救你，你看行吗？"小鱼十分气愤地道："我现在只需一点水便可活下去，若是照你说的那样，我早就变成鱼干了，还等你来接济吗？"这则寓言就是在告诉我们，若是你想帮助别人的话，就应及时地做出行动。除非你是不想施以援手，才会故意拖沓。

总之，大家在帮助别人的时候，应当看看对方是否真的需要。就像孔子教训冉有的一样，自己不是不想接济公西赤的母亲，而公西赤也并非没有能力养育老母，这种情况下的接济就显得有些多余，还不如拿着粮食去周济一下身边更需要的人呢！

【原文】

6.5　原思为之宰①，与之粟九百，辞。子曰："毋以与尔邻里乡党乎②！"

【注解】

① 原思：姓原，名宪，字子思，孔子的学生。宰：家宰，管家。② 邻里乡党：古代地方单位的名称。五家为邻，二十五家为里，一万二千五百家为乡，五百家为党。

【译文】

原思做了孔子家的总管，孔子给他报酬小米九百斗，他推辞不要。孔子说："不要这样推辞！多余的就给你的邻里乡亲吧！"

【原文】

【原文】

6.6　子谓仲弓①，曰："犁牛之子骍且角②，虽欲勿用，山川其舍诸？"

【注解】

① 子谓仲弓：有两种解释，一是孔子对仲弓说；二是孔子对第三者议论仲弓，今从前说。② 犁牛：耕牛。骍（xīn）且角：祭祀用的牛，毛色为红，角长得端正。骍，红色。

【译文】

孔子对仲弓说："耕牛生的小牛犊长着红色的毛皮，两角整齐，虽然不想用来当祭品，山川之神难道会舍弃它吗？"

英雄不问出身

据记载，冉雍的父亲出身卑微且品行不端，但是冉雍却未受其影响且很有修养，孔子对他有着很高的期望。由此也能看出，孔子态度开明，观点非常明确，他觉得只要是人才，就不应太在意他人的出身。无论贫富无论贵贱，人人都可成为英才。也就说，一个人即便出身低微，只要他自己肯去努力，也应该受到重用。不过，话虽这样说，英雄也不是每个人都能当的。而且，一个人只有成为英雄，才会有人想知道你的出处，若无英雄之才，就很难有英雄之名的，到那时问不问出处也就无所谓了。

因此，英雄不问出身这句话，只有放在真正的英雄身上才会有些意义。唐朝大将薛仁贵是绛州龙门（现山西河津）人，出生在一个普通农民之家，他在生下来的时候并没有出现"红光满室"之类的异征，一切都显得过于平凡。新、旧唐书的传记上，对其出身也就只有"少贫贱，以田为业"等字而已。但是，他自己没有自暴自弃，唐太宗也没有在意他的出身，而是信用有加。最终，薛仁贵创造出非凡成就，为大唐王朝的繁盛立下殊勋。它不仅成就了自己，也回报了慧眼识珠者。

在我们身边，经常可以听到有人说造化弄人。其实，造化有些时候就喜欢将自己的"宠儿"放在不起眼的人群当中，让他们操着卑微的职业，远离金钱、权力和荣誉。等到他们慢慢地成长起来，并学到足够的技能以后，就会让他们一飞冲天，向世人展现出其耀眼的光彩。在他们看来，出身不好并不代表着不幸，也许早年的逆境只是为了磨砺自己。

只要肯动脑筋、勇于探索、不断追求上进，普通人也能成为英雄。千万不能为自己卑微的出身而否定自己的智慧，更不要因为他人的歧视就让自己消沉下去，因为这是庸人的选择。真正的英雄是不会放弃自己的梦想的，他们常把自己高贵的灵魂藏在卑贱的肉体之中，等待着最佳时机的到来。当时机来临时，这些貌似平凡的人，将会成为不朽的存在。

【原文】

> 6.7　子曰："回也，其心三月不违仁。其余则日月至焉而已矣。"

【译文】

孔子说："颜回呀，他的心中长久地不离开仁德，其余的学生，只不过短时间能做到这点罢了。"

【精读论语】

修身贵在坚持

在本章中，孔子再次表扬了颜回的好学和良好的修养境界。在他看来，多数人在言行上可能只会偶尔地展露一下仁的境界，而且他们的修养也不够，是很难长久保持着仁的意境。但是，颜回则不同，他能长时间保持着仁的境界，他的这种坚持是很难得的。

仁者，最重要便是内心的修养。颜回好学笃道，用心求仁。在孔子弟子中，他是最接近"仁"这种至高至大境界的一个。对此，朱熹解释道，"仁者，心之德。心不违仁者，无私欲而有其德也。"也就是说，要达到仁，首先就得用坚强的意志，克制住自己的私欲，即所谓的"克己复礼为仁"。而且，在孔门的所有弟子中，只有颜回最为用心，也是心意最为坚定的一人，所以才能做到长时间地心有仁德。至于其他弟子，虽然也有孔子的教诲，但他们的本性之中依然存在着私欲，只能"日月至焉而已矣"，不能长久地坚持下去。

其实，坚持只是一个很简单的词语，但它的寓意却不简单。它代表的是坚强的意志和坚韧不拔的耐性，是意志力的完美表现，也是一个持续的过程。正所谓：不积跬步，无以至千里；不积小流，无以成江海。修身养性也是如此，只有通过一点一滴的坚持，才能达致"仁"的最高境界。坚持就是胜利，这个看似浅显的道理，若是真让大家去做，恐怕能够坚持到底的不会有多少人。

在现实生活中，能给人们带来诱惑的东西实在是太多了。人们的意志很难抵挡得住欲望的诱惑。修身养性养的便是心性，即便在我们的面前有无数个可以说服大家放弃的理由，我们也应坚持下去，坚持的时间越长，我们的境界提升的也就越多，距离"仁"的境界也就越近。

此外，坚持是为了寻求仁的本质，探求人生的自我价值，得到心灵上的满足。这种满足是作为人本身存在的价值而融入自身周围的人际关系中，在对其他人关怀爱护的同时，产生的一种幸福之感，与外在的物质条件没有必然的联系。也就是说，只有坚持自身的修养，才能充分体验到仁爱的博大，感受到生命的乐趣与价值。

总之，只有坚持提高自身的修养，才能做到推己及人，并以天下为己任，逐渐地推行仁德的思想，让大道流行，实现天下大同的目标。不仅如此，除了修身养性以外，做其他事情也是这个道理，只要坚持下去就能看到最后的成功。

【原文】

6.8　季康子问①："仲由可使从政也与？"子曰："由也果，于从政乎何有？"曰："赐也可使从政也与？"曰："赐也达，于从政乎何有？"曰："求也可使从政也与？"曰："求也艺，于从政乎何有？"

【注解】

① 季康子：即季孙肥，春秋时期鲁国的正卿。"康"是谥号。

【译文】

季康子问："仲由可以参与政事吗？"孔子说："仲由呀，办事果断，参与政事有什么困难呢？"又问："端木赐可以参与政事吗？"孔子说："端木赐呀，通情达理，参与政事有什么困难呢？"又问："冉求可以参与政事吗？"孔子说："冉求呀，多才多艺，参与政事有什么困难呢？"

人尽其才，物尽其用

孔子对于自己的学生是十分了解的。当季康子向他询问子路、子贡、冉有可否从政时，他将三人各自的长处给说了出来，希望季康子能够人尽其才，将他们安排到最适合的位置，以便让他们的优点能够得到最大限度的发挥，做到人尽其才、

季康子问：仲由可使从政也与？

物尽其用。说到底，这样做也是为了避免人才的浪费，这对于优秀的管理者而言非常重要。

俗话说：尺有所短，寸有所长。人各有所长，也各有所短。如果某位领导的下属个个都是人才，且多才多艺，那这个领导当得也就太轻松了！不过，像这种完美的人只是极少数的存在而已。在这种情况下，一个领导的用人眼光如何，直接关系到事业成败。因此，优秀的领导者会用人之长，避人之短，通过合理的分工合作，将事情做得趋于完美。而一个较为平庸的领导者，则不懂得如何使用人才。季康子之所以向孔子询问，恐怕也是为了更好地了解这三人，为接下来的人员任命做好准备。

当然，作为一名优秀的领导者，首先就应对下属们的才能、兴趣等了然于胸。只要有了透彻的了解，才能针对某项特定的工作选出最适合的人选，让最适合的人做合适的事，做到"人得其位，位得其人"。唐太宗李世民就是一个优秀的管理者，他能根据每个人的特长，将其安排在最合理的岗位上，让其发挥作用，做到人尽其才。像房玄龄虽不善于处理杂务，但却善于谋划和决断国家大事，任命为宰相；戴胄虽然不通经史，但为人处世刚直不阿，李世民就让他去做大理寺少卿，负责案件的审理；魏徵则直言不讳，李世民就让他做了谏官。可以说，在李世民的"团队"中，几乎每个人都能尽展其长。他们虽然也有缺点，但李世民却只用其长，让他们发挥出各自最大的能力，进而在君

臣的共同努力下，缔造出了大唐的第一个盛世。

优秀的领导者不但应该应当知道下属的优点和特点，还应该能在适当的时候，将其放在最恰当的位置之上，做到扬长避短，人尽其才。领导者不可对人才有着过高的要求，如果求全责备，就会看不到人才的优点，那样只会妨碍自己的事业。

【原文】

6.9　季氏使闵子骞为费宰①。闵子骞曰："善为我辞焉。如有复我者，则吾必在汶上矣②。"

【注解】

①闵子骞（qiān）：孔子的学生，姓闵，名损，字子骞。费：季氏的封邑，在今山东省费县西北。②汶：汶水，即今山东大汶河。汶上，暗指齐国。

【译文】

季氏派人通知闵子骞，让他当季氏采邑费城的长官。闵子骞告诉来人说："好好地为我推辞掉吧！如果再有人为这事来找我，那我一定逃到汶水那边去了。"

【原文】

6.10　伯牛有疾①。子问之，自牖执其手②，曰："亡之，命矣夫！斯人也而有斯疾也！斯人也而有斯疾也！"

【注解】

①伯牛：孔子的学生，姓冉，名耕，字伯牛。②牖（yǒu）：窗户。

【译文】

冉伯牛病了，孔子去探望他，从窗户里握着他的手，说道："没有办法，真是命呀！这样的人竟得这样的病呀！这样的人竟得这样的病呀！"

【原文】

6.11　子曰："贤哉，回也！一箪食^①，一瓢饮，在陋巷，人不堪其忧，回也不改其乐。贤哉，回也！"

【注解】

① 箪（dān）：古代盛饭的竹器。

【译文】

孔子说："真是个大贤人啊，颜回！用一个竹筐盛饭，用一只瓢喝水，住在简陋的巷子里。别人都忍受不了那穷困的忧愁，颜回却能照样快活。真是个大贤人啊，颜回！"

一箪食，一瓢饮，在陋巷，人不堪其忧，回也不改其乐。

【精读论语】

淡泊自守，安贫乐道

我们在此前就曾讲过，孔子最为得意的弟子便是颜回，他觉得颜回不但好学还能将心思长时间置于仁义之中。在本章中，孔子对颜回能够做到淡泊自守很是高兴，尤其是在贫困的环境下，他依然不改其道，显得悠然自得。夫子此言既是对颜回的肯定，也是对他的褒扬。颜回所表现出来的人生态度，值得我们深思和学习。

按照孔子所说，颜回用粗陋的竹器吃饭，用瓢来喝水，还住在非常简陋的房子里面，到了这种地步，若是一般人早就受不了了。但是，颜回仍然能够保持着心中的快乐，不改乐道之志。对颜回来说，富贵不是其所求，仁道才是其所愿！生活的好坏，根本就无法改变其内心坚定的志向。正因为如此，他对待贫穷的态度是很坦然的，从不怨天尤人。再说，能够真诚地面对自己生命，快乐是由内而发的，没有人可以将它夺走。如果将自己的快乐建立在物质的享乐上，当外在的物质改变或消失时，其内心也会受到影响，这并不是真正的快乐。

淡泊自守的前提是超越荣辱，做到"闲看庭前花开花落，笑看天上云卷云舒"。倘若心为物役，整日里患得患失，只会在悲观和绝望的情绪下丧失心智。更何况人生之路也不会是条坦途，举步维艰亦是在所难免。人生不如意事常八九，对此大家不必耿耿于怀，与其这样庸人自扰，还不如常想些人生中那一二分的庆幸与如意。这样一来，就能渐入淡泊之境，长守其乐而不改。

苏东坡曾说过，"人有悲欢离合，月有阴晴圆缺"，不圆满是整个人类社会乃至整个自然界的惯常现象。人们在春风得意的顺境之时，应当做到淡泊自守，不能忘乎所以，否则只会乐极生悲。而在我们身处凄风苦雨的人生逆境时，更需守正自身，不能自甘堕落，应当平心静气地坦然处之。有些时候，失去了并不一定就是损失，也可能是获得。

颜回的穷与别人也有所不同，因为他只是生活上贫穷而已，思想上并不匮乏。而有些人不但生活上穷，思想上也不富裕，而且，他们对待贫穷的态度本身就有问题。这些人在摆脱贫穷的道路上，可以说是无所不用其极，只要能够攫取财富，其他的就无所谓，结果就将自己仅有的那点幸福与快乐也损耗殆尽。这些人虽然在物质上得到了享受，但在心灵上却空虚了起来，生活也失去了它应有的意义。因此，同样是穷，别人只会千思万虑而"不堪其忧"。颜回虽穷，但心中有道，穷且益坚。

真正有修养、有道德的人，他们不会因外在环境而改变。在他们眼中，越是简单的生活就越容易找到快乐。倘若人们想要追求物质上的享受，就必须面对各种精神和生活上的压力，在过重的精神负担之下，只会令人苦不堪言。反观那些心怀大道、视功名利禄如浮云、不醉心于物质享受的人，生活得就很轻松自在，这就是境界上的差别。

【原文】

6.12　冉求曰："非不说子之道^①，力不足也。"子曰："力不足者，中道而废，今女画^②。"

①说（yuè）：同"悦"。②女：同"汝"，你。画：划定界限，停止前进。

【译文】

冉求说："我不是不喜欢老师的学说，是我力量不够。"孔子说："如真的力量不够，你会半途而废。如今你却画地为牢，不肯前进。"

【原文】

6.13　子谓子夏曰："女为君子儒，毋为小人儒。"

【译文】

孔子对子夏说："你要做个君子式的儒者，不要做小人式的儒者。"

【精读论语】

君子儒与小人儒

孔子在本章中提到了"君子儒"与"小人儒"。按照朱熹的解释，"儒，学者之称"。所谓学者，也就是有点学问的人，或者说聪明的人。一个聪明的人若是将自己的智慧用在正当的地方，那他就是"君子儒"；若是他将自己的智慧用在不当的地方，那他就是"小人儒"。做君子儒是孔子对子夏的教导，也是我们在生活和工作中应当遵循的处世原则。

在古人看来，读圣贤书，所学何事？不就是为了能够拥有一颗仁义之心，将自己的聪明才智用在最需要的地方，而且还能在面对错误的时候产生愧疚感，并勇于改正的思想觉悟吗？司马光曾在《资治通鉴》中说过："君子挟才以为善，小人挟才以为恶。小人智足以遂其奸，勇足以决其暴，是虎而翼者也，其为害岂不多哉！"意思就是说，聪明的人要是坏起来，就有着无穷大的破坏力。

宋朝的秦桧就异常聪明，不但通读四书五经，还精通书法，擅长权术。刚开始的时候，他还很有正义感，也将自己的聪明用在了正当的地方。可是，到了后来他却被权势、金钱迷惑了双眼，进而变得贪得无厌。而且，他还借助于自己的权势，不择手段地排除异己，并以"莫须有"的罪名谋害了抗金名将岳飞等忠臣。秦桧虽然很聪明，但却用在了错的地方，是个十足的小人。

在现实社会中，将自己的智慧应用到造福社会或发明创新上，就是君子所为；若是将它用错了地方，智慧就会变成投机，聪明就会变成耍"小聪明"，是小人之举。大家所熟知的毒食品事件，像三鹿、双汇之类的企业，不将聪明用在提高产品质量，保证消费者健康上，反而在食品里添加三聚氰胺、瘦肉精之类的有毒物质，不仅严重欺骗消费者，而且造成严重恶果，这就是将聪明用在了不当的地方，是小人行径。

像三鹿、双汇之类的企业，将自己的聪明用错了地方，虽然也是"聪明"，却只能是"小聪明"而不是大智慧。倘若将这种"聪明才智"用到新产品的发明创造上，也许还能创造出不凡的业绩，成为伟大的企业。可见，聪明只有用对了地方，才能产生无限的效益。若是将聪明用错了地方，到头来可能只是搬起石头砸了自己的脚而已。

【原文】

6.14　子游为武城宰①。子曰："女得人焉尔乎？"曰："有澹台灭明者②，行不由径。非公事，未尝至于偃之室也。"

【注解】

①武城：鲁国的城邑，在今山东省费县西南。②澹台灭明：人名，姓澹台，名灭明，字子羽。后来也是孔子的学生。

【译文】

子游担任武城地方的长官。孔子说："你在那里得到什么优秀人才了吗？"子游回答说："有个名叫澹台灭明的人，行路时不抄小道，不是公事，从不到我家里来。"

【原文】

6.15　子曰："孟之反不伐^①，奔而殿^②，将入门，策其马^③，曰：'非敢后也，马不进也。'"

【注解】

① 孟之反：又名孟之侧，鲁国大夫。伐：夸耀。② 殿：在最后。③ 策：鞭打。

【译文】

孔子说："孟之反不喜欢自夸，打仗败了，他走在最后（掩护撤退）。快进城门时，他用鞭子抽打着马说：'不是我敢殿后呀，是我的马不肯快跑呀！'"

【精读论语】

居功不自夸

在本章中，孔子对孟之反居功不自夸的谦逊精神进行了赞扬。在孔子看来，谦逊是一种修养和美德，人们只有做到谦逊不自夸，才能保持着不骄不躁的心态，在面对困境和顺境时保持着平和，为自己的成功多加一份砝码。

在我国历史上，像孟之反这样有着如此谦逊美德的人很多。东汉名将冯异，追随汉光武帝刘秀驰骋沙场，战功卓著。可是，每次战役结束，诸将论功行赏之时，他都会将自己的封赏都让给部下。在闲暇之时，还会独坐在大树下读书思考，被人称为"大树将军"。冯异有着杰出的军事才能，并且战功赫赫，却一直低调做人，从来不自夸。像他这种高洁的品格，很是值得我们学习和效仿。

做人只有不自我夸耀，才能保证自己的平安幸福。但是，无论是在历史上，还是现实中，低调做人的不多，喜好自我夸耀的却比比皆是。有些人刚取得一点成绩，逢人就说，唯恐他人不知道，在描述自己的功劳之时，还会夸大其词，一张口便是想当初是如何"过五关斩六将"，从未提及过"走麦城"的事情。这种自我夸耀，其实就是一种骄傲心理，他们觉得自己比别人强，总是沾沾自喜。事实上，不停地炫耀，不但不能增加荣誉，反而会引起他人的反感，得不偿失。历朝历代君主，最忌的就是功高震主之人，像赵匡胤的"杯酒释兵权"已经算是非常"客气"的了，像越王勾践的"狡兔死，走狗烹"，刘邦的"敌国破，谋臣亡"，都是些活生生的例子。历史的教训不可谓不深刻，但事到临头，许多人还是执迷不悟，重蹈覆辙。

关于如何看待自己的功劳，老子有句名言："功成而不居，夫唯不居，是以不去。"也就是说，一个人在完成了自己的任务以后不居功自夸，就能长保自己的平安。但是，真正理解并能做到这一点的人却不多，揽功诿过的却不少。更有甚者，有些人还因为争功大打出手。这样做只会破坏自己的人际关系，使最亲密的同事和伙伴变成仇人和冤家，引起内部的不和与争斗，进而败坏事业。在现代社会，争抢功劳必然会引起同事之间的摩擦，招来他人的嫉妒，为自己以后的发展埋下祸根。

因此，人们在有了成绩以后，千万不能骄傲自夸。要知道，居功自夸必定暴露小人得志后的嘴脸，将会受到旁人的鄙夷。而君子则不同，他们的内心总会像水那样平静，有功与无功几乎是一样的，自然不会和他人争抢功劳，更不会居功自夸了。如何面对自己的功劳，说到底就是一个人的器量问题。一个人若是没有大的器量，你想不让他居功自夸也很难办到。只有器量大了，才会不屑于居功自夸的陋行。有功不居既是一种崇高的修养，也是人们立身处世的一种艺术。它表现出的是一个人深厚的涵养和宽阔的胸襟，是一种大智慧。

【原文】

6.16 子曰："不有祝鮀之佞①，而有宋朝之美②，难乎免于今之世矣。"

【注解】

① 祝鮀（tuó）：卫国大夫，字子鱼。他是祝官，名鮀。善于外交辞令。② 宋朝：宋国的公子朝。《左传》中曾记载他因美貌而惹起祸乱的事情。

【译文】

孔子说："如果没有祝鮀那样的口才，却仅仅有宋国公子朝那样的美貌，在当今的社会　里就难以避免祸害了。"

【原文】

6.17　子曰："谁能出不由户？何莫由斯道也？"

【译文】

孔子说："谁能够走出屋子而不经过房门呢？为什么没有人走这条必经的仁义之路呢？"

【精读论语】

人间正道难行

人生的道路大体上有两种，即正道和旁门左道。其中，正道是指符合人民大众利益的政治和行为准则，这条路上虽然充满了艰辛和坎坷，但会越走越宽。而旁门左道则是靠不正当的手段谋取私利的行为方式，前路虽然平坦，但只会越走越

谁能出不由户？何莫由斯道也。

窄。可悲的是，世界上能认识到并愿意走正道的人并不多，所以，孔子才发出无奈的悲叹。

孔子一生秉持大道，去各个诸侯国献计献策，想使当时各个诸侯国政策法令的实施都符合中庸的大道，然而，他所持的大道很少被当时的国君采纳，他周游列国却处处碰壁，所以不由得发出了大道不行于天下的感慨。为了使得他心中的大道能够流传下来，他又投身于教书育人的事业中。他这样做的目的，就是要教化世间的普

通百姓，让他们不去做那些"逾矩"的行为，从而使得民心淳朴，天下太平。然而，世人的思想见解都很普通，所以推行大道难之又难。

不仅正道难行，更可悲的是旁门左道却大行其道。孔子所处的时代礼崩乐坏，许多诸侯国根本不把周天子放在眼里。为了扩张势力，许多诸侯随意出兵攻打邻近国家，掠夺土地和人口，以致天下大乱，民不聊生。与此同时，各国交往更是唯利是图，根本不讲仁义和信用，政治道德荡然无存。天下如此，各诸侯国内部也好不到哪里。孔子所在的鲁国，便是君权旁落，三桓专权，僭越之事时有发生。诸侯国大夫们不仅欺凌国君，而且为了权力争斗不已。为了搞垮竞争对手，大多不择手段，做事凶暴残忍，丝毫没有仁义之心。

除了为政者，还有一些利欲熏心的商贾，他们为了能够攫取到更多的利益，坑蒙拐骗，不惜手段地捞钱。在他们眼中，只要有利润可赚，就不惜铤而走险；若是有着利润丰厚，就会罔顾道德法律。

可喜的是，孔子的大道并没有消亡，有志之士薪尽火传，使之代代相传，后继有人。在污浊不堪的时代，总会有人站出来，进德修身，教化弟子，传夫子之大道，倡仁善之德行。世间正道难行，有些时候仅凭一己之力是很难达成目的的，但是为了心中的正义，我们只有坚持下去。倘若大家都畏难而退的话，永远也不会看到大道畅行时的社会繁荣。

【原文】

6.18　子曰："质胜文则野，文胜质则史。文质彬彬①，然后君子。"

【注解】

① 文质彬彬（bīn）：文质配合适当。

【译文】

孔子说："质朴多于文采就难免显得粗野，文采超过了质朴又难免流于虚浮，文采和质朴完美地结合在一起，这才能成为君子。"

> 6.19 子曰："人之生也直，罔之生也幸而免①。"

【注解】

① 罔：诬罔不直的人。

【译文】

　　孔子说："人凭着正直生存在世上，不正直的人也能生存，那是靠侥幸避免了祸害啊。"

【精读论语】

做个正直的人

　　做人就要做个正直的人，这是人们最基本的品质，也是孔子最为崇尚的道德修养之一，历来为人们所称道和赞誉。一个人只有具备了正直的品德，才会严格要求自己，不谋私利，不刻意隐瞒自己的观点，更不会偷奸耍滑，故意阿谀奉承他人。这种人在处理事情的时候，敢于主持公道，伸张正义，不怕别人的打击报复，他们是在堂堂正正地做人。

　　先秦时期的屈原，因为时事黯然而怒投汨罗江；汉武帝时期的汲黯，为人刚直不阿，为官清正，敢于在公开场合批评九卿、三公的不是，有时就连皇帝他也敢直言不讳；宋代的包拯为人耿直，不畏权势，深受百姓爱戴，更是被赋予了"青天大老爷"的美誉。这些人都是在用自己的正直捍卫人民的利益，有着极高的道德修养。

　　做正直的人，前提是加强自身的社会责任感，树立起正确的人生观和价值观，明确自己对周围人和事的价值取向，将自己的命运与国家和社会的命运紧密结合起来，为正直品德的形成打好基础。倘若一个人的眼中只有私利，对他人和社会漠不关心，整日里浑浑噩噩，这种人是不会有正直可言的。而且，正直还是人们强烈的社会责任感的直接体现，大家只有加强了自身的社会责任感，才能养成正直的美德。

正直与其他方面的道德修养有着密切的关系，它并不是一种被孤立的品格。一个不善良的人，因为他缺少同情心，很少会疾恶如仇，所以是谈不上正直的。而一个缺少勇敢精神的人，因为胆小怕事，对恶行恶事不敢揭发批评，也不敢大胆颂扬好人，哪里谈得上正直！要做到正直，就必须全方面提高自身的道德修养，敢作敢为。

正直需要智慧，做事时需要周全考虑。若是在发现问题以后急于表态，盲目行事的话，很容易令自己陷入困境，那是冲动而不是正直。正确的做法应当是在发现问题后，先做好调查研究，弄清事情的原委，透过现象抓住问题的实质，然后再采取行动。面对别人的质疑还要学会随机应变，尽最大努力保护好大众的利益，这才是正直的品格。

真正正直的人，敢于反省自己的言行，勇于改正自己的错误。其实，任何优良道德的形成，从开始有所认识，到真正成为自身的品德，都需要一个反复认识、反复实践的过程，而其中最关键的步骤就是自我反省。孔子也一再强调，只有时时自省，才能提高自身的道德修养，正直自然也被包括在内了。

孔子认为，人生在世最重要的就是走得直、行得正、做得端，光明磊落才会不负此生。而扭曲人性，委屈做人，简直是生不如死。并且，与枉曲之人相比，正直的人多行正义之事，所以很少会惹祸上身。不正直之人因私心太重，谎言较多，很容易招来他人的反感和打击，他们之所以才能存于世间，很多时候是因为侥幸而已。

【原文】

6.20 子曰："中人以上，可以语上也①；中人以下，不可以语上也。"

【注解】

①语（yù）：告诉，讲说，谈论。

【译文】

孔子说："中等以上资质的人，可以给他讲授高深的学问；而中等以下资质的人，不可以给他讲授高深的学问。"

【精读论语】

区别对待

在长期的教育实践中，孔子曾多次提到过人与人之间是有差别的。他觉得，具有中等才智以上的人，就可以给他们讲授高深的学问，但是，中等才智以下的人，就不能给他们讲授高深的学问了。孔子根据弟子们不同的资质，分别授予不同层次和方面学问的做法，即便是到了现在，在教育上依然有着重要的意义。

孔子的这个思想，在教育学上便叫作因材施教。其完整的内涵是根据学生们不同的认知水平、学习能力以及自身的特点，进行有针对性的教学，将学生们的长处充分挖掘出来，尽量弥补学生在其他方面的不足，激发出学生学习的兴趣，从而促进学生的全面发展。

细读《论语》，我们不难发现，在教导弟子的时候，孔子对区别对待原则的应用可谓得心应手。比如，不同的弟子向他问"仁"，他的回答没有完全一样的。这说明，他对自己的弟子们的资质有着充分的了解，同时也善于依据他们的心智水平予以教导。后人之所以把他奉为万世师表，这便是其中一个重要的原因。当然，在这段文字中，孔子重点强调的是依据人的资质进行教育。孔子为何要这样说，其中道理何在呢？

在现代教育心理学上，有个著名的篮筐定理，其内涵是：篮球比赛之所以精彩激烈，富有观赏性，与篮球筐的高度有很大的关系。人们把篮球筐设定为跳一跳可以够得着的高度，才使得篮球成为一个大受欢迎的世界性体育项目。如果篮球筐比两层楼还要高，进球就会非常困难，容易使人失去耐性和信心。反过来，如果篮球筐只有一个普通人那么高，进球如探囊取物一般，容易使人失去兴趣和动力。这个定理运用到教育上，便是通俗的"跳一跳，够得着"，这样的教育目标最有吸引力，能激发学生高度的追求热情。因此，要想调动人的学习积极性，就应该设置"高度"适度的目标。孔子之所以给中等资质以上学生讲述较为深奥的道理，原因就在这里。对于资质较差的学生，内容过深就会难以理解，目标过高会使他们备受挫折。时间一长，学生就会望而生畏、丧失信心，对学习失去热情。

孔子的这个思想，与现代教育理论不谋而合，在现代的教育学上已经成为一项基本的教育原则。比如基础教育中，按孩子的年龄和智力发展水平分年级教学。还有，许多老师在实施教育的时候，也会自觉运用这个原则，依据孩子的理解力讲解相关内容，或者根据孩子的智力水平设置教育目标。这些做法，都受到良好的教育效果，值得重视。所以，这是每一名教师都应该掌握的教育技巧。只有掌握了这些技巧，才能像孔子一样将教育变成艺术。

【原文】

6.21 樊迟问知①，子曰："务民之义，敬鬼神而远之②，可谓知矣。"问仁，曰："仁者先难而后获，可谓仁矣。"

【注解】

① 樊迟：孔子的学生，姓樊，名须，字子迟。② 远（yuàn）：作及物动词，疏远，避开。

【译文】

樊迟问怎么样才算聪明，孔子说："努力从事人民认为合理的工作，尊敬鬼神，但要疏远它们，这样可以称得上是聪明了。"樊迟又问怎么样才叫作有仁德，孔子说："有仁德的人先付出艰苦的努力，然后得到收获，这样可以说是有仁德了。"

樊迟问知。子曰：务民之义。

述而篇
第七

【原文】

7.1　子曰："述而不作，信而好古，窃比于我老彭^①。"

【注解】

①比于我老彭：把自己比作老彭。我，表示亲近。老彭，商代的贤大夫彭祖。

【译文】

孔子说："阐述而不创作，相信并喜爱古代文化，我私下里把自己比作老彭。"

【精读论语】

信而好古，述而又作

孔子说自己"述而不作"，只是自谦的说法而已。而且，孔子也并非真的只是述而不作，比方说以"仁"解"礼"就是孔子的创作。他这么说，只是表现出了自己对于传统文化及历史经验的重视，这也是他做学问的态度。

孔子一生致力于古籍的整理，也正因如此，他才有机会接触到博大深邃的古代理论。他从中汲取到了前人留下的经验和教训，并对他们的智慧作出了全面总结。不仅如此，在向先贤们学习的时候，他还产生了许多新的感悟，提出了许多深刻而独到的见解。在传播和阐述古代典籍的过程中，他将自己的新思想完美地融入其中。实际上，孔子并非"述而不作"，而是"述而又作"，开创了具有崭新思想内涵的儒家理论。

也许在很多人的眼中，认为孔子多方面地维护传统，是保守派，这种看法是极不客观的。因为重视文化传统和历史经验，本身并没有什么不妥。我国古时的文化源远流长，有着极为丰富的内涵。不管是政治学说，还是社会理论，乃至人生哲学都不乏深刻的洞见。这是先贤们留给后人的精神财富，是取之不尽，用之不竭的智慧宝库。历史的发展是一个延续的过程，文化传统无法割裂。即便是面临新问题，也需要历史的经验；即便是创新，也要以传统为基础。离开传统文化和历史经验谈创新，无异于无本之木，无源之水。

常言道，以史为鉴，可以知兴替。只有尊重自己的历史和传统文化，才能继往开来。孔子曾在《八佾》篇中就曾说过："周监于二代，郁郁乎文哉！吾从周。"周礼汲取了夏礼和殷礼的长处，并在夏礼和殷礼的基础上经过演化和发展，而变得更为完善。这就是从历史中汲取的经验，孔子也正是看到了这一点，才反复强调传统的重要性。

另外，说孔子保守也是一种误解。大家都知道，孔子是儒家学派的创始人，如果孔子真的很保守，这个"创始"从何说起呢？阅读有关孔子的资料就会发现，在对儒家的六经或编或注的过程中，孔子不仅注意保留传统文化的精髓，同时还提出许多新颖精妙的观点。比如，它赋予"仁"新的内涵，并在此基础上构建出系统的儒家学说。可见，孔子并不是泥古不化的老顽固，而是富有创新的精神文化大师。

关于如何对待传统文化，孔子给我们提出了两点建议：首先，要珍惜并乐于学习，这是学习的态度问题。学问之道，关键就在于是否愿意虚心受教。其次，则对所学应当有着发自内心的喜爱，也就是孔子所说的"信而好古"。一个人只有真心喜欢先人的智慧，才能领略到先贤之学的精妙。而且，古人的智慧之所以能够长久流传下来，就足以证明这种智慧是真正的精华。认真对待这份财富，我们就会受用无穷。

【原文】

7.2　子曰："默而识之[①]，学而不厌，诲人不倦，何有于我哉？"

① 识（zhì）：通"志"，记住。

【译文】

孔子说："把所见所闻默默地记在心上，努力学习而从不满足，教导别人而不知疲倦，这些事我做到了多少呢？"

子曰：默而识之，学而不厌，诲人不倦，何有于我哉。

【原文】

7.3 子曰："德之不修，学之不讲，闻义不能徙，不善不能改，是吾忧也。"

【译文】

孔子说："不去培养品德，不去讲习学问，听到义在那里却不能去追随，有缺点而不能改正，这些都是我所忧虑的。"

【精读论语】

孔子四忧

面对世风日下的社会，孔子提出了自己的四大忧虑，即"道德不修、学问不讲、知善不从、有过不改"。如果我们来个反向思考，就可以说孔子对我们的个人修养提出了四条建议，一是加强道德培养，二是勤奋为学，三是择善固执，多行义举，四是有了错误及时改正。这四点建议能够促使我们不断进步，实现自我完善。

首先，我们来看下加强道德培养的重要性。人的全部行为无外乎言与行，若是归纳起来，言行可以分成两种，即有益于大家的言行和无益于大家的言行。凡是有益于大家的言行，自然属于仁善的范畴，而无益于大家的则是不道德的。所谓修德，就是提高自己道德水平，完善自己的人格，进而造福社会。若是不注重修德，可能就会言行失当，害人害己，严重时还会对整个社会造成不良的影响。

其次，要勤奋为学。孔子在本章中提到的"学之不讲"，他虽然没有明说要我们学习什么，但是只要稍微动动脑子就能想明白。孔子一生所推崇的就是"仁"道，也就是说，我们所要学的便是行仁的学问。不过，学习只是为学一个方面而已，将自己所学应用到实际中才是为学的最终目的。对此，大家只有对自己所学的东西有着熟练的掌握，才能将所学到的东西完美地运用到实际之中，做到学以致用。若是学而不用或是滥用，不是成为书呆子，就是成为社会的祸害，这可不是人们愿意看到的结果。

再次，择善固执，多行义举。在日常生活中，我们会接触许多理论，其中很多是合乎仁善指导的真理。但是，很多时候，我们明明知道，应该用仁善之道来指导自己的生活，可是在做事的时候，却不能依此而行。这种行为，正是孔子所说的"闻义不能徙"。正确的做法是，听到正确的意见，我们应该牢记在心，并立即把它付诸实践。其实，无论是小善还是大义，其关键就在于做与不做，为善就能提高自身的修养，不为则会日渐走向堕落。

最后，发现了错误应当及时悔改。正所谓知错能改，善莫大焉。人们在犯了错误以后，只要能够及时地认识到自己的错误并加以改正，就能从中获得不小的利益。而且，犯了一次小错，若是能够亡羊补牢，也算为时未晚。廉颇负荆请罪就是个很好的例子。倘若廉颇不肯认错，等到小错变成大错时，可就不是将相不和的结果了，甚至还会动摇国本，直接影响到国家的安定与团结。若到那时再想悔过，可就回天乏术了。因此，知错就改也是提高自身修养的一种手段。

【原文】

　　7.4　子之燕居①，申申如也②，夭夭如也③。

【注解】

①燕居：安居，闲居。②申申：舒展齐整的样子。③夭夭：和舒之貌。

【译文】

孔子在家闲居的时候，穿戴很整齐，态度很温和。

【原文】

7.5　子曰："甚矣，吾衰也！久矣，吾不复梦见周公①。"

【注解】

① 周公：姓姬，名旦，周武王之弟，鲁国国君的始祖。他是孔子最敬佩的古代圣人。

【译文】

孔子说："我衰老得很厉害呀！我已经好久没有再梦见周公了。"

子曰：甚矣吾衰也！久矣吾不复梦见周公。

【精读论语】

人不能失去梦想

梦想是人们内心的一种渴望和追求，它能催人奋进，帮助人们实现质的飞跃。在现实生活中，每个人都应有自己的理想和追求。倘若一个人失去了梦想，也就没有了追求的目标，进而会对生活失去希望。因此，人在活着的时候，不能没有梦想。

在本章中，孔子说自己很久没有梦到周公了，并不是说他失去了自己的梦想，只是生不逢时，时运有些不济罢了。蓦然回首，孔子发现自己已经步入迟暮之年，而梦想却依然渺茫，不自觉发出悲凉的感叹。但是，这并不能说明他放弃自己的梦想。事实上，他那复兴周公之道的梦想依然强烈。也正因怀着这样的梦想，他才会对生活、学习充满着赤诚的热心，孜孜不倦地整理典籍，倾尽心力教导弟子。

有了梦想，人们可以改变自己的命运。一个人只有在梦想的指引下，才会去努力地奋斗、拼搏。因为，你希望通过自己不懈的奋斗和追求，让自己梦想成真。即便是未能一尝所愿，人生也是充实的，因为你为之奋斗过，整个过程中你都是快乐的，而且你的价值也得到了体现。如果人们在遇到一点小挫折后，就放弃了自己的梦想，那么他的一生都将罩上一层厚厚的阴云，再也辨不清哪里才是正确的方向。失去了梦想的人，就像大地见不到阳光一样，生活中的那点生机将会荡然无存，更不要说什么成功和快乐了。

人活一世总得选择一条自己要走的路，无论你是否愿意，或对或错，你都得为你今后的人生着想才行。正如司马迁所说的那样，"人固有一死，或重于泰山，或轻于鸿毛。"有些人虽然活了百余岁，可是直到死去都无人知晓，然而有些人尽管只活了二三十岁，但他们的名字却能永远被人铭记。之所以会出现这样的现象，就是他们的人生梦想不同，造就了追求上的差异，其人生价值自然也不相同。

有些人总是觉得工作很累，生活很苦闷，这都是因为缺乏理想。在这种人的眼中，生活是没有奔头的，自然会觉得很累很苦闷。这种没有梦想的人，活着的时候就像一台废旧的老机器，除了可以当作废品被卖掉以后，基本上就没有了任何的价值。这种人整日里浑浑噩噩，无所事事。对于他们来说，最怕的就是时间。他们总在幻想着时间能够走得快些，免得自己再去忍受孤独与寂寞的煎熬。说得重一点，倘若有人陷入了这种境地，就已经没有继续生存下去的意义了。

梦想是一个人的理想和希望，是走向成功的驱动力。事实上，人的一生很短暂，所以应尽自己最大的努力去追逐梦想。即便是前路坎坷，也要坚持下去，千万不能让梦想失落。人活着千万不能与草木同腐，更不能醉生梦死，否则只是枉度人生，没有任何意义！

【原文】

7.6 子曰："志于道，据于德，依于仁，游于艺①。"

① 艺：指六艺，包括礼、乐、射、御、书、数。

【译文】

孔子说："以道为志向，以德为根据，以仁为依靠，而游憩于礼、乐、射、御、书、数六艺之中。"

【原文】

7.7　子曰："自行束脩以上①，吾未尝无诲焉。"

【注解】

① 束脩（xiū）：一束干肉，即十条干肉，是古代一种最菲薄的见面礼。

【译文】

孔子说："只要是主动给我十条干肉作为见面礼物的，我从没有不给予教诲的。"

【精读论语】

学生的见面礼

在人们的心目中，孔子是无私的圣人，在收徒弟的时候，他要不要学费或见面礼呢？这是一个很现实的问题。在本章中，孔子对此作出了回答："只要是主动给我十条干肉作为见面礼的，我从没有不给予教诲的。"这句话所表达意思是很明确的，但是，后人对这句话背后本意的理解却出现了重大分歧。

首先，"束脩"是见面礼而不是学费，这一点不存在什么争议。也就是说，孔子开私学，收徒讲学是不收学费的。孔子少年时家贫，但在成年以后，由于从政，经济条件有所改观。收徒讲学，是在他的中年和晚年，这个时候的孔子，已经不需要学生的学费了。并且，对于颜回这样贫穷而好学的弟子，孔子还予以周济。从史料和孔子的行为来看，基本可以排除孔子收取学费的可能。

虽然孔子不收学费，但孔子是收取见面礼的。关于这个事实，也没有异议。问题的焦点在于，孔子为何收取见面礼。一种意见认为，孔子有教无类，但重视学生的向学之心。如果自觉自愿送上"束脩"，说明这个学生是真心前来求学的。如果连见面礼都没有，其是否有求学的诚意就值得怀疑了。持这一意见者认为，是否行拜师礼，送拜师礼代表着问学者的求学态度。孔子一生重视礼仪，以此作为有没有求学诚意的标准。有这个态度，就加以教诲，如果没有这个态度，那就算了。还有一种意见认为，如果没有"束脩"的见面礼，孔子就不会受他做徒弟。言下之意，孔子重视物质利益。

综合种种史料，我们不难发现，前一种观点正确理解了孔子的苦心，后一种观点是对孔子本意的歪曲。也就是说，孔子重礼，看重的是礼节背后的真诚的求学态度，而不是那些干肉。在孔子看来，见面礼既是对老师的尊敬，也是一心向学的表现，所以应该收取。

但是后来，有些做老师的却故意歪曲，强调学生应该向老师送礼。比如现在，个别老师贪图私利，心安理得地接受学生或家长的礼品。殊不知，他们的这种行为不但会失去同学们原本的那份敬重之心，其教师的人格尊严也会荡然无存。更有甚者，有些极个别的老师还会故意将学生分成三六九等，区别对待，借机索取学生的礼品，简直毫无师德可言。如果有人对此加以批评，他们不但没有愧意，还会拿出圣人收见面礼的行为说事，实在是可耻可笑。

正确理解孔子收取"束脩"的本意，既能清除一些人对孔子的误解，也有利于端正目前教育界不良的风气，所以有着重要的现实意义。作为教师，更应该明白自己的职业使命和职业道德，自觉抵制物质诱惑，做一个受人尊重的传道者。

【原文】

　　7.8　子曰："不愤不启[①]，不悱不发[②]。举一隅不以三隅反，则不复也。"

【注解】

① 愤：思考问题时有疑难想不通。② 悱（fěi）：想表达却说不出来。发：启发。

子曰：不愤不启，不悱不发。举一隅不以三隅反，则不复也。

【译文】

孔子说："教导学生，不到他冥思苦想仍不得其解的时候，不去开导他；不到他想说却说不出来的时候，不去启发他。给他指出一个方面，如果他不能由此推知其他三个方面，就不再教他了。"

【原文】

7.9　子食于有丧者之侧，未尝饱也。

【译文】

孔子在有丧事的人旁边吃饭，从来没有吃饱过。

【精读论语】

人应有恻隐之心

恻隐之心是一种感情，是对他人哀痛的一种同情，它代表着悲哀、怜悯和伤感，而且，这种感情是人类特有一种相互关爱的情怀。孟子曾说过"恻隐之心，仁之端也"，也就是说，它是善良仁义的发端，也是做人的基本要求，是每个人都应具有的情感。

本章所描述的只是孔子在日常生活中的一些个人行为，也正因为这些行为的平常，才让我们清楚地看到一位心地善良的学者。"在有丧者之侧"，他从来没有吃饱过饭，是因为他看见有丧事的人，内心也会跟着悲痛起来，没有吃饭的心思了。孔子的这一自然之举，流露出的是恻隐之心。这种情感是真挚的,也是孔子内心善良的最好证明。

按说,这种丧事本来是与自己没有任何关系的,完全不必徒添悲情。但是,绝大多数人都会心生哀戚,这是一种纯粹的同情心。这种同情心虽然看似简单、平常,但它却是人类最重要的情感,也是人类结成社会的重要基础。人类正是有了同情心,才能将心比心,感受到他人的感受,进而在相互之间产生爱与互助。而且,恻隐之心还是用来证明人性本善的一个重要证据,只有在这个基础之上,仁道才有可能得到全面的推行。

孔子的哭,不是因为吊丧而假哭,而是内心伤心的哭,这不仅是真实的情感流露,也是合于礼的行为。但是,在现代的社会,除了自己的至亲以外,又有几人能够做到为别人的哀伤而哭泣呢?发自内心的同情,将心比心的哀伤,是对不幸者深切安慰,能够帮助他们度过丧失亲人后的情感危机。中国的文化十分重视情感,既注重美好情感的培养,也注重仁善情感的适度表达。而礼仪,就是对情感表达所作出的合理性规范行为。遵照礼仪要求,表达情感,就是一种接近中和的仁道。

另外,"歌"是快乐的体现,而孔子"日哭不歌",则表明了他的悲哀是出自内心的真诚表现。倘若有人刚才还在悲哀之中,但在转眼之间就欢天喜地,我们不敢断定这种人有没有恻隐之心,但是我们却能肯定他的悲哀是不真诚的。其实,"哭则不歌"和"丧者之侧,未尝饱也"一样,都是人们内心最自然的人情表露。一般情况下,一个人由喜转悲是比较容易的,但若由悲转喜,恐怕稍有恻隐之心的人都很难如此迅速地转换角色。

恻隐之心是人们心底最基础的道德,只有具备了这种情怀,才能谈及个人品德的提升与完善。也只有通过这种情怀,才能让人们推己及人,在彼此的心与心之间搭设一条沟通的桥梁。不仅如此,恻隐之心还像一汪流淌在人们心灵之中的甘泉一般,滋润着人们的内心,让人们拥有仁爱之心和悲悯的情怀,进而产生无数纯洁而又善良的动机。因此,每个人都应具备这种情怀,也只有这样才有可能成为一个完美的人。

【原文】

7.10 子于是日哭，则不歌。

【译文】

孔子如果在这一天哭泣过，就不再唱歌。

【原文】

7.11 子谓颜渊曰："用之则行，舍之则藏，惟我与尔有是夫①！"子路曰："子行三军，则谁与②？"子曰："暴虎冯河③，死而无悔者，吾不与也。必也临事而惧，好谋而成者也。"

【注解】

①夫（fú）：语气词，相当于"吧"。②与：同……一起，共事。③暴虎：空手与老虎搏斗。冯河：赤足蹚水过河。冯，同"凭"。

【译文】

孔子对颜渊说："如果用我，就去积极行动；如果不用我，就藏起来。只有我和你才能这样吧！"子路说："如果让您率领三军，您愿找谁一起共事呢？"孔子说："赤手空拳和老虎搏斗，徒步涉水过大河，即使这样死了都不后悔的人，我是不会与他共事的。我所要找的共事的人，一定是遇事谨慎小心，善于谋划而且能完成任务的人。"

【精读论语】

进退有度，有勇有谋

颜回秉持用舍行藏的处世态度，深受孔子赞赏。用舍行藏是说如果能为当世所用，就施展才华，在社会上大力推行仁道；若是不为当世所用，就隐藏才能，韬光养晦，退而隐居起来。这种处世之道，依据社会现实决定进退，洒脱自如，堪称极为高深的大智慧，不是一般人所能做到的。

由此可见，颜回是一个仁者。而子路却有着不同于颜回的人生追求，他渴望成为一个勇者。但遗憾的是，他对勇者的理解有些偏颇。他在听到孔子赞美颜回后，就有意向孔子夸耀自己的武勇，他觉得只有拳头才是硬道理。孔子直言不

子曰：暴虎冯河，死而无悔者，吾不与也。必也临事而惧，好谋而成者也。

讳地批评了他的错误想法，告诉他凡事不能鲁莽行事，要学会审时度势，运用智谋取敌制胜。在孔子看来，仅有勇气却缺乏智谋的人，只能算是个莽汉。只有将智谋和勇气结合起来，才是一个真正意义上的勇者。

孔子告诉子路，不懂得运用智谋的人，就像是明知打不过老虎，却仍要赤手上阵；明知自己不识水性，却仍要涉水过河一样，这种行为是无知的鲁莽，会白白牺牲掉自己的性命，无异于自取灭亡。这种有勇无谋之人，虽然四肢发达，但头脑简单，根本不值一提。最后，孔子对子路说，"吾不与也"，表示坚决不与有勇无谋之人合作。

江山易改，本性难移，子路并没有接受孔子的批评教育，而是保持着刚勇之性，以至于因此而送命。公元前480年，为了阻止鲁国政变，子路找蒯聩说理，而蒯聩却命人攻击子路，子路帽子被打落，仍坚持"君子死，而冠不免"，在系帽缨时被杀。当时，倘若子路灵活一点，完全可以避免一死。勇敢没有错，但不能一味刚勇，而应该多动脑筋，把勇敢和智谋结合起来。这样既能保护自己，也有利于办好事情。

为人处世是一种智慧，要能审时度势，依据环境决定进退。一个人再有才华，如果没有合适的环境，也无法获得成功。条件不允许，退隐保全性命，则是明智的选择。另外，为人应该有勇有谋。有勇无谋是莽夫，无勇之人是懦夫。对一个渴望成就事业的人，这样的智慧是必须牢记的。

【原文】

7.12　子曰："富而可求也①，虽执鞭之士②，吾亦为之。如不可求，从吾所好。"

【注解】

① 而：用法同"如"，表示假设的连词。可求：可以求得，指道理上可以求得。② 执鞭之士：古代的天子、诸侯和官员出入时手执皮鞭开路的人。意思指地位低下的职事。

【译文】

孔子说："财富如果可以合理求得的话，即使是做手拿鞭子的差役，我也愿意。如果不能合理求得，我还是做自己所爱好的事。"

【原文】

7.13　子之所慎：齐①，战，疾。

【注解】

① 齐：同"斋"，古代祭祀之前，先要整洁身心，叫作斋戒。

【译文】

孔子所谨慎小心对待的事有三件：斋戒，战争，疾病。

【精读论语】

孔子最谨慎的三件事

在孔子看来，斋戒是否敬诚，关于神灵对人的态度，而战争和疾病直接关系到人的生死。这三件事，都是性命攸关的大事，不可不慎。

首先我们先来看一下斋戒，其实就是孔子对于祭祀的谨慎，说到底还是出于对神或天命的敬畏。至于有没有人相信神明的存在并不重要，重要的是能让大家清楚，人们祭祀神明，是出于敬畏之心。古人相信神的存在，孔子也不例外。他们认为，神有着主宰人命的巨大力量，能决定人类的繁衍生息和存续毁灭。对于这样伟大而神奇的力量，应该保持足够的敬畏。另外，孔子还认为斋戒本身也是一种内心的修养，是自我心灵的净化。认真谨慎地遵行斋戒之礼，是提升个人修养的一个重要内容。

其次是战争。大家都知道，在孔子的思想体系中有仁、爱、和等价值系统。其中的仁爱思想就是热爱每一个人，既然如此，战争就不符合他的这种思想了。另外，孔子之所以想要恢复礼制，就是想恢复社会秩序，避免战争的发生。其后，他老人家不辞劳苦周游列国，广泛宣传仁道，一个重要目的也是为了消弭战争。孔子认为，在可战与可不战之间，最好选择不战。国与国之间如果产生矛盾，孔子则主张在礼制的框架内和平解决。各国都遵循共同认可的国际规则，以礼相待，和谐相处是孔子的理想。

孔子希望消除战争，但是作为一个现实主义者，孔子也知道战争几乎是不可避免的。既然如此，接下来的问题是如何对待战争。关于这一点，孔子的态度很明确，那就是慎战。战争的本质是人们为了满足自己的私欲，就会对地域、资源、利益等展开激烈争夺，是人与人杀灭。春秋时期，战争规模已经非常可观，一战下来，死伤万人已经非常常见。孔子心存仁爱，希望人与人之间能够互爱互助，所以强烈反对战争，呼吁统治者不可轻率用兵。

最后是疾病。孔子有贵生的思想，所以对关乎人命的疾病非常重视。我们都知道，一个人的道德和事业都是建立在健康身体的基础上，如果失去生命，一切都不复存在。作为一个智者，孔子当然非常清楚，所以才强调重视疾病。其实，慎重地对待疾病就是养生问题。有些人对待自身的一些小病大多不以为然，这就是对自己生命的不负责。对待疾病采取谨慎的态度，关注健康问题，才符合珍惜生命的仁道。关于这一点，孔子本人做得非常好。我们知道，当时社会上的平均寿命大概是在三四十岁，而孔子竟然活到了七十三岁，绝对可以算作高寿。注重养生，慎重地对待疾病，乃是他能长寿的重要原因。

【原文】

7.14　子在齐闻《韶》①，三月不知肉味②。曰："不图为乐之至于斯也！"

【注解】

①《韶》：相传是大舜时的乐章。②三月：很长时间。"三"是虚数。

【译文】

孔子在齐国听到《韶》这种乐曲后，很长时间内即使吃肉也感觉不到肉的滋味，他感叹道："没想到音乐欣赏竟然能达到这样的境界！"

子在齐闻《韶》，三月不知肉味。

【原文】

7.15　冉有曰："夫子为卫君乎①？"子贡曰："诺，吾将问之。"入曰："伯夷、叔齐何人也？"曰："古之贤人也。"曰："怨乎？"曰："求仁而得仁，又何怨？"出曰："夫子不为也。"

【注解】

①为（wèi）：帮助，赞成。卫君：卫出公辄。辄是卫灵公之孙，太子蒯聩之子。蒯聩得罪了卫灵公的夫人南子，逃亡晋国。灵公死，辄为君。晋国想借把蒯聩送回之机攻打卫国，被卫国抵御，蒯聩也被拒绝归国。这种情势客观上造成蒯聩与辄父子争夺君位的印象，与伯夷、叔齐互相推让君位恰成对比。子贡引以发问，试探孔子对卫出公辄的态度。

【译文】

冉有说："老师会赞成卫国的国君吗？"子贡说："嗯，我去问问老师吧。"子贡进入孔子房中，问道："伯夷和叔齐是怎样的人呢？"

孔子说："他们是古代贤人啊。"子贡说："他们会有怨悔吗？"孔子说："他们追求仁德，便得到了仁德，又怎么会有怨悔呢？"子贡走出来，对冉有说："老师不会赞成卫国国君的。"

【精读论语】

曲径能通幽

曲径能通幽，这是人们行走在社会之上应当具备的一项技能。在这个社会上，并非所有的人都会将自己内心的想法直接表述出来。在这种情况下，为了摸清别人对此事的真实看法，就需要另辟蹊径，绕个弯子将问题解决掉。

冉有是很聪明的，他想打听孔子对于卫国之乱的态度，但又不知道该如何去问。于是，他便找到了子贡。但是，子贡则是更聪明，冉有不敢当面向孔子提的事，他也不去直接问，而是转了个弯，问了个关于伯夷、叔齐的问题，并通过孔子的回答，推断出孔子是不会帮助卫君的。子贡的问题看似与冉有所求无关，但是大家只要仔细分析一下，便可得知其中的窍门，这就是子贡解决问题的高明之处。

对此，有人可能会提出疑问，说孔子可能只是就事论事，根本就没有考虑过子贡的言外之意，即便这种结果只是子贡的猜测，他也有着正当的理由说服冉有相信他的推断是正确的。因为，孔子谈论伯夷和叔齐的贤道并非只有一次，子贡等人怎会不明白其中的道理。更何况，子贡又是在卫国国君父子争权的背景下提出来的，孔子又怎会不知他是另有所指。而且，为了求证明白，还在最后又加了句"怨乎"，这与直接问孔子"愿不愿意帮助卫君"的效果差不多。

另外，我们退一步讲，假设孔子没有意识到子贡此问的动机，那么子贡也能通过孔子的回答，推测出孔子的真实意图。因为，孔子的回答中隐藏着一条原则，要帮忙的话，他也要帮"求仁"之人，像卫君父子这样违背礼制精神，为争夺君位大打出手的人，孔子是不会前去帮忙的。这两种情况，无论是哪一种，子贡都能了解到夫子的真实心意。

明嘉靖年间，有个叫李乐的官员，为人刚直。在一次议事的时候，他把嘉靖帝给惹火了。皇帝大怒，当即下旨用封条将李乐的嘴巴给封起来，并威胁众官员谁也不许将封条揭去。这样一来，无异于间接地判了李乐死罪。就在此时，有个官员站了出来，他走到李乐面前，不分青红皂白就是一通责骂，最后还狠狠地给了李乐两个耳光。当时，在场的人大都莫名其妙，有的人还很鄙视这名"落井下石"的官员。但随着他的耳光，李乐嘴上的封条被打断了，众人这才明白他的真意，报以会心一笑。看到这种情况，嘉靖也是无可奈何，便顺坡下驴，饶了李乐一命。试想一下，倘若此人当时不顾情势，犯颜"直"谏，恐怕他也不会有好果子吃。但是，他却没有那么做，而是采用了曲线救人的方式，巧妙地将李乐从鬼门关拉回来，这就是曲径能通幽的智慧。

大家在与人交际的时候，就应多像子贡学习。对于有些事情，硬着来是不行的，要想实现自己的目的，就得多转几个圈子，通过旁敲侧击的方法实现自己的目的。千万不能一根竿子捅到底，应当多做曲线运动，懂得"曲径通幽"的艺术，这样办起事来能免去不少的麻烦。

【原文】

7.16　子曰："饭疏食①，饮水，曲肱而枕之②，乐亦在其中矣。不义而富且贵，于我如浮云。"

【注解】

① 饭：吃。名词用作动词。疏食：糙米饭。② 肱（gōng）：胳膊。

【译文】

孔子说："吃粗粮，喝清水，弯起胳膊当枕头，这其中也有着乐趣。而通过干不正当的事得来的富贵，对于我来说就像浮云一般。"

【原文】

7.17　子曰："加我数年①，五十以学《易》②，可以无大过矣。"

①加：这里通"假"字，给予的意思。②《易》：《易经》，又称《周易》，古代一部用以占筮（卜卦）的书，其中卦辞和爻辞是孔子以前的作品。

【译文】

孔子说："给我增加几年的寿命，让我在五十岁的时候去学习《易经》，就可以没有大过错了。"

【原文】

7.18　子所雅言①，《诗》《书》、执礼，皆雅言也。

【注解】

①雅言：古代西周人的语言，即标准语，相当于今天的普通话。

【译文】

孔子有用雅言的时候，读《诗经》《尚书》和执行礼事，都用雅言。

子所雅言：《诗》《书》、执礼，皆雅言也。

【原文】

7.19　叶公问孔子于子路①，子路不对。子曰："女奚不曰②：其为人也，发愤忘食，乐以忘忧，不知老之将至云尔③。"

【注解】

①叶（shè）公：楚国大夫沈诸梁，字子高。封地在叶邑，今河南叶县南三十里有古叶城。②奚（xī）：何，为什么，怎么。③云尔：云，如此。尔，同"耳"，而已。

叶公问子路孔子是个怎样的人，子路没有回答。孔子说："你为什么不这样说：他的为人，发愤用功到连吃饭都忘了，快乐得忘记了忧愁，不知道衰老将要到来，如此等等。"

【精读论语】

不断充实自己

对于人生，每个人都有着自己的理解。在孔子的眼中，只有努力学习求知、不断地充实自己，才是人生之中最大的快乐。这种快乐，可以让他冲淡对吃饭睡觉这等事情的兴趣，也不会有什么事情可以让他产生忧愁，甚至连自己的年岁都可以忽略。可以说，孔子的一生都很充实，因为他每时每刻都在进步着。

孔子在此前曾多次提到自己是个好学的人，而且，他所掌握的知识有很大一部分都是比较深奥的学问，是一些很难理解的东西，若是没有经过发奋的学习，是很难熟练掌握的。孔子的好学不是苦学，而是乐学。为了证"道"，他曾不远千里跑去洛阳求教于老子。偶然在齐听到《韶》乐，就深深地沉浸到其美妙之中，竟然三月不知肉味。对此，他都是一种自觉的投入，并且在学习的过程中得到了乐趣，充实了心灵。

孔子之后，好学成为中国一个优良传统，乐学者历代不乏其人。汉代大儒董仲舒在年轻时为了能够专心学习，谢绝了一切的社交活动，甚至还将自己的书房给围了起来，几乎与外界隔断了联系。而且，董仲舒还不知疲倦地终日诵读，偶有所得便奋笔疾书，过得优哉乐哉。他这次"闭关"有三年的时间，可在他看来只是几个昼夜而已，对于外界的变化竟浑然不觉。后来，他在罢官之后，为了能让自己在学问上更进一步，就再一次进行了"闭关"，此次竟然长达十七年。在此期间，他完全忽略了时间的存在，不但对《春秋公羊传》有了更加精深的理解，还逐渐形成了自己独特的理论，为后世留下了《春秋繁露》的巨著，更被后人视为"汉代孔子"。

也许有人会问，孔子"乐以忘忧"的"乐"在何处呢？"学而时习之，不亦乐乎"。在孔子看来，不仅学习本身就是一种快乐，而且通过不断的学习也能给人带来无穷尽的欢乐。因为，人们在学习的过程中，就是一个不断充实自我的过程。在这个过程中，即便你的内心有着一丝的忧愁和空虚，也会被学习所带来的乐趣给冲淡和改变。

学习是没有止境的，知识也是无穷尽的，虽然一个人的生命有限，但这并不能成为求学路上的障碍。只有明白活到老、学到老的道理，才能真正体会到学习的乐趣，做到"发愤忘食"的地步，"不知老之将至"。孔子正是有着这样的信念，才会孜孜不倦地学习，即便是在他步入晚年之后依然如故。

在如今这个纷繁复杂的社会当中，人们更加需要通过学习快速地给自己定好位，通过汲取大量的精神食粮，填补自身心灵上的空虚，找寻属于自己的快乐。倘若稍有懈怠，就有可能会被时代的洪流所淹没。

【原文】

7.20　子曰："我非生而知之者，好古，敏以求之者也。"

【译文】

孔子说："我并不是生下来就有知识的人，而是喜好古代文化，勤奋敏捷去求取知识的人。"

【原文】

7.21　子不语：怪、力、乱、神①。

【注解】

①怪：怪异之事。力：施暴逞强、以力服人。乱：叛乱。神：鬼神之事。

【译文】

孔子不谈论怪异，施暴逞强、以力服人，叛乱，鬼神。

孔子不讲的事情

孔子注重教化，关注世俗世界的成功和幸福，不愿谈论怪异、暴力、叛乱和鬼神的事情等。在这几点之中，除了"神"以外，其余三个方面都属于恶的范畴，这与孔子所提倡的仁爱有悖，自然不愿意过多的提及。对神鬼，孔子持"敬而远之"的态度，也不愿多讲。

我们不得不承认，在现实生活中存在很多怪现象。再加上当时科学不发达，人类认知能力有限，当遇到了无法解释的现象时，人们也多半将其解释为怪异之事。所以，那个时候可谓怪事多多。这个话题很刺激，估计有很多人乐于谈论。但是，孔子却不喜欢谈论这些事，他这样做，有其自身的道理。在他看来，虽然有些事情自己解释不了，只能说明自己还没有看透其中的玄机。对于这种拿不准的事情，不能妄下定断，这是实事求是的态度。

我们知道，孔子一直都在为恢复礼制而奔走，在政治上他主张以德服人，对于暴力很是排斥，并不希望统治者以勇力服人。而且，在许多情况下，以暴制暴只会引发更大的冲突，非但解决不了问题，反而会使问题更加尖锐持久。即便是到了非用暴力不可的时候，也得慎重使用，注意限度。而要彻底解决问题，最终还得靠道德教化。

孔子强调秩序，反对作乱。为了实现社会和谐，他在许多场合讲述以德治国，希望靠礼制维护秩序，靠仁德团结大众。无论在哪个国家和社会，都会有动乱产生，只是在程度上有所区别罢了。至于动乱带来的后果是大还是小，主要还是与执政者的管理水平有关。管理水平高的自然会将社会打理得井井有条，一切都很平静；但若管理水平极其有限，在各方之间产生矛盾时，就无法做到息事宁人，发生动乱也是在所难免的。所以，对于"乱"而言，孔子更愿意讲"治"，从根源上断了他人"乱"的念头。

孔子对待神鬼的态度是"敬而远之"，强调"敬"，反对亵渎。

对于是否有神鬼存在,孔子的态度是既不否认也不肯定。在孔子看来,"神"代表的应当是一种信仰,孔子相信天命,这个天命与神有某种联系,但比鬼神更具有客观性。

孔子的这个思想对中国社会产生巨大影响,后世的知识精英和统治者都很少谈论怪、力、乱、神,他们信仰的是"仁义、道德",而不是"乱、力、怪、神",讲求的也是实用理性,对于这些玄虚的东西,没有太大的兴趣。

【原文】

7.22　子曰:"三人行①,必有我师焉。择其善者而从之②,其不善者而改之。"

【注解】

①行:行走。②善:优点。从:顺从,学习。

【译文】

孔子说:"三个人同行,其中必定有人可以作为值得我学习的老师。我选取他的优点而学习,如发现他的缺点则引以为戒并加以改正。"

【原文】

7.23　子曰:"天生德于予,桓魋其如予何①?"

【注解】

①桓魋(tuí):宋国的司马(主管军政的官)。孔子离开卫国去陈国,经过宋国,和弟子们在大树下演习礼仪,桓魋想杀孔子,砍掉大树,孔子于是离去。弟子催他快跑,孔子便说:"天生德于予,桓魋其如予何!"

【译文】

孔子说:"我的品德是上天所赋予的,桓魋能把我怎样呢!"

【精读论语】

仁者无畏

面对威胁，孔子相当自信。他认为，自己怀仁行德，自有上天护佑，坏人对自己是无可奈何的。孔子的这句话看似不合逻辑，实则蕴含着深刻的道理。

孔子这句话，真正要表达的意思是"仁者无畏"。所谓仁者，是具有博大情怀的善者，他们有着崇高的美德，悲天悯人，泛爱大众，行为处事无不着眼于大多数人的利益。有时候，为了民众或他人的利益，宁肯牺牲自己。这样的人，所到之处，受到人民的真诚欢迎和衷心拥戴。不要说他们很难遇到困境，即便真的遇到危险，也会有很多人出来帮助他们，甚至是不惜一切代价保护他们。因而，这样的仁者往往能够逢凶化吉。孔子不仅是个仁者，更是一个智者，他深明其中道理，所以面对一切艰险都无所畏惧。

历史上，像孔子这样的仁者大有其人，比如唐朝名将郭子仪。唐朝天宝年间，野心家安禄山悍然发动叛乱，叛军从范阳出发，一路杀向唐都洛阳和名城长安。叛军过处生灵涂炭，无辜百姓遭受灭顶之灾。作为一名将军，郭子仪迅速投身平叛战争，屡建奇功。他戎马一生，忠勇爱国，宽厚待人，堪称大智大勇，大仁大义。

安史之乱结束后，大将仆固怀恩因为对朝廷不满，多次联合少数民族军队发动叛乱。前两次都被郭子仪率军击退，但仆固怀恩并不死心，于唐代宗永泰元年（公元765年）联合回纥、吐蕃、吐谷浑等五个少数民族的军队数十万人再度入侵。仆固怀恩中途病死，其他少数民族军队闻讯撤军，吐蕃和回纥的军队不明真相，继续向唐朝发动进攻。唐军与先期到来的吐蕃军队在奉天展开激战，以巨大代价将其击退。回军途中，吐蕃军遇到回纥军。于是两军联合在一起，卷土重来。唐军在苦战之后，损失惨重，无力再战。

在平定安史之乱的战争中，很多回纥将军和酋长都曾和郭子仪并肩战斗过，感情很深。他们之所以兴兵前来，是因为听仆固怀恩说郭子仪早就死了。在得知这个消息后，郭子仪决定说服回纥撤军。

他的儿子和部将十分担心，都竭力阻止。郭子仪不顾劝说，毅然单骑来到回纥大营，下马卸甲直入中军大帐。回纥的将军、酋长都认识郭子仪，见他只身前来，都惊呆了。郭子仪上前抓住回纥统帅药葛罗的手说："唐朝对回纥很好，可你们却和仆固怀恩一起进攻唐朝。我现在人来了，任你杀，我的将士会拼命保卫唐朝的。"药葛罗羞愧不已，连忙谢罪。郭子仪表示不计前嫌，回纥将军们都很高兴，于是双方结盟。吐蕃听说了唐和回纥结盟的消息，随即撤退。

郭子仪就是一位仁者。他所做的事有利于边疆安宁，有利于唐朝和回纥的和平与友好，是大义之举。当时的情形虽然凶险万分，但郭子仪却一往无前，并获得圆满结局。仁者无畏，这就是一个典型的例证。

【原文】

　　7.24　子以四教：文，行①，忠，信。

【注解】

① 行（xìng）：作名词用，指德行。

【译文】

　　孔子以四项内容来教导学生：文化知识、履行所学之道的行动、忠诚、守信。

【精读论语】

教育应当循序渐进

　　孔子教育学生，有四个方面的要点，分别是：文献知识、行为规范、忠于职守、言而有信。在他看来，教授学生文化知识固然重要，但是对其修养品行进行重塑则更为重要。学习文化知识，只是为了以后的品行塑造打下基础。学生们只有学得多了，才会懂得更多的道理，然后才会遵照这些道理约束自己的言行，这是一个由浅入深的过程。

　　我们来看看孔子教授弟子们的这四项内容之间有何关联。"文"，按照一般理解来看，指的应当是文献知识。但是，孔子用来教育弟子的那些文献内容，已经渗入了自己的思想和观点，在进行文化教育的同时，也在对学生进行思想教育。"行"，指的是德行。我们知道，人类一切的外在活动，归结到最后都要体现在言行之上。孔子以此教授学生，就是想让弟子规范自己的言行。说好话，行好事，言行一致，久而久之，就会养成美德。

"文"和"行"都属于外在的修养，孔子接下来教授的"忠"和"信"则是内在的修养。外在的修养虽然是在为内在涵养打基础，但其也是造就内在人格的必要条件。

在《论语》里，孔子所强调的"忠"的核心内涵，乃是克己尽心，是说我们在做事的时候要全力以赴，尽心尽力地做好本职工作，或者说要对自己的所有承诺认真负责。在《颜渊》篇中，孔子就曾说道："居之无倦，行之以忠。"就是在告诫弟子，一定要勤勉尽责、忠于职守，千万不能松懈倦怠。在孔子眼中，"忠"就是一种孜孜以求、坚持不懈的敬业精神，是一种高度的责任感。

至于"信"，其核心主旨就是诚实守信。在《为政》篇中，孔子就曾言道："人而无信，不知其可也。"在孔子眼中，诚信是一个人立足于这个社会的根本，一个人若是失去了诚信，也就无从谈起道德修养，更不要说君子之德了。因此，孔子才会将诚信看得如此之重。而且，他教导弟子们讲诚信，也是想以诚信构建仁德。在孔子的四项教学内容中，"信"也有着最为深奥的内涵，将其放在最后，也是合情合理。

孔子以"文、行、忠、信"这四项为主要的教学内容，并配合循序渐进的教育方式，取得了很好的效果，他成功地培养出一大批的优秀弟子，为社会造就许多人才。这些人才，在孔子去世以后，或著书立说，或从政治国，对后世产生深远影响。他们以自己的成就，彰显出孔子的成功与伟大。

泰伯篇
第八

【原文】

8.1　子曰："泰伯①，其可谓至德也已矣。三以天下让，民无得而称焉。"

【注解】

① 泰伯：又叫太伯，周朝祖先古公亶父的长子。古公有三个儿子：泰伯、仲雍、季历。季历的儿子就是姬昌（周文王）。传说古公预见到姬昌的圣德，想打破惯例把君位传给幼子季历。长子泰伯为使父亲愿望实现，便偕同仲雍出走他国，使季历和姬昌顺利即位，后来姬昌之子统一了天下。

【译文】

孔子说："泰伯，那可以说是道德最崇高的人了。他多次把社稷辞让给季历，人民简直都找不出恰当的词语来称颂他。"

【精读论语】

至德无形，让位于贤

泰伯是周文王姬昌的伯父。为了让才大德高的姬昌有机会治理国家，他多次让出自己应得的王位。这种只为天下苍生计，而不为个人功名富贵的让贤之举，堪称至德。孔子对这种美德非常推崇，在多个场合予以赞美。

禅让之礼古已有之，但在不同的时代却有着不同的意义。在尧舜之时，由于生产水平极其低下，君主并没有太多的权力和利益，禅让可能是要将更重的责任交出去。但是，当社会经济发展到一定水平，君主位高权重，掌握着巨大的权力和财富，禅让的事情基本上就不存在了。综观中国历史，从春秋时期诸侯国的内部兄弟之争，到后来封建社会为争夺皇位时的父子相残，历朝历代充斥着灭绝人伦的惨剧。争夺权力失败者，不仅自己性命不保，全家乃至全族都会被灭。不去争权夺利，已经是罕见的高尚了，哪里还会有泰伯这样的让国之举。由此可见，孔子对泰伯的高度赞美，确实是有的放矢。

一个政权要想巩固，必须有政治的合法性、施政的正义性，以及当政集团深厚的道德基础，否则的话，这个政权就不会长久。泰伯让国所成就的周朝，周文王积善行仁，政化大行。武王去世后，周公任劳任怨，一饭三吐哺，天下归心。天子之家的高风美仪，不仅感化了贵族阶层，而且赢得了天下民众的拥戴。因此，周朝的国运绵延 800 余年。

反观那些为争权夺利而父子猜忌、手足相残的王朝，能长久者十分罕见。曹操的两个儿子曹丕和曹植，为争夺世子之位明争暗斗，曹丕即位后对曹植十分猜忌，多方迫害。曹植不堪其辱，写下"本是同根生，相煎何太急"的沉痛诗句。这样一个缺少道德号召力的政权，只存在了四十多年便被司马氏取代。之后，宋齐梁陈，皇室内部无不充斥着可怕的阴谋与血腥的杀戮，它们没有一个能存在一百年的。

由此可见，孔子对泰伯的赞美，不仅仅着眼于他个人，而是有更广阔的视野。这种美德，对整个社会风气起着引导作用，有利于形成良风美俗。特别是对于天子之家，其意义更是重大。有没有这种美德，意味着这个政权是否会得到民众的拥戴和认同。观察这一点，我们甚至能判断一个王朝的国运如何。礼让是一种高尚的品德，这样做不仅是为了别人，同样也是为了一个政府乃至一个国家的健康发展。孔子之所以说这种行为是一种至德，也正是因为如此。

这种美德，在现代社会意义尤为重大。在一个企业或组织内部，领导者如果能让位于贤，往往意味着一个组织具有创新、改革与发展的能力。一个领导者，如果思想跟不上时代，根本无法适应激烈的竞争，不要说为企业、为人民带来更大的利益，就连守成都有问题。而让位于贤能之人，则能保证一个企业、一个民族，乃至一个国家的繁荣与昌盛。

【原文】

8.2　子曰："恭而无礼则劳，慎而无礼则葸①，勇而无礼则乱，直而无礼则绞②。君子笃于亲③，则民兴于仁，故旧不遗，则民不偷④。"

【注解】

① 葸（xǐ）：拘谨、畏惧的样子。② 绞：说话尖刻，出口伤人。③ 笃：厚待，真诚。④ 偷：淡薄，不厚道。

【译文】

孔子说："一味恭敬而不知礼，就未免会劳倦疲乏；只知谨慎小心，却不知礼，便会胆怯多惧；只是勇猛，却不知礼，就会莽撞作乱；心直口快却不知礼，便会尖利刻薄。君子能用深厚的感情对待自己的亲族，民众中则会兴起仁德的风气；君子不遗忘背弃他的故交旧朋，那民众便不会对人冷淡漠然了。"

【原文】

8.3　曾子有疾，召门弟子曰："启予足①！启予手！《诗》云：'战战兢兢，如临深渊，如履薄冰②。'而今而后，吾知免夫！小子！"

【注解】

① 启：通"晵"，看。②"战战兢兢"三句：见《诗经·小雅·小旻》。

【译文】

曾子生病，把他的弟子召集过来，说道："看看我的脚！看看我的手！《诗》上说：'战

曾子有疾，召门弟子。

战兢兢，好像面临着深渊，好像走在薄薄的冰层上。'从今以后，我才知道自己可以免于祸害刑戮了！学生们！"

【精读论语】

危机意识

这则故事，讲的是曾子向弟子传达遗言和遗训。他教导给门人的，是他总结出的人生经验。对曾子的遗训，我们可以从两个角度解读。第一，做人应全身而没，完成大孝。第二，终生进德修身不容易，做人要时刻保持着危机感。

中国古人重视孝道，强调"身体发肤，受之父母"，到死的时候，保持身体的完整，才算是尽孝。这一点，说起来不是难事，但是仔细想来绝非易事。人的一生多灾多难，即便是谨慎做事，也难免磕磕绊绊，一不小心就会伤及身体。这是第一难。其次，人生在世，严重依赖物质财富，为了维持生命，很有可能与人发生利益争夺。一旦与人争斗，身体受到伤害在所难免。第三，行为不慎则会触犯刑法，而古代刑罚肉刑很多，受刑就会毁伤身体。当然，受伤的情况远不止这些，任何一个意外，都可能受伤。在漫长的一生中，想全身而没，确实不是一件容易的事。曾子临终之时，对自己能尽孝而终颇为宽慰，有如释重负之意。关于这一点，古今观念已有重大差异，不再多说。

第二点才是我们要讲的重点，那就是一辈子做好人更不容易。作为孔门高徒，曾子致力追求仁道，渴望成为君子乃至圣人。但是，要真正做到心归仁道，随心所欲而不逾矩是十分艰难的。人的思想心意，如露如电，念念不息，如大海中的浪头翻滚，谁能保证其没有罪恶的念头产生，就算是没有恶念，又怎能保证没有私心杂念。一旦产生恶念或杂念，人心就不再纯粹，就会有失慎独，背离仁道。

更为重要的是，人具有生物的本能，受欲望驱使。这些本能和欲望，驱使着人不自觉地去追求私利，去做利己的行为。在没有外在监督的情况下，人很难控制自己行为。坚持自己的道德信念，按照道德的要求自觉行事，做到谨言慎行，真是难乎其难。故而，曾子才引用《诗经》中的话，反复告诫弟子要战战兢兢，如履薄冰。

人们的心里时常保持着这种危机感是好事。有了这种危机和恐惧，人们才会打起十二分的精神，认真地处理自己所面对的每一件事。若是以此观之，曾子这种谨慎处世的态度，就不再是保全自身免于毁伤那么简单了，而是一种极为难得的高贵修养。

对于缺乏修养的小人而言，他们是说不出"战战兢兢，如临深渊，如履薄冰"这样的话的，因为这种人根本就不在意自己做多少坏事。曾子在《中庸》中说"小人而无忌惮也"，就是这个意思。唯有追求仁道、珍惜自己人格的人，才会千方百计地严格约束自己，怕自己生出坏念头，做出有损人格的坏事。

当然，我们也可以翻出新意，说一切的成功都需要危机意识。对此，我们可以看看身边的那些成功人士，他们的成功大多是仰仗着自己的谨慎，以及勇于付诸的行动才获得的。而那些过于粗心和自大狂妄的人，就算他们曾经接近成功或成功过，可最终还是要失败的。因为，成功只属于那些内心战战兢兢，行为上却是异常坚决果断的人。

【原文】

8.4 曾子有疾，孟敬子问之①。曾子言曰："鸟之将死，其鸣也哀；人之将死，其言也善。君子所贵乎道者三：动容貌，斯远暴慢矣；正颜色，斯近信矣；出辞气，斯远鄙倍矣②。笾豆之事③，则有司存④。"

【注解】

① 孟敬子：鲁国大夫仲孙捷。② 鄙倍：鄙陋，错误。倍，通"背"，悖理，错误。③ 笾豆：祭礼中使用的器皿，笾是竹制的，豆是木制的。笾豆之事，在此代表礼仪中的一切具体细节。④ 有司：主管祭祀的官吏。

【译文】

曾子生病了，孟敬子去探问他。曾子说："鸟将要死时，鸣叫声是悲哀的；人将要死时，说出的话是善意的。君子所应当注重的有三个方面：使自己的容貌庄重严肃，这样就可以避免别人的粗暴和怠慢；使自己面色端庄严正，这样就容易使人信服；讲究言辞和声气，这样就可以避免粗野和错误。至于礼仪中的细节，自有主管部门的官吏在那里。"

【原文】

8.5　曾子曰："以能问于不能，以多问于寡；有若无，实若虚；犯而不校^①。昔者吾友尝从事于斯矣^②。"

【注解】

①校（jiào）：计较。②吾友：有人说指颜渊。

【译文】

曾子说："有才能却向没有才能的人请教，知识广博却向知识少的人请教；有学问却像没学问一样，满腹知识却像空虚无所有；即使被冒犯，也不去计较。从前我的一位朋友就是这样做的。"

【原文】

8.6　曾子曰："可以托六尺之孤^①，可以寄百里之命^②，临大节而不可夺也。君子人与^③？君子人也。"

【注解】

①六尺之孤：古人以七尺指成年，六尺指十五岁以下。②百里：指方圆百里的诸侯大国。③与（yú）：同"欤"，表疑问的语气词。

【译文】

曾子说："可以把幼小的孤儿托付给他，可以将国家的命

曾子曰："可以托六尺之孤，可以寄百里之命，临大节而不可夺也。君子人也。"

脉寄托于他，面对安危存亡的紧要关头，能够不动摇屈服。这样的人是君子吗？这样的人是君子啊。"

【精读论语】

君子的操守

做人要有操守，尤其是身为执政者，在各方面都应严格要求自己，按照原则行事。在曾子看来，真正的君子是讲道德、有节操、有才能的人，他能受命辅佐幼君，可以执掌国家大政。即便是在国家生死存亡的大关节时，他们也不会为了一己之私利而改变自己的气节，始终都坚守着自己的责任。

在本章中，曾子讲的虽然是国家大事，但是其核心内容还是个人修身的问题。他觉得无论是为人还是为政，都要做君子，而且还要做真君子。但是，要如何做才能成为真正的社稷之臣呢？对此，曾子给出了明确的答案。

说到"托六尺之孤"，不禁让人想起刘备托孤之事。刘备兵败猇亭，病困白帝城，在去世前将刘禅托付给诸葛亮，同时也把国家托付给了他。诸葛亮没有辜负这个嘱托，用尽平生才智辅佐刘禅，即便是阿斗扶不起，诸葛亮也没有放弃努力，可谓是"鞠躬尽瘁，死而后已"。诸葛亮此举，堪称君子的典范，也为他赢得了千秋美名。历史上，担当起并成功完成托孤之责的名臣还有西周的周公、西汉的霍光等人。他们与诸葛亮一样，永远彪炳史册。但是，能勇于承担托孤之责并矢志不渝的，唯有君子，多数人很难做到这一点。历史上，王莽、司马懿等人，都曾被寄予托孤之任，但遗憾的是他们都背叛了自己的诺言，辜负了国家的厚望，成为篡权夺国的乱臣贼子。

其次是"临大节而不可夺"，这是对托孤寄命之人的更高要求。真正的君子在小事上犯些糊涂没有关系，但是当面临大节关头时，无论如何都不能出现变节行为。文天祥前半生可谓是风流放诞，但当国家大难来临之际，却能挺身而出，并从容就义。即便是在被捕之后，他依然不为眼前的利益所惑，自身的气节没有丝毫的改变，就连忽必烈都对其敬重有加。正所谓"慷慨捐身易，从容就义难"。身为君子者，应当有所坚持，有所为也有所不为。只有这样的人，才堪当托孤之臣，否则只能称得上个"具臣"而已。

曾子在本章中的最后一句，用了一个设问句作为结尾，意在强调能够做到这两点的人，肯定是个"君子"。而且，这个君子也不仅仅是指修养上达到了君子的境界，在能力上还要有着出色的本事，也即一个有道德、有知识、有才干的人。他若是能够辅弼君主，执掌国家大政，在大节关头绝不动摇，不被外物所惑，这样的人就是一个讲原则的真君子。

在现代的社会中，不会再有"托六尺之孤"的现象，但应该坚持操守这一点没变。你可以批评虚假和虚伪，但却不能亵渎正义，推脱责任。特别是面临大是大非的时候，应该有坚守正义的执着。或者在日常的生活中，坚持自己的做人原则，不去随波逐流。

【原文】

8.7　曾子曰："士不可以不弘毅①，任重而道远。仁以为己任，不亦重乎？死而后已，不亦远乎？"

【注解】

① 弘毅：宏大刚毅。

【译文】

曾子说："士人不可以不宏大刚毅，因为他肩负的任务重大而路程遥远。把实现仁德作为自己的任务，难道不是重大吗？到死方才停止下来，难道不是遥远吗？"

曾子曰：士不可以不弘毅，任重而道远。

使命，任重而道远

本章中曾子所言，是在我国文化史上影响深远的名言。后世无数的仁人君子，无不以此言激励自己，投身到治国平天下的伟大追求中。要想准确理解这段名言的深刻含义，必须对其中的关键语句进行解读。

首先我们要知道，这句话的主语是谁。曾子明确说是士人，那么士人具体指什么样的人呢？在这里，曾子所言的"士"应当是儒家之士，也就是我们现在所理解的知识分子。春秋战国时期，士人还只是一个群体，到了后来，士人发展成一个社会阶层。我国古代的社会结构中，一向有"士农工商"四民之说。作为一个人数可观的阶层，士人不治产业。他们以学习儒家理论为工作，以治理国家为己任，进则担任各级官吏，以实现社会大同为终极目标；退则以自己的道德修养教化百姓，影响社会。从孔子的时代起，士人就有着内圣外王的自觉，主动去承担推动国家发展的重任。中国士人阶层的这种精神追求和生活状态与其他社会阶层迥异，这在整个世界上都是绝无仅有的。

承担起这样的历史使命，努力实现大同社会的理想，就是儒家所说的"行仁"。从上面的叙述中不难看出，这个使命何等伟大，这个任务何等艰巨。如果没有高尚的道德、杰出的才能，根本担负不起或不配承担这样的重大使命。所以，曾子才说："士不可以不弘毅，任重而道远。仁以为己任，不亦重乎？死而后已，不亦远乎？"也就是说，曾子认为，士人要有着宏大的襟怀，刚毅的品格，才能推己及人，救人救世，进而兼善天下。

行仁的使命是这样的伟大，它已经超越了个人名利的范畴，关乎国家的安危，社会的兴衰。在传统语境里，能决定国运的唯有上天。所以士人的这种追求，是一种体察和贴近天道的自觉，是一种"为天地立心，为生民立命，为往圣继绝学，为万世开太平"的崇高精神境界与使命意识。实现"仁道"的路途是那样的艰难遥远，"非毅无以致其远"，只有经过不息不止的努力和奋斗，才有可能完成。

曾子的这番话，表达了士人主动承担社会责任的那种坚定信心和决绝勇气。这样的话，孔子曾经说过，孟子也曾说过，但是他们都没有曾子表达得清晰明确。细品本章的内容，我们就会发现，曾子所述之士的品格，正是中国屹立于世界根基所在。尽管曾子已经故去了二千多年，但后世却有无数的仁人志士继承了这种精神，以天下为己任。为了这份坚定的信念，他们宁愿栉风沐雨，就算是为此而付出生命也在所不惜。这种精神，已经融入炎黄子孙的血脉里，成为中华民族奋发向上的不竭动力。

【原文】

8.8　子曰："兴于诗①，立于礼②，成于乐③。"

【注解】

①兴：兴起，开始。②立：成立，建立。③成：完成。

【译文】

孔子说："从学习《诗》开始，把礼作为立身的根基，掌握音乐使所学得以完成。"

【原文】

8.9　子曰："民可使由之，不可使知之。"

【译文】

孔子说："可以使民众由着我们的道路去做，不可以让他们知道为什么要这样做。"

愚民思想

孔子的这句话，包含着浓厚的愚民思想，被后世许多统治者奉为治国信条，在历史上产生了极其不良的影响和后果，流毒至今未消。孔子虽是圣人，有着高深的修养和深湛的智慧，但是，作为一名贵族，他一切理论的着眼点，皆在于帮助统治者更好地治理国家，因此，说出这样的话也就顺理成章了。不论是古代还是现代的学者，都觉得愚民政策不是善政，不喜欢儒家的人对此口诛笔伐；正直的儒家知识分子，抱着为尊者讳的信条沉默不语；还有一些人千方百计为孔子辩护。其实，辩护完全没有必要，孔子的这句话就是愚民思想，承认这一点，无损于孔子的伟大，是实事求是的态度。这样做，有利于我们检视自己的文化传统，冷静面对这份遗产，剔除其中糟粕，更好地走向未来。

仔细阅读《论语》就不难发现，孔子的很多言论，都是在维护统治者利益。既然立场如此，说出不利于民众的话也就不难理解了。况且，以孔子传人自居的孟子也说过"劳心者治人，劳力者治于人"，这话里也包含着愚民意味。

愚民思想所来由自，源远流长。比如西周时期，国家制定的法律都藏在官府，不向天下公布，民众根本不知道自己的行为是合法还是违法。这就是所谓的"法不可知，则为不可测"。统治者认为这样做，可以收到威慑百姓的效果。直到春秋前期，郑国大政治家子产觉得这样做弊多利少，才把法律公之于众。春秋战国时期，愚民思想似乎成为一种思潮，许多学派的代表人物，都不同程度地流露出愚民主张。当然，孔子也不例外。

对统治者来说，愚民和弱民都便于行政管理，也便于使用民力。"民可使由之，不可使知之"，有利于统治者建功立业。譬如一个决策，自然会有利有弊，如果让所有的人都参与讨论，很可能会议而不决。不让民众知道要办的事，领着他们闷头干，能减少争论，快速建功。也就是说，这种思想有利于发挥执政者的领导职能，提高行政效率。

这是愚民政策对国家有利的一面，也许是孔子说这句话的本意所在。但是，与愚民政策带来的危害相比，这种好处可以说不值一提。愚民思想扼杀民间智慧，阻碍社会进步。把大量的民众培养成傻瓜，束缚他们的头脑和力量，实际上是大幅降低全社会的智力水平。故意造成这种官强民弱的社会格局，是一种弱势平衡，从内部看有利于社会稳定，但一旦与外部竞争，其缺点就会明显暴露。宋代弱民，被元所灭；元代愚民，被明所灭；明代愚民，被清所灭；清代愚民，在近代史上受尽列强的欺侮和凌辱。

统治者推行愚民思想，动机并不是为了提高行政效率，更多的是为了君主本人或统治集团的私利。这种做法带来两个后果，第一，在愚民措施推行后，统治者会肆无忌惮地盘剥百姓，奴役民众。一次次的渔侵，老百姓都会因愚昧而忍耐，这样就助长了统治者的贪欲。他们认为无论如何压榨和盘剥，老百姓都不会反抗，甚至把民众逼到死亡线上还不知收敛，结果物极必反，民众忍无可忍时，会爆发出极为骇人的反抗力量，毁灭一个王朝。东汉、唐朝、明朝都是被这样的毁灭性力量所摧毁的。

其次，愚民政策实施后，统治者就会觉得自己要比老百姓高明得多。久而久之，就会自高自大。这时，狂妄的统治者就会听不进任何反面意见，决策水平越来越低，以致错误连连，就像一头疯狂的蠢驴，拉着国家这辆大车，冲向悬崖或泥潭，导致国家的覆灭。

"民可使由之，不可使知之"的愚民思想弊大于利，是一种陈腐落后的思想，完全应该予以抛弃。特别是在当今这个时代，应该彻底否定。开启民智，还权于民，还利于民，才能使我们的国家真正崛起。

【原文】

8.10 子曰："好勇疾贫①，乱也。人而不仁，疾之已甚②，乱也。"

【注解】

①疾：恨，憎恨。②已甚：即太过分。已，太。

【译文】

孔子说："喜欢勇敢逞强却厌恶贫困，是一种祸害。对不仁的人憎恶太过，也是一种祸害。"

【原文】

8.11 子曰："如有周公之才之美，使骄且吝，其余不足观也已。"

【译文】

孔子说："即使有周公那样美好的才能，如果骄傲而吝啬的话，那其他方面也就不值得一提了。"

【精读论语】

戒除骄傲和吝啬

周公是个德才兼备之人，是孔子最崇拜的人物之一。周王朝奠基之初，周武王早逝，临死前他将年幼的周成王托孤于周公。但是，由于西周刚刚建立，各方势力都有些按捺不住，王朝内外都面临着不小的危机。不过，周公却以一己之力平定了各方的叛乱，稳定了社会的局面。同时，他还确立了分封制和宗法制，并着手亲自制定礼乐制度，奠定了周朝的基本政治制度。这对后来的文化、政治等都产生了不小的影响。由此可见，无论是在政治上还是军事上，周公都有着经天纬地的才干。

了解这一点，我们才会对下面的话重视起来。孔子说，即便有这样的才干，如果为人骄傲，刻薄吝啬，也不值得一提。按说，一俊遮百丑，何况有周公这样的盖世才华。孔子这样说，是在刻意强调骄傲与吝啬的危害之大。

骄傲和吝啬，难道真的有这么大的危害吗？从本质上讲，傲慢是个人自我意识膨胀，自我评价过高的表现。骄傲的人总觉得自己很了不起，一副不可一世的样子；对其他人总是不屑一顾，说起话来喜欢贬损讽刺他人。傲慢是人性中既可怕又悲哀的弱点，古往今来，多少人因为它而一败涂地。比方说隋炀帝杨广，他有着杰出的军政才能，年纪轻轻就被隋文帝任命为平南陈统帅，并出色完成国家一统大业。在政治上，他开创科举，修订法律，手段不凡。但是，杨广有个致命的弱点，那就是异常傲慢，看不起任何人。做了皇帝以后，更是好大喜功，狂妄至极，不仅挑衅北方强敌突厥，而且三次发动大军征伐高句丽，企图建立名垂青史的功业。在国内，不顾民力疲惫，开凿规模宏大的千里运河，还在江都和洛阳大兴土木。一件件近乎疯狂的举措，耗尽了大隋的民力国力，他本人也走上了那条自取灭亡的不归之路。

与傲慢一样，吝啬也是危害性极大缺点。所谓吝啬，就是我们通常所说的小气，吝啬的人也被我们称为"铁公鸡"。具有吝啬心态的人，往往非常计较个人的得失，非常看重自己的财富和利益，为了这些东西可以六亲不认。吝啬的人具有极强的贪婪心，极端自私和冷漠。这样的人必然会被抛弃，最终走向败亡。

五代时期后唐开国皇帝李存勖就败在吝啬上。李存勖在战场上是了不起的军事家，他即位时只有二十四岁，但却先后击败老谋深算的朱温，打败契丹铁骑，灭掉割据幽州的刘仁恭，一手创建后唐王朝。但是李存勖有着致命的弱点，那就是骄傲和吝啬。在他攻灭后梁之后，他骄傲自矜，说天下是他用十指取得的，从而抹杀了众将的战功。国家初定，他为了满足贪欲，便大肆收刮州县和藩镇。皇室内府钱财堆积如山，而负责军饷和朝廷开支的外府库却经常枯竭，即便是军情紧急，李存勖和皇后也不肯拿出一点。李存勖夫妇花天酒地，恣意挥霍，而后唐军兵却经常缺粮。为了吃饱肚子，有到山里挖野菜的，有卖妻子儿女的。军士怨声载道，而李存勖却不闻不问。不堪忍受的士兵发动叛乱，李存勖调兵勤王，但应者寥寥。他自己亲率军队出征，还拿出府库的金帛赏赐给将士。将士们领了赏赐后非常愤怒，骂道："我们的妻子儿女都已经饿死了，还要这金帛何用？"出征不久，听说前锋失利，李存勖急忙率军返回洛阳，路上兵士逃走大半。叛军攻入洛阳后，李存勖为流矢射中而亡。

【原文】

　　8.12　子曰："三年学，不至于谷①，不易得也。"

【注解】

①至：想到。谷：小米，这里指做官得俸禄。

【译文】

　　孔子说："读书三年，没想到去做官得俸禄，这是难得的。"

【原文】

　　8.13　子曰："笃信好学，守死善道，危邦不入，乱邦不居。天下有道则见①，无道则隐。邦有道，贫且贱焉，耻也；邦无道，富且贵焉，耻也。"

【注解】

①见（xiàn）：同"现"。

【译文】

笃信好学，守死善道。危邦不入，乱邦不居。

　　孔子说："坚定地相信我们的道，努力学习它，誓死守卫保全它。不进入危险的国家，不居住在动乱的国家。天下有道，就出来从政；天下无道，就隐居不仕。国家有道，而自己贫穷鄙贱，是耻辱；国家无道，而自己富有显贵，也是耻辱。"

【精读论语】

君子的进退之道

　　在本章中，孔子首先强调处世要以"道"为准则。他认为，只有坚守住大道，才能成就自我。有学问，有信仰，然后依据社会环境发挥自己的能力和作用。时代环境允许，就出来兼济天下；社会动荡，则保全性命，等待机会，此所谓君子不处危邦。这段话，很好地反映出了我国儒士的进退取舍之道。

所谓"笃信好学，守死善道"，强调的是对"道"的坚守，至死不渝。孔门高徒曾子就是一个"守死善道"的典型。在曾子的一生中，一直都坚守着儒家的道统，为人处世无不谨慎小心，直至病重之时，才发出了一声"而今而后，吾知免夫"的感慨，守着自己的信仰走到了最后。这里的"道"，是一种信念，一种精神。如果没有牢固的信仰，人是很容易在纷乱的世界上迷失的。

君子为学，目的是学以致用。有了坚定的道德信仰，才能有正确的政治立场。为了国家和社会大众利益，既不屈从于来自上级的压力，也不会被下面的阿谀奉承所迷惑，更不会贪赃受贿，让金钱玷污自己的名节。到这个时候，就可以出来做官了。

儒家富有政治智慧，特别讲究出来做官的环境和时机。环境的选择原则是"危邦不入，乱邦不居"。所谓"危邦"，是指隐含着极大政治风险的国家或地区，这个国家或地区当时不一定是动乱的。西晋时期，齐王司马冏执政，请著名的文人张翰做大司马东曹掾。当时，惠帝暗弱，贾后强悍，诸王觊觎皇权。张翰洞察时事，认为大乱将至，于是托言见秋风起而思吴中莼羹和鲈鱼，弃官还乡。时隔不久，齐王司马冏兵败被杀，张翰因及时退隐而得免于难。张翰的做法，在历史上被传为佳话。

而"乱邦"则是指已经陷入动乱的国家或地区，这样的环境，不要说施展才能建功立业，而且想保全性命都不容易，所以应避而远之。历史上，中国社会多次陷入大动荡之中。东汉末年黄巾起事，之后是军阀混战，一向安定富饶的中原地区烽火连天，于是许多明智的士大夫举家迁徙，到相对安定的江南或荆州避祸。诸葛亮就从山东迁居荆州南阳隆中。在荆州较为安定环境中，他不仅成功地保全了自己，而且获得了充足的学习时间和良好的学习环境。高卧隆中数年，诸葛亮修为成才华盖世的英杰。在此条件下，才有后来的刘备三顾茅庐，诸葛出山辅佐，并三分天下的美谈。

　　"天下有道则见，无道则隐"。说的是当天下太平，政治清明之时，君子可以出仕，一展自己的才能，造福于天下。若是天下无道，政治混乱，君子就应隐于世，在保全自身的同时，传道于后学。也就是说，君子隐现虽是可变，但是"道"不能废，学不可弃。君子或隐或现，应以天下是否有道而定，不应以个人的功绩作准。"邦有道，贫且贱焉，耻也；邦无道，富且贵焉，耻也。"若想理解这句话，关键在于这个"耻"字。在国家政治清明的时候，就应积极地入世，为民众贡献自己的力量和智慧。倘若没有这样做，那就说明缺乏责任感和仁爱之心，而且德行才能都不够。因此而处于贫困低贱之中，那是非常可耻的。在国家无道、政治混乱的时候，趁乱谋取富贵，也是可耻的行为。

　　孔子的这段话，在我国历史上有着深远的影响，并且还将继续发挥影响力。他在本章中所阐明的个人在学问、信念、操守以及入世等方面的态度，为人们面临重大人生抉择时，提供了正确的指导，是极为高明人生智慧。

【原文】

　　8.14　子曰："不在其位，不谋其政。"

【译文】

　　孔子说："不在那个职位上，就不考虑它的政务。"

【原文】

　　8.15　子曰："师挚之始①，《关雎》之乱②，洋洋乎盈耳哉。"

【注解】

①师挚之始：师挚，鲁国乐师，名挚。始，乐曲的开始，一般由太师演奏。挚是太师，所以说师挚之始。②乱：乐曲的结尾。

【译文】

孔子说："从太师挚开始演奏，到结尾演奏《关雎》乐曲的时间里，美妙动听的音乐都充盈在耳边。"

【精读论语】

音乐可以端正人心

根据司马迁在《史记》中的记载，这件事情应该是在孔子从卫国返回鲁国后发生的，这是他在听到鲁国乐师挚演奏完音乐后的评价。在乐师挚演奏的过程中，孔子一直都听得很认真，甚至还有些如痴如醉。听完之后，还发出"洋洋乎盈耳哉"的赞美。不难想象，当一首内涵丰富，演奏手法多样，而且声音又很美妙的乐曲在耳旁响起时，它会带给我们多少美好的感受。这种美妙乐曲，会让人不知不觉陶醉其中。

在传统文化中，作为礼乐制度的重要组成部分，音乐并不是单一的艺术表现形式，它不仅可以陶冶人们的性情，提高人们的审美情趣，还能引导人们向善，是礼的一种特殊表现形式。而且，乐和礼又是紧密相连的，代表着深厚的文化和思想。在西周时期，在有礼仪仪式举行的场合，必须有人奏乐。比如在祭祀礼中，庄严肃穆的仪式必须配合中正平和的乐曲；在飨宴礼中，就要演奏轻松快乐的乐曲。不仅如此，还要根据人们的身份、地位选择不同的礼仪形式和音乐，这就是礼乐制度。

孔子一直都在为恢复礼乐制度而努力，并将"礼乐"作为自己教育弟子的重要内容。在他看来，音乐不仅是艺术的一种高级表现形式，它还是和谐的体现，真、善、美的统一体。只有经过这种音乐的熏陶，才能让人们知礼、懂礼、守礼、护礼。孔子的这一思想，对后世有着深远的影响。历朝历代的皇帝大臣，都重视乐的作用，无不倡导醇正优雅的音乐，并对靡靡之音保持高度警惕。

东汉初年，大臣宋弘向朝廷推荐桓谭，认为他学识广博，人才难得。光武帝信任宋弘，便任命桓谭为议郎、给事中。桓谭擅长弹琴，奏出的乐曲美妙轻柔。光武帝听后十分喜欢，每次宴会总是叫桓谭弹琴助兴。宋弘知道后很不高兴，认为这音乐不够庄重，对桓谭很不满意。有一天，宋弘身穿朝服，坐在大司空堂上，派人去叫桓谭。刚从宫中退出的桓谭来到大司空府堂，宋弘便责备道："我推荐你做官，是希望你能用道德学问辅佐君主，但是，现在你竟然给皇上演奏郑卫之声，损害雅乐，这可不是忠正之士该做的。你打算自己改正，还是等我依法检举你呢？"桓谭一听，便赶忙叩头认错，宋弘教训他很久，才让他离开。后来，光武帝宴请群臣时又叫桓谭弹琴。桓谭不敢不弹，但因宋弘在座，非常不安，怎么弹也弹不好。光武帝很奇怪，就询问桓谭。桓谭不答，宋弘便离开座位，站起来向光武帝陈说其中缘由。光武帝一听，立即收敛神情，向宋弘道歉，并免去了桓谭给事中的职务。

在古代社会里，音乐有着制度性的意义，并被朝廷用来端正人心，敦厚风俗，希望借此教化民众，达到以乐治国的目的。所以，对庄重平和、悠扬和谐的雅乐十分推崇，而对轻浮萎靡的音乐持反对态度，甚至加以禁绝。在本章中，孔子赞美的"乐"，就是充满和谐意蕴，能够端正社会风气的雅乐。

【原文】

8.16 子曰："狂而不直，侗而不愿①，悾悾而不信②，吾不知之矣。"

【注解】

① 侗（tóng）：幼稚，无知。愿：谨慎老实。② 悾悾（kōng）：诚恳的样子。

【译文】

孔子说："狂妄而不正直，幼稚而不谨慎，看上去诚恳却不守信用，我不知道有的人为什么会这样。"

8.17　子曰："学如不及，犹恐失之。"

【译文】

孔子说："学习（就像追赶什么似的，）生怕赶不上，学到了还唯恐会丢失了。"

【精读论语】

正确的学习态度

在本章中，孔子讲到了学习的态度问题。他觉得真正有志于学的人，应当有着唯恐学不到，唯恐学不会的紧迫感。"学如不及"，体现的就是这种为学不知满足的紧迫感和主动进取的学习态度。事实上，学习也确实是一种追赶，既有勤奋的学习劲头，也

学如不及，犹恐失之。

有着探寻新知的迫切心情。对于好学的人而言，学习是没有止境的，他们永远都不会觉得满足。

其实，做学问最难的地方也在于此。无论你在这条路上踏过了多少个台阶，你离前头那一个，总是还有一些距离。这就像是一场追逐游戏，好学的人永远都是追赶者，而至高至深的学问则是最终的目标。但是，求学总是会有困难的，很少有一帆风顺的时候。这就像俗语所说的那样，学如逆水行舟，不进则退。为学最重要就是要勤学不辍，只要不给怠惰之情留有喘息之机，就能克服重重困难，不断前进。

"犹恐失之"，体现的是孔子治学严谨的态度。在前面一句中，孔子为求新知表达出了迫切的心理，而在本句中，孔子为守旧知则表现出了恐惧心理。当然了，这种恐惧并非是心理上的害怕，而是恐有遗漏之处。比方说，孔子在《述而篇》中就曾言道，"加我数年，五十以学易"，体现的就是他对学问的严谨。他害怕自己的精力不够，在研读《易》的时候，无法穷究其理。

在本章中，孔子还想告诫我们，做学问要不断地追求探索，不能浅尝辄止，产生骄傲自大的心理。而且，在努力获取新知的同时，还应及时地复习旧知识，保持着迫切之心，不应产生厌倦与满足。以不知为耻，肯定能在学业上有所收获。倘若大家只是浅尝辄止，不但难有寸进，说不定还会大步后退，最终只能是半途而废。

在现代的社会，不少人都是这样。对于一门学问，在他们自己还没搞明白的时候，就急于著书立传，到处宣讲。这样一来，不仅会误导他人，还会令自己的学问停滞不前，最终只能是害人又害己。但是，孔子不一样，他在《八佾篇》中就曾说过，"夏礼吾能言之，杞不足征；殷礼吾能言之，宋不足征，文献不足故也"。他并不是不给学生们讲夏礼和殷礼，而是没有足够的文献可以让他进行透彻研究，他害怕自己会误导弟子们的思想。故而，他只给学生们讲解自己所熟知的周礼。

真正为学的人，是永远走在路上，不知满足的人。当他们走了一段路程，看到很多的风景时，他们也不会满足。因为他们明白，自己所走过的这段距离，只不过刚刚起步而已，前方还有更长的路在等着他呢。而且，真正为学的人，对于那些用自己的努力所换来的学问，也是倍加珍惜，还时常加以温习，唯恐自己得而复失。

【原文】

8.18　子曰："巍巍乎，舜、禹之有天下也，而不与焉①。"

【注解】

① 不与（yù）：不参与其富贵，即不图自己享受。

【译文】

孔子说:"多么崇高啊!舜、禹拥有天下,不是为了自己享受(却是为百姓)。"

【精读论语】

舜和禹的圣德

在孔子眼里,舜和禹值得高度赞美的品格有三:第一,他们都是靠自己的仁善美德和伟大才能得到君位的;第二,成为天子之后,他们都是依靠教化,无为而治,造就一个大同世界;第三,在成为天下拥戴的君主之后,他们

舜、禹之有天下也,而不与焉。

都没有依靠权势图谋个人私利,而是继续保持克己奉公的精神,为民众谋福利。

古代把争夺天下叫作"逐鹿",也叫"打天下",一"逐"一"打",把统治者争权夺利的面目彻底暴露。也就是说,夏朝以后的王朝,都是靠血腥暴力夺取政权的。不论是按照古代还是现代的政治理论,政权都属于全体人民的,是"公器",公器就应该通过公众授权才合法。所以,所有靠暴力夺来的政权,本质上都不具有合法性。而舜和禹则不然,他们的政权是通过民主推选,以及前任授权的,是合法的。依靠美德,通过正当途径获得政权,是值得颂扬和赞美的。

其次,尧、舜、禹执政,成就理想社会,天下归于大同。所谓"大同",就是孔子所提出的最高范畴的社会理想,《礼记·礼运》对此有详细的描绘:"大道之行也,天下为公。选贤与能,讲信修睦,故人不独亲其亲,不独子其子,使老有所终,壮有所用,幼有所长,矜寡孤

独废疾者，皆有所养。男有分，女有归。货，恶其弃于地也，不必藏于己；力，恶其不出于身也，不必为己。是故谋闭而不兴，盗窃乱贼而不作，故外户而不闭，是谓大同。"尧舜禹时期，正是孔子心目中的大同世界，所以他才去讴歌和赞美。

当然，最值得赞美的还不是这两点，而是舜和禹在得天下之后的作为。成为公众拥戴的君主之后，他们没有将天下据为私有财产，这就足以说明他们的伟大了。当然了，这并不是说位高权重就能称得上伟大，关键在于他们在这个位置上的作为如何。与没做君主时一样，他们继续保持着大公无私的精神，保持着天高地厚的仁德，这才是最值得歌颂的。他们把天下视为公众的，在年老之时，便传位与公众推举的贤能的后继者。

反观后世之君，在夺取政权之后，无不依靠权势，搜刮天下民众的财富，供自己一家一姓享乐。为了保证这种私利的永久性，在思想上他们宣扬君权神授，迷惑天下百姓，以图代代占有。在政治上掌控军权、政权和司法权，把对他们不满的人都说成大逆不道，予以残忍杀戮。他们的品格与舜和禹相比，已经完全失去了君主的道德崇高性。

另外，还有人将"不予"理解为"无为而治"，也通。舜禹时期，都有能臣辅弼，他们根本就无须亲临其政。垂拱而治，天下太平，这种理想境界，也是孔子所赞许的。总之，舜、禹有圣德，他们的统治也被儒家视为中国历史上最为美好的政治时代。孔子对舜、禹时期的大力美化，就是希望复古王道，重归大同。

【原文】

8.19　子曰："大哉，尧之为君也！巍巍乎，唯天为大，唯尧则之①。荡荡乎，民无能名焉②。巍巍乎，其有成功也。焕乎，其有文章③。"

【注解】

① 则：效法。② 名：形容，称赞。③ 文章：指礼仪制度。

　　孔子说："尧作为国家君主，真是伟大呀！崇高呀！唯有天最高最大，只有尧能效法于上天。他的恩惠真是广博呀！百姓简直不知道该怎样来称赞他。真是崇高啊，他创建的功绩，真是崇高呀！他制定的礼仪制度，真是灿烂美好呀！"

【精读论语】

崇高伟大的尧

　　在本章中，孔子一连用了几个赞美之辞对尧进行称颂。在孔子的眼中，帝尧的德行深厚、广博。在人民面前，他有着广泛的爱、深厚的爱，这种大爱是无私的。帝尧的德行不仅顺应天道，建立了礼仪制度以及文化体制等，更是开启了中华的文明史，其功绩足以彪炳千秋，这也是孔子及其弟子想要实现的终极理想。

　　尧是孔子最崇拜的伟大政治家，是他心目中最完美的君主。在孔子看来，尧身上具备了君主所应具有的所有美德。那么，这些被孔子高度赞誉的美德主要有哪些呢？

　　首先是"唯天为大，唯尧则之。"言下之意，尧是依照"天道"来治理天下的。"天道"可以视为自然规律，以及人类社会规律。尧能够把握这种规律，自然而然把它运用到天下治理上，造就上下同心，万民同德，社会和谐的太平盛世。另外，上天有好生之德，所以天道涵盖了"仁""义""礼""智""信"等政治理念，是教化天下，成就千秋功德的根本准则。尧行"天道"，就是推行仁道讲信修睦，天下为公，实现世界大同。

　　所谓"荡荡乎，民无能名焉"，意思是说他的恩德是那样广大，百姓们都不知道该如何赞美他。能做到这一点，说明尧有着深厚、广博的仁爱之念，懂得爱护自己的下属和子民，并给民众带来无尽的福祉，所以才能赢得下属与人民的拥护与爱戴。孔子认为，尧的思想已经达到了与天地齐辉的境界，他的恩德就像上天一样能够覆盖世界上的任何一个角落，使每个人都感受到恩惠。

而"巍巍乎，其有成功也"，说的是尧的丰功伟绩，就像巍巍高山一样。尧在位时，勤勤恳恳地为人民办事，认认真真地治理国家，不敢有丝毫懈怠。他希望每个人都能吃饱穿暖，过上富裕的生活。为此，他招贤纳才，并给他们分配合适的职务，让他们充分发挥自己的特长。由于用人得力，措施得当，各项事业都兴旺发达起来，全国上下到处呈现出一派生机勃勃的景象。当时的社会，人人安居乐业，家家相亲相爱，一派和乐安美。达成天下大治的不朽功业，充分显示了尧非凡的才能。更为重要的是，尧还制定出完善的礼仪制度，这一制度后来被周公发扬光大，就是备受孔子赞誉的周礼。孔子一生追求"祖述尧舜，宪章文武"，要继承和恢复的就是这个光辉礼制。

　　优秀的领导者，不但要有着较高的德行修养，还要有着过人的能力才行。也就是说，要德才兼备，才能称得上是名出色的领导者。一个有德无才的领导者，充其量可以算得上是个中才，很难服众。而且，领导者的能力还得全面，就像孔子所说的那样，只有成为"不器"之才，才能称得上优秀，彰显出领导的魅力。

　　尧是孔子心中最完美的政治领袖，他不厌其烦地讲述着他的美德和功绩，目的是为后世君主寻找一个可以效仿的榜样。同时，他对尧治国策略的阐述，也为后世君主管理国家提供了绝好的范本。

子罕篇
第九

【注解】

① 罕：稀少。② 与：相信、赞许。

【译文】

孔子很少（主动）谈论功利，却相信天命、赞许仁德。

【精读论语】

少讲利，多讲仁

在孔子的思想中，核心内容是仁，所以他最注重的就是仁、义。孔子本人重义而轻利，也不愿意过多谈及"利"。并且，他把追逐功利还是求仁重义，作为区分君子与小人的标准，也即"君子喻于义，小人喻于利"。

孔子之所以"罕言利"，是有着深刻的思考的。所谓"利"，简而言之就是利益或财富。作为自然人，无须他人引导，每个人都有追逐功利的本能欲望，都渴望获得财富或利益。俗话说，"人为财死，鸟为食亡"，司马迁在《史记》中也说，"天下熙熙，皆为利来，天下攘攘，皆为利往"。可见，人们对追逐利益的愿望何等强烈。为了财富，有人坑蒙拐骗，费尽心机；有人偷盗抢劫，乃至谋财害命；还有人为了钱财，不惜出卖朋友和亲人，甚至是卖儿卖女。在这个世界上，被钱财蒙住双眼，丧尽天良者比比皆是。

从古至今，人类的所有争端和战争，绝大多数与利益争夺有关。从原始社会氏族间对食物的争夺，到奴隶时代对人口的掠夺，再到封建社会对土地的争夺，以及近现代社会对资源和市场的拼抢，财富和利益都是矛盾的焦点。现代国际上有句名言，"没有永恒的朋友，只有永恒的利益"，便深刻说明了人类对财富强烈占有的贪婪欲望。

追求利益是人类最本能最强烈的欲望，是世界上一切争端和苦难的根源。作为一个悲天悯人的智者，孔子对利益的危害有着清醒的认识。即使不谈利益，人们也不会片刻忘怀。总把追逐利益和谋求财富挂在嘴边，只能激起人们更强的贪欲。无休止地讲论财富，不啻鼓励人去放纵欲望，争夺利益。这便是孔子"罕言利"的用意所在。

孔子尽量少谈利益，多讲"天命"和"仁"。孔子讲天命，大概有两点原因。一是他本人相信天命。孔子说过"五十而知天命""天生德于予"之类的话语，从中不难体会到他对天命的真诚信仰。其二，天命的观点，不论怎么看都有点宿命论和消极色彩，多谈这些，能给人们追求财富的热望降温。其目的是通过降低人们对财富的欲望，减少社会争端。争权夺利的人少了，或者渴求利益心淡了，你争我抢的现象就会相应减弱，如此一来，就有利于社会整体上的和谐稳定。

当然，孔子最看重的还是"仁"。关于这一点，我们已经多次讲述过。"仁"的本质是关爱大众，帮助他人，进而构建良性人际关系。如果我们深入分析，就会发现，关爱他人也好，帮助他人也罢，最终都要求人在一定程度上放弃或牺牲自己的利益。某种意义上说，"仁"与"利"是背离的，与"私利"则是矛盾的。看重自己利益的人，拔一毛利天下而不为，这样的人，不可能讲"仁"。孔子既然强调仁，逻辑上就无法在强调"利"。

我们还要知道，孔子"罕言利"，并非否定"利"，对于人们正当的利益追求，他还是肯定甚至是支持的。他反对和抨击的，是那些被功利蒙蔽了双眼，将道义抛诸脑后，甚至为利益而不择手段的小人。也就是说，孔子并不反对求利，只是反对见利忘义。

9.2　达巷党人曰^①："大哉,孔子! 博学而无所成名。"子闻之,谓门弟子曰："吾何执? 执御乎? 执射乎? 吾执御矣。"

【注解】

① 达巷党人：达巷,地名。党,五百家为党。达巷党,即达巷里（或屯）。

【译文】

达巷里有人说："孔子真是伟大啊! 学问广博,可惜没有使他树立名声的专长。"孔子听了这话,对弟子们说："我干什么好呢? 是去驾马车呢,还是去当射箭手呢? 我还是驾马车吧!"

达巷党人曰：大哉孔子! 博学而无所成名。子闻之,谓门弟子曰：吾何执? 执御乎? 执射乎? 吾执御矣。

【精读论语】

做人要谦虚

人越是高贵,对自己的评价就越是谦虚,孔子就是这样的人。孔子博学多才,精通六艺,也正因如此,孔子在各方面的才能都显得不是很突出,让达巷党人产生了"博学而无所成名"的误解。面对这种不知道是称赞还是讥讽的话,孔子的回答很有趣："与射箭相比,我还是比较擅长驾车啊!"按照朱熹的注解,射、御都在六艺之中,但善射者位尊,而执御者卑,孔子这么说是谦虚的体现。

这个世界上,每个人都喜欢夸耀自己,有钱的炫耀财富,有才的恃才傲物,能说的夸夸其谈,有学问的总是小瞧他人,在这样骄傲的夸示中,获得心里的满足。而谦虚的人则不然,不论有着多么卓越的才能,他们总是喜欢俯下身来,倾听别人的意见,接受别人的指点。所以,所有的人都喜欢与谦虚的人共事。也就是说,谦虚的人能打造最为和睦的人际关系，得到最大限度的认同，也能得到更多人的帮助。这一点，最典型的当属刘备三顾茅庐，这个故事可谓尽人皆知。当时，诸葛亮只有二十七岁，是个名不见经传的小青年。而刘备已经年近五十，并且是天下闻名的英雄。为见到诸葛亮，刘备多次来隆中拜访，足见刘备为人之谦虚。见到诸葛亮以后，刘备耐心向他请教。诸葛亮被他的尊重和谦虚感动了。不仅如此，诸葛亮还出山辅佐，帮刘备打下一片江山。

骄傲使人落后，谦虚则能使人获得最大的进步。这是因为，谦虚的人知道"天外有天，人外有人"的道理，能看清自身不足和别人的长处。有了这种谦虚的态度，就会不断地学习进取，最终完善自己的品德，提高自己的学问和能力。历史上，孔子算是真正懂得谦虚的人，所到之处，不管是名流贤士，还是山野村夫，孔子都能俯下身来向人家请教。因此，他才成为那个时代最为博学的人。

不仅如此，谦虚还是一种聪明的生存方式。那些傲慢的人，往往会自以为是，甚至对自己不了解的事情也要不懂装懂。当真相大白之时，这些人就免不了会出丑，会丢人现眼。如此一来，骄傲者就会形象大损，进而影响到工作和事业。在现实生活中，还有一些人在取得某些成绩的时候，便会表现出目中无人的傲气。像这种人，就会丢掉原先踏实勤恳的美德，事业上会从此止步不前。另外，由于傲慢，轻视他人，原先的合作伙伴也会弃之而去，陷入内外交困，深陷危局。比方说，汉朝的开国功臣韩信，因其居功自傲，时常以军功自诩，结果招来杀身横祸。

【原文】

9.3 子曰："麻冕①，礼也；今也纯②，俭③；吾从众。拜下，礼也；今拜乎上，泰也④。虽违众，吾从下。"

【注解】

① 麻冕：麻织的帽子。② 纯：黑色的丝。③ 俭：用麻织帽子，比较费工，所以说改用丝织是俭。④ 泰：骄纵。

【译文】

　　孔子说："用麻线来做礼帽，这是合乎礼的；如今用丝来制作礼帽，这样省俭些，我赞成大家的做法。臣见君，先在堂下磕头，然后升堂磕头，这是合乎礼节的；现在大家都只是升堂磕头，这是倨傲的表现。虽然违反了大家的做法，我还是主张要先在堂下磕头。"

子曰：麻冕，礼也；今也纯，俭，吾从众。

【原文】

　　9.4　子绝四：毋意^①，毋必^②，毋固^③，毋我^④。

【注解】

①意：通"臆"，主观地揣测。②必：绝对。③固：固执。④我：自以为是。

【译文】

　　孔子杜绝了四种毛病：不凭空臆测，不武断绝对，不固执拘泥，不自以为是。

【精读论语】

人生四戒

　　人是种很自我的动物，从起心动念处，喜欢无根据妄加猜测，表达观点时主观武断，一旦行动起来则喜欢固执己见，做事过程中更是自以为是。这四种毛病，可以说是人人都有的，它涉及人的本能心理和行为习惯问题，会对人们认知客观世界和行为做事有着深刻的影响。为了纠正这几项错误，孔子提出了人生四戒，即：毋意、毋必、毋固、毋我。

　　首先是"毋意"，即不要凭空猜测。孔子这是在告诫我们，无论做任何事情，都要有真凭实据，不能胡乱揣度。生活中我们都有这样的经验，听到有人说三道四，问他从哪得来的，有何凭据，则哑口无言。这种妄加猜测测危害很大，会在无形中损害一个人的名声，进而制造出种种矛盾。如果做领导的妄加猜度，就可能冤枉好人。宋高宗怀疑岳飞不忠，纵容秦桧构陷，制造了千古冤狱，自毁长城。现代生活也是如此，在单位里面，若是没有事实依据而对他人乱加猜测，就很容易影响到人与人之间的关系，造成人际摩擦。

其次是"毋必"，即不要主观武断。有的人自以为是，行事武断，根本听不进别人的意见，或者不许别人发表意见。这样做非常容易犯错误，引发严重后果。这种人如若不是领导还好，即便是做错了事情也不会波及他人。但若让他掌握着一定的权力，那他害的可就不止一人了。南北朝时期，前秦王苻坚不听群臣劝阻，执意发兵征伐东晋。结果淝水一战，百万大军灰飞烟灭。此时，隐藏在内部的野心家慕容垂、姚苌等人又乘机发动叛乱，强盛一时的前秦土崩瓦解。苻坚本人也被姚苌擒杀，落得个可悲的下场。

再次是"毋固"，即不要固执。造成人们固执的原因有很多种，有的人明明知道自己错了，但是为了自己的面子，硬是不肯回头认错。而有的人是因为对自己太有自信了，结果在主观方面上过于强势，总觉得自己做什么都是对的，结果却酿成了大错。春秋时期的宋襄公，素来以仁义著称。可是，由于他的刚愎自用，又不能审时度势，一次次拒绝大臣们正确的建议，结果在与楚军的决战中一败涂地。随着战争的失败，宋国也就衰落了。

最后是"毋我"，即不要自以为是。孔子这是在告诫我们，做人不能过于自大，要懂得低调行事，谦虚做人。孔子提倡谦恭有度的待人方式，无论对方是谁都要恭谦有礼。正所谓"敬人者，人恒敬之"，这样的人走到哪里都能受到别人的欢迎。不过，人都是有劣根性的，非常容易产生以自我为中心的念头，为了满足自己的私欲，他们可以对他人的感情、尊严等肆意践踏。像这种自私自利、自以为是的人，不仅是孔子所鄙薄厌弃的，就连我们普通人对其也是不屑一顾。

在人的一生中，充满艰难险阻，即便是广纳博采，也不一定获得成功，何况自负固执。所以，要坚决杜绝这四种毛病，客观对待现实和社会上发生的变化，争取使自己的决策和行为更为合理。

【原文】

9.5 子畏于匡①，曰："文王既没，文不在兹乎？天之将丧斯文也，后死者不得与于斯文也②；天之未丧斯文也，匡人其如予何③！"

【注解】

①子畏于匡：匡，地名，在今河南省长垣县西南。畏，受到威胁。公元前496年，孔子从卫国到陈国去经过匡地。匡人曾受到鲁国阳虎的掠夺和残杀。孔子的相貌与阳虎相像，匡人误以为孔子就是阳虎，所以将他围困。②与（yù）：参与。③如予何：奈我何，把我怎么样。

子畏于匡，曰：天之未丧斯文也，匡人其如予何。

【译文】

孔子在匡地被拘围，他说："周文王死后，文明礼乐不是保存在我这里吗？上天如果要消灭这种文明礼乐，那我这个后死之人也就不会掌握这种文明礼乐了；上天如果不想灭除这种文明礼乐，匡地的人能把我怎么样呢？"

【精读论语】

要有使命感

在本章中，当孔子师徒一行人走到匡地时，被误认为是曾经攻打过匡地的阳货，故将他们围困达五天之久。不过，在横祸当头之际，孔子却不为所动，而且还很自信地对弟子们说，自己肩负着上天的使命，是向世人传播历史文化的，匡地的人不敢把我怎么样。这番话也许只是孔子自我宽慰的话，但是在字里行间，流露出他那强烈的使命感。

孔子深信天道，了解自己的命运，这便是他的"天命"思想。那么什么是"天命"？儒家学说认为，"天"在赋予人生命的同时，也赋予某种需要个人来完成的使命，这便是"天命"了。换句话说，人是肩负着某种使命降临人世的。人能够感知天命，发挥自己的才能智慧，主动地体认、回应并完成上天的使命，成就自己圆满的人生。在现代语境中，使命感就是一个人应当肩负起的责任与任务。孔子认为，自己肩负传播人类文化的历史重任，天命所系，自可无畏无惧。

对于一个人来说，若想获得成功，首先就要知道自己的任务是什么，只有明确了奋斗的目标，才能产生强烈的使命感，帮助你走向成功的彼岸。而且，只有明白自己这一生应当承担起什么样的使命，清楚自己的使命代表着什么样的意义，并努力地完成自己的使命，才能实现自己的人生价值。这条道路虽然艰辛难走，但却有无与伦比的价值。正如曾子所言，任重而道远,当死而后已。这种使命感召唤着人们，并为人们提供强大的内在动力。

在古代，许多仁人志士都有着强烈人生使命感。不管是曹操、刘备还是孙权，都不把割据一方作为自己的人生志向。他们所追求的都是一统天下，重整河山，再造太平。他们为之拼搏奋斗，不管成败，都留下了千古佳话。南宋时期，像陆游、辛弃疾这样的文人，他们所要追求的并非以文章名世，收复被金人侵占的中原是他们的最大梦想。这种强烈的使命感给他们的人生注入无穷的活力，催促着他们去战斗。历史无情地浇灭了他们的梦想，但正是强烈的使命和无情现实之间的矛盾，才使他们心中郁积那么多强烈热情和愤懑，这种感情的喷发，才有了那么多让人热血沸腾的感人辞章。

与古人相比，很多现代人的生命是灰暗的。有太多的人不知道自己的使命，甚至连自己是否应当承担一定的使命都不清楚。也正因为如此，这些人无论做什么都没有激情与动力，甚至是毫无责任心。这样的人生是可悲的，因为他们的价值根本不会得到丝毫的体现，而他们的人生也会因此而变得毫无意义。每个人生都有自己的使命，找出自己的使命，才能实现自己的人生价值，活出精彩的人生。

【原文】

9.6 太宰问于子贡曰 a："夫子圣者与？何其多能也？"子贡曰："固天纵之将圣 b，又多能也。"子闻之，曰："太宰知我乎！吾少也贱，故多能鄙事。君子多乎哉？不多也。"

【注解】

①太宰：官名，辅佐君主治理国家的人。②纵：使，让。

【译文】

太宰向子贡问道："夫子是圣人吗？为什么他这样多才多艺呢？"子贡说："这本是上天想让他成为圣人，又让他多才多艺。"孔子听了这些话，说："太宰知道我呀！我小时候贫贱，所以学会了不少鄙贱的技艺。君子会有很多技艺吗？不会有很多的。"

【精读论语】

梅花香自苦寒来

这是很有意思的一段话，太宰问子贡，夫子是个圣人吧，要不然怎会如此多才多艺。按说这是对孔子的赞美，但在当时却另有说道。因为春秋时期，有身份有地位的人是不屑于学习这些技艺的。子贡很聪明，顺势含混地对孔子进行一番夸赞。孔子听说后，甚是感叹。他对出身没有隐瞒，坦诚讲了自己苦难经历，说是为了生存才学会这么多技艺的。至于君子，理应学习治国安邦之道，不该去学这些才艺。但也同时肯定，只要德行高尚，至于懂得的技艺的多少并不重要。

君子应不应该多掌握些技艺，不是我们要讨论的重点。通过孔子这番话，后人更重视的是孔子在苦难中崛起，最终修成圣人的伟大人生。很多身处不幸、生活坎坷的人，从孔子的经历中获得巨大的动力，修身进德，自强不息。在每个人的一生之中，几乎都会遇到不同程度的困难与挫折，关键就在于如何对待它。有的人在它面前倒了下去，最终只能化为一抔黄土，随风消逝在风尘中。而有的人则坚持了下来，并化成了一座历史的丰碑。

追求"仁"的路是曲折艰难的，只有通过不断磨砺，才能逐渐地接近"仁道"。宋代名臣范仲淹早年丧父，家境贫寒。他少年好学，昼夜不停地苦读。他穷得只能靠喝粥来维持生活，这种生活是一般人难以忍受的，但他却从来没有叫过苦。在读书求学的过程中，范仲淹树立了以天下为己任的伟大志向，决心追求仁道，治国平天下。二十七岁那年，他考中进士，开始出来做官。最开始，他以鄙薄小官动员并领导了苏北捍海堤堰工程，造福几个县的百姓。后来，他主持应天书院教务，延请名师，并以严格的学风造就一大批人才。当时，国家多难，西夏屡犯边疆，宋军连吃败仗。范仲淹主动请求去边境保卫国土，被朝廷派到延州负责军事。在充分了解情况的基础上，他进行了诸多改革，大大提高了宋军的战斗力，并通过外交手段削弱了西夏，稳定了边疆。西夏求和后，范仲淹被召回朝廷担任参知政事。当时宋朝政治弊端多多，为了富国强兵，他向皇帝上书提出一系列的改革主张。宋仁宗很高兴，就让他主持全面改革。由于改革触动了权贵们的利益，遭到了保守派的攻击，范仲淹辞去了宰相一职。范仲淹的一生，为追求仁道，主动承担很多苦难，正是在这样的艰苦环境里，他修成了崇高美德，成为万世敬仰的名臣贤相。

磨难是使命对人的一种考验，强者会将它当作垫脚石，让自己更加接近成功。但对于弱者而言，苦难就像一个无底的沼泽一样，他们越是挣扎就陷得越深。不过，苦难与挫折并不是天然的垫脚石，只有诚心追求仁道者，才能从中得到自己想要的智慧和经验。

适当的磨砺不仅可以锻炼一个人的心性和意志，更是一个人取得成功的保障。"不经一番寒彻骨，哪得梅花扑鼻香"。任何人的成功都不是轻易得来的，都是历经万千苦难的结果。

【原文】

9.7　牢曰 ① ："子云：'吾不试 ② ，故艺。'"

【注解】

①牢：孔子的学生，姓琴，名牢。《史记·仲尼弟子列传》无此人，当是偶阙。②不试：不被国家任用。

【译文】

　　子牢说："孔子说过：'我不曾被国家任用，所以学得了一些技艺。'"

子云：吾不试，故艺。

【原文】

　　9.8　子曰："吾有知乎哉？无知也。有鄙夫问于我，空空如也，我叩其两端而竭焉①。"

【注解】

①叩其两端而竭焉：指孔子就农夫所问的问题，从首尾两头开始反过来叩问他，一步步问到穷竭处，问题就不解自明了。叩，叩问。两端，指鄙夫所问问题的首尾。竭，尽。

【译文】

　　孔子说："我有知识吗？没有知识。有一个粗鄙的人来问我，我对他谈的问题本来一点也不知道。我从他所提问题的正反两头去探求，尽了我的力量来帮助他。"

【原文】

　　9.9　子曰："凤鸟不至①，河不出图②，吾已矣夫！"

【注解】

①凤鸟：传说中的一种神鸟。凤鸟出现就预示天下太平。②河图：传说圣人受命，黄河就出现图画，即八卦图。《尚书·顾命》孔安国注："河图，八卦。伏羲

王天下，龙马出河，遂则其文以画八卦，谓之河图。"

【译文】

孔子说："凤凰不飞来了，黄河中没有出现图画，我这一生也就完了吧！"

【精读论语】

孔子的浩叹

孔子的一生都以"克己复礼"为己任，为恢复周礼而奔波，并去各个国家献计献策。然而，他的意见和思想很少被当时的国君采纳。周游列国，可谓处处碰壁。到了垂暮之年，也没能迎来一位欣赏他的明主，

子曰：凤鸟不至，河不出图，吾已矣夫！

孔子不由得发出了"吾已矣夫"的无奈感慨。

"凤鸟不至，河不出图"是句隐语，意思是圣人不出。据古史记载，伏羲王天下，龙马背负河图洛书出来；舜帝在位时，凤凰来仪；周文王治政，凤鸣岐山。孔子借用这些典故，言下之意是当时缺少舜、文王这样的圣君明主。世上无明主，像孔子这样德才兼备的贤能之士也就无人赏识，没有用武之地。

观察中国历史不难发现，凡是国家富强的时代，往往是人才辈出，风云际会。西汉初期，出现了名相萧何、曹参等，名将有韩信、英布、樊哙、周勃等，谋略家有张良、陈平等。唐初也是如此，被后世熟知的如房谋杜断，直言敢谏的魏徵，名将李靖、李勣等。北宋前期，寇准、范仲淹、欧阳修、吕蒙正、韩琦、文彦博、富弼等人在朝，可谓星光灿烂。这些人物各展其才，在历史上写下光辉篇章。

与这些时代相比，很多时代暗淡无光，缺少伟人。这不由得让人发问，为什么人才总是集中在一个时代？

其实，这没有什么好奇怪的。任何时代都不缺少人才，而是缺乏圣君明主。汉初因为有汉高祖、汉文帝这样的圣贤之君，所以萧何、韩信、张良等人才有了施展的机会。同样，正是因为有了唐太宗这样的稀世明君，房玄龄、魏徵、李靖等人才受到重用，进而建立不朽功勋。而寇准、范仲淹之所以能名扬后世，都是宋真宗、宋仁宗奖掖提拔的结果。先有圣君，然后才会有名臣。即便是你有经天纬地之才，如果无人重用，也就泯灭在历史深处，无人知晓。贤德人才与圣主明君的关系，就像千里马与伯乐的关系。千里马常有，而伯乐不常有。譬如孔子之才，岂是千里马可以比喻的，但因不遇明君，政治上乏善可陈。这种境遇，即是残酷的，也是无奈的，只能说是命运弄人。

孔子的浩叹提醒君主或当权者，应该任人唯贤，放手使用人才，并与这些人才一同创造历史。如若不然，会有很多才华横溢之士抱憾终生。若是济济多士，而不能成就大功，那就浪费了绝佳的时机和一代俊杰。如果自己是人才，生不逢时，那就得另觅他途。实际上，孔子已经为这些人准备了几条出路。身逢乱世，当隐归林下，明哲保身；天下有道，则应当奋发有为，建功立业。当然，孔子本人的做法更高明，天下无道，他却能著书立说，教育人才，成为万世师表。古人有"立功、立德、立言"三不朽之说，给天下英才不同境遇下三大选择。得遇明君，自然选择立功；生不逢时，可以归隐立德，扬名后世；也可以代圣人立言，创立自己的理论学说，传之后世。孔子是儒家之祖，始终秉持积极的人生观，按照这个三不朽建议，伟大的人物在任何境遇下都可以名垂青史。

【原文】

9.10 子见齐衰者、冕衣裳者与瞽者①，见之，虽少，必作②；过之，必趋③。

①齐（zī）衰（cuī）：丧服，古时用麻布制成。衣：上衣。裳：下服。瞽（gǔ）：盲。②作：站起来，表示敬意。③趋：快步走，亦表示敬意。

【译文】

孔子对于穿丧服的人、穿礼服戴礼帽的人和盲人，相见的时候，哪怕他们很年轻，也一定会站起身来；经过这些人身边时，他一定快步走过。

【原文】

9.11　颜渊喟然叹曰①："仰之弥高②，钻之弥坚，瞻之在前，忽焉在后。夫子循循然善诱人③，博我以文，约我以礼，欲罢不能。既竭吾才，如有所立卓尔④。虽欲从之，末由也已⑤。"

【注解】

①喟（kuì）然：叹气的样子。②弥：更加，越发。③循循然：有步骤地。④卓尔：高高直立的样子。尔，相当于"然"。⑤末：无。

【译文】

颜渊感叹地说："我的老师啊，他的学问道德，抬头仰望，越望越觉得高；努力钻研，越钻研越觉得深。看着好像在前面，忽然又像在后面了。老师善于有步骤地引导我们，用各种文献来丰富我们的知识，用礼来约束我们的行为，我们想要停止学习都不可能。我已经用尽自己的才力，似乎有一个高高的东西立在我的前面。虽然我想要追随上去，却找不到可循的路径。"

夫子循循然善诱人。

做成功的教育者

想做个成功的教师，可不是一件容易的事，这不仅与个人的学识有关，还与个人的修养以及教学的方法等诸方面的原因有关。孔子之所以能够成为万世师表，就是因为他在这些方面都很出色。他培养了一大批人才，进而造就了儒家的辉煌。

颜回对孔子作出的评价中，既有主观上的感受，也有客观上的评价。他觉得孔子无论是在人格上还是学问上，都是别人难以企及的。在他看来，孔子作为老师，不仅有着伟岸的人格和渊博的学识，同时还有着坚定而灵动的教育智慧和循循善诱的教育方法，而这一切都与教师内在的修养有关。对此，我们也归纳出了几点，仅供大家参考。

作为一名教师，要有着丰富的学识，这是最基本的要求。若是连这个都做不到的话，就没有资格去教育别人。因为，在绝大部分情况下，教师知识水平的高低，对于教育的结果有着直接的影响。所谓名师出高徒，就是指渊博高明的老师，才能教出优秀的学生。

教书育人，要有着高尚的人格，这一点非常重要。作为教师，有着高尚的人格以及保持着对真、善、美的追求，是所有社会对从业教师的另一基本要求。这是因为，老师基本上就是学生们除了父母之外最为尊重的人，一举一动都可能成为学生模仿的对象，直接影响到学生人格的养成。而且，还有不少的学生都觉得，一个教师的人格魅力，要远比其专业素养更重要。所以，每个有责任心的教师，都应该不断地塑造自己的人格。比方说，在颜回的眼中，孔子的人格就非常崇高，而且已经到了无法估量的地步。你越是亲近他，就越能感觉到他的伟大；你越是想了解他，就越能感觉到他身上散发出来的那种强大的人格感召力，让人们在不知不觉间对其肃然起敬。

优秀的教师，都有着灵动的教育智慧。在整部《论语》中，大家可以清楚地看到，孔子在教育弟子们的时候，一直都有着明确的目标，那就是行仁。当然，这并不影响他教学的灵动性。他处处因材施教，对不同层次、不同性格和年龄的学生，采用不同的教育方法。还有，他特别重视身教，把个人的思想以及教育内容，几乎全都渗透在具体的生活起居、人伦性情以及礼乐政事等方面。通过这些生活细节，灵活传授高深理论。孔子在教育弟子们的时候，无论是与弟子们一起探讨，还是对着弟子们讲述，方式看似多种多样，但是却都遵循着一个基本的教学方法，即循循善诱。即便是生活中最平常的事情，他也可以让学生们从中明白许多大道理。

这个世界上没有失败的学生，只有失败的老师。教师不仅承担着教授知识的使命，还肩负着塑造学生人格的任务。这就要求教育者，在用先进的思想和教学理念武装自己头脑的同时，还应注重提高自身的修养。只有这样，才能成为一名受人尊重和爱戴的好教师。

【原文】

9.12 子疾病，子路使门人为臣①。病间②，曰："久矣哉，由之行诈也！无臣而为有臣。吾谁欺？欺天乎？且予与其死于臣之手也，无宁死于二三子之手乎？且予纵不得大葬③，予死于道路乎？"

【注解】

① 为臣：臣，指家臣，总管。孔子当时不是大夫，没有家臣，但子路叫门人充当孔子的家臣，准备由此人负责总管安葬孔子之事。② 病间（jiàn）：病情减轻。间，空隙，引申为有时间距离，再引申为疾病稍愈。③ 大葬：指大夫的隆重葬礼。

【译文】

孔子病重，子路让孔子的学生充当家臣准备料理丧事。后来，孔子的病好些了，知道了这事，说："仲由做这种欺诈的事情很久啦！我没有家臣而冒充有家臣。我欺骗谁呢？欺骗上天吗？况且我与其死在家臣手中，也宁可死在你们这些学生手中啊！而且我纵使不能按照大夫的葬礼来安葬，难道会死在路上吗？"

【精读论语】

任情不可逾礼

一直以来，好心肠的人都会受到社会的称赞。但是，有时候这些人也可能会费力不讨好，将好事变成坏事。在本章中，子路本是好意，他打算以大夫之礼为老师治办后事，想把老师的葬礼办得风光些，让孔子享受死后的哀荣。但是，按照周礼，孔子没有资格以大夫之礼安葬，所以，子路的做法就违反了礼制，是一种严重的僭越。这对于把礼制看得比命还重的孔子来说，显然是不能接受的。如果真的按大夫丧礼安葬孔子，那只能让他蒙羞。故而，孔子才会对子路发出愤怒的指责。

中国是个重视人情的社会，对情深义重的人也特别看重。但是，很多时候，人们往往会因为表达情感而逾越制度，造成严重后果。在古代生活中，对父母的孝敬之情是最为社会看重的，但即使如此，也不能因为孝敬父母就违反制度。贫民之家，也许对社会影响不大，但如果是皇家或高官之家，有可能会引发严重后果。西汉景帝时期，周亚夫与皇帝意见多有不合，景帝对他非常不满，但因为他功劳太大，也不好动他。可是，周亚夫的儿子做了件越礼的事，让皇帝抓住了把柄。周亚夫年老了，他的儿子想在父亲去世后把葬礼办体面些，便从为皇室制作器具的工匠那里买了五百件盔甲盾牌，准备将来给父亲殉葬用。这些器具都很笨重，周亚夫的儿子请人搬运但没有给够工钱。其中有人很不满，就告发周亚夫，说他偷偷购买皇家器具，准备反叛。汉景帝知道后，便让廷尉审讯周亚夫。周亚夫根本没有造反的想法，当然矢口否认。但是狱吏揣摩皇帝的心思，便诬陷说他想到地下造反，并把他囚禁在监狱，严刑逼供。周亚夫十分生气，以绝食的方式进行抗议，最后吐血而死。周亚夫死得很冤，但是，如果不是他的儿子购买皇家兵器，僭越在先，恐怕也不会有这个悲剧。

古代官场上，下级官员对德高望重的上级往往十分尊敬。为了充分表达这种敬意，他们会用高出相应规格的礼仪来接待上级，这也会造成不良后果。对这种事情，正人君子是坚决抵制的。明朝晚期，名臣海瑞便因恪守礼制而名扬天下。海瑞虽然博学，但他没有中过进士。他是以举人身份进入官场的，最早代理南平县教谕。他上任不久，有位督学到学宫视察，学宫的官员竟然向御史行跪拜礼。按当时的制度，他们无须行跪拜礼，但他们为了表示对上级官员的敬意，也可以说是为了讨好上级官员，所以行高出相应规格的大礼。海瑞精通礼制，没有趋炎附势，也没有随波逐流，而是按礼作了个揖。事后，同事们都责怪他不太懂规矩，他说："我如果到督学所在的衙门的话，应当行部署之礼，让我跪拜我没有二话。但学宫是老师教育学生的地方，所以不能行此大礼。"当时行礼的时候，他站在中间，两个同事跪伏在地，俨然一个笔架，因此海瑞得名海笔架。海瑞遵守礼制，留下千古美谈，而他的那两位同事，却成了陪衬的小丑。

不管出于何种目的，在表达自己情感的时候，都应该自觉接受制度的约束，如果超出相应的规格，就会在自己品行上留下污点，甚至会给自己招来灾祸。不仅如此，这种行为会败坏社会风气，所以不可不慎。

【原文】

9.13　子贡曰："有美玉于斯，韫椟而藏诸①？求善贾而沽诸②？"子曰："沽之哉！沽之哉！我待贾者也！"

【注解】

①韫（yùn）椟（dú）：藏在柜子里。韫，藏。椟，木柜子。②贾（gǔ）：商人。贾又同"价"，价格。取后一义，善贾便成了"好价钱"。沽（gū）：卖。

【译文】

子贡说："这儿有一块美玉，是把它放在匣子里珍藏起来呢，还是找位识货的商人卖掉呢？"孔子说："卖掉它吧！卖掉它吧！我在等待识货的商人啊！"

【精读论语】

君子当积极进取

儒家有着强烈的进取精神，这一点从本章中孔子的言论不难看出。子贡将孔子比作美玉，然后询问他对于出仕态度。面对学生的试探，孔子旗帜鲜明地表达了自己的态度，那就是积极入世。另外，在别的地方，孔子也曾经表示，在政治修明的社会里，一个君子如果无所作为，甚至陷于贫困是可耻的。由此可见,他想施展才能的愿望是何等迫切。

不过,孔子在入世的同时,是不愿违背自己的政治主张的。因此,他才说出了"待价而沽"的话。孔子希望自己出仕的时候,能够找到"识货"明主,更好地发挥自己的才能,而不是单纯地为做官而做官。这一点,也是杰出的政治家与一般政客之间的区别。

孔子十分渴望能有机会一展所学,帮助圣主明君治国平天下。可惜的是,他的运气不佳,周游列国十四年,却没能遇到赏识和重用他的人。孔子虽然生不逢时,但他明知不可为而为之的精神却被传承下来,成为后世士子们的精神财富。所以,在孔子以后,儒士无不秉持这种入世的精神,积极寻找机会建功立业。战国时期,孟子成为一代大儒,与孔子一样,他也渴望得到执政机会,行仁道于天下。他带着一众弟子,四处游说,但遗憾的是,他的遭遇与孔子没有太大区别。秦朝时候,叔孙通先后事秦二世、项梁、楚怀王、项羽、刘邦等人,其圆滑世故备受后人非议,连他的弟子都不屑他的为人,说他"公所事者且十主,皆面谀以得亲贵"。但是,我们应该看到他的另一面,叔孙通之所以不避诟病,如此作为,无非是想寻得机会,推行自己的政治主张。他这种不屈不挠的入世精神,也是值得肯定的。最终,因为刘邦制定宫廷礼仪而备受重用,也为后世儒家崛起开辟了道路。之后,名士陆贾追随刘邦,靠着卓越的口才获得信用。陆贾经常在刘邦面前称引诗书,刘邦听得很不耐烦,大骂道:"老子马上得天下,怎么用得着诗书?"陆贾慨然反问:"马上得天下,难道还能马上知天下吗?"从而折服刘邦,获得了更大的施展空间,建立了被后世称扬的不朽业绩。像叔孙通、陆贾等人,热烈追求理想,不愿身死名灭的精神,正是儒家积极入世的表现。

当然,凡事有利必有弊,儒家的这种积极精神也不例外。这种精神如果过了头,忘记了"仁道"理想,就会演变成一种严重的功利主义,进而激发为求名利不择手段的行为。吴起早年喜欢兵法,也曾经拜孔门高徒曾子为师,学习治国之道,后来到鲁国做官。当时,齐国的军队攻打鲁国,鲁国国君想任命吴起为将军,但是因为吴起的妻子是齐国人,所以鲁国国君对他还是有些怀疑。吴起一心想当上将军,一展自己平生所学。所以，在得知鲁穆公对自己有所怀疑时，就回到家，杀了自己的妻子，并砍下妻子的头拿给鲁穆公，以此表明自己的心迹。鲁穆公一见，非常感动，就任命吴起做将军，率领军队攻打齐国。吴起果然不负鲁穆公的重托，率领鲁国军队，大胜齐军。这便是历史上著名的"杀妻求将"的故事。吴起的做法已经不是儒家的积极进取了，这种行为明显违背仁道，是严重的功利主义，应该受到批判。

孔子这种积极入世的强烈愿望，对后世的影响极为深远，他唤起了无数仁人志士为推行仁道、造福社会而自强不息的奋斗精神，也唤醒了功利主义者追名逐利的野心。中国历史上，这两种人的都是数量巨大、能量惊人的，他们分别以自己的作为，影响了或改变了中国的历史走向，其中的利害，值得现代人深入琢磨。

【原文】

9.14　子欲居九夷^①。或曰："陋，如之何？"子曰："君子居之，何陋之有？"

【注解】

① 九夷：泛指东边的少数民族聚居地。

【译文】

孔子想到边远地区去居住。有人说："那地方非常鄙陋，怎么能居住呢？"孔子说："有君子住在那儿，怎么会鄙陋呢？"

【原文】

9.15　子曰："吾自卫反鲁^①，然后乐正，《雅》、《颂》各得其所^②。"

【注解】

① 自卫反鲁：孔子从卫国返回鲁国是在鲁哀公十一年冬。反，同"返"。②《雅》、《颂》：《诗经》中两类不同的诗的名称，同时也是两类不同的乐曲的名称。

【译文】

孔子说："我从卫国回到鲁国,才把音乐进行了整理,《雅》和《颂》都有了适当的位置。"

【原文】

9.16　子曰:"出则事公卿,入则事父兄,丧事不敢不勉,不为酒困,何有于我哉?"

【译文】

孔子说:"出外便服侍公卿,入门便侍奉父兄,有丧事,不敢不勉力去办,不被酒所困扰,这些事我做到了哪些呢?"

【精读论语】

修德重在自律

人们修身养性最重要就是得自觉自律,用理性约束自己的言行,只有这样才能成为有德之人。在本章中,孔子讲的虽然只是日常生活中的一些小事,里面却隐含着做人的大道理。只是由于我们修养不够,很难体会到这些道理的奥妙罢了。

孔子在本章中这几句话,实际上是对自我修养所提出的具体要求。所谓"出则事公卿",即在外为政就得恪尽职守,做个称职的官员,这是"忠"的体现。其实,对于现代人而言,不管你是为官也好,还是公司里的职员也罢,最重要的也是恪尽职守。不要觉得这只是一件小事,就觉得很容易做到。也许有人可以在短时间内保持着这种状态,但是时间久了呢?倘若不能一直坚持下去,就会在工作上形成疏忽,给企业或组织带来损失。因此,大家在这方面一定要注意。

"入则事父兄",说的是在家就得尽心尽力地孝敬父母,友爱兄弟姐妹,这是"孝"的体现。正所谓,百善孝为先。孝悌本来就是儒家文化的核心理念,对于个人来说,则是立足于这个社会的根本。

倘若一个人能够孝顺父母、友爱兄姊，那他就拥有着一颗善良仁慈的心，只有这样才能扩而充之，仁爱天下之人。倘若一个人连自己的父母兄姊都不顾，难道你还奢望他会对其他人仍有仁爱之念吗？

接下来是"丧事不敢不勉"，即参加丧葬之事要尽心竭力，尽量做得周到细致，这是"敬"的体现。生老病死本是人生大事，孔子在此处用"不敢不"，就足以证明了他对丧葬之事的敬畏之心。我们都知道，孔子对于生死的敬畏，就是他为人处世的态度。因为这种敬畏，让他时刻都保持着谨慎，不敢有丝毫的松懈。因此，只要有他参加的丧事，他肯定会尽心竭力，在态度上表现得十分恭敬。在他看来，这既是对死者的恭敬与缅怀，也是在给生者做出表率，更表现出了他对生命的热爱与虔诚。

最后是"不为酒困"，即不沉湎于酒精，这是"慎"的表现。有时为了某些礼节上的来往，可以适量饮用酒水，这是比较正常的事情，也不会生出什么乱子。但若过于沉湎于酒精，不但会给人们的身体造成危害，甚至还会因此而酿成大祸。在我国，酒文化有着悠久的历史，上至帝王将相，下至平民百姓，真正不喝酒的人还真不多。历史上，因酒误事的比比皆是。三国时期的张飞，便是因为醉酒丢了徐州，使刘备无家可归。历朝历代的昏君暴君，几乎都是贪酒好色之辈，譬如夏桀、商纣。

以上这几点，对于有高深修养的人来说，确实没有多大的困难，但是一般人却不容易做到。能把这些简单的事情长期坚持，毫不懈怠，差不多就是君子了。

【原文】

9.17　子在川上曰："逝者如斯夫！不舍昼夜。"

【译文】

孔子站在河边，说："消逝的时光就像这河水一样呀，日夜不停地流去。"

【原文】

9.18　子曰："吾未见好德如好色者也。"

【译文】

孔子说："我没有见过像好色那样好德的人。"

【原文】

9.19　子曰："譬如为山，未成一篑①，止，吾止也。譬如平地，虽覆一篑，进，吾往也。"

【注解】

① 篑（kuì）：盛土的筐子。

【译文】

孔子说："好比堆土成山，只差一筐土就完成了，这时停下来，是我自己要停下来的。又好比平整土地，虽然只倒下一筐土，如果决心继续，还是要自己去干的。"

子曰：譬如为山，未成一篑，止，吾止也。

【精读论语】

贵在坚持

做成任何一件大事，都需要一个循序渐进、日积月累的过程。不管是学习也好，修养也罢，抑或是追求成功，除了有明确的目标以外，还要懂得坚持。只有坚持不懈地学习，才能积土成山，最终达于成功。否则，就会前功尽弃，功亏一篑。

在本章中，孔子运用"堆土成山"与"填土平地"这两比喻，说明了功亏一篑与持之以恒的深刻道理。而且，他还一再鼓励自己和学生们，无论是做学问，还是为人处世，都应自觉自愿地坚持下去。如若半途而废，只会前功尽弃，留下终身遗憾。

学问是人类智慧的结晶，是历代智者通过不断追求与探索所得，具有深刻的理论性和永恒价值，学习、理解和把握这些学问，绝不是一朝一夕的事。若想领悟其中的奥妙，就得怀着持久钻研、锲而不舍的精神，方能取得成功。譬如我国著名数学家陈景润，当年他在研究"哥德巴赫猜想"时，不仅遭受到了无尽的讽刺与挖苦，同时还要忍受着身体上的病痛。但他没有放弃，在狭小的房间里，仅凭着一盏昏暗的煤油灯和一支笔，他坚持了下来。在耗尽了几麻袋的草稿纸后，他最终完成了研究，创造了一个震惊世界的奇迹。

不仅在做学问方面如此，对于其他事情也同样适用。愚公为了打开通道，就率领家人进行移山。但这在智叟的眼中，根本就是一件无法完成的任务。可是，愚公却坚守着"子子孙孙，无穷匮也，而山不加增"的信念，相信自己坚持下去，定能搬走大山。后来，愚公的精神感动了神明，在他们的帮助下，成功移走了两座大山。

与做学问和做事相比，孔子更看重的其实是提高个人修养，他的这个比喻也是强调修身进德，要持之以恒，不可须臾停步。提高修养要比做一件事难得多，也比做学问难得多，因为道德的提高没有止境。漫漫人生路，不知何时才能达于仁境，这种感受很容易让人懈怠。所以，有的人刚刚起步，便因看不到目标放弃了；有人走到半道，因为坚持不住放弃了，真正像孔子那样，修成纯粹美德的没有几人。从这个意义上说，追求仁道的人生路，很像西天取经的唐三藏，途中又何止九九八十一难。不要说心起恶念，即便是一念偏私，也会有损道德。在外人面前做得再好，在暗室心生邪念，也是不道德。通常，大家说起修养来总是轻飘飘的，不知何其难哉。孔子之所以说仁道难修，原因盖在于此。通观《论语》，被他认可达到仁境的，也只有尧、舜、禹、文王、周公数人而已。

在强调贵在坚持的同时，孔子的话还有另外的用意。其中"止，吾止也""进，吾往也"是在提醒我们，是否追求仁道、坚持不懈，主动权完全在自己手里，最根本的还是我们自己，与他人毫无关系。儒家强调"我命在我不由天"，便关注人的这种自主性。

贵在坚持的道理很简单，只是能够做到的人少之又少。在现实生活中，我们经常可以看到这样的人，他们在行动之初，总是雄心勃勃，一副不达目的誓不罢休的模样。可是，当他们稍遇阻挠之时，其信心就立刻动摇起来，往往会半途而废，令之前的努力全都化为泡影。究其根本，还是因缺乏坚韧不拔的毅力和决心所致。因此，无论做任何事情，只有全身心地投入其中，不畏艰苦，才能有所收获。"骐骥一跃，不能十步；驽马十驾，功在不舍。"只要能够坚持下来，就是成功。

【原文】

9.20 子曰："语之而不惰者①，其回也与②！"

【注解】

① 语（yù）：告诉。② 与：同"欤"。

【译文】

孔子说："听我说话而能始终不懈怠的，大概只有颜回吧！"

【原文】

9.21 子谓颜渊，曰："惜乎！吾见其进也，未见其止也。"

【译文】

孔子谈到颜渊，说："可惜啊！我看到他不断地前进，没有看到过他停止。"

【原文】

9.22 子曰："苗而不秀者有矣夫①！秀而不实者有矣夫②！"

①苗：庄稼出苗。秀：吐穗开花。②实：结果实。

【译文】

孔子说："庄稼有只长苗而不开花的吧！有开了花却不结果实的吧！"

【精读论语】

要有始有终

孔子在此处用"苗""秀""实"来比喻生命和修养，是很值得玩味的。地里的庄稼一样，从播种、拔苗再到开花结实，完成生命历程。但是，并非所有的庄稼都能经历这个完整的过程，在此期间，有的只长苗而没有开花，有的开了花长了穗却没有结果。人的成长也是一样，有的人树立了志向，但却没有行动，就像只长苗不开花；有的人，立志并进行了修行，但却半途而废，就像庄稼开花而没有结果。只有那些既树立远大志向，积极行动，并能够坚持到底的人才会有所成就。

无论是历史上还是现实中，胸怀大志渴望有所作为的大有人在。但是，这其中有相当一部分人，空怀志向却不愿采取行动。岁月蹉跎，回首往事，才发现一事无成。这些人，说好听点是志大才疏，说不好听点是空想家。这些人，便是"苗而不秀"。当然，造成苗而不秀的原因很多，但不管怎么说，无所收获的人生是可悲的。

还有一些人，在树立远大志向行动起来。为了理想，他们努力进德修身，付出过汗水乃至血泪，并在某种程度上取得一定的成绩。但是，由于不能坚持到最后，或半途而废，或晚节不保，给人生留下巨大遗憾。这些人，就是孔子所说的"秀而不实"者。与前一类人相比，这类人的命运更令人叹息。

历史上，早年名声甚好，中途变节而被历史诟病者不乏其人。唐代大诗人王维才华横溢，诗画双绝，作为一代名士备受社会尊重安史之乱爆发后，安禄山的叛军势如破竹，不久便攻占了都城长安。王维没来得及逃跑，便做了叛军的俘虏。由于王维名声太大，安禄山不但没有杀他，反而请他出来做官。王维被逼无奈，便在叛军中任职。很显然，王维的行为属于屈膝和变节。这一点，成为他洗刷不掉的人生污点。此外，明朝末年祖大寿、洪承畴等人，都因为中途变节而被钉在历史的耻辱柱上。不管以前他们有着多么高尚的情操，有多大的才能或建立过多大的功业，都无法改变失败人生的历史结论。

更可惜的是那些晚节不保的人。这些人，早年立志，青年奋斗，中年建功立业，本可以在历史上留下美名。但是，由于不能坚持到人生终点，落个可悲的结局。宋代名相寇准，早年为人刚直不阿，敢于直陈己见，颇有作为。在抵抗辽国侵略的澶州之战中，更是立下不朽功绩，并被朝廷任命为宰相，受到大宋臣民的敬仰。到了晚年，寇准开始居功自傲，贪图享乐。他整天盛排筵宴，沉迷于酒山肉海之中。家里兴建豪华建筑，装饰极尽奢华。他本人骄奢淫逸，过着得意忘形的奢靡生活。寇准的作为，引起朝野的不满，因为大臣弹劾，朝廷罢了他的宰相之职，并把他贬到雷州。《诗经》云："靡不有初，鲜克有终。"寇准用自己的人生，对这句话作了恰如其分的注释。

无论是做学问也好，建功立业也罢，做任何事情都要有始有终，绝不能半途而废，更不能功亏一篑。在成就人生的道路上，只有付出终生的努力，坚持到生命最后，才能算真正成功，才能流芳后世。

【原文】

9.23　子曰："后生可畏，焉知来者之不如今也？四十、五十而无闻焉，斯亦不足畏也已。"

【译文】

孔子说："年轻人是可敬畏的，怎么知道他们将来赶不上现在的人呢？一个人如果到了四五十岁的时候还没有什么名望，这样的人也就不值得敬畏了。"

【原文】

9.24　子曰："法语之言^①，能无从乎？改之为贵。巽与之言^②，能无说乎？绎之为贵^③。说而不绎，从而不改，吾末如之何也已矣。"

【注解】

①法：正道。②巽（xùn）：恭敬，即恭顺谦敬之言，意译为温和委婉的表扬话。③绎：抽出事物的条理，加以分析鉴别。

【译文】

孔子说："合乎礼法原则的话，能够不听从吗？但只有按它来改正错误才是可贵的。恭顺赞许的话，听了能够不高兴吗？但只有分析鉴别以后才是可贵的。只顾高兴而不加以分析，表面听从而不加以改正，我也没有什么办法来对付这种人了。"

【原文】

9.25　子曰："主忠信，毋友不如己者，过则勿惮改。"

【译文】

孔子说："君子应该亲近忠诚和讲信义的人，不要和不如自己的人交朋友，有了过错不要害怕改正。"

【原文】

9.26　子曰："三军可夺帅也^①，匹夫不可夺志也^②。"

【注解】

①三军：古代大国三军，每军一万二千五百人。②匹夫：男子汉，泛指普通老百姓。

【译文】

孔子说：“一国的军队，可以强行使它丧失主帅；一个男子汉，却不可以强行夺去他的志向。”

【精读论语】

高贵的志节

“三军可夺帅也，匹夫不可夺志”，是传诵千古的名言。这句话强调了人格的高贵，志向的尊严。同时，这也是孔子通过对人的内在志节的肯定，间接肯定了人的价值。与西方以神为主导宗教文化不同，儒学一开始就认可人的主观能动性，强调人的价值，倡导人们通过道德修养和能力提升，最终建功立业，实现一个充实而壮美的人生。这种思想，是典型的人文主义，直到文艺复兴时期，欧洲的文化才进入人文主义阶段。

“三军夺帅”是一件极其艰难的事情，但比这更难的是夺人之志。孔子之所以这么说，是因为“夺帅”是可以靠外力完成的，而“夺匹夫之志”绝非外力能够实现的。在此处，孔子巧妙地运用了对比的手法，肯定了人的尊严，将坚定的志向对于人生的意义和作用进行了阐述，同时也在告诫人们人格的尊严要比生命更加可贵。

一个人的志向，可以说是人们自身所有思想的来源，是一种独立的人格，任何人都没有能力侵犯剥夺，只要自尊自爱，每个人都可以维护好自己的人格尊严。正因为志节是如此的高贵，所以每个人都应当坚守住个人的志向，珍惜自己的人格。但是，前提是自己内心有这样远大的志向与崇高的志节。而这种志节，只有在学习圣贤之道，不断体认自己生命意义的过程中才能确立，也只有在摆脱各方面的威胁与诱惑之后，才能坚守住。这一点，就像孔子在《述而篇》中所言，“我欲仁，斯仁至矣”，也就是说，心中有志向才能有所守。

一个人能不能坚守住自己的志向，完全在于自己，成也由己，败也由己。虽然一个人的性命可能随时都会丢掉，但其思想却是很难被外力所改变。例如，元世祖在率兵攻打南宋之时，可以说是杀人无数。

在俘虏了文天祥以后，虽然花了三年的时间，尝尽了各种办法，却拿文天祥毫无办法。最终，元世祖只能又爱又恨地将其杀掉。面对强权，临节不变，这就是匹夫不可夺志的表现。

可是，反观我们近现代的历史，尤其是在抗日战争期间，大家可以看到不少汉奸的身影。如汪精卫等人，为了一己私利，竟无视人民的死活。而且，他们的变节行为也没有人逼迫，敌人只是对他们稍加诱惑，他们就心甘情愿地加入了叛国变节的队伍，怎能不遭人唾弃？

在当今的社会，身为一名领导者，当你的职位越高时，你所受到的诱惑就越大、越频繁。此时，你能否保持得住自己的志向不会发生偏移，关键还得看你自身的定力如何。正所谓，勿以善小而不为，勿以恶小而为之。只要自身的修养高了，自然不怕恶鬼缠身，但若修养低了，恐怕只能堕入万劫不复之地了。

另外，对于那些没有权力、没有金钱的人而言，在权力与财富面前，千万不能气短，更得坚定自己的信念，矢志不移地向着自己的目标迈进。正所谓，威武不能屈，贫贱不能移。无论外界的威胁与诱惑有多大，只有靠着自己的努力获得的成功，才能受到人们的尊敬。这既是为人的根本，也是做事的道理。

一个人只有坚定了自己的志向，才能不断地奋发向上，提升着自身的人格和精神上修养，抵受得住任何的威胁与诱惑。只要有着这股信念作为支撑，无论大家的奋斗是否有成果，都不会留下任何的遗憾。

【原文】

9.27　子曰："岁寒，然后知松柏之后凋也①。"

【注解】

① 凋：凋零。

【译文】

孔子说："寒冷的季节到了，才知道松柏的叶子是最后凋零的。"

乡党篇
第十

【原文】

　　10.1　孔子于乡党^①，恂恂如也^②，似不能言者。其在宗庙朝廷，便便言^③，唯谨尔。

【注解】

①乡党：古代地方组织的名称。五百家为党，一万二千五百家为乡。②恂（xún）恂：恭顺貌。如：相当于"然"。③便（pián）便：明白畅达。

【译文】

　　孔子在本乡的地方上，非常恭顺，好像不太会说话的样子。他在宗庙和朝廷里，说话明白而流畅，只是说得很谨慎。

【精读论语】

说话要看清场合

　　说话可是一门大学问，它可以影响到我们生活与工作中的各个方面。在我们的生活中，若是有人在说话的时候不分场合、不看对象，不仅难以达到自己的目的，甚至还会伤人害己。因此，大家在说话的时候一定要看清场合。

　　在本章中，孔子在乡间表现得很谦恭，好像不会说话似的。之所以这样，是因为作为官员，他需要虚心倾听民众的意见，并且没有在民众面前夸夸其谈的必要。而他在宗庙里、朝廷上，由于事关百姓疾苦和国家长治久安，他说话的时候自然会很流畅清楚，同时又很注意分寸。他不仅表现出了对尊长者应有的恭敬之意，还能不卑不亢、清晰明了地表达自己的观点。孔子在庙堂与民间的不同表现，说明了他在说话时特别重视对象和场合。他的这个做法，是一种值得学习的说话艺术。

春秋战国时期，真正研究说话艺术并擅长说服术的是纵横家。纵横家的鼻祖是鬼谷子，他的两个得意弟子一个叫苏秦，另一个叫张仪。苏秦靠杰出的辩才，说服山东六国，合纵抗击秦国。当时，苏秦身佩六国相印，风头无二。而张仪则凭着三寸不烂之舌，成功实施连横战略，先后在秦国和楚国担任宰相，也是靠说话获得成功的典范。儒家的舌辩术也不差，只是没有纵横家精到而已。孔子对言谈和说服的规律有着深刻的认识和把握。孔门四科之中，专门有言语一科，子贡和宰我是其中的佼佼者。当时，齐国出兵侵略鲁国。为保卫鲁国，子贡奉命出使，通过一系列外交手段，挑起国际争端，不仅成功保全了鲁国，而且改变了春秋末年的政治格局。子贡的言语才能并不比苏秦张仪差，而且时间上更早。战国时期，孟子和荀子继承孔子的衣钵，光大儒学。同时，这两人也都是了不起的演说家。

本章所载，是孔门弟子对孔子谈话策略的回忆。从中不难看出，孔子很擅长交际，特别重视说话场合和对象。

孔子的做法提醒我们，说话时必须注意场合。庙堂之上，是研究国家大事、进行重大决策的场所，所以必须慎之又慎。当然，普通人几乎没有接触庙堂的机会，但是却有机会参与各式各样的会议。在研究组织、企业、单位重大事项的会议上，该自己发言时，应该晓畅明白，论据扎实，言语慎重。再比如，在酒桌之上，就应该谈些轻松的话题，不宜谈论重大事务，也不宜谈论过于沉重的话题。还有，日常生活中，几个人无事闲谈，每个人都喜欢吹牛，这个时候，最好是洗耳恭听，不要夸夸其谈，逞口舌之利。

说话讲究场合，这不仅是做人的一种变通，更是为人处世的一种智慧。只要掌握了这门说话的艺术，就能搞好人际关系，顺利推进自己的事业。

【原文】

10.2　朝，与下大夫言，侃侃如也^①；与上大夫言，訚訚如也^②。君在，踧踖如也^③，与与如也^④。

【注解】

①侃侃：温和快乐。②訚（yín）訚：形容辩论时中正，讲理而态度诚恳。③踧（cù）踖（jí）：恭敬而小心的样子。④与与：行步安详。

【译文】

上朝的时候，（孔子）跟下大夫谈话，显得温和而快乐；

君在，踧踖如也。

跟上大夫谈话时，显得正直而恭敬。君主临朝时，他显得恭敬而不安，走起路来却又安详适度。

【原文】

10.3　君召使摈^①，色勃如也^②，足躩如也^③。揖所与立^④，左右手，衣前后，襜如也^⑤。趋进^⑥，翼如也。宾退，必复命曰："宾不顾矣。"

【注解】

①摈（bìn）：通"傧"，接待宾客。②勃如：显得庄重。③躩（jué）如：脚步快的样子。④所与立：同他一起站着的人。⑤襜（chān）：衣蔽前，即遮蔽前身的衣服。襜如，衣服摆动的样子。⑥趋进：快步向前。一种表示敬意的行为。

【译文】

鲁君召孔子去接待使臣宾客，他的面色庄重矜持，步伐轻快。向同他站在一起的人作揖，向左向右拱手，衣裳随之前后摆动，却显得整齐。快步向前时，好像鸟儿舒展开了翅膀。宾客告退了，他一定向君王回报说："客人已经不回头了。"

【精读论语】

待客之道

我国素有"礼仪之邦"的美称，其中，热情友好就是我们中国式的待客之道。孔子早在《学而篇》中就曾说过："有朋自远方来，不亦乐乎。"中国人的待客之道，并不只是停留在"乐"的情感表现上，也体现在待客行为的"礼"上。

在本章中，孔子奉命接待外使宾客，在整个接待过程中，各项礼节他做得都很到位。虽然接待使臣宾客的全过程文中没有详述，但从记录下来的几个细节来看，孔子将严谨的态度与外在仪态完美地结合在了一起。孔子的举手投足，从外到内无不表现出客人的恰当尊敬，并展现出东道国的礼乐精神和文化风采。

孔子接待外国来使时展示出来的原则，经过两千多年的积淀，形成了具有中国式的待客之道。这个待客的基本原则，若是总结起来，就是"外达礼，内恭敬"。

有着高深修养的人，在待人接物时总是真诚而又热情的。一般情况下，君子在接待时都会"款待"客人，其中"款"字代表的就是热情诚恳。有客人来访，按照相关礼仪制度，接待方式上肯定会有区别，但是内心的真诚热情应当是一样的。不管来客身份高低，只要在接待时，你表现出真挚的情意和热情的态度，客人就会有宾至如归的感觉。

我国"礼仪之邦"的美誉，就与这"礼"字分不开，这是国家、社会和个人文明的体现。待人接客仅有热情还不行，还要将各个方面考虑周全，提前做好准备。比方说，将屋子打扫干净，注意个人仪容，穿戴整洁，等等。同时，在接待客人时候，还要谙熟迎来送往必须掌握的基本礼节，并在接待过程中恰当运用。在与客人交谈时，无论是闲聊还是谈工作，都要体现出精神上的文明。比方说，双方在闲谈之时，注意少说多听，与客人进行愉快的交流或探讨等。将谈话的氛围保持在轻松愉快、亲切自然的气氛中，不仅可以令双方获得心灵上的沟通，还能增进彼此间的感情，有助于以后的交往。

待客之时，还要注意宴饮之礼。在中国，无论是亲友还是生意场上的合作伙伴，基本交际几乎都是在饭桌上进行的。这样既能联系感情，还能谈业务，一举两得。但是，宴饮作为一种社交活动，它就应有着一定的礼仪规范进行指导和约束，才能达到预期的目的。

中国式的待客之道，讲究的是主人的修养与精神文明的程度，只要修养高了，在待客的时候，自然会礼待有加，并能收到良好的交际效果。

【原文】

10.4　入公门，鞠躬如也①，如不容。立不中门②，行不履阈③。过位，色勃如也，足躩如也，其言似不足者。摄齐升堂④，鞠躬如也，屏气似不息者⑤。出，降一等，逞颜色，怡怡如也。没阶，趋进，翼如也。复其位，踧踖如也。

【注解】

① 鞠躬：此不作曲身讲，而是形容谨慎恭敬的样子。② 中门：中于门，表示在门的中间。"中"用作动词。③ 阈（yù）：门限，即门槛。④ 摄齐（zī）：提起衣裳的下摆。齐，衣裳的下摆。⑤ 屏（bǐng）气：憋住气。

入公门，鞠躬如也。

【译文】

孔子走进朝堂的大门，显出小心谨慎的样子，好像没有容身之地。他不站在门的中间，进门时不踩门槛。经过国君的座位时，脸色变得庄重起来，脚步也快起来，说话的声音低微得像气力不足似的。他提起衣服的下摆走上堂去，显得小心谨慎，憋住气，好像不呼吸一样。走出来，下了一级台阶，面色舒展，怡然和乐。走完了台阶，快步向前，姿态好像鸟儿展翅一样。回到自己的位置，又是恭敬而谨慎的样子。

【精读论语】

重要会议时的礼仪

在参加朝会的时候，自从入公门开始的整个过程中，孔子一直都保持着恭敬而又谨慎的姿态，不敢有任何的懈怠和不敬。从文字记载来看，孔子的动作、行为、语言、姿态，无不严格遵守相关礼制，严肃认真，一丝不苟，充满了庄重敬畏的情感。

古代的朝会制度已经消亡，当然孔子所遵循的这种朝会礼仪也不存在了，那是不是意味着《论语》的这个章节毫无意义了呢？不是的。朝会制度虽然没有了，但是，不论是国家机关、机构组织，还是企事业单位，都要举行一些重要会议。孔子朝会严格遵守相关礼仪的行为提醒我们，在参加较为重要的会议时，必须严格遵守会议制度。同时，孔子路过君位时的姿态也告诉我们，在进入领导办公室时，应该遵守必要的礼仪。

首先我们先来看看出入领导办公室应该遵守的礼仪。每一个工作人员都需要时常敲领导办公室的门，以便汇报工作或接受召见。进入领导的办公室必然要敲门，退出领导办公室则需要关门，这里面都有一些讲究。无论领导办公室的门是否开着，无论门开得有多大，进门前，必须要敲门。得体的方法是将手指自然向内拢，手心朝向自己，用指关节轻叩两三下，声音以能引起领导注意而不使其感到突兀和无礼为宜。千万不要用手拍门，或用拳头砸门。得到应允后，才可推门进去。千万不要扒着门缝向领导办公室内探视。在门虚掩的时候，更不要探头向门内张望，也不要一脚在门内，一脚在门外。这样做会使你在领导眼中的形象一下子变得猥琐，位置一落千丈。大方从容的态度，对一个职员而言非常重要。

进门的时候，应该保证自己是正面朝向领导。进入领导办公室，要保持精神状态良好，行走和站立的姿势标准、有朝气。说话要干脆简洁，尽量不占用过多时间。向领导汇报工作或聆听训话时，要站在与领导相距一米以上的距离，即不显得过于亲密，又不显得疏远，利于沟通，并能使领导保持威严。出门的时候，别忘了告辞的时候先正对着领导后退几步。然后转身开门，轻轻关门。动作同样要轻柔、迅速、礼貌、优雅。

其次，我们来看一下会议礼仪。参加会议，一定要了解会议要求，准时到会。参加会议时，应身着整齐的正装，尤其是参加大、中型会议，一定要保持整洁端庄大仪容入场。根据会议的规定，以及自己的时间安排，我们通常需要提前入场。如果你是会议的重要人物，尤其要准时入场，准时就座，从而为其他与会者树立一个良好的形象。

任何参加会议的人最好都不要中途退场。否则很容易打乱会场秩序，扰乱其他与会者的情绪和注意力。必须中途退场时不要妨碍别人，尽量从会场的侧面出入，稍微弯腰低头，不要打乱会场的气氛和引起别人注意。要对给自己让路的人们道歉和致谢。务必要轻手轻脚，但动作不必像做贼般过于拘谨。散会时，不要争抢，按顺序走即可。既不要提前退场，但也不要滞后，而应与全体与会人员一同起立，依次退场。如果会场内人数众多，与会者要在会议组织者的引导下分批、有序地退场。

不管是进出领导办公室，或者是参加重要会议，都应该严格遵守这些礼仪。这些要求看起来很琐碎，但都是很有必要的。把这些礼仪做到位，就等于秉承了孔子的礼仪精神。这些细致的外在行为要求，本质上都体现着谨慎、庄重的礼制精神。

【原文】

10.5 执圭[①]，鞠躬如也，如不胜。上如揖，下如授。勃如战色，足蹜蹜[②]，如有循。享礼[③]，有容色。私觌[④]，愉愉如也。

【注解】

①圭（guī）：一种玉器，上圆下方。举行典礼时，君臣都拿着。②蹜（sù）蹜：脚步细碎紧凑，宛如迈不开步一样。③享礼：使者向所访问的国家献礼物的礼节。④觌（dí）：会见。

【译文】

（孔子出使到别的诸侯国，行聘问礼时）拿着圭，恭敬而谨慎，好像拿不动一般。向上举圭时好像在作揖，向下放圭时好像在交给别人。神色庄重，战战兢兢；脚步紧凑，好像在沿着一条线行走。献礼物的时候，和颜悦色。私下里和外国君臣会见时，则显得轻松愉快。

【原文】

10.6　君子不以绀緅饰①。红紫不以为亵服②。当暑，袗絺绤③，必表而出之。缁衣④羔裘⑤，素衣麑裘⑥；黄衣狐裘。亵裘长，短右袂⑦。必有寝衣⑧，长一身有半。狐貉之厚以居⑨。去丧无所不佩。非帷裳⑩，必杀之⑪。羔裘玄冠不以吊⑫。吉月⑬，必朝服而朝。

【注解】

①绀（gàn）：深青带红（天青色）。緅（zōu）：黑中带红。饰：镶边。②亵服：平时在家里穿的便服。③袗（zhěn）絺（chī）绤（xī）：袗，单衣。絺，细葛布。绤，粗葛布。这里是说，穿粗的或细的葛布单衣。④缁（zī）：黑色。⑤羔裘：羔羊皮袍。古人穿皮袍，毛向外，因此外面要用罩衣。古代的羔裘都是黑色的羊毛，因此要配上黑色罩衣，就是缁衣。⑥麑（ní）：小鹿，白色。⑦袂（mèi）：衣袖。⑧寝衣：被。古代大被叫衾（qīn），小被叫被。⑨居：今字作"踞"。古人席地而坐，即蹲着坐。⑩帷裳：礼服，上朝或祭礼时穿，用整幅的布不加裁剪而成，上窄下宽，多余的布做成褶。⑪杀（shài）：减少，裁去。⑫玄冠：一种黑色礼帽。羔裘玄冠都是黑色的，古代用作吉服，故不能穿去吊丧。⑬吉月：每月初一。

【译文】

君子不用青中透红或黑中透红的布做镶边，红色和紫色不用来做平常家居的便服。暑天，穿细葛布或粗葛布做的单衣，一定是套在外面。黑色的衣配羔羊皮袍，白色的衣配小鹿皮袍，黄色的衣配狐皮袍。居家穿的皮袄比较长，可是右边的袖子要短一些。睡觉一定要有小被，长度是人身长的一倍半。用厚厚的狐貉皮做坐垫。服丧期满之后，任何饰物都可以佩带。不是上朝和祭祀时穿的礼服，一定要经过裁剪。羊羔皮袍和黑色礼帽都不能穿戴着去吊丧。每月初一，一定要穿着上朝的礼服去朝贺。

【精读论语】

着装礼仪

从古代礼仪的角度看，着装并不是穿衣那么简单。它是人们根据自身的修养、阅历、审美标准以及自身特点等，视环境、时间、场合、目的的不同，对自己所穿着的服饰做出的搭配组合。因此说，着装也是很有讲究的。

在本章中，我们可以看到，孔子在这方面就极为注意。在古时，以黑色和紫色为尊，分别象征着地位与权力，是朝服和祭服的颜色，不能随便穿用。白色则主要用于丧事，也不能常用，孔子对此礼制不敢有着半点懈怠。自周朝以来，礼制不仅在身份的尊卑上有着明确的划分，就连在服饰的色彩上也有所体现，而且这对于以后的各个朝代都有着不小的影响，这也算是中国文化的一大特色。比方说，唐朝的官服就有着严格的规定，只需看衣服的颜色和式样，就知道对方的官阶了。

在现代社会，着装依然是一门很高深的学问。一个人的穿着，总在无声地向他人诉说着主人的个性、身份、涵养以及心理状态等信息。也就是说，别人可以通过你的着装搭配，对你的个人形象作出一个比较直观的评价。一个人如果注重在着装方面的仪表美，不仅可以增添交际魅力，还能给人留下好的印象，进而有利于事业的开展。具体说来，个人着装应注意以下几点原则：

首先，穿着应当整洁得体。无论衣服的款式多么新颖，若是不够整洁或是自己穿起来不够得体，都会严重影响个人形象。比方说，衣服过于肥大就会显得有些拖沓，不够整洁利索；衣服若是过于瘦小，则会有种"捉襟见肘"的感觉，很容易暴露。因此，无论是在上班或是闲居之时，穿着均应以清洁得体为主。

其次，穿着应当符合自己的身份。这种着装原则强调个人形象与身份地位的适应，有利于社会交际的展开。此外，还要根据接触对象的不同，随机应变，穿着上不但要符合自己的身份，还得配合对方的身份，这样才会有助于双方间的沟通。比方说，身在职场的员工，不宜穿着那些太过高贵或是寒酸的衣服。而且，在平时还要注意，穿着的服饰不能比自己领导的更加名贵，这与古时的色彩等级有点相像。

再次，穿着应当符合场合环境的要求，这是着装的原则问题。人们应当根据场合的不同，选择不同的着装搭配，包括服装的款式、色彩、配饰等。比方说，在平常的工作中，大家在着装上应当以清淡的色彩搭配为主，服装款式应当简洁大方一点，这样可以给人带来一种亲切感。在喜庆的场合下，应以色彩亮丽的服饰搭配为主。而在丧葬礼仪上，则应当以黑色为宜，切忌大红大紫的色彩搭配。

最后，穿着应当符合自己的阅历和年龄。现代社会虽然崇尚个性搭配，但是人们在选择着装之时，还应以符合自己的年龄和阅历为准。比方说，一位年过耄耋的老人，可以选择一些色彩平素的衣服，既能显出长者的庄重，又能凸显其广博的阅历。对于年轻人而言，可以选择一些色彩亮丽的服饰，这样不仅可以显示出自己的朝气和灵动，还能满足年轻人追求个性的心理。

在穿着方面，我们应该注意，既要注重搭配是否得体，还要显出自己的着装风格。既不能失了自己的身份，也不能失敬于人。只有在这方面尽力做到自然、和谐，才能将自己最完美的一面展现出来。

【原文】

　　10.7　齐①，必有明衣②，布。齐必变食③，居必迁坐④。

【注解】

①齐（zhāi）：通"斋"，斋戒。②明衣：斋戒沐浴后换穿的干净内衣。③变食：改变日常饮食，不饮酒，不吃韭、葱、蒜等气味浓厚的蔬菜，不吃鱼肉。④迁坐：改变卧室。古人在斋戒以及生病时，住在"外寝"，而平常居住的卧室则叫"燕寝"，与妻室在一起。

【译文】

斋戒沐浴时，一定有浴衣，用麻布做的。斋戒时，一定改变平时的饮食；居住一定要改换卧室。

【原文】

10.8 食不厌精，脍不厌细①。食馇而餲②，鱼馁而肉败③，不食。色恶，不食。臭恶④，不食。失饪⑤，不食。不时，不食。割不正，不食。不得其酱，不食。肉虽多，不使胜食气⑥。唯酒无量，不及乱。沽酒市脯⑦，不食。不撤姜食，不多食。

【注解】

①脍（kuài）：切过的鱼或肉。②馇（yì）：食物经久发臭。餲（ài）：食物经久变味。③馁（něi）：鱼腐烂。败：肉腐烂。④臭：气味。⑤饪（rèn）：煮熟。⑥食气（xì）：饭料，即主食。气，同"饩"。⑦脯（fǔ）：肉干。

【译文】

粮食不嫌舂得精，鱼和肉不嫌切得细。粮食腐败发臭，鱼和肉腐烂，都不吃。食物颜色难看，不吃。气味难闻，不吃。烹调不当，不吃。不到该吃饭时，不吃。切割方式不得当的食物，不吃。没有一定的酱醋调料，不吃。席上的肉虽多，吃它不超过主食。只有酒不限量，但不能喝到神志昏乱的地步。从市上买来的酒和肉干，不吃。吃完了，姜不撤除，但吃得不多。

【精读论语】

健康的饮食原则

孔子很注重饮食问题，为了更好地实现健康养生，他提出了一系列的饮食原则。事实证明，他所提出的原则都是合理的，并且十分有效。这也表现出了孔子对人生的热爱，以及对健康的珍视。而且，孔子所遵守的原则或习惯，与现代我们所讲的卫生观念极为相符，礼中有理。这样的饮食很讲究，也很健康。

他所提出的原则，首先是
不挑食。挑食并不是小孩子的
专利，成年人有时候也会挑食。
我们都知道，挑食不利于健康。
若是看到自己不喜欢吃的食物
就不吃，或是看到自己喜欢的
食物就多吃，都不利于从食物
中获取均衡的营养，无法保证

食不厌精，脍不厌细。

自己身体的健康。因此，应该注意到饮食的合理性，在吃饭的时候，
不要挑肥拣瘦。只有这样，才能保证各方面的营养均衡，有利于自
身的健康。

其次是不吃那些变质、发出异味或是腐败的食物。这些食物在
腐败变质以后，不仅营养价值下降了许多，而且里面还含有许多毒素，
会对人体的健康带来不小的危害。急性肠炎、痢疾等肠胃疾病，大
多情况下都是因为饮食不洁引起的。还有就是在市场上直接做好的
食物，也要尽量少食。因为我们不了解这些食物所用的食材，也不
了解它的加工和贮存情况。所以，在饮食卫生方面，我们应该向孔
子学习。

再次，饮酒要适量。在孔子的眼中，饮酒并不是吃喝这么简
单，涉及行仁的问题。他在《子罕篇》中就曾说"不为酒困"，在
本章中又提出了"肉虽多，不使胜气；唯酒无量，不及乱"的观点。
都是在告诫人们，肉不可以多吃，酒也不能多饮，以免酒后误事，
小心乐极生悲。这既是健康的饮食原则，也是君子修身养性的具
体要求。

健康饮食，最重要的是形成良好的饮食习惯。孔子不到吃饭的
时间不吃，烹调不当的饭菜也不吃，在吃饭的时间更不会进行讨论，
以免影响到食物的消化。孔子这么做不仅有利于身体健康，还是一
种良好的修养。在吃饭的时候，如果能保持安静，不仅可以将饭菜
细嚼慢咽，还不会影响到别人进食。在这其中，既有健康的饮食原则，
也有做人的大道理。

另外,大家还应注意,对于饭菜不能浪费,应当注意节俭。正所谓,一粥一饭,当思来之不易。而且,节俭作为一种美德,也是人们修养的主要内容,理应得到大家的提倡。这不仅是对别人的劳动成果的认可,也是对别人所付出的劳动的尊重。

本章虽然只是孔子有关于饮食方面的记述,但在其中却处处彰显着做人的道理。也就是说,孔子不仅注重养生,表现出了对生命的热爱和珍视,还处处遵守礼制,且充满了虔敬之情,不得不让人顶礼膜拜。

【原文】

10.9　祭于公,不宿肉①。祭肉不出三日。出三日,不食之矣。

【注解】

①不宿肉:从公家分回的祭肉(胙),不要留着过夜。

【译文】

参加国家祭祀典礼,分到的祭肉(当天就食用,)不放过夜。一般祭肉的留存不超过三天。放超过了三天,就不吃了。

祭于公,不宿肉。

【原文】

10.10　食不语,寝不言。

【译文】

吃饭的时候不谈话,睡觉的时候不言语。

【原文】

10.11　虽疏食菜羹，瓜祭^①，必齐如也^②。

【注解】

①瓜祭：古人在吃饭前，把席上各种食品分出少许，放在食具之间祭祖。②齐：通"斋"，斋戒。

【译文】

即使是粗米饭蔬菜汤，吃饭前也要先把它们取出一些来祭祀一番，而且祭祀要像斋戒时那样严肃恭敬。

【原文】

10.12　席不正^①，不坐。

【注解】

①席：古代没有椅子和凳子，在地面上铺席子，坐在席子上。

【译文】

座席摆放得不端正，不就座。

【精读论语】

注意礼仪细节

在孔子的那个时代，室内设施比较简陋。当时没有凳子、沙发之类的家具，不管是主人还是客人，全部都是席地而坐，像宴饮、座谈等都是坐在席子上进行的。即便是如此，古人在座席方面仍有严格的礼仪。

根据本章中弟子们的记载，孔子在落座之前，若是发现席子没有摆放端正，他是不会坐下的。这虽然只是一件小事，却让我们看到了孔子对于礼仪细节的高度关注。对任何不合礼制的事情，他都是不会接受的。孔子这种执着于礼仪细节的精神，值得我们注意。

究其本质，细节才是礼仪的精髓。所以，不管是学习礼仪，还是在生活中与人见礼，必须关注其中的细节。一个人的言行举止是否合乎礼仪，几乎都是从细节处判断的。那些把握礼仪精义的人，游刃于社交场合，总是能在细节上体现出个人修养。当然，礼仪是一个庞大的行为体系，礼仪细节数不胜数，所以，要想处处做到彬彬有礼，就需要下很大工夫。

在本章中，孔子展现的主要是与人见面时的细节修养。我们就以与人相见为例，简单谈一下相关礼仪细节。与人相见，首先是打招呼，不管是进入新环境，与同事初次见面，还是在路上、商场、社交场合等遇到熟人都需要与人打招呼。当然，有人到自己做客，客人进门，或者自己到别人家拜访也需要打招呼。这个看似简单的打招呼，却有着很多学问。

打招呼必须热情大方，亲切主动。在人与人的交往中，礼仪越周到越保险。热情大方的态度给人如沐春风之感，亲切自然的表情给人优雅从容之感，无形中拉近了你和被招呼者之间的距离，提升了你的魅力。打招呼时，还要注意得体适度，符合身份。对长辈要谦恭有礼，可以用相应的辈分称呼对方。对同事叫名字或姓加职务即可，但态度要尊重，用语要正式。在办公室面对前来视察的领导，应该放下手头的工作，起立问好。关系密切的人之间打招呼，用语可轻松随意。打招呼还要因时而变，因地而变。比如早晨相见与晚上路遇，打招呼的用语就大不相同。另外，打招呼还要分场所。在路上、车上、商场、公园、餐厅等公共场所偶遇熟人，理当问候交谈，但没有必要表情和语调夸张。如在会场、影剧院、音乐厅看到熟人，务必注意保持公共场所的秩序，不要大喊大叫，影响他人。微笑着挥挥手、点点头即可。碰到特殊的场合，即不宜按惯例和常规打招呼的场合，或是人不便应答的场合，打招呼就得三思而行。比如两人在厕所相遇，简单的一个表示，点点头表明看到对方即可，并不需要双方谈什么有实际意义的内容。在葬礼进行中遇到熟人，不必言语，点头、以目光示意即可。遇到特殊情况，比如对方恰逢落魄、伤心或难堪的事，建议你避开正题，绕开对方不愿提及的事，谈些轻松话题以缓和对方情绪，等等。

打招呼还有很多禁忌，比如，打招呼时不要戴着帽子或墨镜，也不要叼着烟卷或把手插在衣袋里，那样会给人很无礼的印象；打招呼时不要面无表情、语调生硬或无力，一言不发和喋喋不休都是不得体的举动；不要不理睬向你打招呼的人，更别对偶遇的熟人无动于衷；不要在对方有意回避你的情况下打招呼；打招呼的同时不要把目光投向别处，好像很不在乎对方；不要在对方无暇顾及招呼的时候刻意打招呼和等待回应。

一个小小的打招呼，就有这么多学问，打得好能增进感情和友谊，打不好就有可能得罪人，影响人际关系。由此可见，礼仪细节多么重要。作为一套规范性的程序，礼仪能调节人际关系，减少冲突，化解矛盾；也能凝聚情感，增进友谊，促进合作。学习礼仪，把握礼仪精髓，能塑造个人乃至集体的完美形象。在社交中，礼仪周全的人和企业就会得到社会的认可与尊重。懂得礼仪，能在细节体现出人格魅力，日常生活中礼仪周全，就能创造和谐；职场上注重礼仪，则铺平坦途；商场上礼仪到位，则能赢得商机。

【原文】

10.13　乡人饮酒，杖者出，斯出矣。

【译文】

同本乡人在一块儿饮酒，等老年人都出去了，自己这才出去。

【原文】

10.14　乡人傩①，朝服而立于阼阶②。

【注解】

① 傩（nuó）：古代一种迎神以驱逐疫鬼的风俗。② 阼（zuò）阶：东边的台阶，主人站在那里迎送宾客。

【译文】

乡里人举行迎神驱疫的仪式时，孔子穿着朝服站在东边的台阶上。

【精读论语】

懂得尊重他人

孔子本人对鬼神之事并不感兴趣，一向都是秉持"敬而远之"的态度。但是，对于乡人举办的驱鬼仪式，孔子并不反对。对乡人们的这个习俗，也保持了足够的理解和尊重。孔子的行为告诉我们，尊重他人是一种美德，也是一种修养。敬人者，人恒敬之。若想得到他人的尊重，要先懂得尊重他人。而且，在生活中我们免不了要与他人相处，尊重他人，其实就是尊重我们自己。

尊重的前提是宽容。每个人都有自己的思想和行为模式，不少人认为，自己的思想才是真理，自己的行为模式才是最合理的，对别人的观念或不以为然，或横加指责，甚至是批判打压。这是一种妄尊自大的偏见，都是不宽容的做法。秉持这种观念的人，不可能尊重他人。以平等的眼光去看待他人，才会有理解和尊重。

每种思想、文化和习俗都有其存在的理由，世界上没有绝对的真理，每种理论都有它的合理性与不足；同样，世界上也没有一种真正理想的行为模式，每种行为模式都能解决一定的问题，但同时也存在难以摆脱的弊端。正确的做法是，首先应该认识到这些观念都是平等，然后再审视每种文化的长处和不足，取长补短，不断丰富自己的思想，改进自己的观念。并且，对于自己不能接受的事物，也应该报以必要的尊重。

对思想观念和社会文化要有这样的态度，对人也应该如此。美国著名哲学家爱默生说过："凡是我见过的人，都有比我强的方面，在这方面，他就是我的老师，是值得我尊敬和学习的人。"的确，每一个人都有值得我们尊重的地方。唯有对他人怀着足够的尊敬，我们才能赢得更多的朋友。因此，尊重别人应该成为我们的一种品格，一种习惯。

体现对别人尊重的方式有很多，对他感兴趣、赞赏他、理解和体谅他、认真倾听他的谈话、积极配合他的工作、尊重他的劳动成果、向他学习请教、为他提供力所能及的帮助、请他帮助你、向他表示你的谦恭态度，还有就是要保持良好的仪表以及懂得尊重自己……只要你的态度是真诚的，任何一种方式都会让对方感受到你对他的尊重，你们之间的关系就会因此而迈上一个新的台阶。

尊重他人，对自己来说，是一种发自内心深处的道德情感，对别人来说，是对他人价值的充分肯定。因此，懂得尊重他人，是一种高尚的品质。它就像是一股春风，温暖着人们的身体，又像是一泓清泉，洗涤着人们的心灵。尊重与嘲讽、虚伪、苛责等势如水火，而与真诚、善良、宽容等则相得益彰。我们对成功者报以尊重，那是我们对他们的敬佩和赞美。而这种尊重并不是肉麻的吹捧与盲目的崇拜，否则就失掉了自己的人格尊严，那是对自己的不尊重。我们给予失败者以尊重，也不是简单的同情，而是对他们的安慰和鼓励。因为同情只能给予他们一时的安慰，却不能给他们提供持续的动力，帮助他们东山再起。

渴望得到别人的重视是人类的本质需求。所以，我们应该把尊重他人作为人际交往的根本原则，作为不可违背的交往"底线"。如果违背了这条原则，那么我们所做的任何努力都会失效。要知道，让别人感受到被尊重是最高明、最有效的交往技巧，它能让别人对你的态度立即改变，更加信任和支持你。

【原文】

10.15　问人于他邦，再拜而送之。

【译文】

托人向住在其他诸侯国的朋友问候时，便向受托者拜两次送行。

【原文】

10.16　康子馈药①，拜而受之，曰："丘未达②，不敢尝。"

【注解】

① 康子：即季康子，姓季孙，名肥，鲁哀公时的正卿。② 达：通，懂得，了解。

【译文】

季康子馈赠药给孔子，孔子拜谢后接受了，却说道："我对这种药的药性不了解，不敢尝用试服。"

【精读论语】

礼仪的变通

这是一则很有趣的故事，鲁国头号权臣季康子听说孔子生病了，很是热情，便派人给他送去了药品。这给孔子出了个难题，因为周礼里没有关于赐药的相关礼仪。如果比照赐食物的礼仪，孔子应该在拜谢之后立即尝一下，但是，药物不同于食物，在无法确定这些药的药性之前，随便乱吃是可能出大事的。如果拒绝卿大夫的赏赐，也是极不礼貌的行为。孔子是一个智者，轻松从困局中解脱出来。他先按照赐食物的礼仪，拜谢之后收了下来，但却未立即尝试。他向来人作了解释，实实在在地告诉了对方自己没有立即服食的原因："我对这种药的药性不了解，所以不敢尝用试服。"孔子的做法，既体现了对季康子的感激和尊重，也在事关身体健康的大事上保持了足够的谨慎。一言一行，把礼仪敬诚之义表现出来，真是有礼有节，让人叹服。

礼仪是一种行为规范，就像法律一样，所能规范的事物总是有限的，而且落后于社会的发展。很多时候，人们面对着无礼可循的困境。这个时候，对于拘泥于礼仪的人来说，要么找一个性质接近的礼仪执行，要么放弃礼仪，按自己的想法去办。这两种做法都背弃了礼仪的精神，都是不正确的。正确的做法是，像孔子那样，在礼仪精神的指导下，作适当变通。这里我们应深刻理解礼仪精神实质，礼仪是以仁道为宗旨，以诚敬为内在感情要求，以期实现稳定社会秩序的行为规范。仅仅把它看成一种仪式或行为规范，是浅薄的。

只有把握了礼仪的精神实质，才能在任何情况下作出很好的应对，甚至是创造出合理的、新的礼仪规制来。孔子面对季康子的赐药，既对季康子表现了敬意，也表达了自己的诚意，这个做法足为后世法，就等于创造了新的礼仪。

后世的智者，在面对新情况新问题时，总能秉承礼仪精神，制定出合理的制度来，促进社会的稳定和发展。西汉元帝时期，匈奴呼韩邪单于归附汉朝，要入朝朝觐汉元帝，该用什么礼仪接待，这个在古礼中就缺乏明确规定。处理得好，能保证边境的长治久安；处理不好，可能会伤害呼韩邪单于的感情，从而激其再变，那样边境就会永无宁日。对此，朝廷十分重视，召开专门会议讨论接待礼仪。当时丞相和御史大夫都认为应该用天子接待诸侯王礼仪，并建议把呼韩邪单于的位次排在诸侯王之后。而大臣萧望之则认为，不应该用臣属的礼仪来接待。作为外夷之君，应该视为对等国家，使呼韩邪单于位次在诸侯王之上，以示谦让。这样做，不仅显示汉朝的谦虚和大度，也有利于处理长远关系。如果将来匈奴人不再前来朝觐，也不算背叛。汉元帝最终采纳了萧望之的建议，按接待外国国君的礼仪接待呼韩邪单于，妥善处理这件事。显然，萧望之的办法是符合礼仪精神的。

对国家来说，礼仪事关国体，处理不好，会引起一系列麻烦。比如，明朝正德皇帝去世后，嘉靖皇帝即位，在如何称谓嘉靖皇帝生身父母的问题上，朝廷发生激烈争论，演变成一场震动朝野的大礼仪之争，使朝廷政局陷于混乱。再比如，乾隆年间，英使马嘎尔尼拜见乾隆皇帝，为相关礼仪问题争执不休，最终也未能协调好，使中国失去了一次与当时世界最强国相互深入了解的时机，为后来中国的没落埋下伏笔。这两件事，无论是嘉靖朝君臣，还是乾隆朝君臣，都没有真正思考礼仪的精义所在，拘泥固执，以致引发令人遗憾的后果。

处理礼仪问题，需要人生经验，需要大智慧，更需要对礼仪精神的深入理解。这一点，历史上经验和教训都很多，值得我们借鉴。

【原文】

10.17　厩焚。子退朝，曰：“伤人乎？”不问马。

【译文】

（孔子家的）马厩失火了。孔子退朝回来，说：“伤到人了吗？”没问马怎么样了。

【原文】

10.18　君赐食，必正席先尝之。君赐腥，必熟而荐之①。君赐生，必畜之。侍食于君，君祭，先饭②。

【注解】

①荐：供奉。②先饭：先吃饭，表示为君主尝食。

【译文】

国君赐给食物，孔子一定会摆正席位先尝一尝。国君赐给生肉，他一定会煮熟了，先给祖先上供。国君赐给活物，他一定会养起来。陪侍国君吃饭，当国君进行饭前祭祀的时候，他先取国君面前的饭菜为他尝食。

【精读论语】

对领导要忠诚

在古时，君主在吃饭之前，需要有人先尝一尝食物是否有问题，然后君主才可以吃。在本章中，孔子在与国君共同进餐时，都会事先尝一下食物，以示关爱。不仅如此，他对于国君赏赐的东西，也表现出了足够的尊敬。他在生病期间，当国君前来探望之时，以及被国君传召之时，也都不会失礼。而且，在这种种的生活细节当中，孔子不仅表现出了对礼制的遵守和敬畏，还表现出了对国君无限的忠诚。

在古代社会，忠诚与否是君主择人用人最为核心的标准？这一点，从历代法律条文和数不胜数的事件中看得清清楚楚。在所有的犯罪中，不忠和谋逆，也就是企图反叛君主的人，所受的处罚最重。从残忍的凌迟，到惨无人道的车裂，都是用来对付不忠诚的臣子。而那些忠贞不贰的臣子，受到历朝历代的褒扬，从关云长的"千里走单骑"到诸葛亮的"鞠躬尽瘁、死而后已"，从杨家将的血洒金沙滩到岳飞的精忠报国，人们之所以会对这些英雄世代相颂，其主要内容只有一个"忠"字。

对社会来说，忠诚是一种美德；对个人而言，忠诚很多时候是一种智慧。由于每一位君主都把忠诚看得极重要，所以，真正得到提拔重用的人，很多时候并不是能力最强或者品德最好者，往往是他们眼中最为忠心的人。因而，一个人要想得到提拔重用，最重要的是表现出足够的忠诚。

虽然古今社会发生重大变化，但是对下属或员工忠诚的要求，似乎没有太大的改变。尤其在现代社会中，没有哪家企业的领导会任用一个对自己不忠诚的人。在二战中，麦克阿瑟将军曾说过："士兵必须忠诚于统帅，这是义务。"对于军人而言，服从命令是天职，而对于企业而言，对于领导的忠诚则是整个企业发展的关键。因为只有忠诚于领导的员工，才会拧成一股绳，产生一股无坚不摧、战无不胜的聚合力。

其实，员工对于领导和企业的忠诚，也是对自身归属感的一种确认。一个人只有将自己融入这个企业当中，才会将其视为自己的事业，作出最大的贡献。而且，所有的领导心中都有着一个共同的心声："我们需要忠诚的员工。"因为他们知道，忠诚的员工会给自己带来什么。反观我们现今的社会，许多员工在接受企业大量的培训，并积累了一定的工作经验以后，就不辞而别了。像这种跳槽的现象无处不在，而且还有快速蔓延的趋势，这就是对公司缺乏忠诚的态度。而且，他们的跳槽举动，还会对企业当中那些十分忠诚的人带去不小冲击。他们不是抱怨领导对自己太苛刻，就是不满领导不给自己提升的机会，甚至也会产生跳槽的念头，进一步恶化了整个从业的环境。作为一名员工，对领导忠诚，就是对企业的忠诚。任何一家企业都需要忠诚的员工，也只有忠诚于领导与企业的员工，才会尽职尽责的工作，敢于承担一切的责任，这也是整个企业生存与发展的根本。若是违背忠诚的原则，不仅是失礼的表现，还会给企业带来一定的损失。无论出于什么原因，一个人一旦失去了忠诚，别人就会对你失去最根本的信任。

【原文】

10.19　疾，君视之，东首①，加朝服，拖绅②。

【注解】

① 东首：头向东。② 绅：束在腰间的大带。

【译文】

孔子病了，君主来探望，他便头朝东而卧，把上朝的礼服盖在身上，拖着大带子。

【原文】

10.20　君命召，不俟驾行矣。

【译文】

君主下令召见孔子，他不等车马驾好就先步行过去了。

【原文】

10.21　入太庙，每事问。

【译文】

孔子进入太庙中，每件事都问。

【原文】

10.22　朋友死，无所归，曰："于我殡①。"

【注解】

① 殡：停放灵柩和埋葬都可以叫殡。这里泛指一切丧葬事务。

【译文】

朋友死了，没有人负责收殓，孔子说："由我来料理丧事吧。"

【原文】

10.23　朋友之馈，虽车马，非祭肉，不拜。

【译文】

对于朋友的馈赠，即使是车和马，（只要）不是祭祀用的肉，孔子在接受时，也不会行拜谢礼。

【精读论语】

交友之道

在本章中，当友人故去无人殓葬时，孔子主动承担这方面的事宜，这不仅是孔子义的表现，也说明了孔子是个很重感情的人。而且，孔子在与朋友交往之时，是罕言利的。在当时，车马是可以称得上是最贵重的礼物了，可是孔子却不拜谢友人，因为他重视的是双方的感情而非钱财，这也是儒家"义高于利"的具体体现。不仅如此，孔子在本章中对于礼也很重视。祭肉虽不值钱，但它却是拿去祭祀神明或是祖先的，对此孔子就会对送礼者行拜谢之礼，这是对礼制十分尊崇。

孔子的做法，是儒家交友之道的精彩诠释。这个交友之道，其内涵便是重感情，讲原则。真正的朋友，看中的是友谊，是彼此心心相印的感情，而不是物质财富。在这方面，春秋时期的鲍叔牙和管仲堪为交友之典范。管仲和鲍叔牙是朋友。在二人合伙做生意的时候，生意盈利了，管仲总会自己多分些银两。别人知道以后，都对鲍叔牙说："管仲凭什么比你拿得多？还是不要和他合伙干了。"而鲍叔牙则不以为然："管仲是因为家里穷，想给家里多一些补贴才那样做的。"后来，鲍叔牙又和管仲一起参军。在每次行军打仗，进攻时管仲总是落在队伍的最后，而撤退时又跑到了队伍的最前面。大家都说："管仲胆怯，根本不配做将士。"鲍叔牙却说："他家里有老母亲等奉养，我们应该多体谅才对。"

齐国内乱，鲍叔牙辅佐公子小白，管仲辅佐公子纠。为了帮公子纠夺取君位，管仲差一点射死公子小白。公子小白成为国君（齐桓公）后，痛恨管仲，便囚禁起来准备杀死。而鲍叔牙却找到齐桓公，竭力向他推荐管仲，并最终说服了国君让管仲担任相国，而他自己甘愿做管仲的手下。管仲相齐，是历史大事，他帮助齐桓公成就霸业，名标青史。在与鲍叔牙相交的日子里，管仲常常深有感触地说："生我者父母，知我者鲍叔牙也。"他们的这段友谊，被后人美誉为"管鲍之交"。

鲍叔牙这样的人才是真正的朋友，在与管仲交往的过程中，他仗义疏财，重感情，讲原则，成就一段历史佳话。真朋友会在你烦闷的时候为你排解忧愁，带去欢笑；在你遇到困难的时候，他会适时地伸出双手，帮你解脱困境；而在你得意的时候，他们则会让你时刻保持着清醒。这样的朋友是用金钱买不得到的，只有用你的真心才能换到。也就是说，朋友间的友谊是靠双方间的情义维系下去的，只有重情义的人，才能算作你真正的朋友。

可惜的是，在我们的生活中，人们的交际活动，总会与利害关系相关联。有的人只能称得上是酒肉朋友，根本就靠不住。因为，这种人的"友情"是建立在相互利用的基础之上，一旦对方没有了利用价值，就会分道扬镳，各走各的。对此，孔子在《里仁篇》中就曾说过，"君子喻于义，小人喻于利"。在孔子看来，只有重情义的君子，才能交到真正的朋友。而在小人的眼中，只有利而没有情义，因此它们是交不到真心朋友的。

因此，我们大家在交友的时候，一定看清对方是真君子还是真小人。毕竟在我们所结识的那些朋友当中，真正的良朋益友并不多，而恶朋佞友却不少。但是，我们应如何区分哪些人才是值得交往的朋友呢？

首先要以诚交友。真正的朋友之间，除了"义"字之外，最重要的就是坦诚相对。若是想结识到真心相交的朋友，那你就得拿出自己的真心。也应将利害关系摒除在外，以最真实的情感进行交往。其次，交友必须讲原则。应该结交那些有道德、有修养的人，远离小人。在交友的时候，要有原则，不能过分介入别人的生活，也不要强人所难。

我们每个人都需要朋友，也都离不开朋友。只是在择友之前，大家一定要先看清对方的为人。对于已经存在的朋友，也要小心经营，好好珍惜你们彼此之间的这份情谊，这才是交友之道。

【原文】

　　10.24　寝不尸，居不容①。

【注解】

① 居：家居。容：作动词，意为讲究容仪。

【译文】

　　孔子睡觉时不像死尸一样直躺着，在家里并不讲究仪容。

【精读论语】

家是放松的地方

这里描写是孔子在居家之时的生活情形，他姿态自然，非常放松和随意，完全没有平日那种严谨拘礼的表现。比方说，他睡觉时的姿态就很随意，没有那么多的讲究，坐姿也很放松。可以说他在家中的生活，与平常人是一样的。关于孔子的日常生活，《述而篇》中也有描写，即"子之燕居，申申如也，夭夭如也"。若与本章结合起来，我们就会发现，孔子在生活中的形象，是很随意的，和普通人没有什么两样。这种生活的散淡和悠然，让我们看到了孔子在生活中最自然的一面。

孔子的做法是一种身教。他告诉我们，生活是美好的，也是轻松惬意的，尤其是在家的时候，应该享受自在的生活。我们要知道，家不仅仅是一个院子和几间房子的有限空间，它还是我们安放身心的温暖场所。在这个地方，我们不必死守规矩，可以卸去在外的所有伪装，放下自己身上那副沉重包袱，悠然体味生活。

放松身心，挑食心境，在现代生活中更为重要。当前，人们为了谋取生计，不得不戴着面具生活下去，这样做不但劳心还劳力。而且，随着现代生活节奏的加快，人们不但得时刻保持在高度戒备的精神状态上，还要承担着巨大的心理压力。这种情况长期持续，人们的内心肯定会感到疲倦和烦躁，不论是身体还是心理，都处在亚健康状态，甚至罹患心理疾病。反过来，人们又带着这种负面情绪去工作，由此就会形成难以摆脱的恶性循环。

此时，家的作用就显现出来了，在这个地方，你不需要戴着面具生活下去，可以将自己最真实的感情显露出来，轻轻松松地过日子。而且，你在这个地方，还可以尽情发泄，将你心中的不快与压力统统释放出来，缓解一下你在心理上的疲劳。同时，你也不必为此承担责任，也没有人会让你负责。因为，在这里有你最亲近的人，他们不会因为你的懒散和"无理取闹"而动怒，只会给予你安慰和鼓励。

家是一个很神奇的地方。它就像是一束温暖的阳光，可以将人们内心的坚冰融化掉；又像是一个温馨的港湾，可以为穿梭于人海的人们遮风挡雨。在这里我们不会感到丝毫的不安与紧张，有的只是不尽的温暖与轻松。

在跟孔子学习闲居生活的同时，我们还应注意到办公的问题。孔子闲居在家，过的是个人的私生活，享受的是人生的平淡和对自我的放松。而外出办公，就没有了这份悠闲，因为他要处理政务，不得不谨慎处之。在家就过家庭生活，在朝则考虑国家事务和民众福祉。不论在什么场合，都做该做的事情，这才是孔子的人生之道。

【原文】

10.25 见齐衰者，虽狎，必变。见冕者与瞽者，虽亵，必以貌。凶服者式之①。式负版者②。有盛馔，必变色而作③。迅雷风烈，必变。

【注解】

①式：通"轼"，古代车前横木。用作动词，表示伏轼。②版：古代用木板刻写的国家图籍。③作：站起来。

【译文】

孔子看见穿丧服的人，即使是关系亲密的，也一定会改变神色。看见戴着礼帽和失明的人，即使是很熟悉的，也一定表现得有礼貌。乘车时遇见穿丧服的人，便低头俯伏在车前的横木上表示同情。遇见背负着国家图籍的人，也同样俯身在车前的横木上表示敬意。有丰盛的肴馔，一定改变神色，站起来。遇到迅雷和大风时，一定改变神色。

【原文】

10.26 升车，必正立，执绥①。车中，不内顾，不疾言，不亲指。

【注解】

①绥：上车时扶手用的索带。

【译文】

孔子上车时，一定站立端正，拉住扶手的带子登车。在车中，不向里面环顾，不快速说话，不用手指指画画。

【精读论语】

出行的礼仪

本章描写的是孔子乘车时的一些小细节，这些举动反映出孔子时刻遵循礼仪的严谨生活态度。古时的车驾并不像现在的私家车这般普及，那是一种身份的象征。孔子登车时,正立执绥,既有安全的考虑,也是正身正心的表现。在车中不大声说话,是为了不惊扰到驾车的人,是为安全驾车,这与今日我们所提倡的不与司机交谈的道理一样。而他不左右环视,也不用手指指点点,则是为了避免让人产生疑惑,造成不好的影响。

孔子的行为提醒我们,在出行时一定要注意相关礼仪。当然,由于时代的差异,孔子时代车子已经成为难觅的古董,他的登车之举我们也无从学起。但是,我们出行时乘用飞机、轮船、火车、轿车乃至公共汽车等交通工具时,也同样需要礼仪。

不管乘用哪种交通工具,首先要注意的是安全。特别是飞机、轮船、火车和公交车这些公共交通,必须遵守相关规则。登门时要特别注意,要抓稳扶稳,不要争抢拥挤,保证自己和他人的安全,以免发生不幸事件。当进入这些交通工具内部时,注意找到自己的座位,不要占用太多空间。在飞机和车船里,不要大声说笑喧哗,以免影响他人。同时要注意自己的仪容,不要脱鞋,或者把脚伸得老远。

除了这些需要遵守的共性礼仪,不同的交通工具也有特殊的要求比如,在公共汽车上,上车后不要堵在车门处;上车后要及时买票,注意给老人和需要帮助的人让座等。在火车上,要注意安放好自己的行李,不食用有异味的食物,不进行娱乐活动等;在轮船上,不要在甲板上打手电筒,随意挥舞衣服等;在飞机上,不要贸然与邻座讲话,不要频繁呼叫乘务员,更不要在点餐时提出过分要求。与乘用公共交通相比,乘用私家车主要应注意安全问题,注意不要与司机讲话,不要在车内大呼小叫,以免惊扰驾车者。

这些具体而微的礼仪,体现两条原则,第一是安全原则;第二是不影响他人原则。把握了这两点,就等于领悟了孔子乘车的精髓。

但是,在公务接待时,乘用公务车那可是大有讲究的。比如座位,双排五人座轿车。乘坐主人驾驶的小轿车时,副驾驶座是最尊贵的座位。前排的座位比后排的座位尊贵,右座比左座尊贵,后排中座最次。乘坐由专职司机驾驶的小轿车时,后排右座是最尊贵的座位。后排的座位优于前排,依然是以右为尊,后排中座稍次,副驾驶座最次。乘坐专职司机驾驶的五人座轿车时,应请贵宾在司机身后的座位就座。陪同领导乘坐机关公用轿车时,应请领导坐在后排右座上。

不管乘坐何种轿车，都要请尊者、长辈先上车，坐到上座，位卑者要先行下车，为尊者打开车门。男女同车时，男士应主动为女士开车门。若男士的职务或身份高于女士，则不必讲究。乘车时，要自觉保持车厢内的整洁。在车厢内要保持得体的仪表，不随便脱外衣，不高声喧哗，或者和旁边的人大声说笑。上下车的时候，要保持自己优雅的形象。

【原文】

10.27　色斯举矣，翔而后集。曰："山梁雌雉，时哉时哉！"子路共之^①。三嗅而作^②。

【注解】

①共：通"拱"，拱手。②嗅：当作"狊（jù），张开两翅的样子。

【译文】

（孔子在山谷中行走，看见几只野鸡。）孔子神色一动，野鸡飞着盘旋了一阵后，又落在了一处。孔子说："这些山梁上的母野鸡，得其时啊！得其时啊！"子路向它们拱拱手，野鸡振几下翅膀飞走了。

【精读论语】

善于把握时机

关于这一章内容和内涵，历来众说纷纭，我们姑且采用朱熹的说法。这则故事是说，孔子与子路在山梁之间散步，看到几只野鸡停在山涧处。这几只野鸡很聪明，看到孔子的脸色有变，就立即飞了起来。对此，孔子大发感慨，"时哉！时哉！"鸟禽尚知把握好时机溜之大吉，更何况我们人呢？

不管内容如何，孔子所发出的感叹是确定的，也就是说，孔子认为时机对一个人来说太重要了。不管你才能多大，德行多高，如果没有很好的时机，缺少必要的机遇，也是不能获得成功的。我们都知道，孔子周游于列国，整日里东奔西走，但到头来却没有什么收获。这并不是因为孔子德行能力不够，而是没有得到恰当的时机。

在 70 岁之前，姜子牙虽有绝世之才，但是由于纣王昏庸无道，根本没与施展的机会。当时，西方的诸侯国周正在兴起，西伯侯姬昌求贤若渴。为了寻找机会，姜子牙离开商都，来到西周渭水之滨，隐居于磻溪，静观时局的变化。终于有一天，姜子牙巧遇西伯姬昌。一番交谈之后，姬昌被他的学识渊博和智慧谋略所震撼。于是亲自把他扶上车辇，载回宫中。接着，又拜姜子牙为太师。从此，姜子牙英雄有了用武之地，辅佐周武王灭掉商朝，创建西周。姜子牙的成功，就在于得到时机。这个时机，既是西伯侯姬昌给他的，也是他自己找来的。

当然，仅仅有时机还是不够的，更重要的是要把握时机。秦朝灭亡以后，刘邦项羽发生楚汉之争，楚强而汉弱。为了帮助项羽解决心腹之患，实现一统天下的梦想，谋士范增设下鸿门宴，打算当场解决刘邦。但是，在大好的时机面前，项羽犹豫了，也将可以除掉刘邦的机会丢掉了。最终，等着他的结果就是含恨自刎于乌江。对项羽来说，历史不是没有给他时机，而是他个人缺少把握时机的能力。

这就是不同的人，在同样的机遇面前作出不同选择的结果。虽说成者为王，败者为寇，但是又有谁能够否定这一切不是失败者在自掘坟墓呢？倘若项羽在当时清醒一点儿，借机杀掉刘邦的话，恐怕历史都要更改了。

政治军事如此，商业也是如此。我们都知道，比尔·盖茨在上学的时候，曾以优异的成绩考入哈佛大学。当他看到了电脑技术在社会应用上的巨大潜力后，就觉得自己上大学简直就是在浪费生命。因此，他决定退学，开创一个属于自己的商业帝国。事实证明，他当初的选择是正确的，他适时把握住了最佳的时机，经过不懈的努力，终于获得了巨大的成功，并长期占据着世界财富榜的榜首位置。

正所谓，机不可失，时不我待。在我们一生当中，所有的时机都会像流水一般匆匆地流过你的身旁。至于能否获得最终的成功，除了需要大家努力提高自身的修养以外，还要看大家把握时机的能力。因为，只有那些善待时机，且懂得适时出手的人，才会成为最后的赢家。不过，有一点我们应当明白，并不是所有的机会都是好机会，大家不能盲目地把握那些不好的时机，在作出决定之前，还应分析一下它的可行性。否则的话，盲目投机，换来的只是失败的痛苦。

先进篇
第十一

【原文】

11.1　子曰："先进于礼乐，野人也[1]；后进于礼乐，君子也[2]。如用之，则吾从先进。"

【注解】

① 野人：乡野平民或朴野粗鲁的人。② 君子：指卿大夫等当权的贵族。他们享有世袭特权，可以先做官，后学习。

【译文】

孔子说："先学习了礼乐而后做官的，是原来没有爵禄的平民；先做了官而后学习礼乐的，是卿大夫的子弟。如果让我来选用人才，那么我赞成选用先学习礼乐的人。"

子曰：先进于礼乐，野人也；后进于礼乐，君子也。

【精读论语】

孔子的用人标准

孔子在这里谈的主要是自己的用人标准，即任人唯贤。应该注意的是，孔子所说的"先进于礼乐"是指先学习礼乐再入世做官，而野人则是指出身下层、家境普通或贫寒的平民。"后进于礼乐"则是指先得到官位后学习礼乐，不习礼乐而能身登官位者，显然都是贵族世家子弟。择人任职之时，如果有"后进"和"先进"两种人可供选择时，孔子主张选择后者。

之所以这样说，孔子是经过深思熟虑的。他认为，先学习礼乐再做官的平民有诸多优势。首先，这些出身于下层的人，虽然面临着困难的生活和艰苦的条件，却能坚持修身养性、学习礼仪，足见其志向远大、情操高洁，有着救世济民的情怀。这样的人，对礼乐精神和仁爱之道的坚守，显然出自淳朴的热爱和真诚的服膺，如果有机会当政，他们必然能够用心实践礼乐、教化民众，维护社会秩序与稳定，进而推动社会的发展。其次，由于出身于社会下层，这些人比较了解广大普通民众的情况，入仕后又有机会了解社会上层情况。所以，他们对国家现状有着清醒而全面的认识，这种优势使他们在制定相关政策、确定治理方式时，有着比较周全的考虑，能顾及各方面的利益，不至于有大的偏颇和失误。历史上，许多名臣都属于后进者，典型的有三国时期的诸葛亮和宋代名臣范仲淹等人。他们的品行和作为，也证明了孔子观点的正确性。

出身达官显贵的后进者，由于祖先的庇护，能够轻易取得高官厚禄。因为不经奋斗就可以如愿以偿，他们就没有努力学习各种知识或者认真修养品德博取声望的动力。之所以学习礼乐，也往往是处于入仕以后任职和社交的需要。故而，他们对礼乐的了解多半只触及皮毛，缺乏真正的礼乐精神；言谈举止等个人修养，也非出于本心，自然流于肤浅。再者，高贵的出身很可能使他们失去对现实的全面认识，在执政时很容易变得主观化，很可能会误国误民。

在选官用人上，孔子显然更注重那些个性质朴、真诚向善、出身低微之士，这种用人标准，在今天仍具有相当重要的参考意义。一个高素质、高水平的领导，在选拔与任用干部时，要多考虑品德才能，少考虑出身背景。不论是政界、商界还是其他领域，都需要那种道德高尚、富有才华的后进者。这样的后进者，通常会把自己的坚定信念、丰富阅历、高尚情怀，体现到社会管理和企业管理工作的方方面面，必然会推动其事业的蓬勃发展。当然，我们选用人才既不可歧视平凡出身，也不可刻意规避高层出身，当以德才兼备为标准。

【原文】

11.2 子曰："从我于陈、蔡者①，皆不及门也②。"

【注解】

①陈、蔡：春秋时的国名。孔子曾在陈、蔡之间遭受困厄。② 不及门：有两种解释：一、指不及仕进之门，即不当官；二、指不在门，即不在孔子身边。今从后说。

【译文】

孔子说："跟随我在陈国、蔡国之间遭受困厄的弟子们，都不在我身边了。"

【原文】

11.3 德行：颜渊，闵子骞，冉伯牛，仲弓。言语：宰我，子贡。政事：冉有，季路。文学①：子游，子夏。

【注解】

① 文学：文献知识，即文学、历史、哲学等方面的文献知识。这里文学的含义与今相异。

【译文】

（孔子的弟子各有所长）德行好的有：颜渊，闵子骞，冉伯牛，仲弓。娴于辞令的有：宰我，子贡。能办理政事的有：冉有，季路。熟悉古代文献的有：子游，子夏。

【精读论语】

各有所长

孔子在这里介绍了"四科十哲"，实际上意在说明人各有长处，不必求全责备；用人应用其长处。

在这里，孔子点评了自己的几位得意门生，指出他们各自的优长所在：颜渊、闵子骞、冉伯牛、仲弓等人在德操方面成就较高；宰我和子贡善于交际演讲；冉有、季路善于处理政治事务；子游、子夏则通晓古代典籍制度。

其实，他的这十位弟子并非仅在一方面有所长，而是涉猎广泛，比如仲弓曾婉拒季氏宰，而孔子曾称其"可使南面"，可见其政事之高，闵子骞、颜回亦然；宰我之政才、子路之将才曾令楚臣闻之色变，冉有更是曾助鲁败齐；子游、子夏曾任武城宰、卫行人和莒父宰；子贡"常相鲁、卫"，又能经商理财。

孔子之所以把他们归入四科，说明他在重视学生们全面发展的同时，更注重培养他们的特长。如此视角，对当今的领导者颇有启迪。

孔子的话提醒我们要客观看待人的长处和不足，不可苛求全才。读了孔子这段话，每位领导都应该明白，古今中外，凡有所长者必有所短。圣人门下四科全通之人尚且不见，更何况区区凡俗。众所周知，人的精力是有限的，多数个体在发展过程中，很难顾及每一方面；加上各人的天赋和兴趣多有不同，所以每个人都会有长处，也会有短处。比如项羽，虽擅长行军打仗，但却拙于识人用人。

认识到这个道理，领导者就可以清醒地认识和看待下属。当然，察人、知人只是基础，善任才是最终目的。领导者应该在正确评估下属能力的基础上，避其所短，用其所长。只有量才而用，让每个人都去做自己最擅长的事情，才能激发他们的潜力；只有知人论事、择而用之，才能人尽其才、才尽其用。比如刘邦让韩信去打仗，让张良出谋划策，让萧何去治理后方、负责后勤。如此，刘邦几乎是如鱼得水，正是在他们的帮助下，他才得以最终击败楚霸王，创建汉室。具体到现实社会，作为领导，就应该像刘邦那样，准确评估下属的长短优劣，为其安排最合适的职位和工作，发挥他们的长处，这样就有可能快速取得成功。同时，领导者还要善于发现和培养下属的长处，不应只看到下级短处或因一次失败就全面否定。

作为普通人，除了知人，更要有知己的智慧。只有清楚自己的长处与短处，才能够扬长避短，有方向地发展自己。如果能做到将事业与个人兴趣相统一，则更容易取得成功。

事实表明，个人只有发挥自己的长处，才能最大限度地实现自己的价值；团队里，只有各成员都发挥各自长处，做好本职工作，整个团队才能安定和谐，运作出色。团体如此，民族国家也不例外。

【原文】

11.4　子曰："回也非助我者也，于吾言无所不说。"

【译文】

孔子说："颜回不是对我有所助益的人，他对我说的话没有不喜欢的。"

【原文】

11.5　子曰："孝哉闵子骞！人不间于其父母昆弟之言①。"

【注解】

①间（jiàn）：空隙。用作动词，表示找空子。不间，找不到空子。

【译文】

孔子说："闵子骞真是孝顺呀！人们对于他的父母兄弟称赞他的话没有异议。"

【精读论语】

至孝的境界

中国有句古话说"百善孝为先"，另有二十四孝的故事和《孝经》传世，足见社会对孝的重视。孔子在这里不吝美言地极力赞扬闵子骞，也正是由于其事亲至孝的缘故。

很多人可能对闵子骞所知不多，但相信不少人对"鞭打芦花"的故事都有所耳闻。据说闵子骞10岁时丧母，其父续弦再娶，后母带来两个弟弟。后母对家里的三个儿子态度迥异，颇有偏私之心。冬天到了，她为自己的孩子做了又厚又暖的棉衣，却为闵子骞做了一件芦花衣。芦花衣内缝芦花，外表蓬松柔软却并不御寒，所以闵子骞经常被冻得打哆嗦。有一次父亲外出，闵子骞驾车，手冻得抓不住缰绳和马鞭。其父见状非常生气，一把夺过鞭子向他抽去。鞭子将衣服抽破了，芦花露了出来。闵父大惊，带着他回家质问后母，想休了她。但闵子骞跪在地上为后母求情，说"母在一子寒，母去三子单"。其父这才平息怒气，后母从此后改过自新，一家人和睦起来。后来，闵子骞拜孔子为师。孔子听说这件事后，对其大加赞赏。在孔子眼里，闵子骞可谓至孝。

按照古代的标准，做孝子颇有点难度，达到至孝境界更难。孝顺的标准既包括爱惜发肤、关爱父母，又包括立身行道、光宗耀祖。总之，标准细致周全，较难把握。

留名青史的古代孝子多数不仅能供养父母，使其衣食无忧，还能克制自己，顺从父母。为了家庭的和睦和家人关系的和谐，这些人能忍受他人难以想象的委屈和困难。此类人多数具有大局观，注重与人为善；不仅自己修身，而且还能感召他人。闵子骞是至孝的典型代表，另一个达到至孝境界的是舜。舜屡次受到生父、继母和兄弟的陷害，数度死里逃生，但是始终坚持孝顺父母、爱护兄弟，最终感化了家人和世人。

孝的精神与要义，不仅包括使父母衣食无忧，为其养老送终，更包括尊重父母，使其精神和心灵感到愉快。而后者尤为重要，做到这一点才算是至孝。中国历代社会之所以提倡至孝，其原因也在于孝一向被儒家认为是仁爱的根基，对个体和团体都具有重要意义。

孝是爱心的表现，小则可以修身齐家，大则可以使社会安定。孝子多数具备仁爱之心。他们德行高尚，注重修身养性。这样的人能尊敬父母，也能爱护兄弟，更能厚待他人。其品行人格被他人仰慕、爱戴，其行为举止也会被人效仿，因此具有了巨大的感染力，社会也会因此而变得安稳和睦。

孝是为人处世的根本和做人的基本要求，历来不孝之人不仅不受人欢迎，多数还很难有所成。不孝者既不能热爱自己的父母，就更不会热爱他人与社会。这些人本质上极端自私，既无爱心亦无公德心，所以很可能会因为一己利益而损害他人甚至群体的利益。这样的人不仅在家里难以得到支持，在外界更难得到他人的信服与帮助，终究会因声名狼藉受到公众抵制与孤立。

当然，古人至孝的标准未免过于严苛，某些地方甚至不近情理。古代孝子强调绝对服从父母，不论父母对错，稍有反抗即被视为不孝。若父母决策失误，很容易造成悲剧，所以现代人大可不必过分局限于上述标准。当父母有了错误决定，我们应理智面对，敢于说服甚至反对。当然，在说服或反对的过程中也要注意分寸，态度上要恭谦尊敬，言辞上要晓之以理。虽然现代人已经没有必要压制自己的个性和想法，但桀骜不驯和过度叛逆也是不可取的。

【原文】

11.6 南容三复"白圭"①，孔子以其兄之子妻之。

【注解】

① 三复白圭：多次吟诵"白圭"之诗。《诗经·大雅·抑》有诗句"白圭之玷，尚可磨也；斯言之玷，不可为也。"意思是白玉上面的污点，还可以把它磨掉，但说话不谨慎而出错，却是无法挽回的。南容三复白圭，目的是告诫自己说话要谨慎。

【译文】

南容把"白圭之玷，尚可磨也；斯言之玷，不可为也"几句诗反复诵读，孔子便把自己哥哥的女儿嫁给了他。

【原文】

11.7 季康子问："弟子孰为好学？"孔子对曰："有颜回者好学，不幸短命死矣，今也则亡。"

　　季康子问："你的学生中哪个好学用功呢？"孔子回答说："有个叫颜回的学生好学用功，不幸短命早逝了，现在没有这样的人了。"

季康子问：弟子孰为好学？

【精读论语】

真正好学的人太少

　　这是孔子与季康子的一段对话。季康子问孔子，他的弟子中有谁好学，孔子回答是颜渊好学，不过短命早逝，他死后就没有好学的人了。

　　在孔子的学说中，仁是最核心的观念，以仁为中心，孝、礼、勇、智、忠恕等形成了儒学的思想体系。对这个思想体系的理解和把握，就是学问；把它贯彻到自己的生活实践中，就是修养。孔子所说的好学，与现在的好学是有差别的，是对儒家思想的信奉、热爱和真诚实践。这种信奉发自内心，在人的外在行动上表现为一种坚守"仁"的自觉；在生活中，时时处处不离仁的原则，真心实践仁的信条，校正自己的行为，使之与仁的要求保持高度的一致。简而言之，就是做一个高度自觉的儒家信徒。

　　这个标准非常之高，是完全高尚而纯粹的，不含丝毫的私心杂念。因此在孔子看来，世界上真正好学的人太少了。虽然他的门下有弟子三千，贤者七十二，但在他眼里，能无愧于"好学"二字者，唯颜回一人而已。子贡、子路、曾参、有子、子夏等人，虽学识渊博，并被后世高度推崇，但还没有达到"好学"之境。

　　好学的意义十分重大，它是一个普通人超越凡俗、通往圣境的必由之路。人之初生，通过社会的教化，完成了从自然人到社会人的深刻转化。而一个社会人，要想成为社会精神的引导者，成为人类生命的引导者，唯有成为"圣人"一条路，而由凡入圣的第一步就是好学。孔子之所以说好学者只有颜回一人，并不是说其他弟子或其他人不喜欢学习，而是说他们缺乏像颜回那样成为圣人的自觉意识。他人的学习，或为了生活得更好，或为了谋取官职，或为了博取名声，只有颜回，学习的目的就是为了成为人类的精神领袖，成为人类的导师。孔子本人是有这个自觉的，他认为自己弟子虽多，但与他志同道合的唯有颜回。这便是他在不同场合、不同人面前，对颜回倍加赞扬的真正原因所在。

人类社会有别于生物世界之处，在于人类有思想和智慧。这种智能具有两面性，用来造福社会，能给人类带来和平、富裕和幸福；用来祸乱社会，就会带来战争、贫困与苦难。所以，人类社会需要具有高度智慧、深刻思想以及悲天悯人情怀的圣人来指导，否则，人类将会陷入万劫不复的悲惨境地。中国的孔子、印度的佛祖、西方的耶稣，就是这样圣哲，正是沐浴在圣哲的光辉里，人类才一路走来，并创造出灿烂的文明。如果没有这些圣哲仁者的指引，人类的精神将会陷入混乱，社会也会动荡不安，更别奢谈什么幸福、文明与欢乐了。

正是因为圣哲的作用是如此巨大，所以身负如此使命的孔子迫切渴望自己的弟子中能有这样的人出现。但是，这样的人几百年甚至是上千年才有可能出一个，是可遇而不可求的。孔子是幸运的，颜回恰是其选；他又是不幸的，颜回比他更早地离开了人世。提及颜回，孔子总是唏嘘不已，一般人只是认为，这是因为二人师徒情深，哪里知道，孔子心中有着更为深刻的悲情与遗憾。

【原文】

11.8　颜渊死，颜路请子之车以为之椁①。子曰："才不才，亦各言其子也。鲤也死②，有棺而无椁。吾不徒行以为之椁③。以吾从大夫之后④，不可徒行也。"

【注解】

①颜路：颜渊的父亲，也是孔子的学生，名无繇（yóu），字路。椁（guǒ）：古代棺材有的有两层，内层叫棺，外层叫椁。②鲤：孔鲤，字伯鱼，孔子的儿子。③徒行：步行。④从大夫之后：跟随在大夫行列之后。孔子曾经做过鲁国的司寇，属于大夫的地位，不过此时已去位多年。

【译文】

颜渊死了，他的父亲颜路请求孔子把车卖了给颜渊做一个外椁。孔子说："不管有才能还是没才能，说来也都是各自的儿子。孔鲤死了，也只有棺，没有椁。我不能卖掉车子步行来给他置办椁。因为我曾经做过大夫，是不可以徒步出行的。"

【原文】

11.9 颜渊死，子曰："噫！天丧予！天丧予！"

【译文】

颜渊死了，孔子说："唉！上天是要我的命呀！上天是要我的命呀！"

【原文】

11.10 颜渊死，子哭之恸①。从者曰："子恸矣！"曰："有恸乎？非夫人之为恸而谁为②！"

【注解】

① 恸（tòng）：极度悲哀。② 夫（fú）：指示代词，此处指颜渊。

【译文】

颜渊死了，孔子哭得极其悲痛。跟随孔子的人说："您悲痛太过了！"孔子说："有悲痛太过了吗？不为这样的人悲痛还为谁悲痛呢？"

【精读论语】

表达真性情

这章短文的意思很简单：弟子颜回死了，孔子忍不住伤心地放声大哭。其他徒弟看到老师哭得伤心，觉得于礼不合，便提醒孔子不要过于悲痛。孔子回答说："我哭得太悲痛了吗？不为这样的人悲痛还为谁悲痛呢？"

最好的弟子颜回死
了，自己唯一的接班
人没了，儒学传世的希望
也因此变得极其渺茫，
孔子自然会悲叹并大
哭。从文中孔子的言语
中，我们不难看出他内
心已经悲不自胜。但他
不压抑感情、合理处置

颜渊死，子哭之恸。

身与心的关系之做法，不仅使他的形象更加鲜活，还给予了后人无
穷的启发。

其实，不矫饰不造作，敢于流露真情的行为和儒家理念并不矛盾。
儒学在处理个人与社会、个人与个人之间的关系时，要求个体的言
行要绝对符合社会的礼制，目的是调节国家的等级秩序和人际伦理
关系。因此，等级与秩序始终是首要标准。而在处理个体的身心方面，
则比较灵活。

虽然儒家也提倡适度，但面对继承人早逝与学术思想后继无人
的问题时，孔子的坦诚、失态与痛哭反而显得合情合理。颜回是他
最喜爱，也是最有希望继承衣钵的人，他死了若不痛苦反而显得有
些不及。如果是一般人，这样哭就的确是过了。换言之，从问题轻
重不同和表情达意方式差异来看，孔子此时此地的痛哭既至情至性
又合乎礼仪。

之所以倡导人们勇于表达真性情，是因为这种做法的确有很多
好处。最直接的是，顺畅地表达感情，能让自己的快乐或痛苦得以
舒解。俗话说言为心声，人终究是感情动物，内心情感终究要表达
出来，不然的话就会郁结在心。高兴时表达快乐情绪，可以让自己
身心更加愉悦，并感染他人；痛苦时敢于发泄，更有利于身心。

敢于表达真性情对个体的人际关系和社会稳定都有好处。表达
真性情者多直爽坦诚，容易受人信赖，也容易交到知心朋友，受到

众人欢迎，因此人际关系较好。表达真性情可使身心愉悦或压力缓解，这样就可以减少因无处发泄不满而产生的破坏行为。社会管理机构也能因此了解基层民众的想法，及时纾解民怨，维护社会稳定。

过分压抑感情会使个体身心受损。欢乐时不表达是一种遗憾，痛苦时不表达则会因压力而有损身心。一个人若过分压抑感情，很容易给人虚伪的印象，很难得到知心朋友。如果刻意压制自己的感情，久而久之，就会因不良情绪无法发泄而充满破坏欲。如果理智无法制约这种破坏欲，就有可能造成严重的恶果。

【原文】

11.11　颜渊死，门人欲厚葬之。子曰："不可。"门人厚葬之。子曰："回也视予犹父也，予不得视犹子也。非我也，夫二三子也。"

【译文】

颜渊死了，孔子的学生们想要厚葬他。孔子说："不可以。"学生们还是厚葬了他。孔子说："颜回把我当父亲一样看待，我却不能像对待儿子一样看待他。这不是我的意思呀，是那些学生们要这样办。"

【原文】

11.12　季路问事鬼神，子曰："未能事人，焉能事鬼？"曰："敢问死①。"曰："未知生，焉知死？"

【注解】

① 敢：冒昧之词，用于表敬。

【译文】

季路问服侍鬼神的方法。孔子说："人还不能服侍，怎么能去服侍鬼神呢？"季路又说："敢问死是怎么回事。"孔子说："对生都知道得不清楚，哪里能知道死呢？"

注重现实

本章所记孔子言论，主要表达的是他对现实、理性和实用的重视。

子路问鬼神生死之事，孔子的回答则举重若轻，巧妙地将鬼神与生死等空而大，以及玄远幽冥的问题转移到了人生人世上。孔子的这个态度，使儒家学说最终形成了实用理性的特色，对中国古代哲学和传统文化产生了深远而巨大的影响。中国文化的这个特色，与印度文化、西方基督教文化都大相径庭，别有旨趣。无论是西方文化，还是印度文化，对神灵都是顶礼膜拜、高度重视，并借用神灵意志指导现实。而中国文化则把目光盯在现实人生上，着力追求社会安定，强调人生幸福。

对于鬼神和生死等问题，孔子一向持存而不论的态度。之所以如此，大概有如下原因：

首先，鬼神等虚幻之事本就难以说明。鬼神观念起源于远古万物有灵的思想，有着悠久的历史。因鬼神乃是幽冥之事，看不见，摸不着，无法进行实践性研究，更无法彻底讲明。所以，对这些不确定的东西，既无法确实肯定，也不能彻底否定，存而不论无疑是最科学的态度。

另外，儒家学说本就是一门重视现实，关注现世今生的理性学说。儒学讲究仁、礼，重点在于修身养性，调节个体与社会的关系，目的也是为了维护社会秩序，本质上说，儒家学说是积极入世的。对这些与现实人生关系较为疏远的鬼神之事，孔子并不把它列为研究的重点，所以也不把话题往这方面引导。

死亡的问题也与鬼神问题类似，所以，夫子也秉持相同的态度。孔子和儒家真正关注的是现实人生，是世俗的成功与快乐。在孔子眼里，研究人，研究人性，研究人际关系，研究人与家国的关系，研究社会和谐稳定等现实问题，都要比研究鬼神与死亡迫切和重要得多。同时，这些问题，也有足够多的现实事例，完全可以从历史与现实之中总结出相关的规律性的东西，用以指导世人，引导社会，造就一个人人安乐的大同社会。正是孔子的这一态度，造就了中国文化重视现实、不谈神鬼等虚妄之事的重要传统。

孔子注重现实，回避鬼神死亡之事的观念，对我们有着重要启迪。鬼神死亡之事，固然可以为现实世界的人们提供某种精神寄托，乃至提供心灵向导，但这一切，归根结底是为了帮助现实世界的人们获得安慰和某种精神归宿，是为了现实人类的幸福。与其这样绕一个大弯子，还不如学习孔子，把目光、精力和思想直接投射到现实社会。通过研究现实社会的种种问题，找出人类社会不合理、不公平问题的症结所在，思索并探讨解决这些问题的途径和方法，并总结人类历史上相关的经验教训，提出前瞻性的思路，引领人们走向现实的成功，倡导世人享受现实的快乐。这也许俗了点，但是俗得有意义，也有价值。

这里再说明一下，对神灵与死亡，孔子并不是持排斥态度，也没有说它毫无意义，只是面对相关问题存而不论。

【原文】

11.13 闵子侍侧，訚訚如也；子路，行行如也①；冉有、子贡，侃侃如也。子乐。"若由也，不得其死然②。"

【注解】

①行（hàng）行：刚强貌。②然：用法如"焉"，可以译为"呢"。

【译文】

闵子骞侍立在孔子身边，样子正直而恭敬；子路是很刚强的样子；冉有、子贡的样子温和快乐。孔子很高兴。但他说："像仲由这样，恐怕得不到善终。"

【原文】

11.14 鲁人为长府①。闵子骞曰："仍旧贯②，如之何？何必改作？"子曰："夫人不言，言必有中。"

① 鲁人：指鲁国的执政大臣。长府：鲁国贮藏财货的国库名。②仍：沿袭。贯：事。

【译文】

　　鲁国的执政大臣要翻修长府。闵子骞说："照老样子不好吗？何必一定要翻修呢？"孔子说："闵子骞这个人平常不大说话，但一开口必定说到要害上。"

【精读论语】

成由勤俭败由奢

　　这里，孔子通过赞赏闵子骞来表达自己崇尚节俭、爱惜民力的政治主张。孔子的儒家学说虽为封建统治者服务，但他也主张爱人、强调德政。他希望执政者通过农工商并重利民、富民，同时倡导减赋节用、去奢从俭，反对统治阶级的过分盘剥和奢侈浪费。不仅孔子重视节俭，道家创始人老子也说过："吾有三宝，曰慈，曰孝，曰俭。"

　　在孔子等先哲看来，统治者的节俭对治理国家来说，有着非同寻常的意义。在那个生产力落后的时代，社会资源极为匮乏，统治者的节俭，有时可以使大批平民免于饥荒；而统治者的奢华无度，极有可能陷百姓于水火之中。可以想象，如果统治者个人欲望膨胀，想要过更为奢华的生活，住更华丽的宫殿，占有更多的美女，那便会对人民征收更多的赋税，要人民服更多的徭役。如此，人民必然生活艰难，怨声载道，国家必然不能安定。更进一步，有的统治者对内横征暴敛，仍不能满足，还想占有别国的珍宝、美女、土地，那么，战争便来了，这个国家就更不安定了。相反，如果统治者能够克制自己的欲望，崇尚节俭，那么国家对人民的征敛必然比较少，对人民的骚扰也会比较少。同时，各级官僚也会效仿统治者克己，不因追求奢侈的生活而过度盘剥人民。如此，人民生活便会安定幸福，国家自然便治理好了。正是因为这个机理，孔子认为，一个人修身的道理用到治国上，便可以治理好国家。因为说到底，修身便是克制欲望，治国最关键的地方也在这里。

历史证明了孔子的睿智，后世无数的实例证明，"成由勤俭败由奢"确实是颠扑不破的真理。西汉初年，由于多年战乱，国家和社会都极度贫困，高祖刘邦甚至连四匹纯色的仪仗用马都凑不齐。为了巩固统治，西汉采取与民休息的政策。到了汉文帝的时候，他自己以身作则，躬行节俭，他在位 23 年，宫室、园林、服饰、车驾等都没有增添。有一次，他打算建造一座露台，招来工匠一算，造价要上百斤黄金，相当于十家中等平民的家产，便放弃了。他本人平时穿的都是用粗糙的黑丝绸做的衣服，就连他宠爱的慎夫人，也不准穿拖地长裙，不准使用绣彩色花纹的帏帐。文帝为自己预修的陵墓，不准用金银铜锡等金属做装饰，只使用瓦器，也不修高大的坟堆。他以自己节俭的美德，开创了千古流芳的"文景之治"。

而那些放纵自己的欲望暴民虐民者，多数难逃失败的命运。此类统治者眼界狭隘、贪图享乐，或声色犬马、纸醉金迷，毫无恤民之心。他们以一己享受为最终目的，以无休止的掠夺与役使民众为乐事。其所统治或领导的社会贫富分化严重、阶级压迫惨烈，民众衣食不保，终因无法生存而奋起反抗。所以此类统治者多通常会因失去民心而被历史抛弃，其所处社会也会因秩序崩溃而陷入倒退。比如夏桀、商纣，此二人为私利或残害天下，或征战不休，最终都引发百姓奋起抗争，自己也成了臭名昭著的暴君。

即便是现代社会，为政者也要崇尚节俭、爱惜民力。平常要尽量体察民意，制定政策时最好多借鉴民众的意见、倾听民众的呼声。在大力发展经济、富民的同时，更要提高参政者的水平，杜绝奢侈浪费，严防腐败和政绩工程。只有勤俭节约、体察民众才能使社会公平，分配合理，国家政治才会廉明高效、才能使社会秩序稳定，经济不断发展。

【原文】

　　11.15　子曰："由之瑟，奚为于丘之门①？"门人不敬子路。子曰："由也升堂矣，未入于室也②。"

【注解】

① 瑟：古代的一种弦乐器。子路性情刚勇，他弹瑟的音调也很刚猛，不够平和。故孔子批评他说：为什么在我这里来弹呢？　② 堂：正厅，室：内室。先入门，次升堂，最后入室，比喻学问的程度。

【译文】

　　孔子说："仲由弹瑟，为什么在我这里弹呢？"孔子的其他学生因此而不尊重子路。孔子说："仲由的学问啊，已经具备规模了，只是还不够精深罢了。"

【原文】

　　11.16　子贡问："师与商也孰贤？"子曰："师也过，商也不及。"曰："然则师愈与？"子曰："过犹不及。"

【译文】

　　子贡问道："颛孙师（即子张）与卜商（即子夏）谁更优秀？"孔子说："颛孙师有些过分，卜商有些赶不上。"子贡说："这么说颛孙师更强一些吗？"孔子说："过分与赶不上同样不好。"

【原文】

　　11.17　季氏富于周公①，而求也为之聚敛而附益之②。子曰："非吾徒也，小子鸣鼓而攻之可也。"

【注解】

① 周公：泛指周天子左右的卿士。一说为周公旦。② 聚敛：积聚和收集钱财，

即搜刮。

【译文】

季氏比周天子左右的卿士还富有，可是冉求还为他搜刮，再增加他的财富。孔子说："冉求不是我的学生，你们大家可以大张旗鼓地去攻击他。"

【精读论语】

不袒护弟子

我们知道，孔子曾经称赞过冉求在政事上的卓越才能，把他列为四科十贤之一，可见孔子对他的喜爱。但是，冉求违背了儒家一直来倡导的政治主张，帮助季氏聚敛财富、盘剥百姓，他这种为虎作伥的行为为孔子所不齿。孔子没有对爱徒姑息，而是严厉地指出了他的过错，并要所有的弟子对他进行声讨。这一做法体现了孔子以道为重，不论亲疏远近的态度，这种态度很值得管理者学习。

中国社会是一个典型的人情社会，凡事讲感情，而且情有亲疏远近之分，并不是对所有的"情"都一视同仁。一般而言，面对同样的利益时，总是将与自己感情最好、最深的人排在前面，略有感情的次之，熟人又次之，陌生人就只能靠边站了。就算是感情最深的人也分个三六九等，首先是亲属，其次是朋友。亲属当中，首先是有血缘关系的直系血亲，然后是旁门远方亲属。

前面说到，面对利益，人们大多会将与自己关系密切的人排在前面。但是到了犯错违规需要惩处的时候，我们往往会对亲近的人从轻发落，大错小罚，小错不罚，甚至瞒天过海，帮助他掩盖错误。

这就是一般领导者最容易犯的错误，就是常常把公义与私情搞混了，要么因私害公，要么假公济私，这些都是眼光短浅、无视大局的做法。中国古代历史上，有很多朝代都是外戚干政而走向灭亡的。外戚可以说是皇帝的坚实后盾，是皇帝的助力军。外戚和和皇族有着密切的关系，他们有权有势，一旦对他们的管理失误，脱离了皇权的控制，就会酿成大祸。比如说恰恰是以王莽为代表的外戚掌控政权，毒杀皇帝，结束了西汉的统治。再看我国曾经繁盛一时的家族企业，重要岗位无不由家族内部的成员把持，由于身居要职，他们一旦犯了错，往往会对其姑息忍让，这无疑就会对企业造成致命的打击。大多数家族企业都发现了这种经营模式的弊端，纷纷开展改革。如果任由这种经营模式发展，等待企业的必将是失败。

　　亲近的人犯了错，不能装作没看到，不仅应该对其进行处罚，而且要比一般人犯了错的处罚更严厉。不是说中国人重亲情吗，恰恰是从这一角度看，亲近的人犯错更应该重罚。因为既然与你关系密切，他于情于理都应该支持你的工作，因而你对他寄予厚望，希望他能给组织其他成员作表率，因而亲近的人犯了错误，便是对你工作不支持，或者是支持不到位。冲着这一点就应该受罚。

　　亲近的人犯错受到处罚，在组织内部起到的震慑作用大。我们知道，不论什么事情，拿关键人物说事总比拿普通人说事更有说服力。同样一件事，比如说上班迟到，一个是领导亲信，一个是普通员工，如果要借助这件事告诫组织成员戒除不良习惯，那么处罚普通员工就不如处罚领导的亲信效果好。关键人物起着一种表率作用，对其错误行为的处罚能让人们更清楚地理解那些行为是错误的，从而杜绝错误行为的发生。

　　对亲近的人处罚有利于帮助他改正错误，完善自我。不管是否坦言，人都是喜欢听好话的，因而好话大有市场，我们便也都变得善于说好听话了。这里说的不是阿谀奉承、溜须拍马，而是说人们一般会拣顺耳的话说。对和自己地位相同的人如此，对比自己地位高的人更是如此。与领导者关系密切的人，由于这层关系使得他们更难听到中肯的评价，即便是犯了错，也很少有人敢站出来指明。这就需要身为领导者的你为他指出，处罚的同时，也促进了他的进步。

　　处罚亲近的人有助于领导者树威。我们说，在一个组织内部，作为领导者要有让人信服的威望。威望如何树立，方法有很多，重要的一点便是赏功罚过，尤其是罚过，更容易为领导者塑造一种令人敬畏的形象。而对亲近者的处罚，立威的效果更好。

【原文】

11.18 柴也愚①，参也鲁②，师也辟③，由也喭④。

【注解】

①柴：高柴，字子羔，孔子的学生。②鲁：迟钝。③辟（pì）：通"僻"，偏激。④喭：鲁莽，刚烈。

【译文】

高柴愚笨，曾参迟钝，颛孙师偏激，仲由鲁莽。

【原文】

11.19 子曰："回也其庶乎①，屡空②。赐不受命，而货殖焉③，亿则屡中④。"

【注解】

①庶：庶几，差不多。②屡空：盛食物的器皿常常空虚，即贫困。③货殖：经营商业。④亿：通"臆"，猜测，料事。

【译文】

孔子说："颜回呀，他的道德修养已经差不多了，可是他常常很贫困。端木赐不听天由命，而去做生意，猜测市场行情往往很准。"

孔子最亲近的弟子——仲由

仲由（公元前542~前480年），姓仲，名由，字子路，因他曾做过季氏的家臣，又被称作季路，比孔子小九岁，鲁国人。

豪爽粗犷、有勇有艺的仲由

仲由出身微贱，家境贫寒，事亲至孝。他自己饮水食野菜，而为了父母到百里之外去背米，以尽其炊。当他长大而渐渐富裕后，父母已经去世，他曾经感伤道："悲伤啊！贫困，父母在世时无以为养，去世时又无以为礼。"他生性豪爽粗犷，为人耿直，有勇力才艺。仲由经

子路性格刚猛爽直，是孔子最早所收的弟子之一。他早年甚至欺负过孔子，但最终成为孔子最忠实的追随者和最坚定的支持者。孔子说：自从我有了仲由的护侍，恶言恶语就再也没听见过。

常批评孔子，孔子也常批评他。他喜欢听闻自己的过错，闻过则喜，能虚心接受。孔子对他评价很高，说他有才能，千辆兵车的诸侯国，可以让他掌理军政大事。仲由做过鲁国的季氏宰，深受季氏的信任；跟随孔子周游到卫国，又在卫国大夫孔悝的手下做邑宰，与民兴修水利，三年后，孔子过其境内，对他的治理称赞个不停。他被列为孔门"四科十哲"（政事科）之一。

孔子最亲近的弟子

仲由一生忠于孔子，是孔子最亲近、最著名的弟子之一。孔子说："我的道如果行不通，就乘上小木排到海外去，跟随我的，怕只有仲由吧！"仲由保护孔子唯恐不周，不愿使孔子遭人非议。他在仕鲁期间，是孔子"堕三都"之举的最主要的合作者和最得力的助手。因他曾做过鲁国的季氏宰，后来孔子晚年从卫国返回鲁国时，子路被卫国大夫孔文子留下做邑宰。孔文子去世后，他继续辅佐孔文子的儿子孔悝，以政事著称。

子路与孔子无话不谈，孔子针对他性情急躁的特点，批评与鼓励相结合。

预料到的牺牲

子路六十三岁时，卫国发生了宫廷政变，孔文子的妻子孔姬是前太子蒯聩的姐姐，卫出公是蒯聩的儿子，蒯聩想争取君位。孔姬协助蒯聩劫持了孔悝，强迫他歃血为盟，辅佐蒯聩夺取君位。子路听说后，以"食君之禄，忠君之事"前去援救孔悝。在和对方搏斗时冠缨被击断，他想起孔子关于"君子死而冠不免"的礼仪教导，在重新结好缨带时，被敌方砍成肉酱。子路的死，对时年七十二岁的孔子是一个沉重的打击。

子路曾在孔子那里弹琴，孔子不喜欢子路弹的音调，说：仲由弹瑟，为什么要到我这里来弹呢？门人因此轻视子路。孔子说：仲由啊，学问已经不错了，只是还不够精深罢了。

子路死前不忘整冠。

颜渊篇
第十二

【原文】

12.1　颜渊问仁，子曰："克己复礼为仁^①。一日克己复礼，天下归仁焉。为仁由己，而由人乎哉？"

颜渊曰："请问其目。"子曰："非礼勿视，非礼勿听，非礼勿言，非礼勿动。"

颜渊曰："回虽不敏，请事斯语矣。"

【注解】

① 克己复礼：克制自己，使自己的行为归到礼的方面去，即合于礼。复礼，归于礼。

【译文】

颜渊问什么是仁。孔子说："抑制自己，使言语和行动都走到礼上来，就是仁。一旦做到了这些，天下的人都会称许你有仁德。实行仁德要靠自己，难道是靠别人吗？"

颜渊说："请问实行仁德的具体途径。"孔子说："不合礼的事不看，不合礼的事不听，不合礼的事不言，不合礼的事不做。"

颜渊说："我虽然不聪敏，请让我照这些话去做。"

【精读论语】

自我约束的重要性

"仁"是孔子思想的一个核心。要在生活中行"仁"，按孔子的说法，就要克己复礼，加强自我约束。也就是说，想要做到这一点就要净化自己的心灵，约束自我的行为。"仁"是用来实践的，不是把"仁"挂到嘴边就可以做到"仁"了。

儒学中的"仁",从本质上讲是一个内心修养的真功夫,是实实在在的境界,并不是简单抽象的理论。想要做到这一点,非要下苦功夫长期修炼不可,需要耐得住寂寞。古今成大事者,无不具有"仁"的真功夫,他们都能够很好地克制自己的欲望,将精力集中到所从事的事业上,最终才获得了成功。

我们都知道人的思想是抽象的,是最难把握和控制的,人们随时都可能会产生各种各样的念头。欲望太多内心自然无法平静,无法将精力集中到要从事的事情上去。但是,任何事情想要成功都不是一朝一夕的事,需要坚定的意志和长期的专注。修德做学问,如果缺乏自我约束力,三心二意,肯定是无法达到"仁"的境界。做事业也是一样,欲望太多、内心浮躁都难以获得成功。因此,我们需要时时刻刻保持清醒,约束自己的行为,不能被一时的利益所迷惑。

克己复礼,自我约束,不仅表现在这些大事情上,小事中也是同样。在与他人的交往过程中,我们总会遇到各种各样的烦恼。总不能一遇到烦恼就任性使气,与别人争吵,甚至动手吧。那样的话,纵然得到发泄,但却无法解决问题,还会让别人质疑你的修养。这个时候,我们就要学会约束自己,冷静面对不如意。在与人交往的时候,彼此互相谦让、互相尊重、讲究礼仪,从而激发出人性的光辉。从"礼"出发,就能至"仁"。

人性中好的一面是通过接受教育获得的,"礼"也是慢慢培养起来的。没有谁生而知礼,我们从小接受教育才懂得了什么事情该做,什么事情不该做,哪些行为是对的,哪些又是错的。社会有公众奉行的社会道德,也有法律规范,人们通过对相应规范的学习来约束自我。

知"礼"是一个需要逐渐培养的过程,内心修为提高不是一朝一夕就可达到的。"礼"并不仅仅是现实生活中我们所谓的"礼貌",它是一种更高的境界,是人们应该时时刻刻保持的庄严和诚敬。只有内心庄严诚敬了,才可能对自己从事的事业有一种切身的爱,才能全心投入进去,才可能在与人交往中发自内心地处处讲究礼仪,而不会显得虚情假意。否则，即使一时注意了，早晚也会露出马脚。

虽然说人通过教育而知"礼"，但是要想达到"仁"的境界，却需要从自我入手。求"仁"在于自己，不是说谁教会我们一种方法，从此以后靠着这个方法就可以达到"仁"了。孔子在教育颜回如何克己复礼，从而达到"仁"的境界时，告诉了他一个入手的方法，就是要他从眼、耳、口、鼻四方面来规范自己的行为，从外在来规范自己。孔子告诉颜回的只是一个入门的方法，但并不是说靠着孔子的四句箴言就可以达到"仁"的境界了。我们应该从一些小事入手逐步去约束自我，同时注重使内心修为逐步达到庄严、诚挚的境界，只有这样才能逐渐到达孔子所说"仁"境界。也只有如此，才能成就一番事业。

【原文】

12.2　仲弓问仁，子曰："出门如见大宾，使民如承大祭。己所不欲，勿施于人。在邦无怨^①，在家无怨^②。"

仲弓曰："雍虽不敏，请事斯语矣。"

【注解】

①邦：诸侯统治的国家。②家：卿大夫的封地。

【译文】

仲弓问什么是仁。孔子说："出门好像去见贵宾，役使民众好像去承担重大祀典。自己所不想要的事物，就不要强加给别人。在邦国做事没有抱怨，在卿大夫的封地做事也无抱怨。"

仲弓说："我冉雍虽然不聪敏，请让我照这些话去做。"

在邦无怨。

做人要懂得敬重

人生在世，为人处事要讲究一定的方法和原则，才能够使生活获得幸福，事业取得成功。本章之中，孔子便为我们提供了一个很好的为人处世的原则。当仲弓问孔子什么是仁的时候，孔子并没有和他谈道理，而是从实际出发告诉他具体应该怎么去做。孔子是从为政方面来具体阐述的，尽管如此，他所说的道理也能为我们提供一个很好的借鉴。

想要做一个好领导不是一件容易的事情。孔子告诉仲弓要"出门如见大宾"，这其实是很高的要求，就是说出门工作要像去会见重要的宾客一样，严肃恭敬。现代社会中，每个人都有自己的本职工作，工作是一个人的安身立命之本。所以，不管是领导也好，普通职员也罢，要想有所成就，敬业，也就是认真地对待本职工作最基本的要求。

对工作如此，对待同事也应如此，只有尊重别人，你才能获得别人的敬重。这一点，对领导者来说尤为重要。恭敬诚恳地待人接物，严肃而不摆谱，尊重每一个下级，只有这样员工才能觉得领导足够重视自己，才会心悦诚服。这是一个很深的学问，说起来容易做起来却很难，做一时容易，时刻保持这种态度更难。为其难，才更富有价值。

接下来，孔子又告诉了我们另一个重要的做事原则，也就是"使民如承大祭"。这句话的意思是说，治理百姓要像承担重大祭奠一样。这句话放在现在来说就是说一个人一定要有强烈责任感，克勤克敬。这个原则，是说给领导者的。不管是在组织还是企业中，领导都是机构的核心，领导的责任感关系到一个组织的生存发展。一个领导，只有具有强烈的责任感，才能赢得别人尊重和信任，从而凝聚力量、推动事业的发展。

做领导的还应该能够了解和体谅下属，因为企业是一个整体，需要分工协作才能够取得成功。孔子所说的"己所不欲，勿施于人"便启示人们要推己及人，自己不愿意去做的事也不要强求别人去做。在与下级相处时，领导者应树立一种平等的观念。自己觉得困难危险、无法完成的任务，最好不要推给下属。当然，孔子的话不仅仅是对于一个领导而言的，对于每一个人来说这句话都有同等重要的作用。

孔子的这段话，核心是一个"敬"，如果能理解这一点，就能做到任劳任怨，而不会怨天尤人。一个常常抱怨这抱怨那的人是绝对成功不了。成功的领导者不会抱怨外在的环境，而是会去努力创造条件改变环境；合格的员工不会抱怨工作困难，他会从自身找不足，虚心学习。因为他们知道，怨天尤人是没有用的，只会使事情变得更加糟糕。

【原文】

12.3 司马牛问仁，子曰："仁者，其言也讱①。"曰："其言也讱，斯谓之仁已乎？"子曰："为之难，言之得无讱乎？"

【注解】

① 讱（rèn）：说话谨慎，不容易出口。

【译文】

司马牛问什么是仁，孔子说："仁人，他的言语显得谨慎。"司马牛说："言语谨慎，这就可以称作仁了吗？"孔子说："做起来难，说话能不谨慎吗？"

【原文】

12.4 司马牛问君子，子曰："君子不忧不惧。"曰："不忧不惧，斯谓之君子已乎？"子曰："内省不疚①，夫何忧何惧？"

【注解】

① 疚（jiù）：内心痛苦，惭愧。

【译文】

司马牛问怎样才是君子。孔子说："君子不忧愁，不恐惧。"司马牛说："不忧愁，不恐惧，这就叫君子了吗？"孔子说："内心反省而不内疚，那还有什么可忧虑和恐惧的呢？"

12.5　司马牛忧曰："人皆有兄弟，我独亡。"子夏曰："商闻之矣：'死生有命，富贵在天。'君子敬而无失，与人恭而有礼，四海之内皆兄弟也。君子何患乎无兄弟也？"

【译文】

司马牛忧愁地说："别人都有兄弟，唯独我没有。"子夏说："我听说过：'死生由命运决定，富贵在于上天的安排。'君子认真谨慎地做事，不出差错，对人恭敬而有礼貌，四海之内的人，就都是兄弟，君子何必担忧没有兄弟呢？"

【精读论语】

德高不乏亲善者

儒家思想的核心是修己治人，《论语》一书记录孔子曾多次强调道德修养的重要性。在这里，孔子提出了"君子敬而无失，与人恭而有礼，四海之内，皆兄弟也"的观点。《论语》前文说过"德不孤，必有邻"，这句话与本节孔子提出的观点有异曲同工之妙，这两句话的意思都是说：有德之人不会孤立无援，身边也不会缺少追随者，必定会有同他亲近的朋友。用儒家的观点来看，品德高尚的人不用担心自己孤独无助，他的德行会在无形中吸引许多品德同样高尚的人，协助他、支持他。一个人身边之所以不乏拥护者，是因为其自身有吸引人的魅力。而一个人只有德行高尚，才能具有超凡的感召力与影响力。

综观历史，对"德高不乏亲善者"践行最为彻底的莫过于舜了。相传舜出身寒微，五世皆为庶人，是社会的下层。舜的父亲瞽叟，是个盲人，母亲很早就去世了。瞽叟续弦，后母生了个儿子名叫象。舜的父亲心术不正，后母恶毒阴险，弟弟桀骜难驯，这几个坏人串通一气，欲置舜于死地。但是面对这种情况，舜仍然对十分孝顺，对弟弟也十分友善，没有丝毫懈怠。环境如此恶劣，舜却表现出了非凡的美德。相传在舜20岁的时候，就以孝行闻名了。后来，尧向四岳征询继位人选，四岳就向尧推荐了舜。尧多方考察，看到舜确实在各方面都表现出了卓越的才干和高尚的道德修养，便决定选舜做自己的继任者。得了天下的舜德行依旧如一，他对待百姓宽厚仁慈。对百姓无心犯下的过错，再大也谅解；而故意犯下的过错，再小也要加以处罚。如果过错有疑问，就从轻处罚。他惩罚犯罪之人，不罪及其子孙后代，他奖赏有功之人，却绵延其子孙后代。他重视生命，认为与其杀掉无辜的人，还不如取消一些不重要的刑罚。舜的美德深入人心，人们对他充满爱戴之情，不管他到哪里，人们都愿意追随着他，因而"一年而所居成聚，二年成邑，三年成都"。这是多么深厚的德行，多么大的感召力呀。

关于如何获得大家的拥护，赢得追随者，子夏给出了两点建议，一是"敬而无失"，二是，"恭而有礼"。敬，是指一种内心端庄的姿态，是正直所表现出来的一种态度，秉持这种态度做事情，就可以减少失误，这样大家都会尊重你。另外一点就是对待他人要谦恭有礼，内心保持着一种恭敬的态度，举止彬彬有礼，让对方感觉到你对他的尊重。如果你能做到这些，普天下的人就会对你如同兄弟手足一般，到那时，你还愁没有朋友吗？

如果我们能够向舜学习，注重道德修养，即便德行不及舜那样高尚，也能为我们迎来众多的支持者、拥护者，我们人际关系将更和谐，事业将更容易取得成功。

【原文】

12.6　子张问明。子曰："浸润之谮①，肤受之愬②，不行焉，可谓明也已矣。浸润之谮，肤受之愬，不行焉，可谓远也已矣。"

【注解】

①浸润之谮（zèn）：像水浸润物件一样逐渐传播的谗言。谮，诬陷。②肤受之愬（sù）：像皮肤感受到疼痛一样的诬告，即诽谤。愬，同"诉"。

子张问什么是明智。孔子说:"暗中传播的谗言,切身感受的诽谤,在你这儿都行不通,就可以称得上明智了。暗中传播的谗言,切身感受的诽谤,在你这里都行不通,就可以说是有远见了。"

【原文】

12.7 子贡问政。子曰:"足食,足兵^①,民信之矣。"子贡曰:"必不得已而去,于斯三者何先?"曰:"去兵。"子贡曰:"必不得已而去,于斯二者何先?"曰:"去食。自古皆有死,民无信不立。"

【注解】

① 兵:武器,指军备。

【译文】

子贡问怎样治理政事。孔子说:"粮食充足,军备充足,民众信任朝廷。"子贡说:"如果迫不得已要去掉一些,三项中先去掉哪一项呢?"孔子说:"去掉军备。"子贡说:"如果迫不得已,要在剩下的两项中去掉一项,先去掉哪一项呢?"孔子说:"去掉粮食。自古以来,人都是要死的,如果没有民众的信任,那么国家就站立不住了。"

【精读论语】

领导者必须取信于民

在这里,孔子提出了"取信于民"的观点,即从政者要获取人民的信任,这是儒家思想中很重要的一个方面。所谓"信"就是信任,可以理解为出于相信而敢于托付。因为人民的力量是无穷的,只有赢得了人民的信任,人民愿意把统治的权力赋予你,统治才能长久,政权才能稳定,决策才能顺利推行。

回顾历史,任何一个朝代的兴起,任何一个政权的确立,都有着一个具有人性魅力、形象高大的领袖人物。他们带来了时代的巨变,为历史揭开新的篇章。比如，秦始皇、汉高祖等，我们并不否认领袖人物推动历史进步的重大作用，但是我们也要知道，历史发展不是单靠领袖人物一己之力推动的，这些成功的领袖，无一不是靠人民的信任和支持，凝聚最伟大的力量，最终做出伟大业绩的。

公元前206年，汉高祖刘邦率领大军进入咸阳，政权初建，民心不稳。刘邦的心腹樊哙和谋士张良献策，要先取得百姓的信任。刘邦接受了他们的建议，下令封闭王宫府库，只留下少数士兵守卫王宫和储藏财宝的府库，随即还军灞上，以免约束不严，士兵扰乱百姓们的生活。刘邦还把关中各县有威望的人士召集起来，郑重地向他们宣布："秦朝的法制严苛，不讲人情，把百姓们都害苦了，我刘邦入了关，决定一改秦王朝以往的暴虐之风，将这些严苛刑法全部废除。现在我和百姓们约法三章：杀人者要处死，伤人者要抵罪，偷盗者也要判罪！大家可以互相监督，我们一定会贯彻执行的！"这些人都表示愿意拥护约法三章。接着，刘邦又派出了大批随从，专门到各县各乡去宣传约法三章。百姓们听了，都热烈拥护，纷纷宰杀牲畜沽取美酒去慰劳刘邦的军队。就这样，刘邦赢得了百姓的信任、拥护和支持，最后取得了天下，建立了西汉王朝。

凡是那些无视群众、自以为是的人，永远也无法获得民众的信任和支持，当然也无法获得成功，就算已经到手的成功，也会葬送在自己手中。公元前686年，齐襄公派连称等人去守卫边疆地区葵丘，说好瓜熟蒂落时节就派人去接替他们。可是期限已经到了，齐襄公也没派人来去替换。于是朝中有人提醒齐襄公应派人前去接替连称等人，齐襄公不肯。连称等人见齐襄公不守信用，也没有个说法，非常生气，于是就找到久坏篡位野心的公孙无知，想和他一起图谋叛乱。当时连称有个堂妹，是齐襄公的妃子，不太得宠，连称就让她在宫中偷偷地打探消息。后来，他们和宫中一个掌管鞋子的人联合在一起，把齐襄公给杀掉了。齐襄公为自己的失信，付出了生命的代价，让人不胜感慨。

在现代社会，信用依然是成功的法宝。为官从政，要取信于民，因为所有政策和措施都要人民执行，如果人民不信任，工作就无法展开，政绩将为零。经营商业，也需要取信于民，否则老百姓不信任你的产品，就不会购买，你的企业就无效益可言。

【原文】

12.8 棘子成曰[①]："君子质而已矣[②]，何以文为[③]？"子贡曰："惜乎，夫子之说君子也[④]！驷不及舌[⑤]。文犹质也，质犹文也。虎豹之鞟犹犬羊之鞟[⑥]。"

【注解】

① 棘子成：卫国大夫。古代大夫尊称为"夫子"，故子贡以此称之。② 质：质地，指思想品德。③ 文：文采，指礼节仪式。④ 说：谈论。⑤ 驷（sì）不及舌：话一出口，四匹马也追不回来，即"一言既出，驷马难追"。⑥ 鞟（kuò）：去毛的兽皮。

君子质而已矣。

【译文】

棘子成说："君子有好本质就行啦，要文采做什么呢？"子贡说："可惜呀！夫子您这样谈论君子。一言既出，驷马难追。文采如同本质，本质也如同文采，二者是同等重要的。假如去掉虎豹和犬羊的有文采的皮毛，那这两样皮革就没有多大的区别了。"

【原文】

12.9 哀公问于有若曰："年饥，用不足，如之何？"有若对曰："盍彻乎[①]？"曰："二，吾犹不足，如之何其彻也？"对曰："百姓足，君孰与不足[②]？百姓不足，君孰与足？"

【注解】

①盍（hé）彻乎：盍，何不。彻，西周时流行于诸侯国的一种田税制度。旧注曰："什一而税谓之彻。" ②孰与：与谁，同谁。

【译文】

鲁哀公问有若说："年成歉收，国家备用不足，怎么办呢？"有若回答说："何不实行十分抽一的税率呢？"哀公说："十分抽二，尚且不够用，怎么能去实行十分抽一呢？"有若回答说："如果百姓用度足，国君怎么会用度不足呢？如果百姓用度不足，国君用度怎么会足呢？"

【精读论语】

关心民众疾苦

在这里，有若阐述了"关心人民疾苦"的思想，提出身为统治者的利益与人民利益的一致性。认为只有满足了人民群众的利益，统治者的个人利益才可能得到满足。这是孔子"仁政"思想的一个侧面。这个道理放之四海而皆准，在现代仍旧有其指导意义。

现代社会没有封建社会的君民关系，但有着与之相似的关系，比如商业组织和企业。一个企业之所以诞生，是因为人类想创造更多的物质价值、创造更美好的生活。所以，从企业管理者的角度来说，他要通过赢利实现利益；从企业员工的角度来说，他要通过付出劳动、智慧换取报酬。一个无法赢利的企业，是没有存在价值的；一个不能给员工物质回报的企业，是没有人愿意为它付出劳动和智慧的，这样的企业也没有存在的必要。

在市场竞争日益激烈的今天，一个企业要想在竞争中脱颖而出，并立于不败之地，必须要有资本、有技术，最重要的是有人。这里的人既包括专业人才，也包括一般员工。任何利润都是人创造出来的，没有人，利润不会凭空产生。因而，办企业的首先要有"以人为本"的理念，为员工提供可以实现其个人价值的平台，满足员工的物质利益。

"天下熙熙皆为利来，天天下攘攘皆为利往"。通过正当手段为自己谋求利益没有什么可耻的。劳动是人类维持自我生存和自我发展的唯一手段，那么我们付出劳动首先就是要获取物质利益，使自己生活下去。这样就可以理解了，大多数企业员工最基本的理想是具有明显的物质性的，否则他们为什么要工作呢？如果企业忽视了员工的物质利益，那么只可能有两个结果，一是员工不再为你做事情，二是员工不再好好做事情。

现代社会，人才已经成为企业发展的制胜法宝。各个企业都为吸引人才，留住人才各显其能，但是最基本、最有效果的方法是关心员工的利益。积极满足员工的物质需要，不仅能增加员工对企业的忠诚度，增强凝聚力，还可以激发员工的工作积极性和责任心，为企业创造更多的利润。给员工以低物质利益，低福利待遇，以此来降低生产运营成本，增加企业的收入，那么这个企业将很难吸引人才加入，不仅如此，还有可能造成原有人才的流失。须知：一个不讲求回报、忽视员工利益的企业，是注定无法生存的；一个不愿与员工分享生产果实的企业，是注定做不大、走不远的。

作为企业的领导者要关注员工的利益，除了我们所说的工资这种直接的物质回报之外，还包括一些福利待遇，比如医疗保险、工伤保险等；以及精神上的满足，比如休假、晋升的机会等。只有能为员工自我发展与自我实现创造条件的企业领导者，才是一个成功的领导者，才能带领企业和员工，沿着成功的道路一直走下去。

【原文】

12.10　子张问崇德、辨惑①。子曰："主忠信②，徙义③，崇德也。爱之欲其生，恶之欲其死，既欲其生，又欲其死，是惑也。'诚不以富，亦祗以异④'。"

【注解】

① 崇德：提高道德修养的水平。惑：迷惑，不分是非。② 主忠信：以忠厚诚实为主。③ 徙义：向义靠拢。徙，迁移。④ 诚不以富，亦祗以异：见《诗·小

雅·我行其野》。这两句诗引在这里，颇觉费解。有人认为是错简。今按朱熹《四书集注》中解释译出。

【译文】

子张向孔子请教怎样去提高品德修养和辨别是非。孔子说："以忠厚诚实为主，行为总是遵循道义，这就可以提高品德。对于同一个人，爱的时候希望他长期活下去；厌恶的时候，又希望他死去。既要他长寿，又要他短命，这就是迷惑。'这样对自己实在是没有益处，也只能使人感到奇怪罢了'。"

【精读论语】

不要感情用事

孔子在这里谈及了两个问题，一个是"崇德"，一个是"辨惑"。所谓"崇德"是指个人的修养，就是改善自己的思想，使自己的道德高尚起来。换句话说，崇德就是要指如何修炼自己的人格。孔子认为要想使自己的人格得到升华，要特别注意两方面，一是忠、一是信。"忠"是忠厚诚实，对人对事以事实为主，不加歪曲。还有就是不论是对自己还是对别人，为国家大事也好，为朋友私事也罢，都尽心尽力，就算赔上性命，也在所不惜。"信"，就是对别人要讲信用。而"徙义"就是做应该做的事，做合情合理的事情。

孔子所谈论的两个问题，重要的是第二个，就是"辨惑"。"辨惑"一般来说是对别人而言的。人们在评价他人时，往往缺乏思考、辨别的能力。有人说可以根据自己的人生经验来评价，但是经验的范围非常广大，而且其本身的可信度也值得商榷。大多数人往往不能做到客观地评价别人，在作出评价时通常会带上自己的感情色彩。

人有七情，自然有好恶之情。当这种好恶之情渗透到对真理的认识中时，就会产生偏见。情近则信任，情疏则怀疑，这恐怕是人之常情。然而这种或亲或疏的感情，往往在很大程度上左右了我们对事物或他人的评价，使之流于浅薄或偏颇。一个人如果和我们关系非常亲近，就会觉得他做什么都是正确的，就是做错了，也会为他找出各种理由推卸责任；但是如果与我们没有什么亲密关系，反而有些过节，那么就会觉得他做什么都不对，就算做得不错，你也会故意"鸡蛋里挑骨头"。这就是感情用事的表现。一个人按自己的好恶或亲疏行事，对自己、对他人、对事业产生的不良影响都是巨大的。

古往今来，败在感情用事上的人数不胜数。周幽王宠爱妃子褒姒，但是褒姒生性不苟言笑。周幽王为博得美人一笑，不顾后果地在烽火台上点燃了三百里烽火。各路诸侯看见烽火都带着兵马赶到京城勤王。但是到了京城，一个敌人都没有发现，王宫中又是奏乐，又是歌舞，各路诸侯莫名其妙。周幽王这才宣布说："没有什么敌人，你们回去吧。"各路诸侯知道上了大王的当，都愤怒地带兵回去了。见此情形，褒姒被逗乐了。周幽王很高兴，此后又如法炮制了好几场。终于有一天，西戎打到京城来了，周幽王命人点起烽火，可是诸侯们上了几次当，都以为周幽王还是在要把戏，就没有采取措施。西戎军队很快就攻占了京城，周幽王被杀了。周幽王宠爱褒姒早已超过了"爱之欲其生"的境界，仅仅为了博得美人一笑，他就不惜玩弄国家政权，他的教训是惨痛的。

而历史上忠臣遭戕害，无不因为受到了统治者或掌权者的疏远与忌恨。比如投江而死的屈原，比如惨死风波亭的岳飞……当权者不看事实真相，听信一面之词，就对这些忠诚产生了恨意，然后看他做什么都不对，直到找个莫须有的罪名将其杀掉才算解恨。枉杀忠臣的后果也是很严重的，奸臣当道，祸乱政权，国将不国。

当一个人能够将对他人、对事物的判断游离于感情之外时，不以好恶论断，那他就可以成为明哲之人了。公子小白曾被管仲箭射中衣带钩，这种生死之仇自是不共戴天，但是当他认识到管仲的能力与才华后，他放下了心里的仇恨，重用管仲，自己也在其辅佐下终成一代霸主。魏徵曾为李建成出谋划策谋害李世民，李世民岂能不恨他？然而李世民登基后不计前嫌，重用魏徵，君臣合力才有"贞观之治"的盛世。

现代社会，一些领导者很喜欢某个下属，就一步步为他创造条件，把他一点点提拔上来。等到有一天觉得他不合自己的意了，就会再想办法压制他，先是将其打入冷宫，接着就找茬将他辞退了事。这是两种矛盾的心理，要克服这种心理，就要求头脑清楚，不要受感情的蒙蔽，虽然不能说做到绝对的客观，但是要尽量做到不偏不倚，尽量不夹杂个人感情。

【原文】

12.11　齐景公问政于孔子，孔子对曰："君君，臣臣，父父，子子。"公曰："善哉！信如君不君，臣不臣，父不父，子不子，虽有粟，吾得而食诸？"

【译文】

齐景公向孔子询问政治。孔子回答说："国君要像国君，臣子要像臣子，父亲要像父亲，儿子要像儿子。"景公说："好哇！如果真的国君不像国君，臣子不像臣子，父亲不像父亲，儿子不像儿子，即使有粮食，我能够吃得着吗？"

君君，臣臣，父父，子子。

【原文】

12.12　子曰："片言可以折狱者①，其由也与？"子路无宿诺②。

【注解】

① 折狱：即断案。狱，案件。② 宿诺：拖了很久而没有兑现的诺言。宿，久。

【译文】

孔子说："根据单方面的供词就可以判决诉讼案件的，大概只有仲由吧？"子路没有说话不算数的时候。

【原文】

12.13 子曰："听讼，吾犹人也。必也使无讼乎！"

【译文】

孔子说："审理诉讼案件，我同别人一样（没有什么高明之处）。重要的是必须使诉讼的案件根本不发生！"

【精读论语】

以教化促进和谐

孔子是伟大的教育家，强调教育的重要作用。他觉得之所以有诉讼案件发生，是因为民风还没有归于淳厚，而民风没有归于淳厚，又是因为教化没有大行于世。在孔子看来，明察善断固然必要，但通过教化减少诉讼才是使社会达到和谐的最重要途径。

要想使老百姓和睦相处，减少纷争，必须依靠教化。这个教化与我们现在说的教育有所差别，古人语境里的教化，重在社会教育，目的是移风易俗，是社会风气归于良善。古代的教化。重点是劝人向善的，这种教化如果深入人心，社会人人向善，大众心慕礼让，自然会减少社会争端，更不用说杀人放火之事了。教化引导社会大众去注重道德，这就会使大多数人能够遵守基本的道德标准，自觉约束自己不做不合"礼"的事，人人克己，矛盾自然难以形成。如此一来，社会矛盾相应减少，诉讼案件会大幅下降。古代的士大夫做官后，一般都很重视教化，并希望通过教化实现社会治理的目的。

关于这一点，我们可以通过一个历史事例来认识。西汉宣帝时期，大臣韩延寿被任命为颍川太守。韩延寿的前任赵广汉在治理颍川期间，鼓励民众相互告发，所以民间相互结仇的很多。韩延寿上任后，改弦更张，礼聘德高望重的长者，与他们共同研究、决定各种礼仪，教导百姓互相礼，教化大行。韩延寿在东郡当太守时，经常表彰孝顺父母、兄弟友爱的高尚之士，并修建地方学校，请老师教授弟子。

每年春秋两季，都要举行"乡射"礼，届时，场上陈列钟鼓，大张管弦，仪式十分隆重。上下赛场的人们，都相互行礼作揖。凡有筑城或收税事务，都在事前张榜公告时间和费用，官吏和百姓都非常敬服，不敢违抗。他还在民间设置相关管理人员，督率百姓孝敬友爱，并禁止收留坏人。同时还规定，不管是城中街巷还是村落之中，如发生异常之事，官吏必须立即上报。所以，坏人都不敢进来。开始的时候，大家都嫌麻烦，但后来官吏无事，百姓平安，都非常赞同。对待下级官吏，韩延寿既施以恩德，又严格约束。每有下属犯错，韩延寿就痛切自责。他的手下知道后，都深自愧疚，不敢再犯。

有一次，韩延寿外出巡视，来到高陵地界。有兄弟二人因争夺田产打起官司，来向韩延寿申诉。韩延寿闻听，悲伤地说："作为郡守，我应该是全郡的表率，而今却没能宣明教化，致使治下发生兄弟争产的丑事，既有伤风化，又使当地贤者蒙羞，过错在我啊！"当天便闭门思过，不再办公。全县官员闻听，无不深感愧疚，都把自己关起来等待处罚。相互争产的两兄弟知道后，无地自容，便剃发露身前来谢罪，表示愿将土地永远让给对方。此事很快传播开来，全郡百姓知道后，纷纷互相劝勉，社会一片和睦。在韩延寿的治理下，全郡无人敢挑起争端。待人接物，韩延寿都无比真诚，官民都不忍心去欺骗他。

韩延寿的所作所为，正是对孔子思想的实际应用。实践证明，大力推行教化，能够促进社会风气的好转，能够使民众归于良善。社会争端大幅减少，也就用不着费心听讼了。

【原文】
12.14　子张问政，子曰："居之无倦，行之以忠。"

【译文】
子张问怎样治理政事，孔子说："居于官位不懈怠，执行君令要忠实。"

【原文】

12.15 子曰："博学于文，约之以礼，亦可以弗畔矣夫！"

【译文】

孔子说："君子广泛地学习文化典籍，并用礼来约束自己，也就可以不至于离经叛道了。"

【原文】

12.16 子曰："君子成人之美，不成人之恶。小人反是。"

【译文】

孔子说："君子成全别人的好事，而不促成别人的坏事。小人则与此相反。"

【精读论语】

君子成人之美

孔子在这里提出了一个非常重要的概念"成人之美"。"成人之美"并不难理解，其重点在"美"上。这个"美"字，指的就是别人好的或善的、最起码也是对社会或他人无害的愿望或计划。"成人之美"不是单纯帮助别人达成愿望，而是帮别人达成美好善良的愿望。如果帮别人干坏事，目的实现了，那也不叫成人之美，而是"助纣为虐"。因此，所谓"君子成人之美"，就是指有德行的人，总是想着让别人好，尽力为别人创造条件，成全别人的好事。这种"助人达成善良愿望"的思想，体现了儒家"推己及人"的思想。君子成人之美，出于对他人的关怀和尊重，是一种博大的情怀。这种助人达成美好愿望的情怀，不但给人带来情感上的慰藉，还能给人以生活或事业上的帮助，是在积德行善。

唐朝有个名叫谢原的词赋家，他所作的歌词在民间广为流传。一次，谢原去拜访张穆王，酣饮之后，张穆王让自己的小妾谈氏弹唱助兴，谈氏唱的正是谢原所作的一首竹枝词。一曲终了，张穆王叫谈氏出来拜见谢原。谈氏不仅长得非常漂亮，还精通音律，对谢原写的歌词十分熟悉，弹唱自如。谢原对谈氏产生了爱慕之情。次日，又为谈氏作了八首新词，谈氏一一谱曲弹唱，两人配合得非常默契，慢慢就生出了感情。张穆王发觉了两个人的感情，并没有发怒，还主动撮合谈氏和谢原，说："其实我早有此意了。你们两个真是天造地设的一对。"谢原为报答张穆王成人之美的胸怀，和谈氏把此事作成词、谱成曲，四处传唱。张穆王成人之美的盛名马上传开了，很多有识之士都前来投靠他。

　　生活在这个世界上，每个人都有自己的理想和追求，不管你是伟人，还是普通人，都不例外。虽然各人的能力有大有小，志向有高有低，再加上每个人的客观条件、面对的外在环境不同，因而在追求理想的道路上其结果也会有所不同。但是，有理想有追求，并希望成功，却是所有人类能力和价值的共同体现。作为人类的一员，我们应当理解这种能力和价值的重要性，重视和爱护这种能力和价值，并设法促使其得以发挥和实现，而不应对其敌视、压制和打击。我们自己也渴望实现理想，达成愿望，其他人也是同样；我们不希望自己追求理想的道路遭到拦阻，别人也如此；我们希望在追求理想的道路上得到真诚的帮助，别人也会有这样希望。因此，成人之美是成全自己，也是成全别人的一种美德。

　　但是，现实生活中并不是所有的人都有成人之美的信念。相反，有不少人看不得别人过得好，对人家的好日子好生活怀有强烈的嫉妒，甚至是破坏的欲望，这种心理是极为阴暗和可怕的。不要说这样做，仅仅这样想，就是小人之举。所以，每个人都应该克制或消灭这种心理，努力养成君子成人之美的心态。从这个意义上看，成人之美是一种道德修养，它需要有宽广的胸襟和与人为善的态度才能做到。

　　"成人之美"践行起来有两种情况，一种是在成全别人的同时也成全了自己。这种"成人之美"就是孔子所说的"己欲立而立人，己欲达而达人"。做起来并不算太难，只要心胸宽广一点，就能够做到。另一种是为别人创造条件并不能给自己带来好处，甚至自己的处境还差一些。这就不是一般人能做到的了。

【原文】

12.17　季康子问政于孔子，孔子对曰："政者，正也。子帅以正①，孰敢不正？"

【注解】

①帅：通"率"，率领。

【译文】

季康子向孔子询问为政方面的事，孔子回答说：'政'的意思就是端正，您自己先做到端正，谁还敢不端正？"

【原文】

12.18　季康子患盗，问于孔子。孔子对曰："苟子之不欲，虽赏之不窃。"

【译文】

季康子为盗窃事件多发而苦恼，来向孔子求教。孔子对他说："如果您不贪求太多的财物，即使奖励他们去偷，他们也不会干。"

【精读论语】

上位者要廉洁自律

这一章，孔子论述的仍然是"上行下效"的问题，仍然强调在上位者要以身作则，所不同的是，这里偏重于要求在上位者要廉洁自律。如果领导能够不贪恋财物，那么下属也会在他的影响下，变得正直廉洁，也就是孔子所说的"苟子之不欲，虽赏之不窃"。

季康子患盗，问于孔子。

东汉时，羊续长期担任南阳太守。他生性耿直，憎恶当时社会的贪污腐败之风，鄙视官僚贵族奢侈铺张的行为。他为人谦和，生活朴素，平时穿的是破旧衣服，盖的是有补丁的粗布被子，出行乘坐的是一辆破马车，吃的粗茶淡饭，并不因为做了官就搜刮民脂民膏，过荣华富贵的日子。他的府丞焦俭为人正派，做他的下级做了很长时间，两人的关系也非常好。他看羊续生活实在太清苦了，就买了一条鱼准备送给羊续。焦俭知道羊续的性格，如果直接送上，羊续肯定会拒绝的，就想了个办法，对羊续说："大人到南阳为官，理应了解当地的风情，您可能还不知道我们这里有一种'三月望鲴鲤鱼'吧。今天我特意买了一条送给您，让您体味民情。您也知道，我绝非阿谀奉承之辈，平时您待我如兄弟，所以这条鱼只是做小弟的对兄长的一点敬意，可不要想到行贿上去呀。请笑纳吧！"话说到这分上，羊续不好不收，便笑着说："既然如此，那就恭敬不如从命。"焦俭走后，羊续便命随从把这条鱼挂在房梁上，碰也没有碰。过了一段时间，羊续喜好吃鱼并且收受一条鱼的消息传来开来，人们络绎不绝地带着鲜鱼前来拜访羊续，这里面有真心仰慕羊续的人，也有有求于羊续的人。羊续都把他们拦在府衙门外，指着房梁让他们看，说："你们看，那条鱼现在还在那里呢，都风干了。我是不会接受你们的礼物的，你们都回去吧。"大家看到羊续廉洁如此、自律如此，渐渐地，就没有人行行贿之事了，当地的吏治也变得更加清明了。如果在上位者都能像羊续一样廉洁自律，那么整个社会将刮起一阵廉洁之风，行贿者将无处立足。

廉就是指清廉，就是不收取自己不应得的财物；洁即洁白，主要是针对人的品行而言的，就是指为人光明磊落。合在一起，廉洁就是指为人做事清清白白、光明磊落的态度。廉洁自律是对从政为官者的基本要求。只要是官员，手中都有着或大或小的权力，因而可以不同程度地影响别人的利益。所以，自然而然地就会有人想到通过官员维护自己的利益。既然有求于人，就免不了处处讨好，阿谀奉承，甚至是财物贿赂。如果为官者无法做到廉洁自律，就会成为一个贪官，就会损害人民利益，毁掉个人名誉前程，并败坏社会风气。

上位者如果以权谋私，来者不拒，就开了送礼钻营之门，那些善走邪门歪道的人看有可乘之机，便会钻你的空子，让你为他们谋求不正当的利益行方便，这势必会损害某些人的正当利益。而上位者如果能够廉洁自律，无形中就堵住了托关系走后门的路，没有人钻营，事事按原则来，不仅能为自己赢得信誉，还能维护无权无势的人的合理利益。从古代到现代，虽然贪官屡禁不止，但是为官清廉的人还是大有人在。

领导者的一举一动，都能起到榜样作用。他自己的行为，实际上都是在给下属作示范，告诉他们什么是该做的。如果一个上位者不能做到廉洁自律，而且对那些行贿行为不加制止，那么他的下属就很可能会对行贿受贿不以为然，很自然就会走上行贿受贿的道路。

【原文】

12.19 季康子问政于孔子，曰："如杀无道，以就有道，何如？"

孔子对曰："子为政，焉用杀？子欲善而民善矣。君子之德风，小人之德草。草上之风①，必偃②。"

【注解】

① 草上之风：谓风吹草。上，一作"尚"，加也。"上之风"谓上之以风，即加之以风。② 偃：倒下。

【译文】

季康子向孔子问政事，说："假如杀掉坏人，以此来亲近好人，怎么样？"孔子说："您治理国家，怎么想到用杀戮的方法呢？您要是好好治国，百姓也就会好起来。君子的品德如风，小人的品德如草。草上刮起风，草一定会倒。"

【原文】

12.20 子张问："士何如斯可谓之达矣①？"子曰："何哉，尔所谓达者？"子张对曰："在邦必闻，在家必闻。"子曰："是闻也，非达也。夫达也者，质直而好义，察言而观色，虑以下人②。在邦必达，在家必达。夫闻也者，色取仁而行违，居之不疑。在邦必闻，在家必闻。"

【注解】

①达：通达。②下人：下于人，即对人谦逊。

【译文】

子张问："士要怎么样才可说是通达了？"孔子说："你所说的通达是什么呢？"子张回答说："在诸侯的国家一定有名声，在大夫的封地一定有名声。"孔子说："这是有名声，不是通达。通达的人，本质正直而喜爱道义，体会别人的话语，观察别人的脸色，时常想到对别人谦让。这样的人在诸侯的国家一定通达，在大夫的封地也一定通达。有名声的人，表面上要实行仁德而行动上却相反，以仁人自居而毫不迟疑。他们在诸侯的国家一定虚有其名，在大夫的封地也一定虚有其名。"

【精读论语】

不可沽名钓誉

这一章是孔子对子张的教导，从文中答问来看，子张显然是把"闻"和"达"搞混了。孔子进行了详细论述，认真区分了二者之间的区别，帮助子张端正观念。孔子认为"闻"的本质是"伪"，特指的是那些徒有虚名、沽名钓誉，甚至不惜"色取仁而行违"，欺世盗名之辈。而"达"的本质是"诚"，是指品德高尚，"达人"则是通情达理、睿智练达的人。孔子区分"闻人"与"达人"，告诉子张若能做到"达"，那么必定能够实现"闻"；但是如果一味追求"闻"，就为伪饰做作，成为沽名钓誉的小人。

夫达也者，质直而好义，察言而观色，虑以下人。在邦必达，在家必达。

我们应该认识到，好名声固然重要，但"名声"只是实际行动的附属品。如果一个人真的有道德，他获得了名誉，接受了奖赏，那我们说这是实至名归；如果他没有道德，只有名声，那这名声就是徒有虚名，追求虚名就会有损美德。但遗憾的是，历史上真正靠美德流芳后世的相当稀少，而追名逐利的假仁假义之徒比比皆是。

汉代的士子进入仕途主要是通过地方官举荐，举孝廉是其中最重要的一种选官制度。按当时规定，要想被举荐为孝廉，必须德行高妙，志洁清白。为了进入仕途，许多士子矫饰自己的行为，沽名钓誉，以求被推举为孝廉。有一个叫许武的人，自己已经被推举为孝廉，但是家中两个弟弟还没有声名。为了使他们获得美名，许武和两个弟弟谋划了一番。许武招来全族的人，把家产分成了三份，自己拿的那份又多又好，而两个弟弟所得的家产既少又差。但两个弟弟并没有为分配不公与兄长争执，族里和乡里的人都对两个弟弟的谦让交口称赞。事情传到了地方官那里，两个弟弟被举荐为孝廉。过了一段日子，许武又召集族里的人说："现在我的产业和分家时相比，增加了三倍多。但我爱护兄弟，不愿独取，现将我所有的家产全部分给我的两个弟弟。"这样一来，许武名声大振，还被推荐到了中央，任长乐少府。

许武兄弟三人做尽表面文章，也博取到了声名，可谓"闻"矣。但是，兄弟三人本质上却是欺世盗名，德行欠佳。虽然成功地走上了从政的道路，达到自己的目的，但却成为人们的笑料，名污青史几千年，备受后人耻笑。

人生在世，无不渴望青史留名。所以，所有的君子都强调立名、重视名声；仁人志士，特别是洁身自好之人，都非常看重名声。在儒家学说里，还把名声看做一个人立世处身的根本，自然对名声的要求非常严格。文天祥说过："人生自古谁无死，留取丹心照汗青。"这便是重视名声的真实写照，可见名声对一个人来说有多么重要。追逐好名声是人之常情，无可厚非。但是，为了名声不择手段，弄虚作假，谎话连篇则是不可取的。要知道，你能欺骗一个人，但不能欺骗所有的人；你能骗得一时，但绝对骗不了一世。无数沽名钓誉之辈，可能会名噪一时，但绝不会千古流芳。

面对沽名钓誉的行为，雍正皇帝的做法非常好。他要求为官清廉，但也反对某些官员假作清廉沽名钓誉。为此，他说过："取所当取不伤乎廉，用所当用不涉乎滥。固不可竣削以困民，亦不必矫激以沽誉。"如果能够抛却沽名钓誉的念头，按照基本的道德标准做人做事，即便不求名，名也会来到你身边的；否则，即便你真求得了名，也只是一种虚名。

【原文】

12.21　樊迟从游于舞雩之下，曰："敢问崇德、修慝、辨惑①。"子曰："善哉问！先事后得，非崇德与？攻其恶，无攻人之恶，非修慝与？一朝之忿，忘其身，以及其亲，非惑与？"

【注解】

① 修慝（tè）：改恶从善。修，治，指改正。慝，邪恶。

【译文】

樊迟跟随孔子在舞雩台下游览，说道："请问如何提高自己的品德修养，改正过失，辨别是非？"孔子说："问得好啊！辛劳在先，享乐在后，这不就可以提高自己的品德修养吗？检查自己的错误，不去指责别人的缺点，这不就消除潜在的怨恨了吗？因为一时气愤，而不顾自身和自己的双亲，这不就是迷惑吗？"

【精读论语】

个人修养的三个方面

儒家思想的核心就是"修己治人"，尤其强调个人修养。在这里孔子就提出了个人修养的三个方面，崇德、修慝、辨惑。"崇德"是充实自己的修养，"修慝"是改进自己修养，"辨惑"是不糊涂、有智慧、看得清楚。要提高个人修养就要从这三个方面入手去做。

何谓"崇德"，孔子给出了明确的答案，崇德就是"先事后得"，就是先劳动后收获，先付出再收获。人们或多或少都有这种心理，即不付出或付出很少就得到很大的收获，总是期待着"天上掉下馅饼"，这种思想就是无德的表现，是要不得的。

"种瓜得瓜，种豆得豆"，这个道理大家都懂，可是总有些人羡慕别人的成功，羡慕别人的优裕生活……单单没有想到别人为这些付出了多少汗水和艰辛。当然，我们也知道，由于方法或者时机问题，付出并不一定都有收获，但是事实是你不付出就永远都不会有收获。你只要付出了，总会有所收获，只是时间早晚的问题。我们提倡靠自己的劳动换取成功、换取幸福生活、鄙视那些抱着不劳而获念头的人，他们是懒惰而自私的。

所谓"修慝"指的是"攻其恶，无攻人之恶"，也就是我们平时所说的严于律己、宽以待人。孔子认为，对自己要求严格，对别人宽容大度，这样的人才可以远离怨恨！人性都存在弱点，都容易原谅自己而不容易宽宥别人。君子与普通人最重要的区别就是能够做到以责人之心责己、以恕己之心恕人。唐太宗李世民律己于严、待人于宽，广开言路，形成了历史上少有的安定、富庶的局面。他心里十分清楚，改朝换代的事之所以不断出现，其原因就在于"不闻己过，或闻而不能改"。因而他即位后，便诏令百官"上封事"。太宗为求谏，不止一次鼓励大臣："若人主所行不当，臣下又无匡谏，苟在阿顺，事皆称美，则君为暗主，臣为陷臣。君暗臣谀，危亡不远。"他授权中书、门下等"机要之司"，若认为诏敕有不合适者，"皆应执论"，不得"阿旨顺情，唯唯苟过"，还提出"每有谏者，纵不合朕心，亦不以为忤。若即嗔责，深恐人怀战惧，岂肯更言"。太宗体谅谏臣心理，虚怀若谷，从不以忤旨加罪大臣，对贞观年间的谏诤之风起了十分重要的推动作用。

最后是"辨惑"，这里的"惑"有特定的含义，不是指一般的迷惑。这里说的是不要意气用事，否则就容易陷入冲动，做出不理智的事情来。要重视亲情，爱惜生命。总看别人的缺点，对别人的批评持怨恨态度，意气用事，去打击报复，在伤害他人的同时，也可能会伤害自己，这是严重的不负责任的行为。尤其是血气方刚的年轻人，为了一点小事，就不顾身体性命去与人拼命，从而酿成大错，连带父母、妻子、子女都受罪，这种情况屡见不鲜。如果我们心中随时都能想到亲人，重视亲情，那么任何事情都是小事，都不能引起我们的愤怒，更不会让我们做出不理智的举动来。

如果你能够做到以上三点，先事后得，严己宽人，不感情用事，你的个人修养就上了一个台阶了。

【原文】

12.22　子贡问友，子曰："忠告而善道之a，不可则止，毋自辱焉。"

【注解】

①道：通"导"。

【译文】

子贡问与朋友的相处之道。孔子说："忠心地劝告他并好好地开导他，如果不听从也就罢了，不要自取侮辱。"

子路篇
第十三

【原文】

　　13.1　子路问政。子曰："先之，劳之。"请益，曰："无倦。"

【译文】

　　子路问为政之道。孔子说："自己先要身体力行带好头，然后让老百姓辛勤劳作。"子路请求多讲一些，孔子说："不要倦怠。"

【精读论语】

从政三原则

　　在孔子的一生当中，向弟子讲述为政之道的言语很多，它们具有普遍的指导意义，即便是在几千年以后的今天，仍可为我们所借鉴。此章所讲述的从政三原则就是其中的代表。

　　所谓"先之"，是从从政的原则上来讲，领导人一定要做到率先垂范。我们都知道范仲淹的《岳阳楼记》，其中有句名言"先天下之忧而忧，后天下之乐而乐"，这个"先"的观念，即从《论语》中来的。中国古典政治哲学中解释"先"字，就是吃苦在前，享乐在后，这在历史上不乏典例。

　　"劳之"，是从政处世的另一重要原则。"劳之"是自己劳还是百姓劳？自古便有不同的解说，我们这里采用的是两者均参与辛勤劳作的意思。左丘明的《国语》一书中有一篇著名的敬姜《论劳逸》，她说人必须要接受劳苦的磨炼，只有接受劳苦的磨炼，才能有善心。一个人如果身处优渥的环境之中，就会变得不思进取，贪图安逸，非常容易堕落。其实不仅仅是个人，民族、国家同样如此，所谓"忧患兴邦"是也。孟子说过，上天将要把重大使命降到某人身上，一定要先使他的意志受到磨炼，使他的筋骨受到劳累，使他的身体忍饥挨饿，使他备受穷困之苦，做事总是不能顺利。以此来震动他的心灵，坚韧他的性情，增长他的才能。由此

子路问政。子曰：先之，劳之。请益。曰：无倦。

观之，古人确有先见之明！

　　孔子向弟子指明了这两点之后，子路要求老师再多告诉他一点。孔子又追加了一个"无倦"。就是要不知疲劳地辛勤工作，一切要更加努力。在中国历史上，历朝历代政权更迭，以个人"无倦"的精神来维系一个朝廷的生死存亡的先例，非诸葛孔明莫属。孔明在世，六次北伐，屡屡以弱攻强，在国力、兵力、运力都远远不及对方的情况下，在粮草难以为继的困境中，却能与"据天下十倍之地，仗兼并之众，据牢城，拥精锐"的司马懿等人相抗衡而不落下风。诸葛亮以自己的"无倦"为蜀国赢得"三分天下有其一"的局面。

　　"先之、劳之、无倦"，简短的六个字，既是古人眼中从政的原则，也是今天领导者的准则。治理一个国家如此，管理一个公司同样如此，作为公司的领导，当大家在做具体的工作时，得想在员工的前面，想别人之所未想，提前考虑公司的长期发展规划；在具体的规划制定之后，要身先士卒，带领大家一起努力，甚至要比员工更加努力，只有这样公司才能达到预期的发展目标。在这一过程中，作为领导者还要不知疲倦地奔波忙碌，既要统筹指挥全局，又要协调帮助个体。当领导难，当一个成功的领导者更难，只有在具体的工作当中用实践去践行"先之、劳之、无倦"的六字标准，才能成为一个当之无愧的好领导。

【原文】

　　13.2　仲弓为季氏宰，问政。子曰："先有司，赦小过，举贤才。"曰："焉知贤才而举之？"子曰："举尔所知。尔所不知，人其舍诸？"

【译文】

　　仲弓做了季氏的总管，问怎样管理政事，孔子说："自己先给下属各部门主管人员作出表率，原谅他人的小错误，提拔贤能的人。"仲弓说："怎么知道哪些人是贤能的人而去提拔他们呢？"孔子说："提拔你所知道的，那些你所不知道的，别人难道会埋没他吗？"

【原文】

　　13.3　子路曰："卫君待子而为政，子将奚先？"子曰："必也正名乎！"子路曰："有是哉，子之迂也！奚其正？"子曰："野哉，由也！君子于其所不知，盖阙如也①。名不正、则言不顺，言不顺、则事不成，事不成则礼乐不兴，礼乐不兴则刑罚不中②，刑罚不中则民无所措手足。故君子名之必可言也，言之必可行也。君子于其言，无所苟而已矣③。"

【注解】

①阙：通"缺"。缺而不言，存疑的意思。②中（zhòng）：得当。③苟：随便，马虎。

【译文】

　　子路说："卫国国君要您去治理国家，您打算先从哪些事情做起呢？"孔子说："首先必须先正名分。"子路说："有这样做的吗？您真是太迂腐了。这名怎么正呢？"孔子说："仲由，真粗野啊。君子对于他所不知道的事情，总是采取存疑的态度。名分不正，说起话来就不顺当合理，说话不顺当合理，事情就办不成。事情办不成，礼乐也就不能兴盛。礼乐不能兴盛，刑罚的执行就不会得当。刑罚不得当，百姓就不知怎么办好。所以，君子一定要定下一个名分，必须能够说得明白，说出来一定能够行得通。君子对于自己的言行，是从不马虎对待的。"

【精读论语】

名不正则言不顺

孔子在这里提出了他著名的"名正言顺"的思想。在孔子看来，"名"的重要性是不言而喻，以至于当他的得意弟子子路以一种非常怀疑和不屑的口气向老师询问"有是哉"的时候，一向温文尔雅的孔子也禁不住怒骂道"野哉，由也"。那么，孔子如此重视的"名"到底是什么呢？他为何又要如此急着去"正名"呢？孔子眼里的"名"大约就是今天人们经常提及的指导思想，因而孔子所谓的"正名"就是确定一个正确的指导思想。

在孔子看来，作为执政者，如果不确定一个正确的指导思想，那么在办事的过程中宣传和动员就会做不好；宣传动员搞不好，我们的工作便很难开展；工作无法开展，就不可能建立起一套完备的制度；而没有完备的制度，就不可能做到赏罚分明，那么下属做起事来就会手足无措、摸不着头脑，这样怎么能做好事情呢？所以孔子说最重要的事莫过于"正名"，确定一个正确的指导思想，然后以其为开路先锋，各项后续工作才能顺利进行下去。

仔细想一想孔子的话，再对比我们所了解的历史，事实确实也是如此。清朝末年，国家内忧外患，有志之士纷纷成立各种团体，想救国于危难之中，但由于普遍缺乏正确的指导思想，大多数团体都不能有效地开展宣传和动员工作，导致力量十分分散。孙中山考虑到这一点以后，结合当时清廷腐败、外敌入侵、人们觉悟日益提高、对土地所有权要求强烈的实际情况，成立了兴中会，成立之初即提出"驱除鞑虏，恢复中华，建立民国，平均地权"的指导思想。随后，在日本青山开办革命军事学校时，又将这十六字口号设为革命誓词，在社会上大力宣传，得到有识之士的广泛拥护和支持。就这样，兴中会的力量不断壮大，逐渐成为当时的第一大革命团体，并最终取得了辛亥革命的胜利，建立了"中华民国"，结束了中国两千多年的封建君主专制制度。正是由于孙中山领导的兴中会确立了"驱除鞑虏，恢复中华，建立民国，平均地权"的革命指导思想，才使得中国成为亚洲的第一个民主共和国。

为何其他人都失败了，只有孙中山领导的辛亥革命给了封建专制制度以致命的一击呢？在我们看来，他无非是遵照孔老夫子"名正则言顺"的原则，首先确立了一个正确的指导思想，使革命工作能够顺利开展，然后随着革命形势的发展，建立起一套完整的政治、经济、文化制度，使得各项工作都有章可依、有法可循。一切都按章程来，他理所当然地得到人们的支持和拥护。

治理一家公司同样也是如此，公司有关人员必须首先确定一个正确的指导思想作为公司上下的做事原则，才能顺利地开展其他各项工作，否则一切都无从谈起。曾经闹得沸沸扬扬的双汇"瘦肉精"事件就是一个典型的反面案例。作为一家大型企业，本应该把诚实守信、对消费者负责作为经营的指导思想，可是济源双汇食品有限公司却使用饲喂"瘦肉精"的生猪制成肉制品，然后销售给广大消费者。济源双汇"十七道检验程序管不住一头猪"，是领导不知情？是员工不守法？还是程序有问题？显然都不是，是他们的指导思想出了问题！当一个公司的指导思想由诚实守信变为唯利是图，出问题是必然的，只不过是早晚的区别罢了。

作为领导者，不论做什么事情，必须事先确立一个正确的指导思想。指导思想是前提，也是核心。只有以正确的思想开路，在它的指引下开展工作，才有可能顺利地做好每一件事。

【原文】

13.4 樊迟请学稼，子曰："吾不如老农。"请学为圃，曰："吾不如老圃。"樊迟出。子曰："小人哉，樊须也！上好礼，则民莫敢不敬；上好义，则民莫敢不服；上好信，则民莫敢不用情。夫如是，则四方之民襁负其子而至矣①，焉用稼？"

【注解】

① 襁（qiǎng）：背负小孩所用的布兜子。

【译文】

樊迟请学稼。

樊迟向孔子请教如何种庄稼，孔子说："我不如老农民。"又请教如何种蔬菜，孔子说："我不如老菜农。"樊迟出去了。孔子说："真是个小人啊！樊迟这个人！居于上位的人爱好礼仪，老百姓就没有敢不恭敬的；居于上位的人爱好道义，老百姓就没有敢不服从的；居于上位的人爱好诚信，老百姓就没有敢不诚实的。如果能够做到这一点，那么，四方的老百姓就会背负幼子前来归服，何必要自己来种庄稼呢？"

【原文】

13.5 子曰："诵《诗》三百，授之以政①，不达②；使于四方③，不能专对④；虽多，亦奚以为⑤？"

【注解】

① 授：交给。② 不达：办不好。③ 使：出使。④ 不能专对：不能随机应变，独立应对。古代使节出使，遇到问题要随机应变，独立地进行外事活动。⑤ 以：用。

【译文】

孔子说："熟读了《诗经》三百篇，交给他政务，他却搞不懂；派他出使到四方各国，又不能独立应对外交。虽然读书多，又有什么用处呢？"

【精读论语】

学以致用，方为真才

此章中孔子提出的观点是，在人们努力学习的基础上"授之以政"，进行实际锻炼；若不能完成，则让其"使于四方"进行锻炼，让知识接受实践的检验；若还没有明显的改观，那他就真是一个死读书、读死书的人了。对这种人，孔老夫子给予了无情的否定，"虽多，亦奚以为"，用今天的话说就是，你书读得再多，又有什么用呢？

从表面上看，孔子是在批评那种只会读死书的书呆子，但他更深层的意思是想告诉我们怎样学习才是最有效的，怎样去读书才是最有用的，那就是要学以致用，只有把所学知识运用到实践中，让知识指导实践，让实践检验知识，这样才算得上会学习的人。

书读得好，拥有渊博的学识，这当然是一件好事。但光有书本知识而不进行实际操作，不用实践去检验，永远只能是"行动上的矮子"，是不可能做好事情的。

不仅个人如此，一个企业、一个组织也同样如此。前些年在商界有一个著名的案例，就是麦肯锡改造王府井百货的事件。北京王府井百货为抗衡家乐福、沃尔玛等全球重量级的对手，以500万元人民币的代价，请美国著名的咨询公司麦肯锡帮助其设计"百货业大连锁经营方案"。麦肯锡通过"复杂的数据和模型"论证了"百货业大连锁"的可行性，几个月后，麦肯锡的方案出台了。与此同时，麦肯锡建议王府井百货大楼引进"国际先进的管理经验和体制"，吸引外籍管理人员进入王府井任职，并与安达信公司一起，将美国JDA软件系统引入王府井。麦肯锡完全是以美国市场的经验来完成这一切的，全然不顾当时中国市场上的客观实际。20世纪90年代，中国的零售业还很落后，在观念、技术、物流、资金监控、成本控制、管理水平上与国外差着老大一截，麦肯锡没有注意到中国企业的"软肋"，照抄照搬美国的经验，结果以失败告终，王府井百货也因此失去了重大的发展机遇。

无论是作领导，还是只是一个普通人，在生活和工作中都脱离不了学习，而在学习的过程中，我们应该时刻提醒自己，我们所学的知识是否真正做到了活学活用。只有这样我们才能避免上面列举的悲剧发生，成为一个学以致用的真才！

【原文】

13.6　子曰："其身正，不令而行；其身不正，虽令不从。"

【译文】

孔子说："（作为管理者）如果自身行为端正，不用发布命令，事情也能推行得通；如果本身不端正，就是发布了命令，百姓也不会听从。"

【精读论语】

榜样的力量

作为儒家思想的典型代表和儒派人物中的精英分子，孔子对统治者这一群体的关注远胜于其他。这是因为以"仁"、"爱"为中心的儒家学说要求统治者在施政的过程当中必须关心和爱护其治下的百姓，故而孔子也为统治者提出了一系列的要求，本章就是一例。

儒家的政治原则，与法家思想迥异，与西方的权力制衡思想也大不相同。儒家的政治学说，本质上是一种伦理政治，其合法性和合理性都是以道德为基础的。所以，儒家学说对统治者提出的要求，要比法家和西方国家都要多得多，特别是道德上，更是苛刻。儒家要求帝王要有圣人之德，而执政的将相大臣须有贤者之德。故而，一而再再而三地强调，治国必先齐家，齐家必先修身，唯有修身，才能治人。这种学说，虽然不符合与现代政治学理念，但在政治治理，或者在管理中并非毫无意义。

其身正，不令而行。

孔子认为作为一个当权者，更多的时候应该以身作则，依靠个人的言行和魅力来影响和感召他人，而不仅是靠发布施令。自己做得好，不用命令别人也会跟着学，如果自己做不好，即便你依靠行政强制去推行，也是没有用的。这一点，在现代管理学仍有积极意义。

司马迁在评价汉代名将李广的时候用了这样一句谚语："桃李不言，下自成蹊。"李广为将廉洁，常把自己的赏赐分给部下，与士兵同吃同饮，做了四十多年俸禄二千石的官，家里却几乎没有多余的财物。他爱兵如子，凡事能身先士卒，行军途中遇到缺水断食之时，一旦有了水源和粮食，士兵不全喝到水，他不近水边；士兵不全吃遍，他不尝饭食。在征战中，李广多次被敌人围追，曾数次受伤，但是从未表现出一丝的畏惧。这样，尽管李广是一个不善言辞的人，但是他的部下无不为之感动，皆心甘情愿地追随他，并且随时准备效死。榜样的力量是无穷的，这个事例就很好的例证。

不仅是中国，在国外也同样如此，那些成功的领导者大多能够以身作则，严格要求自己。美国军事家艾森豪威尔在二战时任欧洲战区盟军最高统帅。一个美国人，领导美英两国部队，其难度可想而知。他在一次军官会议上谈到领导统帅问题时，他突然停下讲话，从外面找来一根长绳子放在桌上。他用手去推绳子，绳子几乎未动；然后他改为用手去拉，结果整条绳子都动了起来。放下绳子，艾森豪威尔严肃地对军官们说："其实领导人就像这样，我们不能推，而是要以身作则来拉动大家。"大战期间，战况一度十分危急，美军伤亡惨重，急需大量血浆用于救治伤病人员。艾森豪威尔走到战士们中间，挽起袖子，带头献血。看到自己的最高统帅都已行动，战士们变得积极起来，献血的热情更加高涨，许多伤员因此得到及时的救治。艾森豪威尔正是靠自己的以身作则，把美英两国军队紧紧地凝聚起来，形成一股巨大的合力，成功完成诺曼底登陆作战，击败了罪恶的法西斯势力。战争结束后，艾森豪威尔从欧洲战场凯旋时，受到了美国人民万人空巷的欢迎，他本人也成为第二次世界大战中的十大名将之一。艾森豪威尔正是靠自己的以身作则，赢得了别人的尊重，也为自己赢得了巨大的名声和威望。

综观古今中外，我们可以发现，无论何时何地，以身作则是当好领导必须具备的条件。

【原文】

13.7 子曰："鲁、卫之政，兄弟也。"

【译文】

孔子说："鲁国的政事和卫国的政事，像兄弟一样。"

【原文】

13.8 子谓卫公子荆："善居室①。始有，曰：'苟合矣②。'少有，曰：'苟完矣。'富有，曰：'苟美矣。'"

【注解】

①善居室：善于治理家政，善于居家过日子。②合：足。

【译文】

孔子谈到卫国的公子荆，说："他善于治理家政。当他刚开始有财物时，便说：'差不多够了。'当稍微多起来时，就说：'将要足够了。'当财物到了富有时候，就说：'真是太完美了。'"

【精读论语】

尚俭，知足常乐

孔子在这里提出的观点是，对物质的追求要有限度，用我们现在的话说，就是要崇尚简朴，知足常乐。每个人都拥有一份对事物的需求感，拥有一种欲望，于是便有了满足和不满足两种心理感受，这两种感受直接决定了我们的情绪。有些人总感叹命运的不公，整天怨天尤人，似乎从来都看不到自己拥有的一切，因此失去了许多原本属于自己的快乐。有些人得到的不算多，却一直很满足，在他看来他所拥有的一切都是上天的恩赐，所以他很感激，感激之情生出快乐之心。

尤其是领导者，在日常的生活中能做到知足殊为不易，因为无论是在权力上还是物质上，他所接触的领域比别人更多，面对的诱惑往往比别人更多。孔子之所以赞扬公子荆，是因为作为一个位高权重的人，他能做到节俭知足，看轻享受，重视美德。观察历史不难发现，能做到这一点的官员，多半能善始善终，留名青史。比如西汉名臣杨震，身居高官，家无余财；三国名相诸葛亮，临死之时，家里只有在成都那八百棵桑树和十五顷田地，除此以外再也没有别的产业。一代名臣魏徵，身患重病时，众大臣前去探望，才发现他家只有几间破房子，室内陈设更是简陋。太宗心中不忍，下令把为自己修建小殿的材料，全部拿出来为魏徵建筑大房子。他们之所以能做到这些，原因在于他们心系天下，志在苍生。清贫的生活反而涵养了他们的美德，淡泊中获得了更多的快乐。

《菜根谭》里有"志出澹泊，节丧肥甘"一语，说的也是这个道理。凡贪图物质享受者，终会在不断升级的享受中让自己的生活变得越来越糜烂，进而精神萎靡、空虚，也就没了高尚的品德和节操，甚至，为了得到更高一层的物质享受，还会不惜廉耻人格，卑躬屈膝地去钻营。诱惑面前，马上失去原则，改变立场。相反，"心安茅屋稳，性定菜根香"的人，却能矢志不渝，终成大器。作为一位世家公子，公子荆对物质生活要求如此之低，足见他是一个淡泊有德之士，难怪孔子要赞扬他了。他的这种人生观，是值得后人，尤其是有权有势的官员们学习的。如果能够像他那样做到"居室不求华美"，那么，"居心平淡可知"，人生的境界就出来了。

【原文】

　　13.9　子适卫^①，冉有仆^②。子曰："庶矣哉^③！"冉有曰："既庶矣，又何加焉^④？"曰："富之。"曰："既富矣，又何加焉？"曰："教之。"

【注解】

①适：往，到……去。②仆：动词，驾驭车马。亦作名词用，指驾车的人。③庶：众多。④加：再，增加。

子适卫，冉有仆。

【译文】

　　孔子到卫国去，冉有为他驾车子。孔子说："人口真是众多啊！"冉有说："人口已经是如此众多了，又该再做什么呢？"孔子说："使他们富裕起来。"冉有说："已经富裕了，还该怎么做？"孔子说："教育他们。"

【原文】

　　13.10　子曰："苟有用我者，期月而已可也^①，三年有成。"

【注解】

①期（jī）月：一年。

【译文】

　　孔子说："假如有人用我主持国家政事，一年之内就可以见到成效了，三年便能成效显著。"

孔子的自信

一个有理想、有抱负的人，一生之中最大的悲哀莫过于空有一身本领和一腔爱国热情却无处施展。作为那个时代的精英，孔子颇有一番"如欲平治天下，当今之世，舍我其谁也"的治国志向。在本章中，孔子自言，如果有执政的机会，自己能够做到一年见效，三年成功。孔子之所以如此自信，绝不是在说大话。这样说的原因在于，他有一套完整的治国理想和施政方针。具体而言，那就是以礼治国、以德治国和以仁治国。

自从周公为周朝制定了礼乐等级典章制度以后，儒家学派便视周公为先贤，孔子也不例外，他一直都认为周公制定的周礼是最为完善的。周朝礼制的基本精神，就是通过一套具体的行为规范，来界定人与人之间的上下尊卑、亲疏远近，确定人们在当时社会秩序中的准确位置，并以此为基础，协调社会成员之间的关系。然而，到了孔子时代，已是礼崩乐坏，甚至出现季孙氏八佾舞于庭的严重僭越。孔子对此十分生气，发出"是可忍，孰不可忍"的怒骂。面对如此现状，孔子提出以"复礼"来治理国家，即"齐之以礼"的思想。不管在现实中能否行得通,孔子确信这绝对是有效的政治措施。

除了恢复周礼，孔子最重要的政治思想就是以德治国。春秋末期，面对诸国混战、社会动荡不安的局面，孔子提出了自己眼中的治世良策：为政以德，譬如北辰，居其所而众星拱之。就是说领导者如果实行德治，民众就会像众星围绕北斗星一样自动围绕着他转。孔子强调道德对政治生活的作用，主张以道德教化为治国的原则。孔子认为，治国要以道德的感召作用来取消刑罚，道德感能够使民众有耻辱之心，从而在他们的心中树立起荣辱观，这样民众在做事之前就会仔细地衡量个人行为，从而使自己的言行符合礼法的决定。这就是孔子所说的"道之以政，齐之以刑，民免而无耻，道之以德，齐之以礼，有耻且格"。孔子德治的思想核心就是通过统治者把人性中最美好的一面逐步推广到民众，从而造就一个"有耻且格"的理想社会。对这一点，孔子更是坚信不疑。

同时，孔子"仁治"的思想我们也不可忽视。孔子历来倡导"仁者爱人"、"古之为政，爱人为大"的治国原则，把"仁"放在治国首位。"仁"的治国思想要求统治者必须做好与老百姓紧密相关的各项工作，满足他们生产生活中的各种基本需求，比如说"使民以时"、"节财薄赋"等；同时它还要求统治者要以德化来感召臣民，取信于民，即所谓的"上好信，则民莫敢不用情"。总而言之，孔子认为只有为政以仁，才能处理好君民之间的关系，维持社会整体的和谐和稳定。

面对礼崩乐坏的社会现实，孔子之所以有如此坚定的信心，原因就在于他有这套治国理论。俗话说，艺高人胆大。孔子自认为是一个治国能手，是治理社会的大才。不管孔子的理论是否真的像他自己想得那么完善，但他的这份自信却是值得我们赞赏的。在现实生活中，我们每个人都应该像他那样，做人也好，做事也好，都要有坚定的信心。如果缺乏自信，我们任何事情都做不好。

【原文】

　　13.11　子曰："善人为邦百年①，亦可以胜残去杀矣②。诚哉是言也！"

【注解】

① 为邦：治国。② 胜残：克服残暴。

【译文】

　　孔子说："善人治理国家一百年，也就能够克服残暴行为，消除虐杀现象了。这句话说得真对啊！"

【原文】

　　13.12　子曰："如有王者，必世而后仁①。"

① 世：古代以三十年为一世。

【译文】

孔子说："如果有王者兴起，也一定要三十年之后才能推行仁政。"

【精读论语】

日久方可见成效

做任何事情，都不是一开始就能看见效果的，治国尤其如此。在此章中，孔子为治国之道的推行在时间上给出了一个原则上的界定，那就是"必世而后仁"。古语中"世"为三十年，孔子说要三十年才能达成仁德，在当时的统治者看来可谓很长了，在那个人均寿命偏短、国家动荡不安的时代，一般的君主还真不一定能看到自己努力的结果，所以他们对孔子只有敬而远之，对其治国方针也只能弃之不用了。

三十年治国，让国家达到王道的标准，这真的很长吗？略微了解一点历史的人都知道，恐怕孔子这话还是说得相当保守的。中国历史上任何一个朝代，别说要求它们达到王道的标准，就是从开国算起到真正稳定下来，没有数十年的时间都是不可能的。

1644年清朝统治者入关。入关初期，由于持续数年的战乱，人们流离失所，民生凋敝，百废待兴。经康熙、雍正、乾隆三位君主持续不断的努力，清朝的经济、军事和文化才渐渐有所发展，各项制度得到不断改进和完善，国家慢慢富庶起来。从清朝入关到后来的康乾盛世，足足有一百多年的时间。不仅是清朝，历史上的历朝历代多是如此。任何一个朝代建立以后，执政方针的推行都需要时间，从初见成效到太平盛世，最少也要三五十年的时间。这正是孔子所谓的"必世而后仁"。

管理一个国家是这样，管理一个公司也是这样。回顾我们身边的著名公司，除了新兴的IT类产业，它们大多数都具有悠久的历史，有的甚至是百年以上的老店。我们都知道奔驰公司，它以生产高档汽车闻名全球，自 1900 年戴姆勒发动机工厂制造了第一辆奔驰汽车以后，奔驰就成为汽车工业的楷模。在奔驰成长的过程中，它也遭受了数次波折，其中最严重的一次就是第二次世界大战期间，身处德国的奔驰险些遭到灭顶之灾，幸运的是它依靠过硬的管理和技术，在受到重创后很快又恢复了汽车生产。奔驰公司虽几经波折，但锐气不减，其产品所体现的完美的技术水平、过硬的质量标准以及推陈出新的创新能力，历来为消费者所称赞。到今天，一百多年过去了，曾经众多的汽车制造厂商中能够历经风雨而不倒的，寥寥无几，而百年老店，则仅有奔驰一家。

再对比一下我们身边的某些公司，创建还没有几年，刚取得一点小小的成绩，就得意忘形。领导者头脑一热，脑袋一拍，不管企业的资金链如何，不管企业的效益如何，不管企业员工的待遇如何，肆意扩张，盲目地去抢占市场，想让企业在自己的手里快速成长，在自己的任内做大做强。殊不知这种急功近利的思想造成的畸形发展不仅不利于企业成长，反而会害了企业。像曾经的三株、南德、亚细亚，辉煌的时候无人能比，现在都已成为经典的反面教材。作为领导者，我们要做的就是拟定好公司的规章制度，制定好公司的发展规划，培养出一批优秀的职工和管理人员，让公司一步一步地、慢慢地健康发展，切不可有毕其功于一役的思想。

历史和经验告诉我们，治理国家也好，管理企业也罢，只有经受住时间的考验，才能看见真实效果。

【原文】

13.13　子曰："苟正其身矣，于从政乎何有？不能正其身，如正人何？"

【译文】

孔子说："如果端正了自己的言行，治理国家还有什么难的呢？如果不能端正自己，又怎么能去端正别人呢？"

【原文】

13.14 冉子退朝^①，子曰："何晏也?"对曰："有政。"子曰："其事也。如有政，虽不吾以^②，吾其与闻之^③。"

【注解】

① 朝：朝廷。或指鲁君的朝廷，或指季氏议事的场所。② 不吾以：不用我。以，用。③ 与（yù）：参与。

【译文】

冉子退朝。

冉有从办公的地方回来，孔子说："今天为什么回来得这么晚呢?"冉有回答说："有政务。"孔子说："那不过是一般性的事务罢了。如果是重要的政务，即使不用我，我还是会知道的。"

【精读论语】

区分政务与事务

人类历史上的文官制度起源于中国，早在春秋战国，先哲们已经在研究有关的政治制度，比如孔子在这里就指出，官员应该有政务官和事务官两种。虽然同为官员，可它们还是有分别的。孔子看来，政务官负责的是国家大政方针的制定，即便他没参加，也必定会有所耳闻的；而事务官就是负责去执行，他没有听说也就不足为怪了。孔子在这里责怪冉有，嘲讽他政务与事务不分。

在今天看来，政务官是要反映执政党的理想，对所代表的利益群体负政治责任，通过作出政治决策来服务于自己所代表的利益群体，是整个社会、国家进步的主要动力。而事务官则完全不同。事务官要求中立，不可以带任何政治取向的偏见，在政务官所制定的政策指导下，依法行政，贯彻并落实各项政策，是稳定社会、国家的主要力量。现代社会里，一般都要求政务官具备系统的理论知识，知道如何制定国家政策，有责任让所属事务官了解政策精神以及目标，以便去落实执行。对事务官则要求必须具备专业的知识，必须依法行政，同时还要有适当的本位主义，不能越权行事。

【原文】

13.15　定公问："一言而可以兴邦，有诸？"孔子对曰："言不可以若是。其几也①，人之言曰：'为君难，为臣不易。'如知为君之难也，不几乎一言而兴邦乎？"曰："一言而丧邦，有诸？"孔子对曰："言不可以若是，其几也。人之言曰：'予无乐乎为君，唯其言而莫予违也。'如其善而莫之违也，不亦善乎！如不善而莫之违也，不几乎一言而丧邦乎！"

【注解】

①几（jī）：近。

【译文】

鲁定公问："一句话可以使国家兴盛，有这样的事吗？"孔子回答说："对语言不能有那么高的期望。有人说：'做国君难，做臣子也不容易。'如果知道了做国君的艰难，（自然会努力去做事）这不近于一句话而使国家兴盛吗？"定公说："一句话而丧失了国家，有这样的事吗？"孔子回答说："对语言的作用不能有那么高的期望。有人说：'我做国君没有感到什么快乐，唯一使我高兴的是我说的话没有人敢违抗。'如果说的话正确而没有人违抗，这不是很好吗？如果说的话不正确也没有人敢违抗，这不就近于一句话就使国家丧亡吗？"

【原文】

13.16　叶公问政，子曰："近者说①，远者来。"

【注解】

① 说：同"悦"。

【译文】

叶公问怎样治理国家。孔子说："让近处的人快乐满意，使远处的人闻风归附。"

【原文】

13.17　子夏为莒父宰①，问政，子曰："无欲速，无见小利。欲速则不达，见小利则大事不成。"

【注解】

① 莒（jǔ）父：鲁国的一个城邑，在今山东省莒县境内。

【译文】

子夏做了莒父地方的长官，问怎样治理政事。孔子说："不要急于求成，不要贪图小利。急于求成，反而达不到目的；贪小利则办不成大事。"

【精读论语】

心态与眼光

日常生活之中，我们无论做什么事情都会有一个心态，心态好，做事情就容易成功，心态不好，就有可能导致失败。此章中，孔子就告诉了我们作为一个管理者做事情应该有一个什么样的心态：首先，做事情不要想到很快就能收到效果，不可急于求成；其次，做事不能只盯着眼前的小利益，要有长远的目光。

俗话说得好：十年树木，百年树人。可见做任何事情都得有一个过程，不是一下子就能看见效果的，不可操之过急，要有一个良好的心态。当领导的尤其如此，管理一个部门、一个团体，建设一种制度、一种规范，推行一项法令、一项政策，如果领导者耐不住寂寞，急功近利，急于求成，结果往往会适得其反。

卓茂是南阳宛县人。他为人忠厚老实，对待别人也很宽容仁义，不管对方是什么身份，都会以礼相待。他做什么事都比较随便，经常用一些圣贤的道理来教导别人。平日里，卓茂并不讲究吃穿，而且做什么事都比较公平，从不偏激。卓茂从来没有和任何人发生过争执，在家乡的口碑非常好。在汉哀帝和汉平帝时期，卓茂被朝廷任命为密县县令。当时密县治理得很差，朝廷和郡守都希望他"新官上任三把火"，迅速改变面貌。但卓茂一没有废除那些旧的事项，二没有设立一些新的措施，一切都和原来一样。当地的官民本想看他大有作为，见他这样都很不以为然。很多人都以为卓茂没有才能。这事很快传到了河南郡守的耳朵里，郡守担心卓茂无能，便特意给他又设置了一名县令。如果是别人，肯定对郡守的做法非常不满，可是卓茂满不在乎，照样按照自己的方式办理公事。

卓茂为官清廉，把百姓都当成自己的儿女一样看待。在治理密县的时候，卓茂从来不使用残暴的手段，总是以仁政来教化百姓，而且从没有对百姓们说过一句脏话。因此，当地的百姓都很爱戴他，和他非常亲近，有什么事都愿意向他禀报，不忍心欺骗他。由于他坚持不懈地推行仁义教化，几年之后，卓茂的治理见了成效。密县当地的民风非常好，夜不闭户，路不拾遗。后来，由于卓茂政绩突出，朝廷把他调到长安做京部丞。

在拥有一个良好的心态的基础上，领导者还需要一个长远的眼光。人们都说一个人的眼光往往决定这个人在成功的道路上能走多远，其实这句话同样适用于领导者，一个领导的眼界如何，往往关乎这个企业当下的成长和将来的业绩。一个目光短浅的领导者总是贪图眼前的小利，一叶障目，不见泰山，这样的人做不成什么大事，只会耽搁企业的长远发展；而一个有着长远目光的领导则不会为眼前的小利益花费太多的精力，他们更关注企业将来的发展速度和盈利能力。不少企业都是只顾眼前利益，以次充好者有之，欺诈客户者有之，制假贩假者有之，这都是目光短浅、不顾长远的做法，这样做的结果必然是后续乏力，最终黯然退场。由此可见，一个领导者的眼光对一个企业的发展是多么重要。

作为领导者，要时刻提醒自己，做事要有一个良好的心态；同时也得告诫自己，处事要有长远的眼光。心态好，才能站得更高，看得更远，带领企业更好地向前发展；眼光长远，才不会遇事操之过急，而是步步为营，稳扎稳打。

【原文】

13.18　叶公语孔子曰①："吾党有直躬者②，其父攘羊，而子证之③。"孔子曰："吾党之直者异于是。父为子隐，子为父隐，直在其中矣。"

【注解】

①语（yù）：告诉。②党：指家乡。古代五百家为党。③攘：即偷窃。证：告发。

【译文】

叶公告诉孔子说："我家乡有个正直的人，他父亲偷了别人的羊，他便出来告发。"孔子说："我家乡正直的人与这不同：父亲替儿子隐瞒，儿子替父亲隐瞒，正直就在这里面了。"

【原文】

13.19　樊迟问仁。子曰："居处恭，执事敬，与人忠。虽之夷狄，不可弃也。"

【译文】

樊迟问什么是仁。孔子说："平时的生活起居要端庄恭敬，办事情的时候严肃认真，对待他人要忠诚。就是去边远的少数民族居住的地方，也是不能废弃这些原则的。"

【原文】

13.20 子贡问曰:"何如斯可谓之士矣?"子曰:"行己有耻,使于四方,不辱君命,可谓士矣。"曰:"敢问其次?"曰:"宗族称孝焉,乡党称弟焉。"曰:"敢问其次?"曰:"言必信,行必果,硁硁然小人哉①!抑亦可以为次矣。"曰:"今之从政者何如?"子曰:"噫!斗筲之人②,何足算也!"

【注解】

① 硁(kēng)硁:象声词,敲击石头的声音。这里引申为像石块那样坚硬。② 斗筲(shāo)之人:比喻器量狭小的人。筲,竹器,容一斗二升。

【译文】

子贡问道:"怎样才可称得上'士'呢?"孔子说:"能用羞耻之心约束自己的行为,出使不辜负君主的委托,这就可以称作'士'了。"子贡说:"请问次一等的'士'是什么样的?"孔子说:"宗族的人称赞他孝顺,乡里的人称赞他友爱。"子贡说:"请问再次一等的'士'是什么样的?"孔子说:"说话一定要诚信,做事一定要坚定果断,这虽是耿直固执的小人,但也可以算是再次一等的'士'了。"子贡说:"现在那些执政的人怎么样?"孔子说:"唉!一班器量狭小的家伙,算得了什么呢!"

【精读论语】

"士"的标准

在孔子看来,"行己有耻""不辱君命"方可算得上"士";差一点的像怀有孝悌之心的、有着良好口碑的人也还可以算得上士;再退而求其次,那些做人诚信、行动果断的人也还凑合,不过统治者却算不上。孔子的话里有点"肉食者鄙"的味道。依据孔子的观点,我们可以按照要求从高到低把士划分为三个不同的层次:上士,中士和下士。

所谓的上士就是国家级的士,也就是孔子所说的怀有羞耻之心,出使他国不辱使命的人。众所周知,春秋战国是一个战乱不已的时代。各国在内政、外交、军事上都是矛盾重重,为化解复杂的矛盾,就得找到有才能的人出使别国进行周旋。当然,前提是必须得保证这个人的道德修养没问题,这就是孔子所言的"行己有耻",也就是说他对自己的行为要有羞耻之心,上要维护国家的利益不受损失,下要维护个人的尊严不受伤害。在此基础上不辱君命,才称得上是上士。秦昭王想得到赵国的国宝和氏璧,却又不想兑现许诺给赵王的15座城池,结果蔺相如看出了秦王的意思,以损毁玉璧作威胁,换得秦王的退让。蔺相如随即让属下带着玉璧回国,"完璧归赵"。蔺相如此举既维护了国家利益,又维护了个人尊严,堪称士之表率。

而中士就是指宗族级的士。这种人时刻铭记孝悌之义,关爱父母兄弟,在宗族和乡里为人称道。在孔子生活得那个时代,孝悌的意义在于通过关爱亲人这种实际行动达到凝聚并团结种族、宗族的目的,增强人们的宗族认同感。我们都知道,古代的社会就是由无数个以宗族为单位的个体共同组成的,只要宗族内部人员团结、人们的宗族认同感强烈,那么整个社会就能正常有序地运行,这是统治者最希望的结果。作为个体人,如果能做到谨守孝悌之义,那即是对家族的贡献,也是对国家的贡献,所以孔子对此不吝表扬,说此类人亦可算作"士"。"时年九岁,母丧父存,温衾扇枕,侍奉晨昏"的东汉黄香,他的孝行为邻居和乡里所称道,最终感动太守刘护,刘护上书朝廷,推举其为"孝廉",后来他一路平步青云,直做到尚书令。

孔子眼里的下士是指朋友级的士。虽然"硁硁然小人",但在朋友圈子里讲信义、重行为,还是值得称道的。古人讲,与友人交,一定要言而有信。春秋时期的季札,有一次出使时去拜会徐君。徐君一见到季札,就被他腰间佩剑所吸引,却又不好直说,只是不住地朝它观望。季札看在眼里,内心暗下许诺:等我办完事情之后,一定将这把佩剑送给徐君。怎料季札出使返回时徐君已经过世。季子解下佩剑挂在徐君墓旁的树上。季札的随从疑惑地问:徐君已经过世了,您将剑悬在这里,还有必要吗?而季札却说:虽然他已经走了,但我的内心对他曾经有过承诺。怎么能够因为他的过世而背弃为人应有的信义呢？君子讲求诚信与道义，就像季札，他没有因为徐君的过世，而违背做人应有的诚信。

无论是哪一个级别的"士"，其实它的标准都差不多：要有渊博的学识和良好的品行。两千年以前孔子所言的"士"，时至今日依然有它的现实意义，尤其是对于领导者而言，我们做事做人要有羞耻之心；要尽一切努力完成公司的目标；在工作里要关心、爱护同事；在家的时间多陪陪父母；与他人交往不可失信于人……要想达到"士"的标准，我们要做的还有很多很多。

【原文】

13.21　子曰："不得中行而与之①，必也狂狷乎②！狂者进取，狷者有所不为也。"

【注解】

① 中行：行为合乎中庸。与：相与，交往。② 狷（juàn）：性情耿介，不肯同流合污。

【译文】

孔子说："找不到行为合乎中庸的人而和他们交往，一定只能和勇于向前及洁身自好的人交往！勇于向前的人努力进取，洁身自好的人不会去做坏事！激进的人勇于进取，耿介的人不做坏事。"

【原文】

13.22　子曰："南人有言曰：'人而无恒，不可以作巫医①。'善夫！'不恒其德，或承之羞②。'子曰："不占而已矣③。"

【注解】

① 巫医：用卜筮为人治病的人。② 不恒其德，或承之羞：此二句引自《易经·恒卦·爻辞》。意思是说，人如果不能长期坚持自己的德行，有时就要遭受羞辱。③ 占：占卜。

【译文】

孔子说:"南方人有句话说:'人如果没有恒心,就不可以做巫医。'这话说得好哇!"《周易》说:"不能长期坚持自己的德行,有时就要遭受羞辱。"孔子又说:"(这句话的意思是叫没有恒心的人)不要占卦罢了。"

【精读论语】

恒心乃成功之本

"恒"在古代大约就是恒心的意思,从春秋战国时起,"恒"就一直被视为人类的基本美德之一,为各家所推崇,其中尤以儒家为甚。从孟子对的"恒产"与"恒心"的看法,到荀子《劝学》中对坚持不懈的重视程度,我们都可以看见"恒"的思想。而此章中孔子引用南方人的话,更是说明了恒心在他心目中所占据的重要地位。在封建社会早期,行巫和行医这类工作算是比较低级的社会职业了,可是如果一个人没有恒心,那么连巫医这类工作都不可能做好。恒心之重要,由此可见一斑。

想要做成任何一件事情,都不可以缺少恒心,恒心乃成功之本。生活中我们见过太多的人,他们有很高的智商,他们有很好的想法,他们有广泛的人脉,他们有雄厚的资本……他们拥有的东西太多太多,却唯独缺少一样——恒心,结果一事无成。做事情如果仅凭靠一时的心血来潮,凭借三分钟的热情,是永远也不可能成功的。而那些事业有成者,他们最大的共同点就在于做事能够长期坚持。说到这一点,我们不得不提及历史上一个人物,他就是明朝的徐弘祖,《徐霞客游记》的作者。从22岁起,徐霞客就开始了游历考察生涯。30多年间,他先后进行了4次长距离的跋涉,足迹遍及大半个中国。在三四百年前,交通是很落后的,徐霞客游历了如此广阔的地区,靠的完全是自己的两条腿。单凭这一点,他就足以令人赞叹不已,更难能可贵的是,徐霞客在跋涉一天之后,无论多么疲劳,无论在什么地方住宿,他都坚持把自己考察的收获记录下来。30年间写下的游记有260多万字,按日记形式记叙了其旅行期间观察所得,以及对地理、水文、地质、植物等现象的详细记录。《徐霞客游记》在地理学和文学上都卓有成就,被后人誉为是"世间真文字、大文字、奇文字"的"奇书"。如果没有徐霞客的恒心和毅力,我们是无论如何也见不到这部把科学和文学融合在一起的大"奇书"的。

不唯古人,今人亦是如此。想做点事情,却耐不住寂寞,坚持不下去,那是不行的。看看我们身边的成功者,看看他们所取得成就,那都是历经时间的考验才取得的。我们都熟悉的"杂交水稻之父"袁隆平,他从1964年就开始研究杂交水稻,直到今天,他依然还在田间地头为水稻而奋斗。经过袁隆平半个世纪的不断努力,时至今日,我国杂交水稻种植面积已达到6000多万公顷,养活了十几亿中国人;不仅如此,杂交水稻还在世界其他国家广泛种植,为解决全球的粮食问题做出了巨大贡献。袁隆平是一位真正有恒心的人,从当初默默无闻的乡村教师到如今名满天下的世界权威,几十年如一日地专注于田畴。如果不是袁隆平半个世纪的坚持与努力,谁也不知道今天的中国还要有多少人处在食不果腹的境地。

荀子云:骐骥一跃,不能十步;驽马十驾,功在不舍;锲而舍之,朽木不折;锲而不舍,金石可镂。由此可见,要想做成事情,关键就在于锲而不舍,在于脚踏实地坚持下去。常人如此,领导者也是如此。当领导不易,做一个有恒心的领导更难。不过只要我们能不断地给自己信心和勇气,长期地坚持下来,我们就能得到他人的认可和接受,形成自己的影响力和凝聚力,进而带领整个团队创造属于我们的辉煌。

【原文】

13.23　子曰:"君子和而不同[1],小人同而不和。"

【注解】

[1] 和:和谐,协调。同:人云亦云,盲目附和。

孔子说:"君子追求与人和谐而不是完全相同、盲目附和,小人追求与人相同、盲目附和而不能与人和谐。"

【原文】

13.24 子贡问曰:"乡人皆好之,何如?"子曰:"未可也。""乡人皆恶之,何如?"子曰:"未可也。不如乡人之善者好之,其不善者恶之。"

【译文】

子贡问道:"乡里人都喜欢他,这个人怎么样?"孔子说:"还不行。""乡里人都厌恶他,这个人怎么样?"孔子说:"还不行。最好是乡里的好人都喜欢他,乡里的坏人都厌恶他。"

【精读论语】

如何正确对待公论

日常生活中,我们不可避免地要与身边的人们打交道,这一过程中,他人就会给我们一系列的评价,这就是公论。如何看待这些公论?在致力于追求君子之道的孔子看来,子贡提出的"乡人皆好之"和"乡人皆恶之"的这两种观点都有失偏颇,所以孔子说"未可也"。孔子认为,真正的贤者应该是"乡人之善者好之,其不善者恶之"。

作为一个社会人只要不是以讨好他人为目的,那么别人对我们所说的每一句话、做的每一件事必然会有不同的评价。结合特定的时间,特定的背景,有人会认为言之有理,行之有道;另一些人可能会认为话说得有问题,事做得更不对。孔子乃千古圣人,知道为人之难,做事不易,所以说"乡人皆好之"和"乡人皆恶之"皆"未可也",一个人为人处世的最高境界应该是让"善者"认同自己而与之交好,让"不善者"远离甚至憎恶自己。

"乡人皆好"未必真好。有些人,表面上乐善好施,擅长收买人心，实际上却满肚子阴谋诡计。不明就里的人们，都会对他夸赞不已。想当年，王莽未篡位时，何止是乡人皆善之，乃是举国皆善之。结果如何？竟然做了乱臣贼子。"乡人皆好"或许是一种典型的老好人，现实生活中到处都可以看见这种人，他们见到错误不批评，是非面前不说话，遇到问题绕道走，你好我好大家好，这实际上是怕得罪人。表面上看起来这种做法对身边的人都有好处，骨子里其实只为自己着想。老好人们平时不干实事，没事喜欢拉拉关系，四面讨好的别人，一个单位也好，一个企业也罢，如果总是让老好人凡事占得先机，其他实实在在干活的人就会吃亏，这样就会挫伤多数人的积极性，贻害我们的事业。

"乡人皆恶"，也未必是真恶。有道之士，往往特立独行，言语行动皆有为人所不解者，更不用说见识普通的乡人了。明朝晚期著名思想家李贽，就是不为人理解的典型。李贽晚年，弃官隐居湖北麻城龙潭湖上的芝佛院。在这里，李贽著书立说，揭批道学家们的伪善面目，还在讲学时抨击时政，听者甚众。万历十六年（1588年）夏，李贽剃头落发，表示断绝尘世。但是，在遁入空门之后，他既不受戒也不念经，成为一个异端。当地的保守官员和普通百姓对他的行为甚为不解，怕他带坏了风气，群起围攻，甚至要把他驱逐出境。乡人皆恶之，也可能因为被冤枉。明朝末年，一代名将袁崇焕含冤被杀，当时人们都以为他是卖国贼，抢着吃他的肉。但历史证明，袁崇焕忠肝义胆，节烈千秋。

能做到"善者好之，不善者恶之"，在面对善者时，有善之一面；在面对恶者时，有恶之一面，方显智者风范。在这一点上，鲁迅堪称典范，他一生不断地为中华民族的生存和发展而挣扎奋斗，一方面他用笔主持社会正义，揭露当时统治的黑暗，反抗强权暴政，另一方面努力地保护爱国青年，培育新生力量。他以笔墨为号角，唤醒中华民族精神，乡之善者好之；他无情地揭露统治者的专制和暴政，乡之恶者恶之。鲁迅这种心忧天下、爱国爱民的情怀，让人们对他产生由衷的爱戴和敬重。

所以，我们也要学会正确地对待公论，包括身边人的言论以及媒体舆论。对那些"乡人皆好者"，我们要看清他的真面目，看他到底是"好好先生"还是有真才实学；对那些"乡人皆恶"者，我们更要仔细分辨。对那些"善者好之，恶者恶之"的人，我们要着重关注和培养，他们才是社会或组织的希望之所在。

【原文】

13.25　子曰："君子易事而难说也①。说之不以道，不说也；及其使人也，器之②。小人难事而易说也。说之虽不以道，说也；及其使人也，求备焉。"

【注解】

①说：通"悦"。②器之：按各人的才德适当使用。"器"，器用，作动词用。

君子易事而难说也。

【译文】

孔子说："在君子手下做事情很容易，但要取得他的欢心却很难。不用正当的方式去讨他的欢喜，他是不会喜欢的；等到他使用人的时候，能按各人的才德去分配任务。在小人手下做事很难，但要想讨好他却很容易。用不正当的方式去讨好他，他也会很高兴；但在用人的时候，却是要百般挑剔、求全责备的。"

【精读论语】

君子作风与小人作风

在儒家思想里，君子多是指那种修心身养性，使心性合乎伦理标准的人。他们在日常生活和工作中也会要求自己的思想要尽量合乎情理，与人相处的关系上尽量和谐，所以他会克制自己的情绪、思想以及言行等，使它们尽可能地合乎儒家提倡的"礼"的规范。因此，在为人处世方面，君子和小人就会展现出不同的风貌，给人以不同的感觉。此章就是孔子眼中这两类不同风格的人的区别。

在孔子看来，君子是很容易相处的，他平易近人，但是你很难取悦于他。假如你想以不正当的手段取悦他，反而会惹得他不高兴。君子在用人的时候会量才受职，而不是任人唯亲。据史书记载，东汉太尉杨震清正廉洁，唯才是举。一次杨震路经昌邑，被他提拔的昌邑县令王密为了报答栽培之恩，特备黄金十斤，趁着夜深人静的时候送到杨震住处。杨震不但没有接受，还严肃地批评了他。王密说现在夜深人静，没有人知道我送金之事。杨震说："天知、神知、我知、你知，怎能说没有人知道呢？"受到谴责后，王密深深为老师的风范所折服，惭愧地退下。杨震"暮夜却金"的事，影响深远，后人因此称杨震为"四知先生"。从杨震身上，我们能深刻地感受到孔子所言的"易事难说"的君子之风。

小人的特点在于你取悦于他很容易，但是相处很难。比如说你给他一点小恩小惠，帮他一个小忙，这个人就会很高兴了。即便你取悦他的方式是不合乎道义的，是不正当的，他也不在乎。表面上大家都高兴了，但这样的人是不容易共事的。造成这种不同的原因在于君子和小人的个人修养。君子一般都有着良好的个人修养，他们对自己的要求就比较高，对他人则比较宽容，这是他们容易相处原因。小人就不同了，他们根本谈不上什么个人修养，人品上不免有缺陷，喜怒无常，见利忘义，所以难以共事却容易取悦。

回顾我们的历史，可以看出孔子的概括可谓是高度准确。历史上有很多的小人，即便位高权重，他们依然不改小人本色。唐玄宗的宠臣杨国忠，依靠杨贵妃的关系当上了宰相。他掌权以后，武断专横、腐朽不堪。左丞相陈希烈看不惯他的人品和行为，杨国忠便干脆把他排挤出相位。属下官员为讨他欢心，经常给他送去各种奇珍异宝，奴颜婢膝相待。在选拔人才方面，杨国忠弃天下贤才而不用，完全以自己的好恶为标准。他还置国家律令于不顾，把负责选官的胥吏请到自己家里，事先预先定好名单，独揽用人大权。杨国忠"难事、易悦、求备"，算得上一个标准的小人。

现实生活中，领导也有君子小人之分。小人得志，就会没事发发领导脾气，犯了错误把责任全部推给别人，在同事面前、下属面前要耍威风；一旦需要用人，首先想到的就是他自己身边的人，谁听话用谁，谁按自己的意愿去办事就用谁，并且对下属求全责备、百般挑剔。而君子明显就不一样了。日常工作中他平易近人，和蔼可亲，从不苛刻地对待下属，并能对下属的工作给予精心的指导和帮助；对于下属违背原则地讨好，他会义正词严地拒绝；当组织需要用人的时候，他们则能任人唯贤，根据下属的才能大小安排合适的职位，力求人尽其才。

小人做领导，只会把一个公司、一个部门带向毫无热情、裙带关系严重、缺乏生命力的方向。而君子做领导，在他的带领下，组织或机构则会充满生命和活力，充满创新精神，全体职员会一起努力，创造出骄人的业绩。

【原文】

13.26 子曰："君子泰而不骄，小人骄而不泰。"

【译文】

孔子说："君子安详坦然而不骄矜凌人；小人骄矜凌人而不安详坦然。"

【精读论语】

泰而不骄

人生活在这个世界上，心态很重要。在孔老夫子看来，君子正是因为有一个平和的心态，有一种安定的心境，所以在他身上由内而外不自觉地流露出一种安详舒泰。小人则不一样，他们表现出来的是一种故作的姿态，一种让人不舒服的骄矜之气，这是因为他们的内心充满的多是一股焦躁之气，所以在气度上便少了一份安闲与从容。心态决定了修养，这就是君子与小人的区别。

君子如何能"泰"？不过知忠恕而已。忠者无私，恕者及人。有了无私和宽容的心态，才有了君子的不以物喜，不以己悲。当一个人不仅仅是为了自己着想的时候，当一个人忘记了自己的时候，又怎么会有骄嗔之心呢？君子有为而无求，正如宋儒所言"尽人事，存天理"。作为一个君子，但求无愧于心，尽力为之而已，至于结果怎么样，他根本就没有放在心上，如此的豁达，他怎么会有骄呢？君子知恕道，所以无凌人之盛气，知道己所不欲勿施于人。君子一切都是依道而行，所以他无忧无惑，故而处世能长乐也。知忠恕则去骄，骄去则有泰。简单的一个"泰"字，里面却包含着很多的东西，不仅有君子个人精深的修为，还有他渊博的学识、丰富的阅历、豁达的态度以及过人的智慧。

小人之所以"骄"，是因为他们内心充满着焦躁和不安，少了一份淡定和闲适。我们经常可以看见一些充满骄气的小人，见过许多小人得志的面孔，其实那张面孔又何止于一个"骄"字能够形容得了呢？骄只不过是其中最明显的一点罢了。小人大多如此，点一根蜡烛就以为自己是太阳，可以散发出万丈光芒，偶然做成一件事，就以为怎么了不起，忘乎所以。其实从心理学的层面上看，小人的那种骄不过是他们自卑的影像罢了，一个人表现出他那凌人的骄气，明显是在掩盖自己内心的不自信。他们怕自己不能够被身边的人所认同，甚至不能被自己认同，故而他们用表面的骄气来掩盖内心的那份空虚。

心态不同，君子和小人所流露出的外在气质和修养也就不一样，所以他们为人处世的方式就不一样，人们对二者的评价自然也就不一样了。平常的生活中，我们要想舍小人之风而取君子之道，就要不断地学习，拥有渊博的学识才能明白世间的道理；其次，我们还要有豁达的态度，生活中只有看得开，才能放得下，正所谓"成也罢，败也罢，莫以成败论高下，男儿奋斗便英雄，成也潇洒，败也潇洒；得也罢，失也罢，患得患失误年华，凡事该做只管做，得了更好，失也没啥"。不断学习，不断提高，这样才能加强自身的修养，保有一种良好的心态，使自己向君子靠近。

一个良好的心态对领导者来说更为重要。作为领导，工作中要学会安静坦然，不要对他人傲慢无礼，做一个胸怀大志的人，心中要有定力，泰然自若而没有骄矜之气。只有这样，在下属看来，才是一个有着良好修养的人。心态所决定的这种修养会对他人产生一种无形的影响，从而增加自己的号召力和影响力，这样管理起一个团队就会容易很多。

【原文】

13.27 子曰："刚、毅、木、讷，近仁。"

【译文】

孔子说："刚强、坚毅、质朴、慎言（具备了这四种品德的人）便接近仁德了。"

【原文】

13.28 子路问曰："何如斯可谓之士矣？"子曰："切切偲偲①，怡怡如也②，可谓士矣。朋友切切偲偲，兄弟怡怡。"

【注解】

①偲（sī）偲：勉励、督促、诚恳的样子。②怡（yí）怡：和气、亲切、顺从的样子。

【译文】

子路问道："怎样才可以称为士呢？"孔子说："互相帮助督促而又和睦相处，就可以叫作士了。朋友之间互相勉励督促，兄弟之间和睦相处。"

子曰：切切、偲偲，怡怡如也，可谓士矣。

宪问篇
第十四

【原文】

14.1　宪问耻^①，子曰："邦有道，谷^②；邦无道，谷，耻也。""克、伐、怨、欲不行焉^③，可以为仁矣？"子曰："可以为难矣，仁则吾不知也。"

【注解】

①宪：姓原，名宪，字子思，孔子的学生。②谷：俸禄。③克：好胜。伐：自夸。

【译文】

原宪问什么叫耻辱。孔子说："国家政治清明，做官领俸禄；国家政治黑暗，也做官领俸禄，这就是耻辱。"原宪又问："好胜、自夸、怨恨和贪婪这四种毛病都没有，可以称得上仁吗？"孔子说："可以说是难能可贵，至于是否是仁，我就不能断定了。"

【精读论语】

为官之耻与仁

有一次，原宪问老师什么叫作耻，孔子认为，士大夫应为国作贡献。那些在国家政治清明的时候拿俸禄，国家政治混乱的时候也照样拿俸禄而安享荣华富贵的人，是可耻的。其实，孔子的意思就是告诉人们，作为一个知识分子必须始终牢记，从政应该尽到自己的政治责任，对社会有所贡献，为混口饭吃而做官是可耻的。

孔子的六世孙孔斌深得孔子真意，在这个方面的做法值得一提。魏安釐王在位时期，听说孔斌很有才的，便派使者携带重金要聘他为相。孔斌对使者说："假如魏王能够采纳我的建议，我可以安邦治国，这样即使让我吃蔬菜，喝凉水都没关系。如果只是拿我当摆设，给我高官厚禄，等于供养一个普通百姓，那就没什么意思了！"魏王再三延聘，孔斌才前往魏国为相。孔斌上任后，任用贤良，裁汰庸碌，奖励功臣，初步扭转魏国官场风气。但是，在随后一系列的重大军国决策中，孔斌的建议几乎都被魏王拒绝了。孔斌很失望，长叹道："建议不被采纳，无法为国作贡献，再继续做官拿俸禄就是白混饭吃，罪过也就太大了！"便借口生病辞去职务。魏国大将辛垣固问孔斌："你在魏国做相才几个月，还没干出什么政绩，怎么就自行引退了呢？"孔斌回答说："正因为没有政绩，所以我不能再干下去了。再说，魏国也不可救药了。"孔斌在魏国执政只有九个月便归隐了。孔斌的所作所为，是对孔子"邦无道，谷，耻也"的最好注释。

此外，本章原宪所言的"克、伐、怨、欲"其实就是指人的言行和情感，一个人如果能够克制好胜、自夸、怨恨和贪欲等各种言行和情感，那么他就算具备良好的美德了。而在孔子眼中，"仁"显然不能等同于这些具体的品行。孔子将"仁"和原宪所言的人的美德区别开来，他认为"仁"应该是人们积极的、主动的情感，而"克、伐、怨、欲"只不过是对感情的克制和化解，是一种消极的情感。由此可见，孔子"仁"的标准之高。

原宪是孔门弟子"七十二贤人"中的佼佼者，孔子为鲁司寇时，曾做过孔子的家臣，跟孔子的关系相当好，是孔子思想的积极贯彻和执行者。孔子死后，原宪就辞官隐居了。即便是在下层社会中，他依然矢志不渝地贯彻着孔子"仁"的思想。隐居卫国的时候，原宪居茅屋瓦牖，粗茶淡饭，生活极为清苦。一次，子贡高车驷马，拜访原宪。原宪衣着破烂，出来迎接。子贡问："夫子岂病乎？"原宪回答说："吾闻之，无财者谓之贫，学道而不能行者谓之病。若宪，贫也，非病也。"原宪的意思大致就是老师当年教导我们如何做人做事，你看你现在这副德行，上不能为国家做事，下不能按老师的要求做人，有什么可显摆的？子贡听后非常羞愧地走了。此时的原宪，已经把孔子所言的"耻"与"仁"完美地结合在一起了。

孔子所言的"耻"与"仁"，即便是在今天，也有很强的借鉴意义。他提醒所有的管理者，在自己的位置上一定要有所作为，积极贡献出个人的力量，为本单位或者企业的进步作出应有的贡献。同时，我们要在克制、化解个人消极情感的基础上，主动追求"仁"的境界，保持一种积极主动的情感，树立起个人的人格魅力，建立起自己的影响力和号召力。这样，我们才能管理好一个团队。

【原文】

14.2　子曰："士而怀居①，不足以为士矣。"

【注解】

①怀居：留恋家室的安逸。怀，思念，留恋。居，家居。

【译文】

孔子说："士人如果留恋安逸的生活，就不足以做士人了。"

【原文】

14.3　子曰："邦有道，危言危行①；邦无道，危行言孙②。"

【注解】

①危：直，正直。②孙（xùn）：通"逊"。

【译文】

孔子说："国家政治清明，言语正直，行为正直；国家政治黑暗，行为也要正直，但言语应谦逊谨慎。"

【精读论语】

如何全身避祸

此章孔子告诉我们，当国家政治清明的时候，我们的言语和行为都应该正直；当国家动荡、社会不安的时候，我们的行为要端正，但在言语上，一定要注意自己的说话方式，要谦虚谨慎，要有分寸。表面上看来，孔子是在教我们要滑头，有点见风使舵的意思。其实不是这样，孔子是在教我们为人处世的道理。宋朝的尹焞就曾说过："君子之持身不可变也，至于言则有时而不敢尽，以避祸也。"

子曰：邦有道，危言危行；邦无道，危行言孙。

"危言危行"自不必说，历史上大凡盛世，君主多半比较开明，做臣子的可以"危言危行"，大胆一些。但是，当君主无道，君子必须做到"危行言孙"。如其不然，轻者会丢官罢职，重者会有性命之忧。

岳飞20岁从军，在抗金斗争中始终赤胆忠心，英勇善战，屡立战功。以岳飞为首的四大杰出将领，逐渐训练出能征善战的军队，与消灭北宋的金国形成了强有力的抗衡。在那个金兵屡次南犯、朝政腐败不堪的岁月，岳飞提出了出兵北伐金国的主张。北伐本来没错，但岳飞却说错了话，用错了口号——直捣黄龙，迎回二圣。黄龙是金军老窝，捣了也罢；但他要迎回的二圣，一个是皇帝的老爸徽宗，一个是皇帝的哥哥钦宗。这样就有问题了，父兄都回来了，当今皇上宋高宗怎么办？后来，秦桧就到皇帝那里去打小报告，还在纸上画了3个太阳，意思是提醒皇上，国无二主，天无二日啊。高宗口上不说，心里却相当不痛快。于是中国历史上出现了一个"莫须有"的古怪罪名。岳飞在"邦无道"的时候，没有做到孔子所言的"危行言孙"，结果惨死在风波亭中。

与冤死的岳飞形成鲜明对比的，是自号"长乐老人"的冯道。此人品行颇具争议，但就"危行言孙"而言，能做得比他更出色的基本上找不到几个。冯道历仕后唐、后晋、后汉、后周四朝十君，拜相20余年，人称官场"不倒翁"。如果是在太平盛世，倒也算不得什么，问题是他所处的是社会大变革时期。冯道"为人能自刻苦为俭约"，在随军当书记时，住在草棚中，连床和卧具都不用，就直接睡在草上；领到的俸禄与随从、仆人一起花，与下属吃一样的伙食也毫不在意；将士抢来美女献给他，他往往会婉言谢绝，实在推却不了的，就另外找间屋子养着，找到她的家人后再送回去。冯道不贪财、不好色、不受贿，没有落下任何把柄于他人之手，使人无法攻击他。更主要的是他的品格端正，说话做事谨慎小心，以致无懈可击。行为本身端正，在言语和态度上又有分寸，从不乱说话、乱发牢骚、随意抱怨。可见，冯道能拜相四朝、历时数十年而不倒，关键在于做到了"危行言孙"。

总的来说，孔子教给了我们两个原则：第一，无论什么时候都要持身端正，做事规规矩矩，行为方方正正；第二，一定要注意自己的说话方式，凡事要三思而后言，不牢骚满腹，说话要有分寸，要注意保护好自己。记住这两个原则，做人做事才能更加顺利。

【原文】

14.4　子曰："有德者必有言，有言者不必有德。仁者必有勇，勇者不必有仁。"

【译文】

孔子说："有德的人一定有好的言论，但有好言论的人不一定有德。仁人一定勇敢，但勇敢的人不一定有仁德。"

【原文】

14.5　南宫适问于孔子曰①："羿善射②，奡荡舟③，俱不得其死然。禹、稷躬稼而有天下④。"夫子不答。

南宫适出，子曰："君子哉若人！尚德哉若人！"

【注解】

① 南宫适（kuò）：姓南宫，名适，字子容，孔子的学生。② 羿（yì）：传说中夏代有穷国的国君，善于射箭，曾夺夏太康的王位，后被其臣寒浞所杀。③ 奡

（ào）：古代一个大力士，传说是寒浞的儿子，后来为夏少康所杀。④禹：夏朝的开国之君，善于治水，注重发展农业。稷（jì）：传说是周朝的祖先，又为谷神，教民种植庄稼。

【译文】

南宫适向孔子问道："羿擅长射箭，奡善于水战，都没有得到善终。禹和稷亲自耕作庄稼，却得到了天下。"孔子没有回答。

南宫适退出去后，孔子说："这个人是君子啊！这个人崇尚道德啊！"

【精读论语】

德行高于武力

南宫适向孔子的提问，从正反两个方面发出。他提到了两对相对立的人物，一面是后羿和奡，另一面是大禹和后稷。后羿箭术高明，勇武非常，说起来他称王是很容易的事情，但是最后被他的臣子寒浞杀了。奡天生神力，能拖拽着巨船在陆地上行走，这样一个强大的人，应该无人能敌吧，但是他后来也没能善终，被少康诛杀了。这两个例子说明了一个道理，那就是依靠武力迫使别人服从，不仅不会获得成功，还有可能像他们一样不得好死。大禹和后稷虽然不像后羿、奡那样身怀绝技，本领高强，但是他们规规矩矩地种田，谨慎地修养自己的德行，勤谨政务，宽待百姓，最后都得到了天下。大禹是自己为自己赢得了天下，后稷则是其子孙后代得到了周朝的天下，但都得到了他们应该得到的东西。

孔子并没有正面解答南宫适的疑虑，但对南宫适能看到这个问题表示了赞赏，他认为既然能看到两类人的不同，那就是领悟了"德行高于武力"的真意了。孔子思想的核心是"注重道德修养"，强调以自己高尚的德操感化周围的人，让人心悦诚服，而不是靠武力压服。关于这一点，孟子也说过："以力服人者，非心服也，力不赡也；以德服人者，中心悦而诚服也。"这个说法，可以说是对孔子思想的进一步阐述。

大到国家，小到个人，有时候总会遇到一种异己的力量。当双方的分歧无法调和是，就会发生冲突，冲突激烈甚至会引发战争。要想解决冲突并获得最终的胜利，通常会有两个办法，一个是武力镇压，一个是道德感化。武力镇压的结果，要么是制服别人，要么是被人家征服。不管结果如何，失败者都不会服气，肯定会伺机报复。也就是说，武力不仅不能解决冲突，反而会陷入冤冤相报的可怕暴力循环。

周厉王是历史上有名的残暴君主之一。对他的暴政，百姓怨声四起。他不仅毫不收敛，还派人监听谁说他的坏话，一旦发现就杀无赦。这样一来，举国上下都不敢再对国事评头论足了，人们见了面也都不敢说话，而是互相递眼色。开始，百姓们慑于他的淫威敢怒不敢言。但是 3 年后（公元前 842 年），百姓们的忍耐被打破了，大家自发组织起来攻入王宫，把残暴的周厉王流放到彘地去了。周厉王的武力固然能暂时压迫人民，但他最终还是被人民推翻，一味地武力镇压，让他最终尝到被暴力驱赶的苦果。

只有提高道德修养，以德待人，别人才会对你心悦诚服。唐朝是中华民族历史上最强盛的时期，这和唐代德化天下的政策是分不开的。唐朝建立之初，突厥常年为患北方，双方也不乏武力之争。后来，唐军终于打败了突厥，但唐太宗并没有对突厥残部赶尽杀绝，而是将一百多名曾与大唐为敌的突厥降将任命为唐朝五品以上的将军以及中郎将。同时，还允许突厥百姓迁入中原。这些举措，深得少数民族信任。息兵罢战后，西北各少数民族都获得和平与发展，他们对太宗皇帝十分敬佩，共同上表请求尊唐太宗为"天可汗"。很显然，唐太宗深知，赶尽杀绝解决不了问题，只会增加仇怨。正是这种海纳百川的宽广胸怀和仁爱待人的政策，为唐朝的统治赢得了人心，一时四夷宾服，万国来朝。

其实，孔子并不反对武力，只是不主张把武力当作解决问题的唯一方法。认为发生纠纷，要先以德服人，即便非得以武力服人了，也得尽快以德化安抚。国家间如此，企业间如此，放在个人身上也是如此。只有坚持"德行高于武力"，才能够赢得长期的胜利。

14.6　子曰："君子而不仁者有矣夫，未有小人而仁者也。"

【译文】

孔子说："君子之中也许有不仁的人吧，但小人之中却不会有仁人。"

【原文】

14.7　子曰："爱之，能勿劳乎？忠焉①，能勿诲乎？"

【注解】

①焉：相当于"于是"，也相当于"于之"，但古代"于"和"之"一般不连用。

【译文】

孔子说："爱他，能不以勤劳相劝勉吗？忠于他，能不以善言来教诲他吗？"

子曰：爱之，能勿劳乎？忠焉，能勿诲乎？

【精读论语】

真正的忠爱之心

在这里，孔子讨论的是做人要有"忠爱之心"。关于这一点，要从两个方面说，因为爱与忠的对象是不一样的，爱主要是对下，忠主要是对上。

对下属、对子女要爱护，但爱护也有个方法问题，是对他娇惯纵容，还是用艰难困苦磨炼他，如果就事论事，大多数人会选择后者，因为这是最合理的做法。但事情落在自己身上，恐怕很多人就不那么理智了。现实生活中，不少父母对自己的孩子百般疼爱，根本舍不得让他们吃苦受罪。他们不仅对孩子照顾得无微不至，还对孩子处处妥协，甚至是有求必应。这不仅使孩子变得骄纵，也使他们的生活和工作能力也变得很差，长大后难以在社会上立足。孔子认为，真正地对下之爱，应该是故意创造条件让他"劳"，这样不仅有助于培养他吃苦耐劳的品质，还有助于培养他分析问题、解决问题的能力。

康熙皇帝非常重视对子孙的教育，他留下的《康熙教子庭训格言》对后世影响很大。清朝，皇家子弟读书的地方叫"上书房"。康熙时，上书房设在畅春园的"无逸斋"，这个名字就是告诫皇子们不要贪图安逸享乐。康熙对皇子皇孙的要求非常严格，每天早上三点，皇子们就要准时到无逸斋，用两个小时复习前一天的功课。五点钟，老师们会来书房检查功课，背诵课文必须一字不错。早上七点，到这时已经上四小时的课了，正赶上康熙下朝，通常康熙都会亲自来检查他们的功课。检查标准很严格，而且即便符合了标准也很少表扬，免得皇子们骄傲。九点到十一点，练习书法，临帖时每个字要写上100遍。接下来两个小时，是午饭时间。下午一点到三点，练习骑射。下午三点到五点，康熙再次检查功课。下午五点到七点，康熙和诸皇子一起射箭，给他们作表率。之后，才算放学，天天如此，寒暑无间。在他教育之下，他的儿子们个个能文能武，后来登上皇位的皇子雍正、皇孙乾隆，都是非常杰出的皇帝。其他皇子也各有作为，要么在学术研究上有成就，要么艺术造诣很深。我们知道，皇室是最有条件让孩子享乐的，但是康熙没有这样做。他对皇子们的要求近乎苛刻，以此磨炼他们的意志，培养他们的能力。

上级对下级也是这样。如果领导者对下属不能严格要求，放纵袒护，那么这些下属最终会变成能力低下、毫无责任心的贪私之徒。而且，他们将来必然会惹出更大的乱子，使事情变得无法收拾。不用严肃法纪约束下属，不用艰难苦困去磨炼他们，就不可能锻炼出杰出的人才。国家也好，企业也罢，如果后继无人，事业也就基本失败了。

关于忠，大家都理解它的内涵，这里重点强调，忠不应该是愚忠。当自己的上级出现明显差错时，要加以规劝教导。如果对上级一味"点头称是"，任由他们犯错误，这不仅是对上级的伤害，也会造成事业的损失。所以孔子才强调"忠焉，能无诲乎"？

在中国历史上，敢于向皇帝直言进谏的大臣中，魏徵要算最突出的一个。不管何时，只要唐太宗有做得不对的地方，他都会据理力争，即使唐太宗大发雷霆，他也不畏惧。唐太宗制定了一个关于征兵的法令，规定年满 18 岁的成年男子才须服兵役。但是有一次，他自己违反法令，决定征召未满 18 岁、身材高大的男子从军。魏徵知道后强烈反对，唐太宗十分生气，严厉地训斥了他。但是魏徵毫不退缩，严肃地说："这些人的父兄已经在为国效力了，您如今又要把他们也征去服兵役，我们国家谁来种田？这些都没有了，百姓们指望什么生活呢？您不是常说吗，您当国君，首先要讲信用。可是你的所作所为与你颁布的法令明显不一致，您在老百姓面前不就失去信用了吗？"听完魏徵这一席话，唐太宗也认识到了自己的错误，立刻下令停止征兵。这就是孔子向我们传达的真正的"忠爱之道"。

【原文】

14.8　子曰："为命①，裨谌草创之②，世叔讨论之③，行人子羽修饰之④，东里子产润色之⑤。"

【注解】

① 命：指外交辞令。② 裨（pí）谌（chén）：郑国的大夫。③ 世叔：即子太叔，名游吉。郑国的大夫。子产死后，继子产为郑国宰相。④ 行人：官名，掌管朝觐聘问事务，即外交事务。子羽，公孙羽，郑国的大夫。⑤ 东里：子产所居之地，在今郑州市。

【译文】

孔子说："郑国制订外交文件，由裨谌起草，世叔提出意见，外交官子羽修改，东里子产作加工润色。"

14.9 或问子产，子曰："惠人也。"

问子西①，曰："彼哉！彼哉②！"

问管仲，曰："人也。夺伯氏骈邑三百③，饭疏食，没齿无怨言。"

【注解】

① 子西：楚国的令尹，名申，字子西。一说为郑国大夫。② 彼哉！彼哉：他呀！他呀！这是当时表示轻视的习惯语。③ 伯氏：齐国的大夫。骈邑：齐国的地方。

【译文】

有人问子产是怎样的人。孔子说："是宽厚慈惠的人。"

问到子西是怎样的人。孔子说："他呀！他呀！"

问到管仲是怎样的人。孔子说："他是个人才。他剥夺了伯氏骈邑三百户的封地，使伯氏只能吃粗粮，却至死没有怨言。"

【精读论语】

重要的是做人

在这里，孔子通过对子产、子西及管仲的政绩分别进行评价。仔细观察不难发现，孔子对他们的评价，着眼点在于做人。也就是说，孔子认为，做任何事都要把做人放在首位。

孔子对子产和管仲的评价都非常肯定，充满赞许；但对楚国令尹子西，孔子似乎有些不满。"他呀，他呀"，言下之意是他做得不好，不说也罢。孔子之所以发出这样的慨叹，是因为子西做人有问题。当年，孔子周游列国，宣传他的治国方略，到了楚国，楚昭王对孔子非常感兴趣，想重用孔子。为了表示自己的诚意，他准备了赏赐孔子七百里封地。

子西听说之后，怕孔子取而代之，就对楚昭王说了一大堆话。他的中心意思就一个，那就是，孔子门下弟子三千，不乏德才兼备者。

要是孔子得到了七百里封地，恐怕他会立即自立为王，带着他的弟子们造起反来。楚昭王听信谗言，对封赏孔子的事便不再提。孔子知道后，只好离开楚国。通过这件事，孔子觉得子西这个人做人不高明。

孔子对管仲的为人无比称道，认为管仲做人做得很好。给他这样高的评价，并不是因为他是个政治家，他做了大官，官位显赫并不能等价于做人成功，真正做到能称为一个"人"了，这才算了不起。他当政期间，把齐国的另一个大夫伯氏家的三百里良田没收了，导致伯氏一家穷困潦倒，但因为他德行高尚，处事公平，说话做事都讲原则，因此赢得朝廷内外的信服。伯氏一家一直到死，都对管仲的做法毫无怨恨。一个人能做到这一步，的确是很了不起的。

无论做官、做事情，还是做学问，都要以做人为基础。古往今来，有多少人因为做不好"人"而身败名裂的。庄子一生淡泊名利，崇尚个人修为，主张清静无为。但他才华横溢，楚王曾多次邀请他出仕，但都被他拒绝了。他的朋友惠施做了梁国的宰相，庄子去拜访他。有人就告诉惠施说："庄子到了梁国，是想取代你做宰相呀。"于是惠施就担心起来，下令派出人马在梁国都城搜捕庄子，以免庄子得到梁王的赏识。庄子得知了这件事，非常生气，前去见惠施，说："我听说南方有一种鸟，叫鹓鶵。它们从南海飞到北海，路途漫漫，但是途中再累，不遇到梧桐树也不休息。再渴再饿，不遇到竹子的果实也不吃，不遇到甜美的泉水也不喝。有一只猫头鹰捡到一只腐烂的臭老鼠，恰好鹓鶵从它面前飞过，猫头鹰以为鹓鶵是来和它抢夺死老鼠的，就仰着头，发出'吓吓'的警告声。现在你也想来警告我不要觊觎吗？"看了这则寓言故事，我们不得不说惠施做人很失败。

孔子的思想强调的就是修己治人，而且他把修己放在一切工作的前面，认为只有做好了自己，才有能力去做别的事。儒学强调，做人要正直，道德清白，精神高尚，行为坦荡。讲仁慈、讲友爱，始终不忘对他人和社会的责任和义务。只有做到这些，才能受到人们的尊敬，自己的人生也会变得充实而有意义。如果做人都做不好，其他事情也就别提了。

【原文】

14.10 子曰："贫而无怨难，富而无骄易。"

【译文】

孔子说："贫穷而没有怨恨很难，富贵而不骄矜倒很容易。"

【原文】

14.11 子曰："孟公绰为赵魏老则优①，不可以为滕、薛大夫②。"

【注解】

①孟公绰：鲁国的大夫，为人清心寡欲。赵魏：晋国最有权势的大夫赵氏、魏氏。老：大夫的家臣。优：优裕。②滕、薛：当时的小国，在鲁国附近。滕在今山东滕县，薛在今山东滕县西南。

【译文】

孔子说："孟公绰担任晋国的赵氏、魏氏的家臣是绰绰有余的，但是做不了滕国和薛国这样小国的大夫。"

【精读论语】

人尽其才

孔子强调为政者应当量才用人，使每个人都尽其所能，各得其所。这个观点，就是"人尽其才"的思想。本章中，孔子拿如何任用孟公绰来阐述自己的观点。他认为，孟公绰是个清正廉洁、知足常乐的人，他的道德学问很好，适合做赵、魏这样的大国的顾问。但是，如果他去做滕、薛两个小国的大夫的话，去处理琐碎的实际政务，就不合适了。

在这个世界上，每个人都有自己的长处，也都有其最适合的位置，只有把这个人安排在最适合的位置上，才能够做到人尽其才。所以，管理者一定要明白，所有的人都是人才，之所以没有发出人才的光芒，是因为没有把他们放对地方，没有做到人尽其才地使用他们。如果懂得如何有效利用不同人才的优势，他们就会创造出非凡业绩。

子曰：孟公绰为赵、魏老则优，不可以为滕、薛大夫。

秦朝末年，刘邦和项羽争夺天下，当时的智能之士陈平和韩信都曾投到项羽帐下。对韩信这样的杰出军事人才，项羽只给了他一个小小的郎中，屡次献计，也没有被项羽采纳。陈平也是当时少见的奇才，同样没有受到相项羽的重用。因为不能识别人才，也不会用人，项羽彻底浪费了这两大人才。最后，这两个人投奔刘邦，帮助刘邦灭掉了项羽。

而刘邦则不然，他善于发现人才，更善于用人。在总结自己的成功经验时，他曾这样说过："运筹帷幄，决胜千里，我不如子房；镇国家、抚百姓、给馈养、不绝粮道，我不如萧何；攻必克、战必胜，我不如韩信。这三位，都是人中英杰，而我能够任用他们，这就是我所以能得天下的原因。"

人尽其才的用人观，在现代社会意义仍然重大。所有企业的发展和强大，都离不开人才。任何一个管理者要想获得事业的成功，都需要人才的支持。所以，领导者应当把识人用人当作最重要的工作来抓。在发现了人才之后，就要依据他们的能力，尽可能把每个人安排在最适合的岗位上。要做到智者用其谋，愚者用其力，勇者用其威，强者用其锐，庸者用其慎。总之，每个人都有每个人的用处，最终要实现人尽其才，才尽其用。

在实际操作中，领导用人往往有两个误区，第一是不够信任。在用人的时候，将信将疑，不能放手，这样就很难发挥人才的作用。其次是求全责备，对存在缺点的下属心存偏见。我们必须明白，任何人才都是有缺点的，所以，领导者的任务应该是发挥已有人才的长处，而不是试图去寻找十全十美的下属。中国古代有一首歌谣，是这样说的："骏马能历险，犁田不如牛；坚车能载重，渡河不如舟；舍长以就短，智者难为谋；生才贵适用，慎无多苛求。"这首歌谣生动形象地说明了金无足赤，人无完人，用人最忌讳的就是求全责备。这同时也要求领导者不仅要有识才之能，还要有用才之策。

有一位成功的企业家曾经这样说过："自己的成功得益于识别人才的眼力。"确实，作为一个企业的管理者，必须能够根据下属的特点，把他们都安排到最能发挥其最大价值的位置上，实现人力资源的最佳配置。比如，鸡蛋里挑骨头的人作协调工作肯定不行，但如果负责质量检查可能就是一把好手；镏铢必较的人做公关、跑业务可能做不好，如果去做会计管财务可能就非常优秀。如此，才能人尽其才，事业兴旺。

【原文】

14.12　子路问成人①，子曰："若臧武仲之知②，公绰之不欲，卞庄子之勇③，冉求之艺，文之以礼乐，亦可以为成人矣。"曰："今之成人者何必然？见利思义，见危授命，久要不忘平生之言④，亦可以为成人矣。

【注解】

① 成人：全人，即完美无缺的人。② 臧武仲：鲁国大夫臧孙纥。他在齐国时，能预见齐庄公将败，不受其田邑。见《左传·襄公二十三年》。③ 卞庄子：鲁国的大夫，封地在卞邑，以勇气著称。④ 久要：长久处于穷困之中。

【译文】

子路问怎样才算是完人。孔子说："像臧武仲那样有智慧，像孟公绰那样不贪求，像卞庄子那样勇敢，像冉求那样有才艺，再用礼乐来增加他的文采，就可以算个完人了。"孔子又说："如今的完人何必要这样呢？见到利益能想到道义，遇到危险时肯献出生命，长期处在贫困之中也不忘平生的诺言，也就可以算是完人了。"

14.13　子问公叔文子于公明贾曰^①："信乎？夫子不言，不笑，不取乎？"

公明贾对曰："以告者过也^②。夫子时然后言，人不厌其言；乐然后笑，人不厌其笑；义然后取，人不厌其取。"

子曰："其然？岂其然乎？"

【注解】

① 公叔文子：卫国的大夫。公明贾：卫国人，姓公明，名贾。② 以：此。

【译文】

孔子向公明贾问到公叔文子，说："是真的吗？他老先生不言语、不笑、不取钱财？"

公明贾回答说："那是告诉你的人说错了。他老人家是到该说话时再说话，别人不讨厌他的话；高兴了才笑，别人不厌烦他的笑；应该取的时候才取，别人不厌恶他的取。"

孔子说道："是这样的吗？难道真的是这样的吗？"

【精读论语】

恰到好处

在这里，孔子通过和公明贾讨论公叔文子的处世之道，提出了凡事都要恰到好处的观点。据公明贾所说，公叔文子很了不起，他能做到"时然后言"、"乐然后笑"、"义然后取"，用我们现在的话来说，就是该说话的时候就说话，心里感到快乐的时候就笑，付出之后才收取自己应得的一份。也就是说，不论说话做事，公叔文子都能做到恰到好处，因而所有的人都对其"不厌"。他这样做，不仅为赢得了好声名，还赢得了好人缘。

恰到好处，其本质是一种中庸思想。所谓中庸，是对一切事物不偏不倚地对待，并加以包容、合理地利用。在客观存在的事物之中，无论它的本质是什么，都含有一定的必然性意义，我们对此必须有所察觉，有所领悟，对其进行恰如其分地选择，在具体的时空条件下，做出适宜的行动。在具体的运用过程中，则是指注重适度原则，不偏不倚，无过无不及，不厚此薄彼，在微妙的关系空间中寻求一种包含大智慧的平衡。中庸思想之所以历来为人所认同和称道，其原因正在于此。

从本章的讨论来看，公叔文子的中庸之道主要体现在对时机的把握上。"时然后言"、"乐然后笑"、"义然后取"，讲的都是有关时机的选择。其中，头一条讲的是说话时机的选择。说话是我们与人交流的最主要方式，对说话艺术的把握，某种程度上能决定我们的成败。说话艺术内容丰富，这里我们重点讨论一下说话时机的问题。说话时机，说白了就是要明白，有些话什么时候能说，什么时候不能说，在该说的时候说，不该说的时候不说。

战国时期，辅佐秦昭王的范雎就是一个善于选择说话时机的人。话说范雎到了秦国以后，给秦昭王上了一封充满感情的奏章。秦昭王看罢，深受感动，便留下了他。当时，秦国的大权掌握在太后和穰侯手里，范雎认为，秦国要想强大，必须把权力从他们手里夺回来，重归秦王。但是，太后和穰侯与秦昭王是至亲，说不好会招来杀身之祸。但是，聪明的范雎创造并利用恰当时机，巧妙说服秦昭王，达到自己的目的。

当时，穰侯担任秦国将军，想越过韩国和魏国攻打邻近自己封邑的齐国的纲和寿城，来扩大封邑的领土。

范雎觉得时机到了，于是去离宫拜见秦昭王。到了宫里，他假装与太监争吵，在秦昭王走近时故意说："秦国哪里有大王啊？秦国只有太后和穰侯。"秦昭王听到范雎话里有话，就亲自出来迎接。秦昭王叫左右的人都退下，然后请教范雎，秦昭王连问三次，范雎都是诺诺而已，并不说话。秦王不甘心，继续问范雎，范雎这才谈及实质性问题。他先与秦王探讨各国关系，提出远交近攻的战略构想。秦王采纳他的谋略，派兵攻城略地，实力大增，于是提拔他做客卿。秦昭王对范雎越来越信任，直到这时，范雎才把太后和穰侯专权给秦国带来的危害和盘托出。秦昭王认为他的话很对，就采取措施，削夺太后和穰侯的权力，之后任命范雎为相。实施中央集权以后，秦国大大提高了行政效率，军队的战斗力也发挥出来。没几年，秦国便形成并吞天下之势。

"义而后取"的意思是说，做了事情，有了贡献，然后收取自己所当取得的利益。如果没有贡献，或不合情理，就一定不取。但有，很多人出于贪婪，根本不听这个道理，他们梦寐以求的是不劳而获。生活中这样的人太多了，比如官员贪污公款，收取贿赂；商人制假贩假，坑蒙拐骗，等等，都是不义而取。强取不义之财，不仅受到舆论的谴责和法律的惩罚，也将永远背负骂名。

【原文】

14.14　子曰："臧武仲以防求为后于鲁①，虽曰不要君②，吾不信也。"

【注解】

①防：地名，武仲封邑，在今山东费县东北六十里。②要（yāo）：要挟。

【译文】

孔子说："臧武仲凭借防邑请求立他的后代为鲁国的卿大夫，虽然有人说他不是要挟国君，我是不信的。"

【原文】

14.15　子曰："晋文公谲而不正①，齐桓公正而不谲②。"

【注解】

① 晋文公：姓姬，名重耳，"春秋五霸"之一，公元前636~前628年在位。谲（jué）：欺诈，玩弄手段。正：正派。② 齐桓公：姓姜，名小白，"春秋五霸"之一，公元前685~前643年在位。

孔子说："晋文公诡诈而不正派，齐桓公正派而不诡诈。"

【精读论语】

正道比诡诈更长久

孔子评价春秋两位著名的霸主时说，晋文公善于搞权诈而为人不正道，齐桓公为人正道而不善于搞权诈。从言语中可知，他对晋文公的作为有些不以为然。要想弄明白孔子如此评价的缘由，需要回顾一下史实。

齐桓公是春秋首霸，在管仲的辅佐下，曾九合诸侯，一匡天下。在争霸天下的过程中，齐桓公打的是"尊王攘夷"的旗号，名义上都是维护周王尊严。当时，西北的戎狄不断进犯中原各国，齐桓公出兵帮助燕国、卫国、邢国打退异族入侵，保卫了华夏文化。齐桓公还曾组建联军讨伐楚国，理由是楚国不尊王室，而且周王莫名其妙地死在楚国。孔子认为，齐桓公所做的这一切，都是合乎道义的"正派"之事。

再看晋文公，内政治理成功后，便开始对外争霸。当时，齐国衰落，能与晋国抗衡的是南方的楚国。晋文公与楚国开战缺乏正当理由，于是通过打击楚国盟友郑国的手段挑逗楚国。并且，大败楚国也是不用堂堂之阵，而是用了诡计。战胜楚国之后，与诸国会盟，竟然以臣召君，欺凌天下共主。这大概就是孔子批评晋文公，说他谲而不正的原因。

不管孔子对齐桓晋文的评价是否公允，但其阐述的政治思想却是极有价值的。他认为，一个国家或政府，如果在政治上采用阴谋诡计，而不重视道德仁义，这个政府的合法性就大打折扣。如果这个基础不牢，政权也很难长久，最终必将导致败亡。

综观历史，我们不能不说孔子智慧深邃，目光独到。在中国漫长的历史中，先后兴起过许多王朝，这些王朝的政权，有的是靠正道创立的，有的则是靠诡诈取得的。夏桀无道，商汤吊民伐罪，创立商朝。商汤得天下走的是正道，所以国运绵延600多年。秦朝建立以后，以严刑苛法荼毒天下百姓，引起秦末大乱，汉高祖刘邦起兵讨伐暴秦，是为义举。秦灭之后，与项羽逐鹿中原，最终创立汉王朝。这个政权的创建，走的也是堂堂正正之路，所以汉朝统治长达400余年。蒙古人入主中原后，不但把汉人看作低等人歧视压迫，而且剥削相当残酷。朱元璋参加义军，得天下也为正道。所以，尽管昏君众多，明朝还是存活了270多年。由此可见，这些以正道得来的江山，基础都很牢固。

靠诡诈得天下，要比走正道创建的政权多得多，但多数都不能长久。王莽靠伪善骗取了汉室江山，甚至来不及传给子孙，很快就从他手中失去了。曹魏政权是曹操半创半抢得来的，来路也不够正当，因而立国不到50年，便被司马氏用同样的手段抢走了。司马氏用诡诈手段得来的政权，又被刘裕抢去，具体手段完全照抄司马氏。之后的齐梁陈隋，只不过是把阴谋夺权的故事再讲一遍而已。这些政权，因为合法性不足，都在历史上昙花一现。

不仅国家政权，其他事业也是同样。也就是说，不论做什么事，都要有正派的心，那样取得的成绩才能保持长久。否则，你玩诡计，要阴谋，可能赢得一时一事，但是这种胜利是暂时的，是不能长久的。在失去诡诈的所得的时候，下场往往很悲惨。

【原文】

14.16　子路曰："桓公杀公子纠①，召忽死之，管仲不死。"曰："未仁乎？"子曰："桓公九合诸侯②，不以兵车，管仲之力也！如其仁③！如其仁！"

【注解】

①公子纠：齐桓公的哥哥。齐桓公曾与其争位，杀掉了他。②九合诸侯：指齐桓公多次召集诸侯盟会。③如：乃，就。

　　子路说："齐桓公杀了公子纠，召忽自杀以殉，但管仲却没有死。"接着又说："管仲是不仁吧？"孔子说："桓公多次召集各诸侯国盟会，不用武力，都是管仲出的力。这就是他的仁德！这就是他的仁德！"

【原文】

　　14.17　子贡曰："管仲非仁者与？桓公杀公子纠，不能死，又相之。"子曰："管仲相桓公，霸诸侯，一匡天下，民到于今受其赐。微管仲①，吾其被发左衽矣②。岂若匹夫匹妇之为谅也③，自经于沟渎而莫之知也④？"

【注解】

①微：如果没有。用于和既成事实相反的假设句的句首。②被：通"披"。衽（rèn）：衣襟。"披发左衽"是当时少数民族的打扮，这里指沦为夷狄。③谅：诚实。④自经：自缢。渎（dú）：小沟。

【译文】

　　子贡说："管仲不是仁人吧？齐桓公杀了公子纠，他不能以死相殉，反又去辅佐齐桓公。"孔子说："管仲辅佐齐桓公，称霸诸侯，匡正天下一切，人民到现在还受到他的好处。如果没有管仲，我们大概都会披散着头发，衣襟向左边开了。难道他要像普通男女那样守着小节小信，在山沟中上吊自杀而没有人知道吗？"

【精读论语】

让生命更有价值

　　这里，孔子与子贡谈论的是"管仲不死君难"是否为仁。子贡认为，管仲不能算仁者，甚至连忠臣也算不上。但是孔子并不这样看，他说管仲虽然没有为国君而死，但他帮助齐桓公建立霸业，让社会战乱稍安，百姓安居乐业，对历史、对国家、对人民贡献巨大。不仅如此，管仲的恩德还泽被后世。如果管仲当时追随公子纠死掉了，历史将会是另一个样子。在与子路的谈话中，孔子对召忽的死并未加以贬斥，当然也没有说死于君难就值得赞赏。他老人家的意思是，一个人生也好，死也好，这是一种个人选择，而如何使这种选择更富有意义，更有价值，才是值得我们考虑的。

有的人活着，为非作歹，给社会造成了危害，他们的人生并没有什么价值，死也不会造成什么损害。还有些人他们可能选择了生，也可能选择了死，但是无论他们作何选择，其生命都更具有价值。司马迁曾经说过："人固有一死，或重于泰山，或轻于鸿毛。"既然生与死还可以选择，那么为什么不让生命更有价值一些呢？

司马迁忍辱而生，为我们留下不朽的《史记》。司马迁出身书香门第，从小就学习刻苦，10岁则诵古籍，师从董仲舒学《春秋》，从孔安国学《尚书》。20岁时就游遍大江南北。任郎中后，司马迁又出使巴蜀，考察西南地区的风土人情，并随武帝出巡，游历四方。其父司马谈临终前，希望他能实现自己的夙愿，整理中华民族数千年的历史，撰写一部传世史书。司马迁42岁开始撰写《史记》，后因替同僚李陵辩护，触怒武帝而获罪入狱，并以"诬上罪"定为死刑。司马迁被人误解，痛不欲生，本欲引恨自裁，但因《史记》尚未完成，才接受腐刑，忍辱求存。出狱后，司马迁受任中书令，为的就是方便参阅朝廷收藏的大量史籍，便于撰写《史记》。后人多对司马迁的行为表示不解，但却不明白他的苦心。在《报任安书》中，司马迁向好友任安倾诉了衷肠，他说自己对朝廷之事已毫无兴致，昔日铭心之辱使他"肠一日而九回，居则忽忽若有所亡，出则不知所如往，每念斯耻，汗未尝不下发背沾衣"。自己之所以选择"隐忍苟活"，是因为夙愿未了。我们说，司马迁忍辱负重的精神值得我们学习，如果他当时选择了死，就没有《史记》这部伟大的史学巨著问世了。恰恰是他屈辱的生，发挥了生命的最大价值。

文天祥选择的是死，而他的生命因为这个选择而更有价值。南宋末年，元兵大举南侵，1274年秋，元军逼近宋都临安，宋帝下令官员兴师勤王。文天祥积极响应，组织了一支数万人的"勤王军"，与元军展开搏杀。由于当权宰相陈宜中对元兵妥协，元兵得寸进尺，步步进逼。1276年，文天祥以右丞相身份和元军谈判，但被元将伯颜扣押，并遭到元将的威逼利诱，但他毫不动容。到江苏镇江时，文天祥趁机脱逃，历尽艰险重归朝廷。之后，他又外出招募军队，向元军展开反攻。由于他所组织的军队没有战斗经验，最终被元军击溃。1278年，文天祥因叛徒出卖，再次成为元军俘虏。路过零丁洋时，他写下了"人生自古谁无死，留取丹心照汗青"的千古诗句。宋亡后，文天祥被押解到大都，历尽折磨，始终坚贞不屈。1282年，元世祖忽必烈无比佩服他的气节，亲自劝降，文天祥依然守节不屈。元世祖无奈，只得下令处死文天祥。面对元廷淫威，文天祥没有屈膝投降，而是慨然赴死。他以自己的死，为后人树立了一座人生丰碑。他死了，但是他的气节永远活在后人心中，激励着无数中华儿女前赴后继。他的死，可谓重如泰山。

因此，不论我们如何选择，不论我们是否可以选择，都要让生命发挥最大的价值，如果能为人民、为社会做些什么，那么无论什么样的选择，都是有意义的。

【原文】

14.18　公叔文子之臣大夫僎与文子同升诸公①。子闻之，曰："可以为'文'矣②。"

【注解】

①臣大夫：即家大夫，文子的家臣。僎（zhuàn）：人名。本是文子的家臣，因文子的推荐，和文子一起做了卫国的大臣。同升诸公：同升于公朝。②可以为"文"：周朝的谥法，"赐民爵位曰'文'"。公叔文子使大夫僎和他一起升于公朝，所以孔子说他可以谥为"文"。

【译文】

公叔文子的家臣大夫僎，（被文子推荐）和文子一起擢升为卫国的大臣。孔子听说了这件事，说："可以给他'文'的谥号了。"

【原文】

14.19 子言卫灵公之无道也，康子曰："夫如是，奚而不丧^①？"孔子曰："仲叔圉治宾客^②，祝鮀治宗庙，王孙贾治军旅。夫如是，奚其丧？"

【注解】

① 奚而：为什么。② 仲叔圉（yǔ）：即孔文子，他与祝鮀、王孙贾都是卫国的大夫。

【译文】

孔子谈到卫灵公的昏庸无道，季康子说："既然这样，为什么没有丧国呢？"孔子说："他有仲叔圉接待宾客，祝鮀管治宗庙祭祀，王孙贾统率军队。像这样，怎么会丧国呢？"

【精读论语】

组织的根基在人才

关于卫灵公的无道，诸多典籍都有记载：一是好色，大行淫乱之事，对自己的表姐妹也不放过。二是好饮酒作乐，斗狗驯鹰。三是不理朝政，不参与诸侯会盟。但是这样一个"无道"的君主，他所统治的国家居然没有被掉。其实，不单是卫灵公，历史上类似的事情不在少数。许多"不着调"的皇帝统治的国家安然无恙，而许多励精图治的皇帝却身死国破，这不能不令人费解。在这里，孔子揭示了问题的答案。他说，尽管卫灵公个人品质不好，但他手下有许多了不起的人才，仲叔圉负责外交礼仪，祝鮀负责祭祀典礼，王孙贾统领军队。内政、外交与军事都做得非常好，所以卫国的政务不出差错，国家尚属太平。

《四书训义》曾对此作出注解说"人才关乎国运"，这句话是非常有道理的。不管是国家，还是一般的企业，它的最高领导者固然非常重要，但是能任用出色的执行人才，有时候比拥有好的领导者更重要。如果拥有得力的管理人才，哪怕领导者非常平庸，甚至是像卫灵公那样"无道"，组织也能保持正常运转。但是，如果失去了贤才，那么这个政府组织将无法正常运转，离垮掉也就不远了。

商朝末年，周武王任命太公望担任太师，周公旦为宰相，效法文王的治理国家。武王九年，周朝君臣商议，讨伐残暴的商纣王。大军集合以后，武王亲自率军向东方进发。周军渡过黄河到达孟津，来这里和武王会合的诸侯已经有八百多个了。当时，武王并没有约请他们，这些诸侯都是自愿前来的。当时，众诸侯建议武王迅速推进与商军决战。但是，武王却下令部队停止进军，几天后宣布班师回朝。群臣大为不解，询问个中缘由。武王认为，当时商朝朝廷，贤臣比干、箕子、微子都还在任，伐纣的时机并不成熟。

商纣王听说周武王发兵渡河，开始很吃惊。随后又听说周军不战自退。纣王认为周武王害怕商朝，于是放松了警惕，继续过着那荒淫糜烂的日子。两年过后，纣的暴虐有增无减，而且在妲己的教唆下，变得更加残酷无情。他不但听信谗言，杀了前来进谏的王子比干，还把忠臣箕子关押了起来，连太师和少师也抱着祭器和礼乐器投奔到周。这个时候，武王认为伐纣的时机成熟了，便召集众诸侯，组成联军向东方进军，一举灭掉强大的商朝。

孟津观兵以后，武王之所以下令退兵，就是因为商纣王的三大贤臣还在。当纣王杀害驱逐这三大贤臣之后，武王迅速出兵，一战成功。可见，任何一个王朝只要有贤才在位，政府组织就能正常运转，国家也不容易被打败。即便受到打击，也会重整旗鼓。如果没有贤能之臣，这个国家和政府绝对是不堪一击的。

长平之战后，蔺相如在渑池会盟时力挫秦王，被封为上卿。老将廉颇不服，要找蔺相如的难堪。蔺相如躲避廉颇。门人不解，蔺相如说："强秦之所以不敢加兵于赵者，徒以吾二人在也。"之后，才有负荆请罪将相和的故事。事实确实如蔺相如所言，强大的秦国因忌惮廉颇和蔺相如二人，而不敢攻击赵国。

由此可见，组织的根基在人才，有了人才，根基才算打牢了，才能长盛不衰。所谓"地基不牢，地动山摇"，没有人才维系的组织，是不可能有战斗力的。在现代企业中，也存在这种现象。一个企业，只要有掌握核心技术的人才，别的企业就很难将这家企业搞垮。就算是企业一时遭受了某种挫折，也会靠着人才重新站起来的。

【原文】

14.20　子曰："其言之不怍①，则为之也难。"

【注解】

① 怍（zuò）：惭愧。

【译文】

孔子说："说话大言不惭，实行这些话就很难。"

【原文】

14.21　陈成子弑简公①。孔子沐浴而朝②，告于哀公曰："陈恒弑其君，请讨之。"公曰："告夫三子③。"

孔子曰："以吾从大夫之后，不敢不告也，君曰'告夫三子'者！"

之三子告，不可。孔子曰："以吾从大夫之后，不敢不告也。"

【注解】

①陈成子：即陈恒，齐国大夫。弑（shì）：下杀上为弑。简公：齐简公，名壬。②孔子沐浴而朝：沐浴，洗头洗澡，这里指斋戒。当时孔子已告老还家，他认为臣弑其君是大逆不道，非讨不可，故有此举。③夫（fú）：指示代词，那。三子：指孟孙、季孙、叔孙三家大夫。由于他们势力强大，主宰着鲁国的政治，故哀公不敢自主。

【译文】

陈成子杀了齐简公。孔子在家斋戒沐浴后去朝见鲁哀公，告诉哀公说："陈恒杀了他的君主，请出兵讨伐他。"哀公说："你去向季孙、仲孙、孟孙三人报告吧！"

孔子退朝后说："因为我曾经做过大夫，不敢不来报告。可君主却对我说'去向那三人报告'。"

孔子到季孙、叔孙、孟孙三人那里去报告，他们不同意讨伐。孔子说："因为我曾经做过大夫，不敢不报告。"

【精读论语】

坚守最根本的原则

"陈成子弑简公"是春秋时期的一件大事，当时齐国的权臣陈恒把自己的国君给杀掉了。孔子把礼制看得比性命还重要，对这种以下犯上、残忍僭越的行为异常愤慨。所以在听到这件事后，还是前去求见鲁哀公，请他出兵讨伐陈恒，以匡正义。但是当时鲁哀公也是有名无实，所有权力都掌握在三桓手中，就让他去找这几位大夫。孔子又去请三桓发兵，结果被他们拒绝了。孔子很无奈，只好自我安慰，表示自己对这件事尽心了。

孔子的"请讨"，固然是为了尊君、正名，维护君臣大义，但他更具体的目的一是警醒鲁哀公，一是警醒季氏三家。他想通过此事提醒鲁哀公，如果任由季氏势力发展下去，迟早有一天，三桓也会像陈成子一样做出以下犯上的事情来。向季氏三家的报告，意在提醒季氏，你们身为臣子却不守臣礼，如果一意孤行，那么将来也会落得被诸国讨伐的下场。但可悲的是，他的意愿并未受到重视，他的警醒也没有起到任何作用。

虽然如此，孔子这种对最根本的原则的坚守，仍有着重要价值。他提醒我们，不论是在什么情况下，社会上都应该有一个根本性的原则，而且这个原则是不可违背的，必须坚守。就当时来说，君臣大伦就是不能违背的根本性原则。如果这个原则丧失，国将不国，一切都将陷入可怕的混乱。正因为如此，孔子才执着地请求讨伐陈成子。

古往今来，坚守原则的人总是能够得到众人尊敬的，不管他们最后能否获得成功。伯夷、叔齐是商末孤竹国国君的两个儿子。因为想把国君之位让给对方，他们都从宫中逃出来。当时，西方的周文王广招天下贤士，伯夷、叔齐兄弟二人听说后，便前往投奔。可是，还没等他们到达，周文王就死了。文王死后，继位的武王扩充兵力，用车装着周文王的灵牌东进伐纣。伯夷、叔齐听闻，拦马劝谏，说："父死不葬，乃动干戈，可谓孝吗？以臣弑君，可谓仁吗？"武王身边的随从听到二人指责武王，拔剑想杀掉他们。姜太公说："此乃义人。"就让手下扶持二人离去。武王灭商以后，天下归周，伯夷、叔齐认为武王以臣犯君可耻，就立志不食周朝的粮食，到首阳山隐居起来，采薇为食，维持生存。一位妇人看到他们采薇为食后说，这薇菜也是在周朝土地上生长的呀！二人听罢，决定绝食等死。临死之际，他们还作了一支歌："登彼西山兮，采其薇矣。以暴易暴兮，不知其非矣；神农、虞、夏，忽焉没兮，我安适归矣？于嗟徂兮，命之衰矣！"

伯夷、叔齐耻食周粟，饿死首阳山，虽然饥寒寂寞，却依然操守不改，这一佳话千古流传。一个朝代代替另一个朝代，多半是先进替代落后，因此，很多人对伯夷、叔齐二人的坚守不理解。其实，二人坚守的并不是落后的商王朝，而是一种根本原则。他们的做法，和孔子所坚守的如出一辙。毋庸置疑，这是一种伟大的精神。

不论是组织还是个人，必须要坚守最根本的原则。不论什么时候，不论发生什么事情，这个基本原则不能丢掉。如果丢了这个根本原则，就会导致个人的失败或者组织的失败。在现代社会，人们受到的干扰和诱惑越来越多，就更需要有坚守原则的精神。否则，一旦放弃原则，就没有了约束自己的准绳，如果人人如此，整个社会都将陷入混乱之中。

卫灵公篇
第十五

【原文】

15.1　卫灵公问陈于孔子①，孔子对曰："俎豆之事②，则尝闻之矣；军旅之事，未之学也。"明日遂行。

【注解】

①陈：同"阵"，军队作战时，布列的阵势。②俎豆：古代盛肉食的器皿，用于祭祀，此处译为礼仪之事。

【译文】

卫灵公向孔子询问排兵布阵的方法。孔子回答说："祭祀礼仪方面的事情，我听说过；用兵打仗的事，从来没有学过。"第二天就离开了卫国。

【精读论语】

以礼治国，反对战争

卫灵公问孔子关于领兵打仗的问题，孔子含蓄地说他不懂。我们知道，孔子的学识博大精深，并多次谈及兵事，并非真的不懂。之所以这样说，是因为孔子是反对战争，提倡以礼治国的。所谓"俎豆之事"指的是古代祭祀，这是当时最重要的礼制。孔子正是借"祭祀之事"说明治理国家要以礼为主，要用礼为百姓建立起可遵守的规范，并依此规范行事，这是正途。不要总想着发动侵略战争，发动战争不仅会造成大量人员伤亡，还会给战争双方带来巨大损失。能和平解决的问题，就不要采用武力手段，不要轻易发动战争，战争并不能解决一切问题，还有可能是问题扩大化。

孔子"以礼治国"的思想，在现代仍然有着重要的意义。在现代，"礼"虽然不存在了，但是，与"礼"性质相同的规章制度和社会行为规范仍然存在，并发挥着重要作用。强调规章制度的严肃性，就具有了"以礼治国"味道。"没有规矩，不成方圆"在任何一个时代，任何一个国家，规章制度都作为一种规范，约束与引导着人们的行为，它们是维持社会秩序稳定的工具。如果没有规章制度的约束，社会秩序必然陷入混乱。从根本上说，不管是规章、制度，还是条例、守则，规定就是人与人的关系。人与人之间的关系可以概括为两个大的方面，一个是内部关系，一个是外部关系。内部关系又可以分成两个方面，一个是工作上的关系，即你与同事之间的关系；一个是非工作关系，即你与朋友之间的关系。在工作中，你如何对待上级，如何对待下级，如何对待地位相当的同事，如何对待与自己有合作关系的另一方；在个人交往中，如何对待朋友……这些都是有着一套规则的，这套规则就相当于古代的"礼"，你不按规则去做，就会受到社会舆论的谴责。

简单说来，孔子所提出的"以礼治国"就是要通过规章、制度使人们各得其所，扮演好自己的社会角色，该做什么事就做什么事。"礼"在各种组织中都有很强的实用性，不仅国家需要规章制度维持秩序，企业也需要规章制度促进经营稳步发展。就企业而言，有多种多样的制度，比如管理制度、人事规章、岗位要求等，正是这些规章制度起到了维护员工的基本利益，保证企业的正常运行，对员工的行为进行指导的作用，让员工的一举一动都有所凭借，降低错误行为的发生率，从而提高企业的经营效率。

至于"反对战争"，这是古往今来统治者们都明白的道理。老子就说过"师之所处，荆棘生焉；大军之后，必有凶年"，这句话的意思是，军队在哪里驻扎，哪里就会荆棘丛生；大规模的战争之后，一定会暴发瘟疫。战争于民生不利，于统治政权的稳定也不利，它会给人们的生命、财产安全造成巨大的损失，而且会使国库亏空，国力削弱。在一场战争中，不管是胜者还是输家，都会遭受惨重的损失，因而早在几千年前，这些圣人们就提出了"反对战争"的思想观点。在企业之间,"战争"就表现为"竞争"的形式,其中的良性竞争还可以促进彼此的发展,但是"恶性竞争"往往会造成两败俱伤的结局,是应该避免发生的。

大到国家,小到企业,只要能够坚持孔子提出的"以礼治国,反对战争"的原则,就能引来永续发展。

【原文】

15.2　在陈绝粮,从者病,莫能兴。子路愠见,曰:"君子亦有穷乎?"子曰:"君子固穷,小人穷斯滥矣。"

【译文】

孔子在陈国断绝了粮食,跟从的人都饿病了,躺着不能起来。子路生气地来见孔子说:"君子也有困窘没有办法的时候吗?"孔子说:"君子在困窘时还能固守正道,小人一困窘就会胡作非为。"

君子固穷,小人穷斯滥矣。

【原文】

15.3　子曰:"赐也,女以予为多学而识之者与^①?"对曰:"然。非与?"曰:"非也。予一以贯之^②。"

【注解】

①识(zhì):通"志",记住。②一以贯之:即以忠恕之道贯穿着它。参见《里仁篇第四》第十五章。

【译文】

孔子对子贡说:"赐呀,你以为我是多多地学习并能牢记所学知识的人吗?"子贡回答说:"是的,难道不是这样吗?"孔子说:"不是的，我是用一个基本观念把它们贯穿起来。"

【精读论语】

一以贯之

孔子在这里讲的是学习的原则与方法的问题，他说自己之所以学问渊博，不是因为自己埋头苦读或是记性好，而是因为自己掌握了一套行之有效的方法。不管学习什么，都可以用这套方法，因而效率也随着提高了，就能在短时间内掌握更多的知识了。孔子讲的固然是学习方面的事，但是，道理是相通的，放在做事情上一样适用。所以，不管做什么事情，都不能一味地使蛮力，而是要讲究方式方法。如果不讲方法，不仅效率不高，还有可能降低成功的概率；如果讲究方式方法，往往会取得事半功倍的效果。

古人就通晓了掌握方法的重要性，老子曾说过一句话，"授人以鱼不如授人以渔"，这句话说的是教给别人知识，不如把学习知识的方法教给他。道理很容易理解，对钓鱼者而言，鱼是目的，钓是手段。一条鱼固然能解决一餐之饥，却不能永远解决吃饭问题。如果想永远都能吃到鱼，就要掌握钓鱼的方法，想吃鱼的时候自己去钓就可以了。既不必麻烦别人，也可解果腹之忧。同样的道理，对求学的人来说，获得知识是目的，学习是手段，交给别人具体的知识，不如交给他学习的方法。因为老师不可能随时都在你身边，等着回答你的提问，如果你自己掌握了学习的方法，那就不发愁了，你可以随时汲取知识。而你之所以能随心所欲地汲取知识，是因为你获得了自学的能力，你掌握了学习的方式与方法。做事情也是这样。

孔子所说的"多学而识之"，也就是拥有"博闻强识"的能力，这种人记性很好，能把所接触到的知识快速地记忆下来。记性好，当然是一种非常重要的能力，但是单靠死记硬背，迫使自己记忆大量的知识，是不科学的，而且效率也不高。如果你只会死记硬背，你的记性再好，大脑的容量也是有限的，只能记住有限的知识，因而你接触到的知识再多，能通过记忆储存在大脑中的也是少数。如果我们掌握了学习的方法，就能做到触类旁通。举个例子来说明，比如只要识字，只要懂得基本的句法，那你就不仅仅能读懂现代文，还能读懂古代文，包括外国作品也能读懂。这是因为，识字、懂得基本句法，正是阅读所应该具备的基本能力，你掌握了这些能力，就等于掌握了阅读的方法，只要你掌握了方法，就像是拿到了串铜钱的绳子，可以很轻松地把所有的铜钱一下子提起来一样，轻松地解决各种问题。我们所说的学习方法，是指认识—理解—运用这一系列步骤，如果你掌握了这种学习方法，那么在学习任何知识时都会取得事半功倍的效果。

孔子说的是学习，但是道理放到做事情上一样适用。做任何事情都要讲究原则，只要抓住最基本的原则，那么任何问题都会迎刃而解，不仅不会出错，还会提高办事效率。比如处理纠纷应该坚持的原则就是讲道理，不管遇到什么问题，只要根据不同的事情，把道理讲通，问题就能得到解决。不讲究原则与方法，不仅解决不了任何问题，还会把事情搞得一团糟。

原则与方法是很重要的问题，做任何事情之前，都应该先掌握原则与方法，然后遵照原则与方法行事，这是提高办事效率、走向成功的必经之路。

【原文】

15.4　子张问行①，子曰："言忠信，行笃敬②，虽蛮貊之邦③，行矣。言不忠信，行不笃敬，虽州里④，行乎哉？立则见其参于前也⑤，在舆则见其倚于衡也⑥，夫然后行。"子张书诸绅⑦。

【注解】

①行：通达的意思。②笃：忠厚。③蛮貊（mò）：南蛮北狄，指当时我国南方和北方的少数民族。④州里：五家为邻，五邻为里。五党为州，二千五百家。州里指近处。⑤参：排列，显现。⑥衡：车辕前面的横木。⑦绅：贵族系在腰间的大带。

【译文】

子张问怎样才能处处行得通。孔子说："言语忠实诚信，行为笃厚恭敬，即使到了蛮貊地区，也能行得通。言语不忠实诚信，行为不笃厚恭敬，即使是在本乡本土，能行得通吗？站立时，就好像看见'忠实、诚信、笃厚、恭敬'的字样直立在面前；在车上时，就好像看见这几个字靠在车前横木上，这样才能处处行得通。"子张把这些话写在衣服大带上。

【精读论语】

忠信笃敬行天下

孔子重视"修己治人"，对言和行也提出了许多要求，本章就是其中之一。"言忠信，行笃敬"，即说话要忠实诚信，行为要笃厚恭敬。就君子而言，言与行是不可分割的，说"言忠信"，行为也必定是忠信的；说"行笃敬"，言语也必然是笃敬的，所谓的言行一致就是这个意思。而且"言忠信"并不是通过"言"来表现的，尽管它打着"言"的招牌。何为"忠信"？说到的能做到才叫忠信，可见忠信只靠说是做不到的，必须要靠行动来配合。

孔子强调了"言忠信、行笃敬"的重要性，目的是希望子张能把这六个字作为座右铭，铭记在脑子中，融化在血液里，落实到行动上。孔子说，如果能做到这六个字，走到哪里都不怕，去到陌生的地方，也不必担心别人容不下你；如果做不到，那么就连亲近的人也会和你有隔阂，更别说那些陌生人了，这样的人简直无处容身。若能做到"言忠信，行笃敬"，说话做事都有底气，也能让人心服口服，自然能够赢得别人的尊重与厚待；如果言而无信，说话自然没有人听，做事也没人响应，只能陷入众叛亲离的境地。

在忠信笃敬方面，西晋名臣羊祜可为典范。羊祜出身贵族，祖上几代都是清官。羊祜不仅喜欢读书，也继承了这种优良家风。司马炎即位后，计划消灭吴国，便任命羊祜为征南大将军，镇守襄阳。襄阳是晋吴交界处的战略要地，也是攻伐吴国的前沿阵地。羊祜到任后，立即加强对襄阳地区的治理。在加紧操练的同时，积极督率士兵垦田，第一年就开垦了八百顷良田。先前，襄阳军粮食只够吃三个月，一年之后，军粮食足够吃十年。羊祜在生活十分朴实，在军营里，他很少披着铠甲，而是身穿便服，身边随从的侍卫也不多。与此同时，羊祜还加强对险要关隘防守。

羊祜不轻易动用武力，而是对吴军采用怀柔政策，与他们和睦相处。羊祜每次与吴军作战时，只是先与吴国约定好交战的具体时间，从来不搞什么偷袭，也不利用阴谋诡计。羊祜俘获吴国的士兵时，从来不开杀戒，而是将俘虏如数奉还。对战死的吴国官兵，羊祜也命人收殓送还，并对死者家属好心安慰。晋军巡逻时，如果踩踏了地里的谷子，就送去绢丝作为抵偿。羊祜有时带领手下将士打猎，从不越境。如果捡到被吴国人打伤的猎物，羊祜都统统送还给吴国。羊祜的善行使吴国人深受感动，他们每提到羊祜，总是亲切地叫他"羊公"。在不知不觉中，羊祜把吴国的人心收买过来了。

当时与襄阳地区相邻的吴国边境，同样是由一位满腹韬略的杰出将领镇守，这个人就是陆抗。羊祜也非常了解陆抗的为人和才干，并对他十分敬重。羊祜与陆抗在边境对峙了许多年，但常常互相派使者来往。陆抗一次得到了好酒，他不忘给羊祜也送去一壶。羊祜得到后打开壶，开怀畅饮。陆抗生病了，羊祜仔细打听病情，将现成的几服好药派人送去，陆抗得到药立刻服下。许多人提醒他们要防备对方下毒，但他们都相信对方。

羊祜作好了一切伐吴准备，没等到朝廷下决心出征，便身患重病去世了。临终之前，他特地嘱咐晋武帝抓紧时机出兵，并向晋武帝推荐杜预来顶替自己的职务。两年后，西晋伐吴得胜。在庆功的那天，晋武帝想起了羊祜，举起酒杯，流着眼泪说："消灭东吴，统一天下，羊祜应当记头等功呀！"

羊祜的所作所为，是忠信笃敬理念的充分体现，他不仅赢得了本国君臣的敬爱，甚至连敌国军民都感动了，由此可见忠信笃敬的感召力。在现代社会，忠信笃敬同样重要，我们也需要注意做到这两点，应该像子张一样牢记圣人的教导，把这几个字作为我们的座右铭，时时刻刻用它来指导我们的行动。

【原文】

15.5 子曰:"可与言而不与之言①,失人②;不可与言而与之言,失言③。知者不失人④,亦不失言。"

【注解】

① 与言:与他谈论。言,谈论。② 失人:错失人才。③ 失言:说错话。④ 知:通"智",明智,聪明。

【译文】

孔子说:"可以和他谈的话但没有与他谈,这是错失了人才;不可与他谈及却与他谈了,这是说错了话。聪明的人不错过人才,也不说错话。"

【精读论语】

看清对象再说话

孔子在这里谈了个具体的问题,就是如何说话。他提到了两个概念,一个是"失人",一个是"失言"。孔子认为,应该给某人说的话,却没有给他说,就是对不起这个人,是失人;而不该给某人说的话,却给他说了,这是看错了听话对象,是失言。不论是失人还是失言,都牵涉到一个问题,就是没有看清说话的对象。

该说话时不说就会失人,有时后果会很严重。南齐萧子良是齐武帝萧赜之次子,贤良多才。当时,他的哥哥萧长懋为太子。齐武帝崇尚节俭,痛恨奢侈腐化,可是太子萧长懋却性喜奢丽,所居宫殿皆雕饰精美,亭台楼阁极尽华丽。又喜欢设计制造珍奇之物,曾用孔雀毛做衣裘,镶金饰玉,光彩夺目。萧子良与太子关系很好,对太子所为心知肚明,但没有告诉父皇。后来,有人把太子行迹报告齐武帝,齐武帝非常生气,怒责太子,并迁怒萧子良。太子死后,萧子良本是众望所归的嗣君人选,但齐武帝因其失人而放弃,最终把皇位传给皇太孙萧昭业,萧子良最后郁郁而终。

该说话时就说，才能不失人。贞观年间，唐太宗下令翻修洛阳乾元殿。当时，一个叫张玄素的官员给皇帝上了一道奏折，说："秦始皇修阿房宫，秦朝灭亡了；楚灵王修章华台，楚国也灭亡了；隋炀帝修乾元殿，隋朝灭亡了。这是历史教训啊！现在，举国上下百废待兴，在这种情况下，陛下还要大兴土木，您不学习明君的优点，却继承了昏君的缺点。这样看来，陛下连隋炀帝都不如啊！"满朝文武都为张玄素捏了一把汗。唐太宗没有怪罪张玄素，反而十分欣赏他的勇气，下令召见他。在朝堂之上，唐太宗问道："你说我不如隋炀帝，那和夏桀、商纣比，我怎么样呢？"大家都知道，夏桀和商纣是历史上有名的无道昏君。张玄素不卑不亢地答道："如果您真的翻修乾元殿，那您就是夏桀、商纣一样的昏君。"唐太宗被他一心为社稷，将生死置之度外的勇气打动了，不仅没有惩罚他，还接纳了他的谏言，又赏给他 500 匹绢。

历史上，敢于直谏的大臣不在少数，但是像张玄素这样能够成功进谏，并得以名垂青史的幸运儿非常少。很多情况下，这些人没有遇到明君，却仍然坚持直谏，其下场是被杀或遭贬。比如关龙逄进谏被夏桀所杀，比干进谏被纣王剖心，韩愈反对迎佛骨被贬……他们都是犯了失言的错。没有看清说话的对象，而落得如此下场。

在现代社会中，说话已经成为一种艺术，不仅要看场合、看时机，也要看对象。上面所阐述的固然是对上级说话的艺术，在日常生活中和普通人的交谈，即便是很亲近的朋友也要注意这一点。比如你有两个朋友，一个性格开朗，胸襟开阔，一个小肚鸡肠，好斤斤计较。他们两个在同一件事上都做得不对，你作为朋友，按理说是有责任纠正他们的行为的，但是具体到每个人的身上，情况并不一样。对第一个人而言，你可以直言不讳地告诉他错在哪里，该怎么做，他心里不会产生不快，还会很感激你，你这就是不失人。对第二个人你就不能想说什么就说什么，因为他很可能会因为你的一句话而生气，这会影响你们之间的关系，这就是失言。在社会中生存，与各种各样的人打交道，每个人的性格都不一样，一定要认清与你交往的对象，和不同的人说不同的话，否则，不仅会失人，还会失言。

【原文】

15.6 子曰："直哉史鱼^①！邦有道如矢，邦无道如矢。君子哉，蘧伯玉！邦有道则仕，邦无道则可卷而怀之^②。"

【注解】

① 史鱼：卫国大夫，字子鱼。临死前要儿子不为他在正堂治丧，以此劝谏卫灵公任用蘧伯玉，斥退弥子瑕，古人称为"尸谏"。② 卷（juǎn）：收。怀：藏。

【译文】

孔子说："史鱼正直啊！国家政治清明时，他像箭一样直；国家政治黑暗，他也像箭一样直。蘧伯玉是君子啊！国家政治清明时，他就出来做官；国家政治黑暗时，就把自己的才能收藏起来（不做官）。"

【原文】

15.7 子曰："志士仁人，无求生以害仁，有杀身以成仁。"

【译文】

孔子说："志士仁人，不会为了求生损害仁，却能牺牲生命去成就仁。"

【原文】

15.8 子贡问为仁，子曰："工欲善其事，必先利其器。居是邦也，事其大夫之贤者，友其士之仁者。"

【译文】

子贡问怎样培养仁德，孔子说："工匠要想做好工，必须先把器具打磨锋利。住在这个国家，就要侍奉大夫中的贤人，结交士中的仁人。"

工欲善其事，必先利其器

这段话中的"工欲善其事，必先利其器"，是传诵千古的名言。这句话揭示了一个简单而重要的道理，那就是不管做什么事，都要作好充分的准备工作。只有准备工作做好了，基础打好了，事情才能得到顺利解决。

准备工作具有以下几方面的重要性。首先，通过准备工作可以让你对事情做一个整体的把握，宏观上的认识可以让你的思路更清晰、更全面。要做准备工作，首先就要理清自己的思路，对事情进行周密计划，将做事过程分成详细的几个步骤，每个步骤需要什么物质资料、技术支持，以及现实条件等。这就等于在潜意识中将事情做了一遍，将可能遇到的困难都考虑到了，这个过程本身就是处理事情的基本程序和方式方法。如果能提前准备好将会用到的条件，就可以避免事到临头手忙脚乱，使事情得以顺利开展。

做好准备工作，也是提高办事效率的方法之一。这里不是说准备工作不需要耗费时间，恰恰相反，有时准备工作是相当耗时的。但是，事先充分谋划，比起事到临头手足无措还是要节省很多时间。"磨刀不误砍柴工"，"宜未雨而绸缪，毋临渴而掘井"，说的都是这方面的道理。不管做什么事，只有事先准备好了趁手的工具，作好了充分的准备，才能高效地完成工作，取得较好的成绩。

准备工作是否周全详尽，是事情能否顺利取得成功的先决条件。《礼记·中庸》中说道："凡事预则立，不预则废。"意思是说没有事先的准备，就不会取得成功，起码不能顺利地取得成功。举个非常简单的例子，医生做手术前，所用医疗器械都是事先消好毒，分门别类地放在固定的位置上，用的时候伸手就可以取到，既保证了效率，也保证了安全。试想，如果要用到某个医疗器械，却还没有准备好，那是多么可怕的事情，手术的成功根本无从谈起，还有可能引发医疗事故，给患者带来生命危险。

商鞅变法之所以能取得成功，就是因为商鞅在推行新法之前，作了充分的准备工作。商鞅对以法治国很有研究，受李悝和吴起等人的影响很大。他曾经做过魏国宰相公叔痤的家臣，公叔痤向魏惠王推荐商鞅，但魏惠王没有任用他。后来，商鞅得知秦孝公求贤，就投奔

子贡问为仁，子曰：居是邦也，事其大夫之贤者，友其士之仁者。

秦国去了。他到秦国后，先结交了秦孝公的宠臣景监。在景监的引荐下，商鞅见到了秦孝公，与他谈了三次话，从帝道、王道、霸道三个方面阐述了为君之策，得到了秦孝公的赞许。他的新法中包括许多富国强兵的内容，例如废除井田制，确立土地私有制，鼓励人们开荒，可以自由买卖土地等，这些措施使人民得到了实利，也对国家有利。另外，商鞅变法确实触及了旧贵族的利益，遭到了他们的反对，但仍有不少人对商鞅变法表示支持。总的看来，商鞅变法之所以成功：首先是结交景监，为自己创造了机会。其次是赢得了统治者秦孝公的支持，即使有反对者，也不敢和统治者公然唱反调，这使得商鞅可以安心推行新法。再次，赢得了同僚的支持。最后，赢得了百姓的拥护。有了这些准备，商鞅变法便顺理成章地成功了。

孔子提到的"事其大夫之贤者，友其士之仁者"，是指"为仁"也要"利其器"，也要事先作好准备工作。比如你想对人民、对社会有所贡献，就必须先搞好人际关系，结交贤达，让自己进入上层社会，这样就能获得施展才华的职位，并得到各方面的支持。如此种种，都是在作准备工作。

孔子的这一思想具有超越时代的特性，他不受时代的局限，即便是在现代社会，对我们每一个人也仍然有着重要的指导意义。不论做什么事，都要事先作好准备工作，不仅要准备好工具，也要为完成事情准备必要的条件。只有准备工作做好了，才不至于两眼一抹黑，才不至于手忙脚乱，才能更顺利地抵达成功的彼岸。

　　15.9　子曰 :"人无远虑，必有近忧。"

【译文】

　　孔子说 :"人没有长远的考虑，一定会有眼前的忧患。"

【原文】

　　15.10　子曰 :"已矣乎! 吾未见好德如好色者也。"

【译文】

　　孔子说 :"罢了罢了! 我没见过喜欢美德如同喜欢美色一样的人。"

【精读论语】

控制人性弱点

　　"吾未见好德如好色者也"，
可谓是人人皆知的名言。这句
话中有两个相对举的词，"好德"
与 "好色"，好德是注重对个人
修养的追求，而好色是对个人
欲望的追求。好色的色并不局
限于女色，可以作宽泛的理解，
一切华美的东西都可以算在内，

子曰 :吾未见好德如好色者也。

比如漂亮的服饰、富丽堂皇的住房等，这都可以归结为人性中的欲望。
　　人性本善还是人性本恶，这个问题自古至今经过多少学者的争
论，也未能形成统一的结论。我们在这里要探讨的不是人性的本质，
而是提出一个大家都认同的观点，那就是人性中是有弱点的，这些
弱点存在于每个人的人性之中，在不经意间就流露出来。比如贪婪，
比如懒惰，比如懦弱，比如自私等。这些弱点如果不加以控制，显然

不利于德行的修养。因此，修德的过程就变成了控制人性弱点的过程。

我们知道，品德不是天生的，而是后天修养成的。一些人之所以品德好、受人尊敬，是因为他们善于控制人性中的那些弱点，不让其控制自己的身心，这样一来，他们表现出来的就只有那些好的方面。而品德不好、遭人厌弃的人，则对自己过于放纵，对人性中的弱点不加约束，任其像杂草一样疯长，很快，好的品性就被掩盖了。

知道了这个道理之后，我们就要时常注意控制人性中的弱点。古往今来，凡事以德行青史留名的人，无一不注重这一点。《韩非子》中收录了一则名为"子夏胜肥"的故事。子夏前去拜访曾参，曾参看到同门的师兄弟来了，很高兴，携着子夏的手上下打量着说："记得以前你骨瘦如柴的，一段时间不见，怎么发起福来了？"子夏凑到曾参耳边，故作神秘地说："最近我打了一场大胜仗，心情舒畅，浑身轻松，当然就发福啦！"曾参听得糊里糊涂，说："你一介书生，手无缚鸡之力，哪会打什么仗啊？别开玩笑了，快告诉我是怎么回事吧。"子夏看着曾参一脸不解的样子，笑着说道："我在家里研读文献书籍，读到古代圣君贤王道德高尚，想起老师向我们传达的道义，觉得这些人、这些思想非常崇高，确实值得我终身追随；可是等到我出了门走在大街上，看见有钱人一掷千金、挥霍享乐，有权者颐指气使、威风八面，又觉得钱和权也很了不起，也非常想得到。高尚的道德和世俗的虚荣这两种念头在我脑海里相持不下，难分胜负，我每天都生活在这种尖锐的思想斗争中，饭也吃不下，当然就胖不起来了！"曾参听到这里，会心地笑了笑，问道："那现在怎么胖起来了呢？"子夏高兴地说："这你还看不出来吗？圣君贤王的高尚道德战胜了世俗欲望，我不再为这两种矛盾困扰，因而心情愉悦，毫无牵绊，自然而然地就胖起来啦！"子夏就是让好思想战胜了坏思想，控制了人性中贪慕虚荣的弱点，最终让自己变得高尚起来。

人性中的弱点有很多，如果不加以控制克服，就会让你走向道德高尚的反面，甚至滑向罪恶的深渊。比如好色与贪婪，人的欲望是没有尽头的，眼睛想看好看的，耳朵想听好听的，嘴巴想吃美味的，身体想享受安逸……这些如果不能凭借自己的努力获得，他就要想邪门

歪道，坑蒙拐骗敢去做，以权谋私敢去做，这样的人最终都免不了
锒铛入狱的下场。如果能够控制或消灭这些欲望，不对这些东西做
过多的追求，一方面你自己的生活会变得轻松很多，另一方面别人也
无法利用你的弱点行不道德之事。道德修养，说白了就是控制自己人
性中的弱点，只有能做好这一点，才算把握了道德修养的正确方法。

【原文】

　　15.11　子曰："躬自厚而薄责于人①，则远怨矣。"

【注解】

①躬自：亲自。

【译文】

　　孔子说："严厉地责备自己而宽容地对待别人，就可以远离别人
的怨恨了。"

【精读论语】

严于律己，宽以待人

　　"躬自厚而薄责于人"，用现在的话说，就是"严于律己，宽以
待人"。人与人交往，难免会有意见不合的时候，于是纠纷和矛盾就
产生了。孔子历来主张主动承担责任，不推卸责任，也就是说为人
处世要多替别人考虑，站在别人的立场上看待问题，要给别人说话
的机会，不能不听别人的意见，固执己见。一旦发生了矛盾，不能
一味地指责别人，甚至把过错推到别人身上去，而要多"反躬自省"，
作好自我批评，从自己身上找原因。这就我们现在经常提到的"严
于律己，宽以待人"。

　　责己严、待人宽，是维持良好的人际关系的重要方法。他的重
要性显而易见，但是大多数人都做不到，很多情况下，还反其道而
行之，觉得自己做什么都是可以理解的，而别人的做法统统都是有

毛病的。究其原因是人们的虚荣心在作祟，人人都爱面子，都想让自己永远都是正确的，但是人非圣贤，孰能无过，既然不能不犯错，那就只好让尽量少的人知道自己的行为失误。因此，很多人犯了错，不管别人原谅不原谅，自己先原谅自己，为自己找托词，先把责任推干净。另外，这类人还常常通过苛责别人抬高自己。把别人说得一无是处，即便自己也不高明，但也被那些被自己贬得"更不高明"的人衬托得高明起来了，这就满足了他的虚荣心。

唐代宰相韩滉不仅精明强干，而且是个出色画家，按说应该成为一代名相。但是，因为为人苛察，总在鸡蛋里挑骨头，在历史上的名声并不好。史书这样评价他："然苛克颇甚，覆治案牍，勾剥深文，人多咨怨。"在他做宰相的时候，主管度支的元琇不愿同他一起督运漕粮。韩滉很没面子，便千方百计找茬，一次次诬告元琇，最终把他贬为雷州司户。朝廷上下，都为元琇叫屈，鄙视韩滉。韩滉总是指责他人，下属都怨声载道，但对他又无可奈何，便编故事坏他名声。有一本叫《前定录》的书，写了这么个故事，说韩滉做宰相时，让一位官员来见自己。那个官员来迟了，韩滉便让人鞭打他。那人说："还有人管着我，所以迟到，请大人饶恕。"韩滉说："你是宰相下属，还有谁管你？"那位官员说："是阴司的阎王"。韩滉问他在阴司主管何事，那人说："主管三品官以上的饮食。"韩滉说："那好，你能说出我明天是吃什么，我就饶了你？"那个官员写下来，第二天果然应验，才放过人家。

孔子强调，"躬自厚而薄则于人"才能"远怨"。试想，能对自己严格要求，而对别人则采取宽容的态度，自然不会招致怨恨。在现实生活中，就要求我们对自己多反思，对别人要宽容，并把这一点作为立身处世的重要法则加以实践。但是，在生活中，人们往往对自己很宽宏大量，经常会为自己找幌子掩盖过失，却常常苛责别人，把失误或者过错一股脑儿地推给别人。这样做的坏处也是显而易见的，不但会使自己失去认清自己不足和改正错误的机会，还会引起别人对你的反感，甚至会引发别人的怨恨。

梁启超先生曾经说过："君子接物，度量宽厚，尤大地之博，无所不载。责己甚严，责人甚轻。名高任重，气度雍容，望之俨然，即之温然。"意思是，君子应该有严于律己的勇气和宽以待人的度量。身居高位之时，要有庄重严肃的态度（望之俨然），但人们都愿意与他交往，丝毫不会有芥蒂（即之温然）。我们应深思此言，做一个这样的君子。

【原文】

15.12　子曰："群居终日，言不及义，好行小慧，难矣哉！"

【译文】

孔子说："整天聚在一起，言语都和义理不相关，喜欢卖弄小聪明，这种人很难教导。"

【精读论语】

不要耍小聪明

孔子在这里揭示了一类人，这类人终日无所事事，有很多空余时间，靠闲聊打发时间，说的话没有任何意义。不仅如此，他们还常常卖弄小聪明。这种行为对他人、对社会都没有任何益处，这种人要有所成就是很困难的。

聪明是上天赋予我们的一种特殊能力，拥有这种能力，可以让我们在处理工作和生活中的事情时更加得心应手。聪明是一种工具，我们可以利用这种工具做事情。但是再好的工具也要使用正确才能发挥它应有的作用，否则，就会适得其反，对事情的发展起反作用。聪明就是这样，聪明才智用对了地方，就会促进社会发展，如各项发明创造就大大提高了人们的生活水平，这种聪明才智是大智慧；如果聪明才智用的不是地方，比如用它搞点阴谋诡计，逞口舌之利，算计别人或计较个人私利，这不仅对社会和他人无益，还有可能害了自己。这种卖弄，就是我们所说的小聪明。

说起耍小聪明，主要有两种情况，一种是这人本身不聪明，甚至是鲁钝的，但是自以为很聪明，而且虚荣心比较强，一心想要表现，让大家看看自己有多聪明。可想而知，这种人的卖弄必然是拙劣的，大家不仅不会觉得他聪明，还会把他当成笑柄。一种是这人确实非常聪明，但是自恃才高，不知内敛，过于张扬，这种人虽才华横溢，但往往用不到点儿上，或者因不知收敛而遭人嫉恨，受到打击迫害。不管是哪种情况，结果都不好，因此奉劝人们不要耍小聪明。

东汉末年，杨修担任曹操的主簿，他是一个聪明绝顶、才华横溢的人，但是他好耍小聪明，最后招致曹操嫉恨，被曹操给杀掉了。曹操的两个儿子争夺世子之位，杨修是曹植的谋士。他非常喜欢揣摩曹操的心思，"预测"曹操可能会提的问题，事先为曹植准备好答案。曹操每次叫曹植问话的内容，都逃不出杨修预测的范围。杨修希望他能帮曹植赢得曹操的青睐。开始时，曹操确实很高兴，然而时间长了，曹操就起了疑心，心想曹植的反应也太快了吧。于是就派人去查，一查就查到了杨修头上，知道曹植的应对都是杨修代答的，从此便慢慢疏远了曹植，对曹丕另眼相看起来。杨修的聪明没有用对地方，如果说上面这些事还不足以置他于死地的话，那么下面这件事绝对让曹操对他大起杀心。公元 219 年，曹操率领大军准备和刘备决一死战。刘备夺取汉中，死守不战。曹操攻不得进，守无所据，陷入了进退两难的境地。有一天，他的部下前来领取当日军中的口令，曹操答道："鸡肋。"杨修听说之后，就开始收拾行装。大家不解，杨修说："鸡肋都是骨头，啃起来没有肉，也没有什么滋味，可是扔了吧，还怪可惜的。主公用这个做口令，是打算撤兵了。"大家一听都信以为真，于是都开始收拾行装。事情传到曹操耳中，曹操非常生气，又想起他以前的种种自作聪明，更觉得此人可恶难容，于是借口惑乱军心把杨修处死了。

总之，一个人不管是不是真聪明，都不能故意显示自己的聪明，这样才能够保全自己，不至于受到别人的伤害。如果你处处耍小聪明，往往会落得"聪明反被聪明误"的下场，甚至还会因此送命。

【原文】

15.13　子曰："君子矜而不争①，群而不党。"

【注解】

① 矜（jīn）：庄重的意思。

【译文】

孔子说："君子矜持庄重而不与人争执，合群而不与人结成宗派。"

【精读论语】

群而不党

这里提到的"矜而不争"，意思是说，与人相处要庄重谦和，处处忍让，不要争强好胜。关于"群而不党"，必须搞清"党"的意思。这里的党，不是我们现在理解的带有政治性的党派，而是具有更宽泛意义的因共同利益而结成的团体、派系等。所以，"群而不党"是说待人接物平易近人，要合群，但不搞小团体，不去拉帮结派。

在人类社会中，因为不同的关系，人们总会结成各种各样的集体或小圈子。有些圈子中的成员有着共同的兴趣和爱好，有共同语言，能够相互促进，共同进步，这叫结交志同道合的朋友，并不是拉帮结派。这种小团体的存在是良性的，有时还能促进个人的发展和社会的进步。但是，也有一些团体属于拉帮结派的性质。这种小团体是在某种利益的驱使下结成的，一切行动都是为了利益，因而对有着不同利益的人，他们会不惜一切代价进行打击，手段非常恶劣。这种帮派很多，比如社会上盗窃团伙、黑帮，组织内的小帮派等，他们的存在，不论是对社会还是组织都是非常不利的。在一个区域或组织内，如果有两个或两个以上的派别，他们的利益必然是有冲突的。这样一来，就会产生矛盾与冲突。这种冲突，会严重影响正常的社会与组织秩序，要不了多久，这个组织就可能会被这种内讧拖垮。

历史上，有很多朝代都存在着党争，他们的斗争加速了国家的灭亡。其中，以唐末的"牛李党争"最为有名。"牛党"以牛僧孺、李宗闵为首，其成员大多是庶族，门第卑微，靠寒窗苦读考取进士，获得官职；"李党"以李德裕为首，其成员大多是士族，门第显赫，依靠父祖的恩荫进入官场。从表面看，牛党和李党之间的斗争似乎是庶族与士族之间的权力斗争，实际上两党的政见也多有分歧，分歧的焦点主要几种在两个方面：一是如何选拔官僚。牛党多通过科举进身，因而主张科举取士；李党多恩荫进身，因而主张恩荫入仕。二是对藩镇采取何种态度。李党主战，主张对那些不听朝廷命令的藩镇以武力镇压，巩固唐朝的统治地位；牛党与之相反，主张迁就忍让。

除了政见的分歧，两党之争还卷入很深的个人恩怨。牛党的牛僧孺、李宗闵评论时政，得罪了当时的宰相李吉甫，遭到贬斥。而李吉甫恰恰是牛党代表人物李德裕的父亲，因此，牛党认为这是李党打击本派措施。自此，双方结下了梁子，牛党一直在寻求时机，排挤打击李党。唐穆宗长庆年间，牛僧孺做了宰相，就想尽办法把李德裕从朝廷中排挤出去，把他贬为四川节度使。李德裕任四川节度使期间，工作做得很好，接受了吐蕃将领的投降，收复了维州，本应受到朝廷嘉奖。但是牛僧孺却不以为然，还强迫李德裕把吐蕃降将和收复的城池还给了吐蕃。这使得牛党和李党之间的矛盾更加尖锐了。唐武宗时，李德裕做了宰相，动用权势，把牛党的代表人物牛僧孺、李宗闵放逐到南方去了。唐宣宗即位后，牛党成员白敏中做了宰相，牛党又被纷纷启用，李党成员则遭到了全面的肃清。李党代表人物李德裕被放逐到遥远的崖州，最终忧郁而死。

这场党争起于政见不合，后来演变为恩怨纠葛和意气之争，凡是牛党赞同的，不论是否合理，李党一概反对，反之亦然。而且，李党一旦上台，不管牛党人物是否优秀称职，不分青红皂白一律贬斥，牛党也是如此。这场斗争，到最后没有一点正当性，完全成了邪恶权争和斗气，大大加深了唐朝末期的统治危机。事实上，唐朝的最终覆灭，党争是重要原因。历史事实带给我们很深的教训，组织的发展靠的是所有成员的共同努力，拉帮结派只能削弱整个组织的力量，阻碍组织的进步与发展，因而，拉帮结派的行为是要不得的。

【原文】

15.14　子曰："君子不以言举人，不以人废言。"

【译文】

　　孔子说："君子不因为一个人的言语（说得好）而推举他，也不因为一个人有缺点而废弃他好的言论。"

【原文】

15.15　子曰："吾犹及史之阙文也。有马者，借人乘之①。今亡矣夫②！"

【注解】

①有马者，借人乘之：有人认为此句系错出，难以索解，存疑而已。②亡（wú）：无。

【译文】

　　孔子说："我还能够看到史书中存疑空阙的地方。有马的人（自己不会调教）先借给别人骑，现在没有这样的了。"

【精读论语】

做学问的阙如态度

　　在这里，孔子阐释了自己在做学问上的态度，认为做学问是一件非常严肃的事情，要诚实认真，对就是对，错就是错，懂就是懂，不懂就是不懂。对自己不懂或有疑问的地方要持保留意见，不要不懂装懂，乱发表意见。也就是说，做学问要有存疑精神。

　　学海无涯，而吾生也有涯。在有限的生命中，学尽世间所有知识是不可能的，再聪明的人也无法做到。因而，对每个人而言，已拥有的知识只是知识海洋中极细小的一部分，在这部分之外，是大海般广阔的未知领域。面对未知的领域，你没有发言权，应该藏拙。这里所说的藏拙是指对不懂的东西诚实面对，不可信口开河，以免成为方家眼中的笑柄。如果不懂装懂，强行瞎解，有可能会给他人造成误导。如果有人对这种不负责任的说法作出纠正，后果还不是很严重；如果恰巧这个知识众人都不了解，胡蒙的人又说的"头头是道"，后学者将其作为一种知识吸收，就会造成严重不良影响。现在，书中存在着很多对古代流传下来的诗词、成语的误解，究其源头，就是有人在不懂的情况下，自以为是地信口开河，给大家造成了误解。而误解一旦形成，就很难改变。

做学问的正确态度，就是孔子所说的"阙如"，也就是存疑。孔子曾对子路说过："君子于其所不知，盖阙如也。"这句话就是批评子路轻率鲁莽，强不知以为知，明确指出对待那些自己不了解、不懂得的事，应该"暂付阙如"，这种态度才是科学的。李商隐有一首五言律诗《街西池馆》，其中第三联是"太守三刀梦，将军一箭歌。"这一联前一句话用了一个典故，就是西晋时期，王濬晚上做梦，梦见头上悬了三把刀，突然又加了一把，醒后百思不得其解。下属李毅为其解梦，说："三刀为州，又加一把是益，意思是要升迁为益州的长官了。"果然，不久王濬就做了益州刺史。后来，人们都用"三刀梦"或"梦刀"等比喻升官。就诗歌对仗来看，前句用典，后句也必然用典。但是"将军一箭歌"这一句所用的典故及出处，至今也没人知道。清代著名的学者朱鹤龄和冯浩均在注解中特别注明"未详"。这种"暂付阙如"的态度得到后世学者的赞许。同时代的另一位注家姚培谦却自作聪明，牵强附会地认为《旧唐书》中薛仁贵"三箭定天山"的典故，是"将军一箭歌"的出处，被李商隐"改三为一"，还大批用典"谬哉"。朱、冯二人的学术态度受到后人敬仰，姚培谦牵强附会、自以为解决了别人没有解决问题，他的这种做法却深为后人诟病。这种情况在古书注解中大量存在，有些注疏家秉着科学的态度，对不知道的东西，就实事求是地"暂付阙如"，要么以待来日，要么以待后来学者继续补缺。但是有的人却自以为是，不懂装懂，很多说法都没有可查证的依据，没有理论或事实支持，也大胆地写出来。这固然可以作为一家之言看待，但是这种后人不负责任的态度，危害是相当大的。

存疑是一种科学的态度和精神，做学问就要具备这样的态度和精神，首先实事求是的情况下，对未知的问题存疑，然后以积极求证的态度，寻求答案，消除疑问。即便受到自己知识和能力的局限无法解决问题，也不做"不懂装懂"的事。

【原文】

15.16　子曰："过而不改，是谓过矣。"

【译文】

孔子说："有了过错而不改正，这就真叫过错了。"

【精读论语】

知错就改不为错

人非圣贤、孰能无过。其实，圣贤不过是高明一些的人，也会犯错误。像孔子这样的圣人，还说过"丘也幸，苟有过，人必知之"，可见他也是犯过错误的。圣人尚且如此，普通大众更是在所难免。所以，不犯错误的人几乎是不存在的。也就是说，这个世界上人人都会犯错，这是一种普遍存在的、再正常不过的现象了。

孔子很重视改过，并多次谈及这一问题。在《学而》篇中，孔子说："过，则勿惮改。"在《雍也》篇中，孔子这样评价颜回："不迁怒，不贰过。"其中的"不贰过"就是改过的问题。汇总这些言论，就会发现，孔子特别强调"知错就改"。也就是说，犯错并没有什么可怕的，关键是如何对待错误。这个态度非常重要，它关系到我们是在错误中成长，还是在错误里沉沦的问题。犯了错，虚心改正，不再犯同样的错误，以前犯过的错就不是错，甚至还会变成人生道路上的经验。但是，如果明明知道自己犯了错，却没有改过之意，死不改悔，就只能在错误的道路上越走越远，并最终滑向失败的深渊。

犯错之后，应该知错就改，坚持错误，必将彻底失败。晋灵公生性残暴，常常因为一件小事就要杀人。有一天，饭菜中有一道熊掌没做熟，他就发了火，把做这道菜的厨师给杀了。晋灵公的大臣赵盾和士季都非常正直。他们看到厨师的尸体非常震惊，在了解情况后，决定进宫劝谏晋灵公。士季打头阵。晋灵公明白士季是为自己杀厨师这件事来的，就故意躲着不见他。但士季并未放弃，而是步步紧逼。实在没办法了，晋灵公只好轻描淡写地说："我已经知道错了，今后一定改。"士季听他这样说，信以为真，说："人谁无过，过而能改，善莫大焉。"但是，晋灵公并没有真正认识到自己的错误，也没有打算改正，依然非常残暴。于是，赵盾便屡屡劝谏。说的次数多了，晋灵公不耐烦了，居然生了杀赵盾的心。被晋灵公派去行刺的鉏麑，把晋灵公的诡计告诉了赵盾，而后自杀了。但晋灵公依然不知悔改，又请赵盾赴宴，准备在席间杀他。但他的阴谋再次破产了，赵盾被卫士救了出来。后来，晋灵公被赵盾的儿子赵穿杀掉了。这就是他过而不改，落了个自取灭亡的下场。

与晋灵公相反，楚庄王知错能改，取得了霸主的地位。楚庄王初登基时，日夜饮酒作乐，不理朝政。手下的大臣们纷纷劝谏，楚庄王不仅不听，还下了一道禁令，谁要是再敢劝谏，就是死罪。大臣中有个叫伍举的，给楚庄王讲了个五彩鸟的故事，借以激发楚庄王。楚庄王明白伍举的意思，表示要"不鸣则已，一鸣惊人"。大家以为楚庄王要振作起来了，但是过了一段时间，并未见他有什么举动。于是，大臣苏从冒着被杀的危险又去劝说。楚庄王听从了苏从的建议，大力改革，撤换逢迎拍马的小人，提拔敢于进谏的伍举、苏从，制造武器，充实军备。几年之后，楚庄王就成了春秋五霸之一。

这两个故事，从正反两个角度揭示了"过而能改"的重要意义。每个人都会犯错误，这是不可避免的，犯了错误之后，正确的态度是承认错误，寻找原因，加以改正，以求以后不再犯这样的错误。

15.17 子曰:"君子谋道不谋食。耕也,馁在其中矣①;学也,禄在其中矣。君子忧道不忧贫。"

【注解】

①馁(něi):饥饿。

【译文】

孔子说:"君子谋求的是道而不去谋求衣食。耕作,常常会有饥饿;学习,往往得到俸禄。君子担忧是否能学到道,不担忧贫穷。"

【精读论语】

君子谋道不谋食

人生的终极目标,是谋道还是谋食,这是一个不容回避的选择。选择不同,人生就不同。孔子主张的"道",指的是立身行事、治国安邦之道。他曾说过:"朝闻道,夕死可矣。"意思是如果能体会到道的妙处,就算是立即死去也毫无遗憾,可见道在他心目中的重要性。在孔子看来,人生在世,应该追求的是道。只有追求仁道,才能体现出生命的意义与价值。而食指的是能够满足人们的基本生理需求的食物,以及人们赖以生存的其他物质资料。

樊迟曾向老师请教如何耕稼,孔子很鄙视他,说喜欢耕作的樊迟"小人也"。在本章中,孔子又说,"耕也,馁在其中矣",意思是说,种地也不能避免饿肚子。后代有学者因此认为孔子瞧不起从事农耕的劳动人民,应该受到批判。这是他们对孔子及其思想的一种曲解。孔子主张仁者爱人,他并没有瞧不起农业,更没有瞧不起农民,他之所以说"君子谋道不谋食",意思是君子应该有更高的追求,应该致力于立身行事、安邦治国。这是从整个社会着眼,认为只有社会安定了,士农工商各行各业才能正常运营,人们才有的吃有的穿。如果社会秩序混乱,民不聊生,老百姓自顾不暇,谁还有心思耕种呢?

君子治理好社会,君主自然有所回报。由此可见,君子不是"不谋食",他们恰恰是通过"谋道"来"谋食",即孔子所说的"学,禄在其中也"。

孔子说"君子谋道不谋食",只是为了让人们认识到谋道的重要性,而不是说君子就不用吃饭了。人在这个世界上,首先就是活着,因而吃饭穿衣之类的生理需求是最重要的。孔子所说的食,我们可以把它称为物质基础;而孔子终生追求的道,无疑就是上层建筑,没有物质基础,上层建筑也无从谈起。孟子对食的重要性理解的最为透彻,在《告子上》中说:"一箪食,一豆羹,得之则生,弗得则死。"人要是饿死了,还说什么精神道义呢? 但是也不能把眼光都盯在食物上,还应该有一种精神。如果没有精神的指引,人们的行为就会陷入迷茫。

因而,对"君子谋道不谋食"的最佳理解是,要坚持道,这是不能动摇的,在坚持道的前提下谋食。谋食不是什么见不得人的事情,但是不能为谋食而谋食,更不能为谋食而害道。具体说来,就是要坚持一种"安贫乐道"的思想,为了追求"道",身处贫困也在所不惜。这一点,孔子的弟子颜回做得非常好。孔子曾对学生们夸赞颜回"贤哉",说"一箪食,一瓢饮,在陋巷,人不堪其忧,回也不改其乐"。颜回那么"贤能",还是受穷,这不禁让人对孔子的话产生了疑惑。其实并不矛盾,在世道不好的时候,士农工商各行各业都不能正常运营生产,就是去谋道,也很难"禄在其中"。但是,不是说在乱世中就不需要"谋道",而是要"穷则独善其身,达则兼济天下"。

【原文】

15.18 子曰:"君子不可小知而可大受也。小人不可大受而可小知也。"

【译文】

孔子说:"君子不可以用小事来察知,却可以接受重任;小人不可以承担重任,却可以用小事来察知。"

【精读论语】

人人都有闪光点

在这里，孔子再次向管理者提出了人才的重要性，并且指出人人都有长处，都有闪光点，都有可堪利用的才能。作为管理者，所要做到的就是知人善用、人尽其才。

这里的君子小人与前文不同，是从个人才能的角度划分的。孔子说"君子不可小知，而可大受也。小人不可大受，而可小知也"，意思就是，君子有大才，因而可堪重用；小人有小才，虽然不可委以重任，但也有可取之处，也可以在适合自己的岗位上发挥才干。石头就是石头，金子就是金子，这没有办法改变。但不论是石头还是金子，都有可取可用之处。金子可以在流通领域或者器皿首饰上体现自己的价值，石头可以在建筑上体现自己的价值。但如果用错地方，二者不仅不能发挥应有的作用，还可能成为废物。人也是这样，每个人都有别人没有的闪光点，都能发挥自己的作用。

战国时期，齐国的孟尝君礼贤下士，门客众多。但是，他却十分讨厌其中的某些人，打算驱逐他们。鲁仲连知道了，就去劝孟尝君说："猿猴离开了，树木掉到了水中，就连鱼鳖也不如；如果要比经历险阻攀登高峰的本事，千里马就不如狐狸。勇士曹沫奋力举起三尺宝剑，打起仗来全军不能抵挡；但假使与农夫同处田野里比赛耕地，就绝对不如农夫。所以事物有长处也有短处，如果舍长取短，唐尧也有不如其他人的地方。"孟尝君听了他的话，就不再驱逐那些门客了，而且只要是有一技之长，都给予礼遇。

后来，孟尝君被秦王软禁在秦国。孟尝君派人去向秦昭王的宠妃求助，她要求以齐国珍贵的狐白裘作报酬。可是孟尝君初到秦国时，就已经把这件狐白裘献给秦昭王了。这时，孟尝君手下一个善盗的门客把狐裘给偷了出来。秦昭王的宠妃说服秦王，释放了孟尝君。孟尝君怕夜长梦多，就连夜奔回齐国。放了孟尝君之后，秦昭王果然后悔了，于是又下令追赶他们。这时孟尝君正走到函谷关口，时值半夜，按秦法函谷关鸡叫才开门。如果等下去，秦王的追兵就到了。

这时，孟尝君手下一个擅长口技的人学起鸡叫，引得城内外一片鸡鸣。守关的士兵听见鸡叫，打开关门，放他们出去了。如果没有这些鸡鸣狗盗之徒的鼎力帮助，孟尝君是不可能顺利脱困的，可见他们也是人才。但是，鸡鸣狗盗确实难登大雅之堂，我们不能说这是君子之才，但是可以说是小人之才。

明白了这一点，就要提高两方面的认识，一是对自己，一是对他人。对自己要有信心，每个人都要认清自己的才能，不要觉得自己没有经天纬地的才干就自怨自艾。要知道大才小才都是才，大才做大事，小才做小事，不管大事还是小事，做好了同样是成功，都是在为社会作贡献。对管理者来说的，要善于发现下属的才能，善于利用他们的长处。有大才的人就安排他做大事；不能胜任重任的人，就安排他做些力所能及的小事，实现人尽其才，这才是真正科学的管理方法。

【原文】

15.19　子曰："当仁，不让于师。"

【译文】

孔子说："遇到可以实践仁道的机会，对老师也不必谦让。"

【精读论语】

当仁不让

被人们广泛使用的成语"当仁不让"，就是源于这句话。当仁不让原意是指以仁为己任，无所谦让。后来引申为遇到应该做的事就积极主动地去做，毫不退让。上文我们讲过，仁是儒家思想的核心，当仁不让是孔子是对他的学生讲的，他的目的就是想让学生们有敢于担当的勇气。只要某件事确实符合仁道，就大胆地站出来去做，不要畏首畏尾。如果自己的观点与老师相左，在确认是自己的观点正确后，要敢于坚持自己的观点，毫不谦让地去执行仁道。这不仅不是不尊师，反而是对老师思想的彻底贯彻。如果这个时候"让"了，便是对错误思想的妥协，是丧失立场的行为，是不可取的。

西方哲学家亚里士多德的"吾爱吾师，吾更爱真理"，被人认为是"当仁不让于师"的最好典型。正如亚里士多德所说，只要掌握的是真理，即便是与老师的意见不同，也不能单纯地为了尊重老师而放弃真理，向错误的意见妥协。对孔子的这句话，我们不能狭义地理解为当仁不让就是针对师徒关系而言的。当仁不让的对象无所不包，凡是阻碍你做正确的事情、坚持正确的思想的人都应算在内，比如权势、财富等。

翻开历史，我们可以看到有很多人之所以能够青史留名，就在于他们当仁不让，有挺身而出的勇气，敢于担当。汲黯出身官宦人家，祖辈代代都在朝中任职。汉武帝继位后，汲黯被任命为皇帝身边传达事务的近侍。当时，东越的两个少数民族闽越和瓯越争斗不休，武帝就派汲黯前往视察。汲黯还未到东越之地，就原路返回了，向皇上汇报说："东越人民风彪悍，百姓本来就好斗，不值得天子派使臣过问。"后来，河内郡发生火灾，受害人家一千余户，皇上又派汲黯前往视察。汲黯回来报告说："河内的火情不过是普通人家不慎失火，房屋密集，火势蔓延开了，并没有太大的损失。但是，我路过河南时，看到那里正闹水灾，灾民多达万余户，真是饥民遍野，有的甚至于父子相食。我就凭借着我所持的符节，下令开官仓放量赈灾了。现在我缴还符节，请求陛下治我矫诏之罪。"武帝认为汲黯爱护百姓，并没有治他的罪。汲黯为官，以民为本，认定了该做的事之后，就挺身而出，是一个敢担当的人。

仁道是人人都应该践行的，而不是某些人的责任。这就要求君子不能拘泥于"这事不该我做"的念头，只要是正确的事情，人人都有责任去做，不能让，更不能退。南宋时期，金军大举进犯南宋。1161 年，金海陵王完颜亮率军进逼长江，两军大战，宋军溃败，金军如入无人之境。时任督视江淮军马府参谋军事的虞允文，被派往采石犒师。当时，宋军主将王权贪生怕死，不敢上任，接替他的主帅李显忠还未赶到。虞允文见形势危急，毅然把沿江无人统辖散乱军队组织起来，并鼓舞他们说："如果让金军成功渡江，我们就是死路一条！现在咱们占据长江天险，若拼死一战，或者能死里求生！朝廷养兵三十年，现在正是诸位为国家浴血奋战的时刻！"一时间士气大振。之后，虞允文领兵取得了采石之战的胜利，挫败了金军渡江南侵的计划。虞允文以督军身份领兵作战，就是敢担当的表现。他不顾战场危险，当仁不让的主动精神，永载史册。

不管在什么时候，做什么事情，都要有当仁不让、敢于担当的勇气。面对正确的事还畏畏缩缩，假意谦让，只会被人们认为是胆小鬼或者是丧失原则的人。

【原文】

15.20　子曰："君子贞而不谅①。"

【注解】

①贞：正，指固守正道，这里指大信。谅：信，指不分是非而守信，这里指小信。

【译文】

孔子说："君子讲大信，而不拘泥于遵守小信。"

【精读论语】

在诺言与原则之间

孔子在这里谈到的是诺言与原则的关系问题。我们知道，孔子非常重视诚信问题，认为守信应该是做人的基本准则之一。他还强调，不要轻许诺言，许下诺言就必须兑现。问题来了，如果诺言与原则冲突怎么办？关于这个问题，孔子提出"贞而不谅"的观点。他认为，如果诺言不违背原则，诚然是应该得到兑现的。如果在不知情的情况下许下了诺言，但事后发现许诺别人的事情有违原则，那么就要当机立断，终止承诺。这不会让人成为轻诺寡信的小人，反而能显示出重原则、有立场的君子品格。

他的这个思想提醒我们，在作出承诺和践行承诺的时候，需要遵守原则。这里的原则，指的是仁义和大道。孔子强调"主忠信，徙义，崇德"，还要"当仁不让"，以及"信近于义，言可复也"。这些言论中的"仁"和"义"，就是我们应该遵循的原则，可以用来约束我们承诺和践诺的行为。我们已经知道义就是宜，就是该做的事情，正确的道理。而仁则是孔学的核心思想，是不可违背的大原则。所以，我们的承诺如果符合仁义大原则，理当忠实践行；如果不符合原则，就算是不践行也不必遗憾。

北魏宣武帝年间，发生了宗室元禧谋反事件。咸阳王元禧，是受孝文帝遗命的辅政大臣，位居宰辅之首，但是他却贪财好色，贪赃枉法。朝臣侧目，皇帝不满。宣武帝元恪继位以后，宠幸重用一群奸邪小人，而原先权高位重的王公大臣，却很少有与皇帝议政的机会。当时，有个叫刘小苟的人告诉元禧，说自己多次听说过皇上要杀他。为非作歹的元禧发害怕了，于是就与李伯尚、杨集始、杨灵、乞伏马居等人密谋，打算废掉宣武帝。当时，宣武帝元恪正好去北邙打猎。元禧和同党在城外别墅里集会，打算发兵袭击皇帝，并派人去通知他的儿子元通在河内起兵响应。但是，当时众人意见不统一，乞伏马居主张立即回洛阳关闭城门，拆断黄河桥，割据黄河以南。另外一些人主张先暂缓一步再说。从早晨讨论到下午，也没有定下来。元禧本人更是犹豫不决。于是，大家约定严守机密，就散会回家了。杨集始认为谋反不义，一出来就骑马去向宣武帝报告。后来，宣武帝挫败了元禧的政变阴谋。其他人都受到处罚，杨集始则得以保全。

《孟子·离娄下》中说："大人者，言不必信，行不必果，惟义所在。"直接点出"言不必信，行不必果"的人也可以是君子，只要他是按照原则来的，就不能算作不守信，原则才是关键所在。孔子也说过："匹夫匹妇之为谅"，可见不讲原则地信守承诺之事，通常是境界不高的人所为。他们一味地讲诚信，不知道讲原则，在这种思想的驱使下，他们无所不为，做了很多违法犯罪的事情，还自以为道德高尚。

在现代社会，人与人、人与事，事与事之间的关系越来越复杂，但是诚信依然是人际关系的基础，而且诚信的重要作用比先前有过之而无不及。在这纷繁复杂的社会中，我们需要考虑的是，什么样的诺言要践行，什么样的诺言不能践行。总结起来就一点，那就是孔子所说的"贞而不谅"，要在不违背原则的基础上信守承诺。

【原文】

15.21 子曰："有教无类。"

【译文】

孔子说："对任何人都可以有所教诲，没有种类的限制。"

【精读论语】

有教无类

孔子是我国历史上伟大的教育家，他提出的很多教育思想，比如教学相长、因材施教等，直到现在还对我们的教育工作发挥着重要的指导作用。在这里，孔子又提出了一个同样重要的教育学观点——有教无类。当时，教育所服务的对象是贵族阶级，平民没有受教育的权利，孔子的这个做法打破了这一格局，开辟了教育平民化道路。因而，有教无类的思想在中国教育史上，被认为具有划时代的意义。

有教无类，就字面上理解是，对所有人都进行教育，不因类的差别而不同对待，也就是说教育面前人人平等，不论贫富、贵贱、智愚、善恶，人人都给予受教育的机会。孔子是个言行一致的人，他这么说，也这么做了。孔子门下弟子三千，贤者七十二，这些人有贫有富，有贤有愚，但孔子对他们都一视同仁。"自行束脩以上，吾未尝无诲焉"，就是孔子对他有教无类思想的践行，他毫无保留地向弟子们传授知识，并努力培养他们的德行。

孔子将原先只有贵族能享受的权利扩大化，将广大平民也囊括进去。他的学生中有贵族，比如鲁国大夫孟懿子和南宫适，但是平民的数量更多。孔子的有教无类不光体现在对贵族与贫民一视同仁上，还体现在对各种类别的人都一视同仁上。孔子认为，教育不应受到地域的限制，任何地方的人，只要他有求知的欲望，有改善自己的要求，就应该有受教育的权利。据史书记载：孔子的弟子子贡是个商人，子张是马匹交易的经纪人，颜涿聚是个强盗。这些人所从事的行业在当时都是不入流的，是末业，其社会地位可想而知。这些人处处被人瞧不起，受教育更是痴心妄想。孔子的有教无类，给了这些人——平民、商人，甚至强盗受教育的机会，让他们在接受教育之后进入上流社会。

孔子还认为学习不受年龄的限制，不论老少都有受教育的权利，因而他门下的弟子年龄参差不齐。我们知道年轻人思维敏捷，记性好，学东西快；年长者记忆力减退，接受知识慢。出于这个考虑，站在教师的立场上，教导年轻人更容易出成果。但孔子不这样认为，他坚持有教无类的观点，认为人人都有受教育的权利，不能因为不容易出成果而放弃年龄较大的求知者。孔子的弟子，有的比他年轻四五十岁，比如公孙龙，比孔子小五十多岁；有的与他年纪相仿，如子路，比孔子小九岁。值得一提的是，曾点与曾参、颜路与颜回，均是父子同时为孔子的学生。由此可见孔子弟子年龄跨度之大。

每个人都有不同的性格特点，比如《先进》篇中所说"柴也愚，参也鲁，师也辟，由也喭"，正是由于发现了人的性格具有多样性，孔子才提出了因材施教的观点。但是，孔子并不因为弟子"愚、鲁、辟、喭"而不教，谁都知道，这样的学生教育起来肯定有一定难度，但是孔子还是对他们耐心教导，最终使他们成了有用之才。

孔子有教无类的思想还有诸多方面的表现，这里就不再一一列举了。《荀子·法行》中有这样的记载，南郭惠子问于子贡曰："夫子之门何其杂也？"子贡曰："君子正身以俟，欲来者不拒，欲去者不止。良医之门多病人。隐栝之侧多枉材，是以杂也。"这段文字是孔子有教无类思想的生动体现。在现代社会中，教育工作者仍然要坚持有教无类的思想，对所有学生都应一视同仁。

季氏篇
第十六

【原文】

16.1 季氏将伐颛臾①。冉有、季路见于孔子②，曰："季氏将有事于颛臾。"孔子曰："求！无乃尔是过与③？夫颛臾，昔者先王以为东蒙主④，且在邦域之中矣，是社稷之臣也。何以伐为⑤？"冉有曰："夫子欲之，吾二臣者皆不欲也。"孔子曰："求！周任有言曰⑥：'陈力就列，不能者止。'危而不持，颠而不扶，则将焉用彼相矣⑦？且尔言过矣。虎兕出于柙⑧，龟玉毁于椟中，是谁之过与？"

冉有曰："今夫颛臾，固而近于费⑨。今不取，后世必为子孙忧。"孔子曰："求！君子疾夫舍曰欲之而必为之辞。丘也闻有国有家者，不患寡而患不均，不患贫而患不安⑩。盖均无贫，和无寡，安无倾。夫如是，故远人不服，则修文德以来之。既来之，则安之。今由与求也，相夫子，远人不服，而不能来也；邦分崩离析，而不能守也；而谋动干戈于邦内。吾恐季孙之忧，不在颛臾，而在萧墙之内也⑪。"

【注解】

① 颛（zhuān）臾（yú）：鲁国的附属国，在今山东省费县西。② 见于：被接见。③ 无乃：岂不是。尔是过：责备你。"过"用作动词，表示责备。"是"用于颠倒动宾之间，无义。④ 东蒙主：东蒙，蒙山。主，主持祭祀的人。⑤ 为：用于句末的语气词。这里表诘问语气。⑥ 周任：人名，

季氏将伐颛臾，冉有、季路见于孔子。

周代史官。⑦相（xiàng）：搀扶盲人的人叫相，这里是辅助的意思。⑧兕（sì）：雌性犀牛。⑨费：季氏的采邑。⑩不患寡而患不均，不患贫而患不安：当作"不患贫而患不均，不患寡而患不安"。据俞樾《群经平议》。⑪萧墙：照壁屏风，指宫廷之内。

【译文】

　　季氏准备攻打颛臾。冉有、子路去拜见孔子，说："季氏准备对颛臾用兵了。"孔子说："冉求！难道不是你的过错吗？颛臾，以前先王让它主持东蒙山的祭祀，而且它在鲁国的疆域之内，是国家的臣属，为什么要攻打它呢？"冉有说："季孙大夫想去攻打，我们两人都不同意。"孔子说："冉求！周任说过：'根据自己的才力去担任职务，不能胜任的就辞职不干。'盲人遇到了危险不去扶持，跌倒了不去搀扶，那还用辅助的人干什么呢？而且你的话说错了。老虎、犀牛从笼子里跑出来，龟甲和美玉在匣子里被毁坏了，是谁的过错呢？"

　　冉有说："现在颛臾，城墙坚固，而且离季氏的采邑费地很近。现在不攻占它，将来一定会成为子孙的祸患。"孔子说："冉求！君子痛恨那些不说自己想那样做却一定要另找借口的人。我听说，对于诸侯和大夫，不怕贫穷而怕财富不均；不怕人口少而怕不安定。因为财富均衡就没有贫穷，和睦团结就不觉得人口少，境内安定就不会有倾覆的危险。像这样做，远方的人还不归服，那就再修仁义礼乐的政教来招致他们。他们来归服了，就让他们安心生活。现在，仲由和冉求你们辅佐季孙，远方的人不归服却又不能招致他们；国家分崩离析却不能保全守住；反而谋划在国内动用武力。我恐怕季孙的忧患不在颛臾，而在他自己的官墙之内呢。"

【精读论语】

治国三要

　　就季氏将伐颛臾一事，孔子与弟子冉有和子路展开辩论，他不仅直截了当地揭穿了冉有的狡辩，还提出了治国应该遵循的三个重要原则，那就是"均无贫，和无寡，安无倾"。掌权的人只有做到这三点，国家才会长治久安，人民才能安居乐业。

孔子说："有国有家者，不患寡而患不均，不患贫而患不安。"这句话牵涉到三个问题，第一个问题是财富分配，第二个问题是社会关系和睦，第三个问题是社会秩序。孔子告诫统治者，在治理国家的时候要从这些层面入手，解决了这三个问题，国家自然就治理好了。

我们先来看第一个问题——分配。每个人生活在这个世界上，都要从事某种劳动，维持自己的生存。也正是这些劳动创造了社会财富，推进社会的发展与进步。人们通过劳动创造财富，自然都有权利享受社会财富。因而，社会财富的分配原则应该是均。均不是说平均分配，而是指均衡，既要多劳多得，也要照顾到贫病孤寡。人人生活都有保障，这就达到了孔子所说的"均无贫"。但是，在孔子所在的时代，广大劳动人民的劳动果实有一大半要上缴，上层统治者不劳而获还是当时社会的常态。这就导致了人和人之间在财富占有上的巨大差异，这种结果的长期存在，必将引起付出实际劳动的人们的不满，从而引发社会动荡。回顾历史，有很多朝代因为严重贫富分化而崩溃。因此，孔子所说的"不患寡而患不均"实际上可以理解为不怕财富少，就怕分配不合理。所以，如何分配社会财富是任何国家和社会举足轻重的大问题。

第二个问题是社会关系的和睦。我们知道，人是一个国家最宝贵的资源，以人力为主的古代更是如此。因而，人口多少就成了一个国家能否强盛的基础。在孔子时代，由于社会动荡，连年征战，人们的生活没有保障，各个国家的人口增长很困难。孔子也认识到了这一点，他退而求其次，说社会环境如此，国家人少也是没有办法的事情。但是，如果全国上下能齐心协力，心往一块儿想，劲往一块儿使，就能形成一股强大的合力，就能战胜人少的缺陷。有的国家虽然人多，但由于内部矛盾重重，人们各怀心事，甚至还互相攻讦，这种内耗必定使整个国家成为一盘散沙，毫无凝聚力。这样的国家不仅无法强大起来，还会随着内部争斗的加剧而迅速瓦解。认识到了这一点，统治者就要注意做到"和无寡"，不论人多人少，都要上下和睦，只要大家同心同德，就不会觉得人少。

第三个问题是社会秩序。安定的社会秩序是人们安居乐业的保证。如果社会混乱，官贪吏暴，贼盗横行，百姓又怎么能安安稳稳地过日子呢？社会无序不仅使人民遭殃，生命和财产统统得不到保障，而且如果这种情况得不到改善，还会危及国家政权。历史上，因为统治阶级无道，使社会陷入混乱，最终被新力量推翻的情况不可胜数，比如东汉和西晋。因而，维护社会秩序是统治者的重要任务之一。维护社会秩序最好的办法就是制定详尽的法律制度，用法律约束君臣的行为。如果上层都能遵纪守法，那么整个社会就会良性发展，社会秩序就会非常稳定。在这样的社会中，人们就能够安居乐业，幸福生活，而国家政权也会因此而更加巩固。这就是孔子所说的"安无倾"。

只有做到了"均无贫，和无寡，安无倾"这三点，国家才能稳定发展，走向强盛。治理国家如此，管理一个企业也如此，这三点对任何组织的管理来说都具有指导意义，值得我们学习与借鉴。

【原文】

16.2 孔子曰："天下有道，则礼乐征伐自天子出；天下无道，则礼乐征伐自诸侯出。自诸侯出，盖十世希不失矣①；自大夫出，五世希不失矣；陪臣执国命②，三世希不失矣。天下有道，则政不在大夫。天下有道，则庶人不议。"

【注解】

① 希：少。② 陪臣：大夫的家臣。

【译文】

孔子说："天下政治清明，制礼作乐以及出兵征伐的命令都由天子下达；天下政治昏乱，制礼作乐以及出兵征伐的命令都由诸侯下达。政令由诸侯下达，大概延续到十代就很少有不丧失的；政令由大夫下达，延续五代后就很少有不丧失的；大夫的家臣把持国家政权，延续到三代就很少有不丧失的。天下政治清明，国家的政权就不会掌握在大夫手中；天下政治清明，普通百姓就不会议论朝政了。"

【原文】

16.3　孔子曰："禄之去公室五世矣①，政逮于大夫四世矣②，故夫三桓之子孙微矣。"

【注解】

① 禄：俸禄，这里指政权。公室：诸侯的家族。② 逮（dài）：及。四世：指季孙氏文子、武子、平子、桓子四世。

【译文】

孔子说："国家政权离开了鲁国公室已经五代了，政权落到大夫手中已经四代了，所以鲁桓公的三家子孙都衰微了。"

【精读论语】

破坏制度必然走向失败

这一段文字是承接上一段文字而发的，上段文字中说到权力下移，导致政权不稳定、不长远。此章继续探讨这个问题，指出"禄之去公室""政逮于大夫"这些不合常理的行为，会导致政权的覆灭。当统治无道、政治失序之时，就会发生权力下移现象。中央丧失权威，必然会形成其他权势集团。起初，中央权力可能还名存实亡，后来就会变得名义上也不存在了，照此发展下去，这个政权就消亡了。更可怕的是，如果对这种情况不加遏制，还容易形成恶性循环，致使悲剧不断发生。基于这种认识，孔子做出了"三桓之子孙微矣"的预言，后来的历史充分证明了孔子的前瞻性与历史发展的眼光。

翻开春秋史，鲁庄公死后，文公即位。鲁庄公的儿子襄仲担任要职，权倾朝野。文公即位后，他多次代表鲁国出使齐、晋等强国，为鲁国立下了汗马功劳。凭借着这些功绩，襄仲逐渐掌握了实权。另外，他还与鲁文公的宠姬敬嬴关系非同一般。敬嬴请求襄仲协助自己，立自己所生的儿子公子馁为储君。公元前609年，鲁文公去世，襄仲杀死了文公正妻所生的公子恶与公子视，强行立庶出的公子馁为鲁侯，这就是鲁宣公。因为襄仲居于曲阜东门，故称东门氏。东门氏专权，鲁国进入"禄之去公室"的时代。

　　三桓就是指鲁桓公之后孟氏、叔孙氏、季氏三家，他们是鲁国公族，势力强大，与东门氏之间从未停止过对权力的争夺。但是，孟氏和叔孙氏的争夺之战都以失败而告终，季氏当时的实力与襄仲相比，悬殊很大。季文子为了防止被襄仲迫害，采取了缓兵之计，表面上依附于东门氏，暗中壮大自己的实力。宣公八年，襄仲将死，安排儿子公孙归父执掌鲁国政权。这时，以季文子为代表的三桓实力已经非常强大了，而东门氏则日渐衰微。鲁宣公开始依靠三桓的力量，比如听从季文子的建议，推行初税亩，开垦私田。这些制度得到了百姓的拥护，很多百姓都自愿依附于季氏，甚至出现了民不知君而只知季氏的现象。鲁宣公感到公室受到威胁了，决意借晋国之力去三桓，于是派公孙归父出访晋国。但公孙归父还没有回到鲁国，宣公就死了。季文子趁机把持国政，揭批当年襄仲杀嫡立庶之罪，朝中大臣也纷纷附和。公孙归父在回国路上听闻此事，吓得逃到齐国去了。此后，季文子执鲁国政，三桓随之雄起。鲁国进入了"政逮于大夫"的时代。

　　读了历史，我们可以看到不管是东门氏还是以季氏为代表的三桓，他们的行为都是对制度的破坏。谁掌握权力，掌握什么样的权力，这些都是制度所规定的内容。一旦制度被破坏了，有没有引起相应的注意，就会引发恶性循环。孔子所推崇的三代时期，权力的转移是通过禅让实现的，这是一种制度。三代之后，中央集权，权力是世袭的，这也是一种制度。不管是何种制度，只要坚持下去，就不会出大乱子，但是一旦制度被打破，不按照原来的路子走，就会出大问题。东门破坏制度，季氏效法夺其权；季氏藐视君主，家臣阳虎效法，对季氏发难作乱。破坏制度引发的恶果，毫厘不爽。

　　不管是一个国家，还是企业等其他组织，都要重视制度的严肃性。制度被破坏要及时弥补，不能让破坏制度带来的危害蔓延开来，更不能让它形成一种恶性循环。否则，再伟大的事业，也会最终走向败亡。

【原文】

16.4　孔子曰："益者三友，损者三友。友直，友谅^①，友多闻，益矣。友便辟^②，友善柔，友便佞^③，损矣。"

【注解】

① 谅：诚信。② 便（pián）辟：逢迎谄媚。③ 便（pián）佞：用花言巧语取悦于人。

【译文】

孔子说："有益的朋友有三种，有害的朋友有三种。同正直的人交友，同诚信的人交友，同见闻广博的人交友，是有益的。同逢迎谄媚的人交友，同表面柔顺而内心奸诈的人交友，同花言巧语的人交友，是有害的。"

益者三友，友直，友谅，友多闻。

【原文】

16.5　孔子曰："益者三乐，损者三乐。乐节礼乐，乐道人之善，乐多贤友，益矣。乐骄乐，乐佚游^①，乐宴乐，损矣。"

【注解】

① 佚：安逸。

【译文】

孔子说："有益的爱好有三种，有害的爱好有三种。以用礼乐调节自己为乐，以称道人的好处为乐，以有很多德才兼备的朋友为乐，是有益的。以骄纵享乐为乐，以安逸游乐为乐，以宴饮无度为乐，是有害的。"

兴趣对道德的影响

　　所谓兴趣，简而言之，就是喜欢做的、愿意做的事情。每个人都会有自己感兴趣的事，而且这个兴趣在很大程度上指引着人们的行动。需要注意的是，兴趣却又着优劣之分，也就是说，并非所有的兴趣都是对人有益的。好的兴趣可以指引人们向上向善，增加知识储备，提高个人修养；不好的兴趣则有可能把人引上歧途，乃至堕入深渊。现实中，不少人沉迷于不良兴趣中，不能自拔，最终害人害己。

　　孔子列举了人们应该培养的三种高尚兴趣，即"节礼乐，道人之善，多贤友"，指出这三种兴趣对人生是有益的；同时提出了应该杜绝的三种低级趣味，即"乐骄乐，乐佚游，乐宴乐"，这三种兴趣对人生是有害的。提醒我们要培养高尚志趣，远离低级趣味。

　　在三种有益的兴趣中，"节礼乐"是从道德层面上来说的，它的意思是用礼乐来约束自己的言行举止。我们前面说过，所谓"修德"就是控制人性中的弱点，比如懒惰、贪婪、自私等，这些弱点的存在在某种程度上会让人感到舒服，或者获得一些暂时的小利。因而，要想克服这些弱点，走上修德之路，势必要放弃个人的安逸以及暂时的小利，这是会带来一定的痛苦的，包括身体上的劳累以及物质上的损失等。痛苦会让人们产生畏难情绪，很容易半途而废。如果能把"节礼乐"当作是一种乐趣，做自己感兴趣的事，就不会有痛苦，还会为自己增添很大的动力。这样一来，不仅可以在愉悦的情绪中进行自我修养，还能在兴趣的促进下达到事半功倍的效果。

　　"道人之善"是从言行上说的。"谁人背后不说人，谁人背后无人说。"背后说人坏话，似乎成了一种司空见惯的现象，但是我们要认清，这是一种非常不好的行为。所谓"己所不欲，勿施于人"，做人就要将心比心，别人说我们的坏话心里不痛快，我们说别人的坏话，别人难道会痛快吗？说长道短固然正常，但是，大多数情况下，大家只是津津乐道人之"短"，无人愿说人之"长"。这可能是出于两种原因，第一种就是虚荣心作祟，借着贬低别人抬高自己。"瞧他办了件多么傻的事啊"，言外之意就是自己很聪明。第二种就是"看热闹"心理作祟。有时候，说人家点坏话并不能给自己带来什么好处，就是想看笑话，没事也要挑出来点事，这是一种非常无聊的行为。孔子就指出人应该以"道人之善"为兴趣，要多看别人的优点，多说人好话。人人都爱听好话，因而"道人之善"有助于搞好人际关系；另外，我们的表扬是对他人行为的鼓舞，有助于促进他人的进步。

"乐多贤友"是从人际关系上说的。俗话说"多个朋友多条路"，但是朋友也不是随便交的，朋友分很多种，有患难之交、酒肉之交、利益之交等，应该谨慎地加以选择。孔子指出，交朋友要多交贤友，这种朋友会使你得到提高，而不是对你毫无助益，甚至误导你，使你走下坡路。以结交贤友为兴趣的人，朋友多，而且贤友多，自己能得到提高，诸事也能更加顺利。

【原文】

16.6 孔子曰："君子有三戒：少之时，血气未定，戒之在色；及其壮也，血气方刚，戒之在斗；及其老也，血气既衰，戒之在得①。"

【注解】

① 得：贪得，包括名誉、地位、财货等。

【译文】

孔子说："君子有三件事应该警惕戒备：年少的时候，血气还没有发展稳定，要警戒迷恋女色；壮年的时候，血气正旺盛，要警戒争强好斗；到了老年的时候，血气已经衰弱，要警戒贪得无厌。"

【精读论语】

人生三戒

在这里，孔子谈到君子有三戒，这三个方面以血气盈虚为依据进行划分，分别是戒色、戒斗、戒得。这三戒针对的是人的少年、壮年、老年三个阶段容易出现的问题，因而也可以看作人生三戒。《淮南子·诠言》中有这样一句话："凡人之性，少则猖狂，壮则强暴，老则好利。"可以说，这是对孔子人生三戒思想的进一步阐述。

年轻的时候要戒色，是因为"血气未定"，意思是说身心的发展都不健全。身体上，各个器官的发育不完全；心理上，识别能力和自制力还不够强大，往往会经不住诱惑，进而沉湎女色，伤害身体。"戒色"中的色，主要是指女色。少年时期，气血还不够充盈，好色纵欲，必然会严重损害身体健康。历史上，不少少年皇帝都是因为沉湎女色而早早驾崩的。像明朝正德皇帝、清朝的咸丰皇帝，都是因年轻时纵欲过度，只活了30来岁。当然，我们也可以对色扩大理解，将一切让人看了赏心悦目的东西都视为色，比如华丽的衣服、装饰、建筑、花鸟等。俗话说："爱美之心，人皆有之。"好看的东西谁都喜欢，这本身并没有错，但是好色要有节有制，不能沉迷其中。

人到中年要戒斗。这里的斗也要作宽泛的理解，不能单纯地理解为打架斗殴，还应包括心理上的争强好胜，事事都要胜人一筹。到了壮年，体魄强健，知识的积累已经基本完成，经验也相当丰富了，也有了相当的社会地位，因而就渐渐傲慢起来，喜欢处处争胜。如果在官场，则喜欢排挤异己，争夺权势；如果在商场，则喜欢竞争于商战，热衷打压对手；如果在学术界，则容不得他人对自己的观点或看法提出质疑。当然，争强好胜没有错，这有助于我们不断地提高对自己的要求，实现自我完善。但是如果过头了，时时处处，乃至事事都要争强好胜，那就有害了。我们知道，世上没有常胜将军，即便是再强大，也无法保证事事都赢，何况我们并没有想象中的那么强。一旦失败，很可能会一败涂地，甚至是身败名裂。即便勉强获胜，也会四面树敌，严重影响事业的发展。所以，人到盛年，应该保持一颗平常心，用理性约束自己，保持平和的心态，尽可能不参与争斗。

到了老年要戒得，这在三戒之中是非常高明的一点。前面说过，少年时积累，到了壮年就要利用这些积累去工作、去奉献，有劳就有得，因而可以获得物质或者权力。到了年老体衰，不能去工作的时候，就不能创造财富了，权力也没有了。这种反差会形成心理上的落差，有很多老年人不能适应，变得郁郁寡欢。还有一种情况，正是由于不能工作，靠儿女赡养，收入的来源受到了限制，这使得他们的心理和行为产生了一些变化。如此一来，有些老人就变得更加贪婪，会想尽一切办法得到可能得到的东西；若是拥有地位或财富，就特别害怕失去。得则喜，失则悲。但是情绪上的大起大落，已经不是老年人所能承受得了，因而孔子说老年时应该戒得。要想戒得，就需要要保持一颗平常心，正确认识财富和权力。这些身外之物，生不带来死不带去，贪多也没有什么意义。如果能有这样的境界，面对得失可能会从容一些。

虽然，孔子谈三戒时，分别立足于人生的三个阶段，但是我们应该认识到，"色、斗、得"对人生的各个阶段都有害无益，都应该注意戒除，只不过在相应的人生阶段危害尤其大，需要我们特别注意罢了。

【原文】

16.7　孔子曰："生而知之者，上也；学而知之者，次也；困而学之，又其次也；困而不学，民斯为下矣。"

【译文】

孔子说："生来就知道的，是上等；经过学习后才知道的，是次等；遇到困惑疑难才去学习的，是又次一等了；遇到困惑疑难仍不去学习的，这种老百姓就是下等的了。"

【精读论语】

求知的三个境界

在这里孔子谈论的是学习问题，他从"在什么情况下学习"的角度出发，将获得知识的方式分成三个不同的境界，即"生而知之"，"学而知之"，"困而学之"，这三个境界按由高到低，由难到易的顺序排列。

所谓"生而知之"，就是指生来就知道，不必经过学习。这种人生来就具有某种天分，在某方面可以无师自通，我们称这种人为天才。后来，人们把孔子"生而知之"的观点扣上了唯心主义的帽子，说孔子这是在宣扬"天才论"，是在否定学习的必要性与重要性。那么到底有没有"生而知之"的人呢？答案是肯定的。历史上，有许多文官或平民并没有学过兵法，但他在军事上也建立了卓著的功勋，这就是天赋异禀。比如说太平天国名将杨秀清，本身是个没读过书的烧炭工，更没有学过兵法，但史书记载他指挥作战"暗合兵法"，可见他是个军事天才。王安石写过一篇《伤仲永》，文中的方仲永就是一个"生而知之"的天才，他长到五岁还未见过书写工具，忽然有一天向父亲所要这些东西，唰唰写了四句诗，还题上了自己的名字。他作的诗，文采和道理都有令人称道之处。这就说明他在这方面有天分。不管怎么说，我们必须承认，有些人确实可以生而知之。完全陌生的事情，却能做得很好，这不能不令人惊讶，除了从"天才"的角度去解释外，我们想不到更好的解释。因而"生而知之者"不是没有，但毕竟是少数。

"生而知之"的境界，不是任何人都能达到的，大多数人都处在"学而知之"与"困而学之"的境界。"学而知之"，是善于通过学习充实自己，体现了人的主观能动性。孔子从不认为自己是"生而知之者"，他曾说："我非生而知之者，好古，敏以求之者也。"就是说，自己不是天才，之所以懂得很多东西，是因为自己后天的努力。"学而知之"强调的是学习的主动性和积极性，说明人可以主动发现自己的无知与不足，然后通过学习获得新的知识、掌握新的本领。这个境界，人人可以达到，就看愿不愿意。

"困而学之"是说，平时用不到的时候就不学习，等到遇到困难，要用到这方面的知识了，这才返回去学习。"书到用时方恨少"说的就是这个道理。不管是知识还是技能，都是需要积累的。知识不能到用的时候才去学，这样做时间仓促，效果也不好。"困而学之"虽然不如"学而知之"，但在遇困后知道通过学习来解决，这种态度还是可取的，如果遇到困难还不知学习，这种无所谓的态度才真正可怕。由此可见，"生而知之"虽得天独厚，但仍然需要通过"学而知之"

来巩固或加强，再不济也要做到"困而学之"，否则天才也会变成庸才。

以上是学习的三种境界，"生而知之"不可求，没有也不必自怨自艾，有异禀也不能放松学习，否则也会一事无成；"学而知之"比较实际，每个人都应该做到；"困而学之"比较功利，但也不失为"退而求其次"的一种选择。唯独"困而不学"不足为训，根本不能归入学习境界中来。

【原文】

16.8 孔子曰："君子有九思：视思明，听思聪，色思温，貌思恭，言思忠，事思敬，疑思问，忿思难①，见得思义。"

【注解】

① 难（nàn）：后患。

【译文】

孔子说："君子有九种思考：看的时候要思考看明白了没，听的时候要思考听清楚了没，待人接物时，要想想脸色是否温和，样貌是否恭敬，说话时要想想是否忠实，做事时要想想是否严肃认真，有疑难时要想着询问，气愤发怒时要想想可能产生的后患，看见可得的要想想是否合于义。"

【精读论语】

君子有九思

在这里，孔子从九个方面论述如何提高个人修养的问题，被称为"君子九思"，内在思想与外在表现无所不包。其实九思也可以理解为九戒，即从九个方面约束自己。九思从字面上非常容易理解，对它们的解释也都大同小异。我们可以就其所指对它们进行分类，这样有助我们理解。

"视思明，听思聪"是从获取信息上说的。无论做什么事，都要以获取信息为前提。获取信息有两种基本方式，一种是直接方式，即通过亲自调查，获取第一手信息；另一种就是间接方式，即把别人已经掌握的信息拿过来为己所用。这两种方法比较起来，各有利弊，前者可靠性强，而后者更便捷。从别处获得的信息虽占着方便快捷的优势，却也有无法克服的弊端，即可靠性有待验证。因而，在接受信息时要秉持着谨慎的态度，不管信息来自何处，只要没有经过亲自验证，就要持怀疑态度。所谓"视思明，听思聪"就是要让我们在看和听的同时进行思考与分析，拨开表层，直达本质，这才达到了"明"和"聪"的目的，而最终获得的信息才是真正有用的。

"色思温，貌思恭"是从人际交往上说的。我们都知道，良好的人际关系，是走向成功的必备武器之一。不管是在古代还是在现代，个人的能力都是有限的，没有人能不依靠别人的帮助完成所有的事情；另外，个人所掌握的资源也是有限的，有限的资源也制约了人们的生产活动。在双重制约之下，要想获得成功并非易事。鉴于此，如果能够获得他人的帮助，获得成功的概率无疑会加大。获得他人的帮助与支持，必须以好的人际关系为先导。要想做到这一点，最重要的是要有一个良好的态度，表现出来就是神情要温和，仪态要恭敬，因为温和恭敬容易被人接受。如果待人接物的态度好，就能无形中缩短与对方的距离，拉近双方关系，进而赢得对方信任，并最终获得支持。

"言思忠，事思敬"是从为人处世上说的。要想在社会中更好地生存，就要会说话，会办事。孔子教导我们，要重承诺，言出必行；不管做什么工作，都要具备敬业精神。前文孔子回答子贡问政时说："民无信不立。"这恐怕是对诚信重要作用的最好诠释了。往大里说，信誉缺失可以使国家覆灭；往小里说，信誉缺失可以导致他人的不信任。这些都是非常危险的。再一点是要培养自己的敬业精神，工作没有高低贵贱之别，只有分工的不同。因此无论做什么工作，都应该满怀热情，发挥主观能动性，创造性地完成工作。如果对自己的工作牢骚满腹，没有热情，没有积极性，是干不出什么名堂的。

"疑思问，忿思难"是从解决问题的态度上说的。不管遇到什么样的困难，都要先保持冷静。任何时候都要认识到"人外有人，天外有天"，因而虚心求教是获得解决问题办法最有效途径。向他人求教并不是什么跌份儿的做法，圣人还"无常师"呢，更何况我们只是普通人。前边说到冷静，与之相对的就是冲动，大家都知道"冲动是魔鬼"，由于冲动，人们的行为可能会失控，做出让人意想不到的事来，可能会给自己或他人带来伤害。在与他人产生矛盾时，就要保持冷静，因为冲动并不能帮你解决问题，还有可能使问题激化。

最后，"见得思义"说的是价值观。君子爱财并没有错，但应该取之有道，这中间讲究的就是个义字，也就是是否合理。什么能取，什么不能取；该取的取，不该取的绝对不能取，这是价值观问题，要重视，不能轻率地对待。

【原文】

16.9　孔子曰："见善如不及，见不善如探汤。吾见其人矣，吾闻其语矣。隐居以求其志，行义以达其道。吾闻其语矣，未见其人也。"

【译文】

孔子说："见到善的行为，就像怕赶不上似地去努力追求；看见不善的行为，就像手伸进了沸水中那样赶快避开。我看见过这样的人，也听到过这样的话语。隐居起来以求保全自己的志向，按照义的原则行事以贯彻自己的主张。我听到过这样的话语，却没见过这样的人。"

【精读论语】

行善修德重在自觉

孔子认为进行道德修养，态度非常重要。具体说来，主动修德与被动进步是不一样的。前者是真正认识到了修德的重要性，发自内心地渴望提高自己的道德修养，没有什么功利性的目的，因而行善修德非常自觉。后者又可以分成两种情况，一种是对修德的重要性有一定的认识，什么是对的，什么是错的，也可以分辨清楚，却不能自觉修德向善。另一种情况是，修德者并没有从思想高度认识到修德的重要意义，他之所以选择修德，是因为通过修德可以更容易获得物质或精神方面的满足，比如获得官位，赢得尊重。比如在古代，"以德举"是一个非常重要的入仕途径，这导致了大量非自愿修德者的出现。他们带着各种各样的功利性目的，比如沽名钓誉，比如做官敛财。这种意义上的修德就是被动的，不是为修德而修德，虽然也确实做了行善修德的事，但其动机不纯，并不值得提倡。

在这里，孔子列举了两类不同的修德之道，这两种方法都旨在修德，并无优劣之分，但有境界高低之别。前一种方法是"见善如不及，见不善如探汤"，意思是看见别人做好事、善事，生怕落后，也跟着抢着去做；而遇见别人作恶，就像惧怕烫手的滚水一样，躲得远远的。能做到这种地步，已经很不容易了。但是孔子对这种人的评价很一般，只是说"吾见其人矣，吾闻其语矣"。言下之意，这种人德行很平常。之所以如此评价，孔子主要是从自觉的角度出发考虑的。现代社会有很多这样的现象。报纸、电视或网络，会报道一些比较感人或者值得同情的事迹，比如某人生活困难，或者某人身患奇病等。这种事往往会引起很大的社会反响，捐钱捐物，甚至免费医疗都会送上门来。对这种事，很少会有人去想一下，为什么事情报道出来了，才有人做"善事"，没报道的时候，为什么没有人发现并主动伸出援手呢？其实，这就是因为很多人在行善修德上缺乏自觉性，见有人做了，觉得是件好事，进而觉得自己也应该参与一下，仅此而已。

第二种方法是"隐居以求其志，行义以达其道"。孔子提倡积极入世，只有在"邦无道"的时候才主张归隐。这里所说的隐居就是指在社会昏暗，为社会做贡献的理想无法实现的情况下选择出世，但出世不是愤世嫉俗的表现，而是为了"求其志"。我们知道，出世就是"不求显达"，当然也无法"求显达"了，在无人知道的情况下，仍然坚持"修德"，这才是真正的自觉。"行义"就是做该做的事，不管这事是不是有人做，只要是合理的、符合道义的，就毫不犹豫地去做，这与上面所说的"见善而后行"相比，自觉性是非常明显的。而且，"行义"的目的是为了"达其道",而不是其他功利性的目的。可惜的是,有如此自觉性的人并不多,因而孔子发出了"吾闻其语矣,未见其人也"的感叹。

孔子意在通过两种情况的对比告诉我们,行善修德重在自觉。不仅要自觉,还要去掉一切功利性目的,为修德而修德。

【原文】

16.10 齐景公有马千驷①,死之日,民无德而称焉。伯夷、叔齐饿于首阳之下②,民到于今称之。其斯之谓与③?

【注解】

① 千驷:四千匹马。驷,同驾一辆车的四匹马。② 首阳:山名。伯夷、叔齐:商朝末年孤竹君的两个儿子。父亲死后,兄弟互让君位而出逃。周灭商后,他们耻食周粟,隐居于首阳山,采薇而食,终于饿死。③ 其斯之谓与:这一句中的"斯"字是指什么,上文没有交代,因此意思不清。有人以为,《颜渊篇第十》第十章"诚不以富,亦祇以异"(引自《诗·小雅·我行其野》)当在此句之前。

【译文】

齐景公有四千匹马,他死的时候,人民找不到他有什么德行值得称颂的。伯夷和叔齐饿死在首阳山上,人民到现在还在称颂他们。大概就是这个意思吧!

【精读论语】

美名因德而传

不管是古代还是现代,君子总是把名声看得非常重。孔子曾说过"君子疾没世而名不称焉",可见圣人也重视能青史留名。但是,名还包括两种,一种是美名,一种是恶名。留下美名的人为后世称颂,留下恶名的人遭后世唾弃,虽然都实现了不朽,但是一个流芳百世,一个遗臭万年。同是传名,差别却如此之大,这不能不引起我们的思考。同时,如何才能留下美名,也成了必须要考虑的问题。

美名传世并不取决于个人地位或财富，而是看你给社会带来了什么，给后人留下什么。有的人挣了大钱，当了大官，但是从头至尾受益的只有他自己，这种人并没有因自己的成功让其他人跟着获益，因而，别人自然就不会也没有理由为他们传名。在对"君子疾没世而名不称焉"进行解读时，我们提到了君子"三不朽"，即立言、立功、立德，指出只有在这三个方面有所作为，才能实现青史留名，才能实现不朽于后世。孔子在这里所说的就是通过"立德"流芳百世。他列举了两对人物——齐景公和伯夷、叔齐兄弟，通过对比，向我们揭示了美名是因德而传，而不是其他。

　　泰伯是深受孔子推崇的"至德"，《泰伯》篇中说："泰伯其可谓至德也已矣。三以天下让，民无得而称焉。"对泰伯以大道为重（不能以下犯上，以臣弑君），主动让位的高尚情操予以高度赞扬。其实，伯夷、叔齐也是这样的人，他们坚持把道德与真理摆在第一位，就算为此放弃功名利禄也在所不惜。正因为道德高尚，他们才得以名垂不朽。

　　孔子也并不是说人不能凭借物质财富传下美名，而是说不能单纯依靠财富。《孟子·梁惠王下》中记载了这样一则故事，齐宣王问孟子："听说文王的园囿有方圆七十里那么大，是真的吗？"孟子说："据古书记载是有的。"齐宣王又问："是不是太大了呀？"孟子说："就这样，老百姓还觉得太小了呢！"齐宣王说："我的才方圆四十里，只不过是文王之囿的一半大，老百姓就抱怨它太大了，这是为什么？"孟子说："文王之囿虽然大，但是百姓们可以从中获利，在其中打柴、捕猎的都可以，这样的地方百姓自然觉得越大越好；而您的园囿占地虽不如文王之囿大，但这是你私人的，在里面猎杀一头麋鹿就要杀头，百姓自然希望他越小越好。"齐宣王和周文王都是君主，全国的财物都是他们的，可以说他们是最富有的人了。为什么同样的境遇，一个受到赞扬，一个受到非议呢？原因就在于文王道德高尚，有公心，知道与民同乐；齐宣王私心重，占有欲强，说到底是道德修养没有跟上，这才导致了不同的评价。齐景公拥有巨大的财富，但是老百姓却连温饱都不能得到。老百姓对这样的统治者恨得咬牙切齿，自然会"无德而称之"。

要留名，留下美名，就得从道德修养的角度出发，有钱有权都不能为你实现这个目的。只有道德修养好了，才能自然赢得别人的认可，才能让大家颂扬你美名。

【原文】

16.11　陈亢问于伯鱼曰[①]："子亦有异闻乎？"对曰："未也。尝独立，鲤趋而过庭。曰：'学诗乎？'对曰：'未也。''不学诗，无以言。'鲤退而学诗。他日，又独立，鲤趋而过庭。曰：'学礼乎？'对曰：'未也。''不学礼，无以立。'鲤退而学礼。闻斯二者。"陈亢退而喜曰："问一得三：闻诗，闻礼，又闻君子之远其子也[②]。"

【注解】

①陈亢：姓陈，名亢，字子禽。伯鱼：姓孔，名鲤，字伯鱼，孔子的儿子。②远（yuàn）：不接近，不亲昵。

【译文】

陈亢向伯鱼问道："你在老师那里有得到与众不同的教诲吗？"伯鱼回答说："没有。他曾经独自站在那里，我快步走过庭中，他说：'学诗了吗？'我回答说：'没有。'他说：'不学诗就不会应对说话。'我退回后就学诗。另一天，他又独自一人站着，我快步走过庭中，他说：'学礼了吗？'我回答说：'没有。'他说：'不学礼，就没法立足于社会。'我退回后就学礼。我只听到过这两次教诲。"陈亢回去后高兴地说："问一件事，知道了三件事，知道要学诗，知道要学礼，又知道君子不偏私自己的儿子。"

阳货篇
第十七

【原文】

17.1　阳货欲见孔子①，孔子不见，归孔子豚②。孔子时其亡也③，而往拜之。遇诸途。谓孔子曰："来！予与尔言。"曰："怀其宝而迷其邦，可谓仁乎？曰："不可。""好从事而亟失时④，可谓知乎⑤？"曰："不可。""日月逝矣，岁不我与。"孔子曰："诺，吾将仕矣。"

【注解】

①阳货：又叫阳虎，季氏的家臣。把持季氏的权柄时，曾经将季桓子拘禁起来而企图把持鲁国国政。后篡权不成逃往晋国。见：用作使动词，"见孔子"为"使孔子来见"。②归（kuì）：通"馈"，赠送。豚：小猪。古代礼节，大夫送士礼品，士必须在大夫家里拜受礼

阳货欲见孔子，孔子不见，遇诸途。

物。③时：通"伺"，窥伺，打听。④亟（qì）：屡次。⑤知（zhì）：通"智"。

【译文】

阳货想要孔子去拜见他，孔子不去拜见，他便送给孔子一头蒸熟了的小猪。孔子打听到他不在家时，前往他那里去回拜表谢。却在途中遇见阳货。阳货对孔子说："来！我同你说话。"孔子走过去，阳货说："一个人怀藏本领却听任国家迷乱，可以叫作仁吗？"孔子说："不可以。""喜好参与政事而屡次错失时机，可以叫作聪明吗？"孔子说："不可以。""时光很快地流逝了，岁月是不等人的。"孔子说：

"好吧，我将去做官了。"

做人的原则性与灵活性

这里记录的是孔子与阳货的一次交往经历。阳货是季氏的家臣，夺取了季氏的政权，并对鲁国国政有所图谋，《季氏》篇中"陪臣执国命"说的就是这回事。我们知道，孔子对僭越之事是极为反对的，因而对阳虎极其反感。阳货掌了权，听说孔子美名达于诸侯，就想召请孔子做官，给他装点门面。孔子自然是不愿为虎作伥的，但当时阳货权力在握，孔子拿他也没有办法，所以就故意躲着他。孔子在这次交往中的做法，体现了他做事时原则性与灵活性的统一。

孔子所坚持的原则就是当时社会的礼制，在他看来，这一点应该毫不动摇地坚持。而他的灵活性则是对人际关系的处理。阳货想让孔子去拜见他，目的是想让孔子屈从，为他做事，孔子"不见"，这也体现了孔子不与违背礼制的人相交的原则性。阳货一计不成，又生一计，送了孔子一头蒸熟的小猪。这样一来，按当时的礼制，孔子就必须亲自登门拜谢。孔子没办法，只好"往拜之"，这也体现了孔子的原则性。但孔子实在不愿见阳虎，就专门等他不在家的时候前去拜谢，这充分体现了孔子的机智灵活。因而孔子在处理这件事的时候，既坚持了原则性，又保证了灵活性，既不违礼，又保全了自身，实在是非常高明的。

但是，计划赶不上变化，两人在路上碰上了。阳货对孔子进行了批评，说孔子"怀其宝而迷其邦"，"好从事而亟失时"，根本算不上"仁者"和"智者"，想借此说服孔子出仕。阳货说得确实有些道理，一个人有才能却不出来造福百姓，在任何人看来都是一种非常自私的表现。但是对于出仕与不出仕，孔子有着自己的原则，即"邦有道则仕，邦无道则可卷而怀之"。此时，阳货谋权，在孔子看来就是"无道"，这时他要做的就是"卷而怀之"。但是他不能这样说，这样说了必定会引起阳货的不满，对他行逼迫之事，到时候他不仅得出仕，尊严也会遭到践踏。于是孔子想到了缓兵之计，回答阳货"吾将仕"。

事后，孔子并没有到阳货手下做事，灵活性再次帮孔子渡过了难关。有人说，孔子这不是说话不算话吗，不符合他提倡的君子之道啊？孔子所提倡的"信"也是讲原则的，强调"君子贞而不谅"，认为对那些违背原则的承诺，就算不去践行，也不算失信于人。

在日常生活中，我们经常会与他人产生冲突，这几乎是必可避免的，我们不得不去面对。但是处理这些事情的时候，我们要向孔子学习，既要有原则性（这个要始终坚持，不能动摇，否则就会变成丧失原则的墙头草），还要兼有灵活性（灵活性可以帮助我们避免正面冲突，虽然有时肯能有些委曲求全，但这种付出是值得的，我们也会因此换来更多的回报）。我们的目的是解决问题，而不是保持或加剧冲突。

《菜根谭》中有这样的话："处治世宜方，处乱世当圆，处叔季之世当方圆并用；待善人宜宽，待恶人当严，待庸众之人当宽严互存。"其实，不管处乱世，还是处治世，做人都要像铜钱一样，外圆内方，内心有不可动摇的原则，但又精通灵活处世的技巧，只有这样才能立得稳、站得牢。需要注意的是，灵活性固然在处理问题的时候发挥着巨大作用，但是要将灵活性建立在原则性之上，没有原则性的灵活性，就会变成胡作非为，以这种"灵活性"去解决问题，结果是非常可怕的。

【原文】

17.2　子曰："唯上知与下愚不移。"

【译文】

孔子说："只有上等的智者与下等的愚人是改变不了的。"

【精读论语】

多数人是可以改变的

这一段文字是紧承着上一段文字说的，人天性是相近的，但后天接受的教育及环境造成的影响会使人产生差异，这是一个普遍规律。孔子认为，除了"上知"和"下愚"这两类人，大多数人都是可以改变的。"移"就是迁，就是变得和以前不一样，不管持"性善"的观点，还是持"性恶"的观点，都可以将移的结果分成两种：一种是变好，一种是变坏，没有例外。从道德层面看，我们追求的是向好的方面转变，即改过迁善。

关于"上知"和"下愚"，历来也有不同的理解。有人认为上知就是前文提到过的"生而知之者"，而下愚就是"困而不学者"。孔安国在为《论语》做注时说："上知不可使为恶，下愚不可使强贤。"据他理解，上知就是一件坏事都不做的大好人，而下愚就是一件好事都不做的大坏蛋。这是从道德上说的。总结历代注家对这句话的解读，基本可以得出这种解释，即"上知不必移，下愚不可移"，除了这两种人之外的大多数人，是可以移，而且也是应该移的。

认识到人人都需要"变好"，需要向更高的台阶迈进，之后就是探讨如何迈上更高的台阶的问题。要想进德修身，首先要认识到自己的不足。这个过程既可以通过自省来完成，也可以在他人的帮助下完成。自省是一种非常有效的自我提高的方法，但大多数人做不到中肯客观地自我批评。因而，在他人帮助下发现自己的不足更实际一些。但是，采用这个办法还要求被评价的当事人有一种"闻过则喜"的诚恳态度，如果听到别人说自己不好，就大发雷霆，谁还敢劝善规过呢？在定位自己的不足之后，就要想办法改变这种状况，最有效的方法莫过于学习。教育的基本功能之一就是使受教育者获得进步，在道德上改过向善，在能力上日益提高。总之，使自己的各个方面都朝着更好的方向发展。学习是一件丝毫不能松懈的事，每天都要进行学习，放松学习的人很快就会被社会、被时代远远地抛在后面。正是因为"变得更好"是一件没有尽头的事，所以便有了"学无止境"一词。

其实，即便是圣人和傻瓜也是可以改变的，不过改变的程度很小而已。司马迁曾说过："智者千虑，必有一失；愚者千虑，必有一得"，永远正确和永远错误根本不存在，因而，上知其实也犯错，只是犯错的次数少；下愚也有正确的时候，只是犯错更多一些。上知需要好上加好,下愚需要改过迁善(我们这里所说的过并不专指过错,任何不足都可以包括在内;善也不局限于道德层面,任何方面的完善都可以包括在内),这不都是移吗,不过幅度的大小有所不同罢了。

　　每个人都必须认识到,人是可以改变的,而且要认识到,没有改变就无法实现自我完善。认识到这两点之后,就要主动自觉地通过学习提高德才,踏上更高的台阶。

【原文】

　　17.3　子之武城①,闻弦歌之声②。夫子莞尔而笑③,曰:"割鸡焉用牛刀?"子游对曰:"昔者偃也闻诸夫子曰:'君子学道则爱人,小人学道则易使也。'"子曰:"二三子! 偃之言是也。前言戏之耳。"

【注解】

① 武城:鲁国的一个小城,当时子游是武城宰。② 弦歌:弦,指琴瑟。以琴瑟伴奏歌唱。③ 莞(wǎn)尔:微笑的样子。

【译文】

　　孔子到了武城,听到管弦和歌唱的声音。孔子微笑着说:"杀鸡何必用宰牛的刀呢?"子游回答说:"以前我听老师说过:'君子学习了道就会爱人,老百姓学习了道就容易使唤。'"孔子说:"学生们,言偃的话是对的。我刚才说的话是同他开玩笑罢了。"

【原文】

　　17.4　公山弗扰以费畔①,召,子欲往。子路不说,曰:"末之也已②,何必公山氏之之也③?"子曰:"夫召我者,而岂徒哉? 如有用我者,吾其为东周乎!"

【注解】

① 公山弗扰:人名,又称公山不狃,字子泄,季氏的家臣。当时公山弗扰伙同阳货在费邑背叛季氏。畔:通"叛"。② 末之也已:末,无。之,到、往。末之,

无处去。已，止、算了。③ 之之：第一个"之"字是助词，后一个"之"字是动词，"去、到"的意思。

【译文】

公山弗扰在费邑叛反，召孔子，孔子准备前往。子路不高兴，说："没有地方去就算了，何必到公山氏那里去呢？"孔子说："那召我去的人，岂会让我白去一趟吗？如果有任用我的人，我就会使周朝的政德在东方复兴。"

【精读论语】

政教推行的环境

公山弗扰和阳货都是季氏家臣，想搞叛乱。他们也意识到了自己"名不正，言不顺"，因此都想拉拢一些有影响的人物，一是壮大实力，一是装点门面。当时，孔子既有经世治国之才，个人修养也非同一般，因此声望很高。因此，阳货和公山弗扰就想把孔子拉到自己的阵营中，但是孔子是个讲原则的人，不愿与乱臣贼子为伍。阳货在召孔子的时候，孔子表面答应，但并没有如约赴任。本章说的是公山弗扰召请孔子时的情景。

对阳货的召请，孔子承诺出仕，但是其实是一种巧妙的拒绝。孔子不是不想出仕，他伟大的政治抱负要想实现，只有出仕、不出仕、英雄就没有武之地。我们知道，孔子有强烈的入世精神，想做官的心情是十分迫切的。在公山氏召请他的时候，这种迫切的心情更是溢于言表，还直接表达了自己"如有用我者，吾其为东周乎"愿望。这两次召请，尤其是后者，从表面上看来，孔子虽然不赞成陪臣执国命的荒唐行为，但他仍希望有一个实现自己政治理想的机会，似乎有屈就的意思。但是事实是，两次召请孔子都没有应征出仕。有人便依此得出孔子是个言行不一的人，或者是个思想的巨人，行动的矮子，这种看法是不理性的。这种前后矛盾的行为，恰恰体现了孔子的原则性。

"天下无道"，确实需要有人站出来力挽狂澜，但是也要看清周遭的环境，不是满腔正义就可以改变整个大环境的。

很多人觉得，要想有所作为，当然要先做官，做了官，手中有了权力，就可以施行自己的政治主张，造福一方百姓了。可是，在当时的社会背景下，陪臣专权，他们不会允许一个正人君子存在的。他们僭越礼制，犯上作乱，需要的根本不是什么推行政教的人。君子行大道，他们这些靠违背大道获得权力的小人还有容身之处吗？所以，他们只需要两种人，一种是趋炎附势的小人，一种是同流合污者。无论是哪一种，最终都要为他们谋求利益。在黑洞洞的烟囱中走一遭，不蹭上点烟灰的人恐怕没有。要在这种情况下保持自身清白，恐怕只有一种办法，就是与世隔绝，倒不必非要隐居，只要与这个社会不发生联系就可以了。

孔子没有出仕就是看清了社会大环境，高楼将倾未倾，但倾倒局势已定，这时就没有必要站出来去撑。一个是你撑不住，另一个是在你费劲撑的时候，有更多的人在拆。孔子推行政教的理想是好的，但是他也看到在这样的社会环境下，政教不是费劲就能推行开的。因而，他压制了自己的迫切愿望，明智地选择了不出仕。如果他选择了出仕，不过会沦为无道社会的牺牲品，退而讲学却使他成了一个伟大的思想家和教育家。

【原文】

17.5　子张问仁于孔子，孔子曰："能行五者于天下，为仁矣。""请问之。"曰："恭，宽，信，敏，惠。恭则不侮，宽则得众，信则人任焉，敏则有功，惠则足以使人。"

【译文】

子张向孔子问仁。孔子说："能够在天下实行五种美德，就是仁了。"子张问："请问是哪五种？"孔子说："恭敬，宽厚，诚信，勤敏，慈惠。恭敬就不会招致侮辱，宽厚就会得到众人的拥护，诚信就会得到别人的任用，勤敏则会取得功绩，慈惠就能够使唤人。"

行仁五要

孔子重视求仁，他门下的弟子也致力于求仁，如樊迟、颜渊、仲弓、司马牛，以及本章提到的子张，都曾向孔子问过如何行仁。针对子张问仁，孔子的回答是，必须要做到恭、宽、信、敏、惠这五点，才能算作仁者。恭、宽、信、敏、惠，现在我们理解起来就是恭敬、宽容、诚信、勤敏、慈惠。这五点代表着道德修养的五个方面，如果能切实要求自己行此五者，就可以成为仁者。

"恭"与敬并不完全同义，一般说来，恭是外在的，敬是内在的。恭表现出来的对待他人的态度，往往是与内心的敬相辅相成，共同作用的，也就是说只有内心诚敬，才能表现得恭。具体来讲，要想做到"恭"，在对待他人时，就要有基本的尊重。不管对方的地位高低、能力强弱、富裕贫穷，都要平等对待。不能因为别人在某方面不如自己，就轻视别人，或者出言贬低别人。在交往中对他人的尊重，就是将对方的地位抬高，必然会使对方感到愉悦。这样一来，别人也会报以同样的态度，我们也就赢得了尊重。如果你对他人不恭，必然会引起他人的反感，在这种情况下，交际双方都会遭受侮辱。如果采取恭的态度，就不会产生这样的后果，这就是孔子所说的"恭则不侮"。

"宽"，是说做人要心胸宽广。在这个世界上，每个人都有自己的个性，以及大相径庭的行为方式。因此，每个人都会遇到很多看不惯的人和事。遇到这种情况，有的人非常强势，非要将对方同化才算罢休。有什么必要呢？有些事本来就有好几种做法，还有，对一件事的看法，只要不牵涉大的原则性问题，各抒己见有什么不好呢？容得下与自己不同的观点和看法，就是宽。更重要的是，面对别人的缺点和错误时，也要有一颗宽容的心，不要揪着别人的缺点和错误不放。如果能做到这一点，就会赢得很多人的好感，大家都愿意与之相处，这就是孔子所说的"宽则得众"。

"信"就是诚信。关于诚信，孔子曾多次谈到过，我们对它的理解也已经比较深刻了。在这里，孔子说"信则人任焉"，意思是，只有诚实守信，别人才能任用你。这个道理很好理解，偷工减料、无故误工、迟到早退等都是不诚信的行为，如果有人这样对付你，你会对这个有什么看法？就是这个人不靠谱，不可信，总之，把活交给他做你不放心。推己及人，如果我们经常犯这样的毛病，怎么还指望被人重用呢？

"敏"，也就是反应快的意思。孔子说"敏则有功"，意思是反应快就容易立功。想想也是，同一件事，别人还没想好怎么做，你已经圆满地完成了，显而易见，功劳肯定是你的。"敏"还有聪敏的意思，用这个意思也能解释得通。一般来说，聪敏的人做事都讲究方式方法，不是闷着头苦干。很多时候，效率高不是因为苦干，而是因为用对了方法。而且反应快和聪敏是相通的，善于找到正确的方法并加以利用，就可以提高效率，使事情在更短的时间内完成，这在某种程度上就是反应快。

"惠"就是施人以恩惠。这不是说要你站在救世主的立场上，以赏赐的态度对待别人；也不是说要毫无原则地讨好别人，借此达到自己或许不太正当的目的。所谓施人以恩惠，确切地说应该理解成善待别人，尽己所能帮助那些需要帮助的人。只有善待别人，才能赢得别人的好感。赢得了别人的好感，别人才愿意和你合作，才愿意被你领导，才愿意为你做事。这就是孔子所说的"惠则足以使人"。

以上就是孔子所说的"行仁五要"，只有做到了这五点，才能称得上真正的仁者。

【原文】

17.6 子曰："由也！女闻六言六蔽矣乎①？"对曰："未也。""居②！吾语女。好仁不好学，其蔽也愚；好知不好学，其蔽也荡；好信不好学，其蔽也贼③；好直不好学，其蔽也绞④；好勇不好学，其蔽也乱；好刚不好学，其蔽也狂。"

【注解】

①六言：六句话，此处实际上指的是六种品德（仁、智、信、直、勇、刚）。六蔽：六种弊病。②居：坐。③贼：害。④绞：说话尖刻。

【译文】

孔子说："仲由！你听过六种品德和六种弊病吗？"子路回答说："没有。"

孔子说："坐！我告诉你。爱好仁却不爱好学习，它的弊病是愚蠢；爱好聪明而不爱学习，它的弊病是放荡不羁；爱好诚信而不爱好学习，它的弊病是容易被人利用伤害；爱好直率而不爱好学习，它的弊病是说话尖刻刺人；爱好勇敢而不爱好学习，它的弊病是狂妄。"

【原文】

17.7 子曰："小子何莫学夫诗①！诗，可以兴，可以观②，可以群，可以怨③；迩之事父，远之事君；多识于鸟兽草木之名。"

【注解】

① 小子：指学生们。② 观：观察力。③ 怨：讽刺。

【译文】

孔子说："学生们为什么没有人学诗呢？诗可以激发心志，可以提高观察力，可以培养群体观念，可以学得讽刺方法。近则可以用其中的道理来侍奉父母；远可以用来侍奉君主，还可以多认识鸟兽草木的名称。"

【精读论语】

学《诗》的意义

《诗经》是我国历史上最早的诗歌总集，在我国文学史上占据着重要的学术地位。孔子重视《诗经》的教化作用。在《论语》中，孔子不仅多次引用《诗经》来说明自己的观点，还多次强调《诗经》在为人处世上的重要作用，教诲弟子要学《诗》。在这里，孔子再次向弟子提出学《诗》的重要意义。这段文字全面而精确地概括了《诗经》的社会价值。

诗可以兴。兴，就是通过一种形象的比喻，让人们产生联想，从而理解抽象的事物或道理，这是人们认识事物的一种重要方法。这种方法往往可以使复杂变得简单，使抽象变得具体，更容易理解。《诗经》在进行创作时，都是有感而发的，因而每一个字中都饱含感情。读《诗经》的人，自然也能感受到这种感情，并使自己的感情受到熏陶。因而《诗经》起到了影响人们心志的作用，对人生观、价值观的形成也有着重要的影响。古人重视《诗经》的兴发作用，很多人都是受《诗经》的感召，确立了自己的人生志向。

诗可以观。观是"观风俗之得失"。"饥者歌其食，劳者歌其事"，《诗经》是有感而发的产物，因而必然是对它所诞生的时代的真实反应。我们对前人的生活状况一无所知，要想有所了解，就得获得当时的文献资料。而学习《诗经》，有助于我们了解那个时代，以及当时社会生活的各个层面，掌握全面的社会历史知识，了解各种各样的风俗民情。这些知识的积累有助于我们以古证今，提高现实观察力，提高洞察人情世态、分辨是非的能力。

诗可以群。群是使人们聚集起来，也就是说《诗经》具有团结民众的作用。"人心齐，泰山移"，"众人拾柴火焰高"，这些语句无不说明团结的力量是巨大的。任何组织，国家也好，企业也好，甚至一个家庭，都需要有一种向心力，而《诗经》就有形成并增强向心力的作用。《诗经》中有不少篇章，是号召人们团结一致抵御外敌的，即便在今天看来，仍然有一定的号召力。例如，《无衣》篇："岂曰无衣？与子同袍。王地兴师，修我戈矛。与子同仇！"这种团结一心、同仇敌忾的精神与气势，读来让人热血沸腾。

诗可以怨。怨就是不满。不满要表达出来，不能闷在心里，表达的方式多种多样，而诗歌就是其中一种健康而有效的表达方式。有注家说怨是"刺上政"的意思，即是对社会政治以及上级统治者的不满，比如《诗经》中的《硕鼠》《伐檀》等篇目。但还应该看到，《诗经》中还有其他的不满情绪，因而"怨"并不局限于"刺上政"。比如《采薇》表达的是人民遭受战争痛苦后的不满，《氓》表达的是弃妇的不满……《诗经》的这个社会作用很值得我们借鉴，自身的不满情绪，如果能运用诗歌发泄出来，不仅缓解了自己的积郁，还诞生了一篇具有真情实感的好作品。

"事父、事君"是从人之大伦上说的。一个人生活在这个社会上，需要扮演各种各样的社会角色，每个人都要明白自己的社会责任，做好自己应该做的事。这就是孔子曾经说过的"君君，臣臣，父父，子子，"各在其位，各行其是，才能确保整个社会安定有序，而学习《诗经》有助于培养人们的这种精神，在家则孝，在外则忠，忠孝是一个人的立身之本，是其他一切品德的基础，而学习《诗经》就是培养人们这种品德的最佳方法。

"多识于鸟、兽、草、木之名"，是从知识的获取上说的。古代获取知识的渠道并不像现代这么多，信息也没有现在这么集中，获取起来也没有这么方便。而《诗经》中恰恰收集了各种各样的知识，雅学、地学、博物学、本草学无所不包，为人们获取知识提供了方便。所以孔子特别提倡学《诗》，以诗教，就是为了让弟子们获取这些知识。

学《诗》至少有上面所列举的六种好处，因而孔子特别强调要好好学习，对自己的儿子孔鲤也做了类似的强调。他还曾说过："不学诗，无以言"，可见学诗的重要性与必要性。我们虽然生活在现代社会，有了更为丰富的信息获取途径，但对《诗经》的学习依然是必要的。

【原文】

17.8 子曰："色厉而内荏①，譬诸小人，其犹穿窬之盗也与②！"

【注解】

① 荏（rěn）：软弱。② 窬（yú）：同"逾"，爬墙。

【译文】

孔子说："外表严厉而内心怯懦，用小人作比喻，大概像个挖洞爬墙的盗贼吧。"

色厉内荏，心如贼盗

色厉内荏作为一个成语，用来形容那些外表严厉而内心怯懦的人。这个成语就出自这段文字。孔子犀利地指出，这种人虽然外表很强悍，其实内心非常软弱，心虚得就像做贼一样。这个比喻，恰当而生动地描述了色厉内荏之人的实际心理。

孔子之所以对色厉内荏的小人提出如此尖锐的批评，是有其背景的。《阳货》篇里曾三次说到"陪臣执国政"的问题，这三次事件的主人公分别是阳货、公山弗扰、佛肸，他们都曾召请孔子出来做官。但是我们知道，孔子不仅反对"礼乐征伐自诸侯出"，更反对"陪臣执国政"。不管是诸侯还是陪臣执国政，都属于僭越礼制的行为，"名不正言不顺"。所以，不管他们气焰有多么嚣张，都是非常心虚的。孔子所说的色厉内荏针对的就是阳货之流，直接揭露了他们的弱点，让大家不要被他们外表的强大所迷惑，认识到在实际上他们的内心虚弱得很，根本不堪一击，应该真正感到害怕的是他们自己。

仔细观察色厉内荏之人，大体可以分为以下几类：一类是确确实实的弱者。有个很有意思的现象，真正强大的人在外表上往往表现得随和而低调，他们的强大蕴含在内心中；那些表现得张扬而气焰嚣张的人往往是实际上的弱者。是弱者却不承认，这其中有虚荣心作祟。内心虚弱的人，一方面怕受苦，不想经受痛苦的磨炼而成为真正的强者；一方面急功近利，迫切想得到社会的承认和他人的敬重。鉴于这两方面的考虑，有一种方法再适合不过了，那就是装，不花时间不费力，瞬间就可以变成强者。老鼠求神仙把自己变成猫，当心还是老鼠心，形体已经是猫的老鼠见了猫之后，还是吓得屁滚尿流。可见有强大之形，无强大之实，是很容易露馅的。

一类是有那么一点儿强大，但相比较而言还是弱者。这类人在其气势上比上不足、比下有余，但又不安于现状。尤其是在长时间的比下有余后，容易沾沾自喜，误以为自己很强大，甚至还会口出狂言、四处挑衅。在不如自己的人那里，他们往往能占到便宜。但是，一旦遇到真正的强者，先前的气焰也都荡然无存，只剩下落荒而逃的份儿。这种人是缺乏自知之明，尝了点甜头后，就以为老子天下第一了，气焰随之也高了起来，其实也是色厉内荏，只不过他不自知罢了。这种人往往需要吃几次亏，才能发现自己并不是真正的强大，才能接受教训，要么变成真正的强者，要么安分一些，不四处挑衅。

一类是确实很强大，但是这种强大不是来自于他自身，而是他从别人那里借来的，抢来的，甚至是偷来的。一般说来，人们对权力总是心存敬畏的，因为权力会对自身产生某种影响。权力越大，这种影响就越大。有些人就抓住了这一点，他们夺权篡位，想尽一切办法获得权力，但是他们的行为是不正当的，是不合法的。在这种情况下，他们虽然有着强大的权力，其实内心还是很虚弱的，最怕的就是别人的议论、指责与否定，他们往往通过滥用权力，甚至采用暴力恐怖手段来显示自身的强大，但这恰恰暴露了他们内心的恐惧。孔子所不齿的阳货之流就属于此类，历朝历代实施暴政的帝王将相也属此类。

不管是上面的哪一类，都有一个共同的特点，那就是虚伪，正是因为他的强大是假冒伪劣产品，他才那么怕打假的，他才会心虚。如果能够加强自身修养，使自己的内心真正强大起来，即使外表随和，也是真正的强者。

【原文】

17.9　子曰："道听而途说，德之弃也。"

【译文】

孔子说："把道路上听来的东西四处传说，是背弃道德的行为。"

道听途说不可取

道听途说，顾名思义，就是在道路上听到，在道路上传播的意思。可以用作名词，主要指那些没有经过验证的信息，也就是传闻的意思；也可以用作动词，指对获取的信息不加验证就散播出去的行为。我们生活在这个世界上，周围充斥着大量的信息，不管我们做什么事情，首先要做的就是信息的收集。要想获取信息，有两种途径，一种就是自己亲自去调查。另一种就是对他人已经掌握的信息采取"拿来主义"。在后一种方式中，获取的信息里就存在道听途说。如果未经证实就对那些从路边听到的小道消息深信不疑，并据此对人和事物作出判断，就肯定会犯错误。

仔细分析道听途说现象，我们发现，有时候，信息发出的源头是没有问题的，但因为信息传播过程中出了问题，真实的信息最终成了道听途说。这主要表现在两个方面：每个人的思维方式不一样，因而在获得信息后可能会依照自己的理解对信息做不同的加工，加工后的信息可能和原信息有出入，信息传播的链条越长，参与加工的人数越多，与原信息的差异可能就越大；再者，人不是机器，人脑也不是电脑，这就注定了人会出错，尤其是在口耳相传中，信息的错误与缺漏的发生率更高，这是不可避免的，有时在传播链条的末端，信息甚至会变得与原信息毫不相关。如果对这样的信息不加验证就信以为真，要想据此作出正确无误的判断与选择，无疑是痴人说梦。

《吕氏春秋》中收录了一个"穿井得人"的小故事。说宋国有一户人家姓丁，由于家中没有水井，饮用、洗涮、灌溉都要派专人到很远的地方挑水。时间长了，丁家人觉得一直这样下去也不是办法，就找人在家中打了一眼井。井打成之后，节省一个人力，丁家人非常高兴，逢人便说："我家打井，得到了一个人。"

慢慢地，这话就传开了。一传二传就成了："丁家打井，打出一个人来。"这可不得了，这件事马上成了人们街谈巷议的话题，还传到了宋国国君耳朵里。宋国国君觉得很纳闷，打井怎么能打出人来呢？于是派人去查明真相。丁家的人一听哭笑不得，说："我家打了口井，不用专门安排一个人担水了，因而说'得一人'，并不是说从井中挖出了一个人。"从这个小故事中，我们可以看到，信息在传递过程中会产生多么大的讹变，如果对道听途说的信息都信以为真，危害是多么大。这个故事告诉我们，不管听到什么传闻，都要动脑筋想想是否合理。如果每个听到"穿井得一人"的信息后，都去思考验证，那么就不会闹"井里挖出人来"的笑话了。退一步说，就算道听途说的情况发生了，但是如果有人能及早站出来质疑，也能及时制止以讹传讹的现象继续发生。

道听途说的现象之所以会发生，是人的惰性在起作用。听到什么，懒得去验证，想当然地认，"应该没错吧"。恰恰相反，有的时候不但有错，还错得很离谱。如果很多人都不想验证，以讹传讹的情况就会发生，相信的人多了，惰性只增不减，假的也会变成真的，这种情况的后果相当可怕，想想三人成虎的故事就明白了。

鉴于道听途说的严重后果，我们不仅不能不加验证地听信小道消息，更不能行道听途说之事，散播小道消息，这两种行为都被孔子明确地指为"德之弃"，是不可取的。

【原文】

17.10 子曰："古者民有三疾，今也或是之亡也①。古之狂也肆，今之狂也荡；古之矜也廉②，今之矜也忿戾；古之愚也直，今之愚也诈而已矣。"

【注解】

①是之亡："亡是"的倒装说法，"之"字用在中间，无义。亡，通"无"。②廉：本义是器物的棱角，人的行为刚正不阿也被称为"廉"。

【译文】

孔子说："古代的百姓有三种毛病，现在或许都没有了。古代的狂人是轻率肆意，现在的狂人则是放荡不羁；古代矜持的人是棱角分明，现在矜持的人是恼羞成怒，强词夺理；古代愚笨的人是憨直，现在愚笨的人是欺诈伪装罢了。"

【精读论语】

道德堕落和人性退化

　　我们知道，孔子是崇古的，对尧、舜、禹、汤、文、武、周公诸位先代圣贤所在的时代及当时清明的政治推崇备至。他曾经感叹过："大道之行也，与三代之英，丘未之逮也，而有志焉。"毫不掩饰地表现出对三代圣王的敬仰。在本章中，孔子直接提出了今不如古的看法，认为古代的圣王明君道德高尚，比不上也就罢了，就连老百姓也处处不如古代的老百姓。古人有的优点今人不能保持，但是缺点与古人相比，却有过之而无不及。为了证明自己的观点，孔子列出了"三疾"做古今对比，对比的结果是，这些被称为缺点的东西在古人身上比在今人身上可爱得多，甚至可以当成优点来看。

　　第一点是"狂"，这是从性格方面说的。古人的"狂"是"极意敢言"，用今天的话说就是敢说敢做有魄力，心里想什么就说什么。这是不是一种缺点？当然是！我们前面说过，说话做事要讲究合适的场合、时机和对象，如果任由着性子来，必然会给他人带来伤害，使彼此之间产生矛盾，影响人际关系，甚至给自己招来灾祸。今人的"狂"是"无所据"，即他的言行举止都没有道德做依据。没有什么约束，自然恣意妄为，什么都敢说，什么都敢做。看似古今的两种狂都是张扬个性的表现，实则不然，差别就在是否有据上。古人狂，但不脱离道德的约束，是直爽；而今人的狂有点无法无天的意味，为所欲为，这必将有损道德。

　　第二点是"矜"，这是从操守方面说的。古人的"矜"是"棱角稽厉"，用今天的话来说就是，这个人像是一块没经过打磨的石头一样，棱角分明，为人处世都很方正。这并不算什么大的毛病，这种人在任何时代都存在，他们重视操守，正直不阿，宁折不弯，其实是一种很难得的高贵品质。孔子之所以把它列为"三疾"之一，是因为孔子提倡为人处世要有策略。他曾提出过世道好与不好的时候，分别应该怎么做，这是两种不同的策略，要随机应变。宁折不弯是好样儿的，值得敬佩，但是折了就什么都没有了。讲求策略并不是说要把棱角磨没了才算好，而是要做到"外圆内方"。这是处世智慧，可以保护自己不受伤害。今人的"矜"是"易怒"，这种人其实并没有什么不得了的本事，但是事事看不顺眼，一点小事就能让他大发雷霆，并认为这可以让自己显得与众不同。这是自以为是的念头在作祟。这种人太自以为是，觉得谁都不如他，这种莫名其妙的"骄傲"往往会让他变得非常好斗。这也是不学习、不修德的缘故。如果知道天外有天人外有人，就会收敛锋芒，谦虚低调。这么张扬，其实对自己一点好处也没有，不仅达不到目的，还会被别人看不起。

第三点事"愚"，这是从智力水平上说的。古人的"愚人"都老实巴交，非常憨厚。要说这种人骗人，玩心眼儿，绝对不可能，因为他不会。这种人往往是吃亏的冤大头。孔子把这一点纳入"三疾"之一，是因为他觉得老实固然好，但是总是难免受人欺负，难以自保，这是不行的。今人的"愚"完全是伪装的。大家不是都觉得笨人容易上当，笨人的便宜容易占吗？我就给你来个将计就计，让你聪明反被聪明误，想占我的便宜，门也没有，到头来反而还得让我占便宜。他们是故意装傻，让人们自投罗网。这种表面老实，内心一肚子坏水儿的人最可怕，让人防不胜防。

厚古薄今是一种普遍存在的社会现象，究其原因是社会道德建设没跟上，饱食终日却不知加强道德修养的结果是可怕的，必然引发道德堕落和人性退化。厚古薄今并不是一种健康的社会现象，一旦出现就要引起警惕和反省。

17.11　子曰："恶紫之夺朱也^①，恶郑声之乱雅乐也^②，恶利口之覆邦家者。"

【注解】

① 恶（wù）：厌恶。紫之夺朱：朱是正色，紫是杂色。当时紫色代替朱色成为诸侯衣服的颜色。② 雅乐：正统音乐。

【译文】

孔子说："憎恶紫色夺去红色的光彩和地位，憎恶郑国的乐曲淆乱典雅正统的乐曲，憎恶用巧言善辩颠覆国家的人。"

【精读论语】

明辨是非，扶正祛邪

周平王东迁以后，王室衰微，历史进入了礼崩乐坏的时期，社会陷入了混乱，君不君，臣不臣，一切非正义的势力都露出了苗头，并逐渐变得强势起来。而正义力量在邪恶的排挤下一直萎缩，这就是当时的社会现状。孔子在这里提出"三恶"，即紫之夺朱、郑声乱雅乐、利口覆邦家，就是想通过具体的事例，让人们认识到整个社会已经乱套了，真善美不为人重视，假恶丑占了上风。他之所以这么说，是想让大家认清社会现实，让人们明辨是非，不要受邪恶势力的侵袭，要扶正祛邪。

古人把颜色分为正色和间色两类。所谓间色，就是杂色，是以正色为基色掺杂别的颜色混合而成，杂而不纯。正人君子、正式场合是不能使用间色，否则便显得不庄重、不严肃。这里所说的紫色就是一种间色，是由黑色加赤色形成的，因其色泽艳丽，而被好色之徒用来其取代赤色，孔子把这种行为称为"夺"，意思就是这种行为是非法的、不合理的。音乐确实具有教化作用，孔子指出雅乐是引人向上的，而像郑声这类靡靡之音只能消磨人的意志。"郑声乱雅乐"，就是说这种靡靡之音扰乱了雅乐催人上进的功能，长期下去，社会风气就会与日剧下。能言善辩并不是什么缺点，但是要看用在什么地方，如果用在国家外交上，捍卫国家利益当然很好，但是如果鼓动唇舌，惑乱人心，甚至扰乱社会秩序，那就犯了大错。孔子对这后一种人，是非常厌恶的。

上述三恶，都是在正邪两股势力的较量中邪恶遮蔽了正义。不管在什么时候，以邪代正都不应该是一种常态，是政治黑暗、社会混乱的表征。以邪代正之所以会得逞，是因为邪恶力量太强大，正义力量太弱小，正不压邪。但是需要注意的是，任何力量在它刚刚萌生时都很弱小，是通过长时间的发展才壮大起来的，这就提醒我们，一旦发现邪恶势力的苗头，就及早将其铲除，防微杜渐。这样一来，邪恶力量永远都没有办法壮大到可以与正义力量抗衡的那一天。如果在我们发现的时候，邪恶势力已经发展得相当强大了，甚至势头已经压过了正义的力量，在这种情况下，我们所要做的不是去硬碰硬，这时不明智的。正确的做法是，固守正义，不让邪恶势力扩大膨胀，良好的道德修养有助于我们抵制邪恶势力。

在这里，我们不妨借鉴一下中医理论。传统中医认为，人体内存在正邪两股气。如果正气占上风，压住邪气，我们就表现为健康；反之，如果邪气占上风，人就会生病。因而中医治病的原理就是，改变正邪双方的力量对比，扶助培养正气，抑制祛除邪气，从而使疾病减轻并痊愈。扶正与祛邪，手段不同，但目的是一样的，应该结合起来使用，这样效果会更好。与中医理论一样，我们的社会风气也是有正邪两股风气组成的，两种势力无时无刻不在斗争，但不可能势均力敌，总要有一方胜出。我们需要的是一个充满正气、是非分明的社会，因此我们所要做的就是"扶正祛邪"，让正气尽可能的强大，让邪气没有机会表现出来。

【原文】

17.12 宰我问①："三年之丧，期已久矣。君子三年不为礼，礼必坏；三年不为乐，乐必崩。旧谷既没，新谷既升，钻燧改火②，期可已矣③。"子曰："食夫稻④，衣夫锦，于女安乎⑤？"曰："安。""女安，则为之！夫君子之居丧，食旨不甘，闻乐不乐，居处不安，故不为也。今女安，则为之！"

宰我出。子曰："予之不仁也！子生三年，然后免于父母之怀。夫三年之丧，天下之通丧也。予也有三年之爱于其父母乎？"

【注解】

① 宰我：孔子学生，名予，字子我，鲁国人。② 钻燧（suì）改火：古代钻木取火，所用木头四季不同。春用榆柳，夏用枣杏和桑柘，秋用柞，冬用槐檀，一年轮一遍，叫改火。③ 期（jī）：一周年。④ 夫（fú）：那。

【译文】

宰我问："父母死了，服丧三年，为期太久长了。君子三年不习礼，礼一定会败坏；三年不演奏音乐，音乐一定会荒废。旧谷已经吃完，新谷已经登场，取火用的燧木已经轮换了一遍，服丧一年就可以了。"孔子说："丧期不到三年就吃稻米，穿锦缎，对你来说心安吗？"宰我说："心安。"孔子说："你心安，就那样做吧！君子服丧，吃美味不觉得香甜，听音乐不感到快乐，住在家里不觉得舒适安宁，所以不那样做。现在你心安，就那样去做吧！"

宰我出去了，孔子说："宰我不仁啊！孩子生下来三年后，才能完全脱离父母的怀抱。三年丧期，是天下通行的丧礼。宰予难道没有从他父母那里得到过三年怀抱之爱吗？"

【精读论语】

孝是真诚的回报

在本章中，孔子再次讲论孝道。这个话题是由孔子的学生宰予引起的，宰予就是当初"昼寝"被孔子斥为"朽木"的那个人。宰予来向老师请教父母去世，子女要为父母守孝的问题。宰予对当时丧礼规定的三年丧期很不满意，觉得时间太长了。认为没必要把时间浪费在形式上，一年就足够了。他说人人都有父母，父丧母丧加起来就是六年。要把这六年好好利用起来，能做不少大事。这就是引发孔子论孝的导火索。

我们知道，孔子对孝道看得非常之重，他曾在《学而》篇中说："孝弟也者，其为仁之本。"意思是对父母的孝与对兄弟的爱是求仁的根本，做不到这两点，就不要奢望能够成为仁者。在《宪问》篇中，还专门提到三年之丧在《尚书》中已有记载，可见由来已久。在本篇中又把三年之丧作为"天下之通丧"，上至皇帝，下至百姓，人人都得遵守这个礼数，这是理所当然。所以，孔子对宰我说法很不满，内心认为他忤逆。即便宰我否定孔子的根本原则。他也没有怒火，而是与宰予进行探讨。他说："父母死后一年，你就不服丧了。就开始吃喝玩乐，你这样做能心安理得吗？"宰予不假思索地说："心安啊！有什么不安的。"这一下，孔子生气了，愤怒地说："你觉得心安，那你就做去吧，还问那么多干什么？反正真正的君子是不会像你那样做的。"意思是说宰予所作的不是君子所为。宰予遭了老师一顿抢白，出门去了，孔子对学生们说："宰予这人真是太没有良心了。人一生下来，三年之内都要父母寸步不离地精心照顾，因此才规定在父母死后，为其守孝三年，为的就是报答父母的三年怀抱之恩。宰予连这三年都嫌长，那他三岁之后到独立生活期间的这段时间，父母对他养育之恩，他就更无意回报了。"

我们在《宪问》篇中特意讲到古代的丧制，讲了它的尊重死者与重视人伦上的合理之处，但是也讲到了他的弊端。宰予所谈到的丧礼流于形式的问题也确实存在，如果每个人都为了走形式而浪费3~6年，必将会影响到整个社会的发展。后来，人们发现了这些不合理性，对丧礼进行了改革，大大缩短了丧期。与之相应，提出了要为父母服新丧三年的说法，以此来代替三年丧期。但是这并不表明当时孔子的坚持是错误的，这是时代造成的局限性。我们应该从这段文字中总结出这样的观点，即孝是发自内心的回报，而不是做给别人看的形式主义，这才是孔子的真正意义。细读此文，我们就会体会出，真正让孔子生气的并不是宰予质疑三年丧期，而是宰予内心对孝的态度。

孝顺父母，是中华民族的传统美德。乌鸦反哺，羊羔跪乳，动物尚且如此，身为万物之灵的人类更应报答父母养育之恩。但是很多人对孝顺父母的理解出现了误区，简单地将其理解为物质的回报，而不是情感的回报。而且，很少有人能像当年父母养育我们一样无私地付出感情，他们所能做的，就是让父母衣食无忧罢了。物质方面的回报当然是必要的，因为父母当年的付出换来了我们现在的成长，到他们不能再付出的时候，就该我们回报他们了。但是，有些人将孝道局限于此了，觉得给父母塞钱就够了，别的什么也不管，这并不是真正的孝。把孝理解为塞钱的人，就是把孝形式化了。真正的孝道是发自内心地替父母着想，尽心尽力地满足父母的需要。有时候，父母可能并不需要你为他们花多少钱，一句嘘寒问暖的话就足够了。

【原文】

17.13　子路曰：“君子尚勇乎？”子曰：“君子义以为上。君子有勇而无义为乱，小人有勇而无义为盗。”

【译文】

子路说：“君子崇尚勇敢吗？”孔子说：“君子把义看作是最尊贵的。君子有勇无义就会作乱，小人有勇无义就会去做盗贼。”

【精读论语】

君子之勇，以义为先

在孔子的学说中，“勇”被视为人生三大德之一，他本人对此曾多次论述。本章文字中，孔子重点强调了尚勇的前提，指出勇要受到义的约束。认为没有义的约束，勇可能就会成为乱的根源。孔子生逢乱世，礼崩乐坏，社会秩序不断瓦解，这些乱子让孔子深恶痛绝。因而对于勇，孔子更多的是担心，而不是崇尚。

孔子并不排斥勇，但也不是无原则的提倡。在各种德行之中，他把仁义排在前面，而把勇力排其后。如此排列是有深意的，目的是强调义远远比勇重要得多，义勇相比，要义以为上。他认为，如果没有道义约束而滥施勇力，普通人就敢造反，小人就敢抢劫。孔子还说过，“勇而无礼则乱”，认为礼也是应该要排在勇之前的；在本篇中还说“好勇不好学，其蔽也乱”，可见学也是要排在勇之前的。也就是说，只有在这重重约束之下，勇才能发挥它应有的作用，而不至于生乱。

荀子也曾论过“勇”，比孔子的论述更加详尽，更加尖锐，在《荣辱》篇中他将勇分为四等，分别是狗彘之勇、贾盗之勇、小人之勇、士君子之勇。接下来又对这四种勇作了恰当的定义：“争饮食，无廉耻，不知是非，不辟死伤，不畏众强，恈恈然唯利饮食之见，是狗彘之勇也。为事利，争货财，无辞让，果敢而振，猛贪而戾，恈恈然唯利之见，是贾盗之勇也。轻死而暴，是小人之勇也。义之所在，不倾于权，不顾其利，举国而与之不为改视，重死、持义而不桡，是士君子之勇也。”用这段话为孔子的观点作注解再合适不过了。为了生存繁衍，动物就可以使用勇力，比如争食、求偶等。人与动物的区别就在于人具有社会性，有思想、有控制力，需要为自己的行为负责。在这种情况下，人类的行为就理智得多。但是社会上不乏那些为了财物争斗的人，他们甚至把“人为财死，鸟为食亡”奉为信条，这样的人，说起来与禽兽没什么两样。

至于“小人之勇”，荀子说是不珍惜生命，随随便便就实施暴行。这种人做事不顾后果，一受到不公正的待遇就忍不住，就要以眼还眼以牙还牙，当场就要讨个说法。他们一怒便拔剑而起，挺身而斗，就是拼了命也不能受辱。这种观念非常狭隘，因而苏东坡说这种勇“不足为勇”，充其量只能算作一种小勇，更确切地说是冲动。

而真正的君子之勇，则是以义为先。只要符合道义，尽管是面对层层艰难险阻，也敢于挺身而出，甚至会置生死于度外，不屈不挠地斗争到底；如果不符合道义，即便有人故意挑衅激将，也能不为所动。

就像韩信那样，遭受胯下之辱也不逞一时之勇，这才是真正的大勇。判断是否为君子之勇，只有一个衡量标准，那就是是否符合道义。明白了这一点，我们遇事就要多考虑，看这件事是否符合道义，符合道义了再去做，而不要逞小人之勇。

【原文】

17.14 子曰："唯女子与小人为难养也，近之则不孙，远之则怨。"

【译文】

孔子说："只有女子和小人是不容易相处的。亲近了，他们就会无礼；疏远了，他们就会怨恨。"

【精读论语】

小人和女子的问题

这是《论语》中饱受争议的一句话，历代对此持批评态度的学者都说这是孔子对广大下层劳动人民及女性的歧视。这是对孔子这句话的误读，首先，这句话中的小人并不是指从事生产活动的劳动人民，而是指"仆隶下人"。其次，孔子说这句话是有时代局限的，在孔子生活的时代，这是社会现实，孔子并没有贬低谁，也没有说谎话，而我们之所以对这句话大加诟病，是因为我们没有生活在那个时代，以现代人的立场对这句话的正确性评头论足，这是不科学的，因而也是有失偏颇的。

自从远古时期，母系社会被父系社会取代之后，女性的社会地位就一落千丈，并长期居于男性之下，人类告别蛮荒、走进文明，女性的社会地位也没有随着文明的到来而有所浮动。女性地位有所上升，是从近些年的女权运动才开始的。几千年男尊女卑的传统观念在人们心中根深蒂固，而男女平等的观念还不足百年，我们用不足百年的男女平等观念，要求两千多年前的孔子，是不是太苛刻了？

虽然孔子曾多次强调治理国家要实行仁政，要爱民，但并不是说所有人都是平等的。不管是"不在其位，不谋其政"，还是"君君，臣臣，父父，子子"，都揭示了一个观念，即"各在其位，各安其事"。说白了就是要扮演好自己的角色，既不能偏离，也不能越位。封建社会的"三纲"，君为臣纲、父为子纲、夫为妻纲，在当时确实起到了规范社会秩序的积极作用，这其中揭示的是一种服从与被服从的关系。虽说人们在人格上是平等的，但社会分工上的差异使得领导与被领导的关系依然存在，这其中必须得有服从，否则社会生活就无法进行。故而，孔子不可能把地位低下者与君子等量齐观。

在等级社会中，小人和女子由于其社会地位的局限，不可能有受教育的机会。在孔子退而讲学之前，就算不是"仆人"的平民子弟也没有受教育的机会。再加上活动范围小，他们的视野非常狭窄，所知有限，思想水平与道德修养高不到哪去。从这一方面看，无知蒙昧、不知学习、不求上进的人，孔子也肯定不会对他们另眼相看。

孔子认为小人与女子难养，理由是"近之则不孙，远之则怨"。先说小人，为生存身为人仆，吃饭穿衣仰仗所侍奉的主人，主人与他的"远近亲疏"影响到他的直接利益，因而他反应才会如此强烈。态度稍好他们就耀武扬威起来，对主人加倍谄媚，距离太近了，往往会放肆而显得无礼；对他不好吧，又会觉得受到冷淡，自然会对主人心生埋怨。至于女子难养，也是由女性的从属地位造成的。在古代女性是没有自我的，"未嫁从父，即嫁从夫，夫死随子"，无论什么时候，女子都将身心全部寄托在男人身上，男人的态度如何，自然会引起她们强烈的情绪反应。你对她好，她自然要千倍万倍地对你好，距离太近了有的人就吃不消了，就想要挣脱；她把你当作自己的一切，你疏远了她，她就变得一无所有了，自然对你恨之入骨。可见，孔子说小人女子难养，并不是信口开河，事实也是如此。

经过深刻的分析，我们对这句话要作正确的理解，首先要有时代观，站在孔子的立场上去理解，肯定这句话描述的社会现象是真实存在的。接着，也认识到，随着社会的发展，孔子口中的"小人"与"女子"也发生了变化，经济独立了，人格也独立了。

微子篇
第十八

【原文】

18.1　微子去之①，箕子为之奴②，比干谏而死③。孔子曰：
"殷有三仁焉。"

【注解】

① 微子：名启，商纣王的同母兄弟。微子出生时，他母亲还未被正式立为帝妻，纣是母亲立为帝妻后所生，故纣得以继承王位。② 箕子：纣王的叔父。纣王暴虐无道，箕子曾向他进谏，纣王不听，箕子便假装发疯，被降为奴隶。③ 比干：也是纣王的叔父。他竭力劝谏纣王，被纣王剖心而死。

【译文】

微子离开了商纣王，箕子做了他的奴隶，比干强谏被杀。孔子说：
"殷朝有三位仁人！"

【精读论语】

行仁有不同的形式

我们知道，孔子将仁作为个人道德修养的最高境界，在他眼中，能称为"仁人"的人风毛麟角，但并非没有。在这里，孔子列举了纣王时期的微子、箕子、比干三位大臣，指出他们是殷之"三仁"，既赞赏了他们的仁德，又为孜孜求仁的人们树立了可贵的榜样。

微子、箕子、比干都是殷纣时期的大臣，而且都是纣王的亲戚。作为臣子，他们实在不能眼睁睁地看着商朝的大好江山就此葬送。他们觉得自己有责任有义务让纣王迷途知返，让商王朝的统治继续下去。但是纣王对三人的劝谏不以为然，依然故我。在这种不可逆转的大势下，三人作出了不同的抉择，那就是"微子去之，箕子为之奴，比干谏而死"。孔子认为，他们的选择虽然不同，但最终都成了为人称道的"仁人"。由此我们可以看得出，求仁没有固定的道路，也没有固定的模式。

微子在数次劝谏而无果后，打算以死明志，但事到临头又拿不定主意，就去找德高望重的父师，请他为自己指点迷津。父师告诉他说："如今商朝就要灭亡了，国君却还在纵情声色。老百姓的怨言也越来越多，这是非常可怕的现象。我劝你不要死，如果你的死能换来国君的悔悟以及商朝的复兴，那可以去死。但是你也清楚，你的死并不能达促其惊醒，那为什么还要去死呢？但是你也不宜留在这里。因为商朝必定要灭亡的，你待在这里不过白白受人侮辱。我劝你还是出逃吧，既能保全自身，也落得干净清白。"微子听了父师这番话，就离开了纣王。微子无法力挽狂澜，这是时代的悲剧，并不是微子的悲剧。既然不能从根本上改变时局，出逃就是上策。在那种情况下，远离非仁，就是成仁，而且是以一种带有策略性的智慧成仁。

比干比较耿直，而且他操守很好。不管纣王怎样荒淫无道，他都把他当国君看，认为这是天命。而自己的天命呢？就是为人臣，就是辅佐纣王的，应该尽到为人臣的职责。他对微子出逃的行为并不赞同，说："为人臣者，不得不以死争。"认为忠诚商朝是自己的使命，即便因此而死，也是死得其所。终于，在一次劝谏中，他惹恼了纣王，被剖心而死。比干为国尽忠，被孔子赞为仁人。这是因为他具有伸张道义，将生死置之度外的大无畏精神。这种当仁不让、宁折不弯的精神，合乎仁义大道。

微子的出逃和比干的被杀，让纣王的另一个臣子箕子看清了现实，那就是纣王不可劝，商朝必灭亡。看到这个现实后，箕子没有逃，也没有死，他选择了装疯卖傻。纣王看他对自己毫无妨害，就没有杀他，而是把他囚禁起来了。箕子得以保全性命、忍辱偷生。在大多数人看来，箕子既没有微子的果决，又没有比干的正气，实在是很窝囊。殊不知，这也是一种人生智慧，邦无道，君无道，就算有天大的才能也难以施展，还有可能因锋芒太盛而招祸。不如收敛锋芒，积蓄实力，等待时机。舍生取义固然高尚，但是如果舍生并不能取到义，那么舍生就毫无意义；相反，很多情况下，留住生命才能有机会去追求道义。果然，武王伐纣后，"释箕子之囚"，并把他封到了朝鲜。

生是仁，死亦是仁，不管采取何种方式，只要心中想的是仁，怎么做都是求仁，都能达到成仁的目的。

【原文】

18.2　柳下惠为士师①，三黜。人曰："子未可以去乎？"曰："直道而事人，焉往而不三黜？枉道而事人，何必去父母之邦？"

【注解】

① 士师：官名，主管刑罚。

【译文】

柳下惠担任掌管刑罚的官，多次被罢免。有人问："您不可以离开鲁国吗？"他说："用正直之道来侍奉人，去哪里而能不被多次罢免呢？不用正直之道来侍奉人，又为什么一定要离开故国家园呢？"

柳下惠曰：直道而事人，焉往而不三黜？枉道而事人，何必去父母之邦？

【原文】

18.3　齐景公待孔子曰①："若季氏②，则吾不能；以季、孟之间待之③。"曰："吾老矣，不能用也。"孔子行。

【注解】

① 齐景公：齐国的国君。② 季氏：鲁国的大夫，位居上卿。③ 孟：指孟孔氏，鲁国的大夫，位居下卿。

【译文】

齐景公谈到怎样对待孔子时说："像鲁国国君对待季氏那样对待孔子，那我做不到；只能用低于季氏而高于孟氏的规格来对待他。"不久又说："我老了，不能用他了。"孔子就离开了齐国。

【精读论语】

英雄要有用武之地

这段文字，讲的是孔子在齐国的遭遇：英雄无用武之地。我们知道，一个人要想实现自己的价值，并不是那么容易的事，需要具备多方面的条件，包括主观方面或者客观方面的条件。就主观方面来说，你首先得有可以施展的才能。就客观方面来说，就很多了，"天时、地利、人和"，无一不是实现自我价值的必备条件。不管是天时、地利还是人和，说的都是外在环境的问题。人要想做成一件事，实现自我价值，就必须要求外部环境的配合。也就是说，英雄须有用武之地。如果环境不利，就会处处受制，失败只是早晚的事。可见，环境对个人才能的施展有着多么大的影响。

上文我们说到柳下惠坚持"直道事人"，虽三黜也不改其衷，这种坚守信念、无怨无悔的精神确实值得学习。但同时我们也应该看到他的局限性，其实各国的环境并不完全相同。他完全可以通过观察，选择更适合发挥才干的环境。孔子说"以道事君，不可而止"，这里的"道"既指个人之道，也指胸怀天下的大道，这句话是说，如果以道义辅助君主，却不被君主采纳，也就是说君主不按道义行事，那就不要再执迷不悟，要当机立断，离了事。既然是环境制约了才能的施展和理想的实现，那就从环境上入手。一旦选对环境，个人才能的施展、个人价值的实现指日可待。

与柳下惠相比，孔子就是一个既坚持原则，又懂得权变的聪明人，他深深懂得环境的重要影响，因而他才周游列国，寻找最合适的施展才能的环境。孔子来到齐国，齐景公曾问政于孔子。孔子一针见血地点出了当时齐国政治的现状，即"君不君、臣不臣"，齐景公对孔子的能力及其思想的正确性产生了认同感，就想重用孔子。

用现在的观点来分析这段话，其中的"若季氏"以及"季、孟之间"，可以看作是齐景公在和孔子谈待遇的问题。既然已经到了这一步，可见齐景公已经决定要用孔子。但是为什么最后没有用呢？原因绝对不是齐景公所说的"吾老矣"。何晏在为这段话作注解时说"时景公为臣下所制"，《史记》中也说"齐大夫欲害孔子"，可见齐景公的理由都是托词。齐国当时"君不君、臣不臣"，臣强君弱，齐景公在官员的任命上受多方掣肘。对于孔子，齐景公不是不想用，而是不能用。孔子一听齐景公这样说，当下就离开了齐国。这是为什么呢？还是环境的问题。假设齐景公用了孔子，孔子肯定是要对齐国的政治实行改革的。要改革就要拿那些强势的大臣们开刀，这无疑会损害他们的利益，自然会遭人反对。非但如此，他们还会在齐景公面前说孔子的坏话。另外，齐景公心里虽然赞同改革，但也担心万一改革一失败，局面更加糟糕。因而，他才说出无奈的丧气话。在这种环境下，就算是齐景公倾力支持，孔子恐怕也难有作为。因而，他毫不迟疑地离开了齐国。

不管做什么事，一定要考虑环境。如果环境，尤其是那种自己无法改变的大环境对成事不利，一定要尽快离开，而不要想着去迁就。迁就的结果就是一事无成，或者被环境同化。

【原文】

18.4　齐人归女乐①，季桓子受之②，三日不朝，孔子行。

【注解】

①归（kuì）：通"馈"，赠送。②季桓子：季孙斯，鲁国的执政上卿。

【译文】

齐国人赠送鲁国一批歌女乐师，季桓子接受了，好几天不上朝，孔子就离开了鲁国。

良臣择主而事

上一段文字说的是孔子在齐国的事，这一段说的是孔子在鲁国的事。孔子胸怀天下，一生追求的就是恢复周礼，推行仁政。要实现这一理想，他必须得出仕，为自己谋一个职位，名正言顺地推行自己治国方略。在这个环节中，最重要的是找到一个理解支持自己的领导。

齐人归女乐，季桓子受之，三日不朝，孔子行。

对每个人来说，成就什么样的事业，和跟什么样的领导，有着莫大的关系。跟对了领导，你每天都能进步，他所勾画的宏伟蓝图能够让你充满动力，快乐地工作，在这种情况下，个人价值比较容易就能实现。跟错了领导，不仅不能为你拓展思路，引导你成长，还会拖你的后腿，让你举步维艰。孔子对这一点就看得非常明白，他周游列国，推销自己的治国思想，尽管愿望十分迫切，但也没有迁就或将就，而是冷静地进行分析，再作出明确的选择。其实，他能够出仕的机会并不算少，但都因为对领导者不满意而放弃了。像齐景公这样懦弱的领导者，处处受制于臣属，就算有意重用，孔子也不会留下来。

孔子这种"良臣择主而事"的思想，对后世影响甚远。战国时期，吴起、商鞅、乐毅等人，无不通过选择明主而成就一番事业。也就是说，臣子在通过自己的努力成就君主大业的同时，君主也通过自己的知人善任成就了臣子。秦朝末年的陈平和韩信，都曾追随项羽，但备受冷落，转投到刘邦帐下后，才获得一展才华的机会，成为名相名将。

马援，字文渊，扶风茂陵人。由于家庭贫困，年龄不大便辞别哥哥外出闯荡。临行前，哥哥马况对他说："你是一个大器晚成的人，真正的能工巧匠不会轻易把还没有完全雕琢好的玉石拿给别人看。你就按照自己的意愿，去干你想干的事吧。千万不要有什么牵挂。"

马援远离家乡，到北地种田放牧。没多久，马援就发了财，拥有几千头牲畜，几万斛粮食。他叹道："财富是用来赈济那些需要它的人，不然的话人就成守财奴了！"于是他毫不犹豫地把全部的家产分送给了亲友和老朋友。因为豪侠仗义，见识卓越，马援在当地获得了极高的声誉。后来，王莽乱天下，西汉覆亡。各地相继爆发了农民起义，很多豪强地区也趁机割据。当时，西北地区有三股势力最为强大，他们都极力拉拢马援。其中割据陇西的隗嚣是马援的同乡，对他言听计从；而占据蜀中的公孙述则是他的同学，待他殷勤无比。后来，马援见到了刘秀，虽然二人是初次见面，但是刘秀却像老朋友一样笑着去迎接他，没有一点架子，这一点让马援非常感动。刘秀问他，为何在三大势力之间摇摆。马援回答："当今之世，非独君择臣也，臣亦择君矣。"鲜明地表达了自己的态度，这种态度就是受孔子思想的影响。通过比较，马援最终投靠了刘秀。刘秀很欣赏马援，给了他独当一面的机会，马援最终成为一代名将。

此外，历史上管仲辅佐齐桓公、范蠡辅佐越王勾践、萧何追随刘邦、诸葛亮投奔刘备，都留下煌煌功业并名垂青史，就是跟对了领导；而屈原侍奉楚怀王、伍子胥辅佐吴王夫差，二人空有满腹才能，却落了个下场悲惨。能不能跟对人，差别竟然如此之大，的确发人深省。

【原文】

18.5　楚狂接舆歌而过孔子曰[1]："凤兮！凤兮！何德之衰？往者不可谏，来者犹可追。已而！已而！今之从政者殆而！"孔子下，欲与之言。趋而辟之，不得与之言。

【注解】

[1] 接舆：楚国的隐士。一说他姓接名舆，一说因他接孔子之车而歌，所以称他接舆。

【译文】

楚国的狂人接舆唱着歌经过孔子的车子，说："凤凰啊，凤凰啊！为什么道德如此衰微，过去的已经不能挽回，未来的还来得及改正。算了吧，算了吧！现在那些从政的人危险呀！"孔子下车，想要同他说话。接舆快走几步避开了孔子，孔子没能同他交谈。

【精读论语】

出世入世，都是人生

楚狂接舆到底何许人也，众说纷纭，能够确知的就是他是楚国的隐士。据说，他因对当时黑暗动荡的社会状况不满，剪去头发，假装癫狂，并不是真疯。在其佯狂之前，也是像孔子一样受人尊敬的名士。他的行为和"殷末三仁"之一的箕子很相似，他佯狂以自绝于仕途，表明了他坚决不与统治者合作的决心。现在看来，楚狂接舆所秉持的是以庄子为代表的道家的思想，即出世。

与道家的出世相比，儒家更倾向于入世，即站出来，走出去，用自己的力量为这个日益混乱的社会做一点什么，即便不能挽回颓势，也要尽力而为。这恐怕就是儒道两家最明显的区别吧。作为儒家的代表人物，孔子并不排斥楚狂接舆的做法。他曾多次宣传"以道事君，不可而止"，以及"用之则行，舍之则藏"的思想，对微子和箕子的权变行为也非常赞赏，给了他们"仁者"的最高评价。但是，赞赏归赞赏，孔子却不肯效仿他们的做法，为了实现自己的理想，为了推行心中的大道，他一直在苦苦地求索。

《庄子·人间世》对孔子的这段经历的记载更详尽，更能突出儒道两家观点的不同之处。孔子和楚狂接舆相遇，是在孔子周游列国到了楚国的时候。孔子来到楚国，住在驿馆。楚狂接舆知道了，就跑到他门前。看到孔子后，接舆就唱了起来："凤兮！凤兮！何德之衰！"据说，凤鸟只有在天下太平、圣君降临的时候才会出现。这里接舆借用这个典故，以凤鸟比孔子，意思是说你所怀有的大德是需要有盛世和明君来彰显的，你只适合在天下太平的时候出现，可如今天下无道至此，你怎么出来了呢？这乱世和昏君只能玷污你的高尚德操，而你对它们却无可奈何。世道混乱是时代的错误，不是你我的能力能扭转的，既然无法挽回，干脆就不要管它了，过去的事就让它过去算了，未来倒还值得期待，不如等到天下太平的时候我们再出来大展身手吧。

接舆的劝诫不无道理，他说："天下有道，圣人成焉；天下无道，圣人生焉。方今之时，仅免刑焉。"这句话的意思是：天下有道的时候，就能够成就圣人；天下无道的时候，再有能力的人也只能把精力花在自保上。现如今，就是天下无道，能保全性命就不错了，别的什么都不要想了，想也是白想。这段话深刻揭示了社会时代背景对人生理想实现的制约作用。在当时那个时代，这其实是非常善意的忠告。孔子在大道难行的现实中，对"来者犹可追"充满了兴趣，因而他想下车来与接舆好好谈谈，但遗憾的是接舆回避了孔子。其实，不谈也罢，即便两人对"来者犹可追"都寄予厚望，但接舆主张的是出世，对"来者"肯定采取消极的态度；而孔子必定是要靠个人努力去为美好的未来打拼的，还是说不到一起去。

其实不管是出世还是入世，都是一种处世哲学。接舆没错，孔子也没有错，我们要结合当时的时代背景和个人的处世哲学来理解两种行为，不能简单地说出世就是消极，入世就是积极；或者说出世是权变，入仕是固执。

【原文】

18.6　长沮、桀溺耦而耕①，孔子过之，使子路问津焉②。长沮曰："夫执舆者为谁③？"子路曰："为孔丘。"曰："是鲁孔丘与？"曰："是也。"曰："是知津矣④。"问于桀溺，桀溺曰："子为谁？"曰："为仲由。"曰："是鲁孔丘之徒与？"对曰："然。"曰："滔滔者天下皆是也，而谁以易之⑤？且而与其从辟人之士也⑥，岂若从辟世之士哉？"耰而不辍⑦。子路行以告。夫子怃然曰⑧："鸟兽不可与同群，吾非斯人之徒与而谁与？天下有道，丘不与易也。"

【注解】

① 长沮、桀溺：两位隐士，真实姓名和身世不详。耦而耕：两个人合力耕作。② 津：渡口。③ 执舆：执辔（揽着缰绳）。本是子路的任务。因为子路下车去问渡口，暂时由孔子代替。④ 是知津矣：这话是认为孔子周游列国，应该熟悉道路。⑤ 谁以易之：与谁去改变它呢。以，与。⑥ 而：同"尔"，你，指子路。辟：通"避"。⑦ 耰（yōu）：播下种子后，用土覆盖上，再用耙将土弄平，使种子深入土里，鸟不能啄，这就叫耰。⑧ 怃（wǔ）然：失意的样子。

【译文】

长沮和桀溺并肩耕地，孔子从他们那里经过，让子路去打听渡口在哪儿。长沮说："那个驾车的人是谁？"子路说："是孔丘。"长沮又问："是鲁国的孔丘吗？"子路说："是的。"长沮说："他应该知道渡口在哪儿。"子路又向桀溺打听，桀溺说："你是谁？"子路说："我是仲由。"桀溺说："是鲁国孔丘的学生吗？"子路回答说："是的。"桀溺就说："普天之下到处都像滔滔洪水一样混乱，和谁去改变这种状况呢？况且你与其跟从逃避坏人的人，还不如跟从逃避污浊尘世的人呢。"说完，还是不停地用土覆盖播下去的种子。子路回来告诉了孔子。孔子怅然若失地说："人是不能和鸟兽合群共处的，我不和世人在一起又能和谁在一起呢？如果天下有道，我就不和你们一起来改变它了。"

【原文】

18.7　子路从而后，遇丈人，以杖荷蓧①。子路问曰："子见夫子乎？"丈人曰："四体不勤，五谷不分②，孰为夫子？"植其杖而芸③。子路拱而立。止子路宿，杀鸡为黍而食之，见其二子焉④。明日，子路行以告。子曰："隐者也。"使子路反见之，至，则行矣。子路曰："不仕无义。长幼之节，不可废也；君臣之义，如之何其废之？欲洁其身而乱大伦。君子之仕也，行其义也。道之不行，已知之矣。"

①莜（diào）：古代在田中除草的工具。②五谷：古书中有不同的说法，最普通的一种指稻、黍、稷、麦、菽。稻麦是主要粮食作物；黍是黄米；稷是粟，一说是高粱；菽是豆类作物。③芸：通"耘"。④见其二子：使其二子出来见客。

【译文】

子路跟随孔子落在后面，遇到一个老人，用手杖挑着除草用的工具。子路问道："您看见我的老师了吗？"老人说："四肢不劳动，五谷分不清。谁是你的老师呢？"说完，把手杖插在地上开始锄草。子路拱着手站在一边。老人便留子

子路从而后，遇丈人。

路到他家中住宿，杀鸡做饭给子路吃，还叫他的两个儿子出来相见。第二天，子路赶上了孔子，并把这事告诉他。孔子说："这是个隐士。"叫子路返回去再见他。子路到了那里，他已经出门了。子路说："不出来做官是不义的。长幼之间的礼节，不可以废弃；君臣之间的道义，又怎么可以废弃呢？本想保持自身纯洁，却破坏了重大的伦理道德。君子出来做官，是为了实行君臣之义。至于我们的政治主张行不通，是早就知道的了。"

【精读论语】

君子之仕行其义

这段文字中提到的荷蓧丈人也是一位隐者。在那个战乱频仍的时代，为求自保，很多人都选择了归隐。孔子虽不反对"用舍行藏"，但是他决心走自己的路，无怨无悔地坚守着自己的信念。在他为理想奔走的过程中，曾多次与那些归隐之士交流过思想。孔子理解隐士们，但隐士们并不理解孔子，认为他是明知不可为而为，对其冷嘲热讽的有，对其怜悯同情的有。对此，孔子虽然很无奈，但对隐

士们的做法绝不苟同。

孔子坚决拒绝做隐士，是因为他认为"不仕无义"。义，宜也。就是合理。人生在世，追求的是道义二字，事事都做得合情合理。荷蓧丈人虽身处乡野，但却是个知书达礼的高人。他不仅热情招待子路，还让他的两个儿子出来拜见子路。这说明他很讲究长幼之序，人伦之道。孔子觉得，既然懂礼仪、有见识，就不能忽视了更大的道义，那就是君臣之义。怀揣着济世的理想，又有着济世的才能，这个世道又确实需要有人站出来做些事。站出来应该勇敢担当，就算是失败了，也没什么后悔的，毕竟努力过了。明知道是该做的事却不去做，或者是担心劳而无功而不去做，这些都不是君子所为。"欲洁其身而乱大伦"，自己的小家伦理道德丝毫不乱，却置天下大义于不顾，这怎么能叫作君子呢？

孔子与隐士的不同理念，在中国历史上都产生了深远的影响。每逢天下大乱，士大夫往往面临是做隐士还是挺身救世的选择。当然，不少人选择做隐士，但更多的人，尤其是心怀天下的儒士，都选择站出来救国救民。西汉末年，王莽乱政，绿林赤眉揭竿而起，天下大乱。曾经的太学生刘秀，勇敢站出来组织军队，反对王莽政权。王莽灭亡后，更始帝腐败无能，刘秀滞留河北，组建自己的领导核心。之后，通过十几年的征战平定天下。刘秀即位后，在天下推行大道，治国安民，造就光武中兴的盛世局面，在历史上留下了辉煌的一页。他的太学同学严光，则作出了不同的选择。严光见天下大乱，便隐居富春江畔，避世保身。虽然以清高之明为后世称颂，但无论是功业，还是对历史的贡献，与光武帝刘秀是不可同日而语的。

东汉末年，才高德大的水镜先生司马徽、饱学之士黄承彦、名满天下的庞德公，都选择做隐士。避居在相对安定的荆州襄阳一带，不愿出来做事。与他们的选择不同，秉承救世精神的儒者诸葛亮和庞统，都选择出山辅佐刘备。此后，他们在刘备的重用下，不仅得展平生之志，而且推动了社会和历史的进步，并在历史上留下赫赫声名。

在孔子看来，像荷蓧丈人这样一个有学识、有德才的人，是不应该把自己埋没起来的，而应该出来做些事情。如果不能行大道于天下，教化教化人民也是好的。身负经天纬地之才，终老荒野，对历史对社会无所贡献，未尝不是一种巨大的遗憾。再说，国家遭逢大乱，民族面临危机，如果没人站出来，我们的种族和文化都将断绝。

【原文】

18.8　逸民①：伯夷、叔齐、虞仲、夷逸、朱张、柳下惠、少连②。子曰："不降其志，不辱其身，伯夷、叔齐与！"谓柳下惠、少连："降志辱身矣，言中伦③，行中虑④，其斯而已矣。"谓虞仲、夷逸："隐居放言④，身中清⑤，废中权⑥。我则异于是，无可无不可。"

【注解】

①逸：同"佚"，散失、遗弃。②伯夷、叔齐、柳下惠皆见前。虞仲、夷逸、朱张、少连四人身世无从考，从文中意思看，当是没落贵族。③中（zhòng）：符合。④放言：放肆直言。⑤身中清：立身清白。清，清白。⑥废中权：弃官合乎权宜。废，放弃。权，权宜。

【译文】

隐居不做官的人有：伯夷、叔齐、虞仲、夷逸、朱张、柳下惠、少连。孔子说："不降低自己的志向，不辱没自己的身份，就是伯夷和叔齐吧！"又说："柳下惠、少连降低了自己的志向，辱没了自己的身份，但言语合乎伦理，行为经过考虑，也就是如此罢了。"又说："虞仲、夷逸，避世隐居，放肆直言，立身清白，弃官合乎权宜。我就和他们不一样，没有什么可以，也没有什么不可以。"

【精读论语】

无可无不可

在这里，孔子列举了古代的七位逸民，对他们的行为作了比较中肯的评价。所谓逸民，据钱穆先生所言："逸者，遗佚于世。民者，无位之称。"也就是说,逸民指的就是那些不仕之人。这七人虽都是逸民,却有着细微的差别。孔子虽然在人生态度上与这些人迥异,但还是给他们以中肯的评价。本章中,孔子将所列七个不仕之人分为三类。

首先就是以伯夷叔齐兄弟为代表的"不降其志,不辱其身"。对于伯夷和叔齐,前文讲过多次,这里不再赘述。需要强调的是,虽然他们所守之志不一定对,但是这种自我牺牲的殉道精神值得我们学习。其次是以柳下惠和少连为代表的"降志辱身、言中伦,行中虑"。他们以"直道事人",虽"降志辱身",但毕竟为社会作出贡献,并且高洁的品格也是值得赞扬。接下来就是以虞仲和夷逸为代表的"隐居放言,身中清、废中权"。他们是真正的隐士,独善其身,保持自身的高洁。这种人对社会贡献不大,所以孔子把他们排在最后。

关于如何立身处世,孔子的做法是"无可无不可"。所谓无可无不可,意思是说,可仕则仕,可退则退,可久则久,可速则速。依据现实的需要,践行道义,就没有什么不可以的。至于结果,能够实现理想固然好,但成功不必在我,失败也毫无怨言。无可无不可是一种大智慧,是不偏不倚、执中用两的中庸之道,是完全根据环境和社会需要作出最合理的选择。历史上,能做到这一点的人不多。

李泌幼年时便有神童之誉,受到唐玄宗和名相张说、张九龄的赏识。成年以后,李泌并未立即出来做官,而是精研学问。天宝年间,唐明皇忽然想起这位当年的神童,特召他进宫教导皇子。安史之乱后,太子李亨在灵武即位,知道李泌是大才,到处找他。此时,李泌得知肃宗即位,正是用人之际,便主动来到灵武。肃宗见李泌到来,大喜过望,立刻和他商讨当前的战局。李泌全面分析天下大势,为肃宗制定了全面周详的平叛战略。由于肃宗未能认真执行,以致叛乱拖了八年。李泌给肃宗帮了大忙,肃宗要封他做官。他坚辞不干,只愿以白衣之身为朝廷出力。肃宗也只好由他,碰到疑难的问题,常常和他商量。李泌虽然没有任职,却"权逾宰相",为朝廷出谋划策,居中调度,责任甚重。由于李泌与皇上关系极为亲密,招来了权臣崔圆、李辅国的嫉恨。两京收复,大局已定,为了躲避随时都可能发生的灾祸，李泌便主动要求退隐。肃宗准他退休，赏赐他住宅和禄位。

没多久，唐明皇和肃宗相继去世，唐代宗继位。刚刚登上宝座，代宗立即召回李泌，不仅任命他为翰林学士，而且赐他府第妻室。当时的宰相元载非常忌妒他，便找个机会外放他去做地方官。代宗也很无奈，只得派他外任。对于军国大事，李泌仍然不远千里地向代宗提出建议，代宗也必定采用照办。不久，元载犯罪伏诛，代宗立即召他还京，准备重用。但又遭到另外一位权臣的排挤，外任杭州刺史。建中四年，京城发生泾原兵变，唐德宗逃往奉天。危难之际，德宗把李泌召到身边。不久，李泌正式出任宰相，又被封为邺侯。

李泌身逢乱世，经玄宗、肃宗、代宗和德宗四朝，历次参与军国大计，运筹帷幄，抚平安史之乱，安定唐朝边陲；勤修政务，协调内部，为唐王朝的稳定和发展作出了卓越的贡献。安史之乱后，唐朝政局动荡，许多名臣都不得好死。李泌执掌大权，身负国任，遭到许多权臣嫉恨，五次被排挤出朝廷。但是，他悟得大道，凡是"无可无不可"，达到了顺应外物，该进则进，该退则退，"用之则行，舍之则藏"，即建功立业，又能避祸全身。李泌的"无可无不可"，深得孔子处世思想之精髓。

【原文】

18.9　太师挚适齐^①，亚饭干适楚^②，三饭缭适蔡^③，四饭缺适秦^④，鼓方叔入于河^⑤，播鼗武入于汉^⑥，少师阳、击磬襄入于海^⑦。

【注解】

①师挚：太师是鲁国乐官之长，挚是人名。适：往，到。②亚饭干：第二次吃饭时奏乐的乐师，名干。古代天子、诸侯吃饭时都要奏乐，所以乐师有亚饭、三饭、四饭之称。③缭：人名。④缺：人名。⑤鼓方叔：击鼓的乐师，名方叔。⑥播鼗（táo）武：播，摇。鼗，小鼓。武，摇小鼓者的名字。⑦少师阳：副乐官，名阳。击磬襄：敲磬的乐师，名襄。

【译文】

　　太师挚到齐国去了，亚饭乐师干到楚国去了，三饭乐师缭到蔡国去了，四饭乐师缺到秦国去了，打鼓乐师方叔进入黄河地区了，摇鼗鼓的乐师武进入汉水一带了，少师阳、敲磬的乐师襄到海滨去了。

【精读论语】

末世衰败景象

　　这一章所记载的就是"鲁哀公时，礼坏乐崩，乐人皆去"的现象。从孔子的描述中，我们看到了一个国家行将灭亡的末世景象。对任何一个国家或组织来说，长期繁荣有几个重要条件，从内部来说，首先

太师挚适齐，亚饭干适楚，三饭缭适蔡，四饭缺适秦，鼓方叔入于河，播鼗武入于汉，少师阳、击磬襄入于海。

必须有一种文化精神，其次必须有一套与文化精神相适应的制度，再次，有秉承这种文化精神、认真贯彻执行的杰出人才。这是一个国家或组织的灵魂所在。当这个国家即将崩溃，或者组织即将瓦解的时候，就会出现文化精神丧失、制度破坏和人才流失的末世景象。

　　观察孔子时代的鲁国，就是这种末世景象。孔子这里只讲了乐人的离散，其用意绝不仅是感叹人才的流失。鲁国是周公的封国，是礼乐制度的最忠实执行者。到孔子时代，由于王室衰落，鲁国成为礼乐制度的最后保存者。不论是西周还是鲁国，其发展壮大，乃至强盛，都与礼乐制度密不可分。这些乐人四散，意味着鲁国丧失传统礼乐精神，也意味着人才的流失。文化精神丧失，必然导致制度崩溃，与之相伴，鲁国出现了三桓专权，"八佾舞于庭"的混乱和僭越局面。

也许鲁国的事例太过久远，文化隔膜使我们不易理解，我们可以看一个较为熟悉的故事。隋末农民起义中，瓦岗军是势力最强大的一支。瓦岗最初的首领是翟让，还有勇将单雄信和徐世勣等人。开始时，瓦岗军只是在荥阳郡和梁郡劫夺公私货物，杀富济贫。天下局势越来越乱，隋朝大贵族李密因参加杨玄感反隋活动失败，被迫投奔瓦岗寨。李密很有战略眼光，提议占领洛口仓，威胁东都，取得很大战果。大业十三年，李密大破隋炀帝派来解围的援军，取得黑石大捷，瓦岗势力大振。之后，因为种种矛盾，李密杀害了瓦岗创始人翟让，导致将士离心。之后，瓦岗义军击败名将王世充，拥兵30万，瓦岗军势力达到鼎盛。

不久，宇文化及在江都杀了隋炀帝，率领10万大军回归长安。在洛阳称帝的隋主杨侗决定招安李密，授予他太尉高官，并让他率瓦岗军征讨宇文化及。李密投降杨侗后，带领瓦岗主力与宇文化及在卫州童山展开大战，两败俱伤，实力大损。李密准备入朝领赏，没想到被在洛阳政变后掌权的王世充邀击，数十位瓦岗大将和10余万军队投降王世充。李密逃到河阳，企图重整旗鼓卷土重来，但将士们皆无心作战。当时，勇将单雄信、程咬金和秦叔宝投降王世充，其他人有的投靠李渊，有的投奔窦建德。李密无计可施，遂向李渊投降。强盛一时的瓦岗军，就这样土崩瓦解，烟消云散。

我们看，自从李密达于鼎盛，便有末世景象。从文化精神上说，瓦岗寨有两点，一是反抗隋朝暴政，二是靠义团结人心。李密杀害翟让，把义的精神以及瓦岗寨兄弟生死与共、不离不弃的制度给破坏了。翟让死后，他的旧部虽然没有受到清洗，但无不心存戒惧，这为后来李密的众叛亲离埋下伏笔。之后，李密受到隋朝收买，受招安投降，背叛了瓦岗的反隋精神。单雄信、秦叔宝等核心将领的出走，与鲁国乐人的离散已经很相像了。

文化精神的丧失，制度的破坏和核心人员的离散，是组织和国家崩溃的前兆。当这些事件接连出现时，国家或组织就已经接近崩溃和灭亡了。对末世景象，每一个国家的执政者或组织的管理者都应该深思与关注。

【原文】

18.10 周公谓鲁公曰①："君子不施其亲②，不使大臣怨乎不以，故旧无大故则不弃也，无求备于一人。"

【注解】

① 鲁公：指周公之子，鲁国始封之君伯禽。② 施（chí）：通"弛"，废弃的意思。

【译文】

周公对鲁公说："一个有道的国君不疏远他的亲族；不使大臣怨恨没有被任用；故旧朋友如果没有大的过错，就不要抛弃他们；不要对一个人求全责备。"

有道的国君不疏远他的亲族。

【精读论语】

任亲的利弊

这段文字是周公对儿子伯禽的训诫之言，他告诫儿子伯禽治理政事要重视人才。周公的命辞中所讲的用人之道，主要包括四点：一、用人要用亲人，不要故意疏远亲人；二、有才能的人要重用，不要让他们抱怨自己得不到重用；三、对长期在自己手下做事的人，就不要轻易地罢免他；四、缺点人人都有，对谁都不能求全责备。周公命辞非常精辟地概括了身为管理者应掌握的用人之道，在处理政事的过程中，只有坚持这几点，才能赢得下属的有力支持与帮助。

在这里，我们主要分析一下命辞中的"君子不施其亲"，周公说用人要用亲人，不能疏远亲人。这是不是就是我们现在所说的任人唯亲呢？在任人唯贤的用人理念日益占主导地位的今天，任人唯亲更加没有立足之地了。周公这样一个圣明君主，为什么要把这当作治世名言告诫儿子呢？任何问题都有其两面性，这里所说的任人唯亲也不例外，我们既要看到其有利的一面，又要看到其有缺陷的一面，善用其利，避免其弊。

我们知道，在古代社会，人治为主，所有大权都掌握在君主手中。为了让大臣更好地执行命令，去率兵打仗、管理政务或治理地方，国君必须懂得授权。要用人才没有错，要授权也没有错，但在授权给谁上就有问题了。在古代，重要的位置一定要安排亲近的人，这样有助于保证中央集权，防止权力分散或被削弱。因授权外人导致权力失衡，甚至权力削弱，以致引来大麻烦的并不在少数。比如春秋末年，晋国大夫权力很大，再加上封地广阔，他们是实力渐渐超过国君。最后，韩、赵、魏三家干脆把晋国给分了，这就是历史著名的三家分晋。西汉末年，朝廷把政权交到野心家王莽手里。通过一系列运作，王莽最终取而代之，西汉王朝失去了政权。现代的很多家族企业，其内部最重要的部门往往掌握在亲属手里，目的也是为了防止外人夺权。

任亲固然有上面所说的优点，我们更应该看到它的不足之处。信用亲属必然会限制人才的范围，就算亲近的人全是难得的人才，那能有几个？普天之下人才济济，如果把选才范围只局限于亲近者，无疑会与大量的人才失之交臂，这对事业的发展是极为不利的。任用亲近者固然可以避免外患，但你就能保证他会因为和你关系亲近而不觊觎你的权力吗？殊不知内患比外患的危害要大得多。历史上，祸起萧墙的事情要比外姓夺权的事情多得多。当年，刘邦项羽楚汉之争，刘邦为借力取胜，分封了8个异姓诸侯王，刘邦固然雄霸天下，但各异姓王也都手握重权，各霸一方，严重削弱了皇权。刘邦为避免重蹈臣强君弱的覆辙，待政权稳定后，就大力消灭异姓王，同时封了很多同姓子弟为王，以此来维持刘氏的一统天下。后来，到汉景帝时候，刘邦的侄子吴王刘濞起兵发动叛乱，要篡夺政权。此后，淮南王刘安、燕王刘旦都试图发动政变。这些人都是皇帝的至亲。

所以，我们应该正确认识任亲问题。任亲本身本没有错，但要注意兴利除弊，不要让任亲变成了"任人唯亲"。也就是说，任亲要在任贤的约束下进行。在认任亲的同时，要大胆用贤。外人无才自然不用，有才就要放下成见，将其吸纳进来。这样，才会保持政权的稳定和活力。

【原文】

18.11　周有八士：伯达，伯适，仲突，仲忽，叔夜，叔夏，季随，季骗①。

【注解】

① 适：音 kuò。骗：音 guā。八人事迹不详。有人认为，周朝有位良母，她四胎生了八个双生子，都是有名的士，后来都当了大官。

【译文】

周朝有八个著名的士人：伯达、伯适、仲突、仲忽、叔夜、叔夏、季随、季骗。

【精读论语】

成事在人，重用贤才

《微子》篇开篇说"殷有三仁"，结尾处说"周有八士"，这些人都是非常难得的人才，如能得而用之，国家的繁荣昌盛指日可待。此篇首尾恰好形成鲜明的对比，"殷有三仁"而纣不用，商朝灭亡；"周有八士"文王用之，周朝兴起，可见人才对事业兴衰起着决定性的作用。因此，要想成就一番事业就必须慧眼识珠，重用贤才。

这段文字中所说的周之八士到底是何许人，生平事迹已无法考证，也无须查考。这段文字的重点不在这八人身上，而是要说明周朝之所以奠定八百年的基业，国运绵延，与其重视人才是分不开的。正是因为其对人才的充分重视，天下有才者才争相归附，齐心协力扶助周朝建立，并实现了国家的繁荣。古书中有段话说得好："周用姜尚，汉任张良，此得人也。项羽黜范增，刘宋斩檀道济，此失士也。故得人则政通，政通则人和，所以来远者，富国家。国富而治，既治则教，礼乐行矣。此理国之大经也。"这是从治国上说的，要想治理好一个国家，就得重用贤才。重用贤才是因为，一个人或几个人的智慧和能力都是有限的，要想突破思维的局限性，就要把更多人的智慧集中起来。每个人都施展自己的长处，贡献自己的智慧，众人的合力必然要大于个人能力之合。历史上每一个强盛的王朝，开国之时无不人才济济。刘邦的汉初三杰自不必说，东汉光武帝，有云台二十八将；唐太宗的凌烟阁上，有二十四功臣。宋太祖开国，也不乏智谋之士、勇武之将，赵普、曹彬、石守信等人，个个名标青史。明太祖手下，更是能人辈出，文有李善长、刘伯温等人；武有徐达、常遇春等人。不仅仅是国家，任何组织也是这样，要想成就伟大辉煌的事业，就必须重视人才。

对于这个道理，美国苹果计算机公司的老板乔布斯说过这样一句话："我过去常常认为一位出色的人才能顶两名平庸的员工，但是后来我的看法变了，现在我认为能顶50名。"因此，网罗一流人才成为乔布斯的首要用人准则。基于这个原则，苹果公司在人才的招聘、培养和使用上都形成了自己的特色，有力促进了公司的发展和进步。苹果在招聘时，首先强调企业所需和岗位适合。即便是一个优秀人才，若不能适合岗位，来了就是巨大的浪费。苹果不仅从外部引进人才，更注重内部选拔，自己培养人才。这既能对员工形成激励，也有利于公司的稳定。外部招聘人才，是为了激活内部员工，更是为了寻找开发能力强、熟悉市场行情的外部人，内外结合。所以，苹果招聘时，重点引进有才能的人、从业时间长和经验丰富的人。在引进人才后，苹果公司还建立一个留住人才的"系统工程"。这个工程包括发展愿景、福利待遇、团队气氛等诸多方面。在引进人才的使用上，苹果不苛求人才完美，而是强调用其长处。凡是适合公司现在或将来发展需要的，都会留以重用。正是在乔布斯法则的指导下，苹果凝聚了一大批人才，他们相互配合，共同努力，推动苹果不断发展，开创了了不起的业绩。

要想成就一番事业，就要做到以贤才为宝，重视贤才、重用贤才，时至今日，人才在各行各业中的作用变得愈加重要，重视人才更成为事业有成的不二法宝。

子张篇
第十九

【原文】

19.1　子张曰："士见危致命，见得思义，祭思敬，丧思哀，其可已矣。"

【译文】

　　子张说："士人看见危险肯献出生命，看见有所得就想想是否合于义，祭祀时想到恭敬，服丧时想到悲痛，这也就可以了。"

【精读论语】

士人立身之大节

　　《子张》篇记述的是孔子弟子之言，虽然没有一句话是通过孔子之口说出的，但无一不是对孔子思想的转述与发扬光大。开篇第一段文字是子张所言，谈论的是士人立身的大节问题，也是对孔子思想的阐发。子张在此章将着眼点落在"士人"，也

士见危致命，见得思义。

就是我们现在所说的读书人身上，但其所言"见危致命，见得思义，祭思敬，丧思哀"四点，并不仅仅局限于读书人，而是所有追求个人完善、有求仁之心的人都应该依照着去做的。

　　"见危致命"是说在危急关头，为了正义事业敢于挺身而出，就

算为此献出自己的生命也毫不顾惜，这里说的是一种能将生死置之度外的勇气。孔子虽然主张"见危授命"、"仁者有勇"，但并不提倡毫无原则地以身涉险。所谓见危，即到了危机时刻，比如国家危亡、民族危亡，他人生命受到威胁等紧急关头，此时，士人可以或应该选择杀身成仁。翻开中华民族的历史，可以看到很多历史人物，比如近代史上抗击外来侵略的关天培、陈化成等人，无不如此。见危致命一语，让我们看到了子张的勇气，看到了他的责任感和使命感，向我们传达了一种勇于担当的精神。如果一个民族没有人愿意担当，或者没有人有勇气担当，那么这个民族是没有希望的。

"见得思义"是儒家学问中最基本的原则之一。要想正确理解这句话，需要搞清"得"的含义。不论是权力、财富、美色或者是名声，这些能满足人们欲望的东西，都可以视为得。见得思义，就是说获得这些一定要合情合理，强调个人欲望的满足不以牺牲他人利益为代价。但实际情况却是，很多人为了得到某件东西，满足自己的私欲而不择手段。这种行为很有可能损害他人或整个社会的利益。因而，强调见得思义非常重要，但是要想做到这一点却非常不容易。毕竟，在名利权色面前，能保持冷静的人不能说没有，但是的确不多，而能经得起名利权色考验的人，无疑值得敬重。

"祭思敬，丧思哀"，都是从礼上说的。儒家对礼的看法是，礼不应该只停留在表面，而应该发自内心。不管是祭祀还是居丧，都应该从内心深处守礼，而不仅仅是讲求仪式。这些礼仪是封建社会重要的社会制度之一，它们代表的是一种社会秩序，一种信仰。我们知道古礼是很烦冗的，祭祀礼法也不例外，写下来恐怕就有厚厚一大本，如此复杂，要想不出错，真的很难。如果内心不诚敬，就容易出错，就算不出错，也没有什么了不起，不过是形式上做得好罢了。心里真的诚敬，就不容易出错，就算出了错，也不是有意为之，神灵也不会在意。丧礼当然也非常繁复，有很多讲究，但所有的礼都是为了抒发内心的哀戚之情，如果内心没有什么哀恸，礼做得再好也显得假惺惺的。更有些人没有哀戚之情，还故意将丧礼办得奢靡豪华，违背了丧礼的本意。

这里所举的四个方面虽说标榜为士人立身之本，但不应单单将其视为专为士人所言，而应看作是所有人的立身之本。所以，我们每个人都应看到，只有从这四个方面入手去做，才能实现基本的"立身达道"，日益完善。

【原文】

19.2　子张曰："执德不弘，信道不笃，焉能为有？焉能为亡？"

【译文】

子张说："执行德却不能弘扬它，信奉道却不笃定，这样的人可有可无。"

【精读论语】

执德宜弘，信道宜笃

这段文字记录的还是子张之言，核心是加强道德修养。在这里，德指的是个人应具备的德行，道指的是做人应坚持的道义。子张通过对道德修养中的两种不当行为，即对"执德不弘，信道不笃"的批判，提出了道德修养应该达到的标准是"弘、笃"。

"执德不弘"是从德行上说的。执是抓住，执德就是进行道德修养的意思，但是执德这一表达要比修德形象得多。我们前面曾经提到过，道德修养其实就是控制人性中的弱点。这些弱点，比如贪婪、懒惰、懦弱、自私等，存在于每个人的人性之中，不经意间就会流露出来。因此，要成为一个道德修养好的人，就必须对人性中的这些弱点进行控制，让仁善的一面得以表现。因此，修德要紧抓不放，因为一旦放松，就会弃善为恶。所以，道德修养不仅要坚持，还要牢牢坚持。但是，仅仅坚守德行是不够的，还要做到将德行发扬光大。执德宜弘，有两层含义，第一是在自己内心里扩大。比如，通过修养，克制住了自己的贪心，继而可以把这个好的做法扩大，去克制傲慢心、冷漠心等。只有让美德的种子在心中发芽成长，只有让美德的力量在心中增强，我们才能战胜自我，成为高尚君子。第二层意思是推己及人，老吾老以及人之老，如果能做到这点，无疑在德行上已经达到了"弘"。如果人人都能做到这些，那整个社会风气将会发生天翻地覆的改变。子张不主张独善其身，也不主张只在自己的小圈子里坚守德。他认为不仅要做好自己，还要用自身的好品德去影响其他人，这才是真正的有德之士应该做的事。

"信道不笃"是从道义上说的。儒家的道通常是指正确的指导思想，以这种思想指导自己的行为就叫合道义。做事符合道义并不难，难就难在事事都符合道义。要想做到这一点，就必须把这种"道"作为一种信仰，像教徒一样虔诚，将这种道毫不怀疑地奉为真理，用它来指导自己的一切活动。如果没有坚定的信念，是不可能长久地坚守自己的道的。比如苏武，如果没有对大汉王朝的无限忠诚和牢不可破的坚定信念，怎么能在饥饿严寒的环境中熬得过漫长的十九年岁月。再如坚守节操的文天祥，如果维护尊严的信念稍有松动，就会在威逼利诱面前缴械。誓死不屈其志，正是笃信大道的表现。这就是信仰的伟大作用。

但是，现实生活中信道不笃现象的存在却具有一种普遍性。有时候，我们明明知道这样做是对的，是正道，但到真正处理事情的时候，却往往把正道抛在脑后，按照自己的想法来。另外，有时候道的践行困难重重，在成功之前遭遇的挫折和打击非常多。这种情况下，有些人对道的坚持就会变得不坚定，会怀疑、会动摇，甚至会放弃道而改弦易辙。这种人很常见，坚持道但不虔诚，受不了失败，就像《西游记》里的猪八戒一样，对取得真经的信念不坚定，一遇到挫折就想分行李打道回府。道是一个指导思想，我们只能说坚持以道为指导思想，前途是光明的，终究能达到光明的彼岸，但是通往光明的道路是曲折的，我们不能因为一时的挫折而放弃光明的前景，这就需要有坚定的信念，就是我们所说的信道宜笃。

19.3　子夏之门人问交于子张。子张曰："子夏云何？"对曰："子夏曰：'可者与之①，其不可者拒之。'"子张曰："异乎吾所闻：君子尊贤而容众，嘉善而矜不能。我之大贤与，于人何所不容？我之不贤与，人将拒我，如之何其拒人也？"

【注解】

① 与："可者与之"的"与"是相与、交往的意思，后两个"与"字是语气词。

【译文】

子夏的门人向子张请教怎样交朋友。子张说："子夏说了什么呢？"子夏的学生回答说："子夏说：'可以交往的就和他交往，不可以交往的就拒绝他。'"子张说："这和我所听到的不一样！君子尊敬贤人，也能够容纳众人，称赞好人，怜悯无能的人。如果我是个很贤明的人，对别人有什么不能容纳的呢？如果我不贤明，别人将会拒绝我，我怎么能去拒绝别人呢？"

【精读论语】

宽容开放的胸怀

这段文字说的是交友之道，子夏和子张同为孔子的学生，他们的观点并不完全一样。东汉蔡邕在《正交论》中对二人同门而异见作了解释："商也宽，故告之以距人；师也褊，故告之以容众。"意思是，子夏为人太宽厚，容易被人利用，所以孔子劝导要会拒绝，因此子夏得到的示意是"可者与之，其不可者拒之"。而子张为人太苛责，因而孔子劝导他为人要宽容，多看别人的优点，这样就能扩大交友圈子，因此子张从孔子处得到的示意是"尊贤而容众，嘉善而矜不能"。子夏和子张对交友问题的看法有冲突，是孔子因材施教的结果。两种观点并不能分出谁对谁错来，都有其合理性。

子夏所秉持的交友之道是"可者与之，其不可者拒之"，非常简单，就是说可以交往的就交往，不可以交往的就不交往。这句话听起来很有道理，并且，古往今来，秉持着这种交友之道的人并不在少数。合得来就交往，合不来就不理，是大多数人与人交往的态度。我们不能说这种态度不正确，但是总是显得缺乏能动性。交友是一种互动，而且是一种长期的行为，不能因为与他人有差异就放弃结交朋友的努力。或者，合不来的根本原因在自己身上，如果我们自己稍加改变，赢得的可能并不只是这一个朋友。对这种态度的坚持，是在无形中给自己画圈子，这就局限了交友范围，使很多本应成为朋友的人失之交臂。

现在看来，子张所持的交友之道可能更实用。子张的观点继承了孔子"躬自厚而薄责于人"的思想，强调应该苛求自己，而不是别人。就算与人不合，也应该从自身找原因。也就是说，子张的交友之道重视宽容。"尊贤而容众，嘉善而矜不能"，子张的这个观点把与自己交往的所有人分三类，简单概括就是好的、普通的、不好的。对贤者、善者，要尊重，要表示赞赏之情，这样的人当然要交。"见贤思齐"，"择其善者而从之"，才能提高自己的修养。对普通人要有包容之心，毕竟大多数人都只是普通。因此，普通人要交，这是生活与交际的需要。而且普通人往往并不普通，而是在某些方面具有突出的优势。与他们交往的技巧就是宽容，宽容地看待他们的不足，对他们的优点则要放大来看，这样交往就会在更加平等的基础上进行，变得更加容易一些。对不好的、不如自己的，甚至在某些方面很差劲的人，要怀有同情之心。要抱着这样的想法：他不是不想完善自己，只是还没有找到正确的方法，如果能得到正确的指点，就会日渐完善。人是在不断发展的，我们不能一眼将某个人"看死"，为其定性，谁能说子张所说的"众"与"不能"不会变成"贤"和"善"呢？

关于交友，近代史上的文化名人胡适，就颇得子张之道。在20世纪三四十年代的中国社会，有一句极为出名的流行语，就是"我的朋友胡适之"。当时，"上至总统、主席，下至企台、司厨、贩夫、走卒、担菜、卖浆……行列之中都有胡适之的朋友"。之所以能做到这一点，就在于他的胸襟阔大，具有伟大的包容精神。不管地位高低，也不管才学如何，更不问贫富名望，只要别人需要，胡适往往会伸出援手帮助他们。因此，这些人都很感激，把胡适视为自己的朋友。当然，在胡适需要的时候，这些人也会出来帮助他。这种交友之道，使胡适获得了最广泛的敬重。

人生在世，要交朋友，要多交朋友，要多交真朋友，要实现这些目的，就必须从自身做起，先将自己的心胸打开，以宽容和开放的心接纳各种各样的人成为自己的朋友。

【原文】

19.4　子夏曰："日知其所亡，月无忘其所能，可谓好学也已矣。"

【译文】

子夏说："每天知道自己以前所不知的，每月不忘记以前所已学会的，可以说是好学了。"

【精读论语】

求新温故，才算好学

知识的获得靠的是点点滴滴的积累，没有捷径可循，只能依靠勤奋和努力。虽然没有捷径，一些基本的学习方法还是可以借鉴的，子夏就提出了一种学习方法，即"日知其所亡，月无忘其所能"。这个观点，其实就是对孔子提出的"温故知新"的阐发。这是一种最基本的学习方法，只有以其为前提，才能顺利展开学习的过程，并取得事半功倍的效果。

"日知其所亡"，也就是求新，这是第一步。庄子曾说过："吾生也有涯，而知也无涯。"宇宙是无限的，而人的生命是有限的，在这短暂的一生中就算孜孜以求，你所能掌握的知识也是有限的。由此可见，学无止境。可以说，在任何情况下，我们都会面临未知的事物。既然这样，就需要去学习。"日知其所亡"的意思是，只要是自己不知道的就要去求解。这个知识对整个社会或别的人来说可能并不是新知识，但是因为你对其无所知，就得抱着求新的态度去学习。而且社会每天都在发展，尤其是现代社会，信息已成为主要的社会元素，用日新月异来形容社会的发展速度一点都不为过。面对这样一个社会，很有可能在短时间内就被时代远远地甩在了后面。因为在我们奋起直追的同时，社会也在发展，而且知识增加的速度比我们追赶的速度快得多。

"月无忘其所能"，也就是温故，这是第二步。我们上面说过，学习是一个知识积累的过程，通过学习，人掌握的知识肯定是越来越多。这也是人求知的目的，扩大视野、增长见闻。但是应该引起我们注意的是，知识的积累是大脑的记忆系统在起作用。记忆与遗忘是两个对立的心理学概念，记忆是过去活动、感受、经验等在人脑中留下的印象，而遗忘是将这种印象抹去的大脑活动，二者通过回忆机制联系起来。如果某种信息能通过回忆再现，这种信息就表现为记忆，反之就表现为遗忘。我们学习知识，希望发挥作用的大脑机制是记忆而不是遗忘，只有通过记忆才能实现知识的积累。如果学到的东西很快就遗忘了，那先前学习所付出的努力就白费了，因为并没有实现知识的积累。学到的知识会遗忘，这是一个必然，也是大脑的信息整理功能在发挥作用，但是，这并不是说我们对遗忘无能为力，如果真是这样那我们还学习干什么呢？要想实现知识的积累，就要通过人为的干预，强化记忆，削弱遗忘，最大限度地将所学固定下来。遗忘不可避免，常加复习能够降低遗忘的程度，最终使所学在脑海中扎下根来。

如果能不断地汲取新知识，又能牢牢记住旧知识，我们的知识储备自然越来越多。我们知道，学习知识的目的不仅仅是记住这些知识，而是为了把它们用于实践，来改造客观世界，达到学以致用的目的。要想做到这一点，对学习的要求更高，不仅要学会、牢记新知识，而且要能深入理解知识之间的联系，乃至现实与知识之间的联系，进而用知识解决现实问题。做到这些，才算达到学习的目的。

【原文】

19.5　子夏曰：“博学而笃志，切问而近思，仁在其中矣。”

【译文】

子夏说：“广泛地学习并且笃守自己的志向，恳切地提问并且常常思考眼前的事，仁就在这中间了。”

【原文】

19.6　子夏曰：“百工居肆以成其事，君子学以致其道。”

【译文】

子夏说：“各行各业的工匠在作坊里完成他们的工作，君子则通过学习来掌握道。”

【精读论语】

力学才能致道

百工成事与君子致道，都是通过自身的努力实现的。所以，子夏便借人们熟悉的百工成事来比喻抽象的君子致道。子夏强调成事的必备条件是个人努力，不管是谁，不管他做什么，要想有所成就，就必须努力学习，只有这样才能有所收获，才能“成其事”。

子夏认为，君子所要做的事就是致道，也即修养美德，践行大道。这是君子的核心任务，其他事情都是围绕着这个中心，为这个中心服务的。要想致道，只有一条路可走，那就是学，除此之外别无他法。人非生而知之者，连孔子都自称自己是学而后知，不学就不能明白事理，更别提致道了。非但要学，还要静下心来，踏踏实实地学。当然，这里的力学不仅是阅读先贤留下的经典，也不仅仅是静坐修养，而是在具体的为人处世中践行仁义之道。不管是事上待下，也不管是与朋友交往；不管是执行具体任务，还是解决某个问题，都要以仁的思想为指导，都要落实仁的原则，做到合情合理。这，便是儒家的力学。

现代社会，人心浮躁，肯踏踏实实埋头搞学问的人不多了，学问也做得似是而非，致道已经不是他们做学问的初衷了，相比之下，名利成了他们真正追逐的目标。

相比之下，古人有很多学以致道的例子值得我们学习，可以帮助我们抑制内心的浮躁。宋代大文学家司马光学习非常刻苦，经常手不释卷。为了有更多的时间学习，他专门找了一节圆柱形的木头做枕头，还为其取名为"警枕"。枕着圆木睡觉，只要一翻身，圆木便会滚动，他就从梦中惊醒了，就立即起床挑灯夜读。就这样，还不满十五岁，他就懂得圣人之道，"于书无所不通"。在读书的同时，司马光也积极修养自己的道德。据说在他年少时，有一次要给胡桃去皮，他和姐姐都去不掉。姐姐离开后，有位婢女用热水烫掉了胡核皮。姐姐回来问他是谁想的办法，他欺骗姐姐说是自己做的。父亲知道后便严厉训斥他："小子怎敢说谎。"司马光从此不敢再说谎话。后来，他把此事写到纸上，鞭策自己杜绝谎言。司马光认识到俭能养德，便志守淡泊，拒绝奢华。每有长辈送他华美的衣服，他总在人去后把它脱下。司马光科考得中，皇帝赏赐酒宴。同时赴宴的人都在头上插满鲜花，尽情嬉戏取乐，只有司马光正襟危坐，也不戴花。同坐有人提醒说，这花是皇上赏赐，不可不戴，他才不太情愿地戴了一小朵。司马光特别诚实，与他来往的人都不好意思要心眼。当地有人做了违背道德之事，最怕的是让司马光知道了教育他。最终，他靠着力学实行得来的一身本事，官至宰相，实现了修身、齐家、治国、平天下的大道。

现在很多人，往往搞不清力学与致道的关系。他们有成就一番事业的愿望，却寄希望于贵人相助或者"天降大任"，而没有想过通过自身努力收获成功。还有一些人一味地埋头学习，力学是做到了，却不知学习是为了什么，或者是树错了目标、看错了方向，朝着邪路上走去了。力学是致道的前提，致道是力学的目的，只有搞清楚了这一点，并为自己树立正确的目标，才有可能真正成就一番事业。

19.7　子夏曰："君子有三变：望之俨然^①，即之也温^②，听其言也厉。"

【注解】

① 俨然：庄严的样子。② 即：接近。

【译文】

子夏说："君子会使人感到有三种变化：远远望去庄严可畏，接近他时却温和可亲，听他说话则严厉不苟。"

【精读论语】

君子有三变

内在修养会通过人的言行举止表现出来，我们称之为风度或气质。在现实生活中，我们经常有这样的感觉，一个人相貌并不出众，穿着打扮也毫无特色，但是和他交往之后，就会感受他身上有一种非常吸引人的气质，让人愿意与他多交流；而一些相貌出众、打扮入时的人，初看给人感觉很好，可是时间长了，就会觉得这个人只是外表做得漂亮罢了，内在毫无可观之处。内在修养没有做好，外在表现就好不到哪里去，即便可以装得一时，也装不了一世，迟早会露出马脚。有形象没气质，给人的感觉就是空虚、干瘪。要想具有君子风度，并不是一件简单的事，言行举止、坐卧行走都有要求。内在修养自然不必说，这是必须做好的功课。个人修养做好后，如子夏所言，还要在以下几个方面加以注意：

"望之俨然"，就是举止要庄重，这是就仪容说的。在与他人的初步交往中，我们最先获取的有关对方的信息，就是外在的仪容仪表。这些是早在双方深入交谈之前，就作为第一印象被对方感知到了。虽然我们说识人不能只看外表，内心更重要，但是不可否认的是，第一印象有着很大的影响。如果长相不出色，衣着不华丽，也不要灰心，那就在举止庄重上下功夫。举止庄重，不轻浮，这是对外在表现的最基本的要求。一个举止庄重的人容易给人形成一种稳重可靠的印象，这样的人更容易赢得他人的信赖，容易让人产生"凡事交给他准没错"的看法。而对一个举止轻浮的人，人们更容易作出此人难当大任的评价。儒家讲究"己所不欲，勿施于人"，谁都不希望别人对自己举止轻浮，谁都希望别人尊重自己，因而，要求自己"俨然"，也是对别人的一种尊重，同时反过来也能为自己赢得尊重。

"即之也温"是从进一步交往上说的。当与他人的交往进一步深入的时候，还保持着庄重严肃就有点不合适了。双方关系更进一步的时候，如果再以庄重严肃之貌示人，总让人感觉有点难以亲近，甚至还会让人产生拒人千里之外的感觉。这时要怎么办，就是子夏所说的"即之也温"，是说待人要温和。亲切温和的态度，不仅展示出对他人的友好态度，也有利于双方友好坦率地进行沟通与交流。这一点，对有权有势的领导者尤为重要。位高权重，本身就会形成一种威严，如果再保持严厉，那就会让人望而却步，让下属战战兢兢。而和颜悦色，则会解除他人紧张，也显得平易近人。温和的态度会让人亲近，乐于诉说。因此，以这种态度待人，在获得他人亲近的同时，也能了解到更多的实情。

"听其言也厉"是从言谈上说的，是指说话准确严谨，而不是声色俱厉。上面说待人要温和，但是温和是态度，不是内容。君子不能一味逢迎，一味善意，说话做事要坚守原则。这样一来，就有了"其言也厉"的第三变。这句意思是，君子讲究言必行，行必果。因此说话更加谨慎，不该说的绝不说，办不到的也不说；一旦说出来，就肯定是经过深思熟虑的，非常严密，无懈可击。君子不说模棱两可的话，原则是他言行的唯一参照。并且，所谈之事都是正事，不搞阴谋诡计，更不去说三道四，狎昵苟且。君子一言一行，均是正大光明。

子夏说，君子有三变，其实万变不离其宗，一切外在都是内在的表现，只要内心修养做好了，外在就不会出差错，所以说来说去，重点还是在内在修养。

【原文】

19.8　子夏曰：“大德不逾闲，小德出入可也。”

【译文】

子夏说：“大的道德节操上不能逾越界限，在小节上有些出入是可以的。”

【精读论语】

大节不亏，小节不拘

儒家重视个人修养，但并不苛求，这体现了儒家思想的人性化，也体现了其原则性与权变性相结合的特点。金无足赤，人无完人，一味地要求自己或者苛求别人达到完美，不仅不现实，也没有什么意义。以什么为参照衡量一个人的道

大德不逾闲，小德出入可也。

德修养，子夏给我们树立了一个可行的标准，那就是“大德不逾闲，小德出入可也”。强调要看大原则，只要大原则上没什么出格的地方，基本上这个人就应该得到肯定。不管干什么事，都要分清主次，要有大局观念，这不是说细节不重要，毕竟多数小节对大德的影响微乎其微，而大德一旦出问题，整个道德体系可能就站不住脚了。当然，如果在注重大德的情况下，把小节也照顾到，这是再好不过的事情了。如果无法兼顾大德与小节，那只好选择不拘小节，维护大德。

人的精力是有限的，眼观六路耳听八方的是神仙，不是凡人所能做到的，纵使是圣人也不能面面俱到，因而凡事都要有所取舍。在对待取舍问题上，要抓大放小，万万不能因小失大。《孟子·离娄上》中记录了孟子和淳于髡的一段对话，淳于髡问孟子：“男女之间互递

物品时，不能有肌肤之亲，这是符合礼法规定的。但是，如果嫂子掉到河里去了，我该不该伸手救援呢？要是伸手去拉，肯定会有肌肤之亲，这违背了礼法，要受到道德的谴责；如果不去救，嫂子溺死了，我又成了见死不救的小人，同样要受到谴责。遇到这种情况，我该怎么办呢？"孟子接下来就给他讲了一番道理，其实说的就是取舍问题，与子夏所说的小德大德也有着莫大的关系。

孟子说："你说的男女授受不亲，礼法确实是这样规定的，但是要看是什么情况。就像你刚才说的嫂子溺水，这个时候就不能拘泥于礼法而漠然视之，那种做法是没有人性的，简直如禽兽一般。"按照当时的观念，"男女授受不亲"是一种礼，也是一种德，救人于水火也是一种德，但是这两者放在一起是有矛盾的，你坚持了一个就必然违背了另一个，这时就要有所取舍。伸手还是不伸手，这里有一个权衡，是救人重要，还是维护个人小德重要？人命大过天，自然是救人一命更重要，这成全的是大德。

这个标准用在对他人的评价上，就是不能因为个人德行上一点小过失就否定一个人，只要这点小节对他人、对社会没有造成不良影响，只要他在大德上不出格，这个人就是值得肯定的。苏武牧羊的故事大家都熟悉，一般介绍苏武时，都说他身上体现了民族气节，这当然毋庸置疑。当年，苏武奉汉武帝之命出使匈奴，被匈奴扣押，忠于汉室，誓死不降，被匈奴发配到北海牧羊，长达十九年。但是，有人说苏武在匈奴期间曾娶胡妇为妻，还生了一个儿子，这有损于美德。在现在看来，娶个外国老婆没有什么大不了，但是在当时，这种行为却很难被人们接受。真正的有气节，应该像伯夷叔齐一样饿死也"不食周粟"，苏武不仅吃匈奴的、喝匈奴的，还娶了匈奴女子，生了个儿子，这太让人不可接受了。但是，历史在评价苏武的时候，就妥当地用上了子夏的这句话"大德不逾闲，小德出入可也"。他在为国效忠方面并没有什么错误，而娶胡妇生子可以算他个人生活上的瑕疵，不足以妨碍大节，因而，苏武依然是我们的心目中英雄，代表着中华民族不屈的精神与气节。

由此可见，不论是要求自己，还是评价他人，都要从大处着眼，不犯"不矜细行，终累大德"的毛病，也不犯因小节而否认别人大德的毛病。

【译文】

子夏说："做官仍有余力就去学习，学习如果仍有余力就去做官。"

【精读论语】

仕而优则学，学而优则仕

《论语》中有许多传颂至今的名言名句，这里提到的"仕而优则学，学而优则仕"就是其中广为流传的一句。这句话虽出自子夏之口，但不难看出这是他对孔子思想的转述，孔子针对"子路使子羔为费宰"一事，也曾对学与仕的关系作过论述。指出学习与做官是互为前提和目的，而且由学入仕，或由仕入学，是一脉相承的，而不应将二者之间的关系割裂开来。这两句话，尤其是后句"学而优则仕"，虽为后人津津乐道，但人们对这两句话的误解也是相当深的，以至于被误解的意思占了上风，这句话的本意反而被湮没了。

误解之一是对这句话的理解。大部分人把这句话中的"优"理解为优秀，这句话就变成了做官做得好就去做学问，学习学得好就可以去做官。现在看来，这样的理解也并不是完全没有依据的。我们知道，儒家与道家不同，其主张的是入仕，就是要通过做官来实现自己经世济民的伟大理想。任何时代，百姓总是人微言轻，纵使有天大地大的才能，如果手中没有相应的权力，是什么都做不成的。而要想入仕，不好好学习是不行的，因而就有了学而优则仕之说。确实，古人十年寒窗，为的就是一朝金榜题名。不管是想经世济民，还是觊觎"黄金屋、千钟粟、颜如玉"，入仕都是条捷径，走别的路很难这么快就达到这么好的效果。如愿以偿当了官，这时就要读书明理，用圣人之道去佐君治民，建功立业，这就是仕而优则学。误解之二是这两句话的意思是连贯的，是并列关系，没有主次之分，但是很多人往往忽略前半句，只看后半句，一个完整的意思就只剩下一半学而优则仕。这样，这句经典被片面地误读了，变成了"学习好了就可以做官"，至于做了官之后的事，就没下文了。这种误读导致产生一大批"应试官"，为入仕皓首穷经，做了官无所作为。

子夏这句话中的"优"，实际上是优裕之意，就是有余力。这句话的正确理解是，做官如果有余力的话应该去读点书；读书如果有余力的话就应该出仕。这样的理解不仅语义连贯，而且意思完整。人的精力总是有限的，想要面面俱到往往顾此失彼，倒不如集中精力解决眼前最重要的事情，否则只能导致什么事都做不好。为官一方，主要任务当然不应该是学习，而应该是处理政务。但是不学习也是不行的，学习帮助我们开阔视野，为我们提供解决问题的思路。当官要颁布政令，要安排工作，无一不需要以知识做基础。如果不学习，则有可能犯原则性错误。历史上，霍光是功业赫赫的名臣，但是因读书不深入，最终犯下了包庇家属的大错，霍氏灭门，固然有种种因素，但与霍光对圣人之道的理解不深是分不开的。

宋代名相王安石不论官做到多大，都没有放下过学习，他在任上除去办公，其他时间都用来学习，有时甚至通宵达旦地读书，实在疲倦不堪的时候，才睡上一两个小时，之后又匆匆起床开始办公。正是这种不断学习、不断进步的精神，使他成了一代名相和令人赞叹的大学问家。真的能沉下心来学习，总有一天会有所得，对所学的知识融会贯通，自然就游刃有余。这时就可以想想怎么让自己的知识发挥作用了，只学不用，学到的知识都是死知识。只有把学到的知识用于实践，才能发挥其应有的作用。子夏所说的学而优则仕，指的就是要先学习后实践的意思。只学习不实践，学得再好也白搭。

我们要正确理解子夏这句话，虽然不苛求两者兼顾，但只要在做好本职工作之后还有余力，就应该把另一件事提到日程上来，而不能抛在脑后，置若罔闻。

【原文】

19.10　子游曰："吾友张也为难能也，然而未仁。"

【译文】

子游说："我的朋友子张是难能可贵的了，然而还没有达到仁的境界。"

【精读论语】

人当有诤友

子游和子张同学于孔子，子游称子张为"吾友"，可见二人关系不错。这段文字是子游对子张的评价，子游认为子张在各方面都非常了不起，能做到这个程度的确算是难能可贵，但是还是没有达到仁的境界。子张在孔子的弟子中也算是才能出众的一个，《论语》中曾多次记载他向孔子请教问题的场景，比如"问干禄"，比如"问行"，可见其好学也不亚于颜渊。而且他对孔子的思想也有很深的领悟力，比如本篇中他提出的"见危致命，见得思义，祭思敬，丧思哀"等观点，就是对孔子思想的精准理解与阐发。不但继承，还发扬了孔子的学说。从这几点看来，子张这个人还是相当优秀的，纵然未能列入孔门四科十贤，也是孔门七十二贤之一。但是子游并没有因此而随声附和地夸赞子张，他对子张的评价，是以批评为主的，认为子张在道德上做得并不够，还需要继续努力。

人总是喜欢听赞美，而不喜欢听批评，像子路那样"闻过则喜"的人并不多。这可能是人们的虚荣心在作怪，因而当别人指出自己的错误或不足，往往会让人产生一种被揭穿的失落感，甚而让人恼羞成怒。人们不单单不喜欢听到批评，有时听到不同意见都会大为光火，仿佛自己的能力及智慧受到了质疑。鉴于人性的这个弱点，批评别人或者向别人提意见往往是一件不讨好的事情，提不好，就会触怒对方。出于这个考虑，很多人就转变了交际策略，开口只捡好的说，不好的一概不提，明明看到别人的缺点与毛病，也抱着多一事不如少一事的态度三缄其口。这样的选择固然使人际关系好了很多，但是这只是一种表面上的和谐。错误没有改正，不足没有弥补，就会一直存在，而且只会变得更严重。而且，很多时候，我们都是当局者迷，看不到自身的错误与不足，如果再没有人提醒我们，那我们就只有一直错下去了，这对我们未来的发展是不利的。而那些看到有错误也不告诉我们的人，并不是在帮我们，而是在害我们。鉴于这个原因，我们每个人都需要一个敢于指出我们缺点的人，需要一个经常向我们泼冷水的人，我们把这样的朋友称为诤友。他们的存在让我们时刻注意自己的不足，提醒我们去完善自己。子游之于子张，就是这种关系。

古人说："砥砺岂必多，一璧胜万珉。"交朋友就是这样，数量不是最重要的，重要的是质量，诤友就是朋友中比较可贵的一种。这种朋友的可贵之处有以下几点，第一，诤友贵在"诤"字上。"诤"就是真诚直言，这种朋友说话一般比较中肯，好的他们会肯定，子游不就肯定了子张的难能可贵之处吗？这不重要，重要的是他敢于以诤言指出你的缺点与不足。第二是他们的行为没有半点私心，唯一的目的就是希望你更好。在现实生活中，有一类人也专爱盯着别人的缺点与短处，但是他并不是我们要结交的诤友，我们把这类人叫作小人。第三，诤友在提出批评、指出不足之后，还会向你提出改进的建议，在善意规劝的同时，真心希望你获得进步。诤友是真正把你当朋友来看的，他并不认为指出缺点或错误这类事情会损害你们之间的友谊，因而他从不担心会因为说逆耳的忠言而失去你这个朋友，这也是他的坦诚之处。

道理不难懂，但很多人在听到"诤言"之后，还是会感到不自在，一时半会儿转不过弯儿来，甚至还会闹情绪。但是事后冷静下来想一想，就会明白他铮铮之言背后的拳拳之心了。诤友可贵，但可遇不可求，因此更显其可贵之处。

19.11 曾子曰："堂堂乎张也，难与并为仁矣。"

【译文】

曾子说："仪表堂堂的子张啊，很难和他一起做到仁。"

【精读论语】

重在内修

这段文字和上一段文字都是孔子的弟子对子张的评价，上段文字是子游所言，这段文字是曾子所言。历代《论语》注家对曾子这句话的理解往往存在分歧，一种意见认为这句话是曾子对子张的赞美，而另一种意见则认为这是对子张的批评。

持赞美观点的学者认为，这句话的意思是说，子张在仁德修养上做得很好，已经达到了宏大高远的境界，这种高度很少有人能够企及。这种观点在历代名家注解中有所反映，比如著名经学家王肃说："（此）言子张仁不可及也。难与并，不能比也。"江熙也做出了类似的注解："堂堂，德宇广也。仁，行之极也。难与并仁，荫人上也。"皇侃附和江熙："江熙之意，是子张仁胜于人，故难与并也。"以上列举的观点，都是对子张的褒扬，认为他气度宏达、德行高远，令人有高山仰止之感。

持批评观点的学者认为，这句话的意思是说子张外表容貌堂而皇之，内在修养却很浅薄，因而无法达到仁的境界。持这种观点的学者也有很多，比如郑玄说："子张容仪盛，而于仁道薄也。"范宁说："子张外有余而内不足，故门人皆不与其为仁。"朱熹说："其务外自高，不可辅而为仁，亦不能有以辅人之仁也。"三人都是对子张的反面评价，认为他注重形式，将外在形式凌驾于内在修养之上，看上去很有气势，实质上很空虚。

这两种观点天差地别，两者中必取其一，无法行中庸之道，这一选择直接影响着我们对子张其人的看法。子张在《论语》的其他篇章中多次出现过，孔子曾评价过子张，说"师也过"，可见子张干什么事经常把握不住分寸，容易过火，这无疑是一个缺点。上一段文字中子游对子张也说出了"然而未仁"，再结合曾子的话，我们可以看出，子张在仁德上确实做得还不够，没有达到仁的境界。究其原因，就是孔子所说的过，孔子只是泛泛地说过分，没有点出是哪方面过分，曾子则明确指出"堂堂乎"，即太在意外表的修饰了。通过这几个方面的印证，我们得出结论，批评的观点更接近曾子的本意。

一个人固然要重视外在表现，但与之相比，内在修养更重要，仁德的形成主要靠的就是内在修养。任何一个人都由内在和外在两部分构成，内在就是心灵上的东西，比较深刻；外在就是眼睛能看到的外部表现，比较浅显。一个人长相漂亮，衣着得体，无疑会在给他人留下好印象，因而重视外在不应该就一定受到批判。但是我们知道，内在修养是根本，它决定着一个人的外在表现。没有内在修养做基础，本质的鄙陋之处很快就会表现出来，就算刻意让自己表现得很得体，也不过是推迟一段时间暴露罢了。如果内在修养很好，又有着漂亮的外表、得体的衣着，势必会给他人留下好印象。即便是无法为自己选择美貌或昂贵的衣饰，但良好的内在修养会让整个人都熠熠生辉，释放出最自然的魅力。

内在与外在都很美当然是再好不过的，但是受到老天如此眷顾的幸运儿毕竟是少数。因而，如果实在无法内外兼顾，在内在修养上多下功夫，往往能事半功倍，实现内外兼美。

【原文】

19.12　曾子曰："吾闻诸夫子：人未有自致者也[①]。必也亲丧乎！"

【注解】

① 致：到了极点。这里指人的真情全部表露出来。

【译文】

曾子说："我听老师说过，人不会自动地充分表露感情，如果有，一定是在父母死亡的时候吧！"

【精读论语】

情感表达的环境因素

《中庸》中有这样一句话："喜怒哀乐之未发，谓之中；发而皆中节，谓之和。"喜、怒、哀、乐等情绪是人们在受到外界刺激时的正常反应，这些情绪人人都有。在未受到外界刺激时，人的内心是平静的、自然的，这是一种平衡状态。但是，人毕竟是各种情绪的集合体，在处理各种事情时，必然会受到外界的各种触动，这些触动会在心理上产生反应，从而形成各种各样的情绪变化，并通过表情、行为等反映出来。由此可见，内心受到激荡产生各种情绪，并将这种情绪抒发出来是很正常的一种行为，但是《论语》此篇却指出"人未有自致者"，这句话的意思是，人们并不能自由抒发自己的情感。这是为什么呢？

感性和理性结合成了完整的人性，二者不是东风压倒西风，就是西风压倒东风。通常情况下，人的各种情绪总是受到理性的约束。观察我们周围，完全情绪化的人很少，并没有谁一会儿哭一会儿笑。这并不是说大家的情绪没有波动，而是在很多情况下，情绪的表达受到了理性的抑制，理智占了上风。因而，人们通常的表现都是偏理性的而不是偏感性的，但是，理性并不是任何时候都能占上风，情感的表达在受到理智约束的同时，还受到环境因素的影响，在这种情况下，人们情绪化的一面就显现出来了。环境因素对人们情感的影响主要表现在两个方面，一方面是抑制作用，另一方面则是推进作用。

一般情况下，环境因素对个人情绪抒发的抑制作用体现在下列几个方面：首先，社会是复杂的，人与人之间的关系也是复杂的，在这种种复杂之间，我们的顾虑也变得多起来。更多的时候，我们考虑的不是自己，而是他人，只有这样才能实现人际关系的和谐。其次，人的情绪有着很强的感染力，因而最好不要把个人的情绪带到公共场合去。每个人都不可避免地会有情绪低落的时候，这些不良情绪一旦被带到公众场合，就会迅速地影响着其他人。所谓"一人向隅，举座不欢"。与其把个人情绪释放出来，还不如私下默默调整。再次，对情绪的抑制有时还出自我们对自身的保护。别人莫名其妙地受到不良情绪的影响，自然会产生不满。普通人尚无大碍，抱怨几句，脾气暴点儿可能就会挥拳相向。如果放在古代，对皇帝表达不满，恐怕不等你发泄完，脑袋就搬家了。出于对自身的保护，人们不再随便抒发自己的情感。到了现代社会，虽然不至于因为抒发情绪掉脑袋，但是因为情感的表达没掌握好，被排挤、被误会，甚至为自己招致灾祸的情况也不少见。

出于上述原因，我们当然应该以理性控制情感，但是在某些情况下，情感也会超越理智，让我们得以真情流露。俗语说："男儿有泪不轻弹，只因未到伤心处。""发乎情，止乎礼"，有感情激荡，就要抒发，儒家并不反对情绪疏导，至于上面所说的控制情绪，也并不等于压抑情绪。有人不论什么情况，都强迫自己平心静气，这样做对身心的伤害非常大。

有情绪不能不抒发，也不能随便抒发，该怎么办呢？这里要再次提到《中庸》中的一句话"发而皆中节"，合理地控制与抒发。

【原文】

19.13　孟氏使阳肤为士师①，问于曾子，曾子曰："上失其道，民散久矣。如得其情，则哀矜而勿喜。"

【注解】

① 阳肤：曾子的弟子。

【译文】

孟氏让阳肤担任掌管刑罚的官，阳肤向曾子求教。曾子说："在上位的人丧失了正道，民心离散已经很久了。如果审案时审出真情，就应该悲哀怜悯，而不要沾沾自喜！"

【精读论语】

浊世为政，悲天悯人

孔子的弟子很多都踏上了仕途，在各国身居要职。在弟子上任前，他总是谆谆教诲。转眼间，那些再传弟子也学有所成，踏上了仕途。孔子的弟子们也继承了老师的传统，对弟子加以教诲。这段文字说的，就是曾子在弟子阳肤上任之前对他的训导之言。

曾子曰：吾闻诸夫子：孟庄子之孝也，其他可能也，其不改父之臣与父之政，是难能也。

曾子的弟子阳肤在孟氏的举荐下，要出任士师一职。他上任前来向老师请教如何才能做好士师。曾子说，"上失其道，民散久矣。如得其情，则哀矜而勿喜"。既然阳肤出任的是士师一职，主要职能是掌管刑狱，那么他的日常工作就是审案、断案。作为一个执法人员，必须"得其情"。情指的是案情的真相，得其情就是得到案情真相，从而明辨是非。这显然是执法人员必备的基本素质。也就是说，曾子要求阳肤先在基本素质上提高自己。一个法官如果能明辨案情，对被告、受害人，以及法官自身都是一件好事，既主持了正义，又打击了犯罪，还为自己赢得了名利，当然值得一喜。可是曾子在这里告诫弟子阳肤："如得其情，则哀矜而勿喜。"意思是，断案明辨真相了，应该同情犯罪的人，而不要为自己的明察沾沾自喜。单看这一句，让人有些无法理解，一个法官明辨是非，做好自己的本职工作，感到高兴难道有错吗？对那些犯了法的有罪之人还要同情与怜悯，明明是对法律严肃性与公平性的藐视，对受害人也是不公平的。

但是，曾子这句话的重点并不在这里。作奸犯科之徒确实应该受到法律的制裁，之所以要对他们报以怜悯之心，是因为曾子认为这些人之所以走上犯罪的道路，根源并不在他们自己身上，而在那些身居上位的"肉食者"身上。

曾子说得很明白，导致人们铤而走险，以及犯罪率大量升高的原因是"上失其道，民散久矣"。居于上位的统治者胡作非为，在这混乱的世道中，老百姓离心离德已经很久了。世道混乱，民不聊生，正是这种困境才迫使老百姓铤而走险，以身试法。其实百姓们的要求很简单，只要有稳定的社会秩序，让他们安安稳稳地生产、生活，有饭吃有衣穿，就足够了，他们并不奢望王侯将相那样的荣华富贵。因而，只要能满足人们的这些要求，就是再有人怂恿，他们也不会放弃安安稳稳的小日子搞什么起义与造反的。

当然，人的欲望是无法完全满足的，这就意味着人们为了满足自己的欲望而采取不正当手段的行为是不可能避免的，这是人性中的弱点。如果在一个有道的社会环境中，毋庸置疑，犯罪率会明显降低。有道还是无道，取决于统治者。一个地方官，廉洁自律，爱民如子，就能使所辖之地路不拾遗。一个国家的统治者，如果规范自己的行为，以天下为己任，便能使社会秩序走上正轨，人人安享幸福生活，犯罪率自然会大大降低。而社会无道，即便是手无缚鸡之力的老实人也会被逼上梁山。曾子直接向阳肤阐明，如今的社会就是一个无道的社会，犯罪并不完全是个人因素导致的，社会背景是根源，而根源中的根源在于上位者。因而，为了维护法律的严肃性，对于那些触犯刑律的人必须按律惩处，但同时也应对他们被逼无奈的境遇表示深切的同情与怜悯。

在《颜渊》篇中，孔子曾说过："听讼，吾犹人也，必也使无讼乎！"可见，明察秋毫，破案如神，法官并不应为之沾沾自喜，真正能令法官欣慰的是使天下无讼。犯罪率高，受责罚者首先应该是统治者，其次才是犯罪者自身。

【原文】

19.14　卫公孙朝问于子贡曰①："仲尼焉学②？"子贡曰："文武之道，未坠于地，在人。贤者识其大者③，不贤者识其小者，莫不有文武之道焉。夫子焉不学？而亦何常师之有？"

【注解】

①公孙朝：卫国大夫。当时鲁、郑、楚三国也都有公孙朝。所以指明卫公孙朝。②焉：何处，哪里。③识：通"志"。《汉书·刘歆传》引作"志"。

【译文】

卫国的公孙朝向子贡问道："仲尼的学问是从哪里学的？"子贡说："周文王和周武王之道，并没有失传，还留存在人间。贤能的人掌握了其中重要部分，不贤能的人只记住了细枝末节。周文王和周武王之道是无处不在的，老师从哪儿不能学呢？而且又何必有固定的老师呢？"

【精读论语】

学无常师

后人尊孔子为圣人，很大程度上是因为他的"博学而多能"。但是，孔子并未拜过名师。"孔子的学问从何而来"？子贡此章谈论的就是这个问题。孔子曾说过："我非生而知之者，好古，敏以求之者也。"可见，孔子并不自诩为天才，他的学问也是通过勤奋学习一点点积累起来的。

一般认为，"名师出高徒"，做学问当然要拜在名师门下，但是孔子不苛求于此。他曾说过，"三人行，必有我师焉"，认为人人皆可为师。据说孔子曾经问礼于老聃，访乐于苌弘，问官于郯子，学琴于师襄，唐代韩愈的《师说》说这些人"其贤不及孔子"。孔子为学人所长而不耻下问。"闻道有先后，术业有专攻"，数学家擅长数学，但不一定懂音律，他要想了解这方面的知识，所拜之师在数学方面很可能不如他，但这并不妨碍他学习音乐上的知识。也就是说，老师不一定方方面面都强于学生，只要在某一面强就值得拜他为师。话虽然这样说，但是世人还是一味地对名师高门心存向往，而那些名不见经传，但实际上很有实力的人却很少有人问津。久而久之，"出身好"竟然成了人们自我炫耀的一个资本，出身于名校名师就可以被人高看，相反，无门无派，能力强也很难被人承认，这几乎成为古往今来的一个惯例了。

公孙朝询问孔子师出何人，实际上是对孔子学问的质疑，因而遭到了子贡的有力反驳。子贡认为，道无处不在，治国安邦体现了道，农林医卜也有道在；高明的人能掌握道，普通人也能掌握道。因而，处处都可学习，人人都可为师。唐代韩愈曾写过一篇《师说》，把孔子"学无常师"的观点发挥到了极致。"生乎吾前，其闻道也固先乎吾，吾从而师之；生乎吾后，其闻道也亦先乎吾，吾从而师之。吾师道也，夫庸知其年之先后生于吾乎？是故无贵无贱，无长无少，道之所存，师之所存也。"不管长幼贵贱，只要掌握着道，就应该拜他为师，这就是"道之所存，师之所存"，也是孔子"学无常师"的理论依据。

历史上，凡有作为的人都不拘泥于门户之见，一家之言，他们秉持的是一种开放的态度，只要是"道之所在"，就乐于学习，而不在意是向谁学。明代李时珍在撰写《本草纲目》时，阅读参考了八百多种典籍。在做准备工作的时候，他发现对同一种草药或同一个病例，诸家的说法并不一致，有时还相互矛盾。这是关乎人命的大事，他为了得出最确切的结论，不仅自己亲自试药，还向许多有实践经验的医生、药工，以及有用药经历的樵夫、猎人等虚心求教。在这个基础上，他对历代医术记载的一千多种药物的药理药性作出了科学的定论，为我国医学事业的发展作出了贡献。

圣人尚且无常师，我们这些普通人还端什么架子，非名师不拜呢？现在看来，那些炫耀自己师出名门，或者炫耀自己是名牌大学毕业的人，是相当鄙陋的。但是，社会风气如此，盲目地崇拜名校、崇拜名师，无形中助长了人们上要上名校，拜要拜名师的想法，如果能从根本上遏制这种风气，人们说不定能回归到"学无常师"的圣人之道上。

尧曰篇
第二十

【原文】

20.1　尧曰："咨^①！尔舜！天之历数在尔躬，允执其中^②。四海困穷，天禄永终。"舜亦以命禹。

曰："予小子履，敢用玄牡^③，敢昭告于皇皇后帝：有罪不敢赦。帝臣不蔽，简在帝心^④。朕躬有罪，无以万方；万方有罪，罪在朕躬。"

周有大赉^⑤，善人是富。"虽有周亲，不如仁人。百姓有过，在予一人^⑥。"

谨权量^⑦，审法度^⑧，修废官，四方之政行焉。兴灭国，继绝世，举逸民，天下之民归心焉。

所重：民，食，丧，祭。

宽则得众，信则民任焉^⑨，敏则有功，公则说。

【注解】

①咨：即"嗟"，感叹词，表示赞美。②允：真诚，诚信。③履：商汤的名。④简：有两种解释：一、阅，计算，引申为明白的意思；二、选择。⑤赉（lài）：赏赐。⑥"虽有"四句：是周武王伐纣之辞。周亲，至亲。⑦权：秤锤，指量轻重的标准。量：斗斛，指量容积的标准。⑧法度：量长度的标准。⑨信则民任焉：汉行经无此五字，有人说是衍文。

【译文】

尧说："嗟嗟！你这位舜啊！按照上天安排的次序，帝位要落到你身上了，你要真诚地执守中正之道。如果天下的百姓贫困穷苦，上天给你的禄位也就永远终止了。"舜也这样告诫禹。

商汤说："我小子履谨用黑色的公牛作为祭品，明白地禀告光明伟大的天帝：有罪的人我不敢擅自赦免。您的臣仆的罪过我也不敢掩盖隐瞒，这是您心中知道的。我本人如果有罪，不要牵连天下万方；天下万方有罪，罪责就在我一个人身上。"

周朝实行大封赏，使善人都富贵起来。周武王说："虽然有至亲，也不如有仁人。百姓有罪过，罪过都在我一人身上。"

谨慎地检验并审定度量衡，恢复废弃了的职官，天下四方的政令就会通行了。复兴灭亡了的国家，承续已断绝的宗族，提拔被遗落的人才，天下的百姓就会诚心归服了。

所重视的是：民众，粮食，丧礼，祭祀。

宽厚就会得到众人的拥护，诚恳守信就会得到民众的信任，勤敏就能取得功绩，公正则大家心悦诚服。

【精读论语】

中国的政治传统

中国五千年的文明史，你方唱罢我登场，皇帝可以轮流做，但为政一方的传统却始终没有变，从尧舜圣王开始，一脉相传，直到清代。

帝尧授命与帝舜。

在这段文字中，孔子大量引用古文《尚书》，但不是单纯地在抄书，而是为了强调虽然时代在变，但政治传统没有变。

这段文字可以分为四部分，第一部分是尧将帝位禅让给舜时，对舜的告诫之辞，重点是"允执其中"。尧舜时，帝王是上天选来管理天下万民的人，这是个出力不讨好的苦差事。做出成绩了，是你分内该做的；做得不好了，又有负于上天的信任。因而，对他们来说，王位更意味着一种责任，而不是荣华富贵。受天命登上帝位，并不值得沾沾自喜。要想挑起先王交付的重担，就需要拿出一百二十分的诚意与努力。如果做不好，天能给你，也一样能收回去。衡量这个神圣使命完成的如何，要看是否"四海困穷"。天子有掌管四海的权力，但权力背后是责任，不要让百姓走投无路，否则君主自己也走投无路，"天禄永终"了。

第二部分是商汤祷告上天的一段话，重点是"朕躬有罪，无以万方；万方有罪，罪在朕躬"。这说的是一种敢于担当的勇气。商汤像上天说：如果是我的罪过，就降罪于我，不要连累我的百姓；如果百姓有什么地方做得不对，恰恰是我这个王没有做好，要降罪就降罪于我吧。这告诫后世帝王，作为天下苍生之主，应该有这样的胸怀、魄力与担当。话虽这么说，后世真的能为万民担当的君主却不多。在更多的帝王那里，商汤的誓言掉了个个儿，变成了"朕躬有罪，加以万方；万方有罪，和我无关"。即使如此，我们仍应看到，这种担当精神还是延续下来，至少是后世帝王必须明示天下的宣言。

第三部分是武王伐纣后分封诸侯时的一段话，重点是"虽有周亲，不如仁人"，这讲的是要重视人才。亲戚再多也是有限的，要想单靠亲戚的支持执掌政权，那简直是不可能的，你所要赢得的是天下苍生的支持，最应该争取的是其中能力出众的人，有了这些人的支持，你的事业才能长盛不衰。

接下来讲的，是孔子的治国之道。"谨权量，审法度，修废官"，说的是要建立一套行之有效的制度，不管是度量衡，还是法律法规，抑或是官员任免的制度，都是为了有法度可依，否则人们便会"无所措手足"；只有在制度之下，社会才有秩序可言，才能实现"四方之政行焉"。"兴灭国，继绝世，举逸民"说的是对已有传统的继承，确实是"长江后浪推前浪，一代更比一代强"，但是后代毕竟是在前代的基础上成长起来的，颠覆前代的同时，还是能从前代身上学到很多东西的，不能对前代采取一笔抹杀的态度，而是要有继承有发展。

"所重四者"是围绕着百姓生活的四个方面来说的，重民的政治传统不仅在当年非常正确，而且永远不会过时。一切工作都是围绕着人进行的，一切思想都是以人为核心提出的，下文的"宽、信、敏、公"四字也都是围绕着人提出来的。没有人，就什么都没有，有了人，就有了一切。早在尧舜时，我们伟大的祖先就认识到了这一点，虽然没有明确提出"以人为本"的理念，但确实是照着这个理念做的。当然也只有这样，才能实现"天下归心"。

虽然几千年过去了，但我们政治上的这个优良传统不应该抛弃。只有坚持"以民为本"，执政者才算尽到了应尽的责任，才算对得起天命所赋。历史上，反传统的不是没有，但是他们的下场都告诉我们，背弃优良传统是不会长久的。

【原文】

20.2　子张问于孔子曰："何如斯可以从政矣？"子曰："尊五美，屏四恶①，斯可以从政矣。"子张曰："何谓五美？"子曰："君子惠而不费，劳而不怨，欲而不贪，泰而不骄②，威而不猛。"子张曰："何谓惠而不费？"子曰："因民之所利而利之，斯不亦惠而不费乎？择可劳而劳之，又谁怨？欲仁而得仁，又焉贪？君子无众寡，无小大，无敢慢，斯不亦泰而不骄乎？君子正其衣冠，尊其瞻视，俨然人望而畏之，斯不亦威而不猛乎？"子张曰："何谓四恶？"子曰："不教而杀谓之虐；不戒视成谓之暴；慢令致期谓之贼；犹之与人也，出纳之吝，谓之有司③。"

【注解】

①屏（bǐng）：除去。②泰：安宁。③犹之与人：犹之，同样的意思。与，给予。犹之与人，同样是给人。出纳：出和纳两个相反的意义连用，其中"纳"的意义虚化而只有"出"的意义。有司：古代管事者之称，职务卑微。

【译文】

　　子张向孔子问道："怎样才可以治理政事呢？"孔子说："推崇五种美德，摒弃四种恶政，这样就可以治理政事了。"子张说："什么是五种美德？"孔子说："君子使百姓得到好处却不破费，使百姓劳作却无怨言，有正当的欲望却不贪求，泰然自处却不骄傲，庄严有威仪而不凶猛。"子张说："怎样是使百姓得到好处却不破费呢？"孔子说："顺着百姓想要得到的利益就让他们能得到，这不就是使百姓得到好处却不破费吗？选择百姓可以劳作的时间去让他们劳作，谁又会有怨言呢？想要仁德而又得到了仁德，还贪求什么呢？无论人多人少，无论势力大小，君子都不怠慢，这不就是泰然自处却不骄傲吗？君子衣冠整洁，目不斜视，态度庄重，庄严的威仪让人望而生敬畏之情，这不就是庄严有威仪而不凶猛吗？"子张说："什么是四种恶政？"孔子说："不进行教化就杀戮叫作虐，不加申诫便强求别人做出成绩叫作暴，起先懈怠而又突然限期完成叫作贼，好比给人财物，出手吝啬叫作小家子气的官吏。"

子曰：尊五美，屏四恶，斯可以从政矣。

五美四恶

孔子的很多弟子都在做官，他们经常向孔子请教为政之道。前面有很多章节是关于"问政"的，这里所讲的是子张问政。在对子张的答复中，孔子提出了著名的"尊五美，屏四恶"，认为遵此而行，才能达成天下大治。

先说五美。第一，惠而不费。执政者和百姓之间的利益关系并不是此消彼长，不是说百姓得了什么好处，执政者就一定要损失些什么。不管在经济上还是在政治上，只要做到"因民之所利而利之"，双赢的局面绝对是可以达到的，具体的做法是因势利导。没有人不想走上富裕的道路，只要在能得利的地方，放手允许老百姓得利，老百姓就能得利。举个例子，一个小山村盛产水果，但交通闭塞，水果运不出去。在这种情况下，不用政府部门拨款，果农们自筹资金也会修出一条路来，执政者所要做的就是顺其自然，不加阻拦就行了。第二，劳而不怨。人性中都有利己性，被人指使者去干这干那难免有怨言。但是，如果执政者指使百姓去做事，能给百姓带来切身利益，民众何乐而不为！比如兴建水利工程，可以减少洪涝灾害，而且还能挣点工钱补贴家用，纵使没有钱，百姓们也不会有怨言。第三，欲而不贪。孔子承认了欲望存在的合理性，但是要求欲望要有度，到了贪得无厌的地步就无药可救了。要做到欲而不贪，只有靠加强个人修养。孔子所说的"欲仁而得仁"，就是倡导君子们用求仁之心克制那些乱七八糟的欲望。第四，泰而不骄。就是对待任何人都要满怀敬意，不能把人分成三六九等。既不趋炎附势，也不盛气凌人。第五，威而不猛。执政者一定要立威，否则管理臣属、发号施令时就没有影响力。要想真正立威，首先要赢得他人尊重。自己行为端正，"正其衣冠，尊其瞻视"，威仪自然就有了。

要做一个优秀政治家，仅有五美是不够的，还要摒弃四种恶政。第一，不教而杀。任何一个社会的法律体系都建立在人们的是非观念上。是非观念的形成，依赖于教育。如果民众还没有被告知什么是对什么是错，就不知道自己的行为是否合法，也不应该受到惩罚。不教而杀就违背了这个原则，民众不知行为犯错，莫名其妙地被杀，这种恶政叫作虐。第二，不戒视成。事情的成功有赖于事先的周密计划与妥善安排，如果事先什么都不讲，事后却要求出成绩，这种行为是非常不合理的，孔子称其为暴。第三，慢令致期。这一恶明显有点作弄人的意味，布置工作时，并没有强调工作的重要性与紧迫性，某天又突然宣布这件工作要求限期完成，而且期限已到。孔子将这种行为称为贼。第四，与人，出纳之吝。这句话意思就是答应给人某件东西，到给的时候却又舍不得。很多执政者都有这个毛病，下属立了功，自然要奖赏，东西许下一箩筐，临了却舍不得给，这是一种目光短浅、贪私吝啬的表现。这种人终将画地自限，飞不高也走不远。

五美四恶只是一种说法，要想成为一个合格的执政者，要做的并不只这些。概括地说就是要培养学习好的方面，摒弃一切不好的方面，只有这样才能为一个优秀的执政者。

【原文】

20.3　子曰：“不知命，无以为君子也[1]；不知礼，无以立也；不知言[2]，无以知人也。”

【注解】

[1] 无以：“无所以”的省略。 [2] 知言：善于分析别人的言语，辨别其是非善恶。

【译文】

孔子说：“不懂得天命，就没有可能成为君子；不懂得礼，就没有办法立身处世；不知道分辨别人的言语，便不能了解别人。”

中庸

中 庸

宋代朱熹说,《中庸》是"孔门"传授心法。《中庸》的内容,论述了人性、社会、政治、哲学,提出了具有普遍意义的中庸之道。

《中庸》

作者 子思　　时代 战国初年　　内容 孔门心法

不偏不倚　　过犹不及　　忠恕之道

子思是孔子的孙子,子思的父亲早在孔子在世时就死了,但子思却获得了经常与孔子交流的机会。孔子死后,子思又拜曾子为师,成为儒家八派中的一个代表,他将他所得真传传给了孟子,便是《中庸》。我们现在经常说孔孟之道,要知道在孔子和孟子之间,还有曾子和子思为儒家作出的贡献。

战国始于公元前475年,或者从韩、赵、魏三家分晋(公元前403年)算起,至公元前221年秦并六国。战国时期,齐、楚、燕、韩、赵、魏、秦这七个诸侯强国连年征战,在军事、政治、外交各方面的斗争十分激烈。由于秦国的商鞅变法发挥了富国强兵的重要作用,秦国终于后来居上,逐一灭掉了其他六国,完成了"秦王扫六合"的统一大业。

中庸,其实是一种处世方法,这种方式融入人的行为方式,就自然成为一种道德素养;融入国家管理,则成为政治管理原则。这里所讲的,就是这种处世方法的理论和运用。

安贫守志的子思

鲁缪公曾多次邀请子思做官，子思坚持不受。为了潜心研究学问，他移居到了宋国，以免被人打扰。鲁缪公这人倒是很执着，一次被拒绝了不死心，就派了使者去宋国拜见子思，还带了一份厚礼。子思二话没说，当即把人赶了出去。子思

子思作《中庸》。

一辈子也没做官，学生求学时给他的一点见面礼就成了他唯一的生活来源，所以他一辈子住在破旧的陋巷中度日，过着饥寒交迫的日子，跟颜回有点像。饱受生活折磨的子思，到了六十二岁的时候再也支撑不下去了，终于离开了人世。

何为"中庸"？《中庸》里主要讲了什么？

所谓中庸，宋代程颐解为："不偏之谓中，不易之谓庸。"《中庸》云："喜怒哀乐之未发，谓之中；发而皆中节，谓之和。中也者，天下之大本；和也者，天下之达道也。致中和，天地位焉，万物育焉。"这

是《中庸》的核心思想，写出了天地和谐的自然天性，是宇宙的本来状态，而天地之间的人一旦拥有这样的和谐状态，就达到很高的境界。天地万物达到一种和谐无碍的境界，人与天地合为一体，行事自在，万物欣欣向荣，人则可以得到可持续的发展。

《中庸》不长，不到一万字，却是跟《论语》《孟子》并列的经典，它主要说的是什么呢？说白了就是中庸之道，就是用中正、中和的方式做人做事，这是《中庸》最核心的东西。

天地万物有其相生相息，并因此得以和谐发展的规律。

人的喜怒哀乐，都以"礼"来节制，就可以做到"和"。

忧悲

人

怒

和

　　"中"原意不是现在人想的"持中，中立"那么简单，它其实是有点玄机的，首先是叫人不要过头了、极端了，不偏不倚是为中，万事都要刚好才行。就像是一道菜，火候适中时候才能烧好。《中庸》里还说"喜怒哀乐之未发谓之中"，可见它还指人的本心，人人心里都有个"礼"，喜怒哀乐变成行为的时候，这个"礼"就让行为做到恰当、自如不过分。"庸"如何解呢？孔子说"不易之谓庸"，庸就是稳定不变的东西。一句话，中庸就是让人的内心和行为做到协调，做事情不要有过和有不及。

　　如果说《大学》是治世哲学，那《中庸》可称得上修身哲学，如书中说"自诚明，谓之性；自明诚，谓之教。诚则明也，明则诚也"，说的是心诚跟明理的关系，如果理顺了，读书人可受益一辈子。所以历史上的朱熹、顾炎武、曾国藩诸人，读懂了《中庸》，才做到了至善、至诚的中庸境界。

　　《中庸》还提出了"诚"的概念。人要想与天地并列，达到天人合一的境界，就必须要"至诚"。曾子也把"诚"作为达到最高理想的必要修养，子思把诚发挥到极致。只有诚，才能充分发挥自己固有的天性，才能发挥事物最大的能力，才能参与天地化育。

高明之道，中庸不是折中主义

　　孔子的中庸思想长时间被人误读。很多人觉得中庸就是"折中主义"，做到中庸的人就表现为唯唯诺诺，软弱无能，"好好先生"。其实呢，中庸所揭示的道理，非但不是这般消极悲观的，而且还是积极乐观的。承认矛盾，重视统一，这是中庸反映的道理，这也是儒家思想重要的一部分。这种"无过无不及"的"恰到好处"，就是儒家道德的最高准则。

　　《中庸》解释的不单是做人的道德准则，还涉及国计民生的问题，所以它才会成为人们终身受用的经典和"实学"。

【原文】

天命之谓性①，率性之谓道②，修道之谓教③。

道也者，不可须臾离也，可离非道也。是故君子戒慎乎其所不睹，恐惧乎其所不闻。莫见乎隐④，莫显乎微⑤。故君子慎其独也。

喜怒哀乐之未发，谓之中⑥；发而皆中节⑦，谓之和。中也者，天下之大本也；和也者，天下之达道也。致中和，天地位焉，万物育焉。

【注解】

①天命之谓性：人的本性是上天所赐予的。命，赋予。性，指天赋予人的本性。②率：循，遵循。道：是指事物运动变化所应遵循的普遍规律。③教：教化，政教。④见：通"现"，表现。隐：隐蔽，暗处。⑤微：细事。⑥中：指不偏不倚，不过与不及。⑦发：表露。中（zhòng）：合乎，符合。节：法度。

【译文】

天所赋予人的就是本性，遵循着本性行事发展就是道，把道加以修明并推广于众就是教化。

道，是不可以片刻离开的，如果可以离开，那就不是道了。所以，君子就是在没有人看见的地方也是谨慎小心的，在没有人听见的地方也是有所戒惧的。要知道，最隐暗的地方，也是最容易发现的。最微细得看不见的事物也是最容易显露的。因此，君子要特别谨慎一个人独居的时候。

人们喜怒哀乐的感情没有表露出来的时候无所偏向，叫作中；表现出来以后符合法度，叫作和。中，是天下万事万物的根本；和，是天下共行的普遍标准。达到"中和"的境界，那么，天地一切都各安其所，万物也都各遂其生了。

天命之谓性，率性之谓道

每个人开蒙启智之后，都会好奇地探寻自己是从哪里来的，但总是不得要领。作为中国传统文化中最具哲学意味的经典，《中庸》开宗明义，回答了世人普遍关心的问题：天命之谓性。这句话说得言简意赅，玄远深邃，颇难理解。要想明白这句话的含义，必须参透"天命"和"性"两个关键词。

在科学昌明的当今社会，我们尚且不能回答生命起源的问题，就更不用说两千多年前的古人了。所以，先哲把生命和人类智慧的起源笼统含糊地归结为"天命"。那么什么是"天"呢？姑且理解为宇宙世界的最高主宰吧，类似于西方的上帝。但是，儒家的"天"不同于上帝，它在赋予人生命的同时，也赋予某种需要个人来完成的使命，这便是"天命"了。换句话说，《中庸》认为，人是肩负着某种使命降临人世的。更为奇特的在于，当上天赋予人"性命"之后，人便有别于其他动物，获得了一种独特的自觉完成使命的能动性。故而，《中庸》视野下的人，能够感知天命，发挥自己的才能智慧，主动地体认、回应并完成上天的使命，成就自己圆满的人生。

在赋予人使命的同时，上天也同时给予人类共同的智慧和独特的个性，"使命""共性""个性"的综合，便是《中庸》所说的人之"性"。所谓"共性"，是说每个人的生命中，有很大一部分是与芸芸众生完全相同的，比如生老病死的自然规律，比如饥餐渴饮的基本欲求，比如喜怒哀乐的情感流露，等等。所谓"个性"，是说人的天性中还有一部分是自己独有的，比如性格爱好、饮食习惯，比如精神气质、先天禀赋，等等。每一个具有独立人格的个体，正是因为禀受于天的、生来具有的这些资质，才能得以完成上天的命令，实现生命的价值。

这些道理我们是怎么知道的呢？答案是通过圣人了解的。圣人负有特殊的使命，他们以其特殊的禀赋，洞察宇宙世界的本源，比常人更明确地感受到人类的"天命"，并掌握了体认天道的具体路径。他们总结宇宙世界、人类社会发展的客观规律，阐述人们修身养性的方法,解说构建和谐社会的策略,引导人们获得成功,这被称为"圣人之道"。上天就是通过圣人把这些道理传播到人间的。

与圣人不同,世俗之人的成功,在于领悟圣人之道后,充分发挥自己能动之"性",修成崇高品德,感化周围民众;磨砺杰出能力,造福社会国家。要想达成这样的目的,需要我们"率性"而为。"率性之谓道",这便是《中庸》给世俗之人指出的成功之道。也就是说,我们要想获得人生的成功,必须认清自己的"天命"和"个性",从自己的兴趣爱好出发,完善自己的性格,提高自己的能力,在此基础上建功立业。

"人啊,认清你自己!"这是几千年前古希腊阿波罗神庙上雕刻的名言,被芸芸众生奉为圭臬。可是,这句话对于如何认识自己、认识自己的目的是什么、怎样实现人生价值,都没有述及。而"天命之谓性,率性之谓道"则清晰地告诉我们,要从天命角度认识自己,认识自己的目的是实现人生使命,达成人生圆满的途径是"率性而为"。相较古希腊名言,《中庸》的见解不仅同样高深,而且更为丰富全面。

古罗马皇帝哲学家马可·奥勒留在其哲学著作《沉思录》中曾经写下了这样一段话:"人最智慧的生活,就是顺应自己的天性去生活……"而依据《中庸》理论,则可以说,人的成功便是正确定位人生,发挥出自己的无限潜能而有所作为。

君子慎其独也

"慎独"是什么?它是一种高尚的品质,一种修养的境界,一种自律的精神,一种坦荡的胸怀。所谓"慎独",是指人们在独自活动、无人监督的情况下,凭着高度的道德自觉,按照正确的规范行动,而不做任何有违信念、原则之事。它是衡量一个人道德修养的重要标准。"慎独"二字,其实还可以分开来讲:"慎"是指小心、细心、谨慎,是对自己的言行举止负责任的态度;"独"并不是孤独或者寂寞,而是有独处而自足之意,是得道之后的超脱淡然。

《中庸》中说道:"君子戒慎乎其所不睹,恐惧乎其所不闻。莫见乎隐,莫显乎微,故君子慎其独也。"中国人重视道德,做事向来也讲究以德服人。古人说德才兼备，德在才之前，可见有时候一个人的德行比才能更受人重视。在中国，人人都知道何为美德，但是对如何培养美德却不甚了解。其实，修德的方法是孔子理论的一个重点，而"慎独"则是众多方法中最重要，也是最有特色的。《大学》《中庸》等儒家经典著作，在开篇之初都不约而同地说到了"慎独"。

君子慎独。

　　很多人都认为，道德高尚与否体现在能被大家看得见的地方，在外在的待人接物中做到克己待人就是高尚的君子。殊不知，大家都能看见的，只是表面的东西。每个人都有这样的经验，当自己独处之时，对内心的想法感知得最明显。幽暗细微之事，虽然形迹未被人窥探到，然而意念微动之时是否合乎道德，才是最应该注意的。也就是说，要做到慎独，必须在别人看不见的地方下功夫，这才是慎独的本意。往圣先贤讲慎独，不是着眼于外在的功利目的，而是追求一种内在的精神境界。

　　慎独绝不是在大庭广众之下做做样子而已。人前一个样，人后一个样，那是假道学。一个人平时内心充满肮脏的想法，而外表总喜欢装出一副高尚的样子；或者作了不少损人利己的坏事，却在外人面前试图掩饰。这样做，不是提高自己的形象和修养，而是伪装和欺骗，是人性的迷失和灵魂的堕落。真正的修养，是表里如一，是任何时候不加伪饰的真诚和坦然，是问心无愧的安详和平静。这样的神态气度都来自内在修养，来自慎独。得道的君子即使独处静室，没有人在身边，他的言行举止也是谨慎的，目之所见，耳之所闻，戒慎戒惧，不敢有丝毫懈怠。明代学者徐溥为了敦促自己修身进德，便找来两个瓶子放在书桌上。每起一善念或做一件好事，就在左边瓶子里放一颗黄豆，每起一恶念或做一件不好的事，就在右边瓶中放一粒黑豆。开始的时候,黑豆多黄豆少。见此情景,他便积极反省,对自己提高要求。

过了两个月,黑豆黄豆的数量开始接近,他便更加严厉督责自己。半年以后,黄豆大大多于黑豆。就这样,徐溥通过严格自我的约束,不断完善品行,提高自己道德水平。徐溥的做法,就是典型的"慎独"。

慎独的精义,在于一个"诚"字。诚是安身立命、为人处世的根本。不但身在众人之间,要真诚待人,而且自己独处静室之时,也要诚于自己的内心,不停地反思自己,改正错误,培养向善的执着力量。

诚于人者,清白无碍;诚于心者,问心无愧,可直面天地鬼神。诚于心,形于外,这样才称得上是真正的慎独。

【原文】

仲尼曰:"君子中庸①,小人反中庸,君子之中庸也,君子而时中②。小人之反中庸也,小人而无忌惮也。"

【注解】

①中庸:不偏不倚,无过不及。②时中:做事恰到好处。

【译文】

孔子说:"君子的言行都符合中庸不偏不倚的标准,小人的言行违背了中庸的标准,君子之所以能够达到中庸的标准,是因为他们的言行处处符合中道。小人之所以处处违背中庸的标准,是因为他们无所顾忌和畏惧!"

【精读中庸】

君子中庸,小人反中庸

君子处世,秉持中庸之道。中庸之道也就是要求君子的一言一行要恰如其分、恰到好处,这是人生的最高境界,也是处世的最高学问。

"中庸"一词,最早出于圣人孔子之口。孔子认为,君子说话行事，奉行中庸之道。这种中庸之道是人生的大智慧，用理学家朱熹的话说就是："中庸者，不偏不倚，无过不及，而平常之理，乃天命所当然，精微之致也，唯君子能体之，小人反是。"意思是说，中庸之道虽然极为平常，但又极为精微高深，

君子之中庸也，君子而时中。

唯有仁人君子、智慧贤能之人，才能够体会到其中的不可言说的微妙精义。而那些小人却反其道而行之，他们的言行不是恪守中庸之道，不能够做到恰到好处，而是往往偏激狭隘，固执一端。所以孔子说："君子中庸，小人反中庸。"

恪守中庸之道的君子与违背中庸之道的小人，行为风格具有明显差异，给人的印象有天渊之别。中庸之道就如同棋盘上的楚河和汉界一样，把君子和小人区分开来，泾渭分明，一目了然。

中庸思想的本质，是对一切事物不偏不倚地对待，并加以包容并合理地利用。在客观存在的事物之中，无论它的本质是什么，都含有一定的必然性意义。我们对此必须有所察觉、有所领悟，在具体的时空条件下作出适宜的选择。也就是说要做到包容一切，为己所用，因势利导，趋利避害。在具体的事物运用过程中，注重适度原则，不偏不倚，无过无不及，不厚此薄彼，在微妙的关系空间中寻求一种包含大智慧的平衡，这也正是中庸思想历来为人所认同和称道的精髓所在。

君子为什么能够做到中庸呢？这是因为仁人君子拥有博大的胸襟、卓越的见识、远大的目光，能够从长远处考虑事情，从细微处把握事情的发展动向与本质特点，并及时作出判断。他们深谙中庸之道，做事情既不偏激，也不极端，既不专断，也不投机，而是从伦理大道出发，包容众长，顺天应人，做到我为人人，人人为我。

而道德败坏之人则不同，他们既不能包容他人，也不能和他人共享，忽视他人的存在。他们往往目光短浅，只看重眼前利益，急

功近利，以短暂性的顷刻满足为一切处世的出发点和原则，这样就违背了中庸之道，和这种大智慧、大境界的距离越来越远。

中庸之道的大智慧不仅在儒家思想中被君子恪守不弃，即使在佛家思想中，也多处有所体现。佛祖释迦牟尼曾经以弹琴来比喻修行：我们在弹琴时如果弦太松，就发不出声音来；可是如果弦太紧了，声音就不好听，而且琴弦很有可能会崩断。佛法修行也一样，太松懈了容易荒废怠慢，最终难成正果；而太紧张了容易无法心静入定，容易生烦恼、起无名，最终也难成大器。所以释迦牟尼告诉弟子要不紧不慢、和谐有度。佛教的这种思想和儒家的中庸之道其实是一个道理、一种智慧，都是说做事情要恰如其分，不偏不倚。

《菜根谭》里说，士君子处世，要做到"快意回头，拂心莫忘"，这种思想其实和中庸思想是一脉相承的。一个人的言谈举止是否能够达到中庸的人生境界，这不仅仅是君子与小人的区别，也是智慧与愚蠢的区别，更是成功者与失败者的区别。

君子时中，不偏不倚

春秋战国时期，韩国官场人浮于事，政令混乱，国力相对落后。在争霸的年代，国力不济会被淘汰出局，很有可能被其他的强大的诸侯国兼并。在这种背景下，韩昭侯在继位之后，迫切地希望整顿吏治，进行改革，增强国力。于是，他选贤任能，破格提拔贱臣申不害为相，力行改革。

申不害是当世奇人。他原本是郑国京邑（今郑州荥阳东南京襄城）人，曾为郑国的一名小官员，韩哀侯二年（公元前375年），韩国灭掉郑国，申不害也就成了韩国治下的臣民，并做了韩国的一名低级官员。申不害极具才华，很快就在韩国朝堂上崭露头角，令韩昭侯刮目相看。韩昭侯的倚重，也使得申不害得以在处理国家事务上施展才华和抱负。

申不害为战国中期法家的代表人物。申不害主张"术"治，强调权谋，强调君王驾驭群臣的手段。历朝历代，臣子弑君之事屡有发生，申不害据此认为，君主最大的危险并不是来自于外部，而是来自于内部和臣下，因此要求君主强化对大臣的监督、任免和控制。申不害反对立法徇私，认为国君只有做到正直无私，不因言废法，臣下才能忠于职守。他曾对韩昭侯说："法者，见功而行赏，因能而受官。今君设法度而左右之请，此所以难行也。"意思就是说，依法治理国家，就应该赏罚公正，如果君王设立法度，却不按法律办事，完全凭个人喜好来办事的话，法律就形同虚设。这些观点得到了韩昭侯的赞许。

韩昭侯是韩国较为英明的君主，既然有心纠正韩国官场的不正之风，增强国力，便恪守法制，遵循原则，绝不徇私。有一次，韩昭侯喝酒喝醉了，烂醉就寝，碰巧被典冠（管理国君帽子的官员）看见，就为韩昭侯加了一件衣服。韩昭侯醒来后，看见身上的衣服十分高兴，问："是谁给我加的衣服？"

左右回答："是典冠！"

韩昭侯闻言，脸色顿时变了，下令惩处了这名典冠。

众人都疑惑不解，典冠也是满腹的委屈，自己做了好事，为什么还要接受惩罚呢。韩昭侯并没有作过多的解释，又下令处罚了典衣（管理国君衣服的官员）。众人仍不解，典衣又没过错，为什么处罚呢。

等处罚了两人之后，韩昭侯才对众人解释道："寡人惩处典冠，不是因为他为寡人添加了衣物，而是因为他犯了越权的错误。并不是说寡人不怕冷，而是因为越权的害处比寡人受寒的害处要大得多！寡人惩处典衣，是因为他犯了失职的错误，明明属于他职权范围内的事，他却不去做，这叫在其位不谋其政，罪有应得！"众人听了这话，纷纷拜服。

小吏枉法，韩昭侯能够铁面无私，公正处罚，大的官员有了过错，他也能够坚持原则，一切按照典章制度行事。韩昭侯处理君臣关系，深得申不害"术"治的精髓，以圆滑通融的方式协调君臣关系，既不会因为过于刻薄而有伤了臣子之心，也不会过于放纵而滋长臣子的不正之风。

申不害在当上相国之后，内修政事，使得韩国国势蒸蒸日上。申不害得志后，也想为自己的亲属谋个一官半职。于是，私下里请求韩昭侯给自己的一位堂兄封一个官职。申不害认为凭借自己的身份和地位，韩昭侯一定会答应，却没有想到被韩昭侯拒绝了。

申不害心里不忿，脸上流露出怨色。韩昭侯看在眼里，对申不害说道："我向先生学习的目的，是打算用来治理国家的。我现在是听从你的请求而废弃你的学说呢，还是实行你的学说而废弃你的请求呢？先生不是曾经教导我要根据功劳大小来任用人，封官晋爵，而今先生却另有私求，那我听哪个话才对呢？"

申不害听了这话，立即意识到自己错了，慌忙请罪，说："君上真是贤明的君主啊，请处罚我吧。"

人们不得不赞叹韩昭侯的领导艺术。面对着申不害徇私求官的举动，韩昭侯先是坚持原则，公正无私地予以拒绝。当见到申不害脸有怨色后，他和这位肱股之臣进行了一次谈话。他没有直接批评申不害的徇私之举，而是通过委婉的语言，告诉申不害自己拒绝其求官的要求，实是为了维护申不害所立的法度。这样，既达到了自己的目的，也给臣子保住了颜面。申不害也是聪明人，听见韩昭侯的话，岂有不明之理？于是，赶紧请罪，君臣之间的一次小风波就这样化于无形。韩昭侯以中庸之道处理君臣事务，收到了很好的效果。但申不害作为韩国改革的主要推手，说一套做一套，就有违中庸之道了。

中庸做人，是要求人们处事要周全，以谦和、友善的态度对待身边的人，该做的要做，不该做的坚决不做，处理问题要做到公正无私、不偏不倚。韩昭侯以中庸之道驾驭众臣，得到了像申不害这样的耿介之臣，壮大了国力。韩国也因而赢得了"劲韩"之名。

【原文】

子曰："中庸其至矣乎！民鲜能久矣①。"

【注解】

① 鲜：少。

【译文】

孔子说："中庸是最高的道德标准了吧！可是人民已经长时间不能做到了。"

中庸为至道

古希腊的大哲学家亚里士多德曾经说过这样一句话："中道行为使人成功。"那么什么是中道呢？那就是中庸之道。由此可见，在那些真正属于大智慧的领域之中，无论西方的大师还是东方的先哲，他们的所感所悟是相同的。这也许正是人们说智慧是一种超越时间和空间的存在的一个最好证明。

在那古老而久远的年代，先贤们已经认识到了中庸之道的高明伟大，并且见诸文字，诉诸笔端。希望以此为子孙后代进行智慧的启蒙、灵魂的洗礼、操行的培养。有句话是这么说的："法乎其上，得乎其中；法乎其中，得乎其下。"

也就是说，当我们以最高层次的精神和人格境界作为自己人生的追求目标时，我们可能只会达到中层的境界；而如果我们以中层的人生和精神境界作为追求目标时，我们可能所达到的只是不入流的下层之境。所以，既然想要做一个品行高尚的君子，渴望做一个胸怀大智慧的人，我们就应该"志当存高远"，应该"法乎其上"，而人生的最高境界和最高智慧莫过于中庸之道。如果能够深刻地领悟和理解其中的奥妙与智慧所在，那么离我们的人生目标就越来越近了。

为什么说中庸之道是最高的德行和智慧所在呢？宋代儒学的集大成者朱熹给我们这样解释说："过则失中，不及则未至，故唯中庸之德为至。"也就是说，中庸之道是一种很难把握的处世之道，也是一种很难达到的思想境界。因为它处在一个不偏不倚、中正平和的临界点上，只有当你达到这一点时，你才真正把握了中庸之道。过一点不行，那就失中了；差一点也不行，那就不及了。因为中庸是最高的人生境界，所以一般人很难达到。也正是由于它的难以企及，才显得高深与伟大。

中庸之道作为高深的智慧和德行的根本之源，其命运注定是曲高和寡的。这是因为很少人能够真正领悟到其智慧所在，要在一言一行中去践行更是难上加难了。而且，不懂得中庸之道的不光是那些世俗之人，平常人也常常会误解它的真意，引发许多不切原旨的处世原则。甚至是有一定学识才华的人，也不懂其中的真正奥秘和精义，不能够按中庸之道去为人处世、待人接物。正是因为这样，中庸之道才显得更加难能可贵，更加让我们对其"高山仰止，景行行止"，更坚定了我们追求这种人生境界和人格修养的决心和信念。

正因为中庸之道是一种至道，所以想要把握和领悟就非要一番"寒彻骨"，才能体会其高深思想和奥秘智慧的"扑鼻香"。我们要学会在两端之中寻求一个契合点，在动与静的时空变化中做到动静结合，恰到好处。在悲与喜的人生变幻中做到不以物喜，不以己悲。在与他人的角色换位中做到我为人人，而非人人为我。虽然这是一种很难达到的境界，但只要你有一颗胸怀中庸之道的君子之心，中庸之道就会慢慢地渗透到你的精神与人格中。

中庸之道是一种人生的"至道"，只有真正拥有智慧的人，才能够感悟到它的伟大，才会有一种"于我心有戚戚焉"的了然于胸的心照不宣的体验，才能真正以中庸之道去为人处世。

人所同得，初行无难

中庸之道作为为人处世的最高法则和人格修养的最高境界，它是如此高深和伟大，它听起来那么高深莫测，是不是我们平常人永远无法企及，只能够望而却步却无能为力呢？如果它真是那么高不可攀的话，我们苦苦追求而达不到，那么我们的付出又有什么意义呢？

也许我们刚刚领会了一点中庸之道的伟大之所在，会生出以上的诸多怀疑。然而，这些怀疑确实是没必要的。朱熹在评述中庸之道时，给了我们最恰当的解读。他说，中庸之道虽然是人生至道，"然亦人所同得，初行无难"。

也就是说，中庸之道作为一种最高思想境界和人生法则，如果想要完全领悟其智慧几乎是不可能的。但是，只要我们用心去领悟，并用这种人生至道作为人生法则来为人处世，我们肯定会从中受益。

也许我们每一个有心人的心中，都有一种"会当凌绝顶，一览众山小"的渴望和抱负，都想把中庸之道的思想与智慧全部汲取为己所用。然而，不要忘了，中庸之道要求我们适度为美，做什么事情都不要求百分之百的完美，恰到好处才是最好的，也许百分之九十才是真正的"完美"。

所以，即使达不到中庸之道的最高境界，也并不意味着我们一无所获，当然更不意味着我们天资愚笨，一无是处。人的一生中，肯定有些事是永远也无法完成的，有些境界是永远也无法达到的，但是，我们不能因此就否定自己的能力，否定自己的选择，也不应该否定自己的努力。因为每一件事情，只要用心去做，肯定会得到一些东西，哪怕是失败的教训，也是一种得，也许是一种更加珍贵的一种收获。

在现实生活中，我们可以用中庸思想来指导我们的言谈行为，待人接物不偏不倚，为人处世中正平和，表达观点、发表言说时力求做到不偏激、不极端，即不出言不逊、出口伤人，又能够切中要害。在处理事情时，兼顾到多方面、各层次人群的需求和感受，给人一种堪担大任、正直无私而非夸夸其谈的印象。可见在日常生活中，我们很多方面都可以用中庸之道作为处世法则，来指导我们的一言一行。

中庸之道除了可以作为处世法则之外，对我们个人的人格修为和思想境界的提升也大有帮助。我们可以用不偏不倚的态度去对待一切事情，坚守自己的道德底线，磨炼出一颗宽容而强大的心灵，慢慢接近一种"中正平和"的人生境界和人格修为。

【原文】

子曰："道之不行也①，我知之矣：知者过之②，愚者不及也。道之不明也，我知之矣：贤者过之，不肖者不及也③。人莫不饮食也，鲜能知味也。"

【注解】

①道：中庸之道。②知者：指智慧超群的人。知，通"智"，智慧，聪明。③不肖者：柔懦的庸人，与贤者相对。

【译文】

孔子说："中庸之道不能在天下实行，我知道原因了：聪明的人自以为是，实行的时候超过了它的标准，而愚蠢的人智力不及，不能达到它的标准。中庸之道不能为人所明了，我也知道原因了：有德行的人要求过高，做得太过了，没有德行的人要求又太低，没有做到。这正像人们没有谁不吃不喝，但却很少有人能够真正品尝滋味。"

【精读中庸】

智者过，愚者不及

中庸之道不行于世，使得孔子感到十分凄凉和无奈，他在感慨的同时，也开始追问其原因，经过一番思索，他认为，中庸之道之所以慢慢衰落，如果从人自身的角度上来看，其中一条重要的原因就是：智者过，愚者不及。

在现实生活中，往往有太多太多的"聪明人"，他们在别人面前处处想要表现自己，显示自己与众不同的"聪明才智"，他们不认可任何与自己不同的观点，也不接受其他人好心的劝告和批评。这样的人自以为是，处处要显现出自己高别人一等，想要寻求一种鹤立鸡群般的虚荣心的满足。而这样做的结果是不言自明的，他们往往画蛇添足，做事情做过了头，过分地卖弄自己所谓的聪明，结果聪明反被聪明误，导致事物的发展趋势向相反的方向发展，让自己陷入了了不利地位。

这些人智力过人，然而，他们为什么以悲剧的下场告终呢？因为他们不懂得奉行中庸之道，不懂得把中庸之道作为自己为人处世的法则。他们不知道，中庸之道要求人的聪明才智自然而然地发挥和运用，而不是故意去显示流露，要求一切行为都要建立在理性思考的基础之上，不要盲目行事，事情要做到恰到好处。要记住，聪明是为了留给自己用的，而不是要显示给别人看的。我们做一切事情都要奉行中庸之道的法则，掌握好适度原则，免得造成过犹不及的悔恨。"聪明人"做不到中庸，那么，是不是愚笨的人就可以做到中庸了呢？他们做事情绝不会过了头，肯定会循规蹈矩，不会画蛇添足。

孔子认为，这些人一样不会达到中庸之道，因为"愚者不及"。他们虽然不会像聪明人那样过分行事，但是由于他们的智力有所不及，所以无法达到中庸之道的至高境界和人生层次。如果把中庸定格为一个点的话，那么我们可以这样理解：那些自以为是的聪明人往往做事太过分，走得太远，偏离了中庸这一点，到了点的右边；愚笨之人虽然不会越过中庸之点而到达右边，也永远无法把自己定位在这一智慧之点上，他们永远只能在这一点的左边，这一智慧之点对他们来说是可望而不可即的。然而，中庸之道所要求的就是不偏不倚，恰到好处，就是秉持中正，无过而无不及，或左或右，或过或不及，都偏离了中庸之道。

在我们大多数人的思维之中，有一种错误的观念，而且这种观念已经被植入了我们的无意识领域，它根深蒂固地左右着我们对事物的判断。可是，这种判断往往是不恰当的，有时甚至是错误的。这种思维定式就是：在左与右之间，在进与退之间，没有中间地带，没有第三条路可以行得通，不允许有别的选择。就如同我们做一道选择题一样，只有 A 和 B 两个选项，其他都是错误的。这是一种错误的思维定式。他们不知道，在左和右中间，还有一个中间位置，在进和退中间，还有一个平衡之点，并且，这正是中庸之道所秉持和坚守的一点，这一点，是充满了人生智慧和深刻哲理的一点。

可悲的是，一些人被这种非左即右、非此即彼的二元对立思想所禁锢，很少想到还有一个"第三空间"的存在，还有第三条路可以走，而这条路，就是秉持中庸之道，它才是一个真正有思想、有智慧的人的正确选择。聪明之人太"聪明"了，愚笨之人的智慧又达不到。看来，孔子的担忧不无道理。

贤者过，不肖者不及

一个人能不能体悟到中庸之道所蕴含的人生智慧和处世法则，不仅对其在智力方面有所要求，而且在品行方面也有一定的标准。只有两方面都做到了，才真正有资格有能力去奉行中庸之道。

如果从智力上说，太"聪明"或者过于愚笨之人，是不可能达到中庸之道的至境的，那么从品行上来说，太过"贤德"或太过"不肖"也与中庸之道这种最高层次的境界无缘。这也正是孔子所说的"贤者过，不肖者不及"的含义所在。

如果一个人的品性败坏，那么他永远也不可能达到中庸之道。因为中庸之道作为一种人生最高层次的智慧和境界，它不仅是一种人生哲学和处世法则，更是一种道德修养和境界提升的不二法门。人生智慧的获取需要端正的品行作为根基，处世法则的运用也需要高洁品性的指引和濡染，只有这样，两者才会并行不悖，相得益彰。换言之，一个道德品行低下的人，即使再聪明，他也不可能达到中庸之道这种人生境界，也不可能有令人敬仰的功绩伟业。同时，一个品行高尚的人也需要具有一定的智慧，才可能达到中庸之道，才能够感悟到它的智慧与深刻所在。

品德败坏的人往往做事情没有分寸、偏执极端。他们大多为达目的不择手段，为了一己之私而胆大妄为。这样的人，只会离中庸之道越来越远，因为他们违背了中庸思想的本意，不懂得秉持中正，不偏不倚，也不会把中庸之道作为人格修养的法则去奉行，提高自己的道德水准和人生境界。离中庸之道越来越远，也就是离自己的人生悲剧的发生越来越近，最终，他们的下场可想而知。

既然不肖者不能达到中庸之道的至境，那么我们做到对待一切人和事都非常宽容，都不去计较，也就是说做到"至善"，是不是就能够达到这种人生境界呢？孔子告诉我们，这种人和这种做法同样是不行的。因为他们虽说是贤者，但是他们过了，也就是"贤者过"，与中庸无缘。

的确，中庸之道要求我们具有高尚的品行和人格操守，要求我们有较高的人格修养和人生境界。但是，我们千万不要误解了其中的含义，不要以为这是中庸之道要求我们要做到"至善至德"。也就是说不分善恶、不计美丑，对待一切人和一切事物都持一种宽容的标准。其实，这正是中庸之道所不赞同的，所以孔子才说中庸不行于世的一个重要原因就是"贤者过"。也就是说，作为一个贤德之人，你固然应该品行高尚，尽量与人为善，成人之美，不去做那些损人利己的丑恶之事。但是，也不应该太过贤德，不能对待世间丑陋的事情充耳不闻，置之不理，用所谓慈悲为怀的"伟大心胸"去包容那些卑鄙之人的所作所为。这样的贤人，也是不可能达到中庸之道的境界的，无法体悟到中庸之道的智慧所在。他们不懂得让他们的贤德在自己的理性的智慧支配之下去发挥其人性美好的光彩。

这样，他们虽然心诚意善，但有可能做了不是出于本心的恶事，而且对此还一无所知，这种现象是非常可悲的。正是由于他们没有弄明白什么才是真正的中庸之道，怎样做才是真正践行中庸之道，才会让自己的"贤"不知不觉变成了"不贤"，这是我们应该警惕和觉察的。

因此，如果我们想达到中庸之道这一人生境界，就要理性地运用自己的贤德品性，不能过了头，否则就有可能成了"恶"，离中庸之道就越来越远了。

【原文】

子曰："道其不行矣夫①！"

【注解】

① 其：助词，表示推测。矣夫：感叹语，意犹未尽的意思。

【译文】

孔子说："中庸之道恐怕不能在天下实行了啊！"

【精读中庸】

道其不行天下

如果有一种高深的学问和智慧，人们却认识不到它的存在，不去学习它、信奉它，我们不免会为之感到遗憾。中庸之道作为一种人生的最高智慧，它的遭遇就是这样的。所以，孔子才不由自主地发出了深深的感叹："道其不行矣夫。"

我们也许或多或少对孔子的生平和思想都有所了解。他一生秉持中庸之道，去各个诸侯国献计献策，想使当时各个国家的政策法令的实施都符合这种中庸的大道，然而，他所持的大道很少被当时的国君采纳，他周游列国不料却处处碰壁，所以不由地发出了大道不行于天下的感慨。为了使他心中的大道能够流传下来，他又投身于教书育人的事业中，他这样做的目的，就是要教化世间的普通大众，让他们的一言一行都符合中庸之道，不去做那些"逾矩"的行为，从而使得民心淳朴，天下太平。人们只有生活在这样的环境中，成长在这样的国度下，才能安居乐业，生活才会美满幸福。

　　然而，世间的百姓其智力水平和思想见解都很普通，能达到中庸这种思想境界的人少之又少。况且中庸之道不光有天性方面的要求，而且也要有后天的不懈努力，后者比前者更加重要，这就使得想要达到中庸之道几乎是"难于上青天"。所以面对大道不行于天下的社会现实，孔子也感到自己心有余而力不足，他的感慨中充满了悲伤和无奈。

　　的确，世间的每个人都未必有孔子那样的人生智慧，也没有他那样高的思想境界，所以，能够领悟到中庸之道的高深与奥妙所在的人并不多，而能够"悟道"之后，把中庸之道作为自己为人处世的行为法则和修身养性的思想指南的人更是寥寥无几。这的确是中庸之道面临的难以续传的悲剧，也难怪孔子看到这种现象那么痛心。他在为这种高深智慧在当代面临的悲剧命运而伤心，也是为中庸思想不能续传而伤心，更是为世人不知道去学习体会、去信仰奉行这种人生的最高哲学思想而感受到万分痛惜。

　　正如莎士比亚所说的那样，我们人之所以为人，是万物的灵长，是世间的精灵，是最具有思想和智慧的动物，并且因为有这些区别于其他低等动物的本质特性，才显现出我们人类的光辉与伟大。然而我们之所以高出其他动物一等，一个主要的原因就是我们懂得思考，而且善于学习，我们有一种勇于求知的热情与渴望，有一种爱好追求人生真谛和世间真理的心性和本能。所以，我们也许并不用像孔子那么悲观，既然中庸之道是人生的最高哲学智慧和思想境界，既然它对我们的一生，无论在为人处世还是在思想修为上都至关重要，那么，我们一定会凭借自己的勇气和求知的欲望，尽可能地去领悟和把握这种人生至道。当我们对这种大道有所体悟有所认知的时候，相信我们的思想境界一定会有所提升，我们的人生智慧也会更加深刻和富有见识。

德国伟大的大文学家和思想家歌德曾经说过这样一句话："理论永远是灰色的，生活之树长青。"所以，无论我们学习哪种思想，去体悟哪种智慧，哪怕它再高深再玄妙，我们一定要学有所用，不能为学习而学习。

中庸之道作为人生中的最高学问和思想境界，我们学习和领悟了它之后，绝对不要把它束之高阁，而应该用它来提高我们的道德品行，人格修为。用它来指导我们的一言一行，作为我们为人世处所必须坚守的法则，这样，我们才真正做到学以致用。其实，一旦真正领悟到了这种人生的大修为和大智慧，它就会潜移默化地提升你的思想境界，也会自然而然地在你的一言一行中流露出来。中庸之道作为一种人生最高思想和智慧的源泉，如果不让其行于天下，真是一件让人痛惜的事。作为一个智慧之士，我们应该去学习它、领悟它，让它成为照亮我们心灵之路和人生之路的一盏永不灭的明灯。

由不明，故不行

每当一件事情发生之后，按照正常的逻辑推理，我们接着可能就会去探究其原因了。中庸之道不行于天下，孔子对此深感忧虑，感慨万分。对待大道不行的这种现象，宋代的朱熹给出了自己的解释，他认为中庸之道在世间慢慢无人去学习和奉行的原因在于"不明"，也即是他所说的"由不明，故不行"。

那么，这位儒学的集大成者为什么要给出这样的解释，他到底想表达什么观点呢？古代有句话叫作"诗无达诂"，即是说对于一首诗，或者宽泛来说对于一切文学作品的解读和理解没有什么固定的标准，其答案不是唯一的。所以，也许对朱熹的话我们每一个人可以有自己的理解。

朱熹在这句话中说出了中庸之道不行于世的两个重要原因，其中一个就是这种大道是高深的，不是很容易就可以理解的，它不会明明白白地呈现在世人面前，我们不去思考，不去领会，就能够理解它深藏的智慧和哲理所在。相反，它孕育于一切事物之中却不见其端倪，它在我们的生活中无处不在却又不容易为我们所察觉，只有拥有一双无比敏锐的眼睛，一颗充满智慧的心的贤达之士，才能够捕捉到它的存在，体悟到它的大智慧所在。

这种大道之所以不"明"于世，之所以不那么容易被理解和觉察到，就是因为它是一种至高无上的思想境界和智慧源泉。我们都知道这样的道理，那就是能够轻易获取的东西肯定是不值得去珍惜的东西。对于中庸之道而言，也是如此。

朱熹理解孔子所说的"大道不行于世"的观点，一方面在于中庸之道的不明与隐晦，而另一方面是人的"不明"，即对中庸大道所含哲理与智慧的无知。由于世间普通之人的智力和修养水平都十分有限，他们认识不到中庸之道这种高深奥妙、蕴含无限哲理的大道的真正智慧所在。他们对这种大道的"不明"，使得他们一直处于一种低智力的半愚昧状态，所以根本不会去学习和追求这种高层次的人生哲学。中庸之道对于他们来说，也许是看不到摸不着的，甚至也感觉不到。

既然大多数世人不能明白甚至不能觉察到这种至高无上的大道的存在，那么想要他们去学习和奉行中庸之道更是不可能的事了。无论我们做什么事情，只有我们认识到它对于我们的价值与意义时，我们才会去努力追求，积极获取。中庸之道作为人生的高层次的哲学智慧，如果把握了它的思想精华后，则对于我们的人生事业、心性修养，都会产生莫大的影响，但是，这种影响却未被世间一些人所认识到，这也许正是他们不去学习和奉行中庸之道的深层根源之所在。

中庸之道由于其自身是高层次的思想智慧，所以它的存在是隐形的，是不明的，是不容易为我们所觉察的，而另一方面，世间大多数人的思想境界和智力水平都是有限的，对这种人生大道是无知的，他们是不明白和理解其深刻智慧和哲理所在的，由于道之不明与人之不明，才使得大道不能行于世，才有了孔子的无奈感叹。

【原文】

子曰："舜其大知也与！舜好问而好察迩言^①，隐恶而扬善，执其两端，用其中于民。其斯以为舜乎！"

【注解】

① 迩言：浅近的话。《诗经·小雅·小旻》："维迩言是听，维迩言是争。"

【译文】

孔子说："舜帝可算是一个拥有大智慧的人吧！他乐于向别人请教，而且喜欢对那些浅近的话分析其含义。他替别人包涵缺点而表扬优点，他度量人们认识上"过"与"不及"两个极端的偏向，用中庸之道去引导人们。这就是舜之所以成为舜的原因吧！"

【精读中庸】

好问善思，就近察言

在我国古代，只有最贤德之人才有资格做一国之君。所以，我们都知道尧、舜、禹以才继位，禅让天下的千古美谈。他们既是国家的领袖人物，也是道德人伦的典范君子，为我们后世炎黄子孙所熟知和敬仰。

根据《论语》记载，尧向舜禅让天下时曾经告诫舜，希望他继承帝位之后能够"好察迩言""允执其中"。孔子认为，这就是舜能够得民心的大智慧之所在。正是他好问善思、就近察言，才让他获得了渊博的知识，养成了谦虚谨慎的品性，得到了大家的拥戴。

中庸之道要求我们以舜为榜样，在生活中要多观察、多学习，做到学以致用。正如西方一位哲学家所说的那样：把你生命中所经历的一切，化作对你人生最有用的东西。

孔子认为，舜是一个有着超凡智慧的大贤者。他为人谦虚谨慎，善于学习，懂得从各种复杂的表面现象中发现其中所蕴含的真理。舜是一个虚怀若谷的君王，清醒地认识到"海纳百川，有容乃大"

的人生智慧，对于别人的批评建议总会耐心地听取，然后从中汲取对自己有用的东西，从而完善自己的人格，成为千古敬仰的一代明君。

一代君王尚且如此虚心求教，那么我们普通人该怎么做呢？我们是不是就更应该秉持中庸之道，尽可能地从他人他事中汲取经验和智慧，使我们的人生更加完美、更加辉煌。

诚如我们所知道的那样，天下间的智慧和大道是没有穷尽的，宇宙和人生的奥妙是我们有限的生命所难以完全把握的。另外，一个人的认识能力和智力水平是有限的，一个人即使再怎么聪明，天资再怎么高，世间也有他不明白的道理，人生也存在他找不到答案的难题。古希腊大哲学家苏格拉底被雅典的神谕称为是"全希腊最有智慧的人"，然而，他对这一称谓产生了怀疑，于是他就向各行各业的有智之士求证。最后，他明白了，他之所以被称为最有智慧的人，是因为只有他才知道自己是无知的、不智慧的，所以他才是最智慧的，所以哲学的原意是"爱智慧"。

所以我们若想离知识的殿堂更进一步，让我们胸中的才识更多一点，我们就要向舜学习，秉持中庸之道，谦虚谨慎，虚心求教，即使自己在某一方面比别人强那么一点点，也不要沾沾自喜，得意忘形。要知道，我们有比别人强的地方，也一定有比别人差的方面，拿自己的所长比别人的所短，算什么英雄呢？中庸思想要求我们任何时候都不要骄傲自满，不要以为自己多么了不起，一旦如此，我们就会止步不前，我们渴望求知的那颗心就会尘封起来，任何知识和智慧都会被我们拒之门外。

中庸之道要求我们的，就是要好思善问，永远保持一颗勇于求知、善于学习的心。懂得人生智慧的积累就在于学会如何把别人的经验与心得"偷偷取来"并且巧妙地转化为自己的东西，以达到"师夷长计以自用"的人生目的。

其实小到一个个体生命，大到社会和国家，中庸之道所蕴含的这种"师夷长技，为我所用"的思想几乎无处不在，无时不有。

因此，如果我们不甘于无知愚昧，对知识和智慧有所追求的话，那么我们就应该效法我们古代的明君贤帝，把自己的心胸敞开，把自己的架子完全放下，只有这样，知识才会像流水一样源源不断地注入我们的心胸，我们才会变得更加有智慧，学识才会更渊博，为人处世才会更加游刃有余，待人接物才会更加从容不迫，我们的人生才会更顺畅、更美满。

隐恶而扬善

在现实生活中，当我们在处理人际关系时，如何去对待别人的善言和恶言，是一个非常重要的问题，也是让许多人困惑的问题。那么，如何处理这一问题呢？中庸思想教我们要学会"隐恶而扬善"。

我们与别人交流对话时，对方的话语有可能对我们帮助非常大，可能包含了丰富的人生经验和生活智慧。我们和这种人交谈过后，会感觉视野开阔了，甚至会有"听君一席话，胜读十年书"之感。他可能某句话点醒了你，让你苦苦思索了许多日的难题找到了答案，也可能开启了你对某一现象的新看法。只要你善于学习，对你的人生都会有所裨益。另外，当与那些高尚而智慧之人交谈时，他们的话语之间会流露和彰显出他们的人格魅力和高尚的情操，你也可以通过他们的话语和举止感受到他们的思想境界和人格修为。对于这些大智大贤之人，我们应该怎样对待他们的话语呢？

首先，我们要做的就是善于学习，汲取他们的经验智慧来丰富我们的学识。其次，中庸之道要求我们为这些智慧之士"扬善"。我们获取了知识和智慧，就要懂得与别人分享，让不懂得这种智慧的人也从中受益。在每个人的心里，都渴望得到别人的认可与尊敬，都有一种荣誉感，我们替那些智慧之人"扬善"，他们心里肯定是高兴的，而且他们会更加积极地进一步提高自己的修为，他们也更乐意帮助我们成长和学习。我们在为别人"扬善"的过程，其实也是一个自我学习的过程，在扬善的同时，我们也得到了思想的洗礼、智慧的启迪。

所以，诚如中庸思想中所说的那样对于别人的善言善举，我们一定要毫无保留地替别人宣扬，让这种智慧和思想更为广泛地为世人知晓，这也能够帮助我们建立好良好的人际关系，营造愉快的工作环境。

　　然而，当我们与别人交谈时，也许我们所遇到的交流对象不是特别聪慧的智能之士，他们所说的话对我们并没有什么启迪意义和采纳价值。而且有时候，他们说话不讲究方式，言语不经过思索，会说出一些极度偏激不礼貌的话，可能会冒犯了我们，那么，我们应该怎么做呢？

　　中庸之道作为一种深刻的人生智慧，不仅要求我们要学会替别人宣扬其善言善行，还要求我们学会为他人"隐恶"，这一点也十分重要。它和"扬善"是相互补充的，在日常生活和人际交往中，我们都应该做到。

　　当与那些平凡之人，甚至是粗俗无知之人交往时，他们可能出言不逊，对我们有所冒犯，他们的言语对我们来说毫无学习和可取之处，此时，我们不要去揭这些人的短处，这样就是不懂得坚守中庸之道了。我们可以将这些人当作反面的例子来看待，在内心深处告诫自己，当我们与人交往时，千万不要如他们那样无礼，应该记住古代圣贤的言语，对待那些粗鄙之言做到"有则改之，无则加勉"，以此来鞭策自我，完善自我。

　　如果我们进一步理解中庸之道中所说的"隐恶"这一人生哲理，那么可以这样说，"隐恶"的内涵不仅是要学会隐别人对自己之恶，而且要学会隐别人对他人之恶。在日常交往中，我们往往会听到有人在我们面前说东家长，西家短的闲言碎语，说"这个朋友不够意思，那个女人不正经"之类的话。对待这样的言语，我们也要学会替对方"隐恶"，因为这是一种基本的道德操守，也是一种人格修养，更是一种为人处世的法则。如果我们把这种"恶言"宣扬出去了，对我们没有好处。口出"恶言"的人肯定再也不相信我们了，而且有可能会记恨于心；那些被"恶言"所伤的人难道会更加相信我们，对我们更好友吗？未必吧。

　　所以，我们生活在社会中，必须要学会替别人"隐恶扬善"，这是一门很重要的学问，也是我们为人处世的一个重要法则。

【原文】

子曰："人皆曰'予知'，驱而纳诸罟擭陷阱之中^①，而莫之知辟也。人皆曰'予知'，择乎中庸，而不能期月守也^②。"

【注解】

① 罟（gǔ）：网的总称。擭（huò）：装有机关的捕兽木笼。罟擭陷阱，这里比喻利的圈套。② 期（jī）月：一整月。

【译文】

孔子说："人人都说：'我是明智的'，但是在利欲的驱使下，他们都却都像禽兽那样落入捕网木笼的陷阱中，连如何躲避都不知道。人人都说：'我是明智的'，但是选择了中庸之道却连一个月也不能坚持下去。"

【精读中庸】

自作聪明，不知避祸

现实生活中，有很多这样的人，他们认为自己很聪明，自己在各方面比别人高明，结果应了那句话：机关算尽太聪明，反误了卿卿性命。在中庸思想中，也有关于这一点的论述，那些自作聪明最终害了自己的人其实是自己给自己设了

人皆曰'予知'，驱而纳诸罟擭陷阱之中，而莫之知辟也。

一个陷阱，却不知道逃避，最终得到一个凄凉的下场。

在社会中，我们身边从来不乏自作聪明之人。自作聪明似乎已经成为一些人的一种通病。这些人往往非常盲目地认为自己是众人中最具有智慧的，别人都没有自己优秀，看待问题没有自己深刻，他们相信自己明白一切事物的真理，大有一种"真理只握在我手中"

的自豪感和自负感。结果，他们往往沉浸在自己的"聪明"里面，看不清自己的真正面目，丧失了对事物的判断力。

自作聪明者由于自以为是，没有自知之明，所以做起事情来往往一意孤行，我行我素，他们在自己所谓的"聪明"的蒙蔽下，已经不知道什么事情该做，什么事情不该做，也不知道事情做到什么程度就已经恰到好处了，再做下去就不完美了。他们不懂得中庸之道所说的适度为美的深刻含义，也不懂得"无过之而无不及"的大智慧。

由于这些"聪明人"做人做事不懂得奉行中庸之道，结果往往自投罗网，一败涂地。这些罗网，有的是他们的敌人为了报复他们而编造的；有的是他们所谓的"朋友"为了陷害他们而编造的，他们沉浸在所谓聪明的梦里，早已分辨不出哪些朋友是与他们肝胆相照，哪些朋友是与他们貌合神离。

其实还有一类罗网与陷阱，是他们自己为自己编造和挖掘的，更准确地说是他们的"聪明"为他们挖掘出让他们一败涂地的陷阱。

"淹死的人都是会水的"，虽然话俗却理不俗，其实可以说是对中庸之道的一种比较通俗的解释。这些人不懂得谦虚谨慎，秉持中庸，而自以为是，自命不凡，不懂得什么叫作适可而止，最后，自己酿的苦酒，还得由自己来喝。那些所谓会水的人，自认为自己水性高超，无论多么深的水池塘都敢下，多么急的河流都敢游，别人不敢尝试的游法他们敢游，结果会水还不如不会水，白白丢了自己的性命。

然而，我们也许会问，那些人为什么要自作聪明呢？我们每个人的心里，其实都有一种被别人认可、被别人尊重，甚至被别人赞美的渴望。这种渴望，也是我们发奋图强，不甘人后，努力去追求自己人生理想和目标的动机之一。这种渴望，如果我们给它取一个好听的名字，它就叫作进取心；如果给它取一个难听的名字，它就叫作虚荣心。拿破仑大帝就曾经说过这样一句惊世骇俗的话，他说："在这个世界上，能够催人奋进、建功立业的，除了虚荣，还有何物？"

其实，这种渴望本身无所谓好坏，它是一个中性的东西，最终决定好与坏的，是我们如何去运用它，何时去发挥它的潜力，何时去抑制它的无限膨胀。这时候，我们需要的就是中庸思想，需要用中庸之道的智慧来驾驭好我们的渴望。中庸之道让我们懂得适可而止，知道何时可以开始，何时应该收手，做到恰如其分。

其实，我们每个身上都有"人无我有"的优点，同时也具有"人有我无"的缺陷，这一点无法避免，所以我们要正确看待。而那些自作聪明之人，往往害怕别人看到自己的不足，从而故意回避和掩饰自己的缺陷。越是他们不知道的地方，越是他们不明白的东西，他们越是表现得很内行，很有见解。其实，这不过是他们那颗过度膨胀的虚荣心在作祟。

宋代大文学家苏轼一生命运坎坷，官场起伏不定，几经贬谪。就是这样一个人，曾经为自己刚刚出生的儿子写了首诗："人皆养子望聪明，我被聪明误一生。唯愿吾子愚且鲁，无灾无难到公卿。"

苏轼为什么要这么写？难道饱读诗书的苏轼真的希望儿子是一个愚蠢之人吗？其实不然，多年的人生阅历，让苏轼明白了，糊涂有时候才是真正的聪明，这是有智之士，才能够深刻体悟其中的义理。然而，这也正是中庸之道的深刻智慧所在。

辨别众理以求道

既然自作聪明等于是自掘坟墓，那么在现实生活中，我们应该怎样为人处世呢？在为人处世时，我们应该奉行什么样的法则呢？有没有一门学问和智慧会让我们在这些现实问题上不再茫然不知所措呢？

在现实生活中，当我们看到那些自作聪明之人，最终往往是"聪明反被聪明误"，落得一个悲剧下场时，我们也许会不由自主地在内心里问自己这些问题，往往想寻求一种现世智慧，来作为我们的思想源泉，指导我们在日常生活中如何去待人接物，如何为人处世。也许我们会穷尽许多大师给我们提供的处世法则。

但是，如果有一天你发现了中庸之道，并深深领悟了它所蕴含的思想和智慧，那么，你就不会再感到迷茫了，你将会有一种如同"醍醐灌顶"的喜悦和快感，似乎自己苦苦追寻的问题终于找到了答案。

汉武大帝曾经在分析了众家学说之后，听取了董钟舒的建议，罢黜了百家学说，而单单尊奉儒术。

也许我们在经历了各种思想的冲击和洗礼之后，最终会作出自己明智的判断和选择。在大浪淘沙之后，才看到沙滩上的那一块真金，那就是中庸之道，这门大智慧、大学问所闪烁着的智慧与思想之光。

而那些自认为聪明之人是看不到这种大智慧所闪耀的光芒的。他们看什么问题总是"只见树木，不见森林"，他们学什么，也总是"只看到海边的沙砾，而看不到闪光的金子"。

我们生活中有许多这样的人，他们智力并不差，可以说高于一般人。可是他们生活了一辈子，却不懂得如何处理人际关系，如何去和别人打交道，结果往往在生活中不能够顺风顺水。

其实只要正确地去面对生活，把中庸之道作为自己的处世法则和人生哲学，人生就会顺利很多。在你感到困惑时，它会告诉你怎么样做才是正确的，怎么样做是不可取的。另外，如果你真正领悟了中庸之道的深刻所在，你的思想境界、人格修为也会有明显提升，面对人生百态、生死荣辱，也许你会看得更加淡然。因为你跳出了那个狭隘的圈子，站在更高的高度来看待人生中所遇到的一切，那时，你会真正地像那些贤人君子那样，做到"去留无意，宠辱不惊"。

【原文】

子曰："回之为人也①，择乎中庸。得一善，则拳拳服膺②，而弗失之矣。"

【注解】

①回：即颜回，字子渊，鲁国人，孔子最得意的门生。②拳拳：奉持之貌，牢握不舍的意思。服膺：谨记在心。

【译文】

孔子说："颜回的为人，选择了中庸之道。他得到了这一善道，就牢牢地把它记在心中，丝毫不敢忘却，再也不让它失去。"

择乎中庸

孔子的众多弟子之中，有一个叫颜回的，他是孔子的一位得意门生。我们都知道孔子门下学生有三千，其中贤能之士有七十二人。颜回就是这七十二弟子中深得孔子喜爱的一个。孔子认为，颜回非常懂得奉守中庸之道，深谙其中的智慧与哲理，是一个具有大智慧的人。

"一箪食，一瓢饮，在陋巷，人不堪其忧，回也不改其乐。贤哉回也！"孔子对颜回大加赞赏，也许是他能够清心寡欲，能够过清苦生活而安贫乐道。还有一种可能，那就是颜回深谙中庸之道的智慧，当环境不允许时，他能够做到藏拙以自守，安乐以自处，并用积极乐观的方式去生活，去积蓄自己的资历，以待日后能够有所发展，有所作为。这也许正是颜回选择中庸之道的最好证明。

中庸之道要求我们学会厚积薄发，不要去张扬显摆，不要去故意卖弄自己所谓的聪明与智慧。在这一点上，恪守中庸之道的颜回的所作所为是值得我们学习的。孔子曾经这样说过："吾与回言终日，不违，如愚。退而省其私，亦足以发，回也不愚。"意即"我和颜回讲学讲了整整一天，颜回却从来没有发表过不同的意见，好像是根本没有听明白我讲的大道的深刻意义，让我感觉他很愚蠢。可是，等到回去之后，就会把他听到的一切认真地在心里加以过滤和反省，然后所学所得内化为自己的东西。可见，颜回并不是真正的愚蠢，而是不愿意轻易显露自己的智慧罢了"。

现实生活中，很多人就像颜回一样，他们表面看起来很愚蠢，拙于言辞，不争长短，不计得失。但是，他们知道奉行中庸之道，懂得这种人生哲学是立身处世的根本。他们懂得在事情没有想清楚之前，不去发表自己尚未成熟的见解。他们懂得如何去体悟，怎样去思考，怎样最大程度地把从别人那里学到的东西转化为自己内在的一部分。一个奉行中庸之道的人，他的一言一行、一举一动，无不彰显着一种深度的智慧，透露着一种成熟的锋芒。

我们的先贤，诸如孔子、颜回，他们的人生智慧其实最为根本的就是中庸的智慧。他们不仅以中庸之道自守，完善自己的品格修养，提升自己的人生境界，用这种智慧来指导他们在俗世的生活；而且，更加可贵的是，他们一心想把这种大智慧大道理传于后世，让后人也能从中受益。也许，这正是他们的良苦用心。因此，我们一定要体会先贤的苦心孤诣，要把这种智慧内化于我们自己心中，让自己从中汲取无穷无尽的精神营养和智慧精华，使我们的人格更臻近于完美，使我们的人生更为顺畅。

我们每个人的内心中都有一套价值观念，都有自己对这个世界以及对人生的看法。因此，我们相应地都会形成自己为人处世的一套方式。然而，这套为人处世的法则不是与生俱来的，不是先天就已经定型的。而是在后天的生活之中，慢慢地形成和塑造出来的。如果我们不能够正确而客观地看待这个世界，看待周围的人和事物，那么我们所选取的为人处世的法则以及遵从的价值观念，就有可能是错误的，那样只会让我们的人格越来越不完善，甚至扭曲。

所以，先贤的苦心孤诣和现实生活的复杂性，让我们必须选择一门高深的学问作为我们人生智慧的源泉及人格修为的指南。而这门最高学问，不是别的，正是中庸之道，我们应该终生秉持。

得一善言则拳拳服膺

学习任何东西都是一个过程，只有不间断地学习和积累，永远不放弃自己想得到的东西，才能够最终获得成功，达到理想中的境界、人生中的高峰。或许，也可以这样说，我们用来储藏知识和智慧的脑袋其实就是一个"袋子"，这个袋子和其他袋子的唯一区别是你永远也装不满它，如同《西游记》里弥勒佛的乾坤袋一样神奇。

我们要把所学所得最大程度地内化为自己的东西，以此来充实我们的智慧，丰富我们的学识。然而，在我们学习的过程中，有一种学习方式是万万不可取的，那就是"猴子掰玉米"式的学习方式。

这个故事大家都知道：一只小猴子下山掰玉米，掰到了玉米之后看到了西瓜，就扔了玉米去摘西瓜，摘了西瓜之后望见有只小兔子，然后就去捉兔子，最后一无所获。我们学习任何东西，都不能这样，而是要学会积累，一步一步充实自己，最终才能学有所成，不然只会半途而废。

学习一门知识和学问是这样，学习一种人生哲学也是这样，中庸之道作为人生的最高智慧，它里面包含了许多人生哲理，这绝不是一朝一夕可以理解和掌握的。所以孔子在赞赏颜回懂得学习中庸之道时才会说他懂得"得一善言则拳拳服膺"。也就是说颜回在学习中庸之道时，每当他对其中的智慧有所感悟有所体会时，他就会把它牢牢地记在心中。圣贤尚且如此，何况我们呢?

中庸之道作为人生的一种至高学问，如果想完全领悟其中的内在含义，绝对不是轻而易举可以完成的。我们需要做的，就是像颜回那样，一点一滴地去领会中庸思想的智慧和哲理所在，与其中的高深思想对话，进一步开掘和深挖其中深藏着的智慧。

任何学问都不是一朝一夕可以学到的。任何智慧无不是经过反复的学习和思考才能够真正体会和领悟到的。对此，我们必须要作好充分的心理准备。"路漫漫其修远兮，吾将上下而求索。"这句话对于我们学习中庸思想的智慧再合适不过。学习中庸思想的过程，就是一条漫漫长路，我们一定要告诉自己：高深的智慧绝不是轻而易举可以学来的，需要下定决心，向着这种人生中的最高哲学勇敢前行。只要我们心中怀着对那种智慧的追求，对那种人生境界的向往，终有一日，功夫不负有心人，我们会摘得智慧之果，掌握中庸之道的全部思想与智慧。

在学习中庸思想的过程中，我们一定要向颜回学习，每当对这种高深思想有所体味有所感悟时，就要及时地把它内化为自己的东西。要注重学识的积累，思想的积淀。任何东西都是日积月累才得以成形的，人的思想与智慧也是如此。

我国古代的大思想家荀子在论述学习过程中积累的重要性时这样说："积土成山，风雨兴焉；积水成渊，蛟龙生焉；积善成德，而神明自得，圣心备焉。故不积跬步，无以至千里；不积小流，无以成江海。"只要我们能够做到锲而不舍，坚定信念，把中庸大道作为自己的人格理想和处世智慧来追求，我们最终一定能够"金石可镂"。

【原文】

子曰："天下国家可均也①，爵禄可辞也②，白刃可蹈也③，中庸不可能也。"

【注解】

① 均：平治。② 爵禄：爵位俸禄。辞：辞掉。③ 蹈：踩踏。

【译文】

孔子说："天下国家是可以平治的，官爵俸禄是可以辞掉的，利刃是可以践踏上去的，只有中庸之道是不容易做到的。"

【精读中庸】

家国可均，爵禄可辞

中庸之道，作为人生的一种至高境界，只有那些具有坚韧不拔的毅力的人，才有可能达到。所以孔子才会这样说："平定天下，治理好国家不是一件难事，辞去高官厚禄，去做平民百姓，也不需要费什么力气，可是，如果想要达到中庸之境，就没那么容易了。"从孔子的话中，我们可以深深地感觉到想要做到中庸，想要秉持中庸之道，是多么的困难。同时，我们也可以想象到，中庸思想是多么的深刻和富有见地，不然，为什么一般人不可企及呢？

平定天下，这样的世间创举，难道是件微不足道的小事吗？这样开百年基业，奠万世太平的丰功伟绩，难道说是轻而易举可以完成的吗？哪一个王朝的开创，哪一个政权的巩固，不是要历经千辛万苦，经历无数的征战杀伐，有多少人战死沙场，多少人埋骨他乡，才能奠定一代基业，才能换取一方太平。可以说，天下的平定，九州的统一，是无数人的鲜血和生命换来的，中间经历的千难万险，我们可想而知。

然而，平定天下的这些困难，在孔子的眼里却是微不足道的。因为这件事情的难度和想要达到中庸之境的难度相比，根本不堪一提。想平定天下固然要尝尽百般苦难，历经无数风雨，中间可能有无数次失败的酸楚与伤痛，无数次面临死亡的威胁与恐惧。然而，这些风雨和苦难，却比不上要达到中庸之境所要经历的林林总总。可见中庸之境是多么的神圣和高远，一般人只能望洋兴叹。

平定天下磨难重重，难道说想要治理天下就容易了吗？"打江山容易，守江山难。"这是为什么呢？因为在一个政权建立以后，它要去处理和应付的事情会更加繁重，君主这时候已经是一国之君，所以他的一举一动、一言一行，都非常重要。这时的政权，不仅要注意外在力量的动态，小心敌人颠覆自己的政权，侵略自己的国家，而且还要时刻留意着朝中乱臣贼子图谋不轨，犯上作乱。此外，还有那些黎民百姓，他们人数众多，如果不处理好和百姓的关系，他们则会揭竿而起，那样政权的统治就受到了更大的威胁。所以说，"打江山容易，守江山难。"然而，这些在孔子看来，比起要达到中庸之道，只能算是"小巫见大巫"。

我们每个人都有功名利禄之心。试问，哪个人不想在世间有一番作为，扬名后世？我们孜孜不倦地学习和追求，也是想将来学有所用，为自己日后有一番事业作一些必要准备。

功名利禄既然如此遥不可得，那么如果一旦我们被授予了高高在上的职位，一旦我们可以获得人人羡慕的报酬，我们会毫不在意、从容淡然地放弃这一切吗？要知道，这一切可能是我们毕生想要得到的东西，可能是我们最大的梦想和人生目标，想放下这一切，谈何容易？然而，如果拿放下这些"功名利禄"的困难，跟达到中庸至境的困难相比的话，后者的困难远远大于前者。

想要达到中庸至境，想要终身秉持中庸之道，它的难度是超乎我们的想象的。天下可以平定，国家可以治理，功名利禄可以放下。而中庸之道在远方的更远方、高处的更高处，等着我们去追求、去秉持。

白刃可蹈也

我们经常听到这样的豪言壮语，某人为了表达自己的决心或对他人的情谊，一本正经地说，为了怎么怎么样，上刀山下油锅也在所不惜。其实，这不过是一时热血沸腾而脱口而出的话罢了。如果眼前真有一座刀山的话，恐怕几乎没有人有勇气一步一步握着刀子向上爬的。

我们作为人世间有血有肉的普通人，身体不是铁打铜铸的，好生恶死之心人皆有之。"好死不如赖活着"，虽然这种人生态度不可取，但它也反映了世人对人生的留恋，对永恒生命的追求。我们都只有一次生命，我们的生命是由血和肉构成的，试问有几人可以坦然地去"蹈白刃"呢？因此，如果有人胆敢从那锋利的刀刃上践踏而过，那需要多么大的勇气，才能够义无反顾地踏上那片片白刃。

然而，孔子却这样说："白刃可蹈也；中庸不可能也。"在孔子看来，从一片锋利的白刃上面践踏而过并不是不可能的事，是可以做到的，做成此事的难度并不大。那么孔子认为什么才是最困难的，几乎是不可能达到和完成的呢？那就是中庸的境界。孔子拿世间最为困难之事来和达到中庸之境作对比，借以说明达到中庸之境界的困难。依照孔子的看法，我们虽说是世间普普通通的凡人，但是面对高官厚禄的名利诱惑，我们还是可以凭借一颗道义之心，秉持一股正气，不会为了眼前的一些利益而出卖自己可贵的人格。同样，我们在人生的某些关键时刻，也会有异乎寻常的表现，可能为了某个目标而赴汤蹈火，为了某个人而不顾个人生死。但是唯有中庸之境，几乎没有人能够达到，因为它是最高的人生智慧，也是最高的人生境界。

对于孔子的这种看法，我们也许会心生疑惑，难道中庸之道真的那么难做到，真有孔子说的那样困难吗？所谓的中庸之道，其实就是我们在做任何事情的时候，都要按照事物自身所固有的内在规律去行事，依据事物本来的自然秉性而为，要做到无过又无不及，既不能够做得过分，又不能够做得不到位。既然事物本身的自然规律是一种不以我们的意志为转移的客观存在，那么我们的行为举动就应该是自然而然的，不违背自然规律的自由行为。这样看来，只要我们遵守自然规律去行事，不"主观强夺"，似乎我们就达到了中庸之道，中庸之道好像也没什么神秘之处。然而，孔子为什么一再对我们强调达到中庸之境的困难呢？为什么他会认为平定天下，开创王朝，治理国家，安抚百姓，放弃功名利禄，从锋利的白刃上践踏而过，做这些事情的困难，比起想达到中庸之境，根本就是不值一提的，是"小巫见大巫"。孔子绝非在故弄玄虚，他认为中庸之道的高深和难懂我们没有领悟。然而，这其中的缘由又是什么呢？

我们每个人的内心深处都有一种东西，是可以让我们不顾一切想要获取的，你可以把它叫作人性的欲望，也可以把它称为人性的追求。孔子深谙人性的深层心理，他通过对人性的观察得出这样的结论，那就是我们人类对于有些几乎不可能做到的事情，凭借一种欲望的本能冲动，凭借一般常人所不具备的勇气和智慧，往往会爆发出令人吃惊的力量，做出令人不可思议的创举来。比如孔子所说的，在锋利的刀刃丛中毫无惧色地践踏而过。

然而，中庸之道所要求的那些东西，看似轻松平常，其实却不容易做到。中庸思想所倡导的恰到好处、适可而止，就是要泯除人性中的贪婪、自私，提高个体的人格修养，使我们具备仁、义、礼、智、信等各种高尚品德，成为一个道德和智慧接近完美的人，因此孔子才说：白刃可蹈，中庸难为。

【原文】

子路问强。子曰："南方之强与？北方之强与？抑而强与①？宽柔以教，不报无道②，南方之强也，君子居之。衽金革③，死而不厌④，北方之强也，而强者居之⑤。故君子和而不流⑥，强哉矫⑦！中立而不倚，强哉矫！国有道，不变塞焉⑧，强哉矫！国无道，至死不变，强哉矫！"

【注解】

①抑：抑或，表示选择。而：同"尔""汝"，指子路。②报：报复。无道：横暴无礼。③衽金革：枕着武器、盔甲睡觉。衽，卧席，这里作动词用。金，指刀枪剑戟之类。革，指盔甲之类。④厌：悔恨。⑤居之：属这一类。⑥流：随波逐流，无原则地迁就。⑦矫：强盛的样子。⑧不变塞：不改变穷困时的操守。塞，原指堵塞，这里指穷困。

子路问孔子要怎样才算得刚强。孔子回答说："你问的是南方人的刚强呢？还是北方人的刚强呢？还是像你这样的刚强呢？用宽容温和的态度去教化别人，即便别人对我蛮横无理也不加以报复，这是南方人的刚强，君子就属于这一类。经常枕着刀枪、穿着盔甲睡觉，在战场上拼杀，战死而不悔，这是北方人的刚强，性格强悍的人属于这一类。所以，君子善于与人协调，又决不无原则地迁就别人，这才是真正的刚强啊！君子真正独立，不偏不倚，这才是真正的刚强啊！国家太平、政治清明时，君子不改变穷苦时的操守，这才是真正的刚强啊！国家混乱，政治黑暗时，君子到死坚持操守，这才是真正的刚强啊！"

【精读中庸】

辨强以明强

在孔子的众多学生中，子路算得上是一个文武兼备的人才。他自小出身寒微，家境贫苦，也正是由于这种家境的原因，养成了他刚强勇武、重义守诺、果决勇敢的大丈夫性格。此外，他还是中国历史上著名的二十四孝子之一。后世流传

子路问强。子曰：南方之强与？北方之强与？

的著名的"百里负米"的典故，讲的就是他侍亲至孝的故事。正是由于这种刚强勇敢的性格，所以他才向尊师孔子请教，想了解一下什么样的强才是真正意义上的强？

什么才是真正的强，不同的人会给出不同的答案，可以说是"仁者见仁，智者见智"而"强者也见强"。有的人可能认为永远不向困难低头，不屈服于一切才是真正的强；有的人认为能屈能伸，随机应变，明哲保身，这样的强才是真正的强；还有人认为真正的强是

一种内心的强大，而不是一种内在的强，是一种坦然达观的心境，是一种"不以物喜，不以己悲"的从容境界，可以做到"去留无意，看天上云卷云舒；宠辱不惊，看庭前花开花落"。此外，为我们所熟知的还有孟子所说的大丈夫应有的刚强品格，那就是："富贵不能淫，贫贱不能移，威武不能屈。"只有具备了这三点的人，才称得上是大丈夫。

那么，在孔子眼里，到底有多少类型的强呢？而哪一种强才是真正意义上的强呢？

在孔子看来，所谓的强，有"南方之强"与"北方之强"之分。南方之强的特征是"宽柔以教，不报无道"，意思是说用宽厚温和的方式去对待别人，去教化别人，对于那些粗鲁之人对自己的无礼冒犯，不要去计较，而要以宽容的姿态去感化他们。

这一种强的特点是柔中带刚，如同水一般充满无限的智慧，目光比较长远，不计较一时的荣辱得失，深得孔子的赞赏，这也正和南方人的本性特征相符合。相对于北方人来说，南方人在体力方面总体要差一些，性格方便要相对温和一点，从而也使得他们行动讲究轻便灵活，在行为举止上尽可能做到恰如其分、恰到好处，而自己的意志和想法却始终保持在不偏不倚的中立位置上，他们这种和而不流的处世态度，正好是中庸之道所要求的，是中庸思想比较完美的一种呈现。这种看似妥协退让的处世态度，其实是一种以退为进、以守为攻的大智慧，讲究无过之而又无不及，说话处世把握好分寸，控制好火候，以达到相对完美的程度。

我们也可以说，这种南方之强正像老子所说的那样，是一种知白守黑的人生智慧。老子曾经这样说过："知其白，守其黑，为天下式。"在这里，老子是在告诉我们不要去露才扬己，过分显摆自己所谓的"聪明才智"，而是要学会以静制动、以彼克此。知白守黑被老子认为"天下式"，也就是说这种处世智慧放之四海而皆准，是作为一种人生真理而存在的。真正懂得什么是刚强的人会有意选取柔顺的处世态度；而真正知道哪里是光明所在的人会有意选择处在黑暗的角落里观察辨别，韬光养晦；真正知道何谓荣何谓辱的人也绝不会有意和别人争强功名。

而北方之强呢？孔子是怎样对它进行评价的呢？孔子认为，北方之强是"衽金革，死而不厌"，也就是北方人勇武好斗，夜里经常要枕着武器入睡，也可能第二天就会战死沙场，但是他们一点也无惧怕之心，这就是北方人的强。

孔子所说的北方人的那种强，更侧重于体力方面的强大和对于人生之死的无惧无畏之感。北方人的这种性格，与他们的生存环境关系密切。我们知道，北方人多生活在穷山恶水的荒芜之地，他们想要存活下来，不仅要与自然环境抗争，而且也要与外来部族相互厮杀，所以，这也使得北方人在体力上不得不强悍健硕，以便于他们用于杀敌自卫，而久经战场的经历，也使得他们敢于英勇赴死，置生死于度外。

然而，强悍勇武、征战杀伐在孔子看来是不能解决所有问题的，也不是时时都能用得上的，所以也不能使人永远立于不败之地。因此，孔子更为赞赏和推崇南方之强，他认为南方之强更合乎自然之道，也更接近中庸思想的深刻内涵，所以才是一种真正意义上的强，是仁人君子所应该学习和秉持的处世原则与道德修为。

君子中立而不倚

南方之强与北方之强各有千秋，两者注重的强的本质内涵不一样。北方之强更多强调的是一种武力方面的刚强，是一种对人生之死无所畏惧的刚强。南方之强则不同，它更多强调的是一种带有柔性的刚强。而在孔子看来，南方的强才是真正的强，才是君子所应该秉持的，因为这种强才是真正的智慧，才符合中庸思想的要求，真正坚守了中庸之道。

那么，南方的这种强为什么就符合中庸之道呢？它有什么与众不同的特点呢？也许我们可以这样说，北方之强注重力量的强大，北方之强就如一座高山险峰，它屹立在那里，经历任何的风吹雨打，依然岿然不动，但是山不会"走"，峰不会"移动"，这种强大是一种蛮力的强大，它不懂得灵活变通。而南方之强则不同，它是一种智慧的强大，就像水一样。"仁者乐山，智者乐水。"

其实，从水这种极为普通的自然事物中，我们可以学到很多的人生智慧。在西方，那些哲学的始祖把水当作万物的源泉，说它开启了生命，是宇宙的开端。可见，水本身就与生命有着本源上的联系，更是人生智慧的一种物化形态。

对水这种自然事物所蕴含的智慧的发现和赞美，不仅仅是出现在西方思想的源头，我们的先贤们也已经认识到了水中包含的无限丰富的人生智慧。道家的创始人老子曾经说过这样的话："水善利万物而不争，处众人之所恶，几近于道。居善地，心善渊，与善仁，言善信，政善治，事善能，动善时。夫唯不争，故天下莫能与之争。"这里说出了水的本质特征，也说明了水这种自然事物所包含的智慧。它能够滋养万物，对万事万物都有好处，却从来不和万物相争，水永远是往下流的，心甘情愿处在众人都厌恶的最低处的地方，然而正是这样，它才真正接近了最高的智慧，就是由于它永远不和任何事物相争，所以才没有任何东西能够有资格与它相争。因为万事万物都离不开它的滋养，都需要它来维持生命。

无论是道家思想和中庸思想，都对水的这种智慧推崇备至，这一点说明了什么，又印证了什么呢？天下间能者，所见皆同。在这里，其实中庸思想的智慧和老子思想的智慧找到了一个契合点，一个交集点。对于那些真正的智慧，那些真正的智者有时会不约而同地发现，这点在历史上不足为奇。

老子提出了一种智慧，叫作"上善若水"，告诫人们在世间的一种处世法则，叫作"合其光，同其尘"。这些伟大的思想与智慧，与中庸思想中所强调和推崇的南方之强的智慧不谋而合。中庸思想要求仁人君子为人处世要秉持那种"南方之强"，也就是说要像水一样学会变通，像水一样顺应自然的变化而变化，这样，心胸才会开阔，要学会像水一样随物赋形，不与人相争，只有这样，才不至于招来别人的怨恨。还有一点非常重要，那就是要学会怎么尽可能地帮助他人获得成功，如何去"滋养"别人，只有这样，自己的成功才会更加容易。

水有随物赋形、以柔克刚的个性与智慧，这正是中庸思想所要求和提倡的，水的这种特征，正是中庸之道的精髓所在。对待万事万物自然而然，恰到好处，为人处世中立而不倚，无过之而无不及，这正是中庸思想的智慧。

【原文】

子曰："素隐行怪①，后世有述焉，吾弗为之矣。君子遵道而行，半途而废，吾弗能已矣。君子依乎中庸，遁世不见知而不悔②，唯圣者能之。"

【注解】

①素：据《汉书》，应为"索"，寻求。②遁世：避世。

【译文】

孔子说："世上有些人总爱去追求那些隐僻的道理，去做那些怪异荒诞的事情，虽然后代有人称道他们，但是我绝不会做这样的事。有些君子遵循中庸之道行事，却往往半途而废，但我是不会中途停止的。有些君子依着中庸之道行事，虽然避世隐居不为人们所了解，他也不悔恨，这只有圣人才能做到。"

【精读中庸】

素隐行怪，有述弗为

我们知道，孔子一向推崇真正的君子要行中庸之道，做一个堂堂正正的君子，为后世人作出楷模与表率。然而，做许多事情可以千古流名，载于史册，是不是这些事情都符合中庸之道，仁人君子都可以去做呢？孔子认为当然不是这样。想要做些事情让后人记住并不难，但是并不见得符合中庸之道的精神。

孔子说："素隐行怪，后世有述焉，吾弗为之矣。"意思是说，如果我们一味去探索和研究那些隐僻的道理，一味去做一些怪诞不经的事情，虽然说也可以千古流名，载入史册，但是真正的君子是不会去做的。

在这里，孔子作了一个很明确的区分和定义，那就是君子要做些光明正大、光明磊落的事情，而不去做那些投机取巧、哗众取宠的低级层次的事情。他想告诉我们的是，真正的君子当然就应该去奉行中庸之道，但绝不是去做些行为荒诞、欺世盗名的事情，不是去钻研一些隐僻无用的假学问。这样只能误入歧途，和中庸之道背道而驰，结果离这种大道越来越远。孔子认为，好出风头的人不懂得什么叫作不偏不倚，持之中庸；好走极端之徒更不明白什么叫作恰到好处，无过之而无不及；那些大胆妄为的人也不懂得过犹不及的道理。而这些行为，都是不符合中庸之道的，是跟中庸思想截然对立的。所以，做这些事情的人肯定不是真正的君子，因为真正的君子绝对不会做出这种违背中庸思想的事情，这些事情也是他们所不齿的。

宋代的赵普曾经说过，治理天下不需要别的大道，半部《论语》就够了。由此看来，《论语》中应该也包藏着丰富而深刻的智慧。而事实的确如此，《论语》的智慧，有些和中庸思想是一致的，它们其实都是孔子给予我们的一种恩泽。《论语》中的"子不语怪、力、乱、神"是什么意思呢？就是说，孔子绝对不去和别人谈论，也不会去教导学生关于怪诞、蛮横、悖乱、鬼神这些不符合中庸思想的东西。在孔子看来，这些东西对正统的大道是有害的，如果学习它们只会让人们误入歧途，越来越靠近旁门左道，离中庸思想越来越远。

可以这样说，孔子是一位很注重现实人生的人，他关注的东西都是与世人切身需求相关的，与时代同呼吸共命运的，他专注于对中庸思想这种正统思想的探索与追求，而且还苦心孤诣地想把这种大道传承下来，让后世人受其智慧的恩泽，因此孔子的一番良苦用心，我们一定要用心体会，然后要身体力行中庸之道，把它作为我们的智慧源泉和行为法则。

中庸思想要求秉持中庸，不偏不倚，古代的圣贤君子也力图做到这一点。他们不会去做一些欺世盗名、哗众取宠之举，也不会为了一时的热闹和个人的功利别有用心地对自己进行"炒作"。他们只会以自己的行动,去证明自己的人格,彰显自己的品格和人生境界。在道可行的时代,他们会乘势而济天下苍生,而在道不可行的时候,他们也不会随波逐流,仍然会坚守自己心中的一种原则和思想境界,不会随之而改变,做到"穷则独善其身,达则兼济天下"。

然而,今天的情形已经不同于那个遥远的时代。由于时代的变化,社会风气的转变,现实社会中的人们变得越来越浮躁,他们的心灵越来越麻木,也越来越耐不住寂寞。他们向往和追求的是虚浮的奢华的东西,这些东西如同一面虚无而又真实的旗帜,在前边招引着人们,心甘情愿做它的追随者。于是,为了能够扬名一时,有些人进行着五花八门的"炒作"及各式各样的"作秀",一夜之间,他们有的果然成名了,一下子从麻雀成了凤凰。然而,在一阵喧闹的浮光掠影之后,那些空虚的泡沫又破灭了,什么东西也没有剩下来,有的只是失望和茫然之感。

行道不可半途而废

"古之成大事者,不唯有超世之才,亦必有坚韧不拔之志。"这是宋代大文学家苏轼的一句话。我们都知道,苏轼是一个天资聪慧、悟性极高的文人,然而,就连他也一再强调后天努力的重要性,强调人生的成功,想要成就一番大事,没有毅力是不可能的。可见,成功凭借的并不是先天的聪明天性,而在于后天的勤奋用功。

我们学习中庸之道也是如此,君子学习和践行中庸之道,重要的一点就在于要有一种锲而不舍的精神和毅力。

中庸思想所包含的哲理与智慧与日常生活密切相关,只要我们用心思考,它就是我们身边随处可以发现的一种学问。但是,这需要我们有一双"慧眼"、一颗"慧心"。这并不是先天就已经具备了的,需要我们后天的学习和培养才能拥有。

对于生活中的一些事情,我们要考虑它成功的原因是什么,为什么这样做就能取得好的效果,而换一种方式却不行?如果一件事情没有做成,我们也要想一想其中哪一步走错了。如果再给你一次机会,你会选取什么样的方式?久而久之,我们就学会了思考的好习惯。

我们知道，其实一切哲学思想、一切智慧都是从好奇开始的，所以西方在给哲学下定义时，称它为"爱智慧"。只有对智慧有一种热切的追求的人才能最终获得智慧。中庸思想作为我国古代圣贤留给我们的智慧，只有我们有了一种想要获取智慧的热切希望，我们才有领悟其智慧的前提和可能。

然而，这仅是掌握中庸思想的第一步。而重点在哪里呢？在于学习过程的坚守，在于一种矢志不渝的毅力和一往无前的精神。只有具备了那种"衣带渐宽终不悔，为伊消得人憔悴"的精神，锲而不舍地勇于坚持下去，最终才有可能成功，才能够领悟到中庸思想的内涵，达到一定的思想境界和智慧层次。而那些缺乏毅力的人，永远也达不到中庸思想的高度，他们做事情有始无终，最终做任何事情都不可能取得成功。

然而，我们常常会听到这样一句话，叫作"行百里者，半九十"。如果要走一百里的路，走到九十里的时候，人数就不到一半了。可见，想要持之以恒地坚持一件事情，不是一件十分容易的事。那些已经取得了一些成果、已经在路上的人，甚至已经看到了自己的理想在远方向自己招手的人，大多还是选择了放弃，不能够坚持到终点。对于这些人，我们不免心生遗憾。其实可能稍稍再坚持一下，再挺一挺，就能够成功了。也许他们心中的那座大山已经有九仞之高了，只差那么一篑之土，可是他们没有毅力，最终放弃了，以前所有的汗水也就白流了。

然而，那些真正的智慧之人，那些有着非凡毅力的人，他们是从来不会轻易放弃自己的目标的。为了心中的理想，他们会坚持到最后一刻，有始有终，直到有一天蓦然回首，发现"那人却在灯火阑珊处"。也许，成功只属于这一类人，也只青睐于他们。而对于那些经受不起打击、遇到困难就放弃目标的人，那些在距离理想最近的地方却退缩回来的人，成功女神是根本不屑一顾的。

我们作为世间的普通之人，也可能没法与那些圣贤、伟人君子之类的人物相提并论。然而，如果我们能够养成锲而不舍的精神，那对我们的人生一定会大有帮助。我们虽然不一定能够完全把中庸思想全部领悟和掌握，但只要坚持不懈，总会获得人生的智慧和做事情应该遵循的法则。

其实，我们做任何事情想要获得成功，坚持到底都是一个必要的条件。人生中少了这份坚持，恐怕做什么事情都难以成功，甚至是最微小的事情。

【原文】

君子之道，费而隐。

夫妇之愚可以与知焉①，及其至也②，虽圣人亦有所不能焉。夫妇之不肖，可以能行焉，及其至也，虽圣人亦有所不能焉。天地之大也，人犹有所憾③。故君子语大，天下莫能载焉；语小，天下莫能破焉。

《诗》云："鸢飞戾天，鱼跃于渊④。"言其上下察也。

君子之道，造端乎夫妇⑤，及其至也，察乎天地。

【注解】

①夫妇：非指夫妻之夫妇，而是指匹夫匹妇。②至：最，指最精微之处。③憾：不满意。④"鸢飞"两句：这两句诗引自《诗经·大雅·旱麓》。《旱麓》是一首赞扬有道德修养的人，求福得福，能培养人才的诗。戾：到达。⑤造端：开始。

君子之道，造端乎夫妇。

【译文】

君子所持的中庸之道，作用非常广泛而且本体非常精微。

匹夫匹妇虽然愚昧，但是对于日常的道理他们也是可以知道的，若要论及这些道理的精微之处，那即使是圣人也会有不知道的奥秘。

匹夫匹妇虽然不贤，但是对于日常的道理他们也是能够实行的，若是达到这些道理的最高标准，那即使是圣人也有不能达到的地方。天地可以说是十分辽阔广大的了，但仍然不能使人一切都感到满意。因此，君子所持的道，就大处来讲，天下没有什么能承载得了的；就小处来讲，天下没有谁能剖析得了的。

《诗经》中说："老鹰高飞上青天，鱼儿跳跃在深渊。"这是说君子之道，和鹰飞鱼跃一样由上到下，显明昭著。

君子所持的中庸之道，开始于匹夫匹妇之间，达到最高境界，便彰明于天地之间，到处存在。

【精读中庸】

中庸之道费而隐

中庸之道是仁人君子应该秉持的处世法则和人格操守，这种孔子一再推崇的大道，如果把它概括起来，简要地加以说明的话，它具备什么特点呢？那就是三个字：费而隐。

费和隐是从宽泛的角度，也就是在宏观意义上对中庸之道的特征加以解释。"费"就是说中庸之道作为一门哲学，具有放之四海内而皆可应用的普遍性特征，它的广泛性是没有边际的，可以应用于万事万物上。因为它是一种具有抽象意义的、形而上的哲学真理。我们知道，一门学问如果一旦被称为真理，那么其隐含的一个必要条件就是它必须具有普适性，真理之为真理，必须具有抽象性和普遍性。而"费"指的就是中庸之道作为哲学真理的这一特征。

相对而言，"隐"指的是中庸之道的精微性和隐蔽性特征。中庸之道具有普遍性，同时它也有其自身的特殊性，对于不同的事物，中庸之道也会灵活地加以变化，也正是因此，它才是真正意义上的智慧之学。另外，中庸之道虽然体现在万事万物之中，似乎是不见而自明的。其实不然，中庸之道的确无处不在，无处不有，从我们身边的日常生活中处处可能体悟得到，但是它又具有一种隐蔽性的特征，它是隐藏在世间纷繁复杂的各式各样的现象之后的本质，如果我们不用心观察，不去认真思考，对这种中庸之道也是无法体悟的，这就是中庸之道的另一方面的特征，即"隐"。

也许《三国演义》能教给我们一些为人处世、提升境界等方面的智慧。如果我们读过这本书的话，那么对于曹操和刘备青梅煮酒论英雄这段故事应该有所了解。曹操在与刘备论天下英雄时说了一段话，他以龙来比喻天下英雄，非常精彩，他说："龙之为物也，能大能小，能升能隐。大则兴云吐雾，小则隐介藏形；升则飞腾于宇宙之间，隐则潜伏于波涛之内。方今春深，龙乘时变化，犹人得志而纵横四海。"这里所说的龙的特征，也即是英雄的特征，同时，也正是中庸之道的特征。

中庸之道，其实也就是要求人们在为人处世时要学会像龙一样，能大能小，能升能隐。在机会没有到来之前要学会默默地积蓄力量，提升自己的水平与境界，时刻准备着厚积薄发。而一旦时机成熟，就一定不会放过它，而会死死地握在自己手中，从而改变自己的人生命运。同时，也要学会像龙一样，应该兴云吐雾时则积极处世，时运不济时则要隐介藏形，穷则能独善其身，达则能兼济天下，这才是真正的中庸之道，是仁人君子应该终生秉持的哲学智慧。

中庸之道作为一种形而上的抽象哲理存在，这种大道可以大到无穷无尽，无所不包，就像龙一样能飞腾于宇宙之中，同时也可以小到无限，以至于渗透到任何一个微小的生命体之内。它即是一种深不可测的智慧大道，同时也是生活中的零星点滴，细枝末节。我们只有用智慧的头脑去思考，用敏感的心灵去体悟，才能感受到它的存在。这就要求我们必须学会从细微处下功夫，注重生活中的任何细节，不可轻视自认为无关紧要的东西。因为，中庸之道的大智慧也许就藏在那一点一滴的琐碎中。

一纤一毫之中，也许暗示的正是事物的本质特征，真正的仁人君子对此不可不察。中庸思想要求我们学会在细微处观察事物，思考其现象背后的本质，从感性的认识上升到理性的认识，把握事物的内在本质意义。

由此可见，细小之处不可忽视，专注的精神在我们学习的过程之中更不可缺少。如果把这种思想运用到我们的现实生活之中，那么我们可以说，只有从细微处入手，把每一件小事情都做好了，都弄明白了，做大事情才有可能成功。

至大莫能载，至小莫能破

中庸之道是一种形而上的哲学智慧，它所包含的是万事万物所共有的必然性法则。然而，我们却不能够说出它的具体表现形式，因为它是一种无言的存在。这种大道无边无际，客观存在孕育出了天地中的万事万物，并且让一切生命体都遵循它的内在规律而生存和发展。如果我们要想了解它的存在形式的话，那么只能说，这种大道"至大莫能载，至小莫能破"。也就是说，如果谈论中庸之道"大"的方面的特征，那么整个天地宇宙都无法承载它；如果谈论它"小"的方面的特征，那么它就是最小的一种存在形式，小到不可以再分解的程度。

中庸之道可谓之大，也可谓之小。大是指其宏观方面，是在一个更高的层次所作出的评价，也可以说是站在中庸之道之外来看中庸之道，我们才会发现其无所不包，无处不在。我们知道，想要把握一种事物的宏观的、全面的特性，最基本而且最有效的办法就是跳出那个框框来，用一种旁观者的角度，站在更高的高度来观察。只有这样，我们才不会产生"当局者迷"的糊涂，获得"旁观者"的清醒和理智的认识。对于中庸之道来说，更是如此。我们只有把这种大道作为一个整体来把握，了解其宏观的思想内涵，才会对它包含的哲理与智慧有一个相对明确的认识，虽然说这时候的认识还不够具体和深入，但是我们至少已经准确把握了它大致的思想精髓所在。

相对而言，中庸之道的"至小莫能破"就是针对其微观方面的特性来说的。任何一种哲理，如果它不能深入到具体事物之内，不能应用于实际的现实生活之中，那么它的意义可以说都是相对有限的。我们虽然不否认它在人类心灵受到伤害时所起的疗伤作用，以及当人生遇到打击时的"自我精神胜利法"的功效，但是这种哲理，对于积极的生活却显得有些苍白无力。中庸之道作为一种人生智慧，它既是一种人格修养的至高境界，同时更教会我们如何为人处世。当明白了中庸之道的大与小两方面的特性之后，我们就要学会在现实生活中加以运用了。只有这样，我们才能用它来指导我们的行动，从而更容易取得成功。

中庸之道的大的特征，就是教我们做任何事情都要学会从整体把握，学会掌控全局。当我们要做一件事情之前，一个要尽可能地把事情发展的轨迹勾勒出来，以便我们掌控其发展方向。同样，如果我们理解了中庸之道中"小"的含义，那么我们做任何事情都会注意细节。人们常常把一句话挂在嘴边，那就是"细节决定成败"。然而，把这句话牢牢记在心里面的人却不多，不懂得这句话的重要性，而在生活与工作中，认认真真去对待、一丝不苟去奉行的人，恐怕是少之又少了。这几个字虽说很简单，也很容易理解，可是又有多少人将其放在心里呢？又有多少人真正注意了日常小事和那些看起来微不足道的细节呢？看来，这一点的确值得我们好好深思一番。

中庸之道可大可小，大到天地不可载，小到至小不能分，我们做任何事情，就要做到既要做好宏观方面的把握与掌控，也要做到微观方面的细节与所谓的小事。也就是说，我们不仅要有"运筹帷幄之中，决胜于千里之外"的眼光与智慧，同时也要记住"千里之堤，毁于蚁穴"的教训。在作好了长期打算的同时，做好生活中的每一个细节。

【原文】

子曰："道不远人。人之为道而远人，不可以为道。

《诗》云：'伐柯伐柯，其则不远①。'执柯以伐柯，睨而视之②，犹以为远。故君子以人治人，改而止。

忠恕违道不远③，施诸己而不愿，亦勿施于人。

君子之道四④，丘未能一焉⑤。所求乎子以事父，未能也；所求乎臣以事君，未能也；所求乎弟以事兄，未能也；所求乎朋友先施之，未能也。庸德之行⑥，庸言之谨，有所不足，不敢不勉，有余不敢尽。言顾行，行顾言，君子胡不慥慥尔⑦！"

【注解】

① "伐柯"两句：这两句诗引自《诗经·豳风·伐柯》。《伐柯》是一首描写关于婚姻的诗。伐：砍。柯：斧柄。② 睨：斜视。③ 忠恕：儒家伦理思想。尽己之心为"忠"；推己及人为"恕"。④ 君子之道四：即孝、悌、忠、信。⑤ 丘：孔子自称其名。⑥ 庸德：平常的道德。⑦ 胡：何。慥慥（zào）：笃厚真实的样子。

【译文】

孔子说："中庸之道并不是远离人们的，假若有的人在行道时使它远离人们，那就不可以叫作中庸之道了。

《诗经》中说：'砍斧柄啊砍斧柄，斧柄的样子在眼前。'拿着斧柄作样子来砍制斧柄，应该说不会有什么差异，但如果你斜眼去看，还会以为差异很大。所以，君子以其人之道还治其人之身，直到他们改了为止。

能够做到忠和恕，那就离中庸之道不远了。何为忠恕？心中不乐意别人加给自己的东西，也施加给别人。

君子之道有四种，我孔丘一种也不能做到。做儿子的道理在于孝，我常要求做儿子的必须孝顺父母，但我却不能完全做到这一点；做臣子的道理在于忠，我常要求臣子必须忠于国君，但我自己却不能对国君尽忠；做弟弟的道理在于尊敬兄长，我常要求做弟弟的这样做，但我自己往往不能完全做到这一点；做朋友的道理在讲信用，我常要求别人这样做，但我自己往往不能首先这样做。在平常道德的实行上，在日常语言的谨慎上，我有许多做得不够的地方，这使我不敢不努力去加以弥补，有做得较好的地方，也不敢把话全部说尽。言语要照顾到行动，行动也要照顾到言语。如果能这样做，那么君子的心中还有什么不笃实的呢！"

【精读中庸】

道不远人

孔子认为，中庸之道是离不开人而存在的，它一直在我们身边，如果有人认为他可以奉行中庸之道而离开了人，那么他就"不可以为道"。可见，中庸之道虽然是一种深刻的哲学思想，但它最终的指向还是要有益于人们的生活，使我们的人生更加丰富，更加具有意义。中庸之道是人生的一种大道，但这种大道其实与人是密不可分的。

在西方有这样一句话："人，是万物的尺度。"也就是说，我们做任何事情的最终动机和出发点都要落实到"人"这一物种上来，我们有可能是为了人类更好地生存而做某件事情，有可能是为了避免某种对我们自身的伤害而去做一些事情，但是其根本目的还是为了我们"人"自身，其他的东西和物种只是用来帮助我们的，用来为我们服务的。人是万物的尺度还有一层意思，那就是说这条真理是我们评价万事万物的一个标准，一切事物应不应该存在，或者说应该以怎样的方式存在，都要看它们符不符合我们人类发展的需要，是否对我们人类有益。

孔子说道不远人，中庸之道的奉行不能离开了人而存在，正是一种可贵的人本主义思想的体现，可见中庸之道与人是不可分离的，一旦离开了人的存在，它的价值与意义也就无法体现和彰显了。

我们常常会听到那些懂得中庸之道的人说这样一句话，叫作"道不远人，人自远"。这是什么意思呢？也就是说中庸之道其实是不会离开我们而存在的，它作为一种智慧与哲理，最终的精神指向不是别的，正是生活在世间的芸芸众生，正是我们人类。但是，我们却往往意识不到这一点，不但不主动去接近这种大道，与之为伍，从中汲取智慧与精神营养，相反，我们却无知而愚昧地远离了这种真正的人生大道，没有意识到它的存在。有的人甚至与这种人生哲学背道而驰，结果走到了中庸之道的反面，造成了人生的悲剧。

其实，中庸之道离我们并不远，可以说很近。有些人以为这种高深莫测的大智慧大哲理肯定远在天边，高不可攀，然而事实上，它的的确确是"近在眼前"地存在着。只不过，想要发现这种人生的智慧与哲学，必须要用一颗智慧的心去观察，用自己的理性智慧去思考。只有这样，才能够深切而真实地体悟到它的存在。中庸之道是我们周围现象的一种反映，是从各种各样的现象中抽离出来的共性的东西，是从身边发生的事情中总结出来的一种规律性的东西。因此它具有"放之四海之内而皆准"的普适性特征，这也是一切哲学都具有的特征，即形而上的普适性。

中庸之道形而上的特性，使其获得了一种普遍性，因为它是从各种现象中抽离出来的一种本质性的东西，具有抽象性，所以不易为人们所察觉，也不容易为人们所理解，因此，中庸之道才被人们认为是一种高高在上、无法企及的哲学智慧，而远离了这种人生大道，造成了"道不远人，人自远"的现象。

然而，我们应该看到，中庸之道除了形而上的特征之外，还有另一方面的特点，那就是它的形而下特性。我们乍一看，也许会感到困惑，这不是明显矛盾了吗？一种东西怎么能同时具有两种截然对立的性质呢？可是，世间所有的矛盾都有统一的一面，可以说，没有矛盾就没有智慧。矛盾越是对立鲜明，其中蕴含的智慧也就越为深刻。中庸之道，作为一种最高层次的人生智慧，就是如此。

中庸之道的形而下特性，让我们知道了它的本质虽然是一种抽象的、无法触摸的形而上的哲理，但是这种大道的表现形式却是极为平凡而常见的，它就体现在日常事务中，存在于我们周围每天所发生的那些小事上，只不过我们以前没有去思考、去体悟罢了。其实，中庸大道离我们并不远，真正的智慧之人，真正的悟道者，会把大道永远留在心中，把它当作一种永恒的心灵法则来奉行。

己所不愿，勿施于人

在几千年前，孔子就说这样一句话：己所不欲，勿施于人。这句话出自《论语》，然而在《中庸》之中，同样有这样的醒世恒言出现，这里说的是"己所不愿，勿施于人"。其实，一个"愿"字和一个"欲"字并没有什么区别，要说明的也是同一个道理，那就是自己不想去做的事情，或者说自己不想要的东西，也不要去勉强别人去做或去接受。这句话只有短短八个字，却道出了做人的真实意义。

"己所不愿，勿施于人"是指自己不想要的东西，切勿强加给别人。这里孔子所强调的一方面是人应该宽恕待人，应提倡"恕"道，唯有如此才是仁的表现。"恕"道是"仁"的消极表现，而其积极表现便是"己欲立而立人，己欲达而达人"。孔子所阐释的仁以"爱人"为中心，而爱人这种行为当然就包括宽恕待人这一方面。另一方面，人应该学会换位思考，学会站在对方的立场考虑问题，也就是说要学会一种"推己及人"的智慧。

在现实生活中，这种智慧是处理人际关系的重要原则。孔子认为，人应当以对待自身的行为为参照物来对待他人。人应该有宽广的胸怀，待人处世之时切勿心胸狭窄，而应宽宏大量，宽恕待人。

倘若自己所不欲的，硬推给他人，不仅会破坏与他人的关系，也会将事情弄得不可收拾。人与人之间的交往确实应该坚持这种原则，这是尊重他人、平等待人的体现。人生在世除了关注自身的存在以外，还得关注他人的存在，人与人之间是平等的。

在与别人交往时，我们一定要推己及人；自己希望怎样生活，就想到别人也会希望怎样生活；自己不愿意别人怎样对待自己，就不要那样对待别人；自己希望在社会上能站得住、能通达，就也帮助别人站得住、通达。总之，从自己的内心出发，推及他人，去理解他人，对待他人。"己所不愿，勿施于人"的智慧，简单地说就是推己及人，它和常说的将心比心是一个意思。人就像一块磁铁，吸引思想相近、志同道合的，排斥其他不同类别的。如果你想结交仁慈、慷慨的人，自己也必须先成为这样的人，种什么因，收什么果。你所有的思想，最后都会回到你自己的身上。

如果非公平地对待其他人，这种非公平的态度，将会使你"自食其果"。而且，进一步说，你所释放出来的每一种思想的后果，都会回报到自己身上。因为你对其他人的所有行为，以及你对其他人的思想，都经由自我暗示的原则，而全部记录在你的潜意识中，这些行为和思想的性质会修正你自己的个性，而你的个性相当于是一个磁场，把和你个性相同的人或情况吸引到你身边。

为什么有人会如此友善地考虑到其他人呢？真正的原因是：你种下什么，收获的就是什么。播种一个行动，你会收到一个习惯；播种一个习惯，你会收到一个个性；播种一个个性，你会收到一个命运；播种一个善行，你会收到一个善果；播种一个恶行，你会收到一个恶果。"己所不愿，勿施于人"是儒家思想的精华，也是我们要坚守的信条。然而在现实中许多人都不能恪守"己所不愿，勿施于人"的信条，一切以个人利益为中心，只顾及自身的感受，而忽略了他人的感受，没有体悟到这八个字的真正意义与智慧所在。在处理一切事情时，我们都应当意识到"己所不愿，勿施于人"的重要性，把它作为我们为人处世的一条法则来奉行。

【原文】

君子素其位而行[1]，不愿乎其外[2]。素富贵，行乎富贵；素贫贱，行乎贫贱；素夷狄，行乎夷狄；素患难，行乎患难；君子无入而不自得焉。

在上位，不陵下[3]。在下位，不援上[4]。正己而不求于人，则无怨，上不怨天，下不尤人。故君子居易以俟命[5]，小人行险以徼幸[6]。

子曰："射有似乎君子[7]，失诸正鹄[8]，反求诸其身。"

【注解】

①素：处在。位：地位。②愿：倾慕，羡慕。其外：指本位之外的东西。③陵：同"凌"，凌虐，欺压。④援：攀附，巴结。⑤居易：处在平易而不危险的境地。俟：等候。命：天命。⑥行险：即冒险。徼："侥"的异形字。⑦射有似乎君子：这句是以射箭的道理来比喻君子"正己而不求于人"的道理。⑧失诸正鹄：指未射中靶子。失，这里指没有射中。正鹄，箭靶。

射有似乎君子。

【译文】

君子在自己所处的低位上行使自己所奉行的道理，从来不会倾慕本位之外的东西。处于富贵的地位上，就做富贵地位上所应该做的事情；处于贫贱的地位上，就做在贫贱地位上所应该做的事情；处在夷狄的地位上，就做在夷狄地位上所应该做得事情；处于患难中，就做处在患难中应该做的事情。君子无论处于什么地位，都不会感到不安适的。

君子高居上位，不会去凌虐居于下位的人。君子居于下位，也不会去巴结居于上位的人。自己正直就不会去乞求别人，这样,就无所怨恨，对上不怨恨天命，对下不归咎别人。所以，君子按照自己现时所处的地位来等候天命的到来，而小人则企图以冒险的行为来求得偶然成功或意外地免除不幸。

孔子说："射箭的道理与君子'正己而不求于人'的道理有相似之处。比如没有射中靶子，应该回过头来从自己身上去找原因。"

【精读中庸】

贫贱富贵，各安其行

《中庸》说："君子素其位而行，不愿乎其外。"那我们也许要问，什么叫"素其位"？怎样做才算是"素其位"呢？其实，《中庸》这里的"素其位"，指的是一个人在世间个人身份地位的确立，也指一个人在命运混乱、不知其位的时候，要凝聚正知，从浊乱的命运中找到自己的"正位"。

中庸思想要求君子应该做到"素其位而行"，"素"在这里有三层含义：其一是指当下、现在，是从时间上来说；其二是指干净、没有杂质，是从性质上来说；其三是指平素、平常、一贯如此的意思，这是从意义上来说。"君子素其位而行"，就是说君子的行为处事，要知位、守位、不失位、不越位，总之，要牢牢守住当下的位置，在什么位置上说什么话、做什么事。就像在足球场上，每个球员都要守住自己的位置，前锋有前锋的位置，后卫有后卫的职责，守门员有守门员的位置，不能上场哨音一响，十一名队员一窝蜂全冲到对方的门前去，这样的球队一定会吃大亏。之所以如此，是因为他们没有做到"素其位而行"。

不知道自己身份地位的人，有时候运气来了，偶尔也会出其不意地获得一点小成功。但是，这种成功必然不会长久，也不会有大的成功，时间久了，他必然就会失位越位，而一旦失位越位，就会酿成难以挽回的大错。所以，我们在立身处事时，要特别引以为戒。这其实也是仁人君子"不愿乎其外"的智慧所在。我们为人做事，也要做到守好当下的位置，不胡思乱想，不异想天开。"素富贵，行乎富贵；素贫贱，行乎贫贱；素夷狄，行乎夷狄；素患难，行乎患难。"

这一段就是从不同的情境、不同的角度，更深入地对"君子素其位而行"进行阐释。"素富贵，行乎富贵"，如果我们当下处于富贵之中，那么，就要行富贵之事。

在中国古代的观念里，富是有钱，贵是有教养。古代说一个人有贵气，是指他有高贵的品德，可以对社会起到良性的教化作用。一个既富且贵的人，应该做什么样的事呢？应该承担起更多的社会责任，哪里有灾难就要去援助，哪里有公益之事，就要努力承担其社会责任，多做善事，多行布施。在古希腊有一句充满智慧的名言：认识你自己。虽然这几个字很短，也十分好理解，但是它包含的哲学思想却是无比丰厚与深刻的。我们自己也许是最不了解自己的，因为当局者迷，旁观者清，别人对我们的了解更真切。

给自己下一个清晰的定位，其实不是一件很容易的事情，但是，我们如果想要在世间活得清楚，活得明白，就必须清楚地"认识自己"，这就需要我们去读懂自己，读透自己。只有对自己有一个清醒而透彻的了解，我们才知道如何去说话，怎样去做事情，才会明白自己的身份地位，才能坚守自己所从属的立场，才能分辨出哪些是我们志同道合的朋友，哪些是我们应该小心在意的人，才会像中庸思想要求的那样，去"素其位而行"。

君子无入不自得

真正的仁人君子在世间生活，能够达到什么样的境界呢？中庸思想对这些人提出的要求就是：君子无入而不自得焉。那么，什么叫作"无入而不自得"呢？这到底是一种什么样的境界呢？

这里的"无入"可以解释为无处，"无入不自得"，可以理解为无得不自得。然而"自得"一词，又应该怎样理解才正确呢？这里的"自得"，我们可以有两种理解。第一种是把自得理解为自己有所收获。"君子无入不自得"，就是君子随时随地都能有所收获的意思。那么，收获的是什么？收获的就是中庸之道、君子之风。中庸之道又是什么呢？那就是君子应该素位而行，真正的君子能够上善若水，随方就圆，在任何地方都能够学到新的东西，增长新的见识。为什么能够如此？是因为君子能够行中道、致中和，在任何情况下都能够素位而行，不失其位，这才是真正的君子之风。

也就是说，君子之为君子，不仅仅是因为他在道德境界上高人一等，在智力方面有常人所不能及的地方，还有一点非常重要，那就是他无论在何时何地，都懂得去用心学习，把人生所经历的一切都化作宝贵的知识财富，因而"无入而不自得"。

那么，"自得"的另一层含义又是什么呢？我们还可以把"自得"理解为"自得其乐"。"君子无入而不自得"，意思就是说无论君子处在怎样的境遇里，都能以豁达的心态去面对，从而活得洒脱。这一层含义，也许对于我们更有启示意义。

如同苏轼一首词中写的那样："莫听穿林打叶声，何妨吟啸且徐行。竹杖芒鞋轻胜马，谁怕，一蓑烟雨任平生。"这是一种君子所特有的豪情与豁达，是一种不向命运低头，在困境中笑看人生的智慧与从容。

如果命运一不小心给我们开了一个悲情的玩笑，而这又是我们无力改变的，也就是说我们的这个"位"已经由上天注定了，我们不能够换"位"了，这时候我们能做而且应该做的只有"素其位"。但是不能以一种悲观的心态沉浸于其中不能自拔，而应该像君子那样以一种乐观从容的心态去对待。如果事实已经无法改变，那么我们只有笑着从容面对，这样做才是真正的明智选择。也只有这样做，才真正坚守了中庸之道，领悟了其中"无入而不自得"的智慧与哲理。

然而，这样的道理虽然说起来十分浅显易懂，也许每个人都想得到，然而实践起来，却会发现无数横亘在这道路上的坎坷。首先，我们是人而不是神，是有血有肉的生灵，有情感有思想，有刻骨铭心的爱，也有恨，这些东西，都是我们很难一时摆脱的。

同时，在现实生活中，我们是无法摆脱生活中的欲念和希冀的，不可能在被现实重重地撞了一跟头后没有一丝的灰心气馁，也不可能面对接二连三的喜事不露半点笑颜。抛开外表的种种，我们内心自然存在的情感是无法让喜怒哀乐的变故从生活中根除的。况且，正是这有喜有怒、酸甜参半的一切，才是我们作为一个人和机器的最大不同。

但是，中庸思想要求我们像君子那样做到"无入而不自得"，这一点却是我们要尽可能去做到的。我们丰富多彩的情感固然存在，但我们同样拥有控制力，有自己的理性，也有自己多年积累下的经验与智慧，所以我们不应大喜大悲，因为这样的巨大落差往往会造成难以想象的后果。

无论眼前是什么，我们都要带着一种乐观平静的心态去面对，这样就没有什么会使我们迷失了心智，会让我们无法自拔了。我们也不会被任何的情感和事物所牵绊，这正是中庸思想中"自得"的深刻含义，也是我们应该从中汲取的人生智慧。

【原文】

　　君子之道①，辟如行远，必自迩；辟如登高，必自卑。

《诗》曰："妻子好合，如鼓瑟琴。兄弟既翕，和乐且耽。宜尔室家，乐而妻帑②。"子曰："父母其顺矣乎！"

【注解】

①君子之道：指求取君子之道的方法。②"妻子"六句：这几句诗引自《诗经·小雅·棠棣》。《棠棣》是一首称述家庭和睦、兄弟友爱的诗。鼓：弹奏。琴瑟：是古代两种拨弦乐器的名称，比喻夫妻感情和谐。翕：聚合。耽：久。原诗为"湛"字。妻帑：妻子儿女的统称。帑，儿子。

【译文】

求取君子之道的方法，就像走远路一样，一定要从近处开始；就像登高处一样，一定要从低处开始。

《诗经》中说："你和妻子很和睦，就像琴瑟声调妙；兄弟相处极和睦。团聚快乐实在好。组织一个好家庭，你和妻儿感情深。"孔子赞叹说："像这样，父母就能安乐无忧，心情舒畅啊！"

【精读中庸】

行远必自迩，登高必自卑

"行远必自迩，登高必自卑"意思是说，要想走很远的路，达到远大的目标，就必须从近处开始；要想登上高山之巅，极目远眺，一览众山小，就必须从山脚起步。这和老子所说的"千里之行始于足下"，荀子的"不积跬步，无以至千里；不积小流，无以成江海"有异曲同工之妙。

现实中，有些人骄傲自满，缺乏谦逊感，这些人大多是一些自负之人。这样的心里是不可取的，也是与中庸之道相悖的。人的能力总是有限的，你见到的世界也是有限的。在知识领域攀登得越高，越会发现自己的局限性。就如同一个人是一个圆一样，当这个圆很小的时候接触到的外围空间也很小，当圆周越大时，越发现圆的外面是不可测的空间，就会觉得自己很渺小。

这些人也许像其他人一样有着自己的抱负，但是忽略了积少才可以成多的道理。他们一心只想一鸣惊人，而不去做埋头耕耘的工作。等到忽然有一天，他看见比他开始晚的，比他天资差的，都已经有了客观的收获，才惊觉到自己这片园地上还是一无所有，才明白一心只等待丰收，却忘了播种。

老子在《道德经》中说："合抱之木，生于毫末，九层之台，起于累土，千里之行，始于足下。"这说明了这样一个道理：量变积累到一定程度就会发生质变。对自己无法实现的愿望焦急慨叹是没有用的。要想达到目的，必须从头开始。在未付出辛劳之前，空望着那遥远的目标着急是没用的。唯有从基本做起，按部就班地朝着目标不断前进，才会慢慢地接近它、达到它。

古人说："唯有埋头，乃能出头。"种子如不经过在坚硬的泥土中挣扎奋斗的过程，它就将只是一粒干瘪的种子，而永远不能发芽滋长成一株大树。人生的理想与成就，没有攀登过程中脚踏实地、一步一个脚印的努力，没有乐观向上、决不放弃的信念，是不可能达到的。而只有在攀登到顶的那一刹那，才会将天下美景尽收眼底，才能够感到以前所有的努力全都是值得的。这正验证了《中庸》中的那句名言：行远必自迩，登高必自卑。

什么事情都不可能是一蹴而就的，需要我们实实在在的努力，反反复复的磨砺，滴水石穿，人生才能从较低的境界逐渐升华到较高的境界。要想人生有所成就，个人修为上升到一定境界，必须经历三个阶段：第一要有勇气和心理准备；第二，要持之以恒，锲而不舍；第三，一旦人生智慧到了很高的境界，就可以纵横捭阖，运筹帷幄，即使在平凡中亦能洞察到深刻。正如《红楼梦》中所说："世事洞明皆学问，人情练达皆文章。"

"行远自迩，登高自卑"虽然讲的只是日常生活中的细微道理，但其中有着深刻的寓意。它告诉我们，做任何事情首先必须有一个远大而确定的目标，必须脚踏实地，一步一个脚印，不可操之过急。否则，欲速则不达。要把远大的目标和务实的行动结合起来，循序渐进，切忌好高骛远。

所以，要想成就一番事业，必须脚踏实地，一步一个脚印，锲而不舍，只有这样，才能实现自己的理想。对此，马克思的话也许更有说服力："在科学的路上，没有平坦的大道，只有不畏劳苦、沿着陡峭山路攀登的人，才有希望达到光辉的顶点。"

妻子好合，如鼓瑟琴

中庸思想中，对君子在家庭伦理方面的作为有着严格的要求，那就是要做到"妻子好合，如鼓瑟琴。"这是什么意思呢？就是说在家里面，君子要做到使妻子和儿女的感情和睦，一家人互敬互爱，其乐融融，和谐相处。佛说"五百年修行，换来回眸一笑"。那夫妻相守几十年，是几千年的修行呢？婚姻的结合归于一个"缘"字。有句俗话说：十年修得同船渡，百年修得共枕眠。茫茫人海中两个人相遇不容易，而相亲相爱更是难得的缘分。所以，我们如果找到了自己的人生伴侣，一定要尽可能地让对方幸福。

有人说婚姻就像围城，外面的人想进去，里面的人想出来。还有人说婚姻是爱情的坟墓，再美丽的爱情，当走进婚姻的时候，就会被埋葬。其实也并不是都是这样的。在我国古代就有许多夫妻恩爱的千古佳话，比如东汉书生梁鸿与孟光的婚姻故事就是一例。婚后他们抛弃孟家的富裕生活，到霸陵山区隐居，后来帮皋伯通打短工。每次孟光给梁鸿送饭时把托盘举得跟眉毛一样高，相敬如宾，夫妻十分恩爱。这就是"齐眉举案"的千古美谈。

当然，当爱情走向现实生活的时候，难免会被柴米油盐酱醋茶所淹没。激情之后，归于平淡，爱情淡了，但生活还得继续。这时用什么样的心态来面对，就变得至关重要了。夫妻之间是平等的。无论家里家外，人前人后，地位都是平等的。小家的建设，需要大家共同的努力。因此不需要去计较谁付出得多些，谁得到的少些，因为大家是一家人了。

我们经常羡慕别人家庭的幸福，却不明白可以永远幸福的道理。夫妻之道，包含了许许多多的学问。有些人常常羡慕别人拥有好的丈夫或妻子，却很少反省自己。怨自己嫁错了人或娶错人。而事实上，让别人的丈夫成为你的丈夫，让别人的妻子成为你的妻子，你们之间也不会幸福。因为在你心中缺少一种对别人的爱，缺少一种对爱的包容。你可能永远固执地站在自己的立场去看待丈夫或妻子。常常把自己作为一面"镜子"，要求对方衣冠楚楚。而不是把对方当成一面"镜子"，看看自己的仪容是否"端庄"。不可能拥有一个丈夫集天下所有丈夫的优点；也不可能拥有一个妻子集天下所有女人的优点。然而，他可能是你一生中最爱你的人，她也可能是你一生中最牵挂人你的人，而这份爱就已经够了，值得你用一辈子去珍惜和维护。

当婚姻生活归于平淡的时候，夫妻间的关系也变得平淡了。这时候很多人经受不了诱惑，有了喜新厌旧之心，最终酿成了婚姻悲剧。那些出轨与外遇，其实如同流星划过夜空，拥有的是刹那间的美丽，不可能长久，而给夫妻双方心里留下的阴影，却再也挥之不去。

在这个世界上，最大的幸福不是拥有的多，而是计较得少。世界上没有绝对的公平，如果有的话，那一定是在天堂或者地狱。一个人不可能无限制地给予或者是无限制地接受，应该有所谓的"平衡"。世界上没有无缘无故的爱，也没有无缘无故的恨，明白了这一点，也许夫妻之间的关系可能会更加和睦。茫茫人海中两个人从相见到相爱再到相守，的确来之不易。所以，我们既然选择了对方，既然选择了要在一起，就要把对方看作是自己身体的一部分，像爱自己一样去爱对方，或者可以把对方看得比自己更重要。夫妻之间更多的是关注对方的需求与想法，出现矛盾要多反省自己，夫妻之间如同知己一样要多些沟通和倾诉。只有这样，夫妻才会更加恩爱，婚姻才会更为和谐美满。

有人说，美满的家庭是人生成功的根基。其实家就是我们的"后院"，我们暖和的避风港。如果"后院失火"，试问我们还怎么能有心思有精力去努力拼搏，去为我们的理想而奋斗呢？因此，我们一定要牢记《中庸》中所说的那句话，营造一个"妻子好合，如鼓瑟琴"的温暖而幸福的家。

【原文】

子曰："鬼神之为德^①，其盛矣乎！视之而弗见，听之而弗闻，体物而不可遗。使天下之人，齐明盛服^②，以承祭祀^③，洋洋乎如在其上^④，如在其左右。

《诗》曰：'神之格思，不可度思，矧可射思^⑤。'夫微之显^⑥，诚之不可揜，如此夫！"

【注解】

① 鬼：古代迷信者认为人死后精灵不灭，称之为鬼。一般指已死的祖先。神：宗教及古代神话中所幻想的主宰物质世界，超乎自然，具有人格和意识的精灵。② 齐明：在祭祀之前必须斋戒沐浴，以示虔诚。齐(zhāi)，同"斋"。盛服：衣冠穿戴整齐华美。③ 承：奉。祭祀：指祭鬼祀神。④ 洋洋：流动充满之意。⑤ "神之"五句：这几句诗引

鬼神之为德，其盛矣乎！

自《诗经·大雅·抑》。《抑》主要写的是规劝周朝统治者修德守礼，指责某些执政者的昏庸。格：至，来。思：语助词，无意义。矧(shěn)：况且。射(yì)：厌弃。⑥ 微：这里指鬼神的事情隐匿虚无。显：指鬼神可将祸福显现于人间，所以又是明显的。

【译文】

孔子说："鬼神的德行可真是大得很啊！看它也看不见，听它也听不到，但它却体现在万物之中使人无法离开它。天下的人都斋戒

净心，穿着庄重整齐的服装去祭祀它，无所不在啊！好像就在你的头上，好像就在你左右。

《诗经》说：'神的降临，不可揣测，怎么能够怠慢不敬呢？'从隐微到显著，真实的东西就是这样不可掩盖！"

【精读中庸】

鬼神为德，其盛矣乎

"鬼神之为德，其盛矣乎！"了解孔子思想的人看到这句话，也许会心生疑问：孔子不是一直对鬼神之事不感兴趣，甚至是极力反对的吗？他曾经说过他不会说什么"怪、力、乱、神"之类的话。而现在，他怎么又开始赞美起鬼神来了呢？

孔子这里所赞美的鬼神，并不是真正的鬼神之事，而是想借用鬼神来说明中庸之道的特点。鬼神之事是万分难测的，也许他们的形象就在于我们心中，然而在现实生活中，我们却看不到他们，找不到他们的影子。中庸之道也是如此，这种人生的最高境界和最高智慧，也体现在万事万物中，同时它也是一种形而上的存在，我们可以感知到它的伟大与智慧，但是我们却看不到它的存在。

可以这样说，这种至高无上的大道与智慧，只有通过"心眼"来加以体会和把握，肉体凡胎的眼睛，是无法捕捉到它的存在的。

在茫茫人海中，其实我们每个人的内心深处都是孤独的，每个人都在苦苦寻觅一种真理和信仰，以便让自己的心灵得到归属。因此，有的人就选择了信仰宗教这一方式，而宗教或多或少都是与鬼神、上帝之类的存在有千丝万缕的联系的。我们为了心中的这份信仰创建了各种各样的庙宇和教堂等，然而，这些场所本质上庇护的并不是那些鬼神的灵体，实则是我们心灵的避难所。

其实，中庸之道与这些鬼神之类的信仰有相似之处，但这种大道又高出这类由于恐惧而无知的信仰许多倍。真正的智慧之士在解答他的各种人生难题时，肯定会从中庸思想中寻找答案。

《周易》里面有这样一句话："君子洗心，退藏于密。"意思是说，在我们每个人的内心里，都有一份神秘的力量存在着，这种东西看不见，又摸不着。这份神秘的力量无处不在，我们不知道它将何时降临，也不知道它何时又回去了。

正是这份神秘的力量，让我们的心灵产生了恐惧感，从而也需要找到一份永恒的东西作为心灵的皈依。古代人之所以祭祀鬼神，就和人的这种心理恐惧密切相关。鬼神处于天地之间，在人们心中可以说是一种永恒而又有着超凡力量的存在，人们相信，这类事物可以使他们免于不幸，可以使他们的灵魂得到安息。所以他们在固定的节日里祭祀鬼神，并把它当作一件极为严肃而重大的事。同时，也正是由于鬼神那种看不到又摸不着的特点，让人们心中更加充满了敬畏与崇拜。

中庸之道与鬼神之道有其相似之处，两者都是形而上的存在，都是我们的肉眼凡胎所无法把握的，然而我们却能够在心中感知到它们的存在。然而，两者却是全然不同的。无疑，无论是中庸之道还是鬼神之道，其实都是一种对人类灵魂的救赎之道。但是，鬼神之道虽与中庸之道特征相似，却不是一种真正智慧的救赎，它是人们出于一种心灵的恐惧而产生的一种无知，因为人们在感到恐惧的时候，总渴求找到一种归属。

而中庸之道就不一样了，它是从理性的层面、从哲理的高度来救赎人类灵魂的恐惧，使我们认识事物的真正面目，明白各种现象背后的缘由。所以只有中庸之道，才是真正智慧的救赎之道。

这样，我们也许就明白了为什么孔子要赞颂鬼神的功德是如此之盛大了。其实，孔子只不过以鬼神的特点来说明中庸之道，我们既看不到，又摸不着，然而却又真实地存在于天地之中，存在于我们的心灵之中。只有这种大道，才是人生的真正智慧所在，也是我们所要寻求的救赎之道。

敬神如在其上

在赞扬了鬼神的功德之后，孔子又说，我们要敬鬼神"如在其上，如在其左右"。孔子说敬"鬼神"其实是一种借喻。因为鬼神之道与中庸之道在其特征上十分相似，所以孔子用敬"鬼神"来告诫我们要敬奉"中庸之道"。

只有敬奉中庸之道，人们才有可能真正体会到它的智慧。孔子既然已经把通向中庸思想境地的道路指给了我们，接下来就看我们能不能去奉行了。最终能否达到那种境地，一切取决于我们自己的选择与努力、对中庸思想虔诚的信奉及对于真正智慧的渴求程度。

中庸思想的实质，其实就是全面、系统、辩证、立体、包容地对待事物，在考察事物对立矛盾的基础上寻求更高层次的平衡。无论是为人处世，还是经世致用，都能从中庸之道中汲取大智慧。

中庸，既不是简单地折中，也不是庸俗的中间路线。水至清则无鱼，人至察则无徒。金无足赤，人无完人，世界也并不那么纯粹。中庸追求的目标是在不同时空环境中，尽善尽美与无可奈何之间的最佳方案。

虽然中庸之道作为一种形而上的哲理存在，却并不只有神秘的一面。中庸思想体现在我们日常生活的诸多事物之中，它并没有什么特别鲜明的色彩，我们凭着一份虔诚，一颗慧心，完全可以体会到它的存在，感知到它的智慧。

春秋时期有一个叫管仲的名士，可以说他是中国历史上最具有智慧的人之一，齐桓公能够成为春秋时代第一个霸主，没有管仲是不可能的，所以就连齐桓公也称之为"仲父"。在《管子》一书中，有这样一句话："中正者，治之本也。"管仲所说的中正之道，其实也就是中庸之道，他把中正之道作为治国平天下的根本，其实也正是把中庸之道作为一种至上的法则来奉行，可见在管仲看来，中庸思想无疑是一种最高智慧的存在。而即便是奉行道家思想的庄子，也这样说过："无入而藏，无出而阳，柴立其中央。"庄子的这种"立其中央"的思想，其实也就是中庸思想中所说的"不偏不倚""中和持中"思想。此外，法家思想的代表人物韩非子曾经说"去甚去泰，身乃无害"，也是在强调做任何事情只有做到恰到好处，恰如其分，不偏激，不过度，才能够保证"身乃无害"。

中庸之道的伟大不仅体现在中国圣贤的思想著述之中。在西方哲学中，也可以寻觅到这种大道的踪影。古希腊的毕达哥拉斯学派把现存事物看作是对立双方之间的"恰如其分的均衡"，而伟大哲学家柏拉图把这种均衡概念移植到伦理学中，对后世影响深远。亚里士多德则把中庸和节制相联系，并制定了系统的理论，后继的西方哲学家建构自己的理论体系时无不从中受益。

无论是从我国古代的诸家思想中，还是从西方的哲学大师那里，我们都可以看出中庸之道的影子。既然古今中外的那么多先哲与大师认为中庸之道是真正的人生智慧所在，我们还有什么好怀疑和犹豫的呢？所以，我们需要做的就是去学习和把握这种高深的哲学与智慧，对这种人生大道心存敬畏，如同这种大道就在我们身边一样，即如孔子所说的，像敬奉鬼神一样，敬奉中庸之道，"如在其上，如在其左右"。只有这样，我们才能用这种大道充实我们的思想，美化我们的人生。

【原文】

子曰："舜其大孝也与！德为圣人，尊为天子，富有四海之内，宗庙飨之①，子孙保之。故大德必得其位，必得其禄，必得其名，必得其寿。故天之生物，必因其材而笃焉，故栽者培之，倾者覆之。

《诗》曰：'嘉乐君子，宪宪令德。宜民宜人，受禄于天。保佑命之，自天申之②。'故大德者必受命。"

【注解】

① 宗庙飨之：指在宗庙里受祭献。飨，祭献。② "嘉乐"六句：《这是诗经·大雅·假乐》中的第一章。《假乐》是一首为周成王歌功颂德的诗。嘉乐：喜欢，快乐。嘉，原诗为"假"字。宪宪：原诗为"显显"，意同，即盛明的样子。令德：美德。令，善，美。民：泛指庶人。人：不包括庶人的"民"在内，一般指士大夫以上的人，即在位的人。这句意为，周成王既能与在下之民相处得好，又能与在位之人相处得好。

【译文】

孔子说："舜帝可以说是个大孝子吧！他有圣人的崇高品德，有天子的尊贵地位，普天下都是他的财富，世世代代在宗庙中享受祭献，子子孙孙永保祭祀不断。所以，像舜这样有大德大仁的人，必然会获得天下至尊的地位，必然会获得厚禄，必然会获得美好的名声，而且必然会获得高寿。所以，天生万物，必定要由各自资质的本身来决定是否给予厚施，能够栽培的就一定会去栽培它，而要倾覆的也就只能让它倾覆。

《诗经》中说：'欢喜快乐周成王，美德盛明放光芒。善处庶人百官中，获得天赐厚禄长。上帝保佑周成王，使他福禄能长享。'所以说，有崇高道德品质的人，一定会受到上天的命令而成为天下的君主。"

【精读中庸】

舜其大孝，德为圣人

俗话说："百德孝为先。"中华文明自古以来就有孝德的传统，在那些先贤大师身上更是得到了很好的印证。而这些人都是影响中华文化数千年的最了不起的圣者，是中华文明的早期奠基人，孔子对这些人的赞颂，最终的落脚点都是在一个"孝"字上。

舜其大孝也与。德为圣人，尊为天子。

在《中庸》一书中，孔子对舜这样赞颂说："舜其大孝也与！德为圣人，尊为天子，富有四海之内宗庙飨之，子孙保之。"

中国儒家的传统，一直标榜"以孝治天下"。在我国古代文明时期，无论是官方还是民间，都要把"孝"字当作金科玉律来对待，因为无论是内修外用，都离不开这个"孝"字。《中庸》的这一章中，就举出了舜帝的故事，以此作为儒家"以孝治天下"的证据。传说舜是黄帝的第八代孙，血统高贵，但是经过八代人的血脉传递，渐渐也就流落到民间，成为一介平民。舜帝早期的生活非常艰苦，他的父亲是个盲人，生母很早就去世了，继母经常跟父亲和弟弟联合起来欺负他，甚至三番五次要置他于死地。尽管家人对他如此恶劣，但是他从来没有改变过以德报怨的品性，所以成为历史上大孝的典范。

在儒家思想中，孝道是最根本的原则，不孝之人是要遭天谴的。然而，尽管人人都要对祖上尽孝心，但尽孝还是有大小之分的。对一般人来说，对自己的长辈很孝顺，平时很恭顺父母，对父母的供养也都做得很不错，这就算是尽孝了。然而这只是普通人的小孝，不能算是真正的大孝。

那么，什么样的孝才是真正的大孝呢？那就是像古代帝王舜一样的孝，才称之为大孝。孔子赞美他说"舜也大孝也与"，就是想要表明舜帝为孝要高于平常之人。舜帝的孝和别人是不一样的，他是大孝，是孝之大者。正如文中所说："德为圣人，尊为天子，富有四海之内。宗庙飨之，子孙保之。"这是舜帝大孝的具体内容。儒家的孝顺也是有一定的衡量标准的，最为人们所熟知的就是所谓的"非德不足以显亲，非贵不足以尊亲，非富不足以养亲"。也就是说，要成为一个孝子，首先要有高尚的品德。你是一个非常有德行的人，那么你的父母、亲人都能因为你的德行而扬名天下。我们经常听人们说这样的话："你看某某家的孩子多了不起、多有出息！这都是因为人家的家教好，才培养出这么好的儿子来！"表面上在赞美孩子，其实也是在夸奖其父母，父母因其子而得到了荣耀。此外，要有一定的社会地位，只有这样才会受人尊敬，你的父母也才会因你而得到周围人的尊重。还有就是你要有一定的经济能力来供养父母，如果你自己都是一个乞丐，吃了上顿没下顿，的父母又怎么能过上好日子呢？这样就连最基本的孝顺也做不到了，那就更谈不上大孝了。

如果我们能向舜学习，能够像他一样做得很圆满，对上能够光宗耀祖，让列祖列宗都能受到你的香火供奉；对下能够遗泽子孙后代，让子子孙孙都能够享受你的福泽荫护，这样的话就很了不起，就堪称世间的大孝。虽然不敢说"德为圣人"，但有点是肯定的，那就是人们无疑会对之心存敬佩。

《中庸》此篇中赞颂舜："德为圣人，尊为天子，富有四海之内。"舜帝之所以成为历代推崇的圣人，就是因为他的大德大孝，让他的父母长辈获得荣耀，并彰显于人世间。舜帝尊为天子，地位高贵，天子的父母当然更能受到足够的尊敬。而作为天子，富有于四海之内，"普天之下莫非王土，率土之滨莫非王臣"，舜帝当然是达到了"德以显亲，贵为尊亲，富以养亲"的大孝标准。另外，孔子还赞美他使"宗庙飨之，子孙保之"，列祖列宗都因为他而享受世世代代的香火供奉；而后辈之人的福泽也积累得很深厚，家业也可以代代相传，子子孙孙的口粮也得以保障。如此看来，舜之为孝，真可以称得上"德为圣人"！

大德之人四必得

中庸思想要求我们要像古代圣贤那样去尽孝于长辈，这也是人之为人其良知的要求。如果我们能够效法先贤，做到了真正的那种大孝，就是一个真正有德行的人，人生其他的追求也就随之而来了。也许，这些东西的到来出乎我们的意料，然而细想起来，也是我们尽孝施德的必然结果。

那么，这些东西到底指的是什么呢？《中庸》一书中给了我们极好的阐述："故大德必得其位，必得其禄，必得其名，必得其寿。"也就是说，那些能够真正做到大孝的人，一定是大圣大德之人，他在社会中的地位，他得到的社会回馈，他的名声都会随之而来。而他的人生寿命呢，也会比一般之人更为长久，我们经常听人们说"大德之人，必得其寿"，这一句俗语就是从中庸思想中得来的。传说舜帝活到了一百一十岁，正印证了这一俗语。

孔子非常赞赏舜帝的德行，认为他是位真正伟大的圣人，其中一条重要的原因，就是因为舜帝为人至孝。正是有了这份大孝的圣德，所以天下的百姓才都心甘情愿奉他为君，愿意做他的臣子。试想如果舜是一个不德不孝之人，人们还会那么拥戴他吗？所以，行孝之人，必有大福。

得到了天下人的拥戴，自然也就拥有了至高无上的权威，那么天下都是自己的了，这样的福禄还不够厚重吗？普天之下，莫非王土，这时候天下间所有的财富也都是他的了。然而，真正的明君不会把一切财富占为己有，而是时刻想着他的百姓。他十分懂得"取之于民，用之于民"的道理，只有这样，才能得到百姓的拥戴。既然百姓们愿意奉己为君，那么理应使老百姓的生活过得美满幸福。

大度无私的人是受人们欢迎和敬重的，舜就是由于做到了这一点，才深得百姓的拥戴。有什么样的德行，也同样会有什么样的回报。舜帝让百姓们过上了富足和平的生活，百姓们自然对他感恩戴德，等他百年之后，就会为他建设庙宇，每年都来祭祀。这样，他的功德就永远留在了人们的心中。

圣人孔子推崇孝道，而亚圣孟子也同样看重一个人的孝行。他曾经说过这样一句话："老吾老以及人之老，幼吾幼以及人之幼。"就是说，要像对待自己的父母一样去对待别人的父母，像对待自己的孩子那样去对待别人家的孩子，只有这样，才是真正的圣贤作为，才能够称得上是真正的大孝。如果做到了这一点，就会得到别人的尊重，也会赢得社会的赞赏，天下间所有人都会颂扬你的品行。在这里，孝之为孝，已经不仅仅是一个人的个人良知问题，它已经大而化之，成为一种社会良好风气的开端问题，也关系到个人的名声地位、人生成败，所以我们一定要把孝心记在心中，展现在行动上。

那么，我们说"大德之人，必得其寿"，这又有什么依据呢？我们知道，一个人的寿命长短其实和一个人的修行境界，和一个人的德行智慧，有着千丝万缕的联系。那些大孝大德之人，他们的心胸比一般人要开阔得多，不会因为生活中一点小事情而斤斤计较，也不会因为一些人生中的小小挫折而心烦意乱，所以，他们总会表现得十分平和，笑看人生百态，显现出一种波澜不惊的智慧与从容。另外，由于他们的品行高洁，有一颗热情的心去帮助别人，并以此为人生乐趣和人生价值的实现。俗话说"送人玫瑰，手有余香"，而乐于帮助别人，救人于危难之间，也必然会有一份舒坦欣慰之感，这也无疑使得那些大德之人"必得其寿"。

因此，我们可以看出，古往今来那些圣贤之人，他们之所以青史留名，正是由于他们的大德与大孝。因此，我们一定要记住中庸思想要求我们做到的这一品行，努力向圣贤学习，向那些大德大孝之人靠近，因为大德之人，"必得其位，必得其禄，必得其名，必得其寿。"

子曰:"无忧者,其惟文王乎①!以王季为父②,以武王为子③;父作之④,子述之⑤。武王缵大王、王季、文王之绪⑥,壹戎衣而有天下⑦,身不失天下之显名,尊为天子,富有四海之内,宗庙飨之,子孙保之。

武王末受命,周公成文武之德⑧,追王大王、王季⑨,上祀先公以天子之礼。斯礼也,达乎诸侯大夫,及士庶人。父为大夫,子为士,葬以大夫,祭以士;父为士,子为大夫,葬以士,祭以大夫。期之丧⑩,达乎大夫。三年之丧,达乎天子。父母之丧,无贵贱,一也。"

【注解】

① 文王:指周文王。② 王季:名季烈,周太王子,周文王之父。③ 武王:周武王,西周王朝的建立者。④ 父作之:指父亲王季为文王开创了基业。作,开创,创始。⑤ 子述之:指儿子武王继承文王的遗志,完成统一大业。述,循、继承。⑥ 缵:继承。大王:"大"古读"太"。大王,即王季之父古公亶父。绪:事业,这里指前人未竟的功业。⑦ 壹戎衣:即歼灭大殷。壹,同"殪",歼灭。戎,大。衣,"殷"之误读。⑧ 周公:西周初年的政治家。姓姬名旦,武王之弟,故又称"叔旦",因采邑周地,又称"周公"。⑨ 王:第一个"王"为动词,即尊……为王。⑩ 丧:丧礼。

【译文】

孔子说:"自古帝王中,无忧无虑的大概只有周文王吧!因为他有显明的王季做父亲,有英勇的武王做儿子,父亲王季为他开创了基业,儿子武王继承了他的遗志,完成他所没有完成的事业。武王继承了太王、王季、文王的未竟功业,灭掉了殷朝,取得了天下。周武王这种以下伐上的行动,不仅没有使他自身失掉显赫天下的美名,反而被天下人尊为天子,普天下都是他的财富,世世代代在宗庙中享受祭献,子子孙孙永保祭祀不断。

周武王直到晚年才受上天之命而为天子,因此他也有许多没有完成的事业。武王死后,周公辅助成王才完成了文王和武王的功德,追尊太王、王季为王，用天子的礼节来追祭祖先，并且把这种礼节一直用到诸侯、大夫以及士和庶人中间。周公制定的礼节规定：如果父亲是大夫，儿子是士的，当父亲亡故时，那就必须以大夫的礼节来安葬他，在祭祀时儿子只能用士的礼节。父亲是士，儿子是大夫的，当父亲亡故时，那就必须以士的礼节来安葬他，在祭祀时儿子用大夫的礼节。为期一年的丧礼，只能在大夫中使用；为期三年的丧礼，就只有天子才能使用；至于父母的丧礼，没有贵贱之分，天子、庶人的服期都是一样的。"

【精读中庸】

盛德之人福寿长

我国古代圣贤认为，一个人的寿命长短是和他的道德修养息息相关的。我国历史上许多伟大的思想家都把养性和养德放在长寿秘诀的最重要位置，甚至把它们看作是"长寿之根"。

孔子提出"德润身""大德之人，必得其寿""仁者寿""修以道，修道以仁"等观点。可见，在孔子看来，只有仁德之人，才会福寿双全。仁，指的是人与人之间同情、友爱的情感，这也是孔子思想的核心。寿，也可以说包含两层含意：其一是指人的实际寿命；其二是"死而不亡谓之寿"。也就是说，有些人他们的实际寿命也许并不很长，但他们的业绩和英名却可以传得久远，其寿命可以说超过常人。道家代表人物老子主张"少私念，去贪心"，认为"祸莫大于不知足，咎莫大于欲得"。一个在物质享受上贪心不足的人，必然会得陇望蜀，想入非非，甚至损人利己，损公肥私，终日魂不守舍，因心理负担过重而损害健康，这样的人私欲太强，毫无仁德之心，怎么可能会长寿呢？

孟子提出了"爱生而不苟生"的积极养生观，他把仁义看得高于生命，认为必要时应该"舍生取义"。他的"富贵不能淫，贫贱不能移，威武不能屈"，千百年来成为仁人志士的养德名言。他还倡导"老吾老，以及人之老；幼吾幼，以及人之幼"的尊老爱幼社会风尚。他认为如果一个人想要长寿，必须先要修德养气，成为一个道德境界上超出常人的君子。只有这样，才有长寿的可能，所以他提倡每一个人都应"善养浩然之气"。汉代大儒学家董仲舒也有相似的观点，他曾说"养心靠义"。也就是说，高尚的道德、情操可使人心情常保愉悦，心理健康长存。"夫人有义者，虽贫能自乐；而大无义者，虽富莫能自存。""故仁人之多寿者，外无贪而内清静，心平和而不失中正，取天在之美以养其身。"从中可以看出，只有品行高洁的人，只有具有仁德的人，身心才会保持愉快，才不会为外物所累，才有长寿的可能。

我国古代的大思想家在德与寿二者之间的关系上虽说各有强调的重点，但是有一点是相通的：一个人的德行是长寿的基石，大德之人，必得其寿，而相对来说，无德之人，难得其寿。

既然古代的圣贤一致认为"有德之人才能有寿"，那么，这种说法有没有科学依据呢？医学家指出，修德养性有益于健康长寿。有德之人，心地无私，襟怀坦荡，生活坦然，能保持最佳心理状态，增强免疫系统功能，抵御各种疾病的侵入。而那些品行不端、私欲心重的人，体内则会分泌出一种荷尔蒙物质，加速心脏跳动，使血压上升，白细胞数量下降。此外，他们的精神常处于一种紧张状态，最终导致机体的代谢和神经调节功能的紊乱。这样一来，身体健康尚不能保，岂有长寿的道理？早在隋唐时期，我国的大医学家孙思邈就曾经说过："德行不克，纵服玉液金丹，未能延年。"也就是说，一个人如果品行低劣、心术不正的话，就算是每天服用灵丹妙药，也是不可能长寿的。

现实生活中的那些大寿星，可以说都是一些乐观豁达的人。我们每个人都有健康长寿的愿望，然而想要身心健康就要从修德养性开始。一个人只有处处与人为善，心中无敌，寝食安宁，才会有一个良好的精神状态。而如果处处与人为恶人，经常中伤他人，暗箭伤人，落井下石，自然会害怕报复而寝食不安。这样，恐怕永远不会有一个安宁乐观的心境，哪里还会有长寿的可能。因此，我们一定要记住：盛德之人，福寿乃长！

周公制礼

古人说："天不生仲尼，万古如长夜。"的确，如果没有孔子，就没有了影响数千年的儒家思想，中国的思想传统可能就会是另一个样子。我们尊称孔子为圣人，是因为他对中国思想文化的形成有着无人可比的奠基功劳。然而在中国历史上还有一个人物，他不仅为后人所敬仰，而且就连孔子也对他十分敬佩，那就是制礼的周公。

　　周公，也被称作周公旦，他是周文王的儿子，周武王的弟弟。在武王病逝后，周公先后辅佐成王、康王，创造了周代的太平盛世。但是即使这样的丰功伟绩对于周公而言也不是最重要的，他对当朝以及后世最大的功绩，是他制定了"礼乐"。我们现在的许多礼节文化，还与周公制的"礼"有着密切的渊源。在中国的历史上，可谓英雄无数，才俊辈出，有无数风云一时的人物。这些人里，有的人如流星，虽然照亮了他所在的时代，却转瞬即逝；可有的人却如恒星，不仅照亮了自己所在的时代，更照亮了以后的时代。周公便是后一种人，他对历史最大的贡献莫过于他制定了"礼"。

　　周礼的核心是"尊尊""亲亲"在这里，第一个"尊"和"亲"是动词，第二个"尊"和"亲"是名词，而这两个词几乎可以说概括了中国伦理的全部：尊卑长幼。它包括了两个层面，一是在社会这个大的范畴里，要尊敬一切应该尊敬的人，周天子作为最尊贵的人，应该得到全天下人的尊敬与服从；另一个是在家庭的范畴里，要尊敬长辈，兄友弟恭，父权得到了确认，而周天子作为天下人的君父，更应该得到天下人的尊敬。

　　周公制礼作乐，还有一个基本的指导思想，即"敬德保民"。"敬德"，是因为有德之人才会得到上天的保佑。"保民"，是因为"民之所欲，天必从之"，也就是说上天有好生之德，会尽其能力满足人们的愿望。周公提出"敬德保民"，是夏商以来中国思想从敬鬼神到重人事的一大转变。

　　就这样，"礼制"在思想领域的统治地位被确立了下来，后来又为儒家思想所吸纳，成为儒家思想的重要组成部分；又通过儒家思想的传播，绵延了两千多年之久，对国人产生了巨大的影响。但是"礼制"在思想领域的统治不是一成不变的，在历史的长河中，它的命运也是起落沉浮。春秋战国时代是中国历史上最为纷乱的时代，也是诸家思想最为丰富多彩的时代，而如果用儒家史学家的话来形容这段历史，那就是"礼崩乐坏"。

周公制礼看来简单，却对中国历史产生了深远的影响。纵观中国历史，不难发现到处都有礼制的身影。

制礼作乐，是周公对中国文化的大贡献。近代著名历史学家夏曾佑说："孔子之前，黄帝之后，于中国大有关系者，周公一人而已。"从黄帝到孔子，两千多年间，尧、舜、禹、汤，以及周公的父亲周文王、兄长周武王，都是推动历史前进的古圣王，为什么说只有周公一人与中国大有关系？因为从文化的角度看，周公制礼作乐是把夏、商、周三代礼乐文化推向了发展顶峰。所以孔子由衷地赞叹："周监于二代，郁郁乎文哉，吾从周。"礼乐文化是中国五千年文化史上出现的第一个完备的文化形态，而周公是礼乐文化的最重要的创造者。礼乐文化直接孕育了儒家文化，儒家文化则于西汉时代一跃成为中国文化的主流。如果说孔子是儒家文化的代表人物，那么周公则是礼乐文化的代表人物，孔子的许多思想主张，也是从周公那里借鉴来的。

礼乐文化是一种制度文化，它的基本特点是以礼为社会秩序的基础和核心，明贵贱，辨等级，正名分，一切人和事都要遵循礼的规范和准则，基本上涵盖了国家、社会和生活的方方面面。西周的礼乐制度，形成了西周特色的礼乐文化与礼乐文明，而且对后来历代中国文化都产生巨大而深远的影响。可以这样说，周公制礼，功盖千秋，恩泽万代。

【原文】

子曰："武王、周公其达孝矣乎！夫孝者，善继人之志，善述人之事者也。春秋修其祖庙①，陈其宗器②，设其裳衣，荐其时食③。

宗庙之礼，所以序昭穆也④；序爵，所以辨贵贱也；序事，所以辨贤也；旅酬下为上⑤，所以逮贱也⑥；燕毛⑦，所以序齿也⑧。

践其位，行其礼，奏其乐，敬其所尊，爱其所亲；事死如事生，事亡如事存，孝之至也。

郊社之礼⑨，所以事上帝也。宗庙之礼，所以祀乎其先也。明乎郊社之礼，禘尝之义⑩，治国其如示诸掌乎⑪！"

① 春秋：四季的代称。这里指祭祖的时节。② 陈：陈列。宗器：古代宗庙祭祀时所用的器物。③ 荐：进献。时食：指古代祭祀祖先所进献的时鲜食品。④ 昭穆：是古代一种宗法制度。宗庙的次序是有规定的，始祖庙居中，以下是父子（祖、父）递为昭穆，左为昭，右为穆。昭穆，在这里指祭祀的时候，可以排出父子、长幼、亲疏的次序。⑤ 旅：众。酬：以酒相劝为酬。⑥ 逮：及。⑦ 燕毛：指祭祀完毕，举行宴饮时，以毛发的颜色来区别老少长幼，安排宴会的座次。燕，同“宴”，宴会。毛，头发。⑧ 序齿：即根据年龄的大小来定宴会的席次或饮酒的次序。齿，年龄。⑨ 郊社：周代于冬至的时候，在南郊举行祭天的仪式，称为“郊”；夏至的时候，在北郊进行祭地的仪式，称之为“社”。⑩ 禘尝：在此应为宗庙四时祭祀之一，每年夏季举行。尝，也是四时祭祀之一，在秋季举行。《礼记·王制》：“天子诸侯宗庙之祭，春曰礿，夏曰禘，秋曰尝，冬曰烝。”⑪ 示：同“视”。

【译文】

孔子说：“周武王和周公，他们可以算达到孝的最高标准吧！所谓孝的标准，就是要像周武王和周公那样，善于继承前人的遗志，善于完成前人所未完成的事业。在春秋祭祀的时节，及时整修祖宗庙宇；陈列祭祀要用的祭器，摆设先王遗留下来的衣裳；进献时鲜食品。

武王、周公其达孝乎！

按照宗庙的礼节，就能把父子、长幼、亲疏的次序排列出来；把官职爵位的秩序排列出来，就能将贵贱分辨清楚；排列祭祀时各执事的秩序，就能分辨清楚才能的高低；在众人劝酒时，晚辈必须为长辈举杯，这样就能使爱抚之情延伸到地位低下的人身上；以毛发的颜色来决定宴席的座次，就能使老老少少秩序井然。

站立在先前排定的位置上，行使祭祀的礼节；奏起祭祀的音乐；尊敬那些理应尊敬的人；爱护那些理应亲近的人；侍奉死去的人就像侍奉活着的人一样；侍奉亡故的人就像侍奉生存着的人一样，这才是孝的最高标准。

制定了祭祀天地的礼节，是用来侍奉上帝；制定了宗庙的礼节，是用来祭祀祖先。明白了郊社的礼节和夏祭秋祭的意义，那么治理天下国家的道理，也就像看着自己手掌上的东西那样明白容易啊！"

【精读中庸】

继志述事，方为大孝

虽然我们每个人对父母都心存一份孝心，然而孔子却更赞赏武王与周公之孝，认为他们对祖上的孝才是真正意义上的大孝。《中庸》是引述他的话说："武王，周公，其达孝矣！"这到底是为什么呢？

按照我们常人的理解，孝就是要对父母充满感恩与尊敬之情，父母生我养我，我之所以能在这个世界上存在和成长，就是因为父母赐予了我生命，并含辛茹苦地抚养我成人。父母对我有天大的恩情，我自然而然地在言谈举止中对父母又爱又敬，在日常生活上使他们衣食无忧。然而，这样做虽然也算是对父母尽了一份孝心，却不是真正的大孝。因为真正意义上的大孝不能仅限于使父母衣食无忧，心情愉悦，它有其更为重要的内涵，那就是像孔子赞赏武王与周公时说的那样，要做到"善继人之志，善述人之事"。

我们读历史可以知道，周武王和周公继承了周文王未竟的事业，完成了他一生未遂的志向，他们推翻了残暴的商纣的统治，最后把周朝治国、平天下的理念推广开来。周武王去世之后，周公又接着他的事业继续前行，当时天下初定，周公收拾了乱局，平定了叛乱，最后推行周礼，奠定了周朝八百年统治的基础。所以从武王、周公的事迹中，就体现了孔子所说的"善继人之志，善述人之事"这个孝道的核心精神，也难怪乎孔子由衷赞赏他们的对祖上的大孝。

因此我们明白，身为人子，最大的孝莫过于继承先祖之志，成就其事业，完成其使命，就如同周武王与周公对文王之孝那样。孔子称赞周武王、周公"其达孝矣乎"也可以这样理解，周武王、周公是通过对孝道的实践，达到了孝道的最高境界。

"夫孝者：善继人之志，善述人之事者也。"孔子用这一句话，确立了孝道的基本含义。我们所说的祭礼等关于孝的礼仪、规矩，其实都是一些外在的形式而已，而真正的孝道的核心内容其实就是"善继人之志，善述人之事"。对于我们普通人来说，礼仪形式当然也非常重要，因为只有我们对祭礼形式充满了敬畏之心时，我们才会在心中对祖上有一份孝与敬的真情。但如果只有规矩和形式，没有核心内容，难免显得虚伪，所以尽孝就要表里如一，发自肺腑。"善继人之志，善述人之事"，这里的"人"指的是自己的先人、祖先。我们作为后人，一定要有勇气继承祖先的遗志，做他们想做而没有做的事情；或者去完成祖先已经开始做，但还没有完成的事业，这才是对祖先真正意义上的大孝。

　　如果我们追根溯源，那么可以这样说，"孝"的观念，来源于人类最基本的生命活动——生命的产生和延续。"生我者父母。"这句话道出是父母给予了自己生命这一最朴素的事实。作为获得此恩泽的后人，我们理应知恩怀德回报先人，"孝"的观念便由此产生。所以，"孝道"是中国先民对人生命活动自觉意识的体现。"慈乌有反哺之恩，羔羊有跪乳之义"，就是为了告诫人们如果不行孝，那就不如畜生了，不配成为天地中的一员。其实，这是人对生物本能所作的"孝行"诠释，它从一个侧面反映了孝道观念的确是人类对生命活动的觉醒。

　　中国古代孝道观念的创立，从人类思维发展的角度而论，又一次反映了中华文明的早熟。为了提倡孝道，古人言"知为人子者，然后可以为人"，意思是说懂得自己作为"人子"应尽的孝道，那才谈得上是一个真正的人，才算是一个具有人性的人。古人认为人和动物的区别，最为重要的不仅在生理上，更在心智上，只有具有人特有的社会意识和情感，才算真正有别于禽兽，具有人性。因此，能不能理解孝道和如何行孝，便成为衡量一个人人性天良的标尺。

　　《孔子家语》云："树欲静风不息；子欲养亲不在。今始知椎牛祭墓，不如鸡豚之奉于生前也。"这句饱含深情的名言真诚地告诫人们，孝心有时候是不能等待来日的，尽孝一定要及时，不要等到父母去世之后才想起，不然只会留下遗恨！

礼序尊卑，辨贵贱

《中庸》一书中说："序爵，所以辨贵贱也""燕毛，所以序齿也"。这是对中国传统思想中尊卑贵贱的论述。的确，贵贱有别、长幼有序是中国传统文化的一个重要特征，也是中华民族的一个优良传统。

我国古代的礼法制度，实际上是一种行为规范，是中国血缘宗法社会产生的一套非常严密的社会等级秩序。它虽然不是现代意义上的法，却高于法，也可以说现在的法是"条文之法"，而古代的礼法却是"内心之法"。上至皇亲国戚、文武大臣，下至平民百姓、奴仆婢役，都有各自的礼仪要求，他们的日常行为举止、饮食起居、衣冠服饰都有严格的规定。人们的社会生活纷繁无比，"法"虽然无法包罗万象，但"礼"却可轻易将其悉数囊括其中。

宋代理学大家周敦颐说："礼，理也；乐，和也。阴阳理而后和。君君、臣臣、父父、子子、兄兄、弟弟、夫夫、妇妇，万物各得其理然后和。"可见虽然"礼"只存在于人们的心中，但其却具有"法"所没有的道德性的内在约束性和自觉性，使人通过内在的思想道德修养而自律，自觉遵守而且尊重等级秩序，自愿地做到"非礼勿视，非礼勿听，非礼勿言，非礼勿动"。

从政治方面考虑，通过"礼教"思想，统治者则可以达到控制人心之目的，使其统治更加稳定，所以历代君王都奉行"以礼治天下"。

也许有人会说，这种封建的礼教思想是迂腐不堪的，在我们今天生活的社会里，根本就没有奉行的必要。的确，这种尊卑贵贱思想在今天看来的确是很封建的，似乎我们这个时代已经不再需要它了。

然而，我们对待任何一种思想都要奉行鲁迅先生所说的"拿来主义"，即我们可以吸取其有益于的部分，摒弃无益的部分。况且，随着我们社会的进步，古代的这种礼仪也在发生变化，不可否认的是，进化后的礼仪对于我们人类的文明无疑起着重大的推动作用。而现代礼仪的最早源头，就是以孔子为代表的儒家思想。

《晏子春秋》里有这样一句话："凡人之所唯贵于禽兽者，以有礼也。"也就是说，人之为人，他区别于动物的最重要特征，就是因为他懂得何为"礼"，人因为懂"礼"而变得高贵，才从低级动物中脱离出来。

可见，一个人是否懂"礼"与守"礼"，是人之为人的一个重要标志。

虽然说"礼"强调"序尊卑，辨贵贱"，但其并不是不符合人本主义思想，也不是压抑人性的正常发展的"毒瘤"。这一切，重要的是看你怎样理解它在今天的含义，以及怎样看待今天评判尊卑贵贱的标准。随着时代的发展、社会的进步，我们对于一个人的评价标准当然也会因时而异，对于那些年长之人、品行高尚或者有杰出才能的人，我们当然应该心怀一颗尊敬之心，并且在言行举止上体现出我们的品行修养来。相反，对于那些卑鄙小人及心术不正之徒，我们会在道德层面给予他们低级的评价，为他们的行为感到不齿，坚决不与他们同流合污，甚至要敢于同这些人斗争。

"以礼敬于天，天就会相助你；以礼敬于神，神就会保佑你；以礼敬于人，人就会服从你。"其实，所谓的礼仪之教就是要让我们学会尊重别人，并且把这种对别人的尊重内化到我们的人格中去。我们尊重别人，是我们的内心对我们发出的指令，是我们的良知对我们行为的要求，只有做到了这一层次，我们才真正懂得了何为"礼"。我们学习中庸思想，应该在探其原义的基础之上，根据时代的发展变化灵活地加以变通。

【原文】

自诚明①，谓之性；自明诚，谓之教。诚则明矣，明则诚矣。

【注解】

① 自：由于。

【译文】

由于内心诚实而明察事理，这叫作天赋的本性；由于明察事理后达到内心真诚，这叫作后天的教育感化。凡心真诚也就会自然明察事理，而明察事理也就会做到内心诚实。

自诚明谓之性

"自诚明，谓之性；自明诚，谓之教。诚则明矣，明则诚矣。"这句话讲述了以诚为本的重要性，由秉性真诚而明悟了天理，这叫作天性；由明白天理而内心真诚，这叫作教化。真诚就会明白天理，明白天理就会真诚。孔子在这里首先要强调的是一个人内心的"真诚"。

如果一个人的天性真诚，那么他就很容易明白世间万物的道理，做事情时就会"不思而得，从容中道"。由于天性是真诚的他自然而然地会了解社会人生的常道，这就是"（本）性"。这种人就是"自诚明"的人。可以说，他们是天生具有"诚"的慧根的人。因而，在为人处世时这种人总能够持中、稳健、理性、包容，符合中庸之道。这样的禀性使他们看待事物时不会偏颇，总能把握住事情诸多表象背后的本质。

我们大多数人其实都是要通过博学、审问、慎思、明辨的学习过程，从而知道"真诚"二字是自然界的不二法则的。认识到真诚的自然天性，从而明白人世间的事理。只有在领悟到人生需要真诚，我们对待万事万物才会诚心诚意，不偏不倚。只有这样，我们才能反思自己的处世态度与行为方式，最终做到诚心笃行。

其实，无论我们是生而知之，还是学而知之；无论我们是自然而然地顿悟，还是后天努力得到的渐悟。总而言之，真诚是我们的必备品行和成功的基本素质。真诚既是天道运行的法则，又是人道运行的法则。只有为人真诚的人才可以说是一个真真正正的人，才能够获得别人的信任，才能够得到人生的智慧，从而拥有成功的人生。真诚、诚实、诚信是最根本的道德原则，同时也是达到中庸境界的基础，而中庸之道又是人生成功的途径。如果我们在工作中弄虚作假，这样就不是诚心诚意，没有按照中庸之道去做事，最终是难以成功的。相反，只要我们以真诚相待，也许暂时会让人产生误会，但最终还是会得到别人的理解和赞许，从而让自己的品行更为众人所熟知，为自己的成功打下牢固的根基。

《管子》说：非诚贾不得食于贾，非诚工不得食于工，非诚家不得食于农，非信士不得立于朝。这几句话的意思就是，如果我们在诸多行业中不能做到诚信待人，那么我们经商肯定会赔得血本无归；打工肯定也不会得到别人的信任从而待遇丰厚；而即使一个农民如果不懂得讲诚守信的话，也不可能获得衣食无忧的生活；至于做官，那就更不用说了，如果一个人无半点诚心，他在朝中是无法立足的。可见，如果人无诚心，那么从种田到做官，他什么事情也做不成。因为只有"诚"才能"明"，只有以"诚"的态度对待自己的工作，才有可能事业有成。所以有句话说，诚是"百得之源、成事之本"，看来的确是这个样子。

北宋的哲学家程颐说："学者不可以不诚，不诚无以为善，不诚无以为君子。修学不以诚，则学杂；为事不以诚，则事败；自谋不以诚，则是丧其德而增人之怨。"意思就是要告诉我们，无论是修学、为人，还是谋事、待人，都必须秉持一颗"诚心"，否则的话就会为人不善、修学不精、为事不成、自弃其忠、增人之怨。可见，古代圣贤们早已经清楚地认识到了"诚"是一切事业得以成功的重要保证。诚信是一个人想要成才的根基，想要谋事成功的根本保证。对待他人是这样，对待我们的亲人更要以"诚心"相待。唐代的魏徵说："夫妇恩矣，不诚则离。"说的就是如果夫妻之间不能做到以诚相待，有了什么事情也不相互沟通，甚至于各怀鬼胎，同床异梦，这样的夫妻怕就不能长久了。所以夫妻、父子、兄弟之间也要以诚相待、真诚守信，只有这样才能和睦相处，才能够家和万事兴。

曾国藩说："诚者，不欺者也。不欺者，心无私著也。"意思是说真诚的人是不会欺骗别人

自诚明，谓之性。

的，同时，别人也不会欺骗他，这是因为他心中没有"私"字，更是因为他因"诚"而得"明"，对一切都看得比较明白，比较彻底。所以我们必须记住做人要以"诚"字为本，只有这样我们才能达到"通明"的境界，我们的思想修为才能够有所提升，我们的智慧才能有用武之地，我们的人生才能够有辉煌的成就。

自明诚谓之教

《中庸》一书开宗明义：天命之谓性，率性之谓道，修道之谓教。可见人生教化与"性"和"道"之间有着千丝万缕的关系。孔子在本章中又说："自诚明，谓之性；自明诚，谓之教。诚则明矣，明则诚矣。"就是说，从自己内在的"诚"达到"明"，是天性使然；而从"明"达到"诚"则就是教化使然了。"诚"与"明"两者是统一的，是相辅相成、相互促进的。"诚则明矣，明则诚矣。"因此，教化可以分为自诚明和自明诚两个层次，二者统一于本真人性发展之中。

懂得了这个道理，就要学会通过内在的善良和诚实去体察万物的规律，万物之中蕴含着生生不息的中庸之道，认识了它就可以提升我们的思想境界。我们知道，诚是内在于我们的心灵之中的，而明则是天下的事理。由内在的诚实达到外在的明白事理，我们就能了解社会发展的规律，体察到自然的本性与规律。反过来，只有达到天下万事万物的理或认识到万事万物的规律之后，才能使自己更加诚实，从而走向至诚的境界，这就是"教"，我们也可以称之为教化。通过对外在的认识而提升自己诚实的品德，这就是由教化完成的。

"诚"讲的是人具有的一种天性，从出生就明白许多道理，明白应该怎么样和不应该怎么样，知道是非善恶，知道怎样才算是"仁"。这样发自内心、发自"诚"意的思想和品行，可以说是达到了"圣人"的境界，因为他原本就以为应该这样或者那样，是天理，所以可以认为是天性的外现，这只有圣人能够达到。"自诚明"强调的是个人的自我教育对个人发展的影响作用。"诚"在于个人的内在真诚，即自身的素养达到一定程度，就可以进行自我教育，以此使自己明理增智。"自诚明"注重的是个人自主性的发挥，通过自身各方面素质的提高内发而来，"诚"有所增，进而实现自己的不断超越。

而我们大多数人是平凡之人，只有通过别人的教化，通过学习明白是非、善恶、仁、义等人生道理。如果我们通过教化明白了许多道理之后，能够达到"诚"的境界，就差不多可以称作"贤人"了，但绝不是圣人。可见，教化对于普通人，其作用还是很重要的。

"明"就是明白道理，获得智慧。如果用现代的观点来讲，"明"即教育者通过向学习者传授知识、经验和技能，使他们掌握个人的生存和生活之道，生活得更加幸福完美。其实，"明"更多的是通过外在的因素使个人的身心获得成长，使其人性更加健全、品行更加端正。"诚"就是内心真诚，心灵获得发展。个人通过受教育，积累知识、经验和智慧，使自己的内心获得丰富和发展，逐渐达到天性的自由。"自明诚"更多强调的是教育者对学习者品行与思想方面的启迪与教化。

西方思想家雅斯贝尔斯所说："所谓教育，不过是人对人的主体间的灵与肉的交流活动。"自明诚和自诚明之间是合二为一的。"天命之谓性"，本性就是人的天生自由的状态。自明诚和自诚明的最终目标都在于使个体天性得到自由发展，即"自己选择成为什么样的人，以及如何把握安身立命之根"。其实人的天性主要是这四种，即理性、德性、感性、灵性。何为教化？古往今来，众说纷纭，其实教化最为根本的就是康德所说的：使人成之为人。通过教化，个体对自我天性的发展有所觉悟，个人的思想境界有所提升，由诚至明，由明至诚，斯已矣！

【原文】

唯天下至诚，为能尽其性①；能尽其性，则能尽人之性；能尽人之性，则能尽物之性；能尽物之性，则可以赞大地之化育；可以赞天地之化育，则可以与天地参矣②。

【注解】

① 尽其性：即尽量发挥自己的天赋本性。② 与天地参：与天地并列为三。参，并立。

【译文】

只有天下至诚的圣人，才能尽量发挥自己天赋的本性；能尽量发挥自己天赋的本性，就能尽量发挥天下人的本性；能尽量发挥天下人的本性，就能尽量发挥万物的本性；能尽量发挥万物的本性，就可以帮助天地对万事万物进行演化和发展；能帮助天地对万事万物进行演化和发展，就可以与天地并立为三了。

【精读中庸】

至诚方能尽其性

《中庸》说："唯天下至诚，为能尽其性。"意思就是说，只有天下最真诚的人，才能够完全发挥出自己的天赋本性，从而完成自己生而为人的天赋使命。这里的至诚，就是达到了极致的真诚。

诚是一个人走向成功的至关重要的因素。它作为人的一种品质，同时也是世间万物的秉性。人们要想主宰自己的命运，就必须做事情符合自然与社会规律，而顺承了诚的秉性就是顺应了自然万物的必然性要求，也就顺应了天意。至诚之人能够使自己天性中好的一面充分发挥出来，使其优势凸显在众人面前，因此能够获取众人的认可与信任，做事情更容易获得成功。

那么，我们怎么样才能达到这种诚的极致呢？我们常常说自己的内心就像一面镜子，如果要想做到至诚至性，就要不停地擦拭和洗涤我们内心这面镜子上的污垢、尘埃，做到"时时勤拂拭，勿使惹尘埃"。一面没有尘埃的、纯净不染的镜子，才能照亮我们内心，才会引导我们把人性中善的一面发挥出来。只有这样，我们的内心才算得上是一块"明镜"，才能够达到至诚的状态。具备了这样一种至诚的状态，我们就能够清晰地照亮我们的内心，照亮世间的万物，使这面"镜子"的功能发挥到最大。

至诚，是心性修养达到的最高境界，也就是儒家所谓的圣人境界。它不是纯粹只在精神上、心灵上得以体验，而且要体现在行动上，在社会生活中发挥其功用来，这才能叫作"为能尽其性"。

可以说，"尽其性"就是尽其本性本能，就是完成自己生而为人的最大人生价值，做到"为天地立心，为生民立命，为往圣继绝学，为万世开太平"。只有这样的人，才能称之为"天下至诚"，才能够说得上是"能尽其性"。

中国历史上，人们所标榜的尧舜禹汤、文武周公，他们都是至诚的圣人。他们的精神境界达到了圣人的最高境界，同时社会地位也是天下最高的。圣人得了圣人之位，就能够把至诚的功用广泛推广，能够发挥自己的光明德性，从而达到齐家、治国、平天下的济世理想，为人类社会缔造出一代代的太平盛世来。

有至诚之人在位，是人类文明中最理想的状态，不仅仅我国古代的先民如此期待，即使在古代的西方也是如此。比如，古希腊的大哲学家柏拉图就构想过一个著名的"理想国"。在这样的一个国度中，他把最高的领袖称之为"哲学王"，也就是说要让哲学家，即最有智慧最有思想的人来当人间的帝王，而这样的人，无疑是一个内心至诚的人，不然他不可能有高深的思想与智慧。他认为由精神境界和道德水平最高的人来治理国家，人类社会就一定能够治理得很好，达到完美的"乌托邦"境界，这与我国古代圣人治国有其相似之处。

《周易》中说："穷理尽性，以至于命。"所以我们要发挥出人的天赋本性，就一定要牢牢地立足在自己的现实本位上。虽然我们身处各行各业，但是只要我们去努力进取，都可以达到"穷理尽性，以至于命"的境界。

从某种程度上说，只要我们每个人立足于自己的现实，抱着一种至诚之心，把自己的事情做好，也就基本上可以称之为"尽其性"了。我们作为天底下的普通人，虽然说达不到圣人的境界，但我们也一样可以"尽己之性"。人之为人，其性各异，即使是圣人也有所不同，他们所表现出来的事业功德也都各不相同。

总之，要尽人生之性，就必须要有一颗至诚之心。至诚之心，就是放下自己的利害得失，以天下为公的真诚之心。拥有了这样一颗诚心，就能够得到别人的认可，就能够取得人生的成功。

尽物之性与天地化育

以前看过一篇文章，说西方有一个哲学家问弟子们：人最需要的是什么？弟子们说了很多答案，有人说最需要的是要有一个远大的理想，有人说最需要的是超人的智慧，还有人说最需要的是数不尽的家财等。但是，这个老师都不赞同。最后老师说出了他的答案：人最需要的是一颗诚心，只有拥有了它，才有可能拥有人生的其他方面。

"尽物之性"的一个重要含义就是指万事万物都能够各尽其性，按照上天所赋予天地万物的"物性"，在自然之中完成其生命过程，这也是万物各尽其性的深层内涵。如果它是野生动物，那么就让它在大地上、在丛林中自由生长、自生自灭，而不要人为地去捕捉猎取；如果是花草树木，就让它们自然地开花，自然地凋谢，自然地结果。对待世间万物，我们不要违其本性而为之，这才真正做到了让万物各尽其性。总之，"尽物之性"就是顺其自然、道法自然、无为而无不为。这样万物才能欣欣向荣。

一个人从"尽人之性"达到"尽物之性"的境界后，他的生命运转与天地运转的规律也就和谐了。如果再接再厉，在心性修养上下功夫，陶冶自己的精神、提升自己的思想，就可以"参赞天地之化育"了。就像孟子说的那样"反身而诚，乐莫大焉"，在诚意正心的修养根基上，在"尽物之性"的境界基础上"百尺竿头，更进一步"，达到"参赞天地之化育"的境界，的确会感到"乐莫大焉"。

"赞天地之化育"，如果在字面上理解，就是"帮助"天地养育万物，这时候人的境界已经达到了很高的程度，可以有资格做天地的"助手"，这是多么了不起！这里的"赞"字，不是我们平常所说的赞叹、赞美之意，而是帮助的意思。试想能够帮助天地一起化育万物，让万物各安其位，各尽其性，这是多么神圣和荣光的使命，是多么崇高、多么了不起的事业！所以"赞天地之化育"的境界不是一般人能够达到的，它几乎达到了中庸之境的最高点。

化育万事，有一种"润物细无声"的感觉。所谓的"化"，就是没有一丝一毫不自然的感觉，它既不生硬，一点也不勉强。就像把一颗糖放在一杯水里一样，糖在不知不觉中融化，水也在不知不觉中变甜。如果一个人的精神境界能够达到这一步，主观能动性能够发挥到这样的程度，那么他对天地之间的大道肯定会有一番彻悟。此时他的一举手一投足，都会恰如其分地体现出天地大道。"赞天地之化育"其实指的就是顺天道而为，让天地万物都能够"各尽其性"，让人世间更加和谐安宁。

【原文】

其次致曲①，曲能有诚，诚则形，形则著，著则明，明则动，动则变，变则化，唯天下至诚为能化。

【注解】

① 致曲：推究出细微事物的道理。致，推致。曲，偏，一个方面。"

【译文】

那些次于圣人的贤人，如果能通过学习而推究一切细微事物的道理，那么由此也能达到诚；内心诚实了就会表现出来，表现出来了就会日益显著，日益显著就会更加光明，更加光明而后能使人心感动，就会使人发生转变，使人发生了转变，就可以化育万物，只有天下至诚之人才能做到化育万物。

【精读中庸】

其次致曲，曲能有诚

"赞天地之化育"之功，"可与天地参"的地位，都是那些"唯天下至诚"的圣人所能达到的。而对于我们平常人，是不可能一下子达到这种境界的。那么我们能达到哪种境界呢？在这里，《中庸》提出了一个"致曲"的概念。我们普通人可以通过"致曲"达到一定程度的"诚"。这就是所说的："其次致曲，曲能有诚。"

所谓"致曲"，字面上来解释，"致"就是达到、形成的意思，"曲"就是细小、迂回曲折的意思。虽然我们普通人很难直接做到"至诚至性，从容中道"，但是我们可以迂回前进，退后一步，走一条"曲线"，以此来获得至诚之心、至诚之道。也就是说，对于那些还没有达到天下之至诚的人，由于他们的天性还不能够自然地发挥出来，所以他们只有采取"致曲"的手段来获得"诚"，通过后天的努力来达到"至诚"的最终目的。

"人之初，性本善。"一个人刚出生的时候，他是一张干净的白纸，内心是纯洁无瑕的。人天生就有一种善根存在，有一种对人生和世界无限的爱意，他的内心如同圣人一样至诚。只是随着年龄的增长，对于外界事物逐渐有了一种畏惧之感，内心的至诚慢慢地淡化了，人越来越孤立自己，对于外人有了越来越重的防备心理，这样也就离圣人至诚的境界越来越远了。其实我们每个人都可以交到一个真诚的朋友，然而我们在与别人交往时，却总是不肯先付出自己的一片诚心。相反，我们总是怀着提防的心理，根本就没有向朋友们敞开心扉，这样就会使我们自己陷入孤独之中。然而，我们在这种时候却多在感慨人心不古，世态炎凉，殊不知，是我们自己内心的那份至诚首先消失得无影无踪了。

其实，内心真诚的人是很容易被人识别的。即使一个人的言语可以欺骗别人，但是他的行为却昭示着他的真实想法。一个人可以骗人一时，不可能骗人一世，他的本性迟早会显露出来的。所以，我们要想做一个得到别人认可的人，要想做一个有所成就的人，就必须是一个内心至诚的人。

其实在现实生活中，我们多数人都是平凡人，都没有圣人那种思想境界，然而，我们可以从身边的小事做起，通过自己的学习与努力来改造自己、完善自己，让自己的内心重新回到至诚的状态，就如同刚刚出生时那样纯洁。

如果你以诚心对待别人，别人也会以诚心对待你。如果世界上每一个人都能够以诚待人，那么就会形成一种无比良好的风气，在这样的国度中生活，相信每个人都会省去无数的烦恼，省去对外界的防备心理，那必将会是一个真正无比和谐的世界。为了这样一个美好的未来，让我们一起努力，通过"致曲"而达到"有诚"。

诚形著明而有动变

《中庸》中说："诚则形，形则著，著则明，明则动。"意思就是告诉我们，如果一个人内心有了一颗至诚之心，那么就会在他的言语行动中体现出来，然后会越来越显著，越来越为人所知。而显著之后就会进一步地将"诚"发扬光大，发扬光大之后便可以让其他人感受他至诚的光芒，从而能够化育天地万物。

"诚则形，形则著"，就是说随着一个人诚意的发动、诚心的累积，他的外在表现就会越来越明显，就会由内到外散发出一种真诚。最初只有一点真诚的蛛丝马迹，而后就会生长起来，变得显而易见。一个人的诚意显著起来了，就会有更多的人看到你的这种可贵品质，就会有更多的人接受和认可你。这就到了"著则明"的阶段了。

"著则明"，中庸思想中所说的光明是通过自己的德行修养、通过自己的无私奉献显现出来的一颗至诚之心。一个人对待他人怀有此心，他的真诚、善良、仁义等优秀品质就会为大家所学习和效仿，也就能够感化众人和提升众人。不过，在我们的现实生活中，有些名人明星通过一些手段使自己出名，这样出名的人，不会有人发自内心地感动和赞赏，也就当然不能够树立起一个好的榜样来教化众人。恰恰相反，这样会带来很多负面的影响。

人的精神本性，最重要的就是一念真诚、一念通明，如同《中庸》中所说的"诚则明，明则诚"，诚和明是一体的。只有那些真诚而通明的人，才明白自己应该做什么，不应该做什么，才拥有真正的人生智慧与处世法门，他们在人群中才能够起到很好的带头作用，也会有人心甘情愿地追随他们一起行动。当追随者越来越多的时候，就说明这类人的真诚真正感动了他人，这就是"明则动"的意义所在。

如果所有人都开始诚心诚意地行动起来了，那么社会风气就会产生一个根本性的变化。这就是"动则变，变则化"。一个人的诚心诚意看起来并不起眼，然而如果人人怀有诚心，社会就会成为另外一个样子，社会风气及人类的精神面貌都会发生改变。

我们常常把"变化"当成一个词来用，但这两个字是各有意义的。所谓"变者，化之始；化者，乃变之终"。也就是说，变化是一个漫长的、从始到终的过程。变，是有痕迹的、有参照对象的、可感受可触摸的过程；而化，指的是大化无形、了无痕迹，是一个渐进的、不知不觉的过程。我们经常说一些修养很高的人达到了"化境"，就是说这些人的修为已经达到了无痕迹的至诚境界。

【原文】

至诚之道，可以前知。国家将兴，必有祯祥；国家将亡，必有妖孽。见乎蓍龟①，动乎四体②。祸福将至：善，必先知之；不善，必先知之。故至诚如神。

【注解】

① 见乎蓍（shī）龟：从蓍草、龟甲的占卜中发现。蓍龟，即蓍草和龟甲，古代用来占卦。② 动乎四体：即从人们的仪表、行动中察觉。四体，四肢。

【译文】

掌握了至诚之道，就可以预知未来的事。国家将要兴旺，一定有吉祥的征兆；国家将要衰亡，必然会有妖孽出来作祟。这些或呈现在蓍草龟甲上，或表现在人的仪表上。祸福即将要来临时，是吉兆，是一定可以预先知道的；是凶兆，也一定可以预先知道。所以说掌握了至诚之道的人就像神灵一样。

【精读中庸】

国家兴亡，祯祥妖孽

至诚之人能够超越自我的有限性，达到西方哲学中所说的"先行见到""先行呈现"的高超境界。这其实也就是中庸思想中的"至诚之道，可以前知"的深意所在。""前知"，就是说在事情还没有发生之前就依稀知道它的端倪，在恶的东西还

至诚之道，可以前知。

没有来临时就能看到它的征兆，一件好事还没有光临，而自己喜悦的心已经先行作好了迎接它的准备。

《中庸》认为，有了最诚实的道和最诚实的心，就可以预测未来、

感知未来。如果一个人满嘴假话，其德性必定是不完美的，别人也很难将他看做是个可信的人。当一个人说的每一句话都是真实的，他心里想的每一事物都没有私利和占为己有的欲望时，他就能透过表层的现象看到事物深层的本质，能够通过今天看明天，通过当代看未来。一个人越是追求伪善之名，他反而什么也得不到。而如果一个人虔诚地承认自己的无知时，反而会有一颗积极进取之心，进而获得大智，这就是至诚之道的大智慧。

一个获得了至诚之道的人，肯定是一个十分智慧的人。获得了大智慧的人能够穿越历史的尘埃和当下的遮蔽，剥开层层迷雾，用其非凡的洞察力看到国家和社会的内在问题。《中庸》中说："国家将兴，必有祯祥；国家将亡，必有妖孽；见乎蓍龟，动乎四体。"说的就是智慧之人对于国家兴亡的一种洞察与预见。一个国家的兴旺发达，必定有瑞祥的端倪和美好的征兆出现，那些秉持至诚之道的智慧之士，通过观察种种社会现象，通过观察民风民俗，经过自己理性的思考与分析，往往能够提前作出正确的判断。同样，如果一个国家将要灭亡，也必定有妖孽出现。当然，这里的妖孽并不是实指那些妖魔鬼怪，因为它们在现实世界中是不存在的，在这里只是一种比喻和影射而已。现实生活中那些口出狂言的、为富不仁、贪污腐败的伪善之人，都可以称之为国之妖孽，如果这样的人越来越多，那么一个国家就会慢慢地腐败堕落下去。

然而，古代人因为还没有完全从愚昧状态中走出来，所以他们的思想中还存在着鲜明的迷信色彩。比如他们就比较相信卜卦、算命这一种迷信思想，认为只有靠这个东西才能达到"前知"。他们没有充分发挥人的主观能动性去进行细致的观察、理性的思考与冷静的分析，而是十分迷信"龟蓍"之言。《中庸》中所说的"见乎蓍龟,动乎四体"就说明了这种现象。古代人认为事物发展的一些征兆会表现在占卜所用的蓍草和龟甲上面，这当然是一种迷信的说法，是不可信的。

事物发展的趋势只有通过至诚之道才能正确地预见到，国家的兴亡成败也只有通过一颗至诚之心的观察与思考才能够准确把握。有诚者必有智，有智者也必有诚。比如说，如果一个德高望重的老中医去为人把脉,他能够通过脉相体察到病人的五脏六腑、阴阳协调,靠的就是心与心相通的诚,同样也依靠他的超凡心智。他只有结合自己的智慧和诚心去为病人把脉,才能够体察毫末之征兆。如果他的心不是至诚的,想的不是如何通过脉相找到病源,而是一心想如何收取高额医费,赶紧把这些病人打发走人,他是不能将病人医好的。

一颗至诚之心在任何地方都能显现出来其智慧,并且能够预观到将发而未发之事。"国家将兴,必有祯祥;国家将亡,必有妖孽。"无论灾祸还是幸福,当它将要来临时,善良真诚而又充满智慧的人必能预知。每当风雨飘摇、山雨欲来风满楼时,那些忧国忧民的至诚之人总能够先知道,并作出最大的努力来力挽狂澜,而那些不诚不智之人,只会在亡国之前还"隔江犹唱《后庭花》",对此却浑然不觉。有了至诚之道就有如神在左右,我们就能够对世间万事万物提前作出预测,进行"先行把握",因为"至诚之道,可以前知"。

福祸将至而先知

中庸思想认为,天地万物不是相互孤立而存在的,而是相互依存、相互联系的。他们相互感应而存在,相互竞争而发展,没有一种事物能够先天地而生,脱离其他事物而独立存在。

可以进一步说,任何事物的发展变化都是有其前因后果的,任何变故在发生之前都会有先兆,都会有预示。然而,只有那些以天地为心,心中充满了至诚之人,才能够感知得到,并作出正确的预见。

想要体会到天道的法则、祸福将至前的警示,就必须首先具备一颗无比至诚之心。只有这样,我们才能够感知各种变化前的征兆,才能够做到先知先觉。

在古代社会,我们的祖先对于各种自然现象和社会变故的理解程度不够高,常常无法给出一个科学性的解释。

但是,一件事情如果发生了,肯定是有其原因的,如果不能给出一个正确的原因,也要找出自己感觉有道理的缘由来。否则,人会产生一种茫然无措的感觉。那么,古代先民认为怎样解释各种难以理解的自然与社会现象呢? 他们的方法是:借助于占卜和筮蓍来判断事物的吉凶祸福,来预见事物的发展趋势。这种做法当然是没有科学依据的，是不会得出正确性预见的。

不过，古代先民身上也有可取之处，那就是当他们进行占卜和筮蓍时所秉持的一颗虔诚之心，而"诚"字最早就来源于这种仪式中。虽然古人的做法具有一定的神秘色彩，但是他们的一颗诚心、一种至诚的精神状态是我们今天所缺失的，我们应该学习古人这种精神。

其实，真正能够对事物的发生与发展作出科学性预见的，真正能够达到像古人所说的"通神"境界的，就是"一念至诚"。

至诚是什么样的一种境界呢？那就是不思而得、不勉而中。这个境界，就是中庸思想中所提倡的"喜怒哀乐未发之谓中"的境界。

唯有怀有一颗至诚之心的人，才能够帮助天地化育万物，才能够与天地万物化为一体，因而才可以洞察宇宙运行的法则与万事万物的发展变化趋势。因为，当一个人与自然同化时，那么自然界中所发生的一切，就好像他自己所亲身经历过的一般，对事物发生与发展的来龙去脉才会清楚。至诚之人懂得，自然万物有其各自的运行与发展规律，如果能够看破这一点，把握住了这个规律，那么事情就会变得一目了然。

任何一个人所遭遇的事情，在其发生之前都是有一些征兆的，这些征兆或大或小，或隐或显，只要我们怀着一颗至诚之心用心观察，都能够感觉得到。

所谓第六感其实并不是什么神秘的东西，也可以说它就是由一颗诚心带来的感觉方面的敏锐超凡，拥有了它，你就会对万事万物的观察更加用心、更加敏锐，因此你能够感知到别人无法觉察到的东西。我们如果能够在一些事情发生之前就发现其端倪，无疑当事情真正发生时，我们就可以更加从容地应对，作好心理准备，做到"未雨而绸缪"，而非"临时抱佛脚"。

怀有一颗诚心，不仅可以预见一个人的祸福，而且可以预见一个家庭和一个国家的祸福。一个人要兴旺的时候，必有祯祥，而一个家庭要兴盛的时候，也是有其预兆的。而如果一个国家兴亡成败，更有其预兆，所谓"国家将兴，必有祯祥；国家将亡，必有妖孽。"这就如同《中庸》中所说的：祸福将至，必先知之。

诚者，自成也；而道，自道也。诚者^①，物之终始，不诚无物。是故君子诚之为贵。诚者，非自成己而已也，所以成物也。成己，仁也；成物，知也。性之德也，合外内之道也，故时措之宜也。

【注解】

① 诚：此处的诚，是从广义上讲，指的是贯穿于一切事物中的实理，即事物的本质和发展规律。

【译文】

诚，就是完成自身道德修养的要素；道，就是知道自己走向完成品德修养所应该走的道路。诚，是天地自然之力，它贯穿在世界上万事万物之中，而始终不能离开，没有"诚"就没有世界上的万事万物。所以，君子把"诚"看作是一种高贵的品德。所谓诚，并不仅仅是完成自身的品德修养就算到头了，而是要使万物都得到完成。完成自身的品德修养便是仁；使万物得到完成便是智，仁和智都是人们天性中所固有的美德，它们内外结合，便是"成己""成物"的道理，所以经常实行就没有不适宜的地方。

【精读中庸】

诚者自成，道自道

《中庸》中说："诚者自成也。"就是告诉我们，一个人要做到诚心诚意，首先不能自己欺骗自己，对自己诚实是诚的第一步，也是至关重要的一步。"吾日三省吾身"说的就是要对自己的行为做一番至诚无欺的检讨，中庸思想中也提倡"君子慎独"，即告诫我们，即使在一个人独处的时候，也要做到诚心诚意，不能够作出自欺欺人的事情来。一个人要想获得成功，思想境界得到提升，首先必须是一个诚者，因为只有诚者才能够"自成"。

前面说过，"诚"就是真诚、信诚、直诚、精诚。一个人如果没有一种"诚"的心态，就不会有一种良好的为人处世的作风与习惯，更不会有高尚的令人敬仰的人格，也不可能功成名就。孔子告诉我们，一个人如果内心至诚的话，便可以"通神"，能够神奇地预测人生的祸福、国家的兴亡。可见，一颗诚心对于我们的人生与社会，具有十分重要的意义。

虽然说圣人的那种"通神"的至诚状态不是一时可以达到的，然而做一个真诚、信诚的人又是十分容易的。我们做事情的时候，只要顺从自己的本性，顺从自然的本性，而不是矫揉造作和虚妄行事，就会慢慢进入至诚的大门。天地宇宙也有自己运行的法则，只要我们懂得了这一点，利用这种天地之道为人处世，就会无往而不利。所以，我们只要以诚行事，就能够合乎天地之道，就能够成就自己，让自己稳步前行。

那么，古代圣贤为什么又要说"道自道"呢？因为"诚"的道理包含于天地自然之道中，所以以"诚"来行事也可以说是以天地自然之道来行事。而天地自然之道作为宇宙大道，它是自然而成、自然运行的，它不受制于任何外在事物或主观意志的控制，按照自己的规律来运行，这就是"道自道"的内涵所在。

一个人如果没有了诚心，违背了符合天地自然之道的诚，那么他必将一事无成。天地间万物的生长与消亡，一切事情的开始与结束，就如同一个人的生死一样，都是受一定的法则控制的。唐代大诗人杜甫有句诗说："好雨知时节，当春乃发生。"我们可以这样说，"时节"就是天地间的必然性规律，而雨水作为一种自然事物，只有按照这种天地自然规律"发生"，才能够称它为"好雨"。而如果违背了自然规律，万物就不能够正常和完美地出现和发展了。

天地间那些有智慧的仁人君子，往往都非常懂得"诚者自成，道自道"的人生与宇宙哲理。孟子曾说："诚者，天之道也；思诚者，人之道也。"就是告诉我们"诚"不仅仅是一种品性，而且是天地宇宙运行的大道，而我们作为世间的平凡人，应该努力追求和体悟这种自然宇宙之道，以获得自身的完满。

有一句话在当下非常流行，同时也被许多人奉为座右铭：一个人的思想决定一个人的命运，一个人的品性决定一个人的一生。

这句话的确是至理名言，其实它道出了中庸思想的一个内涵。的确，现实生活中无论做什么事情，我们都是独立存在的，我们的一切行为都昭示着我们的品性，都会给别人留下或好或坏的印象。因此，我们无论做什么，内心都必须秉持一颗诚心，用它来引导自己的心灵向着完美的精神境界前行，以此来成就自己美好的品性，成就自己光辉的人生。

【原文】

故至诚无息，不息则久，久则征①，征则悠远，悠远则博厚，博厚则高明。博厚，所以载物也；高明，所以覆物也；悠久，所以成物也。博厚配地，高明配天，悠久无疆。如此者，不见而章，不动而变，无为而成。

天地之道，可一言而尽也：其为物不贰②，则其生物不测。天地之道：博也，厚也，高也，明也，悠也，久也。今夫天，斯昭昭之多③，及其无穷也，日月星辰系焉④，万物覆焉。今夫地，一撮土之多，及其广厚，载华岳而不重⑤，振河海而不泄⑥，万物载焉。今夫山，一卷石之多⑦，及其广大，草木生之，禽兽居之，宝藏兴焉。今夫水，一勺之多⑧，及其不测，鼋鼍蛟龙鱼鳖生焉，货财殖焉。

《诗》云："维天之命，於穆不已⑨！"盖曰天之所以为天也⑩。"於乎不显⑪，文王之德之纯⑫！"盖曰：文王之所以为文也，纯亦不已。

【注解】

① 征：征验，显露于外。② 不贰：无二心。③ 斯昭昭之多：这句是指天由小小的明亮所积累。昭昭，小小的光明。④ 星辰：星系的总称。系：悬系。⑤ 华岳：即西岳华山，为五岳之一。⑥ 振：郑玄注"振，犹收也。"此处引申为"收容"的意思。泄：同"泄"，泄露。⑦ 一卷石之多：山由小小石堆积累而成。卷，通"拳"。⑧ 勺：古代舀酒用的器具。⑨ "维天"两句：这两句诗引自《诗经·周颂·维天之命》。《维天之命》这首诗是祭祀周文王的乐歌。於：叹词。穆：庄严，肃穆。不已：不止。⑩ 盖：推原之词。⑪ 於乎：与"呜呼"同。显：光明。⑫ 纯：纯洁无瑕。

【译文】

所以，至诚的道理是从来不会止息的。没有止息就会长久流传，长久流传就会得以验证，得以验证就会悠远，悠远就会广博深厚，广博深厚就会精明高妙。广博深厚，所以能承载天下万物；精明高妙，所以能覆盖天下万物；悠远长久，所以能生成天下万物。广博深厚可以与地相比，精明高妙可以与天相比，悠远长久则是永无止境。像这样，虽然不加以表现，却自然彰明；虽然不去行动，却自然可以感人化物；虽然无所作为，却自然会获得成功。

天地的道理用一句话就可以全部概括：它自身诚一不贰，而化生万物，形形色色，难以测知其中奥秘。天地的道理还在于：广博，深厚，高妙，精明，悠远，长久。现在就拿天来说吧，它只不过是由点点光明所积累，可是论到天的整体，那真是无穷无尽，日月星辰都靠它维系，世界万物都靠它覆盖。现在拿地来说吧，地，不过是由一撮土一撮土聚积起来的，可是论及地的全部，那真是广博深厚，承载像华山那样的崇山峻岭也不觉得重，容纳那众多的江河湖海也不会泄漏，世间万物都由它承载了。再说山吧，不过是由拳头大的石块聚积起来的，可等到它高大无比时，草木在上面生长，禽兽在上面居住，宝藏在上面储藏。再说水吧，不过是一勺一勺聚积起来的，可等到它浩瀚无涯时，蛟龙鱼鳖等都在里面生长，珍珠珊瑚等值价的东西都在里面繁殖。

《诗经》中说，"只有那天命啊，肃穆庄严，运转不停！"这大概就是说的天之所以为天的原因吧。"多么显赫光明啊，文王之德大而且纯！"这大概就是说的文王之所以被称为"文"王的原因吧，就是因为它纯洁无瑕的品德常行不止。

【精读中庸】

天地之道，一"诚"字而已

《中庸》中说："天地之道，可一言而尽也。"其实就是在告诉我们，天地之道，就在于一个"诚"字。心诚意正，则能通彻天地。我们常常说"心诚则灵"，也就是说，做任何事情，只有心诚意正，才能够有一种如有神助的感觉，才能够获得成功。

一个人的"诚"的修养，要从"心"开始，从其做事情的动机来进行评判。因为如果出发点是坏的，那么一个人的行为也就毫无可取之处，更谈不上诚与不诚了。我们的所作所为，从本质上讲是为了让我们自己感觉心安理得，感到理所应当，做了某件事情，我们的心情会舒坦，会感到愉快，不做某件事，我们会感到心中有愧，心理不踏实。而现实生活中，有许多人的所作所为，纯粹成为一种表演，为了自己的虚荣心而去做自己不喜欢或者不应该做的事情，这样做又怎么能够提升自己心性的修养呢？

"诚"是天地之道，宇宙天地如此博大，仍然以"诚"作为其运行之道，而我们作为一个平凡之人，又有什么理由不去诚心诚意地做人做事呢？人而无诚，何以为生！的确，只有秉持一颗至诚之心，我们才可以在天地之间自由行走，才能够做到无处不可涉足，才不至于使自己的路越走越窄，最终竟无立足之地。心诚意正之人，人人敬之，人人愿意与之交往。而心术不正、为人不诚之人，只会遭到众人的唾弃，又有谁愿意与之为伍呢？如果我们心不诚意不正，无疑是自己为自己挖陷阱。

心地不诚的人，是无法在天地间立足的。无论走到哪里，都不会受人欢迎。无论到哪座庙宇去祈求神灵的帮助，都是无济于事的。其实，只要我们心怀一片至诚，在自己力所能及的范围之内去诚心做事，努力提升自己的品行，不用求神而神自佑之。

西方大思想家罗素曾经说：我们的生命是天地生命的一部分，是寄生在大地之上的生灵之一，和存在于天地间的其他万物一样，都是平等的。的确，人之为人，是一种在进化程度上高于其他动物的生灵，但是，绝不能因此就认为我们是上天的宠儿，内心反而不诚起来。上天的确对我们宠爱有加，赋予了我们人类最发达的头脑与最神奇的智慧，但是我们不应该用它来做一些损人利己的事。如果这样，那么我们作为宇宙的灵长、万物的精灵，反而不如其他生物了。自然界的万事万物，虽然不言不语，但是却深深懂得天地之道，它们秉持着自己的本性而生长，以生命内在的一念之诚而存在于天地之间，从未做过任何违背天地之道的事情。我们人类作为一种高级的生灵，更应该心诚意正，诚心为人，诚心做事，不违天地之道。

自然之美，在于和谐，而和谐之道，在于万物各持本性，各不相欺。其实宇宙万物都是有灵性的，不仅仅是只有我们人类能够意识到自己的存在。而无论天地如何高大广远，如何神奇多变，唯有至诚是维系其永恒性的真正本质所在。无诚则不成天地，无诚则不成万物，中庸思想要告诉我们的就是：天地之道，一"诚"字而已。

【原文】

大哉圣人之道！洋洋乎！发育万物，峻极于天①。优优大哉②！礼仪三百③，威仪三千④，待其人而后行。故曰：苟不至德，至道不凝焉。故君子尊德性而道问学，致广大而尽精微，极高明而道中庸。温故而知新，敦厚以崇礼。是故居上不骄，为下不倍⑤。国有道，其言足以兴；国无道，其默足以容⑥。《诗》曰："既明且哲，以保其身⑦。"其此之谓与？

【注解】

①峻极：极其高峻。于：至。②优优：宽裕充足的样子。③礼仪：经礼，典礼制度。④威仪：曲礼，指礼的细节。⑤倍：同"背"，背弃，背叛。⑥其默足以容：谓缄默不语，足以为执政者所容，因而也就可以远避灾祸。⑦"既明"两句：这两句诗引自《诗经·大雅·烝民》。《烝民》是一首歌颂仲山甫（周宣王的臣子）的诗。

【译文】

伟大啊，圣人的道德！充满于天地之间，使万物生长发育，它高及苍天，无所不包。真是充裕而又伟大啊，礼的大纲多到三百天，礼的细节有三千多条。一定要等那有才德的圣人出来才能够实行。所以说，假如不是像伟大的圣人那样具有最高的德行，那么伟大的道理就不会凝聚在他心中。因此君子一定要恭敬奉持天生的德行，广泛学习，探究事理，使学问和天赋德行日臻广大，达到精深高妙的境界，不偏不倚，遵循中庸之道。在学习方面，要做到温习已有的知识从而获得新知识；在道德修养方面，要使专诚之心更加充实，用以崇尚礼仪。所以身居高位不骄傲，身居低位不自弃，国家政治清明时，他的言论足以振兴国家；国家政治黑暗时，他的沉默足以保全自己。《诗经》说："既明智又通达事理，可以保全自身。"大概就是说的这个意思吧？

【精读中庸】

非常之事，必待人而行

《中庸》中赞叹圣人之道时这样说："大哉圣人之道！洋洋乎！发育万物，峻极于天。"作者感慨圣人之道的伟大与崇高，不由得吐露出赞美之声来。的确，真正的圣人是无比伟大的。他们以自己内心的至诚来为人处世，始终保持一颗至诚至性之心，他们的思想与道合二为一，达到了洞彻天地的境界，让我们不由心生仰慕之情。

如同老子在《道德经》中所说的那样，圣人大都是"无为而无不为"之人。他们表面上看起来没做什么显眼的事情，却在成就着凡人难以达到的功业。他们不是无为，也不是不为，而是择善而行，大有作为。凡人有凡人要做的事情，圣人也有圣人的责任与使命。他们的使命是什么？也许我们可以引用北宋著名理学家张载的四句名言，那就是："为天地立心，为生民立命，为往圣继绝学，为万世开太平。"

这四句话如果我们用现代性话语来讲，那就是为社会重建精神价值取向，为民众确立生命的追求与意义，为前代圣人继承已绝的思想传统，为万世开拓太平基业。这四句话，为儒家所追求的理想秩序奠定了永恒的精神基础。"为天地立心"就是发挥人的思维能力，理解和运用自然界的事物和规律，并且在社会中树立道德礼法规范。

《中庸》中说："优优大哉！礼仪三百，威仪三千，待其人而后行。"就是在告诉我们，人世间的各种礼仪、各种规范，就是等待那些大圣大贤之人去推行、去普及。而古代圣贤的最大功绩，也在于他们把礼仪规范带到了人间，把教化洒向了大地的芸芸众生。

礼仪是人类社会得以存在与发展的基本原则和行为规范，它源于一颗美好而真诚的心灵，是人类社会进步的结晶、人类走向文明的标志。"礼"的内涵其实就是对别人的一种尊重，而"仪"就是这种尊重外化的产物，也可以说是"礼"的一种表现形式。礼仪的施行要求我们必备一定的德行与修养，没有德行作为基础，那么礼仪只能沦为一种做作，一种华而不实的空架子。人们真正看重的不是那一种仪式，而是仪式中所透露的一份以诚待人的善心。从圣人的角度来讲，作为肩负传播礼仪教化的圣人，他们自身首先要有很高的道德修为与人格境界，要有一颗至诚之心与爱民之心，有一种"拯救天下百姓于愚昧之中"的道德关怀。如果圣人自己无德无能，试问又怎么能教化众人呢？因此，非常之事得由非常之人才能做，而这里的"非常之人"则是那些品行端正、道德境界高深的君子。

【原文】

　　子曰："愚而好自用①；贱而好自专②；生乎今之世，反古之道③。如此者，灾及其身者也。"

　　非天子，不议礼，不制度④，不考文⑤。今天下，车同轨⑥，书同文⑦，行同伦⑧。虽有其位，苟无其德，不敢做礼乐焉⑨；虽有其德，苟无其位，亦不敢作礼乐焉。

　　子曰："吾说夏礼⑩，杞不足征也⑪；吾学殷礼⑫，有宋存焉⑬。吾学周礼，今用之，吾从周。"

【注解】

①自用：只凭自己的主观意图行事。②自专：按自己的主观意志独断专行。③反：同"返"，引申为恢复。④制：制定。度：法度。⑤考：考订。文：指文字的笔画和形体。⑥轨：车子两轮间的距离。古代制车，两轮之间的距离都有定制。⑦书同文：书写的是同样的文字。⑧伦：指伦理道德。⑨乐：音乐。古代天子治理作乐，以治天下。⑩说，解说。一说为"悦"，喜爱。夏礼：夏代的礼法。⑪杞：古国名。⑫殷礼：殷代礼法。⑬宋：古国名，开国君主是商纣的庶兄微子启。

　　孔子说："愚昧的人往往喜欢凭自己的主观意图行事；卑贱的人却常常喜欢独断专行。他们生于现在的时代不遵守当今的法律，却一心想去恢复古代的法律。这样的人，灾祸一定会降到他们的身上。"

　　不是天子，不敢议论礼制，不敢制订法度，不敢考订文字的笔画形体。现在天下车子的轮距一致，文字的字体统一，实行的伦理道德相同。虽然处在天子的地位，如果没有圣人的德行，是不敢制作礼乐制度的；虽然有圣人的美德，如果没有天子的地位，也是不敢制作礼乐制度的。

　　孔子说："我解说夏朝的礼制，但是夏的后代已经衰败，现在只有一个杞国存在，所以不足以验证；我学习殷朝的礼制，现在还有它的后代宋国存在；我学习周朝的礼制，它正是当今所使用的，所以我遵从周礼。"

【精读中庸】

自用自专，灾祸不远

　　孔子说："愚而好自用，贱而好自专，生乎今之世，反古之道。如此者，灾及其身者也。"这里的"自用"，意思就是自作聪明，刚愎自用。"自专"，指的就是专横、独断、飞扬跋扈。这里引用孔子的话，就是要告诉我们世间有这样三种人，他们不懂得按照中庸之道来为人处世，最终只会给自己招来灾祸。

　　具体而言，第一种人是"愚而好自用"，这种人虽然自己没有智慧，没有知识，没有文化，甚至可以说是很愚笨，但是却喜欢自作聪明，自以为是。他们做事情往往刚愎自用，不愿意听周围人的意见。对于这样的人，灾祸的降临是难免的，只是时间早晚的事情。第二种人是"贱而好自专"，这些人虽然地位很卑贱，却喜欢说一些不符合自己身份的话，甚至对那些在他上位之人发号施令，自以为很了不起，比别人高明许多。这样的人，又怎么能够得到别人的认可与尊重呢？灾祸在敲门之时，恐怕他们还在为自己的小聪明而洋洋得意呢。在这里我们说贵与贱，不是说在人格上的不平等，每一个人在人格层面都是平等的，在身份地位上，也确实存在着差别。所以我们要思考一下自己所处的位置，再选择说话的方式与做事的风格，那样才会起到我们想要的效果。

除了上面两种人之外，还有第三种人，那就是"生乎今之世，反古之道"的人。这种人不同于以上两种人，他们是有一定的知识积淀的，他们的智慧可能也是高于一般人的，在性情和品格上也可以说没有什么污点，做事情的出发点与动机也都是积极的。那么，为什么这类人也会招来不期的灾祸呢？就是因为他们"生乎今之世"，却一心想着"反古之道"。这些人明明是生活在现在这个社会之中，但却对现实中的一切都心怀不满，认为现实社会毫无可取之处，美好的时代已经过去了。所以，他们的思想行为总是想要"反古之道"，做任何事情也往往喜欢钻牛角尖，总是看到一种事物或现象坏的一面，而不能够换一个角度，换一种眼光来审视它的发生。他们就像鲁迅小说里的九斤老太太一样，总想回到小国寡民式的社会中去，回到古代宽袍大袖的礼仪当中去。这种人用一个词语来形容再恰当不过，那就是"食古不化"，他们装了一肚子古代的知识文化，但是却消化不了。我们知道，我们既然生活在这个时代，就应该热爱这个时代，不然的话，就很难得到幸福。"反古之道"是行不通的，我们人类还没有达到穿越时空的那种智慧与境界。

以上三种人之所以会给自己的人生招来灾祸，最为根本的原因，就是他们没有秉持和恪守中庸之道。儒家所推崇的中庸之道，就是要求我们无论做什么事情，都要不偏不倚，恰到好处，既不能超过了那个临界点，做得太过分了，也不能离那个完美的状态太远了，那样就是不及。我们每一个都会犯错误，"人非圣贤，孰能无过"说的就是这个意思。但是，如果因一时考虑不周造成了失误，我们能够及时地反思自己的所作所为，听从那些有智慧有经验的人的建议，反而能帮助我们进一步走向成熟。怕就怕不但愚笨而且刚愎自用，自以为是，或是不切实际，幻想联篇，这样的结果只会害了自己。也许灾祸就在不远处了，也许已经在敲打门窗了，可是这些人还都一无所知。所以我们一定在做一个恪守中庸之道的人，以免给自己造成人生的悲剧。

【原文】

仲尼祖述尧舜①，宪章文武②，上律天时③，下袭水土④。辟如天地之无不持载⑤，无不覆帱⑥。辟如四时之错行，如日月之代明⑦。万物并育而不相害⑧，道并行而不相悖⑨。小德川流，大德敦化，此天地之所以为大也！

【注解】

①祖述：遵循前任的行为或学说。这句是说孔子遵循尧舜二帝的道统。②宪章文武：宪章，效法。这句是说效法周文王和周武王的典章制度。③上律天时：律，效法。天时，谓自然变化的时序，或言节气、气候或言阴晴寒暑的变化。"天时"在古时用意很广。④袭：合符。水土：犹言地理环境。⑤"辟如"句：这句是说天地广博深厚没有什么不能承载。⑥无不覆帱：没有什么不能覆盖。覆帱，覆盖的意思。⑦代：交替的意思。⑧并育：即同时生长。相害：互相妨害。⑨道：指天地之道，即四季更迭，日月交替之道。悖：违背。

【译文】

孔子遵循尧舜二帝的道统，效法文王、武王所定制的典范，上依据天时变化规律，下符合地理环境。譬如天地广博深厚，没有什么不能承载，没有什么不能覆盖。又譬如四季的更迭运行，日月的交替照耀。天地间万物同时生长而互不妨害，天地之道同时并行而互不冲突。小的德行如河水一样长流不息，大的德行使万物敦厚淳朴，无穷无尽。这就是天地之所以盛大的原因。

【精读中庸】

无不持载，无不覆帱

除了赞颂孔子"祖述尧舜，宪章文武"的功绩外，《中庸》中进一步说评述孔子的功德："上律天时，下袭水土。辟如天地之无不持载，无不覆帱。辟如四时之错行，如日月之代明。"这几句话都是对孔子至高无上的赞誉，也表现了其后世子孙对先祖发自内心的崇敬之情。

孔子的德行几乎是无人能及的。孔子博学敦厚，容纳各种思想，化育世间民众，他的这些品行，可以与天地的德行相提并论，可以与日月的光辉共同闪耀于人类历史的天空。孔子之所以被后世称之为孔子，就是因为他的功德实在是太大了，他在中国思想文化史上的地位实在是太高了，所以只能够以"圣"代称。

"上律天时"是说，由于孔子对天道的把握与传播，使得天地宇宙的规律可以被世人认知了，也就可以进一步利用天地之道来在世间行中庸之道了。我们知道，天道本来是高深莫测、变化无常的。一般的凡夫俗子由于思想境界不够高，人生智慧还达不到洞悉其运行法则的程度，对于天道还处于一种茫然无知状态。这样的人，只有等待圣人的教化与引导，才有可能认识到天道的存在，进而由知天道而明白世道。孔子所作的，就是教化民众，让他们从愚昧状态中走出来，获得人生的智慧，得到真理的启蒙。"下袭水土"是相对于"上律天时"而言的，袭，就是适应和利用，是指对自然地理条件的适应和利用。《尚书》里面记录了大禹的生平，其中有大禹治水，划天下为九洲的故事。大禹治水就是"下袭水土"的一个典范例子。我们想要适应自然环境，进而改造自然环境以便我们更为舒适的生存，首先要做的就是了解自然规律，也就是相对于天道而言的"地律"。只有这样，我们才能够把我们脚底下的土地山川、江河湖海都管理得井井有条。而对于自然大地的各种规律的把握，也是离不开圣贤与智慧之人的引导与教化的。孔子正是引领民众了解自然万物，进而改造和利用万事万物的大圣大贤。

《中庸》中接着赞誉孔子说："辟如天地之无不持载，无不覆帱。"这里把孔子的思想文化比喻为像天地一样广博，也就是说，人类生存中的一切可能性，人类的自古以来的文明成果，都被孔子的思想像大地一样承载起来，像天空一样覆盖起来。这个赞誉可以说是无以复加的，也可以说是对孔子的最高的评价。当然，孔子的德行与功业，他一生的所作所为，也是当之而无愧的。

其实，如果我们仔细想一想就会发现，我们的思想成果，都是从古代圣贤那里继承过来的。可以说，早在两千五百年前，整个人类的文明形态就已经基本成型了。那时在中国有集古典思想与文化于一身的孔子，在印度有释迦牟尼，在西方有苏格拉底、柏拉图，这些都是当时最具有思想与智慧的人，也可以说是一个时代的象征，后世思想的奠基者。无论东方也好，西方也罢，至今仍然没有人能够超过他们给人类文明界定的思想范畴。

《中庸》中说孔子的思想光辉犹如"四时之错行，日月之代明"。一年四季交错运行，春生夏长秋收冬藏。以孔子为代表的中庸思想既能够像春天一样生发万物，又能够像夏天一样枝繁叶茂；它有可能像秋天一样肃杀萧瑟，也有可能像寒冬一样凛然严峻、藏而不露。中庸思想就是这样一种生生不息的思想，中庸之道也是这样一种"日月代明"、阴阳交替，辩证统一的智慧之道。

【原文】

唯天下至圣，为能聪明睿知，足以有临也①；宽裕温柔，足以有容也②；发强刚毅，足以有执也③；齐庄中正④，足以有敬也；文理密察⑤，足以有别也⑥。

溥博渊泉⑦，而时出之⑧。溥博如天，渊泉如渊。见而民莫不敬，言而民莫不信，行而民莫不说⑨。

是以声名洋溢乎中国，施及蛮貊⑩。舟车所至，人力所通，天之所覆，地之所载，日月所照，霜露所队⑪，凡有血气者，莫不尊亲⑫，故曰配天。

【注解】

①临：本指高出朝向低处，后引申为上对下之称。②容：包容，容纳。③执：操持决断天下大事。④齐庄：庄重恭敬。中正：不偏不倚。⑤文理：条理。密察：详察细辨。⑥别：分别是是非邪正。⑦溥博渊泉：溥博，普遍广博。溥，普遍。渊泉，深潭。《列子·黄帝》："心如渊泉，形如处女。"后引申为思虑深远。⑧而时出之：出，溢出。这句是说，至圣的人的美德就像渊泉外溢一样，常常表现出来。⑨说：同"悦"，喜悦。⑩施：传播。及：到。蛮貊：滇南蛮北狄等边远少数民族。⑪队：同"坠"，坠落。⑫尊亲：尊重亲近。"尊、亲"二字后面省略了宾语。

【译文】

　　只有天下最圣明伟大的人，才能做到聪明智慧，足以居上位而临下民；宽博优裕，温和柔顺，足以包容天下的人和事；奋发图强，刚强坚毅。足以操持决断天下大事；庄重恭敬。处事中正，足以获得人民的尊敬；条理清晰，祥辨明察，足以分辨是非邪正。

　　圣明伟大的人，他们的美德广博而深厚，并常常会表露出来。他们的美德就像天空一样广阔，就像潭水一样幽深。这种美德表现在仪容上，老百姓没有谁不敬佩；表现在言谈中，老百姓没有谁不信服；表现在行动上，老百姓没有谁不喜悦。

　　因此，他们美好的名声充满了整个中原地区，并且传播到边远少数民族的地方。凡是船只车辆所能到达的，人所能通行的，苍天所能覆盖的，大地所能承载的，天阳和月亮所能照耀着的，霜露所能坠落到的地方，凡是有血气生命的人，没有不尊重和不亲近他们的。所以说圣人的美德可以和天相配。

【精读中庸】

天下至圣具备五足以

　　"天下至圣"是儒家思想中的最高典范。在中国历史上，能够堪称天下至圣的，也就只有寥寥几位：尧、舜、禹、汤、文、武、周公，还有就是孔子了。自从孔子以后，就没有人敢称"至圣"了。

唯天下至圣，为能聪明睿知。

　　我们知道，尧、舜、禹是传说中的上古三代圣王。商朝的开国国君商汤，开创了商朝六百年的天下，当然是位非常了不起的人物。孔夫子崇敬的周朝开国的三圣，一个是周文王，另外就是他的两个儿子，周武王和周公。这三位圣人奠定了周朝八百年的基业，并且开创了一直传承至今的中华文化的主流思想，所以孔子说"郁郁乎文哉！吾从周"。

在孔子之后的历朝历代，虽然也不乏圣贤人物，但是都不能称为"至圣"。孟子虽说也是儒家思想的集大成者，地位影响仅次于孔子，但也只能被称为"亚圣"；《中庸》这本书的作者子思，虽然与孔子有血缘关系，儒家的中庸思想因为他的记述而传之后世，也只能被称为"述圣"。

由此可见，至圣之为至圣，是具有超出一般圣人的特有之处的。那么，到底他们有哪些更加优越的地方呢？这就是"天下至圣"的"五个美德"。它们分别是：聪明睿知、宽裕温柔、发强刚毅、齐庄中正、文理密察。

《中庸》中说："唯天下至圣，为能聪明睿知，足以有临也；宽裕温柔，足以有容也；发强刚毅，足以有执也；齐庄中正，足以有敬也；文理密察、足以有别也。"也就是说，只有具备以上五种美德的人，才能够称得上是"天下至圣"，才能够以他们的聪明睿智而君临天下。

"聪明睿知"是"天下至圣"首先必须拥有的品质。聪就是耳聪，明就是目明，只有这样，他们才能够对外界的一切变化有很敏锐的感知。人世间稍微有一点风吹草动，至圣之人就能够捕捉得到。世间万事万物在至圣之人的法眼里如同日月照临，无不显现其本质性的面目，而也只有把耳聪与目明结合起来，才能够做到无比的"睿知"，才能够达到至圣的境界，也只有这样的人才能够做到"足以有临"。这里说的"足以有临"，就是指那些"天下至圣"能够赐福给平民百姓，开启他们的愚昧，教化他们礼仪制度。至圣之所以为最高层次的圣人，就在于他们从不索取，只是无私的给予，这就是至圣之人能够君临天下的真正含义。

"宽裕温柔，足以有容也"，是指至圣之人心胸宽广，指精神丰沛，温和亲切，容易让人接近。他们不会固执己见，更不会刚愎自用。如果一个人能够做到"宽裕温柔"，自然可以做到"足以有容"，也就是说有很强的包容性。前面所说的"万物并育而不相害，道并行而不相悖"其实也是这个意思。我们经常说"有容乃大，无欲则刚"，如果想要自己的心胸宽广起来，胸襟博大起来，就必须要在自己的包容心上多下功夫。

"发强刚毅，足以有执也"，是说至圣之人强健有力，刚正不阿；"发强刚毅"和前面的"宽裕温柔"是相对而言的，如果我们说"宽裕温柔"体现的是"厚德载物"的柔顺精神的体现，那么"发强刚毅"则是"天行健，君子以自强不息"的阳刚精神的象征。

"齐庄中正，足以有敬也"告诉我们，至圣之人会使自己的一言一行"齐庄中正"，这样我们就会不由得对他们产生一种敬仰之意，从而培养出我们的一颗诚敬之心。只要我们的内心里面充满素净，没有那么多污拙的东西存在，我们就会生活得很坦然；我们的人生如果没有那么多的欲望，没有那么多的名利思想，没有那么多世俗追求，就会达到"人到无求品自高"的境界。

最后是"文理密察，足以有别也"。这里是说，至圣之人具有严密的逻辑思维能力。他们的思维，就像写文章时一样清晰有条理，他们善于思考，善于体察事物最细密、最微妙的变化，因此也就可以达到"足以有别"的境界。一切是非黑白，在至圣之人那里，都是一目了然的。对于世间的是非善恶、人心背向、得失利弊等，他们内心里是清清楚楚、明明白白的。

在通向往圣贤的修学路上，我们也要在这么几个方面去努力。努力做一个聪明睿智、宽裕温柔、发强刚毅、齐庄中正、文理密察的人。这五种美德虽然是至圣之人才具备的品质，但也不妨作为我们努力的人生目标。

【原文】

《诗》曰："衣锦尚䌹①。"恶其文之著也。故君子之道，闇然而日章②；小人之道，的然而日亡③。君子之道，淡而不厌，简而文，温而理，知远之近④，知风之自⑤，知微之显⑥，可与入德矣。

《诗》云："潜虽伏矣，亦孔之昭⑦！"故君子内省不疚⑧，无恶于志⑨。君子之所不可及者，其唯人之所不见乎。

《诗》云："相在尔室，尚不愧于屋漏⑩。"故君子不动而敬，不言而信。

《诗》曰："奏假无言，时靡有争⑪。"是故君子不赏而民劝⑫，不怒而民威于铁钺⑬。

《诗》曰："丕显惟德，百辟其刑之⑭。"是故君子笃恭而天下平。

《诗》云："予怀明德，不大声以色⑮。"子曰："声色之于以化民，末也。"

《诗》曰："德辐如毛⑯。"毛犹有伦⑰。"上天之载，无声无臭⑱。"至矣！

【注解】

① "衣锦"句：这句诗引自《诗经·卫风·硕人》。《硕人》写的是庄姜初嫁庄公为妻时的场景。衣：动作词，穿。锦：这里指色彩华美的丝绸服装。尚：加在上面。䌹：用麻纱制作的单罩衣。尚䌹：即加上麻纱罩衣。② 闇然，暗淡的样子。闇，"暗"的异体字。日章：日渐彰明。章，同"彰"。③ 的然：鲜艳的样子。的，鲜艳，显著。④ 知远之近：意思是要往远去必从近开始。⑤ 知风之自：风，谓教化。这句是说，教化别人必须从自己做起。⑥ 知微之显：微，隐蔽之处。这句是说，隐蔽之处对明显之处也有一定的影响。⑦ "潜虽"两句：这两句诗引自《诗经·小雅·正月》。《正月》是一首揭露现实的诗。潜：潜藏。伏：隐匿。孔：很，甚。昭：明。⑧ 内省（xǐng）：经常在内心省察自己。疚：原意为久病。引申为忧虑不安。⑨ 无恶：引申为"无愧"。志：心。⑩ "相在"两句：这两句诗引自《诗经·大雅·抑》。相：看。在尔室：你独自一个人在室。尚：当。不愧于屋漏：意指心地光明，不再暗中做坏事或者起坏念头。屋漏，指古代室内西北

角阴暗处。⑪"奏假"两句：这两句诗引自《诗经·商颂·烈祖》。《烈祖》是商的后代宋在祭祀祖先时唱的乐歌。奏假：祷告。无言：默默无声。⑫不赏而民劝：不需赏赐就能使人民受到鼓励。⑬铁钺：古代执行军法时用的斧子，与"斧钺"同。这里引申为刑戮。⑭"丕显"两句：这两句诗引自《诗经·周颂·烈文》。《烈文》是周王在举行封侯仪式上所唱的乐歌。丕显：充分显扬。丕，大。百辟：谓诸侯。刑：同"型"，法则。⑮"予怀"两句：这两句诗引自《诗经·大雅·皇矣》。《皇矣》是一首史诗，叙述周朝祖先开国创业的历史。⑯"德辖"句：这句诗引自《诗经·大雅·烝民》。德：指德的微妙。辖：古时候一种轻便车辆，引申为轻。毛：羽毛。⑰毛犹有伦：这句是说羽毛虽然轻微，但还是有东西可以类比的。⑱"上天"两句：这两句诗引自《诗经·大雅·文王》。载，事。臭（xiù），气味。这句诗的大意是说，上天化育万物的道理，没有声音和气味，世上没有什么东西可以形容它的高妙。

【译文】

《诗经》说："身穿锦绣衣服，外面罩件套衫。"这是为了避免锦衣花纹太鲜艳。所以，君子为人的道理在于，外表黯然无色而内心美德才日益彰明；小人的为人之道在于，外表色彩鲜艳，但是随着时间的推移便会日渐黯淡。君子为人的道理还在于，外表素淡而不使人厌恶，外表简朴而内含文采，外表温和而内有条理，知道远是从近开始，知道感化别人是从自己做起，知道微小隐蔽的地方会影响到显著的地方，能够掌握以上这些道理的，就可以进到圣人崇高的美德中去了。

《诗经》说："即使鱼潜藏很深，但仍然会看得明显的。"所以君子经常在内心省察自己，就不会有过失和内疚，就不会有愧心。由此可知，人们之所以不能超越君子的原因，大概就是因为君子在这些不被人看见的地方也严格要求自己。

《诗经》说："看你独自在室内的时候，应当也无愧于神明。"所以，君子就是在没做什么事的时候也是怀着敬畏谨慎的心理，在没有言语的时候就已经诚信专一了。

《诗经》说："默默无声暗祈祷，今时不再有争斗。"所以，君子不用赏赐而老百姓也会受到鼓励；不用发怒而老百姓畏惧他就会胜过刑戮的威严。

《诗经》说："弘扬好的德行，诸侯们便会来效法。"所以，君子笃实恭敬，就能使天下太平。

《诗经》说："怀念文王光明的美德，从不用厉声厉色。"孔子说："用厉声厉色去感化老百姓，这是没有抓住根本。"

《诗经》说："美德轻如羽毛。"羽毛虽轻微细小，但还是有东西可以类比。《诗经》中说"化育万物上天道，无声无息真微妙"这才是达到了最高的境界啊！

【精读中庸】

君子笃敬而天下平

中庸之道既是人格修养的最高境界，也是用来教化人民、治理国家的最佳良方。那么，一方之主、一国之君如何运用中庸之道来治国平天下呢？《中庸》中说："君子笃恭而天下平。"

《汉书》中有这样一句话："南面而治天下，莫不以教化为务。"也就是告诫国君，如国想要做到"南面而治"，就首先必须自己以身作则，提高自己的道德与品行，胸怀一颗爱民之心，用自己的仁爱来教化百姓。只有这样，才可以使得"天下平"。

我们知道，道德教化的力量虽然说是无形无迹的，但同时又是无比强大的，它强大到可以移风易俗，可以兴一国也可以败一朝的地步。所以历代英明的国君治理天下，无不以推行道德教化为第一要务。而君主想要百姓遵礼守法，自己首先要做出表率；想要人民提高自己的品行与修养，那么前提是自己首先要是一个品行端正的君子。只有这样，人们才会尊重与爱戴自己的国君，才会效法他的所作所为，以他为典范与楷模，提升自己的品行与素质。

一国之君想要提高自己的品行与修养，也要从身边的小事一点一滴做起，而且要比常人更加严格地要求自己。英明的君主会"躬自行而薄责于人"，也就是说他对自己的要求很严厉，不允许自己犯任何不应该有的错误，但是对于别人，对于他的臣民却相对宽容。

《左传》中说："君能下人，必能信用其民。"就是说，真正的有德君主能够放下自己的身份，以礼对待他的臣民百姓，那么他的臣民就会对他无比拥戴，也就会献计献策，遵礼守法。历史上的明君圣主往往都是这样的人，他们以身作则，礼贤下士，以自己的品行修为与人格魅力获得了臣民的拥护，结果国家大治，天下太平。

《中庸》中引用《诗经》的话说，"予怀明德，不大声以色"，就是借此来赞颂周文王"南面而治天下"的美德。周文王是古代的一位明君圣主，他的德行修为达到了极致，所以他的一言一行都是天下人的楷模。他不需要说什么话，人们会自然而然地去遵纪守法；他不需要大发雷霆，人们自然而然地对他心生敬畏。文王以自己的德行教化百姓，而不是用严刑峻法来惩罚和压迫百姓，因此得到了人民的拥戴，达到了天下的大治。正如孔子所说的那样"声色之于以化民，末也。"也就是说，使用严刑峻法，运用人民赋予自己的权力来统治人民，是下策中的下策。

古代的明君都懂得，权力不是用来压迫百姓的工具，而是用来帮助自己更好地服务于人民的手杖。既然天下百姓把统治他们的权力交给了你，就是对你的一种信任和依赖，作为国君就有责任保护他们的生命安全，照顾好他们的日常生活。作为一国之君，只有亲民爱民，百姓才会乐意奉之为君，才会安分守己，不会产生诸如揭竿起义等非分之想。

《大学》中说："欲明明德于天下者；先治其国；欲治其国者，先齐其家；欲齐其家者，先修其身。"可见，一个国君想要治国平天下，首先要做的就是提升自己的品行与修养。作为一国之君，只有你的臣民都尊重你，敬仰你，信赖你，才可能会全心全意地辅佐你，才会心甘情愿地拥戴你，听命于你。而一个君主要想达到这一切，只有靠不断地提升自和完善自己，在日常行为中比一般人更加严格地要求自己，坚持做到"躬自行而薄责于人"，爱民如子，礼贤下士。只有这样，天下人才愿意跟从你，辅助你，拥戴你。只有这样的国君，才称得上是真正的英明有为之君，才能做到"南面而天下治"，"笃敬而天下平"。

大学

大学

《大学》虽然只有2000多字，但却讲了齐家、治国、平天下的大道理。孙中山先生称之为中国最有系统的政治哲学。

《大学》

作者 曾参

时代 春秋末年

内容 初学入德之门

曾子，姓曾，名参，字子舆。他出身没落的贵族家庭，性格相当豪放。他勤奋好学，是儒学的积极推广者，是孔子之后具有承上启下作用的重要人物。

西戎、犬戎与申侯伐周，杀周幽王于骊山，镐京大乱，周平王东迁洛邑。周室衰微，诸侯兼并相篡弑，诸侯领地动辄百里，王畿仅数里。礼崩乐坏，时局动荡，战祸不息，历时数百年。

朱熹自《礼记》中取出《大学》一篇，分经一章，传十章，并且做了注。

曾子的学生把老师阐释的"大学之道"记录下来，编成书本。但在当时，这本书没有得到应有的重视，学者们只把它收在《礼记》中。一直到了唐朝，《大学》才收到了大儒韩愈的推崇。及至宋代，朱熹还把它定为"四书"的第一部书，并特意为《大学》作章句集注。

　　"三纲八目"是"大学之道"的核心。"三纲"指的是明德、新民、至善；"八目"是格物、致知、诚意、正心、修身、齐家、治国、平天下。实际上，儒家学说都是围绕"大学之道"展开的，若是懂得了它，就好比抓住了一把打开儒学大门的金钥匙，到时就可以登堂入室，领略儒学经典中蕴藏的全部精义了。

　　曾参认为，早在夏商周时代，就已经开始强调品德之事了，他还引用《尚书》中的《康诰》、《太甲》《帝尧》来论证："《康诰》篇上说：'能够光大美好的品德。'《太甲》篇上说：'上天赋予的光明禀性是应该经常被注视的。'《帝尧》篇上说：'伟大美德能够得以弘扬。'这些都是在说光明正大的美德应该得到发扬。"

　　格物致知是"大学之道"的第一个阶梯，是要我们研究了解每一种事物，这样的话心中的知识才有可能推究到极点。人的心灵最为敏锐，能够认识各种事物；而天下的各种事物，都有一定的道理可寻。只是对这些道理深入研究，就能让知识充实。

　　看得出，《大学》一书的形成和成熟，不但有孔子的智慧，也有曾子的智慧，甚至于朱熹的智慧也渗透其间。因此，也可以说《大学》是中国知识分子集体智慧的结晶。

曾子得到了孔子的真传。　　　　孔子之后，曾子将儒学继续发扬光大。

"大学之道，在明明德，在亲民，在止于至善"，这就是《大学》的第一句话，它讲的正是儒家学者的终极理想。儒家认为成人学习的根本有三点：

首先是要"明明德"，就是要把原本人自身所具备的善良通明的品德展现出来。虽然每个人都有这样的品德，但不是每个人都能将它们展现出来。所以儒家首先要倡导彰显自身的光明的德行，以光明整个社会。

明明德

其次是要"亲民"，就是要身躬力行地与周遭人相亲近，知其所难，助其所危。这是一个很广义的说法，我们知道每个儒家学者都有治国平天下的理想，所以所谓亲民，大的是指要亲近治下的民众，小的则是指要关心周遭的每个人，无论为官还是为民，都要有为民着想、关心社会的心，这样才可以创造一个和谐的社会环境。

亲民

最后是要"止于至善"，就是将事物做到尽善尽美而不动摇。这是一个很高的境界。

止于至善

　　儒家心目中有一个理想的大同世界，在这个世界里，人们单纯善良，不欺互助，和谐无间。而要实现这样的大同，无疑需要每个人的努力。"明明德""亲民""止于至善"，统称为《大学》的三纲目，是儒家教育希望每个儒者应该具备的人生终极目的。

八条目

格物

　　就是要求人们亲历其事，亲操其物，即物穷理，增长见识。在读书中求知，在实践中求知，而后明辨事物，穷尽事物之理。

致知

　　就是从推格事物之理中，求为真知。所谓知，指道德意识而言，知既至，则能明是非、善恶之辨，闻见所及，胸中了然。物格而后知至。

诚意

　　诚意，就是要意念诚实。好善之意发于心之自然，非有所矫饰，自然能做到不欺人，亦不自欺，要在"慎独"上下功夫，严格要求自己，修养德性。

正心

　　正心，就是要除去各种不安的情绪，不为物欲左右，保持心灵的安静。心得其正，则公正诚明，无所偏倚。故意诚而后心正。

修身

　　修身，就是要不断提高自己的品德修养。只有自身的品德端正，修养深厚，无偏见，无邪念，才能为人民所拥护。

齐家

> 齐家，就是要整治好自己的家庭，只有教育好自己的家庭成员，才能教化人民。

治国

> 治国，就是要为政以德，实行德治，施仁政于国中。君主要像保护赤子那样保护人民，以至善之德教化人民，使人民除旧布新。

平天下

> 平天下，就是要布仁政于天下，使天下太平。平天下最重要的是要求君主具有"絜矩之道"，即以度己之心度人的高尚崇高品质，作为人民的榜样。

六个步骤

止

> 知止是知道目的和标准。人生要有方向，事业要有目标，做人要有本分。事物之优劣，人事之是非都有标准，所以无论治国、齐家、修身都要知道目的和标准是什么。

定

> 目的既明，方向明确，则心志便能确定不移了。人生最怕没有方向，心志飘移，蹉跎岁月，一事无成。

静

> 心志确定下来，知道为了什么而活着，向着哪个方向去努力，就会平心静气了。浮躁归于宁静，宁静方能致远。

安	"安"是随处而安稳。朱子释"安"字为"安，谓随处而安"。《管子·内业》曰："圣人与时变而不化，从物而不移，能正能静，然后能定。"
虑	"虑"是思考精审。朱子《大学章句》释"虑"字为"虑，谓处事精详"。凡事需周密考再行动，方能最大限度地避免各种偏颇与失误。
得	"得"有完成、达成的意思。朱子《大学章句》释"得"字为"得，谓得其所止"，就是最终达到当初所设定的目的和标准。

伟大的孙中山先生说："我们今天要恢复民族精神，不但是要唤醒固有的道德，就是固有的知识也应该唤醒他。中国有什么固有的知识呢？就人生对于国家的观念，中国古时有很好的政治哲学。我们以为欧美的国家，近来很进步，但是说到他们的新文化，还不如我们政治哲学的完全。中国有一段最有系统的政治哲学，在外国的大政治家还没有见到，还没有说到那样清楚的，就是大学中所说的'格物、致知、诚意、正心、修身、齐家、治国、平天下'那一段话。把一个人从内发扬到外，由一个人的内部做起，推到平天下止。像这样精微开展的理论，无论外国什么政治哲学家都没有见到，都没有说出，这就是我们政治哲学的知识中独有的宝贝，是应该要保存的。这种正心、诚意、修身、齐家的道理，本属于道德的范围，今天要把他放在知识范围内来讲，才是适当。我们祖宗对于这些道德上的功夫，从前虽然是做过了的，但是自失了民族精神之后，这些知识的精神，当然也失去了。所以普通人读书，虽然常用那一段话做口头禅，但是多是习而不察，不求甚解，莫明其妙的。"

【原文】

大学之道①，在明明德②，在亲民③，在止于至善④。

知止而后有定⑤，定而后能静，静而后能安，安而后能虑，虑而后能得⑥。

物有本末⑦，事有终始。知所先后，则近道矣。

古之欲明明德于天下者，先治其国；欲治其国者，先齐其家；欲齐其家者，先修其身；欲修其身者，先正其心；欲正其心者，先诚其意；欲诚其意者，先致其知；致知在格物⑧。

物格而后知至，知至而后意诚，意诚而后心正，心正而后身修，身修而后家齐，家齐而后国治，国治而后天下平。

自天子以至于庶人，壹是皆以修身为本⑨。

其本乱⑩，而末治者否矣。其所厚者薄，而其所薄者厚，未之有也。

【注解】

①道：指一定的人生观、世界观、政治主张和思想体系。②明明德：前一个"明"为动词，使……明显。明德，就是美德，光明的德行。③亲民：亲，当作"新"，动词，使……革旧更新。民，天下的人。④止：达到。至善：指善的最高境界。至，极。⑤止：所到达的地方，作用名词，指上文所说的"止于至善"。⑥得：获得。⑦本：树的根本。末：树梢。⑧致知：致，达到，求得。知，知识。格物：推究事物的原理。⑨壹是：一切。⑩乱：紊乱。这里指破坏的意思。

古之欲明明德于天下者，先治其国。

【译文】

大学的主旨，在于使人们的美德得以显明，在于鼓励天下的人革除自己身上的旧习，在于使人们达到善的最高境界。

知道所应达到的境界是"至善"，而后才能有确定的志向，有了确定的志向，而后才能心静不乱，心静不乱而后才能安稳泰然，安稳泰然而后才能行事思虑精详，行事思虑精详而后才能达到善的最高境界。

世上万物都有本有末，万事都有了结和开始，明确了它们的先后次序，那么就与道接近了。

在古代，想要使美德显明于天下的人，首先要治理好他的国家；想要治理好自己国家的人，首先要整治好他的家庭；想要整治好自己家庭的人，首先要努力提高自身的品德修养；想要提高自身品德修养的人，首先要使他心正不邪；想要心正不邪，首先要他自己意念诚实；想要意念诚实，首先要获得一定的知识；而获得知识的方法就在于穷究事物的原理。

只有将事物的原理一一推究到极处，而后才能彻底地了解事物，只有彻底地了解事物，而后才能意念诚实，只有意念诚实，而后才能心正不邪，只有心正不邪，而后才能提高自身的品德修养，只有提高了自身的品德修养，而后才能整治家庭，只有整治好家庭，而后才能治理好国家，只有治理好国家，而后才能使天下太平。

从天子到老百姓，都要以提高自身品德修养作为根本。

自身的品德修养这个根本被破坏了，却要家齐、国治、天下平，那是不可能的。正如我所厚待的人反而疏远我，我所疏远的人反而厚待我，这样的事情是没有的。

【原文】

《康诰》曰①："克明德②。"

《太甲》曰③："顾諟天之明命④。"

《帝典》曰⑤："克明峻德⑥。"皆自明也。

【注解】

①《康诰》：是《尚书·周书》中的篇名。周公在平定三监（管叔、蔡叔、霍叔）武庚所发动的叛乱后，便封康叔于殷地。这个诰就是康叔上任之前，周公对他所作的训辞。②克：能够。明：崇尚。③《太甲》：是《尚书·商书》中的篇

名。④顾误天之明命：这是伊尹告太甲的话。顾，回顾，这里指想念。误，是，此。明命，即明德，古人认为是天所赋予的，故称为明命。⑤《帝典》：即《尧典》，《尚书·虞书》中的篇名，主要记述尧、舜二帝的事迹。⑥峻：大。

【译文】

《康诰》中说："能够崇尚美德。"

《太甲》中说："经常想念上天赋予的美德。"

《尧典》中说："使大德能够显明。"这些都是说要使自己的美德得以发扬。

【原文】

汤之盘铭曰①："苟日新②，日日新，又日新。"

《康诰》曰："作新民。"

《诗》曰③："周虽旧邦④，其命维新⑤。"

是故，君子无所不用其极⑥。

【注解】

①汤：即商汤，商朝的建立者。盘：青铜制的盥洗器具。铭：是镂刻在器皿上用以称颂功德或申鉴戒的文字，后来成为一种文体。②苟：假如，如果。③《诗》：指《诗经》。是我国第一部诗歌总集。这里所引得两句诗，出自《诗经·大雅·文王》，这是一首歌颂周文王的诗。④周：指周国。邦：古代诸侯封国之称。⑤命：天命。⑥君子：这里指统治者。极：尽头，顶点。

【译文】

商汤在盘器上镂刻警辞说："如果能够做到一天新，就应保持天天新，新了还要更新。"

《康诰》中说："激励人们焕发新的风貌。"

《诗经》中说："周国虽是一个旧的诸侯国，但却禀受了新的天命。"

所以，那些执政者在新民方面，没有一处不用尽心力，达到善的最高境界。

《诗》云："邦畿千里①，惟民所止②。"

《诗》云："缗蛮黄鸟③，止于丘隅④。"子曰："于止，知其所止，可以人而不如鸟乎⑤！"

《诗》云："穆穆文王，於缉熙敬止⑥。"为人君，止于仁；为人臣，止于敬；为人子，止于孝；为人父，止于慈；与国人交，止于信。

《诗》云："瞻彼淇澳⑦，菉竹猗猗⑧。有斐君子⑨，如切如磋⑩，如琢如磨⑪。瑟兮僩兮⑫，赫兮喧兮⑬。有斐君子，终不可谊兮⑭！""如切如磋"者，道学也；"如琢如磨"者，自修也；"瑟兮僩兮"者，恂慄也⑮；"赫兮喧兮"者，威仪也；"有斐君子，终不可谊兮"者，道盛德至善，民之不能忘也。

《诗》云："於戏⑯！前王不忘。"君子贤其贤而亲其亲，小人乐其乐而利其利，此以没世不忘也⑰。

【注解】

①邦畿（jī），古代指直属于天子的疆域。即京都附郭地区，以后多指京城管辖地区。千里：方圆千里 ②惟：犹"为"。止，居住的地方。③缗（mín）蛮：鸟鸣声。缗，原诗为"绵"字。黄鸟：即麻雀。④止：栖息。丘：多树的土山。隅：原诗为"呵（ē）"字，即较大的丘陵。这两句诗引自《诗经·小雅·绵蛮》篇。

邦畿千里，维民所止。

⑤"子曰"一句：孔子这段话的意思是，鸟都知道在应该栖息的地方栖息，那么人更应当努力达到善的最高境界。⑥於：叹词。缉熙：光明的样子。止：语气词。这两句诗引自《诗经·大雅·文王》篇。⑦淇：淇水，在今河南省北部。澳（yù）：水弯曲的地方。⑧猗猗：优美茂盛的样子。⑨斐：有文采的样子。君子：指卫武公。⑩如切如磋：切，用刀切断。磋，用锉锉平。指治学应如切锉骨器那样严谨。⑪如琢如磨：琢，用刀雕刻。磨，用沙磨光。指修身应如琢磨玉器那样精细。⑫瑟：

庄重。俔（xiàn）：威严。⑬赫：光明。咺（xuān）：有威仪貌。⑭谊：忘记。⑮恂：惶恐。慄：恐惧。恂慄，即谦恭谨慎的样子。⑯于戏：音义同"呜呼"，叹词，相当于现代汉语的"哎呀"。⑰没世：终身，一辈子。

【译文】

《诗经》中说："方圆千里的京都，那里都为许多百姓所居住。"

《诗经》中说："缗蛮叫着的黄鸟，栖息在山丘多树的地方。"孔子说："黄鸟在栖息的时候，都知道栖息在它所应当栖息的处所，难道人反而不如鸟么？"

《诗经》中说："端庄美好的周文王啊，为人光明磊落，做事始终庄重谨慎。"做君主的要尽力施行仁政，做臣子的要尽力恭敬君主，做儿女的就要尽力孝顺父母；做父亲的就要尽力做到对儿女慈爱，与他人交往，要尽力做到诚实守信。

《诗经》中说："看那淇水弯曲的岸边，绿竹优美茂盛。那富有文采的卫武公，研究学问如切磋骨器，修炼自身如琢磨美玉，认真精细。他的仪表庄重威严，他的品德光明显赫。这样的一位文采斐然的卫武公，真是令人难忘啊！""如切如磋"，是说他研求学问的工夫；"如琢如磨"，是说他省察克治的工夫；"瑟兮僴兮"是说他戒慎恐惧的态度；"赫兮喧兮"，是说他令人敬畏的仪表；"有斐君子，终不可谊兮"，是说他盛大德性臻于至善的地步，人民所以不能忘记他啊。

诗经上说："呜呼！前代贤王的德行我们不能忘记啊！"后世的贤人和君主，仰赖前代贤王的教化，尊敬他们所尊敬的贤人，亲近亲人；后世的人民，也仰赖前代贤王的教化，享受他们赐予的安乐和福利。所以在他们没世以后永久也不忘记啊！

【原文】

子曰："听讼，吾犹人也，必也使无讼乎①！"无情者不得尽其辞②。大畏民志③，此谓知本。

【注解】

①"子曰"一句：引自《论语·颜渊》。听：处理，判断。讼：诉讼，争讼。②无

情：情况不真实。辞：此处指虚诞之辨。③ 畏：作动词，让……敬服。意谓在上者之明德既明，自然能使人民的心志为之畏服。

【译文】

孔子说："听诉讼审理案子，我也和别人一样，最要紧的，在于使诉讼不再发生。"圣人使隐瞒真实情况的人不敢陈说虚诞的言辞来控告别人，自然没有争讼。让人民敬服圣德，没有争讼，这才叫知道根本。

【原文】

此谓知本①。此谓知之至也②。

【注解】

① 此谓知本：这一句和上一章的末句相同，程子以为是"衍文"，就是多余的一句，应该该删去。② 此谓知之至也：朱子以为这一句的上面有阙文，这是阙文结尾的一句。

【译文】

这才叫知道听讼的根本。这才叫了解得彻底。

【原文】

所谓诚其意者，毋自欺也①。如恶恶臭②，如好好色③，此之谓自谦④。故君子必慎其独也⑤。

小人闲居为不善⑥，无所不至。见君子而后厌然⑦，掩其不善⑧，而著其善⑨。人之视己，如见其肺肝然，则何益矣。此谓诚于中，形于外。故君子必慎其独也。

曾子曰："十目所视，十手所指，其严乎⑩！"

富润屋，德润身⑪，心广体胖⑫，故君子必诚其意。

【注解】

① 自欺：自己欺骗自己。② 恶（wù）恶（è）：前一个"恶"字，动词，憎也。后

一个"恶"字，形容词，不善也。③好（hào）好（hǎo）：前一个"好"字，动词，爱也。后一个"好"字，形容词，美也。④谦：同"慊（qiè）"，快也，足也。⑤独：独处也。⑥闲居：即独处。⑦厌然：闭藏貌。就是藏藏躲躲见不得人的样子。⑧掩：覆蔽也，就是遮掩的意思。⑨著：显明。⑩其严乎：严，敬畏也。其严乎，是说敬畏之甚也。⑪润身：谓润益其身，荣泽见于外也。可引申为修养身心之意。润，益也。泽也。⑫心广体胖（pán）：广，宽大之意。胖，舒坦。

【译文】

经文中所说"诚其意"的意思，是说不要自己欺骗自己。要使厌恶不好的事物如同厌恶腐坏的气味一样，喜爱善良如同喜爱美色一样，这就是求得满足，没有丝毫矫饰的意思。所以君子致力于自修，特别慎重在一个人独处，所行所为没有别人知道的时候。

小人在他一个人独处的时候做坏事，无所不为，见到君子便藏藏躲躲地掩盖他的坏处，彰显他的善良。可是别人看来，看到他的坏处如同看见他的肺腑一样清清楚楚，这样掩饰，又有什么益处呢？这就是说，一个人内心的真实，一定会表现于外的。所以君子致力于自修，特别慎重在一个人独处，所行所为没有别人知道的时候。

曾子说："在一个人独处的时候，就像有十只眼睛在注视着自己，十只手在指着自己，这是多么严峻而可畏啊！"

财富可以修饰房屋，道德可以修饰人身，使心胸宽广而身体舒泰安康。所以，品德高尚的人一定要使自己的意念真诚。

【原文】

所谓修身，在正其心者。身有所忿懥①，则不得其正；有所恐惧，则不得其正；有所好乐，则不得其正；有所忧患，则不得其正。

心不在焉，视而不见，听而不闻，食而不知其味。

此谓修身，在正其心。

【注解】

①身：程颐认为应为"心"。忿懥（zhì）：愤怒。

　　经文中所说"修身在正其心"的意思，是说心里有了愤怒，于是心就不得端正；有了恐惧，于是心就不得端正；有了贪图，于是心就不得端正；有了愁虑，心就不得端正。

　　如果心不专注，心中有了愤怒、恐惧、贪图、愁虑而不知检察，为它们所支配。那么，眼睛看着东西却像没有看到，耳朵听着声音却像没有听到，口里吃着东西也不知道是什么滋味了。

　　所以说修身在于端正自己的心。

【原文】

　　所谓齐其家，在修其身者。人之其所亲爱而辟焉①，之其所贱恶而辟焉，之其所畏敬而辟焉，之其所哀矜而辟焉②，之其所敖惰而辟焉③。故好而知其恶，恶而知其美者，天下鲜矣！

　　故谚有之曰："人莫知其子之恶，莫知其苗之硕④。"

　　此谓身不修，不可以齐其家。

【注解】

　　① 之：同"于"，对于。辟：偏向。② 哀矜：同情，怜悯。《诗经·小雅·鸿雁》："爰及矜人，哀此鳏寡。"③ 敖：通"傲"，倨慢。惰：怠慢，不敬。④ 硕：本谓头大，引申为大，这里是茂盛的意思。

【译文】

　　经文中所说"齐其家在修其身"的意思，是说一般人对于自己所亲近爱护的人往往有过分亲近的偏向；对于自己所轻蔑厌恶的人往往有过分轻蔑厌恶的偏向；对于自己所畏服敬重的人往往有过分敬畏尊重的偏向；对于自己所哀怜悯恤的人往往有过分爱怜悯恤的偏向；对于自己所鄙视怠慢的人往往有过分鄙视怠慢的偏向。所以，喜爱一个人而又能了解他的坏处，厌恶一个人而又能了解他的好处，这种人真是天下少有的了。

　　因此有谚语说："人都不知道自己儿子的缺点，不满足自己禾苗的茁壮。"

这就叫作不提高自身的品德修养，就不能整治好家庭。

【原文】

所谓治国，必先齐其家者，其家不可教而能教人者，无之。故君子不出家而成教于国。孝者，所以事君也；弟者，所以事长也；慈者，所以使众也。

《康诰》曰："如保赤子①。"心诚求之，虽不中，不远矣，未有学养子而后嫁者也。

一家仁，一国兴仁；一家让，一国兴让；一人贪戾，一国作乱；其机如此。此谓一言偾事②，一人定国。

尧、舜帅天下以仁，而民从之③。桀、纣帅天下以暴，而民从之，其所令反其所好，而民不从。是故君子有诸己而后求诸人④，无诸己而后非诸人。所藏乎身不恕，而能喻诸人者，未之有也。

故治国在齐其家。

《诗》云："桃之夭夭，其叶蓁蓁。之子于归，宜其家人⑤。"宜其家人，而后可以教国人。

《诗》云："宜兄宜弟⑥。"宜兄宜弟，而后可以教国人。

《诗》云："其仪不忒，正是四国⑦。"其为父子兄弟足法，而后民法之也。

此谓治国，在齐其家。

【注解】

① 赤子：初生的婴儿。孔颖达疏："子生赤色，故言赤子。"《尚书·周书·康诰》原文作"若保赤子。" ② 偾(fèn)事：犹言败事。偾，覆盖。 ③ 帅：同"率"，率领、统帅。 ④ 有诸己：为自己所有的。这里指自己有了善的品德。诸，"之于"的合音。 ⑤ "桃之"四句：这四句诗引自《诗经·周南·桃夭》的最后一段。《桃夭》这首诗是祝贺女子出嫁时所唱的歌。夭夭：草木茂盛的样子。诗以桃树喻少女。蓁蓁(zhēn)：树叶茂盛的样子。之子：那个少女，指待嫁少女。于归：出嫁。 ⑥ 宜兄宜弟：这句诗

引自《诗经·小雅·蓼萧》《蓼萧》是一首感恩祝福的诗歌。宜兄宜弟意为使家中兄弟互相友爱。⑦ "其仪"两句：这两句诗引自《诗经·曹风·鸤鸠》。仪：指礼仪。忒：差错。正是：亦作"是正""整正"的意思。

【译文】

所谓治理国家，必须首先治好家庭，意思是说，如果连自己的家人都不能教育好而能教育好一国人民的人，那是没有的。所以君子能够不出家门，就把他的教化推广及于全国。在家里孝顺父母，就是能侍奉君主的；在家里恭顺兄长，就

欲治其国先齐其家。

是能侍奉尊辈长上的；在家里慈爱子女，就是能善于使用属下和民众的。

《康诰》中说："（爱护百姓）如同爱护婴儿一样。"内心真有这种仁爱的追求。虽然不能完全中意，但是也不会差得很远。爱子之心出于天性，人人都有。谁也没有见过女子先学会抚养孩子的方法而后再出嫁的。

国君的一家能够践行仁爱，仁爱就会在一个国家里盛行起来；国君的一家能够践行礼让，礼让就会在一个国家里盛行起来；要是国君自己贪婪暴戾，那么一国的人也会跟着起来作乱了。国君所作所为的关键作用竟有这样的重要。这就叫作一句话可以败坏事业，一个人的行为可以安定国家。

尧、舜用仁政统率天下，于是人民就跟随着仁爱；桀、纣以暴政统率治天下，那么人民也就跟他们不讲仁爱。他们要人民从善的政令，与他们喜好暴虐的本性是相违背的，于是人民不服从他们的政令。所以说，国君自己有了善的品德而后才能要求别人为善，自己身上没有恶习而后才能去批评别人，使人改恶从善。如果自己不讲恕道，却去开导别人要讲恕道，那是办不到的事。

所以君主要治理好国家，首先要治好他的家庭。

《诗经》中说："桃花是那么娇嫩美好，叶子又是那么茂盛，像花一样美好的这个女子，嫁到夫家，一定会和他的家人和睦相处。"君主只有使一家人和睦相亲，而后才能教育全国的人民。

《诗经》中说："家中兄弟和睦友爱。"君主只有使自家兄弟和睦相处，互相友爱，而后才能教育全国的人民。

《诗经》中说："他的行为规范仪容端庄没有差错，才能整正好各国。"国君要使自己家中的人，做父亲的讲慈爱，做儿子的讲孝顺，做兄长的讲友爱，做弟弟的讲恭敬，只有使他们的言行足以成为全国人民的标准，然后全国人民才会效法。

这些都说明，国君要治理好国家，首先要整治好他的家庭。

【原文】

所谓平天下，在治其国者，上老老而民兴孝①；上长长而民兴弟②；上恤孤而民不倍③。是以君子有絜矩之道也④。

所恶于上，毋以使下；所恶于下，毋以事上；所恶于前，毋以先后；所恶于后，毋以从前；所恶于右，毋以交于左；所恶于左，毋以交于右，此之谓絜矩之道。

《诗》云："乐只君子⑤，民之父母。"民之所好好之，民之所恶恶之。此之谓民之父母。

《诗》云："节彼南山，维石岩岩。赫赫师尹，民具尔瞻。"有国者不可以不慎，辟则为天下僇矣⑥。

《诗》云："殷之未丧师，克配上帝。仪监于殷，峻命不易⑦。"道得众则得国；失众则失国。

是故君子先慎乎德⑧。有德此有人，有人此有土，有土此有财，有财此有用。

德者，本也；财者，末也。

外本内末，争民施夺⑨。

是故财聚则民散，财散则民聚。

是故言悖而出者，亦悖而入；货悖而入者，亦悖而出。

《康诰》曰："惟命不于常⑩。"道善则得之；不善则失之矣。

《楚书》曰："楚国无以为宝，惟善以为宝。"

舅犯曰："亡人无以为宝，仁亲以为宝⑪。"

《秦誓》曰："若有一个臣，断断兮无他技⑫。其心休休焉⑬，其如有容焉。人之有技，若己有之。人之彦圣，其心好之，不啻若自其口出⑭。寔能容之⑮。以能保我子孙黎民，尚亦有利哉。人之有技，媢疾以恶之⑯。人之彦圣，而违之俾不通⑰。寔不能容，以不能保我子孙黎民，亦曰殆哉！"

唯仁人放流之，迸诸四夷⑱，不与同中国⑲。此谓"唯仁人为能爱人，能恶人。"

见贤而不能举，举而不能先，命也⑳。见不善而不能退㉑，退而不能远，过也。

好人之所恶，恶人之所好，是谓拂人之性，菑必逮夫身㉒。

是故君子有大道，必忠信以得之，骄泰以失之。

生财有大道，生之者众，食之者寡，为之者疾，用之者舒㉓，则财恒足矣。

仁者以财发身，不仁者以身发财。

未有上好仁而下不好义者也；未有好义其事不终者也㉔；未有府库财非其财者也。

孟献子曰㉕："畜马乘㉖，不察于鸡豚㉗；伐冰之家㉘，不畜牛羊；百乘之家㉙，不畜聚敛之臣，与其有聚敛之臣，宁有盗臣。"此谓国不以利为利，以义为利也。

长国家而务财用者，必自小人矣。彼为善之㉚，小人之使为国家，菑害并至，虽有善者，亦无如之何矣。此谓国不以利为利，以义为利也。

【注解】

①老老：尊敬老人。②长长（zhǎng）：尊重长辈。③恤：体恤，怜爱。倍：同"背"，违背。④絜：量度。矩：制作方形的工具。⑤只：犹"哉"，语气词。⑥节：高峻，雄伟的样子。维：发语词。岩岩：高峻的山崖。赫赫：显赫。

师尹：太师尹氏的简称。师，太师，周王朝执政大臣之一。具：通"俱"。瞻：望。这里是"注视"的意思。僇（lù）：通"戮"，杀戮。⑦丧：丧失。师：众人。克：能。配：符合。仪监于殷：是说应以失败的殷商为借鉴。峻命：指天命。峻，大。⑧乎：在。⑨争民：使人民争斗。施夺：进行抢夺。⑩惟：只。命：指天命。不于常：没有一定常规。⑪亡人：流亡在外的人。⑫断断：诚恳的样子。⑬休休：平易宽容的样子。⑭不啻（chì）：不仅，不但。⑮寔："实"的异体字。《尚书》为"是"，可以通用。是，"这"的意思。⑯媢（mào）疾：嫉妒。"媢"，《尚书》为"冒"。⑰俾：使。不通：即不达于君。通，《尚书》为"达"。⑱迸：通"屏"，驱除。四夷：古代泛指我国边境的少数民族。东夷、西戎、南蛮、北狄，谓之四夷。⑲中国：汉族多建都于黄河南北，故称其地为"中国"。⑳先：尽早地使用。命：当作"慢"字，是怠慢的意思。㉑退：离去。引申为摈斥。㉒菑："灾"的异体字，灾祸。逮：及，到。㉓舒：舒缓，适当。㉔终：完成。㉕孟献子：鲁国的大夫。姓仲孙名蔑。㉖乘（shèng）：古时一车四马为一乘。㉗察：细看。引申为计较。㉘伐：凿。㉙百乘之家：指诸侯之下的大夫，有封邑，可出兵车百辆。㉚彼为善之：朱注："此句上下，疑有阙文误字。"

【译文】

所谓要使天下太平在于治理好国家，是因为国君尊敬老人，便会使孝敬之风在全国人民中兴起，国君尊敬长上，便会使敬长之风在全国人民中兴起，国君怜爱孤幼，便会使全国人民照样去做。所以，做国君应当做到推己及人，在道德上起示范的作用。

我憎恶上面的人以无礼待我，我就不能以无礼对待我下面的人；我憎恶下面的人以不忠诚待我，我就不能以不忠诚来侍奉我上面的人；我憎恨前面的人以不善待我，我就不能把不善加在我后面人的身上；我憎恶后面的人以不善待我，我就不能以不善施于我前面的人；我憎恶右边的人以不善待我，我就不能以不善施于我左边的人；我憎恨我左边的人对我不善，我就不能以不善对待我右边的人。这就是所说的道德上的示范作用。

《诗经》中说："快乐啊国君，你是全国人民的父母。"国君应当喜爱人民所喜爱的东西，憎恶人民所憎恶的东西。这才能称为人民的父母。

《诗经》中说："雄伟高峻那南山，石崖高峻不可攀。权势显赫尹太师，人民目光把你瞻。"掌握了国家大权的人不可以不慎重，如有偏差，就会被天下人民所不容。

《诗经》中说："殷代没有丧失众人拥护的时候，还能与上天的旨意相配合。今天我们周朝应以殷商的失败为借鉴，因为天命是不容易获得的。"国君能在道德上起模范作用，就会得到众人的拥护，也就会得到国家；否则，就会失去众人的拥护，也就会失去国家。

所以，国君首先要在道德修养上慎重从事，有了道德就会有人；有了人就会有国土；有了国土就会有财富；有了财富国家就好派用场。

道德像是树的根本，财富像是树的枝梢。

如果国君把道德和财富二者本末倒置，就会使人民相互争斗、抢夺。

所以，国君只是聚敛财富，就会使人民离散；国君把财富散发给人民，就会使人民归聚在他的周围。

所以，用违背情理的言语出口去责备别人，别人也将以违背情理的言语来回敬；用违背道理的手段聚敛来的财富，最终也会被别人用违背道理的手段掠夺去。

《康诰》中说："只有天命的去留没有常规。"好的道德就能得到天命，没有好的道德就会失去天命。

《楚书》说："楚国没有什么可以当作宝贝的，只有把'善'当作宝贝。"

（晋献公之丧，秦穆公使人吊公子重耳）重耳的舅舅子犯教晋文公回答说："逃亡在外的人没有什么可以当作宝贝，只有把热爱父亲当作宝贝。"

《秦誓》中说："假如我有这样一个臣子，忠诚老实而没有其他本领，但是他品德高尚，胸怀宽广，能够容人，别人有才能，就像他自己有才能一样；别人具有美德，他打从内心喜爱，不只是像从他口中说出来的那样，这种胸怀宽广的人如果加以重用，那是完全可以保住我子孙后代和人民的幸福的，是完全可以为我子孙后代和人民谋利益的。如果别人有才能，便嫉妒和憎恨他；别人有美德，便对人家进行压抑，使别人的美德不能被国君所了解，这种心胸狭窄的人如果加以任用，那是不能够保住我子孙后代和人民的幸福的，这种人也是太危险了啊！

只有有仁德的人，才能把这种避贤忌才的人给予流放，驱逐他到边远蛮荒的地方，不许他们与贤能的人同留在中原地区。这就是说"只有有仁德的人，才懂得爱什么人，恨什么人。"

见到贤才而不能荐举，或是虽然推举却又不能先于己而重用，这是以怠慢的态度对待贤才；见到坏人而不能予以黜退，或是已予黜退却有不能驱之远离，这是政治上的失误。

如果你喜爱大家所厌恶的坏人，厌恶大家所喜爱的好人，这叫作违背了人的本性，灾祸必然会降临到你的身上。

所以国君要有在道德上起示范作用的大道理，必须以忠诚老实的态度才能获得它，如果傲恣放纵，那就会失掉它。

创造财富有个重要方法，这就是让众多的人投入到生产中去，减少消费的人数，并且要使生产加快，使用资财留有余地。这样才能使国家财富经常充足。

有仁德的国君会用散财使自身兴起，没有仁德的国君会用尽心机专门聚敛财富。

从来没有在上的国君爱行仁政，而在下的臣民不以忠义事君的事情；从来没有臣民都爱好仁义，而有什么事情做不成功的道理；没有听说过人民爱好忠义，而不能把国家府库中的财富当成自家财富那样给予保护的道理。

鲁国的贤大夫孟献子曾说："有四匹马拉车的大夫之家，不应该去计较那些饲养鸡豚的微利；能够凿冰丧祭的卿大夫之家，不应该饲养牛羊以图利；有兵车百乘并有封地的卿大夫之家，不应该蓄养只懂得聚敛民财的家臣。与其有这种敛财的家臣，还不如有盗窃府库的家臣。这就是说，一个国家不应该以财货为利，而应该以仁义为利。

治理国家的君主专门致力于财富的聚敛，这一定是受了来自小人好利心理的影响。那些小人想以此投其所好，以获得国君的喜爱。如果国君重用那些小人来治理国家，那么天灾人祸就会同时到来。到那时，虽然有善人贤才，也是无可奈何，挽救不了的。这说明治理国家的人不能以自己的私利为利益，而应当以仁义为利益。